Martin Schott
Sacharja 9–14

Beihefte zur Zeitschrift für die alttestamentliche Wissenschaft

Herausgegeben von
John Barton, Reinhard G. Kratz, Nathan MacDonald,
Sara Milstein, Carol A. Newsom und Markus Witte

Band 521

Martin Schott

Sacharja 9–14

Eine kompositionsgeschichtliche Analyse

DE GRUYTER

ISBN 978-3-11-066584-0
e-ISBN (PDF) 978-3-11-066806-3
e-ISBN (EPUB) 978-3-11-066689-2
ISSN 0934-2575

Library of Congress Control Number: 2019946353

Bibliografische Information der Deutschen Nationalbibliothek
Die Deutsche Nationalbibliothek verzeichnet diese Publikation in der Deutschen
Nationalbibliografie; detaillierte bibliografische Daten sind im Internet über
http://dnb.dnb.de abrufbar.

© 2020 Walter de Gruyter GmbH, Berlin/Boston
Satz: Integra Software Services Pvt. Ltd.
Druck und Bindung: CPI books GmbH, Leck

www.degruyter.com

MIX
Papier aus verantwor-
tungsvollen Quellen
FSC
www.fsc.org FSC® C083411

Vorwort

Die vorliegende Arbeit wurde im Januar 2018 am Fachbereich Theologie der Friedrich-Alexander-Universität Erlangen-Nürnberg als Dissertation eingereicht. Das Rigorosum fand im Dezember 2018 statt.

In den Jahren meiner intensiven Beschäftigung mit dem Sacharjabuch haben mich viele Menschen unterstützt, ermutigt und manchmal auch ertragen.

Mein besonderer Dank gilt meinem Doktorvater Prof. Dr. Henrik Pfeiffer für die hervorragende Betreuung der Arbeit in allen Phasen ihrer Entstehung. Er hat die Arbeit angeregt und mich stets mit wohlwollender Kritik und wertvollen Hinweisen unterstützt. Prof. Dr. Jürgen van Oorschot danke ich herzlich für die Erstellung des Zweitgutachtens.

Im alttestamentlichen Oberseminar von Prof. Dr. Henrik Pfeiffer konnte ich viele Thesen vor kritischem Publikum erproben. Für alle leidenschaftlichen Diskussionen, kreativen Ideen und hilfreichen Entdeckungen auch über das Oberseminar hinaus danke ich besonders Johannes Körner, Manuel Schäfer und Dr. Sarah Schulz.

Meine Doktorgeschwister Manuel Schäfer und Dr. Sarah Schulz haben weite Teile der Arbeit aufmerksam gelesen, kritisch kommentiert und geduldig mit mir diskutiert. Hans Schott und Karina Schott übernahmen die mühsame Korrektur des fertigen Manuskripts. Herzlichen Dank dafür!

Weiterhin danke ich der Konrad-Adenauer-Stiftung für die großzügige Gewährung eines Promotionsstipendiums, den Herausgebern für die freundliche Aufnahme der Arbeit in die Reihe „Beihefte zur Zeitschrift für die Alttestamentliche Wissenschaft" und Alice Meroz, Eva Frantz sowie Lukas Lehmann für die kompetente Betreuung der Drucklegung.

Hemhofen, im April 2019
Martin Schott

https://doi.org/10.1515/9783110668063-201

Inhaltsverzeichnis

1   **Forschungsgeschichte** —— **1**
1.1   Die Anfänge der kritischen Forschung —— **1**
1.2   Die Studie Bernhard Stades als Wendepunkt —— **2**
1.3   Frühe literarkritische Ansätze —— **3**
1.4   Form- und traditionsgeschichtliche Zugänge —— **5**
1.4.1   Paul Lamarche (1961) —— **6**
1.4.2   Magne Sæbø (1969) —— **6**
1.4.3   Ina Willi-Plein (1974) —— **7**
1.4.4   Rex Mason (1973) —— **8**
1.4.5   Paul D. Hanson (1979) —— **8**
1.4.6   Holistische Fortführungen des formgeschichtlichen
       Paradigmas —— **9**
1.5   Neuere redaktionsgeschichtliche Entwürfe —— **11**
1.5.1   Sach 9–14 als Brückentext zwischen Sacharja und
       Maleachi —— **11**
1.5.2   Sach 9–14 als vorläufiger Abschluss eines
       Mehrprophetenbuches —— **14**
1.6   Fazit —— **15**

2   **Zur Vorgeschichte von Sach 9–14: Der Epilog Sach 7–8 als theologische**
       Summe von Sach 1–6 —— **19**
2.1   Die Fastenfrage: Der Tempelbau als Heilswende (Sach 7,1a.2f.;
       8,18.19a) —— **20**
2.2   Die Heilsorakel: Ausformulierungen des Heils (Sach 8,1–5.7f.) —— **29**
2.3   Die Paränese: Bedingungen des Heils (Sach 7,4–14;
       8,14–17.19b) —— **31**
2.4   Eine Ermutigung: Die Vergangenheit als Modell der Gegenwart
       (Sach 8,9–13) —— **34**
2.5   Die Völkerwallfahrt: Universalisierung des Heils
       (Sach 8,20–23) —— **35**
2.6   Ein Ausblick: Messianische Erwartungen in Hag/Sach 1–6 —— **37**
2.6.1   Hag 2,20–23 —— **38**
2.6.2   Sach 3,8 —— **41**
2.6.3   Sach 6,12.13b.14 —— **43**
2.6.4   Der historische Ort der Messiaserwartung —— **47**
2.7   Fazit —— **48**

3	**Sach 9,1–11,3**	**53**
3.1	Gliederung	53
3.2	Sach 9,1–8	54
3.2.1	Forschungsgeschichtliche Orientierung	54
3.2.2	Kommentierte Übersetzung	58
3.2.3	Analyse	62
3.3	Sach 9,9f.	72
3.3.1	Forschungsgeschichtliche Orientierung	72
3.3.2	Kommentierte Übersetzung	73
3.3.3	Analyse	74
3.4	Sach 9,11–17	85
3.4.1	Forschungsgeschichtliche Orientierung	85
3.4.2	Kommentierte Übersetzung	86
3.4.3	Analyse	90
3.5	Sach 10,1–2	95
3.5.1	Forschungsgeschichtliche Orientierung	95
3.5.2	Kommentierte Übersetzung	96
3.5.3	Analyse	97
3.6	Sach 10,3–12	99
3.6.1	Forschungsgeschichtliche Orientierung	99
3.6.2	Kommentierte Übersetzung	100
3.6.3	Analyse	102
3.7	Sach 11,1–3	109
3.7.1	Forschungsgeschichtliche Orientierung	109
3.7.2	Kommentierte Übersetzung	110
3.7.3	Analyse	110
3.8	Zwischenfazit	113
3.8.1	Redaktionsgeschichtliche Synthese	113
3.8.2	Kompositionsgeschichtliche Aspekte	115
3.8.3	Historischer Ort	119
4	**Sach 11,4–17**	**123**
4.1	Gliederung	123
4.2	Forschungsgeschichtliche Orientierung	123
4.3	Sach 11,4–14	125
4.3.1	Kommentierte Übersetzung	125
4.3.2	Analyse	129
4.4	Sach 11,15f.17	143
4.4.1	Kommentierte Übersetzung	143
4.4.2	Analyse	144

4.5   Zwischenfazit —— **146**
4.5.1   Redaktionsgeschichtliche Synthese —— **146**
4.5.2   Kompositionsgeschichtliche Aspekte —— **148**
4.5.3   Historischer Ort —— **150**

5   **Sach 12–13 —— 153**
5.1   Gliederung —— **153**
5.2   Sach 12,1 —— **155**
5.2.1   Kommentierte Übersetzung —— **155**
5.2.2   Analyse —— **156**
5.3   Sach 12,2–8 —— **158**
5.3.1   Forschungsgeschichtliche Orientierung —— **158**
5.3.2   Kommentierte Übersetzung —— **159**
5.3.3   Analyse —— **162**
5.4   Sach 12,9–13,1 —— **170**
5.4.1   Forschungsgeschichtliche Orientierung —— **170**
5.4.2   Kommentierte Übersetzung —— **171**
5.4.3   Analyse —— **174**
5.5   Sach 13,2–9 —— **183**
5.5.1   Forschungsgeschichtliche Orientierung —— **183**
5.5.2   Kommentierte Übersetzung —— **183**
5.5.3   Analyse —— **185**
5.6   Zwischenfazit —— **194**
5.6.1   Redaktionsgeschichtliche Synthese —— **194**
5.6.2   Kompositionsgeschichtliche Aspekte —— **196**

6   **Sach 14 —— 199**
6.1   Gliederung —— **199**
6.2   Forschungsgeschichtliche Orientierung —— **200**
6.3   Sach 14,1–11 —— **202**
6.3.1   Kommentierte Übersetzung —— **202**
6.3.2   Analyse —— **207**
6.4   Sach 14,12–21 —— **222**
6.4.1   Kommentierte Übersetzung —— **222**
6.4.2   Analyse —— **224**
6.5   Zwischenfazit —— **233**
6.5.1   Redaktionsgeschichtliche Synthese —— **233**
6.5.2   Kompositionsgeschichtliche Aspekte —— **235**
6.5.3   Historischer Ort —— **240**

7   **Synthese** —— **243**
7.1   Sach 9–14 in ihrer Endgestalt —— **243**
7.2   Literarhistorische Differenzierungen —— **246**
7.2.1   „Deuterosacharja" und „Tritosacharja" —— **246**
7.2.2   Das Wachstum der beiden Hauptteile —— **248**

8   **Ausblick: Sach 9–14 und das Zwölfprophetenbuch** —— **255**
8.1   Sach 9–14 am Ende des Zweiprophetenbuches Hag/Sach —— **255**
8.2   Sach 9–14 am Ende des entstehenden
          Zwölfprophetenbuches —— **257**
8.3   Sach 9–14 vor dem Maleachibuch —— **262**

Exkurse
Exkurs 1: Zur literarischen Integrität und theologischen Intention
           von Sach 4,6–10* —— **26**
Exkurs 2: Hadrach und Hamat in persischer und hellenistischer Zeit —— **64**
Exkurs 3: Aschdod und Ekron in persischer und hellenistischer Zeit —— **68**
Exkurs 4: Zum Symbolgehalt des Esels im Alten Testament und seiner
           Umwelt —— **77**
Exkurs 5: Sach 9,9f. in der Septuaginta —— **84**
Exkurs 6: Deixis und Funktion der Formel ביום ההוא —— **153**
Exkurs 7: Die Klage um Hadad-Rimmon im Tal von Megiddo —— **177**
Exkurs 8: Das Königtum JHWHs über die ganze Welt —— **217**
Exkurs 9: Eine Völkerwallfahrt am persischen Neujahrstag als Vorbild für Sach
           14,16ff.? —— **228**
Exkurs 10: Das sog. „Hirtenmaterial" in Sach 9–14 —— **245**
Exkurs 11: Buchübergreifende Schichten in Sach 9–14? —— **261**

Anhang: Übersetzung und Schichtung von Sach 9–14 —— **271**

Literaturverzeichnis —— **281**

Stellenregister (in Auswahl) —— **303**

Sach- und Personenregister —— **313**

1 Forschungsgeschichte

Martin Luthers Bekenntnis, bei der Kommentierung von Sach 11 gehörig ins Schwitzen geraten zu sein,[1] kann als symptomatisch für die Schwierigkeiten gelten, die der zweite Teil des Sacharjabuches (Sach 9–14) seit jeher bereitet. Das Prädikat „rätselhaft" zieht sich als Konstante von der patristischen[2] bis in die moderne Auslegungsliteratur.[3] Zwei Charakteristika des Textes dürften für diesen Befund den Ausschlag geben: Sein ebenso traditionsgesättigter wie knapper und in Andeutungen verharrender Stil und seine merkwürdig unentschiedene kompositorische Lage zwischen dem ersten Teil des Sacharjabuches und dem nachfolgenden Maleachibuch, mit dem er das Überschriftensystem teilt (vgl. Sach 9,1; 12,1; Mal 1,1). Ohne die Hag 1–2 und Sach 1–8 strukturierenden Namen und Daten fehlt jeder Hinweis auf den – zumindest imaginierten – zeitgeschichtlichen Horizont der Texte.[4]

1.1 Die Anfänge der kritischen Forschung

Merkwürdige Blüten zeitigte diese geschichtliche Leerstelle in der Frühphase historischer Kritik: Inspiriert durch die neutestamentliche Zuschreibung eines Sacharjawortes an Jeremia (vgl. Mt 27,9f.; Sach 11,13) verlegte man den Buchteil

---

1 Vgl. Luther, *WA 13*, 645: „Est autem difficile et satis obscurum hoc caput, id quod initio quoque monui, et ego multum sudavi in eo, ut genuinam sententiam adsequerer."
2 Hieronymus, *In Zach. II praef.* [CChr.SL 76A 795,118 f.], stellt der Auslegung seines Liber II (Sach 6,9–10,12) die vielzitierten Worte voran: „Ab obscuris ad obscura transimus, et cum Moyse ingredimur in nubem et caliginem." In der Vorrede zu Liber III (Sach 11,1–14,21) klagt er „quae tantis sunt contexta mysteriis, ut misericordia Domini et tuis indigeamus orationibus, ne cursus noster aliquo praepediatur errore" (Hieronymus, *In Zach. III praef.* [CChr.SL 76A 848,20–22]).
3 Vgl. etwa Stade, *Deuterozacharja*, 13; Sellin, *Zwölfprophetenbuch (1930)*, 536; Lamarche, *Zacharie*, 7; Willi-Plein, *Ende*, 1; Mason, *Use*, 5; Hanson, *Dawn*, 290; Stuhlmueller, *Rebuilding*, 113; Wolters, *Zechariah*, 1f.
4 Schon die vorkritische Exegese beschäftigte die Frage nach dem historischen Bezugspunkt der als Zukunftsvorhersage verstandenen Prophetie Sacharjas. Vgl. wieder Luther, *WA 13*, 622, zu Sach 9: „Interpretantur alii de Babylone, alii de Machabaeis, Hieronymus totum refert ad Christum et tamen omnes non colliniant."

Note: Die beiden jüngsten umfassenden Forschungsberichte zu Sach 9–14 datieren in die sechziger Jahre des letzten Jahrhunderts (Otzen, *Studien*, 11–34; Sæbø, *Frage*, 115–140), weshalb der folgende Überblick besonderes Augenmerk auf die seither publizierten Beiträge legen kann.

https://doi.org/10.1515/9783110668063-001

in die Königszeit.[5] Textinhärente Beobachtungen wie die Erwähnung Israels/ Ephraims (9,1b.10.13; 10,6 f.; 11,14) und Assurs (10,10 f.) in Sach 9–11 sowie die vermeintliche Anspielung auf den Tod Josias (12,11) und die Konzentration auf das kurz vor der Einnahme stehende Jerusalem (14,1 f.) in Sach 12–14 führten schließlich zur Differenzierung zwischen dem Werk eines israelitischen (Sach 9–11) und eines judäischen (Sach 12–14) Propheten assyrischer bzw. babylonischer Zeit.[6] Lange galt dies als „eins der sichersten Ergebnisse der neueren Kritik über das alte Testament"[7], dem lediglich aus apologetischem Interesse, die sacharjanische Autorschaft für das gesamte Buch zu retten, nennenswerter Widerstand entgegengebracht wurde.[8]

1.2 Die Studie Bernhard Stades als Wendepunkt

Erst Bernhard Stade verhalf den verhaltenen Plädoyers[9] für eine nachsacharjanische Ansetzung zum Durchbruch. Mittels eines minutiösen Nachweises der literarischen Abhängigkeit „Deuterozacharja[s]"[10] von vorgegebener Tradition hebelte er die Argumente sowohl der Kritik als auch der Apologetik aus: Das Werk sei die „Flickarbeit"[11] eines in der Gewissheit arbeitenden Epigonen, „daß Gott die dereinst von den Propheten gegebenen aber noch nicht erfüllten Weissagungen jetzt erfüllen werde."[12] Oder weniger despektierlich formuliert: Es handle

---

5 Diese durch Joseph Mede anfangs des 17. Jh. begründete Sicht fand in Deutschland durch eine Abhandlung von Benedikt Gilbert Flügge Verbreitung. Vgl. Otzen, *Studien*, 11–25; Sæbø, *Frage*, 118 f.
6 Vgl. Newcome, *Attempt*, 194 f. Bertholdt, *Einleitung*, 1697–1728, führte schließlich die Anfügung von Sach 9–11 an Sach 1–8 unter Verweis auf Jes 8,2 auf eine zufällige Namensgleichheit beider Verfasser zurück. Vgl. außerdem Ewald, *Propheten*, 308–324.389–398.
7 Bleek, *Zeitalter*, 248.
8 Hengstenberg, *Beiträge*, 361–388, nennt etwa die das ganze Buch prägende Abhängigkeit von prophetischer Tradition sowie wörtliche Übereinstimmungen (z. B. 9,8 und 7,14; 9,9 und 2,14) als Belege der Authentizität.
9 Eichhorn, *Einleitung (1790)*, 326 f. Anm. g. („Zachar. IX. 1–8 scheint die Siege Alexander's [...] zu besingen"; Vgl. außerdem Böttcher, *Aehrenlese*, 215 f.), und Vatke, *Theologie*, 553 f. Anm. 3 („Der zweite Theil des Zecharia C. 9–14 scheint [...] durch die persisch-ägyptischen Kriege, wie durch die Fehden der Juden mit den Nachbarvölkern veranlaßt zu sein."), verweisen auf den implizierten zeitgeschichtlichen Kontext, Gramberg, *Geschichte*, 522.655–660, verweist auf die „Abhängigkeit von älteren Schriftstellern" (658): „Pseudo-Zacharia" (655) sei „ein Mann ohne Geist, der aber seine Geistlosigkeit gern hinter Citate verstecken möchte" (660).
10 Stade, *Deuterozacharja*, 1 f. Anm. 2. Terminologisch orientiert er sich an der Jesajaforschung.
11 Stade, *Deuterozacharja*, 87 Anm. 1.
12 Stade, *Deuterozacharja*, 90.

sich um ein „Compendium der Eschatologie"[13]. Gerade dieser, den gesamten Text durchwehende Geist akribischer Schriftgelehrsamkeit mache eine einheitliche Verfasserschaft „recht wahrscheinlich."[14] Daran ändere auch der merkliche Stimmungsumschwung von Sach 9–10 zu Sach 11–14 nichts: Der Verfasser habe seinen Lesern in Sach 9–10 lediglich das aufgrund ihrer Freveltaten „verscherzte" Heil vor Augen gemalt.[15] Den Nährboden des durch Kriegsrhetorik getrübten Zukunftsgemäldes bildeten die Diadochenkriege, wie etwa die Erwähnung der „Söhne Jawans" (9,13) und der als „Assur" und „Ägypten" (10,10f.) chiffrierten Seleukiden und Ptolemäer zeige.[16] Rein äußerlicher Natur sei indes der Zusammenhang mit dem ersten Buchteil: Der ehedem anonyme Text Sach 9–14 wurde über die Verse Sach 12,1a; Mal 1,1, die sich an dem als Überschrift missverstandenen Vers Sach 9,1 orientierten, mit dem Maleachibuch verbunden und schließlich zur Vollendung der Zwölfzahl an das Buch der kleinen Propheten angefügt.[17]

1.3 Frühe literarkritische Ansätze

Die hellenistische Datierung der Kapitel setzte sich nach Stade – abgesehen von einigen Ausnahmen[18] – bald durch, wobei auch die makkabäische Zeit in den Blick kam.[19] Stades schon unter Vorbehalt formulierte Annahme der

---

13 Stade, *Deuterozacharja*, 307.
14 Stade, *Deuterozacharja*, 307. Allerdings erwägt er zumindest eine gestufte Entstehung: „Sonach müssen zwischen c. 9.10 einerseits und c. 11–14 andererseits Ereignisse liegen, welche Deuterozacharja davon überzeugten, daß nunmehr bestimmte Zukunftserwartungen ihre Berechtigung verloren hätten, daß nunmehr an deren Stelle andere getreten seien." (Stade, *Deuterozacharja*, 94)
15 Vgl. Stade, *Deuterozacharja*, 94–96. Ähnliches gelte für das im Verhältnis zu Sach 12–13 wie eine „Doublette" (Stade, *Deuterozacharja*, 36) wirkende Kapitel Sach 14.
16 Vgl. zur Datierungsfrage Stade, *Deuterozacharja*, 275–306.
17 Vgl. Stade, *Deuterozacharja*, 307–309, und vor ihm schon Ewald, *Propheten*, 61f.
18 Sacharjanische Herkunft vertreten u. a. van Hoonacker, *Prophètes*, 657–662; Robinson, G. L., *Prophecies*, 93–95. Auf einer königszeitlichen Provenienz beharren u. a. Reuss, *Geschichte*, 282–285; 351–354; Grützmacher, *Untersuchung*, 43. Den letzten Versuch, eine königszeitliche (Sach 9–10.11) bzw. exilische (Sach 12–13) Herkunft zu beweisen, unternahm in den 60er Jahren Otzen, *Studien*, 35–212. Einen Mittelweg gehen von Baudissin, *Einleitung*, 560–562.572–586; Steuernagel, *Lehrbuch*, 646; Horst, *Propheten*, 212–215; Jepsen, *Beiträge II*, 242–255. Sie rechnen mit nachexilisch überarbeiteten königszeitlichen Traditionen. Sellin, *Zwölfprophetenbuch (1930)*, 542, vermutet einen nachexilischen Verfasser, der im Stile apokalyptischer Pseudepigraphie die Perspektive eines vorexilischen Propheten einnehme.
19 Vgl. Wellhausen, *Art. Zechariah*, 774f.; Marti, *Dodekapropheton*, 396f., sowie Rubinkam, *Part*, 83f., für Sach 9,11–14.21 und Staerk, *Untersuchungen*, 74–101, für Sach 11.

Einheitlichkeit des Werkes konnte sich hingegen nicht behaupten,[20] zumal er auf die auffälligsten Nahtstellen selbst schon hingewiesen hatte. So kehrte man wieder zu einer entstehungsgeschichtlichen Zweiteilung in – nach Duhm'scher Terminologie[21] – Deutero- und Tritosacharja zurück, wobei man häufig auch für die düsteren Abschnitte Sach 11,4–17; 13,7–9[22] und Sach 14 eine Sonderstellung vermutete.[23] Einzelne nahmen auch für die kleineren Sinneinheiten innerhalb der größeren Überlieferungsblöcke eine gestufte Entstehung an.[24] Von diesen Blockmodellen heben sich komplexere Schichtenmodelle ab, die einerseits auf bisher übersehene Bruchlinien innerhalb der Abschnitte, andererseits auf durchaus gegebene Verbindungslinien zwischen ihnen hinwiesen. Zu den inhaltlichen Kriterien der Literarkritik gesellt sich der formale Wechsel zwischen Propheten- und Gottesrede. Mit dem Stichwort „Sammlung" ist bereits der fließende Übergang zur nächsten, formgeschichtlichen Phase der Forschung angedeutet.

Bei Horst und Jepsen scheint nach wie vor das Interesse leitend, zumindest einige Fragmente einem königszeitlichen Propheten zuordnen zu können.[25] Die königszeitliche Sammlung umfasst nach Horst 9,1–6a; 9,9f.; 10,1f.; 10,3b–5.12; 11,1–3, nach Jepsen 9,1–6a.7aβb; 9,9f; 10,1f.; 11,4–5.7–14. Während Horst jedoch das weitere Wachstum im

---

20 Zu den Fürsprechern der Einheitlichkeit gehören Cornill, *Einleitung*, 194–200.242–255; van Hoonacker, *Prophètes*, 656f.; Robinson, G. L., *Prophecies*, 93–95; Marti, *Dodekapropheton*, 397; Junker, *Propheten*, 111–114.

21 Vgl. Duhm, *Anmerkungen*, 189–200. Während Driver, *Einleitung*, 371; von Baudissin, *Einleitung*, 572–586, die Annahme zweier Verfasser teilen, folgen Steuernagel, *Lehrbuch*, 639–648; Eissfeld, *Einleitung*, 586–595, Duhm auch terminologisch. Das terminologische Dilemma bei zunehmend komplexeren Entstehungsmodellen benennt Rudolph, *Haggai*, 162: „Wenn wir das erste Stück als Deuterosacharja bezeichnen, haben wir es also beim zweiten mit einem Tritosacharja zu tun, und dann müßte das für sich stehende Kap. 14 (siehe oben) den Namen Tetartosacharja bekommen."

22 Die lange Zeit unbestrittene These einer ursprünglichen Zusammengehörigkeit von Sach 11,4–17 und Sach 13,7–9 geht auf Ewald, *Versetzungen*, 330f., zurück.

23 Eine entsprechende Aufteilung in vier unabhängige Stücke vertreten Wellhausen, *Art. Zechariah*, 773f.; Robinson, H. Wh., *Art. Zechariah*, 939. Steuernagel, *Lehrbuch*, 646, hält jedoch 9–11 für eine Einheit, Nowack, *Propheten*, 364–367; Sellin, *Zwölfprophetenbuch (1930)*,536–539; Procksch, *Schriften*, 98f., sogar 9–13. Auch der spätere Kommentar von Rudolph, *Haggai*, 159–166, steht diesen Entwürfen mit seiner dreifachen Differenzierung (9,1–11,3; 11,4–13,9; 14) noch nahe.

24 Vgl. Mitchell, *Commentary*, 258f. (9,1–10 + 9,11–11,3 + 11,4–17; 13,7–9 + 12,1–13,6; 14), und Rubinkam, *Part*, 83f. (9,1–10 + 9,11–17 + 10 + 11 + 12 + 13,1–6 + 13,7–9 + 14).

25 Vgl. Horst, *Propheten*, 210–215.244–260, und Jepsen, *Beiträge II*, 242–255. Ein spätes Echo findet dieser Ansatz im Kommentar von Reventlow, *Propheten*, 86–89: Er erkennt in 9,1–8*.9–10*. 14f.; 10,3b–5.11; 11,1–3; 12,2a.3a.4a.6.9–14; 13,1; 13,7aα*; 14,1–3*.4a*.5aα.b.6–7.8f.11aβ.13.14b.16.20 ehemals unabhängige poetische Stücke „aus dem vorexilischen Jerusalem" (Reventlow, *Propheten*, 87), die durch eine perserzeitliche Sacharjaschule erweitert und bearbeitet wurden.

Sinne des Blockmodells erklärt (9,1–11,3 + 11,4–17; 13,7–9 + 12,1–13,6 + 14), betritt Jepsen neue Pfade: Die vorexilischen Stücke seien von „Deuterosacharja" durch vom Thema „Heimkehr" geprägte Gottesrede erweitert (9,6b.7aα.8.11–13; 10,3a.6a.8–11; 11,1–3; 13,7; 11,15.16.6.17; 12,2a.3b.3a.4.6a.9–14; 13,1; 13,2–6.8.9) und schließlich von einem „Ergänzer" mit einer „Vorliebe für Vergleiche"[26] durch kriegerisch geprägte Prophetenrede vollendet worden (9,14–17; 10,3b–5.7.12a; 12,5.7; 14,1–11; 12,8; 14,12–21). Freilich verortet er ausgerechnet die „beiden etwas verschiedenen Gedankengänge"[27] der Sammlung aus den Völkern unter einem Messiaskönig (9,1–11,3) und des auf die Verwerfung des Hirten folgenden Völkersturms (11,4–14,21), mithin den schon von Stade konstatierten Stimmungsumschwung, auf einer Ebene.

Elliger erkennt umgekehrt den – bei ihm aus hellenistischer Zeit stammenden – Grundbestand in den längeren Abschnitten 9,1–8; 9,11–17; 10,3b–12; 11,4–16, die den „Anschluß an eine konkrete historische Situation"[28] gemein hätten und „zur Not denselben Verfasser haben"[29] könnten. Die kurzen Stücke 9,9f.; 10,1f.; 11,1–3; 11,17 seien „nachträglich in die leeren Zwischenräume der Rolle hineingeschrieben"[30] worden. Späteren Ursprungs seien – hier folgt auch er dem Blockmodell – die eschatologischen Kapitel Sach 12–14, wobei zwischen 12f. und 14 „eine unüberbrückbare Kluft"[31] liege. Hinzu kämen „mancherlei Zutaten zweiter und dritter Hand."[32]

1.4 Form- und traditionsgeschichtliche Zugänge

Die Beiträge aus den 60er und 70er Jahren des letzten Jahrhunderts eint das Unbehagen gegenüber einer zeitgeschichtlichen Engführung der bisherigen Exegese, die den Text eklektisch als „Durchbruchstelle für dahinterliegende Tatbestände"[33] missbrauche. Ihren Ausgangspunkt nehmen sie programmatisch bei den

---

26 Jepsen, *Beiträge II*, 252.
27 Jepsen, *Beiträge II*, 250.
28 Elliger, *Propheten*, 143.
29 Elliger, *Propheten*, 143.
30 Elliger, *Propheten*, 143f.
31 Elliger, *Propheten*, 144.
32 Elliger, *Propheten*, 144.
33 Sæbø, *Sacharja*, 17, der diese Kritik an Otzens zeitgeschichtlichem Ansatz freilich auch auf den strukturalistischen Ansatz von Lamarche bezieht. Vgl. außerdem Sæbø, *Frage*, 133f.; Lamarche, *Zacharie*, 8; Mason, *Use*, 3–6; Hanson, *Dawn*, 290–292. Ganz ähnlich auch Reventlow, *Propheten*, 90: „Doch ist überhaupt fragwürdig, ob man dieser Art von Literatur mit einer zeitgeschichtlichen Erklärung gerecht wird. Offenbar ist für sie ein anderes Verhältnis zur Geschichte als in älteren Prophetentexten typisch; statt durch aktuelle Bezugnahmen ist sie durch eine weitgehende Traditionsbindung charakterisiert." Willi-Plein, *Ende*, 2, teilt zumindest das Misstrauen gegenüber einem „Universalschlüssel" zum Verständnis des Textes.

Formen und Strukturen des zumeist als Anthologie verstandenen Textes selbst[34]
und – in Fortführung Stades – den darin wirksamen Traditionen, die wiederum
Rückschlüsse auf das geistesgeschichtliche Milieu erlaubten.

1.4.1 Paul Lamarche (1961)

Lamarche vermutet einen genialen Textarchitekten[35] hinter dem kunstvollen
chiastischen Arrangement des Textes, das sich sowohl für seine zwölf Sinneinheiten als auch für seine Gesamtstruktur ausweisen lasse.[36] Den häufig notierten Stimmungsumschwung von Sach 9–10 zu Sach 11–14 vermag aber auch
Lamarche nicht in eine logische Gleichzeitigkeit aufzulösen. Er interpretiert
ihn biographisch: Die Sammlung präsentiere den Reflexionsprozess einer Pro-
phetenlaufbahn, die insbesondere durch die Enttäuschung der messianischen
Hoffnung des am Anfang des 5. Jh. schreibenden Verfassers geprägt sei.[37] In der
Überzeugung von der Heilswirksamkeit einer scheiternden Messiasgestalt (Sach
12,10) erweise sich der Autor als ein Schüler Deuterojesajas.[38]

1.4.2 Magne Sæbø (1969)

Der von Lamarche noch programmatisch ausgeblendeten « préhistoire du texte »[39]
gilt der Fokus der text- und formgeschichtlichen Studien Sæbøs.[40] Gleichsam als

---

34 Vgl. etwa Sæbø, *Sacharja*, 20: „Darum ist es methodologisch gewiß gerechtfertigt, mit dem
Text als solchem anzufangen"; Willi-Plein, *Ende*, 2: „Anzusetzen ist beim Sichersten, [...] dem
gegebenen Bestand der schriftlich überlieferten Einheit".
35 Vgl. Lamarche, *Zacharie*, 154: « génie architectonique et intellectuel. »
36 Vgl. Lamarche, *Zacharie*, 35–115. Passagen über das Ergehen der Völker (A 9,1–8; A' 14,16–21)
rahmten die zwei Buchteile 9–11; 12–14, in denen wiederum jeweils zwei kriegerische (C 9,11–10,1;
C' 10,3b–11,3; C'' 12,1–9; C''' 14,1–5) und zwei messianische Passagen (B 9,9 f.; B' 11,4–17; B'' 12,10–13,1;
B''' 13,7–9) einen inneren und einen äußeren Rahmen um eine Einheit zum Thema Götzendienst
(D 10,2–3a; D'' 13,2–6) bildeten. In Baldwin, *Haggai*, 60–81, und Lacocque, *Zacharie*, 129–145, hat
Lamarche Nachfolger gefunden. Gleichwohl lässt sich der Eindruck nicht verwehren, dass derart harmonische Strukturen nur unter Abstraktion von den tatsächlichen Textgegebenheiten zu
gewinnen sind.
37 Vgl. bes. Lamarche, *Zacharie*, 115–123.148–157.
38 Vgl. Lamarche, *Zacharie*, 124–147.
39 Lamarche, *Zacharie*, 105 Anm. 1.
40 Vgl. Sæbø, *Sacharja*, 13–21.309–319. Seine im Nachwort angekündigten „motivgeschichtli-
chen", „milieugeschichtlichen" und „zeitgeschichtlichen Analysen" (Sæbø, *Sacharja*, 318) sind
nie erschienen.

Antithese zu Lamarche erkennt er eine Reihe ursprünglich selbstständiger Kleinst-
abschnitte, die „unterschiedliche Formsprache", „mancherlei Herkünfte" und
„wechselnde Gestaltungsweisen des Stoffes"[41] vorweisen. Für die zionstheologischen „Kernworte" (9,3ff; 9,9; 12,3–4a.9–10; 13,2) sowie das Heilswort 9,8 und die
Symbolhandlung 11,4–17* erwägt er sacharjanischen (!) Ursprung. Erst durch die
allmähliche Ergänzung interpretierender Rahmenworte jeremianischer, ezechielischer und deuteronomistischer Prägung sei diese „Traditionsgrundlage"[42] zu den
stufenweise addierten Überlieferungseinheiten 9–10; 11; 12–13; 14 angewachsen.

1.4.3 Ina Willi-Plein (1974)

Auch Willi-Plein[43] erhebt mehrere selbstständige, auf mündliche Prophetenver-
kündigung zurückgehende Einheiten in 9,1–8; 9,9–10; 10,1–2; 10,3a.6.8.9.10.12;
11,1–2; 11,17; 13,2–6; 13,7–9; 14,1–2.5b(.9) aus früher hellenistischer Zeit, die mittels
von vornherein schriftlich verfasster kerygmatischer Einheiten in 9,9–17; 10,3–10;
12–13; 14 und des „jüngste[n] selbständige[n] Stück[es]"[44] 11,4–16 verbunden
worden seien.[45] Eine einheitliche Verfasserschaft sowohl für die kleineren Überlieferungseinheiten als auch für deren Zusammenstellung und Fortschreibung
sei – hierin nimmt sie eine vermittelnde Position zwischen Lamarche und Sæbø
ein – „wahrscheinlich"[46]. Denn die Endgestalt Deuterosacharjas präsentiere
einen einheitlichen Gedankengang von der Orientierung an der Geschichte in
Sach 9–10 über die Proklamation des Endes der Geschichte in Sach 11 bis zur
Zukunftsvision der Kapitel Sach 12–14. Der selbst noch von einem prophetischen
Selbstverständnis geprägte, schriftgelehrte Verfasser blicke an der Schwelle zur
Apokalyptik auf das Ende der Prophetie voraus. In der durchgehenden Traditi-
onsbezogenheit, die weit über das „bloße Sammeln von Zitaten"[47] hinausgehe,
werde die „Entwicklung eines zitathaften Redens, Schreibens und sogar Lebens
begründet, das sich ganz am – nunmehr kanonischen – Schriftwort orientiert"[48],
greifbar.

---

41 Sæbø, *Sacharja*, 309.
42 Sæbø, *Sacharja*, 316.
43 Vgl. neben der grundlegende Studie Willi-Plein, *Ende*, auch die beiden neueren Kommentare
(dies., *Haggai*; dies., *Deuterosacharja*).
44 Willi-Plein, *Ende*, 116.
45 Vgl. Willi-Plein, *Ende*, 62f.
46 Willi-Plein, *Ende*, 120.
47 Willi-Plein, *Ende*, 67.
48 Willi-Plein, *Ende*, 66.

1.4.4 Rex Mason (1973)

In der Aktualisierung traditioneller Verheißungen für die Zukunft der eigenen Gemeinschaft sieht auch Mason das einigende Band der Texte,[49] was ihn im Gegensatz zu Willi-Plein aber lediglich zur Annahme einer gemeinsamen Schultradition führt. Wie Sæbø erkennt er eine protosacharjanische Traditionslinie, die schon für die Verkündigung des Propheten Sacharja zentrale Motive wie Zion, Reinigung, Universalismus und Führerschaft aufgreife und im Sinne einer – wohl durch das Scheitern Serubbabels und Josuas motivierten – Kollektivierung und Demokratisierung modifiziere. Eine weitere Traditionslinie sei transparent für die Verkündigung eines als Deuterosacharja zu bezeichnenden Propheten, dem eine Führungsrolle innerhalb einer oppositionellen und marginalisierten Gruppe im hellenistischen Israel zukäme. Seinen Schülern sei die Komposition der Endgestalt zu verdanken.[50]

1.4.5 Paul D. Hanson (1979)

Hanson vermutet das entstehungsgeschichtliche Milieu der Texte, die er freilich schon in das frühe 5. Jh. datiert, ebenfalls in einer marginalisierten Gruppe von Visionären, auf deren Gedankengut man auch in Tritojesaja stoße.[51] Um ihren Protest gegenüber den machthabenden Hierokraten zu artikulieren, flüchteten sie in archaische Mythen des königszeitlichen Kultes, wobei sie die ehemals selbstverständliche, prophetisch vermittelte Verbindung zwischen Mythos und geschichtlichen Institutionen kappten und so zu Vorreitern der damit genuin israelitischen Apokalyptik wurden. Die Gattung „divine warrior

---

49 Über die reine Feststellung des Traditionsbezugs hinaus fragt Mason, *Use*, 201–204, nach den leitenden Prinzipien: Sie reichten von "quotation" und "adaption" bis hin zu "re-interpretation" und "reversal". Vgl. seinen Vorläufer Delcor, *Sources*, 411, der aus dem Traditionsbezug freilich wie Stade auf einen einzigen Autor schließt: « Mais la preuve la plus manifeste de cette unité est l'emploi du ‚style anthologique' en chacune des parties du Deutéro-Zacharie. En chacune des sections nous retrouvons à peu près les mêmes sources et la même manière de les traiter. »
50 Vgl. Mason, *Use*, 204–208; ders., *Relation*, 227–239; ders., *Haggai*, 76–82. Innerhalb des „hymn book" dieser Gemeinschaft Sach 9–10 reflektiere der paränetische Einschub 10,1–2 die Mahnrede des prophetischen Lehrers, Sach 11 bezeuge sein Scheitern, Sach 12–13 und das spätere Kapitel Sach 14 die zunehmend pessimistische Zukunftsvision der Schülerschaft.
51 Vgl. im Folgenden Hanson, *Dawn*, 1–31.280–413. Mit seiner These knüpft er an Plöger, *Theokratie*, 97–117, an, der auf Basis einer Untersuchung der Texte Jes 24–27; Sach 12–14; Joel einen Gegensatz zwischen Theokratie und Eschatologie als Motor der nachstaatlichen Theologiegeschichte postuliert, die schließlich in die Entstehung der Apokalyptik mündete.

hymn" erklärt Hanson zum hermeneutischen Generalschlüssel der einzelnen Kapitel: Ihre stufenweise – hier begegnet wieder das Blockmodell – Transformation von der poetischen Reinform in Sach 9 bis zur prosaischen Apokalypse in Sach 14 bezeuge die stetige Eskalation des Konflikts zwischen Visionären und Hierokraten.

1.4.6 Holistische Fortführungen des formgeschichtlichen Paradigmas

Im Unterschied zur sich zunehmend redaktionsgeschichtlich orientierenden, mehrheitlich deutschsprachigen Forschung, perpetuieren diverse Untersuchungen aus dem anglo-amerikanischen Raum das form- und traditionsgeschichtliche Paradigma im Anschluss an Mason und Hanson bis heute.[52] Dabei entwickelt sich das traditionsgeschichtliche Argument im Gefolge Stades wieder zum Bürgen der weitgehenden Einheitlichkeit der Texte.

Person identifiziert die Visionäre Hansons mit einer perserzeitlichen deuteronomistischen Schule.[53] Sie sei verantwortlich für die Eingliederung des – im Übrigen aufgrund der durchgehenden literarischen Abhängigkeit von biblischer Tradition als Werk eines Autors erkennbaren – Textes in das Sacharjabuch. Unter kategorischer Zurückweisung derartiger "dissidence theories"[54] vermutet Larkin hinter der reinterpretierenden Aufnahme unverständlich oder problematisch gewordenen Traditionsmaterials ein genuin weisheitliches Interesse: Sach 9–13 sei eine "mantological wisdom anthology", von der sich Sach 14 als Epilog abhebe.[55]

Meyers/Meyers[56] deuten den Rückgriff auf die Tradition sowie die Betonung der göttlichen Intervention als Krisenphänomen: Der Autor reagiere auf die Enttäuschung der hochtrabenden Hoffnungen Haggais und Sacharjas in der Mitte des 5. Jh. Neben der charakteristischen "intertextuality" spreche auch die "innertextuality", also die Vernetzung der Kapitel untereinander, und der im Vergleich mit Hag 1–2; Sach 1–8; Mal 1–3 auffallende Verzicht auf Fragen als rhetorischem Stilmittel (!) für eine einheitliche Verfasserschaft. Die durchaus zugestandene materiale wie formale Komplexität des Textes gründe im Traditionsbezug und könne nicht über "a consistency of language, a coherence of ideas, and a

---

52 Vgl. nun auch die Beiträge des 2015 erschienenen, programmatischen Bandes "The Book of the Twelve and the new form criticism" und dort Wilson, *Criticism*, 320: "As a whole, the authors share the major claim of new form criticism that interpretation should focus on the final form of the texts as we now have them. There is little interest in these essays in recovering earlier literary levels and certainly not in reconstructing earlier oral forms."

53 Vgl. Person, *Zechariah*, 13–24; 80–142; 176–205.

54 Larkin, *Eschatology*, 11.

55 Vgl. Larkin, *Eschatology*, 11–52; 221–253.

56 Meyers/Meyers, *Zechariah*, 15–59.

congruence with First Zechariah"[57] hinwegtäuschen: "Only rather rigid Western expectations about how a text should proceed – in some logical, externally coherent progression – finds a lack of unity or coherence in an intensely composite work."[58]

Curtis schließlich bezieht das traditionsgeschichtliche Argument auf das gesamte Buch: Da der Bezug auf biblische Traditionen auch Sach 1–8 präge, sei das Werk auf einen Verfasser zurückzuführen.[59] Argumentativ erinnert dies an die Apologeten des 19. Jh.[60]

Differenzierter fällt die Charakterisierung des Buchzusammenhangs bei Floyd aus:[61] Ohne den vielstimmigen Charakter des auf "a group of mantic scribes"[62] (vgl. Larkin) zurückgehenden Textes Sach 9–14 zu bestreiten, richtet er sein Augenmerk auf das rhetorische Zusammenspiel der Einzelstücke: Sach 9–11 und Sach 12–14 verkörperten die Gattung „maśśā'", eine Neuinterpretation älterer Offenbarungen (Sach 1–8 bzw. Sach 9–11) für die eigene (frühhellenistische) Zeit.[63] Die theologische Voraussetzung bestehe in der typologischen Analogie zwischen vergangenem und gegenwärtigem Handeln Gottes. Mit dem zunehmenden Interesse für das Buchganze ist zumindest ein gemeinsamer Nenner zwischen holistischen und den im Folgenden darzustellenden redaktionsgeschichtlichen Ansätzen benannt.

---

57 Meyers/Meyers, *Zechariah*, 29.

58 Meyers/Meyers, *Zechariah*, 47. Ein ähnlich programmatisches Misstrauen gegenüber historisch-kritischen Ansätzen prägt auch die Kommentare von Petersen, *Zechariah*, 28 ("This Commentary does not present a systematic hypothesis about the formation of *Zechariah* 9–14."), und Smith, *Micah*, 249 ("We agree that any attempt to find a specific historical setting for the materials in Zech 9–14 will end in failure").

59 Vgl. Curtis, *Road*, 231–280. In einem weiterführenden Beitrag versucht er die literarische Eigenständigkeit von Sach 9–14 mit einer gemeinsamen Autorschaft für Sach 1–14 zu verbinden (Vgl. Curtis, *Triptych*, 191–206): Hag 1–2; Sach 1–8 und Sach 9–14; Mal 1–3 kursierten zunächst eigenständig als "temple book" und "Mas'ot Triptych", bevor sie im Zuge der Eingliederung in das Zwölfprophetenbuch in das dreiteilige "Haggai-Zechariah-Malachi corpus" aufgeteilt wurden. Leitend für diese Neuordnung sei die Erinnerung daran gewesen, dass Sach 9–14 "by an aging Zechariah or by his close associates and successors" (203) verfasst worden seien.

60 Vgl. Hengstenberg, *Beiträge*, 366: „Es finden sich durch das ganze Buch die zahlreichsten Spuren der vertrautesten Bekanntschaft mit den früheren Propheten." Eine einheitliche Verfasserschaft vertritt gegenwärtig auch – unter explizitem Verweis auf die dogmatischen Gründe – Wolters, *Zechariah*, 2f.16–23. Conrad, *Zechariah*, 11–44; Sweeney, *Prophets*, 561–667, verbinden mit ihren holistischen Ansätzen indes keine historischen Aussagen über die Verfasserschaft. Childs, *Introduction*, 483, betont, dass inhaltliche Überschneidungen der ehemals unabhängigen Buchteile lediglich als "the effect of linking chs. 9–14 with 1–8" zu beurteilen seien.

61 Vgl. Floyd, *Prophets*, 440–457.493–514.

62 Floyd, *Prophets*, 456.

63 Diese These geht auf Weis, *Art. Oracle*, 28, zurück: "A maśśā' responds to a question about a lack of clarity in the relation between divine intention and human reality."

1.5 Neuere redaktionsgeschichtliche Entwürfe

Sieht man vom Versuch eines traditionsgeschichtlichen Brückenschlags bei Sæbø und Mason ab, glaubte man seit Stade mit dem Stichwort „Anhang"[64] alles Wesentliche über das Verhältnis von Sach 9–14 zu Sach 1–8 gesagt zu haben. Doch mit dem in den 80er Jahren aufkommenden Interesse an der buchübergreifenden Kompositionsgeschichte der kleinen Propheten[65] begann man Sach 9–14 zunehmend als integralen Bestandteil nicht nur des Sacharjabuches, sondern gleich des gesamten Zwölfprophetenbuches und seiner Entstehungsgeschichte zu würdigen. Dabei kristallisierten sich zwei Modelle heraus, die Sach 9–14 entweder als sekundären Brückentext zwischen Protosacharja und Maleachi (Kap. 1.5.1) oder als vorläufigen Abschluss eines Mehrprophetenbuches (Kap. 1.5.2) verstehen.

1.5.1 Sach 9–14 als Brückentext zwischen Sacharja und Maleachi

1.5.1.1 Ein Blockmodell: Erich Bosshard/Reinhard Gregor Kratz/Odil Hannes Steck/James Nogalski

Nach Bosshard/Kratz (1990)[66] weitet die Grundschicht des Maleachibuches (Mal I: 1,6–2,9; 3,6–12) die Paränese der protosacharjanischen Rahmentexte auf den von Priestern und Volk vernachlässigten Kultbetrieb aus und fungiert damit als buchredaktionelle Fortsetzung von Sach 1–8 im Rahmen des entstehenden Zwölfprophetenbuches. Aus der Masse an möglichen Querverbindungen seien genannt: die Stichworte Liebe und Hassen (Sach 8,16–19; Mal 1,2–5), die Fruchtbarkeitsmotivik (Sach 8,12f.; Mal 3,10–12) und der beinahe wörtlich wiederkehrende Umkehrruf (Sach 1,3; Mal 3,7). Eine erste Erweiterung (Mal II: 2,17–3,5; 3,13–21) thematisiere bereits in Anschluss an Sach 9–13 (vgl. Sach 13,8f. und Mal 3,2f.; 3,13–21) den kommenden Gerichtstag JHWHs, der zu Scheidungen innerhalb von Priester- und Laienschaft führe. Die parallele Sachabfolge im Ergehen der Völker (Sach 14) und im Ergehen des Heilsvolkes (Mal II) spreche für eine Einfügung gemeinsam mit dem einheitlichen Kapitel Sach 14. Erst die letzte, gesamtisraelitisch orientierte Erweiterung (Mal III: 1,1.14a; 2,10–12; 3,22–24) trenne das Maleachibuch als eigenständige Schrift vom Sacharjabuch ab und weise bereits über das Zwölfprophetenbuch hinaus auf den Anfang des prophetischen Kanonteils zurück.

---

64 Der Terminus begegnet etwa bei Wellhausen, *Propheten*, 46; Cornill, *Einleitung*, 194–200; Nowack, *Propheten*, 364–367; Procksch, *Schriften*, 98f.

65 Vgl. zu diesem Paradigmenwechsel Jeremias, J., *Tendenzen*, 122f.135f.

66 Vgl. Bosshard, *Beobachtungen*, 30–62; Bosshard/Kratz, *Maleachi*, 27–46. Vgl. auch die Kritik von Lauber, *Maleachi*, 214–221.

Daran anknüpfend spürt Steck (1991)[67] den „gestaffelte[n] Fortschreibungen"[68] in Sach 9–14 in ihrer Korrelation mit der Genese Tritojesajas[69] nach. Sach 9,1–10,2 erwarte die Restitution des Davidsreiches durch die Entmachtung der Nachbarvölker (9,1–8) und der Makedonen (vgl. 9,13). Das Edomschweigen in 9,1–8 sowie die Aufforderung zur Regenbitte in 10,1–2 markierten den Übergang zu Mal (vgl. Mal 1,2–5; 3,6–12). Bei 10,3–11,3 handele es sich um eine Reformulierung „für etwas jüngere Verhältnisse"[70]. Hier fungierten die „Zerstörungsaussagen"[71] 11,1–3 als Überleitung zu Mal 1,2–5. 11,4–13,9 erwarte erstmals ein umfassendes Weltgericht, reduziere das Heilsvolk auf Juda und Jerusalem und transformiere die von Maleachi angemahnte Verhaltensänderung in einen göttlichen Reinigungsprozess. Sach 14 innoviere schließlich eine doppelte Differenzierung: Nicht alle Jerusalemer werden dem Gericht entgehen (vgl. 14,2), nicht alle Völker dem Gericht anheimfallen (vgl. 14,16).

Nogalski (1993) hingegen sieht eine Überleitung von der Heilsprophetie Protosacharjas zur Gerichtsprophetie Maleachis erst mit Sach 11,4–17 und vor allem dem auf Mal 3,2f. vorausweisenden Restgedanken in Sach 13,7–9 gegeben.[72] Eine somit ehemals eigenständige Grundschicht Sach 9,1–8.14–16 sei im Zuge der Ergänzung der Kapitel 10–11; 13,7–9[73] bzw. 12,1–13,6 um die pastoralen bzw. zionstheologischen Verse 9,16b–17 und 9,9–13 fortgeschrieben und so überhaupt erst in ihren stetig wachsenden literarischen Kontext integriert worden. Die beiden an ihrem jetzigen Ort deplatzierten Überschriften in 9,1 und 12,1 seien – entgegen der bisherigen *opinio communis* – in Orientierung an Mal 1,1 gebildet und dem Text gemeinsam mit dem jüngsten Kapitel Sach 14 zugewachsen.

1.5.1.2 Ein Schichtenmodell: Paul L. Redditt

Nach Redditt (2012) besteht der Grundstock Deuterosacharjas aus vier perserzeitlichen, von schwindender Restaurationshoffnung geprägten Spruchsammlungen

---

67 Vgl. Steck, *Abschluß*, 30–60.
68 Steck, *Abschluß*, 32.
69 Die von Hanson konstatierten und von Steck literarhistorisch ausgewerteten Wechselbeziehungen zwischen Jes und Sach untersuchen Bosshard, *Rezeptionen*, unter Ausweitung auf Protojesaja und das gesamte Zwölfprophetenbuch und Gärtner, *Jesaja*, mit Fokus auf Jes 66 und Sach 14.
70 Steck, *Abschluß*, 37.
71 Steck, *Abschluß*, 36.
72 Vgl. grundlegend Nogalski, *Processes*, 182–247, sowie seinen eher praxisorientierten Kommentar (Nogalski, *Book*).
73 In einem neueren Aufsatz charakterisiert er Sach 13,7–9 aufgrund inhaltlicher Differenzen zu Sach 11 allerdings als späteres redaktionelles Stück (Vgl. Nogalski, *Text*, 303).

(9,1–17; 10,1.3b–12; 12,1–13,6*; 14*) und der Hirtenallegorie 11,4–16.[74] Diese seien in der Zeit nach Nehemia mithilfe redaktioneller Brücken- und Rahmentexte (u. a. 10,2–3a; 11,1–3 + 11,17; 12,7–8; 13,7–9; 14,12+15; 14,9+16 f.; 14,18–19; 14,21b) verbunden und mittels literarischer Bezugnahmen zeitgleich in das Zwölfprophetenbuch eingebettet worden. Für die beiden ältesten Sammlungen in Sach 9–10 scheint Redditt – hier bleibt die Darstellung etwas unscharf – anstelle ursprünglicher Eigenständigkeit eine Fortschreibung von Sach 1–8 zu favorisieren.[75] Inhaltlich zeichneten sich die redaktionellen Texte, besonders das sog. Hirtenmaterial (10,2–3a; 11,1–3.4–17; 13,7–9), in Übereinstimmung mit dem Maleachibuch, aber in Opposition zu Protosacharja und dem älteren Spruchgut, durch eine negative Einstellung gegenüber irdischer Autorität im Allgemeinen und Jerusalem im Speziellen aus, die auf die Enttäuschung der älteren prophetischen Hoffnung zurückzuführen sei.

Boda folgt in redaktionsgeschichtlicher Hinsicht im Wesentlichen Redditt:[76] Eine Reihe von "shepherd motif peaces"[77] in 10:1–3a; 11:1–3; 11:4–16; 11:17; 13:7–9, die Kritik an der eigenen Führungsschicht äußerten, verknüpfe je zwei unabhängige Sammlungen in 9:1–17; 10:3b–12 und 12,1–13:6; 14,1–21 mit eigener redaktioneller Vorgeschichte aus der frühen Perserzeit.[78] Auf welcher Ebene die Redaktoren eine Verbindung mit dem Sacharjabuch, die Boda als "an original editorial intention"[79] ansieht, sowie eine Verbindung mit dem werdenden Zwölfprophetenbuch herstellen, bleibt offen: "Because repentace is such a key theme in the book of Zechariah, it is likely that those responsible for the book of Zechariah are also those who were instrumental in bringing the Book of the Twelve together into much of the form we have today."[80]

---

74 Vgl. Redditt, *Zechariah*, 13–31.147–152. Vgl. außerdem den älteren Kommentar (Redditt, *Haggai*, 93–105.144 f.188–192) sowie die verschiedenen Aufsätze (bes. Redditt, *Shepherds*, 631–642; ders., *Connectors*, 207–222). Gegenüber den älteren Arbeiten tritt im jüngsten Kommentar die redaktionsgeschichtliche Bedeutung des sog. „Hirtenmaterials" etwas zurück.
75 Die Synthese auf dem Buchrücken sowie die Einleitung (Redditt, *Zechariah*, 30 f.) lassen eher an eigenständige Sammlungen denken, die Ausführungen innerhalb des Kommentars (Redditt, *Zechariah*, 50–52) sowie in der Zusammenfassung (Redditt, *Zechariah*, 148) beschreiben Sach 9–10 indes als Fortschreibung von Sach 1–8.
76 Vgl. den Kommentar Boda, *Book*, 23–37, sowie die zahlreichen, inzwischen in zwei Sammelbänden mit dem Titel „Exploring Zechariah" erschienenen Aufsätze.
77 Boda, *Book*, 25.
78 Den Kern der Kapitel 12–14 findet Boda, *Zechariah*, 13, in den beiden Worten 12,2a.3.9 und 14,1–3.12.15.
79 Boda, *Book*, 29.
80 Boda, *Book*, 31.

1.5.2 Sach 9–14 als vorläufiger Abschluss eines Mehrprophetenbuches

1.5.2.1 Ein Blockmodell: Aaron Schart

Mit Nogalski und Redditt sieht Schart (1998) weder in Sach 9–14 noch in Mal ein reines Fortschreibungsprodukt.[81] Die ehemals unabhängigen Kapitel Sach 9–13 seien schon vor der Eingliederung der Bücher Haggai und Sacharja in das Zwölf-prophetenbuch im Zuge einer eschatologisierenden Bearbeitung an Hag 1-Sach 8 angefügt worden. Der so entstandene Textzusammenhang wurde anschließend unter dem Aspekt der Heilszeit zeitgleich mit den Ergänzungen Hos 2,1–3.18–25; Am 9,11–15; Mi 2,12–13; Mi 4–5; Nah 1,12b; 2,1; Hab 2,14; Zef 3,14–20 in das werdende Mehrprophetenbuch („Haggai-Sacharja-Korpus") integriert. Sach 14 präsentiere als späterer Abschluss eines Zehnprophetenbuches („Joel-Obadja-Korpus", ohne Jon und Mal) eine virtuose Zusammenschau divergenter eschatologischer Konzepte der kleinen Propheten in einer „schlüssigen Gesamtkonzeption"[82] und bilde damit „so etwas wie den hermeneutischen Schlüssel"[83] für den gesamten Textbereich. Das ursprünglich eigenständige Maleachibuch wurde mittels der redaktionellen Verse Sach 14,20–21 und Mal 1,11aβb.14b als tora- und damit gegenwartsorientierter Ausgleich an das eschatologische Kapitel Sach 14 angefügt.

1.5.2.2 Ein Schichtenmodell: Jakob Wöhrle

Wöhrle verortet beinahe alle Passagen mit kritischem Unterton gegenüber dem eigenen Volk auf den ältesten Ebenen:[84] Die Keimzelle der Kapitel bilde eine frühnachexilische *Wortsammlung* mit dem Thema „Führung des Volkes", die im Umfang dem sekundären Hirtenmaterial Redditts im Wesentlichen entspricht. Zwei Teilsammlungen (10,1–2 + 10,3a; 11,1–17 und 13,2–6 + 13,7–9) mit den Über-schriften 9,1aα und 12,1a integrierten ehemals selbständige „Worte gegen Pro-pheten" und „Worte gegen politische Führer". Um den hinteren Teil sei dann gegen Anfang des 5. Jh. – gleichsam die Konsequenz aus der Kritik ziehend – eine Schicht mit dem Thema *Völkerangriff* gelegt worden, die die Belagerung und Einnahme Jerusalems schildere (12,2.3aαb.4abα.6aα; 14,1–2.13.14a). Aus dem Gericht am eigenen Volk forme am Ende des 5. Jhs. die buchübergreifende *Fremdvölkerschicht I* ein Gericht gegen die Völker (9,1aβb.14–16; 10,3b–5.11;

---

81 Vgl. dazu Schart, *Entstehung*, 257.275–277, und ders., *Visions*, 333–343.
82 Schart, *Entstehung*, 276.
83 Schart, *Entstehung*, 277. Scharts These einer kompositorisch und hermeneutisch bedeutsa-men Schlussstellung von Sach 14 wurde breit rezipiert: Vgl. Beck, *Tag*, 254f.311–323; Gärtner, *Jesaja*, 66–93.135–158.272–307; Schwesig, *Rolle*, 179–236; Biberger, *Heil*, 303–311.343–363.
84 Vgl. im Folgenden Wöhrle, *Abschluss*, 67–138.

12,3aβ.4bβ.6aβb.9; 14,3–11*.12.14b.15.20–21). Ohne das schon zuvor durch das Joelbuch ersetzte Hoseabuch entstehe nun ein Korpus aus acht Schriften (Jo, Am, Mi, Nah, Zef, Hag, Sach 1–8, Sach 9–14), dessen Gefälle vom Gericht (Am) zum Heil (Sach) den Aufbau des Joelbuches widerspiegele. Die *Davidsverheißung* in 9,9–10 liege auf einer Ebene mit Am 9,11.12b und Mi 4,8; 5,1.3*. Eine frühhellenistische *Fremdvölkerschicht II* (9,2–6.8.11–13; 10,6–10.12; 14,4.6–10.11*) thematisiere die Vergehen von Nachbarvölkern und die Umwandlung der Natur und korrespondiere mit redaktionellen Texten im Joel- und Amosbuch, dem eigens für den literarischen Kontext geschaffenen Obadjabuch und dem ehemals selbstständigen Maleachibuch. Eine versöhnliche Perspektive für die Völker biete schließlich eine „*Heil für die Völker*"-Schicht in 14,16–19 (mit Ergänzungen in Jo, Obd, Mi, Zef und Sach 1–8). Neben diesen übergreifenden Redaktionsschichten fänden sich auch zahlreiche *vereinzelte Nachträge*. Erst mit der erneuten Integration des Hoseabuches wurde zur Bewahrung der Zwölfzahl das bisher anonym überlieferte Buch Sach 9–14 an Sach 1–8 angeschlossen.

1.6 Fazit

Angesichts der nach wie vor großen Bandbreite an Deutungs-, Datierungs- und Entstehungsvorschlägen ist man versucht, das Diktum Willi-Pleins aus dem Jahre 1974 vorbehaltlos zu unterstreichen: „Hier ist nach wie vor alles offen oder zumindest gleich verschlossen."[85] Freilich zeichnen sich in der Forschung nach Stade trotz aller in der Natur der Sache liegenden Divergenz zumindest drei grundsätzliche Tendenzen ab, die auch für weiterführende Studien einen vielversprechenden Ausgangspunkt verheißen:

1) Eine eigentümliche Traditionsverbundenheit, die jedoch stets über bloß repetierende Zitation hinausgeht, prägt die gesamte Komposition Sach 9–14. Allerdings handelt es sich hierbei um ein rein formales Merkmal, das – will man nicht ein intentionsloses Spiel mit Traditionsbausteinen behaupten – nicht über die materiale Diversität der Texte hinwegtäuschen kann. 2) Diesen gewachsenen Charakter des Textes belegt exemplarisch der Übergang von den grundsätzlich optimistisch gestimmten Heilserwartungen in Sach 9–10 zur düsteren Vorschau auf den Tag JHWHs in Sach 12–14. Will man die reinen Heilspassagen nicht auf ein bloßes Stilmittel einer schwarzen prophetischen Pädagogik (Stade) reduzieren oder die Entwicklung in die Biographie einer zunehmend

---

85 Willi-Plein, *Ende*, 2. Vgl. auch Childs, *Introduction*, 476: "few Old Testament books reflect such a chaos of conflicting interpretations."

verbitterten Prophetenpersönlichkeit (Lamarche) zurückspiegeln, bleibt nur eine redaktionsgeschichtliche Erklärung des Befunds. 3) In kompositorischer Hinsicht markiert dieser Umschwung zugleich den Übergang von der Heilsprophetie Protosacharjas zur Gerichtsprophetie Maleachis sowie die Einbettung in die Tag-JHWHs-Thematik des Zwölfprophetenbuches: Sach 9–14 scheint zumindest in seiner kanonischen Endgestalt konstitutiv auf seinen literarischen Kontext bezogen.

Verlässt man jedoch die Ebene solch allgemeiner Einschätzungen, gehen die Meinungen auseinander: Ist Sach 9–14 in seinem Grundbestand von vornherein für einen literarischen Kontext verfasst worden oder handelt es sich um ein ehemals eigenständiges Werk? Lässt sich das Wachstum von Sach 9–14 plausibler im Rahmen eines Schichten- oder eines Blockmodells erklären? Bildet Sach 9–14 den ursprünglichen Abschluss eines Mehrprophetenbuches oder eignet ihm von vornherein eine kompositorische Brückenfunktion? Liegen seine Anfänge noch in persischer oder bereits in hellenistischer Zeit?

Nicht zu Unrecht sah Steck die redaktionsgeschichtliche Forschung zu Sach 9–14 noch „ganz am Anfang, weil die Vorgänge der Textgenese noch einer genauen Untersuchung harren"[86]. Seine eigenen Überlegungen seien lediglich als „vorgreifender Versuch"[87] zu verstehen. Zwar wurde Sach 9–14 seither im Kontext umfassender Studien zur Genese und Theologie des Zwölfprophetenbuches behandelt, eine eingehende literarische Analyse der Texte unter Berücksichtigung ihres kompositionsgeschichtlichen Ortes zwischen Protosacharja und Maleachi kann jedoch weiterhin als Desiderat der Forschung gelten.[88] Die vierzehn Jahre nach Steck geäußerte Kritik Becks an der Behandlung der „Tag-JHWHs-Texte" im Zwölfprophetenbuch, dass „die Texte nicht immer völlig befriedigend untersucht, wohl aber in die jeweiligen redaktionsgeschichtlichen Modelle eingeordnet werden"[89], lässt sich nach wie vor auch auf Sach 9–14 beziehen – genauso wie seine Schlussfolgerung: „Daher dürfte es sich lohnen, den Fokus auf die betreffenden Texte zu richten und diese einmal gesondert zu analysieren."[90] Dieser Aufgabe möchte sich die vorliegende Untersuchung für Sach 9–14 annehmen.

---

86 Steck, *Abschluß*, 32.
87 Steck, *Abschluß*, 32.
88 Die seit Willi-Plein, *Ende*, publizierten deutschsprachigen Monographien widmen sich entweder ausgewählten Textpassagen (Kunz, *Ablehnung*) oder rein traditionsgeschichtlichen Fragestellungen (Tai, *Prophetie*).
89 Beck, *Tag*, 33.
90 Beck, *Tag*, 33.

Will man einen wie auch immer gearteten Zusammenhang zwischen Sach 9–14 und Sach 1–8 nicht von vornherein ausschließen, bleibt eine Orientierung zumindest über die späten entstehungsgeschichtlichen Stadien Protosacharjas, deren theologische Tendenz und buchkompositionelle Funktion unumgänglich (Kap. 2). Den Kern der Studie bildet jedoch eine eingehende Analyse von Sach 9,1–11,3; 11,4–17; 12,1–13,9; 14,1–14,21 (Kap. 3–6).[91] Jedes Kapitel endet mit einer redaktionsgeschichtlichen Synthese, einer kompositionsgeschichtlichen Bestimmung des literarischen Horizontes der einzelnen Ebenen im Buchzusammenhang und der Frage nach ihrem zeitgeschichtlichen Ort.[92] Abschließend und zusammenfassend wird ein Vorschlag zur literarhistorischen Genese, kompositionsgeschichtlichen Funktion und theologischen Intention von Sach 9–14 unterbreitet (Kap. 7), der in einen Ausblick auf das Verhältnis von Sach 9–14 zum Zweiprophetenbuch Hag/Sach 1–8 sowie zum Zwölfpropheten- und Maleachibuch mündet (Kap. 8).

---

91 Diese Abgrenzung gründet einerseits in den beiden Überschriften 9,1 und 12,1, andererseits in den formalen wie inhaltlichen Eigenheiten von Sach 11,4–17. Vgl. etwa Ellul, *Variations*, 56.
92 Der historische Ort von Sach 12–13 wird allerdings aus pragmatischen Gründen erst in Kap. 6.5.3 verhandelt.

2 Zur Vorgeschichte von Sach 9–14: Der Epilog Sach 7–8 als theologische Summe von Sach 1–6

In jüngerer Zeit hat Mark J. Boda vorgeschlagen, die beiden Kapitel Sach 7–8 als eine Art Wegbereiter für Sach 9–14 zu lesen.[1] Tatsächlich empfiehlt sich der Epilog Protosacharjas als Ausgangspunkt für die Frage nach dem literarhistorischen und theologischen Verhältnis beider Buchteile. Denn nicht nur in buchpositioneller, sondern vermutlich auch in entstehungsgeschichtlicher Hinsicht stehen Sach 7–8 Deuterosacharja am nächsten: Sie führen, wie zahlreiche terminologische und motivische Rückverweise belegen, bereits die unterschiedlichen Fäden des Prologs (Sach 1,1–6) und der Epexegesen (1,14–17; 2,10–17; 4,6aβ–10a*) schrittweise in einer abschließenden Synthese zusammen.[2] Diese paränetischen und heilsprophetischen Passagen in Sach 1–6 gelten wiederum als spätere Zusätze zumindest eines Grundbestands des stilistisch wie kompositorisch eigenständigen Visionszyklus.[3] In einem entstehungsgeschichtlichen Durchgang soll deshalb im Folgenden die theologische Intention und die kompositorische Funktion des Epilogs für das Sacharjabuch herausgearbeitet werden, um nach einem Seitenblick auf die messianischen Texte des Zweiprophetenbuches (Hag 1–Sach 8) ein Zwischenfazit ziehen zu können, das bereits zu Sach 9–14 überleitet.

---

1 Boda, *Fasts*, 405: "[T]hese chapters lay a foundation for the material in Zechariah 9–14, either shaped specifically as a segue from chaps. 1–6 to chaps. 9–14 or, more likely, as an original ending to chaps. 1–8, which concluded that the restoration lay unfilled while leaving future hope alive." Vgl. ders., *Book*, 420.

2 Zum summarischen Charakter des Epilogs vgl. Stead, *Intertextuality*, 230; Assis, *Revision*, 1–26; Boda, *Fasts*, 402–405; Tiemeyer, *Vision*, 230–238.

3 Die redaktionsgeschichtliche Forschung zu Sach 1–6 lässt sich vereinfachend in zwei Lager teilen: Während die einen mit einem siebenteiligen Visionszyklus (ohne Sach 3) als Grundbestand des Buches rechnen (vgl. etwa Jepsen, *Beiträge III*, 111–114; Elliger, *Propheten*, 131f.; Seybold, *Bilder*, 11–23; Redditt, *Haggai*, 38–43; Jeremias, Ch., *Nachtgesichte*, 37–39; Wöhrle, *Sammlungen*, 356–365; Tiemeyer, *Vision*, 248–254), vertreten die anderen eine gestufte Entstehung auch des Visionszyklus (Galling, *Exilswende*, 123–126; Schöttler, *Gott*, 448; Uehlinger, *Policy*, 337–348; Kratz, *Serubbabel*, 85–87; Hallaschka, *Haggai*, 293–313). Beide Lager kommen jedoch darin überein, dass Prolog, Epilog und Epexegesen zumindest später als die Mehrzahl der Visionen anzusetzen sind.

https://doi.org/10.1515/9783110668063-002

2.1 Die Fastenfrage: Der Tempelbau als Heilswende (Sach 7,1a.2f.; 8,18.19a)

Schon die Überschrift des Epilogs Sach 7,1 ist nicht aus einem Guss. Die Reihenfolge der Datierung Jahr, Tag, Monat ist „völlig singulär"[4]; die Wortereignisformel unterbricht sie.[5] Inhaltlich irritiert sowohl die Datierung in den neunten Monat (V.1bβ) – die folgende Anfrage zum Fasten im fünften Monat erginge reichlich unzeitgemäß – als auch die Wortereignisformel (V.1bα) – in V.2f. folgt zwar ein Prophetenbericht, jedoch zunächst kein Prophetenwort.[6] Dagegen könnte die durch ב ויהי eingeleitete Jahresangabe (V.1a) durchaus den Auftakt einer Erzählung markieren und zöge dann einen Narrativ, wie er sich in V.2 findet, nach sich.[7] V.1b dürfte damit sekundär sein.[8]

Die folgende Anfrage ergeht demgemäß im vierten Jahr des Dareius, also – orientiert man sich an Hag 1,15 und Esr 6,15 – etwa in der Halbzeit des Tempelbaus.[9] Angesichts des Baufortschritts erkundigt sich „Betel-Sar-Ezer"[10], der babylonische

---

4 Schöttler, *Gott*, 22.

5 In Hag 1,1; 2,1; 2,10; Sach 1,7 folgen Jahres-, Monats- und Tagesangabe immer direkt aufeinander.

6 Die Deutung von V.2f. als vorzeitige Parenthese zwischen prophetischer Redeeinleitung in V.1 und prophetischer Rede in V.4 (so schon David Kimchi: אחר שׁשׁלח – פרושׁו: וישׁלח. ויהי בשׁנת) unterstreicht das Problem eher als es zu lösen. Schließlich folgt in V.4 eine eigene Redeeinleitung. Gegen Wolters, *Zechariah*, 211.

7 Wenn ויהי im Haggai- oder Sacharjabuch eine Rede einleitet, geschieht dies dagegen ausnahmslos mit der Formulierung ויהי דבר יהוה (vgl. Hag 2,20; Sach 7,4.8; 8,1.18).

8 Meist grenzt man jedoch nur die Wortereignisformel (Marti, *Dodekapropheton*, 421; Mitchell, *Commentary*, 195; Elliger, *Propheten*, 133; Beuken, *Haggai*, 139; Reventlow, *Propheten*, 74) oder gleich den ganzen Vers (vgl. Wöhrle, *Sammlungen*, 348; Hallaschka, *Haggai*, 285) aus, wobei letztgenannter Maximaleingriff die Spannungen innerhalb des Verses gerade nicht zu erklären vermag.

9 Vgl. Rudolph, *Haggai*, 136.

10 Der Vers bleibt eine *crux interpretum*. Denkbar wäre auch eine Delegation aus „Bethel" (vgl. MT), das damit als Kultprovisorium exilischer Zeit gedacht wäre (vgl. Veijola, *Verheissung*, 194–197; Podella, *Ṣôm*, 208–214; Pfeiffer, *Heiligtum*, 80–82; Köhlmoos, *Bet-El*, 177f.; Gomes, *Sanctuary*, 185–189; anders Blenkinsopp, *Bethel*, 100f.: *nach* Bethel; vgl. schon LXX, S, T sowie V: *ad domum dei*). So würde selbst „Bethel" Interesse an der Restitution des Jerusalemer Kultbetriebes zeigen und seine Loyalität „gegenüber Jerusalem bezeugen. Allerdings ist die Besiedlung Bethels in der Perserzeit umstritten (vgl. Carter, *Emergence*, 124–126; Finkelstein/Singer-Avitz, *Bethel*, 45). Sprachlich bleiben zwei Auffälligkeiten: 1) Der personifizierte Ortsname als Subjekt wirkt ungewöhnlich (vgl. Koenen, *Bethel*, 63). 2) Der Singular des Suffixes in ואנשׁיו – lediglich Regem-Melech, nicht aber Sar-Ezer, würde ein eigener Trupp zur Seite gestellt – sowie der Singular des Verbs וישׁלח sprechen dagegen, beide Herren als gemeinsam Gesandte zu koordinieren (vgl. zuerst Wellhausen, *Propheten*, 186, und neuerdings Wolters, *Zechariah*, 210f.). Zumindest erwägenswert erscheint deshalb die durch die Entdeckung babylonischer Belege (vgl. Hyatt, *Parallel*, 387–394) untermauerte Vermutung Wellhausens, dass es sich bei „Bethel" um das theophore Element des

Name lässt an einen Repräsentanten der Heimkehrer denken, mittels einer Delegation („Regem-Melech und seine Mannen") bei den Jerusalemer Autoritäten („Priester und Propheten") nach der bleibenden Notwendigkeit der Trauerriten zum Gedenken an die Zerstörung des Tempels im fünften Monat (vgl. 2Kön 25,8f.). Man will sich des günstigen Ausgangs des Bauprojekts vergewissern, es möglicherweise – dies legt die Terminologie „das Angesicht JHWHs besänftigen" nahe – sogar auf kultischem Wege beschleunigen.[11] Ein provisorischer Kultbetrieb in Jerusalem samt Personal[12] ist damit vorausgesetzt.

Auf einen Bescheid wartet man indes vergeblich. Vielmehr richtet sich Sacharja in 7,4–6 – offenbar als kritischer Beobachter – sowohl an die Fastenden („Volk des Landes") als auch an die Befragten („Priester") mit einer harschen Infragestellung selbstbezogener Fastenbräuche. Natürlich könnte dieser Bruch bewusst eingesetztes rhetorisches Stilmittel sein.[13] Unwahrscheinlich wird dies jedoch, wenn sich im Fortgang des Textes eine weit passendere Reaktion bar jeglicher Polemik als ursprüngliche Fortsetzung der Fastenfrage V.1a.2f. aufdrängt: Anstelle einer grundsätzlichen Kritik an den Ritualen bestätigt und steigert der Prophet in 8,18.19a die Hoffnung auf eine baldige Heilswende, in deren Folge sich alle denkbaren mit dem Untergang Jerusalems verbundenen Fastenanlässe in Freudenfeste verwandeln werden:[14] die Eroberung der Stadt und die Gefangennahme der Königsfamilie im vierten Monat (2Kön 25,3–7; vgl. Jer 52,6–11), die Ermordung Gedaljas und die Flucht des Volkes nach Ägypten im siebten Monat (2Kön 25,25f.) und der Beginn der Belagerung Jerusalems im zehnten Monat (2Kön 25,1).[15] Die lose angeschlossene Konditionierung des Heils in 8,19b markiert hingegen eine spätere Entstehungsstufe.[16] Die Pointe der Grundschicht liegt in der Bekräftigung einer bevorstehenden Heilswende „from fasts to feasts"[17], die – wie Datierung und Fastenanlass zeigen – unauflöslich mit dem Bau des Tempels verknüpft ist.

---

erstens Namens „Bethel-Sar-Ezer" handeln könnte (vgl. auch Jer 39,3.13: „Nergal-Sar-Ezer"), dessen Namensträger damit zum einzigen Subjekt des Satzes werden würde. Auf die Textänderung Wellhausens (את רגם מלך) kann verzichtet werden, wenn man mit Wolters ...ו ...ו im Sinne von „sowohl... als auch" liest (vgl. etwa Jer 13,14): „Da sandte Bethel-Sar-Ezer sowohl den Regem-Melech als auch seine Leute".

11 Vgl. Boda, *Book*, 435. Mittel einer derartigen „Besänftigung" ist nach 1Sam 13,12; Mal 1,9 das Opfer.
12 Die Priester werden sogar als „zum Haus JHWHs gehörig" (אשר לבית יהוה) apostrophiert.
13 So Assis, *Revision*, 19f.
14 Einen ursprünglichen Zusammenhang von Sach 7,2f.18.19a vertreten Procksch, *Schriften*, 49; Elliger, *Propheten*, 133; Lux, *Zweiprophetenbuch*, 23; Hallaschka, *Haggai*, 288–290. Dagegen rechnen Beuken, *Haggai*, 140–153; Wöhrle, *Sammlungen*, 349, auch 7,4–6 zur Grundschicht.
15 Zur Bedeutung der einzelnen Monate vgl. Wellhausen, *Propheten*, 187.
16 Vgl. etwa Hallaschka, *Haggai*, 281f.
17 So der treffende Titel des Beitrags von Boda, *Fasts*, 390–407.

Wie verhält sich die Erstfassung des Epilogs in 7,1a.2f.; 8,18.19a zu Sach 1–6? Der Visionszyklus selbst betreibt im Gegensatz zum Haggaibuch weder explizite Tempelbaupropaganda[18] noch zeigt er sich gegenüber dem Heiligtum indifferent oder gar distanziert.[19] Vielmehr imaginiert er mit seiner priesterlichen Einwohnungs- und Herrlichkeitstheologie (Sach 2,9; vgl. Ex 25,8; 29,46; Ez 43,7)[20] und seinem strahlenden Leuchter (Sach 4)[21] ein um das Heiligtum zentriertes, prosperierendes Jerusalem. Erst die Überschriften samt ihren Datierungen (1,1.7) und die Epexegesen (1,14–17; 2,10–17; 4,6aβ–10a*) profilieren Sacharja ausdrücklich als Propheten des Tempelbaus. Da das Datierungssystem und der Tempelbau zugleich die augenscheinlichsten Bindeglieder zum Haggaibuch darstellen, liegt es nahe, den redaktionellen Kitt beider Bücher in eben jenen Texten zu suchen.[22] Vieles spricht dafür, auch die Fastenfrage (Sach 7,1a.2f.; 8,18.19a) in die im Folgenden genauer abzugrenzenden buchverknüpfenden Texte einzureihen und als ersten Abschluss eines Zweiprophetenbuches zu lesen.

---

18 Mit Uehlinger, *Policy*, 337 f.; Kratz, *Serubbabel*, 79 f.; Hallaschka, *Haggai*, 317.

19 Dagegen möchte Marinković, *Tempel*, 288, alle Aussagen über den Tempel in Sach 1–8 spiritualisierend auf das „Gemeinschaftsverhältnis[] zwischen JHWH und seinem Volk in Jerusalem" beziehen. Delkurt, *Nachtgesichte*, 325, registriert eine Distanzierung „von bestimmten priesterlich-kultischen Traditionen, wie sie vornehmlich am Tempel gepflegt wurden"; diese Kritik werde freilich nur im Modus der „Verschlüsselung" (ebd.) greifbar.

20 Mit Mathys, *Vision*, 115 f. Vgl. außerdem Jeremias, Ch., *Nachtgesichte*, 175. Vorsichtig zustimmend Wagner, *Herrlichkeit*, 396 Anm. 67.

21 Aufgrund der beinahe ausschließlichen kultischen Verwendung des Terminus מנורה (vgl. Petersen, *Haggai*, 217) liegt es auf der Hand, an ein „Symbolum des jerusalemischen Heiligtums" (Hanhart, *Sacharja*, 262) zu denken. Den Leuchter aufgrund seiner symbolisch übersteigerten Lichtfülle zu einem reinen „Himmelsleuchter als Symbol der unsichtbaren Gottheit" (Lux, *Himmelsleuchter*, 152) zu erklären, trägt eine – gerade angesichts von 2,9 und der frühen heiligtumsorientierten Rezeption des Zyklus – unwahrscheinliche Diastase zwischen himmlischer und irdischer Wohnung in den Text ein.

22 So korreliert Lux, *Zweiprophetenbuch*, 22–26, die Überschriften 1,7; 7,1 des „Haggai-Sacharja-Chronisten" mit dem Abschnitt Sach 8,9–13. Da dieser jedoch gegenüber Sach 8,1–8 sekundär erscheint, muss Lux mit einer zunächst buchunabhängigen Teilkomposition Sach 7,2–6; 8,1–8.18–19 rechnen, was allein aufgrund der literarischen Bezüge in Sach 8,1–8 auf Sach 1–6 unwahrscheinlich bleibt. Folgerichtig verlegt Wöhrle, *Sammlungen*, 367–385, Sach 8,9–13 auf eine spätere, den Zusammenhang beider Bücher bereits voraussetzende Ebene und rechnet dem Überschriftensystem stattdessen weite Teile der prophetischen Wortverkündigung in Sach 1–8 („Wortredaktion") zu. Hallaschka, *Haggai*, 317, beschränkt das verknüpfende Textmaterial auf die Überschrift 1,7 und die expliziten Tempelworte in 1,16 f.; 2,10a.11.14; 4,6aβ–10a*. Auch Tiemeyer, *Vision*, 248–254, erkennt, ohne auf das Verhältnis zum Haggaibuch einzugehen, "a set of temple related additions" (254), zu denen sie neben der Überschrift 1,7 und den Epexegesen 1,14–17* und 4,6aβ–10a* auch Sach 3* und Sach 6,9–15* zählt.

Die Überschrift Sach 1,7:[23] Sach 7,1a lässt eine Datierung auch des ersten Buchteiles erwarten. Da Sach 1,1 bereits das fortlaufende chronologische System beider Bücher unterbricht, dürfte der Überschrift Sach 1,7 die Priorität zukommen.[24] Deren sekundärer Charakter wiederum ist angesichts der Einleitung einer Prophetenrede (1,8) durch eine Wortereignisformel (1,7) unbestritten.[25] Nach 1,7 beginnt Sacharjas Wirken zwei bzw. vier Monate (vgl. Hag 1,15b; 2,1 bzw. 2,10) nach dem letzten Wort Haggais unmittelbar vor der Grundsteinlegung (vgl. Hag 2,15).[26] So erhalten die Visionen indirekt eine Funktionsbestimmung als motivierende Begleitmusik des durch Haggai initiierten Tempelbaus: Wie Haggai auf die Grundsteinlegung des Tempels hinwirkte, so Sacharja – das werden die weiteren Fortschreibungen unterstreichen – auf seine Fertigstellung. Die neue Überschrift betont zudem gegenüber den Visionen den Wortcharakter der sacharjanischen Prophetie, den sie jedoch erst durch die folgenden Ergänzungen gewinnt.[27]

Die Epexegese 1,14–17 in ihrem Grundbestand: Sach 1,14f. beschreiben den Eifer JHWHs für Jerusalem und seinen Zorn gegen die Völker. Nach V.16 mündet der Eifer – die klagende Frage des Boten in 1,12 aufgreifend – in die erbarmende Hinwendung JHWHs: die Errichtung[28] seines Tempels und den Wiederaufbau seiner Stadt. Beides fügt sich in die Tendenz der Überschrift 1,7 und des Epilogs 7,1a.2f.; 18,18.19a.[29] Der Zorn JHWHs (1,15) bleibt in 1,16 indes folgenlos, weshalb

---

23 Das Changieren zwischen auktorialem Erzähler (1,7; 7,1a) und prophetischem Bericht (4,9; 8,18) ist in der Einleitung der Prophetenrede der Visionen 1,8ff. durch die redaktionelle Überschrift 1,7 angelegt und widerspricht der Zusammengehörigkeit der genannten Texte ebenso wenig wie die durch die folgende Erzählung begründete Kürze der Überschrift in 7,1a und das unmotivierte Fehlen des Königstitels des Dareius in 1,7.

24 Zudem fehlt die Angabe des Tages nur in Sach 1,1: Vgl. Hag 1,1 (01.06.), Hag 1,15b–2,1 (21.07.); Hag 2,10 (24.09.); Sach 1,1 (-.08.); Sach 1,7 (24.11.); Sach 7,1 (04.09.). Mit Lux, *Zweiprophetenbuch*, 7; Hallaschka, *Haggai*, 149f.

25 Vgl. Jepsen, *Beiträge III*, 97–99; Seybold, *Bilder*, 12; Schöttler, *Gott*, 49f.; Wöhrle, *Sammlungen*, 323; Hallaschka, *Haggai*, 303f. Dagegen halten Jeremias, Ch., *Nachtgesichte*, 15–19; Delkurt, *Nachtgesichte*, 21f., nur 1,7b für sekundär.

26 Die Priestertora in Hag 2,10–14 unterbricht mit ihrer für das Haggaibuch singulären Thematik kultischer Reinheit den Zusammenhang zwischen Hag 2,9 und Hag 2,15 und könnte auch erst nach der Verbindung beider Bücher ergänzt worden sein. Vgl. Hallaschka, *Haggai*, 136f.

27 Auf diesen Zusammenhang macht Wöhrle, *Sammlungen*, 374, aufmerksam, der den Wortereignisformeln allerdings beinahe alle weiteren Einschreibungen mit Wortcharakter zuordnet.

28 Das Verb muss nicht auf die Aufnahme des Baus bezogen werden, sondern könnte auch die Fortsetzung (vgl. Rudolph, *Haggai*, 80, mit Verweis auf Esr 5,16) oder die Fertigstellung des Baus (vgl. Sellin, *Zwölfprophetenbuch [1930]*, 485; kritisch Petitjean, *Oracles*, 61 Anm. 1) bezeichnen.

29 Indes zwingt nichts, V.16 von V.14(.15) oder gar V.16aβb von V.16aα abzusetzen (gegen Schöttler, *Gott*, 56f.; Hallaschka, *Haggai*, 154f.). Das gegenüber 1,14 fehlende Epitheton „Zebaoth" in

es sich hier um eine Ergänzung handeln könnte.[30] Ähnliches gilt für den schon aufgrund des wiederholten, terminologisch an 1,14 orientierten Redeaufrufs auffälligen V.17, der die Perspektive auf die Städte Judas weitet.[31] Damit spannen Sach 1,14.16 einen Bogen von der Vision „Reiter" (1,8–13), deren „gute Worte, tröstliche Worte" (1,13) sie mit Inhalt füllen, zur Vision „Messschnur" (2,5–9), deren Thema der JHWH-Präsenz in der wiedererrichteten Stadt sie vorbereiten. Die Vision „Hörner" (2,1–4), die ein Gericht über die Völker anvisiert, könnte sich damit erst später in den Zusammenhang geschoben haben; auch 1,15 mag in diesem Zuge entstanden sein.[32]

Die Epexegese 2,10–17 in ihrem Grundbestand: Der Abschnitt liest sich als Fortsetzung der Gottesrede der Vision „Messschnur" (2,5–9), wobei nicht nur der Übergang von der Vision zur Wortverkündigung, sondern auch der Wechsel in die direkte Anrede den Fortschreibungscharakter unterstreichen.[33] Der Text gliedert sich in die beiden Teile „Heimkehr des Volkes und Völkergericht" (2,10–13) und „Heimkehr JHWHs und Völkerwallfahrt" (2,14–17). Während der erste Teil jedoch gegenüber der Vision einen inhaltlichen Bruch markiert,[34] lässt sich der zweite mit seiner Ankündigung der Einwohnung JHWHs als Fortsetzung des Themas der kultischen JHWH-Präsenz lesen (vgl. die Aufnahme von בתוך aus 2,9). Damit scheint hier wie in 1,15 das Völkergericht (2,10–13) in Orientierung an 2,1–4 der Epexegese später zugewachsen zu sein.[35] Doch auch der zweite Teil 2,14–17 trägt Spuren redaktioneller Tätigkeit: Die Wiederaufnahme des ושכנתי בתוכך erweist

---

1,16 rechtfertigt keinen literarkritischen Schnitt; die Tempusinkongruenz in V.16 ist sachlich begründet: Die Umkehraussage (שבתי לירושלם ברחמים) fungiert als Mottosatz, der dann in dem parallel gehaltenen Spruch seine Ausdeutung findet (וקוה ינטה על ירושלם/ביתי יבנה בה).

30 Mit Schöttler, *Gott*, 56; Hallaschka, *Haggai*, 154.

31 Mit Beuken, *Haggai*, 244; Reventlow, *Propheten*, 43f. Schöttler, *Gott*, 58, differenziert nochmals in V.17a.b, Hallaschka, *Haggai*, 154, in 1,17a.bα.bβ. Wöhrle, *Sammlungen*, 329, vermutet einen ursprünglichen Anschluss des Verses an V.13.

32 Mit Hallaschka, *Haggai*, 154f.305. Den Prolog 1,1–6 (vgl. bes. 1,2) setzt 1,15 gegen Wöhrle, *Sammlungen*, 327, jedoch nicht zwingend voraus: Das Motiv der Völker als ungehorsames Werkzeug des göttlichen Zorns entwickelt sich vielmehr unter Rückgriff auf Jes 47,5–7 aus der Zornesaussage in 1,12 (vgl. dazu Schöttler, *Gott*, 313–315).

33 Vgl. Wöhrle, *Sammlungen*, 329f.

34 Der diasporaorientierte Teilvers 2,10b könnte gegenüber der dezidierten Goalorientierung in 2,10a.11 (יושבת בת בבל/מארץ צפון) sekundär sein, was dann zwangsläufig auch für das daran anknüpfende Völkergericht in 2,12f. gelten müsste. Vgl. Hallaschka, *Haggai*, 189.

35 Eine Korrespondenz von 2,10–13 mit 2,1–4 und 2,14ff. mit 2,5–9 nehmen schon Horst, *Propheten*, 219; Wöhrle, *Sammlungen*, 330, wahr. Literarhistorische Konsequenzen zieht erst Hallaschka, *Haggai*, 189–191.

die Völkerperspektive in 2,15 gegenüber 2,14 als sekundär.[36] 2,16 wechselt endgültig in die Rede über JHWH und betont gegenüber der Aufwertung der Völker in 2,15 korrigierend die bleibende Würdestellung Judas als „Erbteil" JHWHs.[37] Auch der Kultruf in 2,17 setzt mit seiner universalen Perspektive („alles Fleisch") die Völkererweiterung 2,15 bereits voraus.[38] Sach 2,14 bildet somit den literarhistorischen Kern der Epexegese. Ihm kommt nun eine ähnliche kompositorische Funktion zu wie 1,14.16: Er vermittelt interpretierend zwischen den beiden Visionen „Messschnur" (2,5–9) und „Leuchter" (4*), indem er das Thema kultische Präsenz aus Sach 2 aufgreift und damit zum Symbol dieser Präsenz in Sach 4 überleitet. Umkehr (1,16), Haus- und Stadtbau (1,16; 2,5–9), Einzug (2,14) und Präsenz JHWHs (Sach 4*) bilden eine schlüssige chronologische Abfolge.

Die Epexegese 4,6aβ–10a*: Seit Wellhausen ist der sekundäre Charakter des Abschnitts über jeden Zweifel erhaben.[39] Aufgrund des Fehlens von Filiation und Titel Serubbabels scheint die Bekanntschaft des Lesers mit dieser Figur aus dem Haggaibuch vorausgesetzt.[40] Der Abschnitt widerspricht wie der Epilog (7,1a.2f.; 8,18.19f.) Zweifeln an der Vollendung des begonnenen Bauprojekts (vgl. v. a. 4,9a) und entspricht damit der Bestimmung Sacharjas zum Begleiter des Baus durch die Datierung seines Wirkens in 1,7 und durch seine tempelbezogenen Worte in 1,14.16; 2,14 sowie seiner Frohbotschaft in 2,14; 8,18.19b: Wie in 2,14 (רני ושמחי) und

---

36 Mit Wöhrle, *Sammlungen*, 331; Hallaschka, *Haggai*, 188. Auch die syntaktisch an allen vier Instanzen 2,13b.15bβ; 4,9b; 6,15aβ sperrige Sendeerweisformel dürfte redaktioneller Natur sein (vgl. Reventlow, *Propheten*, 49; Wöhrle, *Sammlungen*, 340; Hallschka, *Haggai*, 225). Sie reagiert anders als die stets auf JHWH bezogene Erkenntnisformel des Ezechielbuches auf Zweifel an der Glaubwürdigkeit der prophetischen Botschaft (vgl. Jer 28,9: בבא דבר הנביא ידע הנביא אשר שלחו יהוה באמת; zur Formulierung שלחני vgl. auch Jer 26,15; 42,12). Sprecher dürfte also der Prophet, nicht der Gottesbote sein (gegen van der Woude, *Zacharia*, 55). Die unterschiedlichen Adressierungen der einzelnen Erkenntnisformeln (3. m. pl./Volk: 2,13b; 6,15aβ; 2. f. sg./Zion: 2,15bβ; 2. m. sg./Serubbabel 4,9b; vgl. Anm. 50) sind kontextbedingt (vgl. 2,12; 6,15b; 2,14; 4,6f.), so dass die Ergänzung der Formeln auf eine Hand zurückgehen könnte.
37 Mit Irsigler, *Gottesvolk*, 220.
38 Wöhrle, *Sammlungen*, 331f; Irsigler, *Gottesvolk*, 220; Hallaschka; *Haggai*, 187f., setzen 2,17 deshalb nochmals später an.
39 Vgl. Wellhausen, *Propheten*, 183; Galling, *Exilswende*, 117; Rignell, *Nachtgesichte*, 152; Petitjean, *Oracles*, 207–213; Petersen, *Haggai*, 238; Wöhrle, *Sammlungen*, 337; Hallaschka, *Haggai*, 222. Anders Meyers/Meyers, *Haggai*, 242f.
40 Vgl. Hallschka, *Haggai*, 227. Gegenüber dem Haggaibuch fällt auf, dass das Gelingen des Projekts allein am Namen des Statthalters festgemacht wird. Dies dürfte mit dem Tempelbau als klassischer Aufgabe des Königs zusammenhängen, die der Verfasser folgerichtig dem politischen Machthaber zuschreibt. Schon das Haggaibuch nennt den Statthalter stets vor dem Hohenpriester.

8,19a (לשמחה) löst sich auch in 4,10a (וׁשמחו) alles zweifelnde Fragen und Warten mit Vollendung des Heiligtums in Freude auf.

Exkurs 1: Zur literarischen Integrität und theologischen Intention von Sach 4,6–10*

Sellin bezeichnete den Einschub als „den schwierigsten und verworrensten Abschnitt im ganzen Sacharjabuche."[41] Entscheidend zur Verwirrung tragen die beiden Steine in den Händen Serubbabels (V.7.10) bei, insbesondere die ihnen an die Seite gestellten Nomina ראשה und בדיל. Allein diese terminologische Differenzierung widerrät einer Identifizierung beider Steine,[42] die zweigliedrige Anlage des Abschnitts macht sie vollends unwahrscheinlich: V.6b–7 erwarten den Beginn des Baus, V.9–10a* seine Vollendung.[43] Das Wort in V.9a – „the only clear expression in Zach 4,6b–10a"[44] – vermittelt als Scharnier zwischen beiden Perspektiven: „Serubbabels Hände haben dieses Haus gegründet und seine Hände werden es vollenden."

Zu V.6aβ–7: Die innerhalb des Zwölfprophetenbuches singuläre Einleitung „Dies ist/war das Wort JHWHs über[45] Serubbabel" eröffnet gerade kein Wort Sacharjas, sondern vielmehr ein bereits in der Vergangenheit – nämlich vor der Grundsteinlegung und damit vor der Sendung Sacharjas – ergangenes Gotteswort über Serubbabel:[46] Tatsächlich erinnert gerade der Mottosatz „Nicht durch Macht und nicht durch Kraft, sondern durch meinen Geist!" an die Ermutigungen Haggais, die ebenfalls in der Zusage der Geistbegabung kulminieren (Hag 2,4f.).[47] Nötig war diese göttliche Unterstützung zur Beseitigung des „großen Berges", wobei es sich vor dem Verstehenshorizont altorientalischer Tempelbauinschriften um den Ruinenhügel des zerstörten Heiligtums handeln dürfte.[48] Der in diesem Zuge

---

41 Sellin, *Zwölfprophetenbuch (1922)*, 454. Vgl. Petitjean, *Oracles*, 216: « la péricope reste une des pièces les plus obscures de la littérature vétérotestamentaire ».

42 Vgl. Rignell, *Nachtgesichte*, 162; Pola, *Priestertum*, 123. Gegen Elliger, *Propheten*, 127; Rudolph, *Haggai*, 114; Schöttler, *Gott*, 122f.; Reventlow, *Propheten*, 62; Wöhrle, *Sammlungen*, 339, die zweimal den Schlussstein vermuten.

43 Vgl. Hanhart, *Sacharja*, 252.

44 Laato, *Zachariah*, 55f.

45 V.6f. sprechen Serubbabel nicht direkt an, womit die Präposition אל wie in Jes 16,13 die Bedeutung „über" erhält. Vgl. Rignell, *Nachtgesichte*, 152; gegen Pola, *Priestertum*, 108f.

46 Ähnlich wie Mose den Israeliten mit der Einleitung זה הדבר אשר an ihn ergangene Gottesworte (Ex 14,12; 16,16.32; 35,4; Lev 8,5; 9,6; 17,2; Num 36,6) verkündet, Jesaja dem König Hiskia ein Wort an Sanherib (2Kön 19,21; Jes 16,13) und seinen Lesern (Jes 16,13) ein Wort, „das JHWH damals über Moab gesprochen hat", mitteilt, so zitiert der Deuteengel seinem prophetischen Gegenüber ein Wort über Serubbabel aus der Zeit vor Beginn des Tempelbaus. Auf die ungewöhnliche Redeeinleitung machen auch Beuken, *Haggai*, 261–263, und Schöttler, *Gott*, 120f., aufmerksam, ohne allerdings vergleichbare Schlüsse zu ziehen.

47 Dieser Bezug macht eine wörtliche Deutung von רוח als Wind nicht wahrscheinlich. Gegen Galling, *Serubbabel*, 141f., der auf Analogien babylonischer Tempelbauinschriften verweisen kann.

48 So schon Galling, *Serubbabel*, 138–142, und unter Bezug auf Ellis, *Foundation*, Petitjean, *Oracles*, 216–226; 257–263; Lipiński, *Recherches*, 30–33; Petersen, *Zerubbabel*, 368–371 (vgl. auch ders., *Haggai*, 240f.); Laato, *Zachariah*, 66. Vgl. außerdem Pola, *Priestertum*, 116–122; Hallaschka, *Haggai*, 224f. Alle allegorischen Spekulationen erübrigen sich damit: Der Berg symbolisiert

gewonnene „erste Stein" (האבן הראשה) bzw. „Grundstein" des zweiten Tempels aus den Fundamenten des zerstörten Tempels verbürgt die Kontinuität zwischen altem und neuem Heiligtum und damit dessen bleibende Legitimität.[49] Handelt es sich aber in V.6aβ–7 noch nicht um einen Wortauftrag an Sacharja, sind diese Verse auf die Fortsetzung durch V.8.10a* zwingend angewiesen.

Zu V.8–10a*: Erst V.8 leitet ein Wort an Sacharja (V.9) ein. Der Vers erkennt in der Erfüllung der vorangehenden Verheißung aus der Zeit Haggais („Serubbabels Hände haben dieses Haus grundgelegt"), also in der erfolgten Grundsteinlegung, eine Bestärkung für die von Sacharja begleitete Vollendung des Werkes.[50] Wer will – fragt V.10aα rhetorisch – angesichts des bisherigen Erfolgs die kleinen Anfänge des Bauprojekts verachten?[51] Vielmehr wird man schließlich voller Freude einen weiteren Stein in der Hand Serubbabels erblicken. Er dürfte nun eine Funktion im Kontext der Fertigstellung des Baus erfüllen, etwa im Sinne eines Schlusssteins.[52] Das legt auch die ausdrückliche Verknüpfung der „Hände" Serubbabels, die nun eben diesen Stein tragen (ביד זרבבל), mit der Vollendung des Baus nahe (vgl. V.9a: וידיו תבצענה).

---

weder Josua (Petersen, *Haggai*, 239 f.) noch Tattenai (Rudolph, *Haggai*, 113; Deissler, *Propheten*, 281), weder Babel (Rignell, *Nachtgesichte*, 156) noch die Samaritaner (Elliger, *Propheten*, 126), weder „die persische Weltmacht" (Rost, *Bemerkungen*, 220) noch „die Weltmächte überhaupt" (Rignell, *Nachtgesichte*, 156) oder gar "all the obstacles that stood in the way of the temple building" (O'Kennedy, Meaning, 417; ähnlich Reventlow, *Propheten*, 61; Wöhrle, *Sammlungen*, 339 f.).

49 ראשה wäre so als feminine Nominalbildung von ראש, das nicht nur lokale, sondern eben auch temporale Priorität ausdrücken kann, in Analogie zu ראשה in Ez 36,11 zu deuten. Mit Hanhart, *Sacharja*, 248 f.; Rignell, *Nachtgesichte*, 157 f.; Pola, *Priestertum*, 118–122; Hallaschka, *Haggai*, 225 Anm. 425. Laato, *Zachariah*, 59.63, verweist auf die akkadische Wendung *libittu mahrītu* („erster Stein").

50 MT differenziert in der auch hier sekundären Sendeerweisformel 4,9b auf singuläre Art und Weise zwischen Erkenntnissubjekt (2. m. sg.) und Sendungsobjekt (3. m. pl.); LXX (πρὸς σέ) und V (*et scietis*) glätten. Im unmittelbaren Kontext wird freilich nur Sacharja direkt angesprochen. Geht es also doch um den Erweis der göttlichen Sendung des Boten gegenüber dem Propheten? (so van der Woude, *Zacharia*, 90 f.) Freilich meldet der Prophet an keiner Stelle Zweifel gegenüber dem Gottesboten an. So dürfte es sich auch hier wie in den anderen Instanzen (vgl. Anm. 36) um eine prophetische Interjektion handeln, die sich in diesem Falle unmittelbar an den im Kontext zunächst nur in der dritten Person apostrophierten Serubbabel als Repräsentanten des Volkes wendet.

51 Zur Deutung von V.10aα als rhetorische Frage vgl. Keil, *Propheten*, 569.

52 Drei in der Forschung diskutierte Optionen sind erwägenswert: 1) Als Bleistein könnte האבן הבדיל auf eine am fertigen Bau angebrachte Inschrift verweisen. Hi 19,23f bezeugt das Ausgießen einer in Stein gehauenen Inschrift (so Schöttler, *Gott*, 123; Reventlow, *Propheten*, 63). 2) Als Senkblei könnte der Stein im fortgeschrittenen Baustadium dazu dienen, „die Mauern zu kontrollieren" (Rignell, *Nachtgesichte*, 162). 3) Schließlich könnte man das Substantiv auf seine wörtliche, vom Verbum בדל („absondern") abgeleitete Bedeutung zurückführen. So schlägt Rudolph, *Haggai*, 111.114 die Übersetzung „Sonderstein" vor. Hanhart, *Sacharja*, 252; Pola, *Priestertum*, 123 f., übersetzen unter Berufung auf die spätere mischnische Bedeutung des Verbums „Schlussstein".

Der Einschub des Abschnitts zwischen die Vision und ihre Deutung ist mehr als ein Missgeschick eines linkischen Redaktors.[53] Er stellt den Tempelbau und die Aufnahme des Kultbetriebs als Voraussetzung für die in V.10a*(nur שבעי אלה).b.11.13f. beschriebene Segenswirkung heraus:[54] die Gegenwart JHWHs im Land und die Fruchtbarkeit des Landes.

Somit bilden die Überschrift (1,7), der Kern der Epexegesen (1,14.16; 2,14; 4,6aβ–9a.10a*) und der Grundbestand des Epilogs (7,1a.2f.; 8,18.19a) eine gemeinsame Fortschreibungsebene zur Verbindung des Visionszyklus[55] mit dem Haggaibuch über das Thema „Tempelbau". Ist nun der Prophet selbst für die Fortschreibungen seiner Visionen verantwortlich? Schon die inhaltliche Neujustierung, aber auch die Tatsache, dass in ihrem Zuge zwei auf unterschiedliche Propheten zurückgeführte Bücher verbunden werden, wecken Zweifel daran.[56] Die Erweiterungen samt dem Anschluss an das Haggaibuch belegen eher ein dokumentarisches Interesse, das in Form der Visionen vorliegende Vermächtnis des Propheten für spätere Generationen zu bewahren und den Gehalt seiner Verkündigung durch eine explizite historische (und literarische) Kontextualisierung zu sichern. Die Verbindung beider Bücher dürfte sich also frühestens um den Übergang vom 6. zum 5. Jh. vollzogen haben. Dass dabei noch Erinnerungen an einen Propheten Sacharja aus der Zeit des Tempelbaus wirksam waren, lässt sich nicht ausschließen.[57] Der bereits erbaute Tempel dürfte den Tradenten aber bereits als steinernes Zeugnis der Bedeutung des Propheten gegolten und die Überlieferungswürdigkeit seiner Visionen begründet haben.[58]

---

53 Dass er gleichwohl zu syntaktischen Missverständnissen führte, zeigt die masoretische Punktation und die traditionelle Verseinteilung.

54 Vgl. dazu Rost, *Bemerkungen*, 220; van der Woude, *Söhne*, 265; Hanhart, *Sacharja*, 282.

55 Zum Wachstum des Visionszyklus lassen sich ohne eine eingehende Analyse seiner Bilderwelt auf der Basis der hier behandelten Texte nur Mutmaßungen anstellen: Die Fortschreibungen zur Verbindung mit dem Haggaibuch (1,7a.14.16; 2,14) setzen einen Minimalbestand aus den Visionen „Pferde" (1,8–13), „Messschnur" (2,5–9) und „Leuchter" (4*) voraus und scheinen die Visionen „Handwerker" (2,1–4) und „Josua" (3) noch nicht zu kennen. Entweder umfasst der Zyklus zur Zeit der Ergänzung des Epilogs eine linear auf den Höhepunkt Sach 4 zulaufende Reihe von drei Visionen oder bereits eine um das Zentrum Sach 4 angelegte Ringkomposition, die dann auch die Vision „Schriftrolle" (5,1–4) als Gegenstück zur Vision „Messschnur" (2,5–9) und die Vision „Wagen" (6,1–8) als Gegenstück zur Vision „Pferde" (1,8–13) einschließen müsste.

56 Vgl. Wöhrle, *Sammlungen*, 380; Hallaschka, *Haggai*, 317. Gegen Boda, *Fasts*, 402; Tiemeyer, *Vision*, 248–253, die dem literarhistorischen Reflexionsprozess autobiographischen Charakter zuschreiben, und Lux, *Zweiprophetenbuch*, 3–26, der mit einer Erweiterung der Nachtgesichte durch genuin sacharjanisches Traditionsgut rechnet.

57 Optimistisch äußert sich etwa Lux, *Zweiprophetenbuch*, 22: „Für den Chronisten jedenfalls, der von Sacharja mehr gewusst haben dürfte als wir, war dieser ein Prophet des Zweiten Tempels."

58 Ein den Texten höchstens indirekt und spekulativ zu entnehmendes Scheitern Serubbabels wirkt auch vor diesem Hintergrund unwahrscheinlich. Für die Tradenten des Haggai- und

2.2 Die Heilsorakel: Ausformulierungen des Heils (Sach 8,1–5.7f.)

Für die Identifizierung der ersten Fortschreibung des Epilogs ist eine Beobachtung Hallaschkas ausschlaggebend:[59] Während die Orakel in 8,1–5.7–8 das Eingreifen JHWHs allein in seinem Eifer für Jerusalem begründet sehen, binden es die rahmenden Verse 7,4–14; 8,9–13.14–17.19b an das Verhalten des Volkes; dabei dürfte es sich um eine nachträgliche Konditionierung handeln. Tatsächlich setzt 8,14f. bereits einen Zusammenhang von 7,7 bis 8,8 voraus: 8,14 rekapituliert die Gerichtspassagen in 7,7–14. 8,15 knüpft terminologisch an Sach 8,3 (שבתי) an und fasst die dortigen Verheißungen in der Wendung „Jerusalem und dem Haus Juda Gutes tun" zusammen. Ursprünglich also direkt zwischen Frage (7,1a.2f.) und Antwort (8,18.19a) positioniert konkretisieren die Worte 8,1–8 die Heilswende von der Fasten- zur Freudenzeit. Ihr Material gewinnen sie aus den Epexegesen der Nachtgesichte.

Am deutlichsten tritt dies in Sach 8,1–3 zu Tage: Unter wörtlicher Zitation kombiniert das Orakel Eifer und Umkehr JHWHs aus 1,14.16 mit seiner Einwohnung in 2,14. Die Auslassung des ברחמים und die Konzentration auf den Zion als Objekt des Eifers lässt die Umkehr zur Rückkehr ins Heiligtum werden.[60] Sollte der „Zorn" als Reflex auf den Zorn gegen die Völker im sekundären Vers 1,15 zu verstehen sein – wofür trotz fehlender terminologischer Übereinstimmung allein die Parallelität von 1,14/8,2a und 1,15/8,2b spricht[61] – fände sich schon hier ein Hinweis, dass Sach 8,1ff. bereits auf ein späteres Entstehungsstadium der Epexegesen rekurrieren. Dies bestätigt ein Blick auf die beiden folgenden Orakel (8,4f.; 8,7f.), die zwar vergleichbare wörtliche Bezugnahmen vermissen lassen, jedoch in freier Form weitere Motive aus Sach 1,14–17 und Sach 2,10–17 einspielen:

Sacharjabuches ist Serubbabel der Erbauer des Tempels. Mit Hallaschka, *Haggai*, 133 Anm. 776. Vgl. auch Willi-Plein, *Haggai*, 102.

59 Vgl. Hallaschka, *Haggai*, 276.291. Allerdings steht der Abschnitt 8,9–13 gegen Hallschka den paränetischen Stücken näher als den unbedingten Verheißungen, vgl. nur die zweifache Aufforderung „Stärkt eure Hände!" (8,9.13), und ist deshalb kaum mit ihnen auf einer Ebene zu verorten. Auch Lux, *Zweiprophetenbuch*, 22f., vermutet eine Priorität der Heilsworte 8,1–8, die jedoch noch vor Verbindung des ehemals eigenständigen Epilogs an das Sacharjabuch ergänzt worden seien.

60 Dass sich die Rückkehr in das Heiligtum allein aufgrund der Überschrift in 7,1 noch nicht vollzogen haben kann, spricht gegen eine präteritale Deutung von 8,2f. Gegen Wöhrle, *Sammlungen*, 377f.

61 Ohne 1,15 bliebe die Identifizierung des Zornobjektes letztlich ein Ratespiel. Einen Bezug auf 1,15 erkennt u. a. Deissler, *Propheten*, 290.

Das idyllische Bild einer von friedlich alternden Greisen und unbekümmert spielenden Kindern bevölkernden Stadt (8,4f.) ergibt sich folgerichtig aus der Vision einer unter göttlichem Schutz stehenden und deshalb mauerlosen Stadt, deren Menge an tierischen und menschlichen Bewohnern ohnehin keine Mauer fassen könnte (vgl. 2,8; 1,17).[62]

Die Rettung, Heimführung und Ansiedlung der Diaspora in Sach 8,7–8 könnte durch 2,10–13 inspiriert sein und liefert eine Voraussetzung der zukünftigen Bevölkerungsdichte. Volltönend beschließt die Bundesformel den Dreiklang der durch das Stichwort אמת (8,3.8) gerahmten Heilsworte.[63]

Sach 8,6 unterbricht hingegen den Zusammenhang der Heilsorakel merklich und reagiert auf latente Zweifel an deren Realisierung mit einer rhetorischen Frage:[64] „Wenn es in den Augen des Rests dieses Volkes in jenen Tagen unmöglich ist, ist es (dann) auch in meinen Augen unmöglich? Spruch JHWHs der Heerscharen." Mit den beiden Wendungen שארית העם הזה (V.6.12) und בימים ההם (V.6.10) steht dieser Einschub Sach 8,9–13 (vgl. Kap. 2.4) nahe.

Summarisch führen die Verse 8,1–5.7–8 also die entscheidenden Heilserwartungen des ersten Buchteiles am Buchende zusammen und belegen damit das schon in den Epexegesen zu beobachtende Bestreben der Tradenten, die oftmals rätselhafte prophetische Schau in verständliches prophetisches Wort zu transformieren.[65] Da das Wort- gegenüber dem Erzählmaterial im Epilog durch diese Bearbeitung erstmals die Oberhand gewinnt, könnte die Ergänzung der Wortereignisformel in 7,1b auf dieselbe Hand zurückgehen. Allein die literarische Bezugnahme auf buchinternes Material zeigt, dass hier keine ehemals unabhängig kursierenden Orakel des Sacharja in das Buch integriert wurden.[66] Sichere Indizien für eine Datierung bieten die zeitlosen Heilsworte nicht. Als *terminus a quo* kann aufgrund der relativen Chronologie der Schichten das fortgeschrittene 5. Jh. gelten.

---

62 Die Formulierung מרב (8,4) könnte ebenfalls durch 2,8 angeregt sein.

63 Für eine Abgrenzung von Sach 8,7f. gemeinsam mit V.6 finden sich indes keine Indizien. Die von Hallaschka, *Haggai*, 287 Anm. 810, zu diesem Zwecke angeführten Beobachtungen beschränken sich auf das Verhältnis von Sach 8,6 zu 8,1–5 und von 8,7f. zu 8,9–13 und tragen nur dann, wenn man 8,9–13 zu 8,1–5 rechnet.

64 Zur fehlenden Fragepartikel vgl. 1Sam 22,7 (mit Keil, *Propheten*, 598f).

65 Vgl. Assis, *Revision*, 26, für Sach 8: "[T]he obscure nature of the visions in the earlier chapters of Zechariah created the need to present the prophet's messages without the visions, in a simple, fluent form."

66 So aber z. B. Lux, *Zweiprophetenbuch*, 22f., der zudem vermutet, dass Sach 8,1–8 vor der Verbindung des Epilogs mit den Nachtgesichten zw. Sach 7,2–6 und 8,18f. eingeschoben wurde.

2.3 Die Paränese: Bedingungen des Heils (Sach 7,4–14; 8,14–17.19b)

Die prägendste Textgruppe des Epilogs konditioniert die erwartete Heilswende im Stile deuteronomistischer Kult- und Sozialkritik. Zu ihr zählt die Infragestellung der Fastenpraxis (7,4–6), der Rückblick auf das Scheitern der Väter (7,7–14) und die Ermahnungen an die gegenwärtige Generation (8,14–17.19b). Die Ermutigungen in 8,9–13 stellen angesichts ihrer Rahmung (vgl. 8,9.13) und des Fehlens der für die restliche Paränese prägenden Termini קצף, אבות, אמת, משפט ein Stück *sui generis* dar. Den logischen Ausgangspunkt der Paränese bildet die Kritik des Fastens (7,4–6). Schon die Redeeinleitung überrascht angesichts der heiligtumsfreundlichen Tendenz der bisherigen Entstehungsebenen, zeichnet sie doch das Bild eines Propheten, das dem kanonischen Typ des königszeitlichen Unheilspropheten ähnelt: Er tritt als einsamer, vom Kultbetrieb und Kultpersonal distanzierter Mahner auf. Kompromisslos erklärt er nicht nur das Fasten, sondern jegliche Speisepraxis zu einem rein anthropologischen Vorgang ohne theologische Relevanz.

Statt nun aber eine positive Handlungsalternative aufzuzeigen, setzt der Prophet in V.8 etwas umständlich unter Aufnahme des הלא aus V.6b zu einem pädagogischen Exkurs über die schlechten Vorbilder der eigenen Vergangenheit an: „[Sind] dies[67] nicht die Worte, die JHWH durch die Hand der alten Propheten verkündete (…)?" Sach 7,9f. fassen diese prophetische Verkündigung an die Väter unter Rückgriff auf jeremianische Tradition (vgl. Jer 7,5f.; 22,3)[68] als Eintreten für ein solidarisches Ethos zusammen. Doch die Väter – so resümieren die letzten Verse des Kapitels – zogen durch ihre Renitenz gegenüber der prophetischen Botschaft (V.11–12a) den Zorn JHWHs auf sich (V.12b–14), der sich nach der Logik des Tun-Ergehen-Zusammenhangs Bahn brach.[69]

Innerhalb dieses Geschichtsrückblicks verwirrt freilich 7,8: Er leitet ausgerechnet die Summe vorexilischer Prophetie (V.9f.) als Wort Sacharjas ein, was manchen Forscher „zur der wunderlichen Meinung (…), daß unser Prophet hier

---

67 Zur emphatischen Verwendung von את als *nota nominativi* bzw. Demonstrativum vgl. GK §117i; JM §125 j; Saydon, *Meanings*, 202; MacDonald, *Particle*, 274. Ähnlich schon LXX (οὐχ οὗτοι οἱ λόγοι εἰσίν) und V (*numquid non sunt verba*). Kritisch zur Existenz einer *nota nominativi* Albrecht, *Nominativ*, 274–279; Blau, *Gebrauch*, 7–19. Möglich wäre auch eine Ellipse bzw. Aposiopese: „Kennet ihr nicht die Worte [...]?" (Köhler, *Propheten II*, 223; vgl. auch Keil, *Propheten*, 595).
68 Vgl. z. B. Hallaschka, *Haggai*, 279.
69 Der „große Zorn" (קצף גדול) JHWHs, die Zerstreuung unter die Völker und die Verwüstung des Landes (7,11–14) formen bewusst einen Kontrast zum „großen Eifer" (קנאה גדולה) JHWHs, der Heimkehr und die Wiederbevölkerung der Stadt, wie sie der gegenwärtigen Generation wieder in Aussicht gestellt werden (8,1–8).

Worte eines älteren, vorexilischen Zacharja reproduciere"[70], verleitete. Inzwischen grenzt man den Vers meist als Glosse zur Sicherung der Gegenwartsrelevanz der Worte aus.[71] Berücksichtigt man jedoch den bereits notierten Bruch zwischen V.6 und V.7, könnte 7,(8.)9f.[72] ursprünglich tatsächlich als Wort Sacharjas die selbstlose Alternative zum selbstbezogenen Fasten formuliert haben. Erst die sekundäre Rahmung durch 7,7.11–14 spiegelt den Diskurs in die Zeit der Väter.

Die durch die Ergänzung von 7,7.11–14 verlorene, aber für den Text unverzichtbare gegenwärtige Handlungsorientierung müssen dann auf derselben literarhistorischen Ebene wie 7,7.11–14 die Verse 8,14–17 liefern: V.14f. summiert zunächst den Geschichtsrückblick (7,7–14) und die Heilsaussicht (8,1ff.) mit einer entscheidenden Pointe: JHWH „plant" die Wende zum Guten lediglich, ihre Realisierung knüpft sich an das Verhalten der Angesprochenen. Die Einleitung „Dies sind die Worte, nach denen ihr tun sollt..." (8,16a) bildet das Gegenstück zur Einführung der früheren Worte „[Dies sind] die Worte, die JHWH durch die Hand der alten Propheten verkündigte (...)." (7,7) Die Paränese in 8,16b.17 überschneidet sich mit 7,9f. in den Leitworten, variiert aber stellenweise terminologisch (7,9: איש את אחיו; 8,16: איש את רעהו), ergänzt mit dem Verbot des Meineids einen Bezug auf das Nachtgesicht „Schriftrolle" (vgl. 5,4) und schließt mit einer theologischen Begründung: „Denn diese Dinge sind's, die JHWH hasst." Auch diese Beobachtungen sprechen dafür, 8,14–17 samt 7,7.11–14 erst nach 7,4–6.(8.)9f. anzusetzen. Den Schlusspunkt dieser Fortschreibung dürfte 8,19b bilden, der die Stichwörter אמת (7,9), שלום (8,16) und אהב (8,17) in einer letzten Ermahnung bündelt: „Die Treue und den Frieden liebt!"[73]

In summa ergibt sich durch diese tiefgreifende Bearbeitung ein doppelt gerahmter Aufbau des Epilogs: Die Fastenfrage mit der Wende von der Trauer zur Freude bildet den äußeren Rahmen (7,1a.2f.; 8,18.19b), die Bedingungen dieser Wende formuliert der innere Rahmen (7,4–14; 8,14–17), im Zentrum steht die inhaltliche Ausmalung der Wende (8,1–5.7f.). Erst 8,9–13 und 8,20–23 sprengen diese Struktur und dürften auch deshalb auf spätere Hände zurückgehen.

---

70 Keil, *Propheten*, 595, der seinerseits dem Problem mit einem vorzeitigen Verständnis von כה אמר in 7,9 begegnet.

71 Vgl. etwa Beuken, *Haggai*, 123; Rudolph, *Haggai*, 142; Reventlow, *Propheten*, 76; Hanhart, *Sacharja*, 468; Wöhrle, *Sammlungen*, 351; Hallaschka, *Haggai*, 277f.

72 Gegen einen ursprünglichen Zusammenhang von V.8 und V.9f. spricht weniger die Kombination aus Wortereignis- und Botenspruchformel samt doppeltem לאמר – beides ist zumindest nicht singulär (vgl. 8,1f.; 8,18f. und Hag 2,20f.) –, sondern höchstens, wenn man den Zusammenhang von 7,4–6.9f. voraussetzt, die Inkohärenz zwischen erster und dritter Person in V.4 und V.8. Freilich lagen dem Redaktor im vorliegenden Text schon beide Varianten der Wortereignisformel vor, womit dieser Varianz weniger Gewicht beigemessen werden kann.

73 Mit Hallaschka, *Haggai*, 282.

Der paränetisch überarbeitete Epilog findet seine Entsprechung im Prolog Sach 1,1–6. Zahlreiche Stichwortverbindungen unterstreichen die literarhistorische Zusammengehörigkeit beider Textbereiche: der Zorn JHWHs (1,2; 7,12; 8,14), die Väter (1,2.4.5.6; 8,14), die (früheren) Propheten (1,4.5.6; 7,7.12), die Umkehr JHWHs (1,3; 8,15), das Hören (שמע: 1,4; 7,11.12.14; קשב: 1,4; 7,11). Die Vorstellung einer Reziprozität zwischen menschlichem und göttlichem Handeln (7,13) prägt auch den neuen Leitsatz des Sacharjabuches (1,3aβb; vgl. auch 1,6):

> *„So spricht JHWH der Heerscharen: ‚Kehrt um zu mir‘, Spruch JHWHs, ‚so werde ich zu euch umkehren‘ spricht JHWH der Heerscharen.“*

Dieses Motto stellt die das Buch durchziehende Verheißung der Rückkehr bzw. Umkehr JHWHs (1,16; 8,3), mithin den Auftakt der Heilswende, unter den Vorbehalt der Umkehr des Volkes.

Manche vermuten freilich schon in 1,6b eine Notiz über den unmittelbaren Erfolg der prophetischen Predigt (1,3–6a).[74] Die göttlichen Umkehraussagen des Buches wären dann nicht mehr futurisch, sondern präterital zu lesen. Dem Umkehrruf (1,3f.) wäre damit jedoch sofort wieder der Wind aus den Segeln genommen. Auch folgende Argumente sprechen dafür, 1,6b analog zu 1,4b.6a noch auf die Väter zu beziehen: 1) Der Text indiziert weder ein Ende der Prophetenrede nach V.6a noch einen plötzlichen Subjektwechsel zwischen V.6a und V.6b. 2) Die „Wege“ und „Taten“ (V.6b) bezeichnen in V.4 gerade nicht die „Wege“ und „Taten“ der gegenwärtigen Generation, sondern die der Väter. 3) Die Sprecher erkennen das Eintreten der Unheilsprophetie als unmittelbare Auswirkung ihres eigenen Tuns an, was kaum für die ausdrücklich von den Vätern unterschiedene nachexilische Generation gelten kann.[75] Deshalb sind es die Väter, die nach dem Eintreffen des Gerichts zur späten Einsicht kamen und nur noch konstatieren können: „Wie JHWH der Heerscharen gedachte an uns zu handeln gemäß unseren Wegen und Taten, so hat er mit uns gehandelt.“ (1,6bβ). Damit bleiben sie warnendes Vorbild für ihre Nachkommen.

Die neue Überschrift des Buches Sach 1,1 verlegt den Beginn der Predigt Sacharjas in die Zeit noch vor Beginn des Tempelbaus, seine Umkehrpredigt wird zur maßgeblichen Voraussetzung auch der Grundsteinlegung. Die Botschaft des Sacharjabuches gewinnt so einerseits – deutlich markiert durch die paränetische Rahmung (1,1–6; 7–8*) – eine größere Eigenständigkeit gegenüber dem Haggaibuch, andererseits wird die Wirksamkeit Haggais und Sacharjas verschränkt. Von

---

74 So u. a. Reventlow, *Propheten*, 38; Wöhrle, *Sammlungen*, 325 Anm. 9.

75 Dass die gegenwärtige Generation spricht und in ihr „Wir" nun ihre Vorfahren einbezieht, ist angesichts der vorangehenden strikten Unterscheidung zwischen der Väterzeit und der Gegenwart unwahrscheinlich.

einer Buchabtrennung zu reden scheint deshalb auch angesichts des unverändert buchübergreifenden Horizontes späterer Fortschreibungen nicht indiziert.[76]

2.4 Eine Ermutigung: Die Vergangenheit als Modell der Gegenwart (Sach 8,9–13)

Wie die Paränese strukturiert auch die Ermunterung in Sach 8,9–13 die Geschichte in zwei Perioden, verschiebt die Perspektive dabei aber auf erstaunliche Weise. Da sind einmal die unmittelbaren Adressaten in der Gegenwart des Verfassers (8,9: בימים האלה; vgl. 8,15). Sie vernehmen die vergangenen Worte der Propheten, „die am Tag (ביום), an dem der Tempel JHWHs der Heerscharen gegründet wurde, [wirkten]" (8,9; vgl. Hag 2,18); es liegt nahe, an Haggai und Sacharja zu denken, denen die jüngste Buchüberschrift Sach 1,1 eine gemeinsame Wirkungszeit nachsagt.[77] Allein die betonte terminologische Differenzierung erweckt den Eindruck eines beträchtlichen zeitlichen Abstands zwischen „diesen Tagen" der Gegenwart und „dem Tag" der Grundsteinlegung.[78] Dies bestätigt eine analoge Differenzierung der Folgeverse: Die Zeit „vor jenen Tagen" (8,10: לפני הימים ההם), sprich vor dem Bau des Tempels, und wiederum die Gegenwart der Adressaten, die als „jetzt" (8,11: ועתה) nun unmissverständlich von den „früheren Tagen" (8,11: כימים הראשנים) abgesetzt wird.

8,10 charakterisiert die frühere Zeit in Anlehnung an Hag 1,10f. als Zeit der Ertragslosigkeit, des äußeren und inneren Unfriedens. 8,11f. (ועתה) dokumentiert kontrastierend die Gegenwart – die Imperfecta lassen sich iterativ deuten[79] – als Zeit friedlichen Wohlstands[80]; auch hier sind Anklänge an Hag 1,10 und 2,19 nicht

---

76 Vgl. dazu die vorsichtige Erwägung von Hallaschka, *Haggai*, 149f.: „Man wird hierin wohl die Buchabtrennung des Sacharja-Buchs von Haggai erkennen können."

77 Auch dies spricht im Übrigen dafür, dass 8,9–13 gegen Hallaschka, *Haggai*, 318f., bereits die paränetische Erweiterung des Buches samt Sach 1,1 im Rücken haben.

78 Dies hat erstmals Ackroyd, *Book*, 154, erkannt: "Anyone reading such a phrase apart from its present context and without prejudice, would get the impression that a much longer space of time had elapsed between the period of the prophets mentioned and that of the hearers of the word. A mere two years such as is envisaged by the dates in Haggai and that in Zech. Vii. 1 (520–518) is insufficient for such a contrast." Ihm folgt Rudolph, *Haggai*, 148. Vgl. auch Mason, *Haggai*, 70f. ("an epxlicit reference to those who hear and read in the later times of the editor the promises of the prophets Haggai and Zechariah"). Dagegen vermutet Reventlow, *Propheten*, 81f., dass zwar nicht Sacharja selbst, aber doch eine Stimme noch vor Vollendung des Baus das Wort ergreift.

79 Vgl. wiederum Rudolph, *Haggai*, 148f.

80 Angesichts des Zusammenhangs mit 8,9 könnte der Vers den Weinstock exemplarisch durchaus wörtlich als „Saat des Friedens" charakterisieren, da sichere Verhältnisse Anbau und Ernte gewiss begünstigen. Vgl. Keil, *Propheten*, 600.

zu überhören. Damit vollzieht der Redaktor genau das, was Hag 2,18f. von seinen Lesern fordert: „Achtet doch darauf von diesem Tag an und fernerhin! (...) Ist die Saat noch im Speicher und haben Weinstock, Feigenbaum, Granatapfelbaum und Olivenbaum noch nicht getragen? Von diesem Tag an will ich segnen." Die Aufnahme des Tempelbaus markierte also eine Wende vom Chaos der Exilszeit zum Kosmos der frühen Perserzeit, die die Hörer anhand eigener Erfahrung bereits verifizieren können. Dennoch hat die Botschaft der Propheten des Tempelbaus damit nichts an Aktualität eingebüßt, sie enthält einen Heilsüberschuss – man könnte etwa an die vollmundigen Verheißungen in 8,4f.7f. denken.[81] Deshalb ergeht die einst an die Bauherren des Tempels ergangene Ermutigung „Stärkt eure Hände" (Hag 2,4) weiterhin in gleichsam übertragenem Sinne an das Tempelvolk (8,9.13). JHWH wird – erst der Neueinsatz mit והיה (8,13) scheint nun den Blick in die Zukunft zu wenden[82] – dem Volk weiterhin Gelingen schenken, so dass es endgültig von einem (Anlass zum) Fluch unter den Völkern zu einem Segen werden wird. Das Segensmotiv (vgl. Hag 2,19) ist genauso wie der seelsorgerliche Zuspruch „Fürchtet euch nicht!" wieder dem Haggaibuch entlehnt (vgl. Hag 2,5).

Während dem spätdeuteronomistischen Redaktor das Adjektiv ראשון noch der Abgrenzung der vorexilischen Vätergeneration von der frühnachexilischen Tempelbaugeneration dient (vgl. 1,4; 7,7.12), ist die Zeit des Tempelbaus für den Verfasser von 8,9–13 selbst zu einer vergangenen Epoche der „früheren Tage" (vgl. 8,11) geworden.[83] Er bemüht sich nicht mehr, die Fiktion aufrechtzuerhalten, authentisches Wort des Propheten Sacharja zu verkünden, sondern markiert den zeitlichen Abstand explizit. Damit gibt er zugleich einen selten direkten Einblick, unter welchen hermeneutischen Voraussetzungen die beiden Bücher auch für spätere Generationen relevant blieben.

2.5 Die Völkerwallfahrt: Universalisierung des Heils (Sach 8,20–23)

8,20–22 bilden schließlich einen neuen Rahmen um den Epilog, indem sie das Stichwort „besänftigen" (8,21.22) und das Motiv einer Gesandtschaft nach Jerusalem aus 7,2f. aufgreifen: Die Völker aller Länder vereinigen sich, um JHWH zu

---

81 Dass deren Inhalt keineswegs banal ist, zeigt die seelsorgerliche Ergänzung in 8,6, die auch aufgrund terminologischer Überschneidungen auf einer Ebene mit 8,9–13 liegen könnte.
82 Mit Rudolph, *Haggai*, 149f.; Nogalski, *Precursors*, 263f. Meist deutet man jedoch schon V.12 futurisch (so z. B. Elliger, *Propheten*, 140; Reventlow, *Propheten*, 81f.).
83 Genau umgekehrt bestimmt jedoch Lux, *Zweiprophetenbuch*, 24, das Verhältnis von Sach 8,9–14 zu Sach 1,1–6; 7,7–14.

Jerusalem ihre Reverenz zu erweisen.[84] V.20b fungiert als Einleitung, V.21 beschreibt die Entschlussfassung, V. 22 die Umsetzung. Die Notwendigkeit gegenseitiger Ermunterung belegt die Dringlichkeit des Unterfangens, vielleicht sogar eine für den Reiseantritt nötige Überwindung. Möglicherweise steht also der andernorts thematisierte Zorn JHWHs gegen die Völker (vgl. etwa 1,15) im Hintergrund. Sowohl das „Besänftigen" (לחלות) als auch das „Suchen" (לבקש) JHWHs kann tatsächlich seine kultische Anrufung in als Strafe wahrgenommenen Notsituationen beschreiben.[85] Trifft dies zu, vernehmen nun auch die Völker den Umkehrruf JHWHs „Kehrt um zu mir, so werde ich zu euch umkehren." (Sach 1,3) und leisten ihm Folge.[86]

Eine weitere Botenspruchformel leitet in Sach 8,23 eine spätere Variation des Themas ein:[87] (Jeweils) zehn Menschen aus allen Völkern werden den Gewandzipfel eines Judäers ergreifen, um mit ihm zu gehen: „Denn wir haben gehört: Gott ist mit euch." Nicht Angst oder Reue angesichts göttlichen Zorns, sondern das Staunen über die Gottesnähe Israels motiviert die Hinwendung der Völker. Sie ergibt sich folgerichtig aus der – damit bereits vorausgesetzten – versprochenen Wandlung des Gottesvolkes vom Fluch zum Segen unter den Völkern in Sach 8,13. Wie aber ist das „Mitgehen" zu deuten? Von 8,20–22 herkommend vermutet man meist, dass sich in 8,23 Reisegruppen um einen Diasporajudäer als Reiseleiter bilden: Die Diaspora und die Völker vereinigen sich so zu einem Strom gen Jerusalem.[88] Allerdings verzichtet der Vers auf die Angabe des Reisezieles und die Kennzeichnung des „judäischen Menschen" (איש יהודי) als Glied der Diaspora. Damit ließe sich die Aussage auch viel grundsätzlicher verstehen: Statt etwa „mit frevlerischen Menschen" zu wandeln (vgl. Hi 34,8: וללכת עם אנשי רשע), schließen sich die Völker frommen Judäern auf ihrem gottgefälligen Lebensweg an, womit der Vers einen deutlich „proselytische[n] Zug"[89] erhielte.

Auch Sach 8,20–22.23 bilden den Schlusspunkt einer Reihe von thematisch verwandten Texten des Zweiprophetenbuches wie Hag 2,6–8; Sach 2,15; 6,15a, die

---

84 Die Rede vom Kommen der Völker aus „vielen Städten" beweist dabei nicht, dass auch die Delegation in 7,3 aus einer Stadt, sprich Bethel, kommen muss (so Veijola, *Verheissung*, 196). Ebenso könnte man eine Analogie zwischen dem Kommen der Völker aus der Ferne und dem Kommen einer Delegation aus der Diaspora ziehen. Vgl. Anm. 10.

85 Vgl. für חלה Ex 32,11; 1Sam 13,12; 1Kön 13,6; 2Kön 13,4; Jer 26,19; Mal 1,9; Ps 119,58; Dan 9,13; 2Chr 33,12; für בקש 2Sam 12,16; Jer 29,13; Hos 3,5; 5,6.15.

86 Vgl. Deissler, *Propheten*, 292.

87 Als weitere Ergänzung erachten den Vers Stendebach, *Prophetie*, 43; Rudolph, *Haggai*, 152f.; Irsigler, *Gottesvolk*, 222.

88 Vgl. Rudolph, *Haggai*, 152; Deissler, *Propheten*, 292f.; Reventlow, *Propheten*, 85.

89 Deissler, *Propheten*, 293. Vgl. auch Stendebach, *Prophetie*, 43; Irsigler, *Gottesvolk*, 222.243.

jedoch alle konzeptionell nicht völlig deckungsgleich sind: In Hag 2,6–8 treibt JHWH die Völker samt ihren Reichtümern durch die Erschütterung der Erde nach Jerusalem, in Sach 2,15 begleiten die Völker JHWH bei seiner Rückkehr auf den Zion als „sein Volk" – das theologische Maximum alttestamentlicher Völkeraussagen, in 6,15a beteiligen sie sich lediglich am Tempelbau, in Sach 8,20–22.23 liegt die Initiative bei den Einzelnen. Entweder werden hier ganz bewusst verschiedene Aspekte des Motivs eingespielt oder man wird literarhistorisch weiter differenzieren müssen.[90] Zeitgeschichtlich lassen sich die Worte als Reflex persischer Reichsideologie in der späten Perserzeit verorten.[91]

2.6 Ein Ausblick: Messianische Erwartungen in Hag/Sach 1–6

Die Frage nach dem irdischen Herrscher Jerusalems prägt die Gestalt des Zweiprophetenbuches durch Schlüsseltexte am Ende des Haggaibuches (Hag 2,20–23) sowie im Zentrum (Sach 3; 4,6aβ–10a*) und am Ende des Visionszyklus (Sach 6,9–15). Im Epilog haben diese Texte – angesichts seines bisher beobachteten summarischen Charakters überraschend – keine Spuren hinterlassen. Will man dieses Schweigen nicht als programmatische Absage an irdische Herrschermacht interpretieren, wofür sich kein Anhaltspunkt bietet, könnte es ein erstes Indiz für ein verhältnismäßig spätes Datum dieser Texte darstellen. Grundsätzlich lassen sich – mit fließenden Übergängen – drei Perspektiven auf die Herrscherfrage differenzieren: 1) Die ältesten Texte dokumentieren die Rolle des Statthalters Serubbabel und des Hohenpriesters Josua beim Tempelbau als vorbildliche Gestalten der Vergangenheit (Hag 1,1.12.14; 2,2.4; Sach 4,6aβ–10a*).[92] 2) Sach 3* und Sach 6,9–15* formulieren im Stile von Ursprungslegenden die bleibende Bedeutung des Hohenpriesteramtes für die Gegenwart des Verfassers. 3) Punktuelle Einschreibungen in diese Texte stellen die Rolle des Hohenpriesters – inspiriert durch den wohl selbst schon messianisch zu lesenden sekundären Schluss des Haggaibuches 2,20–23 (s. Kap. 2.6.1) – unter den eschatologischen Vorbehalt

---

90 Wöhrle, *Sammlungen*, 365, und Hallaschka, *Haggai*, 313, plädieren für eine einheitliche „Heil für die Völker"-Schicht, zu der Wöhrle, *Abschluss*, 335–361, auch Sach 14,16–19 rechnet. Irsigler, *Gottesvolk*, 215–224.242–244, arbeitet indes überzeugend die konzeptionellen Differenzen der einzelnen Texte heraus.
91 Vgl. Lux, *Völkertheologie*, 262.
92 Gegen Sérandour, *Réflexions*, 77, der schon hinter dem Nebeneinander von Serubbabel und Josua im Rahmenwerk des Haggaibuches « une idéologie ultérieure, dyarchique » erkennt, ist der qualitative Abstand dieser Texte zu den weit ideologischeren Abschnitten Sach 3 und Sach 6,9–14 festzuhalten.

eines zukünftigen davidischen Herrschers (Sach 3,8; 6,12). Letzteren – im engen eschatologischen Sinne messianischen – Texten gilt das Interesse der folgenden Überlegungen, da sie ein zentrales thematisches Bindeglied zu Sach 9–14 darstellen.

Strittig bleibt das messianische Verständnis der beiden „Ölsöhne" als „Gesalbte" in Sach 4,14. Es könnte auf einem Missverständnis beruhen.[93] יצהר bezeichnet im Unterschied zu שמן nicht das verarbeitete (Salb-) Öl, sondern den frischen Olivensaft, der neben Traubenmost (תירוש) als Vorstufe des Weins und Getreide (דגן) als Vorstufe des Brots *pars pro toto* die Gaben des fruchtbaren Landes symbolisiert.[94] Das Nomen בן dient häufig der Qualifikation einer bereits genannten – nicht zwangsläufig menschlichen – Größe durch das folgende *nomen rectum*. Wie das Weinberglied (Jes 5,1) den offenbar besonders fruchtbaren Hügel als „Sohn von Öl" (בן שמן) auszeichnet, so Sach 4,14 die Ölbäume als besonders „olivensaftreiche" Exemplare. Sie symbolisieren die vom Tempel als Zentrum ausgehende Fruchtbarkeit des Landes,[95] ein typischer Topos altorientalischer und alttestamentlicher Heiligtumstheologie. Als Kronzeuge einer königlich-priesterlichen Dyarchie taugt der Vers damit nur bedingt. Man mag spekulieren, ob die literarhistorisch späte Abfolge eines Josua- (Sach 3) und eines Serubbabelkapitels (Sach 4) im Zentrum der Visionen ein dyarchisches Verständnis von Sach 4,14 befördern konnte.[96] Literarische Anspielungen auf den Vers, die eine derartige buchinterne Rezeption belegen, sucht man jedoch vergeblich.

2.6.1 Hag 2,20–23

Hag 2,20–23 birgt diverse Merkmale eines Nachtrags; dazu zählen die für das Buch singuläre Einleitung als „zweites" Wort des Tages,[97] die unerwartete Fokussierung auf Serubbabel, die inhaltliche Abkehr vom Tempelbau samt seinen Segnungen, die Infragestellung der im chronologischen Rahmen fraglos

---

93 Mit Schöttler, *Gott*, 243–253; Redditt, *Haggai*, 68; Delkurt, *Nachtgesichte*, 213–223.
94 Vgl. Num 18,12; Dtn 7,13; 11,14; 12,17; 14,23; 18,4; 28,51; 2Kön 18,32; Jer 31,12; Hos 2,10.24; Joel 1,10; 2,19.24; Hag 1,11; 2Chr 31,5; 32,28; Neh 5,11; 10,38.40; 13,5.12.
95 Einen Schritt weiter geht Delkurt, *Nachtgesichte*, 218–220, indem er die Zweizahl auf Nord- und Südreich bezieht. Vermittelnde Positionen vertreten van der Woude, *Söhne*, 265, der an „den Fruchtbarkeitssegen verkörpernde[] Heilandsgestalten" denkt, und Willi-Plein, *Haggai*, 96, die den – freilich erst durch den vermutlich späteren Vers 4,12 hergestellten (vgl. dazu Sellin, *Zwölfprophetenbuch [1922]*, 452; Elliger, *Propheten*, 104; Rudolph, *Haggai*, 109) – Zusammenhang von Leuchter und Ölquelle metaphorisch auf die Beförderung des Tempelbaus durch die „Frischölsöhne" Serubbabel und Josua deutet. Rose, *Zemah*, 200–207, denkt an zwei himmlische Wesen.
96 So Delkurt, *Nachtgesichte*, 214.221.
97 Zu שׁנית als Mittel redaktioneller Anknüpfung vgl. Pola, *Priestertum*, 71–72.

anerkannten persischen Weltordnung[98] sowie die eschatologische Färbung. Damit steht von vornherein die Authentizität des Abschnitts als tatsächlich von Haggai an Serubbabel ergangenes Wort in Frage.[99]

Eine kosmische Erschütterung (V.21b) leitet die Entmachtung der Völker (V.22) und die Ermächtigung Serubbabels zum verlängerten Arm des göttlichen Machthabers (V.23) ein. An die Stelle des von JHWH verworfenen letzten judäischen Königs Jehojakim (vgl. das Stichwort חותם in Jer 22,24) soll sein – gezielt als Sohn Schealtiels angesprochener – Enkel Serubbabel treten.[100] Die dreifache Gottesspruchformel verleiht dem Vers als neuem Schluss- und Höhepunkt des Buches besonderen Nachdruck. Beinahe jedes einzelne Wort ist „theologisch geladen[]"[101]. Erwählungstermini bilden den Rahmen: לקח („nehmen") betont den „Überraschungseffekt"[102] der Erwählung, בחר („auswählen") „das rationale Moment [...], also die Überprüfbarkeit der Maßstäbe"[103]. Die Termini „mein Knecht" (עבדי) und „Siegelring" (חותם) weisen ihn als Stellvertreter des göttlichen

---

98 Die Verse Hag 1,1; 1,15b; 2,1f. ordnen den judäischen Statthalter anstandslos dem persischen König unter. Wöhrle, *Sammlungen*, 319f., bestimmt nun deren Funktion umgekehrt als gegenüber 2,23 sekundäre „Abwertung" Serubbabels, indem seine Rolle „auf die administrativen Aufgaben im Rahmen der persischen Provinzverwaltung unter dem als König anerkannten Darius" reduziert werde. Allerdings scheint fraglich, inwiefern eine sekundäre Einführung als Statthalter der Gegenwart tatsächlich die Einsetzung zum Herrscher der Zukunft relativeren könnte, zumal diese Hoffnung das letzte und damit wohl auch letztgültige Wort des Buches bleibt. Gerade die Überschrift in Hag 2,20 verschweigt den persischen König.

99 Mit Sérandour, *Récits*, 16–19; Kratz, *Serubbabel*, 88; Hallaschka, *Haggai*, 101–120. Daneben stehen Versuche, die messianische Erwählung Serubbabels als genuine Prophetie Haggais durch Ausgrenzung einer eschatologisierenden Bearbeitung in V.(20.21a.)21b.22 (Wöhrle, *Sammlungen*, 309–313), V.22.23aα (Nogalski, *Precursors*, 234), oder V.21b.22.23aα (Wolff, *Haggai*, 83; Leuenberger, *Haggai*, 230f.) zu behaupten. Ohne V.22 hängt jedoch das ביום ההוא in der Luft, ohne ביום ההוא fehlt V.23 ein Bezugspunkt und selbst nach Ausgrenzung der Überschrift in V.20 geht die messianische Erwartung in V.23 deutlich über die Hoffnung auf einen Fruchtbarkeitssegen mit Beginn des Tempelbaus hinaus (V.15–19). Erwägenswert bleibt indes die Ausgrenzung von V.23 (vgl. Kratz, *Serubbabel*, 88). Dann müsste man auch die ohne V.23 völlig unmotivierte Adressierung des Wortes an Serubbabel in V.21a später ansetzen. Vgl. zu den verschiedenen literarkritischen Optionen und ihrer Kritik Hallaschka, *Haggai*, 101–120.

100 Der Vater Serubbabels Schealtiel (vgl. Esr 3,2.8; Neh 12,1), ist nach 1Chr 3,17 ein Sohn Jojachins. 1Chr 3,19 führt Serubbabel allerdings als Sohn des Bruders Schealtiels, Pedaja. Vgl. dazu Rudolph, *Haggai*, 31.

101 Sauer, *Serubbabel*, 203.

102 Seebass, *Art.* לקח, 593. Vgl. 2Sam 7,8; 2Chr 17,7; Ps 78,70.

103 Seebass, *Art.* בחר, 595. Vgl. mit Bezug auf David 1Kön 11,34; Ps 78,70; 1Chr 28,4. Die Verse Jes 41,8; 42,1; 43,10 kombinieren beide Termini.

Herrschers aus: Als gehorsamer Knecht steht er im Dienst seines Herren.[104] Als Siegelring beglaubigt er die Autorität des Siegelnden; er vertritt Gott als dessen „leibhaft gewordene Herrschermacht"[105]. Von einer „relativ bescheiden[en]"[106] Erwartung kann trotz Fehlen des Königstitels keine Rede sein. Dabei prägt den Vers eine eigentümliche chronologische Spannung: Serubbabel gilt bereits jetzt als erwählter Knecht Gottes, seine Ergreifung als Siegelring „an jenem Tag" steht jedoch noch aus. Allein diese Beobachtungen könnten zu dem Schluss führen, „daß die Verheißung nicht seiner individuellen Person galt"[107]. Der Ergänzungscharakter macht einen Bezug auf die historische Gestalt Serubbabels eher unwahrscheinlich: Eine fortschreibende Hand hätte dem Propheten kaum eine solch grandiose Fehleinschätzung unterstellt, die im Übrigen auch der Überlieferungswürdigkeit eines authentischen Prophetenwortes und eines in seinem Namen kursierenden Buches kaum zuträglich gewesen wäre. Warum aber sollte ein Redaktor seine messianische Erwartung an den Namen eines geschichtlichen Individuums der Vergangenheit binden? Offenbar verbürgt Serubbabel die bleibende Erwählung der davidischen Linie nach dem Untergang des Königtums. In seiner Person manifestiert sich die Spannung zwischen dem „schon jetzt" des Tempelbaus und dem „noch nicht" des ausbleibenden Heils, die den Motor der Literargeschichte des gesamten Buches bildet: Zwar initiierte er in königlichem Stil den Tempelbau, trat jedoch keine königliche Herrschaft an. Er konnte damit in den Fußstapfen seines Ahnen David (vgl. Jer 30,9; Ez 34,23f. 37,24f.; Hos 3,5) als Chiffre zum personifizierten Versprechen des kommenden Herrschers werden.

---

104 Vgl. Lindhagen, *Servant*, 280–284. Bezeichnenderweise gestehen die Samuel- und Königebücher den Titel nur David (2Sam 7,5; 1Kön 3,6; 8,24–26.66; 11,13.32.34.36; 14,8; 2Kön 8,19; 19,34; 20,6; vgl. auch Ps 132,10) und Salomo (1Kön 3,7–9; 8,28–30.32.36.52.59) zu, die Chronikbücher auch Hiskia (2Chr 32,16). Messianische Belege finden sich in Jes 53,11; Ez 34,23f.; 37,24.

105 Elliger, *Propheten*, 97. Beschränkt man den Bildgehalt des Siegels indes auf die besondere Nähe zum Siegelträger JHWH (Rose, *Zemah*, 218–238; Hallaschka, *Haggai*, 115f.), beraubt man den Vers einer konkreten Aussage über die Funktion Serubbabels.

106 Leuenberger, *Haggai*, 231. Vgl. ähnlich Wolff, *Haggai*, 85; Rose, *Zemah*, 208–247.

107 So Keil, *Propheten*, 527 (mit freilich christologischen Hintergedanken): „Denn daß die Verheißung nicht seiner individuellen Person galt, sondern der amtlichen Stellung, welche er innehatte, das läßt sich schon daraus abnehmen, daß das Geweißagte erst nach dem Sturze des Thrones und der Macht aller Königreiche der Heiden erfolgen solle, also nicht noch zu Lebzeiten Zerubabels geschehen konnte, da im Laufe eines Menschenalters wol der Fall dieses oder jenes Königreiches, aber nicht der Sturz aller Königreiche und das Kommen aller Heiden, um den Tempel des Herrn mit ihren Gütern zu füllen (V.7), zu erwarten stand."

2.6.2 Sach 3,8

Sach 3[108] lässt den Hohenpriester Josua vor dem himmlischen Tribunal erscheinen. Als „aus dem Feuer gerettetes Holzscheit" (vgl. Am 4,11)[109] trägt er – wohl als Repräsentant seiner Profession – Spuren des bereits vollzogenen Gerichts an sich, weshalb der göttliche Richter die erneute Anklage des himmlischen Klägers unmissverständlich zurückweist. Die Neueinkleidung[110] des befleckten Priesters symbolisiert seine Entsühnung[111] und markiert die Möglichkeit eines Neuanfangs nach dem Gericht. Freilich impliziert schon das Bild des glimmenden Holzscheites in Am 4,11 eine Aussetzung der Strafe auf Bewährung.[112] So mündet die Szene denn auch in einer bedingten Verheißung, in der das betonte וגם אתה den Übergang von der Protasis zur Apodosis markiert. Für den Fall königlichen Verhaltens – die Paränese speist sich aus Worten an den König Salomo (1Kön 3,14; 2,3a)[113] – werden dem Hohenpriester königliche Pflichten und Rechte in Aussicht gestellt: Die Tempelgerichtsbarkeit und die Reinhaltung des Kultes.[114] Die Verheißung eines „Zugangs zu denen, die hier stehen" dürfte von der häufigen Verwendung des Verbes „stehen"

---

108 Da Sach 3 die konzentrische Anlage des siebenteiligen Visionszyklus sprengt und sich etwa durch den Verzicht auf das übliche Frage- und Antwortspiel zwischen Deuteengel und Prophet von den anderen Visionen unterscheidet, ist sein Ergänzungscharakter gemeinhin anerkannt. Vgl. exemplarisch Jepsen, *Beiträge III*, 95f.; Jeremias, Ch., *Nachtgesichte*, 202f.; Redditt, *Haggai*, 38–43; Delkurt, *Nachtgesichte*, 147.
109 Das Nomen אוד begegnet neben Sach 3,2 und Am 4,11 nur in Jes 7,4, das Verb נצל Hoph. nur in Sach 3,2 und Am 4,11.
110 V. 3,5a.bα₁ dürfte allerdings späteren Datums sein: Er durchbricht den Zusammenhang zwischen Ankündigung und Durchführung der Einkleidung, was in dem merkwürdigen Bild eines zwischenzeitlich nur mit Kopfschmuck bedeckten Priesters resultiert, lässt unerwartet den Propheten als himmlischen Akteur auftreten und nimmt letztlich auch 6,9–15 vorweg. Vgl. Pola, *Priestertum*, 182; Hallschka, *Haggai*, 210–212.
111 Der Infinitiv absolutus והלבש setzt „als Stellvertreter des verbum finitum" (GK §113y) das vorangehende Verb העברתי fort.
112 Zu Am 4,11 vgl. Jeremias, J., *Amos*, 53: „Die Überlebenden der Katastrophe von 586 sind noch keineswegs ‚Gerettete', sondern sie können und sollen ihr Leben als unverdientes Wunder begreifen, das Konsequenzen fordert." Vgl. aber Delkurt, *Nachtgesichte*, 157: „Hingegen ist in Sach 3 keine direkte pädagogische Abzweckung des Anbrennens zu erkennen."
113 Die Kombination von הלך 2. sg. Impf. und בדרכי findet sich nur in 1Kön 3,14, eine Kombination beider Wendungen „auf den Wegen JHWHs wandeln" und „JHWHs Dienst einhalten" nur in 1Kön 2,3.
114 Das „Richten" ist Aufgabe des Königs (Ps 72,2; Jer 21,12; Spr 20,8; vgl. auch Ps 96,10), das „Haus" dürfte den Tempel bezeichnen und die Bewahrung der Vorhöfe zielt auf die Reinhaltung des Kultes, die ebenfalls dem König obliegt (vgl. 1Kön 8,64; 2Kön 21,5; 2Kön 23,12). Vgl. etwa Pola, *Priestertum*, 198–203. Kritisch Segal, *Responsibilities*, 717–734.

in den vorangehenden Versen her zu lesen sein und damit auf den himmlischen Rat verweisen.[115]

Sach 3,8 markiert durch die unmittelbare Ansprache Josuas einen deutlichen Einschnitt, weitet die Perspektive auf das gesamte Priesterkollegium und degradiert Josua samt[116] seinen Berufsgenossen zum bloßen „(Vor-)Zeichen" (מופת, vgl. Ez 12,6) eines kommenden Herrschers: Der Begriff „mein Knecht" weist auf Hag 2,23 zurück, der Begriff „Spross", der im Stile eines Eigennamens (vgl. Ez 34,23: עבדי דויד) Verwendung findet, auf Sach 6,13 voraus. Die angesichts der theologischen Tragweite recht knappe Formulierung spricht für eine literarische Abhängigkeit von beiden Versen.[117] Ist schon Hag 2,23 messianisch zu lesen, erübrigt sich die häufig diskutierte Alternative, ob es sich bei dem Spross um einen zukünftigen Herrscher oder um Serubbabel handelt.

Auch 3,10 durchweht mit seiner Anspielung auf die salomonische Heilszeit (vgl. 1Kön 5,5) und der häufig eschatologisch konnotierten Formel „an jenem Tag" der Geist messianischer Zeit.[118] Der friedliche Genuss der Landesgaben verbindet sich nun nicht mehr mit der Aufnahme (Hag 2,15–19) bzw. dem Abschluss des Tempelbaus (Sach 8,9–13), sondern mit dem Kommen des Messias.

Auf einer früheren Ebene könnte 3,9a.bα liegen, der die eschatologische Perspektive seiner Rahmenverse 3,8.10 noch nicht teilt. Mit seinem Aufmerksamkeitsruf und dem Wechsel in die Rede über Josua hebt auch er sich deutlich von 3,6f. ab. Während V.6f. die Existenz des Tempels wie selbstverständlich voraussetzt und lediglich an der Frage interessiert ist, welche Rolle dem Hohenpriester für den Kultbetrieb zukommt, scheint 3,9a.bα daran gelegen, Josua eine verantwortliche Rolle schon für den Tempelbau zuzuschreiben. So zumindest ließe sich die rätselhafte Anspielung auf Sach 4,10 verstehen: Der Redaktor schreibt Josua in die dort umrissene Einweihungszeremonie um einen Schlussstein hinein, um die Prominenz Serubbabels in Sach 4 zu durchbrechen.[119] Viel wurde über den Gehalt

---

115 Vgl. z. B. Pola, *Priestertum*, 198–203.

116 Das Pronomen המה (3. pl.) kann im Hebräischen „die Beziehung auf eine zweite und dritte Person" (Rudolph, *Haggai*, 98) ausdrücken.

117 Vgl. Hallaschka, *Haggai*, 197.

118 Vgl. für diesen Zusammenhang Schöttler, *Gott*, 101; Hallaschka, *Haggai*, 197, die jedoch V.10 auf einer nochmals späteren Ebene verorten.

119 Dass Sach 3,9 auf Sach 4,10 rekurriert, findet breiten Zuspruch (vgl. z. B. Hallaschka, *Haggai*, 206). Unkommentiert bleibt allerdings häufig, dass 3,9 den gewachsenen Vers Sach 4,10 als syntaktische Einheit wahrnimmt, schließlich ist vom Stein noch im Serubbabeleinschub, von den Augen erst in der Fortsetzung der Vision und ihrer Deutung die Rede. Hierbei handelt es sich offenbar um ein durch das Textwachstum begünstigtes Missverständnis, das auch in der weiteren Auslegungsgeschichte belegt ist. So setzt MT etwa den Atnach erst nach שבעה אלה, was die Phrase zum Subjekt des vorangehenden Verbs zu machen scheint: „Und diese sieben werden den Schlussstein in der Hand Serubbabels sehen." (vgl. etwa die Deutung von Keil, *Propheten*, 570). V.10b wäre dann als Apposition von „diese sieben" zu lesen („die Augen JHWHs, die das

der im nächsten Satz notierten Gravur des Steines gerätselt.[120] Dem Text scheint es jedoch weniger um den Inhalt – wahrscheinlich ist an eine den Erbauer in ehrender Erinnerung haltende Weihinschrift zu denken[121] – als vielmehr um den Autor zu gehen: JHWH selbst übernimmt die Beschriftung und verbürgt damit ihre Beständigkeit.[122] Die Entfernung der Sünde aus dem Land an einem Tag (3,9bβ) stellt gegenüber der Entsühnung der Einzelperson Josua (3,4) eine Steigerung dar, könnte konzeptionell mit der Wiederaufnahme des Kultbetriebs zusammenhängen und somit literarhistorisch Sach 3,9a.bα zugehören.

2.6.3 Sach 6,12.13b.14

6,9–15* bildet zusammen mit Sach 3* eine Art zweistufige Ätiologie des Hohenpriesteramtes aus Reinigung und Krönung. Möglicherweise impliziert die erneute Einleitung durch die Wortereignisformel (6,9) einen zeitlichen Abstand, der Raum für die in 3,7 geforderte Bewährung des Priesters bot. Mit der Betonung der Rolle Josuas für den Tempelbau scheint Sach 6,9–15* jedoch bereits ein um Sach 3,9 fortgeschriebenes Kapitel Sach 3 vorauszusetzen.

Sacharja soll auf göttlichen Befehl aus Mitteln vormaliger Exulanten eine[123] Krone als Insignie königlicher Würde[124] fertigen und dem Priester aufs Haupt setzen. Die folgende Dublette – Tempelbau (V.12bβ.13aα₁) und Throne (V.13aβ.bα)

---

ganze Land durchstreifen"). Trifft dies zu, löst sich ein weiteres häufig diskutiertes Problem von 3,9: Die Augen in Sach 3,9 befinden sich nicht „auf dem Stein" (so bei einer Deutung auf den priesterlichen Ornat, vgl. z. B. Delkurt, *Nachtgesichte*, 192), sondern blicken analog zum entsprechend fehlgedeuteten 4,10 als göttliche Augen segensvoll „auf den Stein" (vgl. z. B. Rudolph, *Haggai*, 102), der – den Abschluss des Bauprojekts symbolisierend – nun Josua zugeordnet wird.

120 Diese Frage stellt sich vor allem dann, wenn man den Stein nicht auf den Tempel, sondern den Ornat des Hohenpriesters bezieht. Vgl. Delkurt, *Nachtgesichte*, 192.

121 Andere denken an den Fundamentstein. Vgl. Hallaschka, *Haggai*, 206.

122 Dies korreliert mit den einschlägigen Warnungen auf entsprechenden Weihinschriften, den Namen des Erbauers zu entfernen. Vgl. z. B. die Weihinschrift des phönizischen Königs Jehawmilk (TUAT II, 586–688).

123 Der literarische Kontext – die Krönung nur *einer* Person (6,11) und die Deponierung *einer* Krone im Tempel (6,14) – impliziert die durch Hi 31,16 belegte singularische Bedeutung von עטרות. Der Plural ließe sich als archaisierender Singular (vgl. Lipiński, *Recherches*, 34f.; Beuken, *Haggai*, 275 Anm. 1; Rudolph, *Haggai*, 128; Reventlow, *Propheten*, 72), als *pluralis extentionis* im Sinne von „große Krone" (T: כליל רב) oder als *pluralis compositionis* im Sinne einer aus mehreren Kränzen bestehenden Stufen- oder Doppelkrone (vgl. Petitjean, *Oracles*, 280–282; Pola, *Priestertum*, 224f. Anm. 8) verstehen. Die abweichenden Formulierungen in 6,11 und 6,14 sind literarhistorisch zu lösen.

124 Vgl. 2Sam 12,30; Ez 21,31; Hld 3,11; Ps 21,4; Jes 62,3; Jer 13,18; Est 8,15; 1Chr 20,2.

werden je doppelt angekündigt – lässt sich literarhistorisch auswerten.[125] Denn die erwartbare Fortsetzung der Krönung bildet weniger die Verheißung eines in Konkurrenz zur eigenen Krönung stehenden Herrschers (V.12) als vielmehr die Beschreibung der königlichen Würden in V.13a: Der Bau des Tempels, das Tragen von Hoheit und das Sitzen auf einem Thron.[126] Nur diese auch angesichts von Sach 4,6–10* unerhörte Machtsteigerung des Hohenpriesters vermag das doppelte und affirmative והוא in V.13 zu erklären:[127] Kein Statthalter oder Davidide, sondern der Hohepriester trägt königliche Verantwortung.

Eben daran stößt sich die messianische Erweiterung in V.12. Sie transformiert die Krönung Josuas zu einer bloßen Zeichenhandlung, die lediglich die Rolle des „Sprosses" symbolisiert. Dabei macht sie mittels der direkten Anrede Josuas auch die folgenden Aussagen über Josua in V.13a zu Aussagen über den „Spross".

Die ausdrückliche Vorstellung des „Sprosses" samt Namensätiologie in V.12 erweckt den Eindruck, dass er hier erstmals den Weg ins Sacharjabuch findet.[128] Die absolute Verwendung des Begriffs „Spross" belegt die Abhängigkeit von der Ankündigung eines „gerechten/legitimen Sprosses für David" in Jer 23,5, die ihrerseits Jes 11,1 im Rücken haben könnte.[129] Es liegt nahe, den zu seiner Erläuterung beigesellten und gleichwohl kryptischen Satz ומתחתיו יצמח vor dem Hintergrund dieser Tradition zu entschlüsseln: Das Verb יצמח dürfte zunächst den Spross zum Subjekt haben, schließlich gehört das Sprossen zu den gesicherten Eigenschaften eines Sprosses. Ansonsten müsste man einen Subjektwechsel

---

125 Mit Schöttler, *Gott*, 157–161; Kratz, *Serubbabel*, 82; Hallaschka, *Haggai*, 263–272. Die leitende Hypothese eines Scheiterns der Mission Serubbabels vor Beendigung des Tempelbaus führt dagegen häufig zu drastischen Texteingriffen in zwei Grundvariationen: 1) Der ursprüngliche Text kennt eine Krönung Josuas und Serubbabels und wurde sekundär auf Josua reduziert (Ewald, *Versuche*, 358f.; Jeremias, Ch., *Nachtgesichte*, 218, und neuerdings Wöhrle, *Sammlungen*, 342–346). 2) Der ursprüngliche Text kennt nur eine Krönung Serubbabels und wurde zugunsten Josuas korrigiert (Wellhausen, *Propheten*, 185; Elliger, *Propheten*, 128f.). Viele neuere Arbeiten plädieren hingegen für die Einheitlichkeit des Textes, können damit aber die benannten Spannungen nicht lösen. Vgl. Petersen, *Haggai*, 273–281; Reventlow, *Propheten*, 71–73; Rose, *Zemah*,171f.; Pola, *Priestertum*, 243–247; Willi-Plein, *Haggai*, 116–121.

126 Die Verheißung des Tempelbaus lehnt sich wörtlich an die Natansverheißung 2Sam 7,13 (vgl. 1Kön 5,19; 8,19) an. Vgl. Beuken, *Haggai*, 278f. Hoheit (הוד) kommt neben JHWH (u. a. Ps 8,2; 96,6; 104,1; 111,3; 145,5; 148,13) in erster Linie dem König (Ps 21,6; 45,4; Jer 22,18; Dan 11,21) zu. Ps 21,4.6 kennt wie Sach 6,11.13a „Hoheit" (הוד) und „Krone" (עטרת) als königliche Merkmale. Das Alte Testament lässt beinahe ausnahmslos Gott (1Kön 22,19; 2Chr 18,18) oder den König (Ex 11,5; 12,29; 1Kön 2,19; 3,6; 16,11; 22,10; 2Kön 13,13; 2Chr 9,8; 18,9; Jer 13,13; 22,4; vgl. auch Jer 33,21) „auf seinem Thron sitzen" (ישב על כסאו).

127 Vgl. Schöttler, *Gott*, 157.

128 Mit Hallaschka, *Haggai*, 197. Vgl. auch Sellin, *Zwölfprophetenbuch (1922)*, 471.

129 Vgl. Schmidt, *Jeremia*, 30.

zwischen יצמח und ובנה supponieren. Das Präpositionalobjekt in מתחתיו ist damit reflexiv zu lesen:[130] Der Spross „sprosst von unter sich", d. h. von seiner Wurzel, dem davidischen Stammbaum – gerade darin unterscheidet er sich von Josua. Damit handelt es sich in erster Linie um eine Aussage über den Ursprung seines Sprießens, wobei das Bild natürlich auch die Segenswirkungen des Sprosses selbst implizieren mag.[131]

V.13bα klärt die verbleibende eschatologische Rolle der Priesterschaft und liegt mit V.12 auf einer Ebene: Ein Priester wird auf „seinem Thron sein"[132], also eben nicht auf dem des „Sprosses"; das Attribut „groß" sowie die Verben „thronen" und „herrschen" bleiben ihm verwehrt. V.13bβ deutet das Nebeneinander beider Throne nun in für das Sacharjabuch singulärer Art und Weise als Dyarchie, wobei dies in der literarhistorischen Abfolge einen Verweis der Priesterschaft auf ihren angestammten Kompetenzbereich impliziert. Kaum zu entscheiden bleibt, ob der Vers lediglich den formalen Willen zur Zusammenarbeit konstatiert oder bereits eine Art Regierungsprogramm andeutet. Während die Wendung בין שניהם die Reziprozität (vgl. Hi 34,4: נדע בינינו מה טוב) zum Ausdruck bringt, lässt sich עצת שלום sowohl als *genitivus qualitatis* („friedlicher Rat") oder *genitivus finalis* („Friedensplan") interpretieren: Entweder beraten sich die beiden also in friedlichem Einvernehmen oder schmieden brüderlich an einem Plan für den messianischen Weltfrieden.

Da für die Krone nach der Zeichenhandlung bis zum Kommen des Messias keine Funktion bleibt, deponiert sie V.14 kurzerhand im Tempel. Dort soll sie zum

---

130 Vgl. die Wendung ישב תחת + Suffix „an seinem Ort bleiben" (Sach 12,6; 14,10) und קום מתחת + Suffix „von seinem Ort aufstehen" (Ex 10,23). Vgl. dazu Köhler, *Propheten II*, 206; Keil, *Propheten*, 588; Wolters, *Zechariah*, 187–189.

131 Eine unpersönliche Deutung („es wird sprossen"), die im Sinne einer Dynastiegründung ein Sprossen wiederum anderer Sprösslinge aus dem Spross implizieren würde, wäre letztlich keine Deutung der Metapher „Spross". Gegen Reventlow, *Propheten*, 70; Wöhrle, *Sammlungen*, 345f. Anm. 90; Hallaschka, *Haggai*, 261.

132 Die philologisch mögliche Übersetzung „neben seinem Thron" (vgl. auch LXX: καὶ ἔσται ὁ ἱερεὺς ἐκ δεξιῶν αὐτοῦ), die den Priester endgültig jeglicher herrschaftlichen Würde berauben würde, bleibt aufgrund des unmittelbar vorangehenden und semantisch eindeutigen על כסאו unwahrscheinlich (gegen Jepsen, *Beiträge III*, 108; Rudolph, *Haggai*, 127f.; mit Reventlow, *Propheten*, 72f.; Wöhrle, *Sammlungen*, 344; Hallaschka, *Haggai*, 266 Anm. 672; Wolters, *Zechariah*, 190f.). Gegen die christologisch motivierte Übersetzung „und er wird Priester sein auf seinem Thron" spricht die zwei Individuen implizierende Fortsetzung („es wird Friedensplan sein zwischen den beiden"), was angesichts des Nomens עצ auch durch die Tatsache, dass שניהם sich auf Abstrakta, genauer auf zwei in Personalunion bekleidete Ämter, beziehen könne, kaum zu entkräften ist (gegen Keil, *Propheten*, 589; Wolters, *Zechariah*, 191f.).

Gedenken an eben jene Zeichenhandlung und ihre Botschaft dienen: Die Krone fungiert als eine Art Unterpfand für das messianische Zeitalter.[133]

Ein Hindernis der messianischen Interpretation von Sach 6,12.13b könnte auf den ersten Blick die nun eschatologisch zu verstehende Rede vom Tempelbau in 6,12f. darstellen. Sie verbürgt jedoch ebenso wenig die Authentizität des Textes wie der Name Serubbabel in Hag 2,20–23.[134] Zwei Deutungen dieses eschatologischen Bauprojekts bieten sich an: 1) Der Tempelbegriff schließt das Tempelvolk ein, was die priesterliche Einwohnungstheologie (vgl. Sach 2,9) begünstigt haben könnte und zumindest für den vielseitigen Terminus בית schon im Alten Testament belegt ist. Diese Lösung müsste freilich eine unmarkierte semantische Verschiebung von V.12 zu V.14, der unmissverständlich vom Tempelgebäude als Aufbewahrungsort der Krone spricht, in Kauf nehmen.[135] 2) Es geht um den „Aus-, Weiter- oder Neubau des von Serubbabel fertiggestellten Tempelhauses"[136].

Letztere Option scheint zumindest in 6,15a eine (spätere) Bestätigung zu finden: Der Vers setzt ebenfalls ein eschatologisches Verständnis des Tempelbaus voraus. Bei den aus der Ferne kommenden Bauarbeitern könnte es sich entweder um die Diaspora (vgl. Jes 43,6; 49,12; 60,9; Jer 30,10; 46,27; 51,50; Dan 9,7) oder um die Völkerschaft (vgl. Jes 49,1; 66,19; Joel 4,8; Mi 4,3; Hag 1,8) handeln. Stärkeren Anhalt in der biblischen Tradition hätte eine Beteiligung der Völker:

---

133 Besondere Schwierigkeiten bereitet jedoch die Bestimmung der Krone zum Gedächtnis לחלם צפניה בן ולחן ולידעיה ולטוביה, womit die Spender und Unterstützer der Kronenanfertigung aus V.10 aufgegriffen werden (zu den Abweichungen vgl. Schöttler, *Gott*, 160 Anm. 464). In der Wendung היה ל... לזכרון dient die Präposition ל entweder der Einführung des Subjekts (Ex 12,14; 13,9; Jos 4,7) oder des Objekts des Gedenkens (Ex 30,16; Num 10,10). Da die Aufzählung mit der „Freundlichkeit des Sohnes Zefanias" (vgl. schon LXX: καὶ εἰς χάριτα υἱοῦ Σοφονιου; außerdem Köhler, *Propheten II*, 212; Rudolph, *Haggai*, 128; Wolters, *Zechariah*, 196; zu den verschiedenen Konjekturen vgl. Sellin, *Zwölfprophetenbuch [1930]*, 524; Elliger, *Propheten*, 128 Anm. 6) auch ein Appellativum enthält, scheidet die erste Option aus: Es geht um ein Gedenken an die genannten Personen und ihre Taten. Freilich ist damit die Subjektfrage noch nicht geklärt. Meist vermutet man die nachfolgenden Generationen (Elliger, *Propheten*, 130; Rudolph, *Haggai*, 129; Reventlow, *Propheten*, 73; Willi-Plein, *Haggai*, 120; Wöhrle, *Sammlungen*, 345; Wolters, *Zechariah*, 197), unter denen die Hoffnung auf den Messias wachgehalten werden soll, möglich wäre aber auch – ohne die übliche Deutung zwingend auszuschließen – gerade angesichts der Ortsangabe בהיכל יהוה und der genannten Parallelstellen Ex 30,16; Num 10,10 das gnädige Gedenken JHWHs an die edlen Stifter und die durch sie ermöglichte Zeichenhandlung. Dies würde das Gedenken an deren Nachkommen und der ihnen geltenden Herrscherverheißung einschließen.
134 So aber Beuken, *Haggai*, 276; Wöhrle, *Sammlungen*, 345.
135 Vgl. Pola, *Priestertum*, 257f. Gerade unter den Apologeten des 19. Jh. fand diese ekklesiologische Deutung Fürsprecher. Vgl. etwa Köhler, *Propheten II*, 207.
136 Van der Woude, *Erwartungen*, 151. So auch Rose, *Zemah*, 138f.; Pola, *Priestertum*, 257f. mit Verweisen auf die frühjüdisch-apokalyptische Literatur.

Schon 1Kön 5,15ff.; 7,13f. wissen von der internationalen Dimension eines Tempelbaus, Jes 60,10 erwartet den Aufbau der Mauern Zions durch Fremde und Hag 2,6–9 die Ausstattung des Tempels durch die Reichtümer der Nationen. Die Hierarchie bleibt dabei dennoch gewahrt: Im Gegensatz zum messianischen „Spross" bauen sie nicht „den" (את), sondern lediglich „am" (ב) Tempel.[137] Da die heilvollen Völkerpassagen des Zweiprophetenbuches sehr unterschiedliche Tendenzen aufweisen, lässt sich von 6,15a her keine grundsätzliche Priorität der Josuatexte ihnen gegenüber begründen.

In 6,15b folgt eine paränetische Abschlussnotiz, die sich literarhistorisch problemlos in die deuteronomisierende Bearbeitung (1,1–6; Sach 7,4–14; 8,14–17.19b) des gesamten Buches fügt.[138] Folgerungen für die relative Chronologie von Sach 6,9–14 und den paränetischen Texten lassen sich aber auch hier nicht ziehen, da 6,15b ob seines allgemeinen Charakters ursprünglich ebenso gut an das letzte Nachtgesicht (6,1–8) angeschlossen haben könnte.[139]

2.6.4 Der historische Ort der Messiaserwartung

Sach 3* und Sach 6,9–14* umgeben den Hohenpriester mit einer königlichen Aura, die sich schon angesichts des literarischen Aufwands, mit dem sie propagiert wird, kaum von selbst versteht, ja sogar den älteren Strata des Zweiprophetenbuches widerspricht: Im Haggaibuch ist der Statthalter dem Hohenpriester stets vorgeordnet, das Sacharjabuch ignoriert den Hohenpriester anfänglich völlig (vgl. 4,6–10*). Tatsächlich dürfte das politische Machtvakuum, das der Untergang des judäischen Königtums hinterließ, zunächst durch die persische Administration und damit den Statthalter gefüllt worden sein.[140] Außerbiblisch ist der Titel des Hohenpriesters erstmals in den Elefantinepapyri belegt:[141] In der Angelegenheit des zerstörten Jahu-Tempels wenden sich die Verantwortlichen zunächst an alle denkbaren Jerusalemer Honoritäten, wobei der Statthalter Bagohi und der Hohepriester (khnˋ rbˋ) Jehohanan an erster Stelle stehen (TAD

---

137 Vgl. zu dieser Differenzierung Reventlow, *Propheten*, 73.
138 Wöhrle, *Sammlungen*, 346, schlägt den Vers seiner Wort-Redaktion zu und begründet ihren sekundären Charakter gegenüber der „Jeschua-Redaktion" (Sach 3*; 6,9–14*) mit der Priorität von 6,9–14* gegenüber 6,15 (vgl. Wöhrle, *Sammlungen*, 362 Anm. 142). Hallaschka, *Haggai*, 263, rechnet mit einer Glosse.
139 So lässt Rudolph, *Haggai*, 126, im Anschluss an Rothstein, *Nachtgesichte*, 204f., Sach 6,15 unmittelbar auf Sach 6,1–8 folgen.
140 Vgl. Kratz, *Statthalter*, 106–111; Hallaschka, *Haggai*, 216–219, Sérandour, *Sacharja*, 515f.
141 Vgl. Sérandour, *Sacharja*, 515.

A4.7; vgl. Z.18f.; TAD A4.8 Z.17f.).[142] Als die Antwort ausbleibt, konzentrieren sie sich auf den Statthalter (TAD A4.7; Z.1; TAD A4.8 Z.1), den sie – so zumindest eine mögliche Deutung – für die ausschlaggebende Gestalt halten. Eine in die erste Hälfte des 4. Jh. zu datierende Münze mit der Aufschrift „Johanan, der Priester" könnte auf ein Münzprägerecht des Hohenpriesters hinweisen und damit seinen Machtzuwachs gegen Ende des achaimenidischen Reiches belegen.[143] Sach 3* und Sach 6,9–14* ließen sich als literarischer Versuch verstehen, diese Ausweitung durch Rekurs auf die Gründungszeit des zweiten Tempels zu forcieren und zu legitimieren.[144]

Wie verhält sich nun Hag 2,20–23 literarhistorisch zu Sach 3*; 6,9–14*? Belastbare Indizien in Form gegenseitiger Bezugnahmen fehlen zwar, für eine grundsätzliche Priorität der priesterlichen Propaganda gegenüber der messianischen Hoffnung könnte jedoch die Vorstellung einer globalen Machterschütterung in Hag 2,21b.22 sprechen: Sie steigert die älteren Völkergerichtskonzepte (Sach 1,15; 2,1–4.10–13), die auf eine Bestrafung der am Untergang Judas beteiligten Völker oder auf die Rettung der Diaspora aus der Fremde abzielen, und könnte bereits auf die Umwälzungen der beginnenden hellenistischen Zeit reagieren. Erst Sach 3,8 und 6,12 integrieren diese messianische Hoffnung in die Theologie des Hohenpriesteramtes, indem sie die Priesterschaft zum Platzhalter des kommenden Königs degradieren.

2.7 Fazit

Der Epilog gewährt – in diachroner Perspektive – einen exemplarischen Einblick in die Genese des Sacharjabuches von der Verbindung des Visionszyklus mit dem Haggaibuch bis zum vorläufigen Abschluss beider Bücher.[145] In synchroner Perspektive bildet er eine Summe der Theologie Protosacharjas.[146]

---

142 Vgl. Rohrmoser, *Götter*, 397–409.
143 Vgl. Kratz, *Statthalter*, 106; Hallaschka, *Haggai*, 215–219.270f.
144 Spätestens auf dieser Ebene gilt für Sacharja 1–8 die Einschätzug von Sérandour, *Sacharja*, 518: „Es gibt daher gute Gründe, Protosacharja nicht als politisches Programm, sondern vielmehr als ideologisch gefärbte Erzählung zu lesen (...). Dann dient der Text dazu, die bestehenden Institutionen als gottgewollt zu legitimieren, und weist dabei dem Erbtitel des Hohenpriesters am Jerusalemer Tempel eine Schlüsselfunktion innerhalb der neuen kosmischen Ordnung zu".
145 Vgl. Kratz, *Serubbabel*, 83: Der „Fortschreibungsprozeß zur Verbindung der Bücher [Haggai und Sacharja, M.S.]" lässt sich „an der Schichtung von Sach 8 recht gut ablesen". Die vorangehenden Überlegungen haben freilich gezeigt, dass Sach 8 unlösbar mit Sach 7 verbunden ist.
146 Diese These greift den Vorschlag von Assis, *Revision*, 2–26, auf, Sach 8 als "revision and digest" von Sach 1–7 zu verstehen. Auch diese Annahme ist auf beide Kapitel des Epilogs auszuweiten.

Seine Grundschicht 7,1a.2f.; 8,18.19a erdet gemeinsam mit Einschreibungen in Sach 1,7; 1,14.16; 2,14; 4,6aβ–10a* die rätselhafte Bilderwelt der Nachtgesichte durch eine zeitgeschichtliche *Kontextualisierung*: Sie identifiziert die Visionen als Ermutigungen des Propheten Sacharja, der als Nachfolger Haggais den Bau des Tempels nach seiner Grundsteinlegung vorantrieb. Die Pointe besteht in der Deutung des Tempelbaus als Wende vom Gericht zum Heil.

Eine erste Erweiterung in 7,1b; 8,1–5.7f. bemüht sich im Anschluss an die gewachsenen Epexegesen in 1,14–17 und 2,10–14 um eine *Inventarisierung* des zu erwartenden Heils. Sie belegt das fortgesetzte Bemühen, die rätselhafte prophetische Schau in verständliches prophetisches Wort zu überführen. Ein heilsprophetischer Dreiklang aus Rückkehr JHWHs, Wiederbevölkerung Jerusalems und Rettung der Diaspora bildet von nun an das Zentrum des Epilogs.

Eine zweite Erweiterung propagiert im Stile einer deuteronomistisch geprägten *Konditionierung* die Umkehr des Volkes als Voraussetzung der Umkehr JHWHs. Ausgehend von der Kritik der Fastenpraxis als Keimzelle (7,4–6.8–10) prägen gerade die Fortschreibungen 1,1–6; 7,7.11–14; 8,14–17.19b die Buchgestalt nachhaltig: Sie beschwören den verhängnisvollen Ungehorsam der Väter gegenüber den „früheren Propheten" als mahnendes Beispiel der Vergangenheit.

Eine punktuelle Einschreibung in Sach 8,9–13 offenbart durch ihre Einordnung Haggais und Sacharjas als Propheten „der früheren Tage" den historischen Abstand zur Zeit des Tempelbaus, damit aber zugleich die hermeneutische Voraussetzung ihrer bleibenden Relevanz: Das bereits angebrochene Heil verbürgt die Verlässlichkeit der prophetischen Botschaft und ermutigt zur vertrauensvollen Mitarbeit am nun metaphorischen Charakter gewinnenden Bauprojekt.

Am literarhistorischen und kompositorischen Schlusspunkt des Epilogs steht in 8,20–22.23 die *Universalisierung* des Heils für die Völkerwelt: Sowohl der mahnende Imperativ als auch der heilvolle Indikativ dienen jetzt sogar den Völkern als Ansporn zur Umkehr. Auch dieser Abschnitt rekurriert auf Ergänzungen vergleichbar universalistischer Tendenz (Hag 2,6–8; Sach 2,15).

Der literarische Wachstumsprozess spiegelt die kontinuierliche Auseinandersetzung mit der sacharjanischen Tradition in der Perserzeit. Die in Hag 2,20–23; Sach 3; Sach 6,9–15 an prominenter Position behandelte Herrscherfrage scheint demgegenüber erst später virulent geworden zu sein. Im summarischen Epilog hat sie noch keinen Niederschlag gefunden. Den Ausgangspunkt dürften die Ätiologien des Hohenpriesteramtes in Sach 3* und Sach 6,9–15* bilden, die die königliche Machtsteigerung des Amtes gegen Ende der Perserzeit in die Gründungsepoche des zweiten Tempels zurückprojizieren. Umwälzungen im Übergang zur hellenistischen Zeit könnten schließlich messianische Erwartungen geweckt haben. Sie verbinden sich zunächst mit dem Namen Serubbabel, der als letzter bekannter Davidide mit politischer Macht und Tempelbauer ein personifiziertes unerfülltes Versprechen darstellt (Hag 2,20–23), und führen in Sach 3,8; 6,12.13b.14 zu einer eschatologischen Relativierung der Macht des Hohenpriesters.

Was folgt aus diesem Überblick für das Verhältnis von Sach 1–8 zu Sach 9–14? Sach 7–8 präsentiert sich von der ersten bis zur letzten literarhistorischen Ebene als Buchabschluss.[147] Dies zeigt nicht nur die paränetische Klammer in 1,1–6 und 7,7–14; 8,14–17.19b, sondern auch der summarische Charakter: Jede Schicht des Epilogs korrespondiert mit Themen und Formulierungen des Zweiprophetenbuches. Freilich schließt dies nicht aus, dass wiederum spätere Hände – in diesem Falle befände man sich frühestens am Übergang zur hellenistischen Zeit – den Epilog als Ausgangspunkt erneuter Reflexionen nutzten. Tatsächlich lassen sich inhaltliche Weichenstellungen beobachten, die den Weg für Sach 9–14 bereitet haben könnten:

1) Die Konzentration auf zeitlose Heilstopoi: Charakteristische Themen wie die Rückkehr der Diaspora, der kommende Herrscher, das Gericht über die Völker, die Hinwendung der Völker zu JHWH gehören in je eigenen Variationen auch zum Repertoire von Sach 9–14.[148]

2) Die Zeichnung Sacharjas als exemplarischen, damit aber auch austauschbaren Exponenten der prophetischen Tradition, dem man etwa problemlos jeremianisch geprägte Worte in den Mund legen kann (vgl. bes. 7,7–14): Eine collagenartige Zusammenstellung biblischer Traditionen, die theologisch ihre wechselseitige Kompatibilität voraussetzt, zählt zu den unbestrittenen Eigentümlichkeiten von Sach 9–14.[149]

3) Das punktuell zu Tage tretende Bewusstsein einer historischen Distanz zum Propheten als Gestalt der „früheren Tage" (8,11): Sach 9–14 führt kein einziges Wort mehr explizit auf den Propheten aus der Zeit des Tempelbaus zurück.[150]

---

147 Vgl. Boda, *Fasts*, 402–405.

148 Derartige thematische Verbindungslinien führen Mason, *Haggai*, 78 f., zur Annahme eines über eine Sacharjaschule vermittelten Traditionszusammenhangs zwischen beiden Buchteilen. Er nennt folgende Punkte: "centrality of Jerusalem", "cleansing of the community", "universalism which sees a place for all nations in God's kingdom", "appeal to the authority of the earlier prophets", "concern with the problem of leadership". Vgl. ders., *Relation*, 227–239.

149 Vgl. Boda, *Fasts*, 406. Der immer wieder als Ausweis der Einheitlichkeit des ganzen Buches genannte Bezug auf biblische Tradition (vgl. Hengstenberg, *Beiträge*, 366; Curtis, *Road*, 260–262) kann die Beweislast einer derart weitreichenden These nicht tragen.

150 Holistische Lektüren, die Sach 9–14 als ausführlich geratene Antwort auf die Fastenfrage lesen (vgl. mit Unterschieden in der Durchführung Sweeney, *Prophets*, 566 f.; Conrad, *Zechariah*, 151 f.; Frolov, *Narrator*, 13–40), verkennen neben thematischen Brüchen die Absenz des für Sach 1–8 prägenden prophetischen Formelwerks in Sach 9–14.

Die Voraussetzung des fortlaufenden literarischen Ringens mit der eigenen Tradition, die auch das Tor für weiterführende Bearbeitung offenlässt, besteht im beharrlichen Ausbleiben des einstmals an den Tempelbau geknüpften Heils.[151] Allerdings müssten sich diese vorläufigen Vermutungen im Zuge der Analyse von Sach 9–14 anhand konkreter literarischer Bezugnahmen untermauern lassen.

Übersicht über die Entstehung des Epilogs in Relation zu Hag 1–Sach 6

		auf einer Ebene mit/*unter Bezug auf*
1.	**Tempelbau und Fastenfrage**	
	Sach 7,1a.2f.; 8,18.19a	Sach 1,7; 1,14.16; 2,14; 4,6aβ–10a*
2.	**Heilsworte**	
	Sach 7,1b; 8,1–5.7f.	*Sach 1,14–17; 2,10–14*
3.	**Paränese**	
	Sach 7,4–6.8–10	
	Sach 7,7.11–14; 8,14–17.19b	Sach 1,1–6
4.	**Rückblick und Ermutigung**	
	Sach 8,9–13	*Hag 1,10f.; 2,4f.18f.*
5.	**Völkerwallfahrt**	
	Sach 8,20–22(.23)	*Hag 2,6–8; Sach 2,15*
6.	**Herrschererwartung**	
	-	Hag 2,21a.23; Sach 3,8; 6,12.13b.14

---

151 Mit Boda, *Fasts*, 405, der allerdings mit einem weit engeren literarhistorischen Zeitrahmen innerhalb der frühen Perserzeit rechnet.

3 Sach 9,1–11,3

3.1 Gliederung

Sach 9,1–11,3 entbehren bis zur vorläufig abschließenden Gottesspruchformel נאם יהוה (10,12) der für Sach 1–8 charakteristischen Gliederungssignale prophetischer Literatur wie Wortereignis- oder Botenspruchformeln.[1]

Einen verhältnismäßig geschlossenen Eindruck erweckt die Schilderung einer verheerenden Nord-Süd-Bewegung des Gotteswortes von Syrien über Phönizien bis Philistäa in Sach 9,1–8, der lediglich die nördlichen Regionen Philistäas (V.6f.) sowie das „Haus" JHWHs (V.8a) mehr oder weniger unbeschadet entgehen. Eine Assonanz (מנחתו und וחניתי) und eine Stichwortaufnahme (עין אדם und בעיני) markieren den Rahmen des Abschnitts in V.1.8b.

Den bewahrten Zion (V.8a) erreicht sodann – im Kontrast zum freud- und königlosen Philisterland (V.5) – die freudige Kunde der bevorstehenden Ankunft seines Königs (Sach 9,9f.). Durch die einleitenden Imperative, den poetischen Charakter und die Thematisierung einer menschlichen Herrschergestalt hebt sich auch dieser Passus deutlich von seinem literarischen Kontext ab.

In Sach 9,11–17 beginnen die Übergänge zwischen den einzelnen Sinnabschnitten zu verschwimmen. Thematisch kreist der Text nun um das Thema „kriegerische Heimkehr." V.11f. führen syntaktisch die Anrede Zions in V.9f. fort, stellen aber einen weiteren Benefizianten des göttlichen Handelns vor: die Diaspora, deren Befreiung, Rückkehr und Entschädigung sie artikulieren. V.13 führt ebenfalls die Gottesrede fort, schildert aber die Zurüstung JHWHs zum Kampf. V.14f. führen wiederum die Kriegsthematik fort, indem sie zunächst die göttliche (V.14), dann die menschliche (V.15) Sphäre der Schlacht beleuchten, wechseln aber in die Prophetenrede. V.16f. schließlich führen die Prophetenrede fort, verlassen aber das Schlachtfeld zugunsten des endzeitlichen Weide- und Kulturlandes, auf dem sich durch JHWH behütete wie genährte Schafe und Menschenkinder tummeln.

Der Abschnitt Sach 10,1–2 unterscheidet sich als durch Imperativ eingeleitetes Mahnwort wieder markanter vom Kontext, fügt sich aber durch eine Anspielung auf das Exil (V.2b) in die Rückkehrthematik und schlägt mit der Darstellung JHWHs als Regenspender und des Volkes als orientierungslose Herde eine Brücke von der Fruchtbarkeitsmotivik in 9,16f. zur Hirtenmetaphorik in 10,3.

---

[1] Darauf mag das von van der Woude, *Zacharia*, 162, beklagte „wirwar" an Gliederungsvorschlägen gründen. Vgl. Nogalski, *Processes*, 218.

https://doi.org/10.1515/9783110668063-003

Sach 10,3–12 stellen als Verheißung kriegerischer Heimkehr in sprachlicher und inhaltlicher Hinsicht das „Gegenstück"[2] zu Sach 9,11–17 dar. Hier aber changiert der Text nun unablässig zwischen Gottes- und Prophetenrede, Rückkehrversprechungen und Schlachtengetümmel. Wie in Sach 9,11–17 widmet sich die Prophetenrede dem militärischen Part (V.3b–5.7.11), die Gottesrede der Rückkehrthematik (V.[3a.]6.8–10.12.)

Mit Wellhausen erkennen allerdings viele in 10,6 ein strukturierendes Element: Während V.6aα₁ („Und das Haus Juda will ich stärken") den Abschluss der allein auf Juda bezogenen Kriegspassagen 10,3–5 bilde, beginne mit V.6aα₂ („und das Haus Josef werde ich retten") „etwas Neues"[3], sodass die gesamte Rückkehrverheißung nur dem Haus Josef (V.6a) bzw. Ephraim (V.7) gelte. Allein eine Gegenüberstellung mit V.10a und V.11b zeigt jedoch, dass ein synonymer *Parallelismus membrorum* vorliegt, zwischen dessen Gliedern inhaltlich nicht scharf geschieden werden kann:

„Und ich werde stärken das Haus Juda und das Haus Josef werde ich retten." (V.6aα)
„Und ich werde sie zurückbringen aus dem Land Ägypten und aus Assur werde ich sie sammeln." (V.10a)
„Und niedergeworfen wird der Hochmut Assurs und das Zepter Ägyptens wird weichen." (V.11b)

Gegen eine Zweiteilung des Abschnitts 10,3–12 in Krieg Judas (10,3–6aα₁) und Rückkehr Ephraims/Josephs (10,6aα₂–12) spricht fernerhin, dass V.7 Ephraim analog zu Juda als Kriegsheld (גבור, vgl. גבור in V.5 und וגברתי in V.6aα₁) in den Kampf einbezieht und erst V.11 den endgültigen Sieg über die Feindmächte beschreibt.

In Sach 11,1–3 folgt nach Sach 9,9f. und Sach 10,1f. eine dritte mit Imperativ eingeleitete, stilistisch in sich geschlossene Einheit in gebundener Rede, die sich durch zahlreiche terminologische Rückverweise in die Kapitel Sach 9–10 (לבנון in 11,1 und 10,10; אכל אש in 11,1 und 9,4; ירד in 11,2 und 10,11; גאון in 11,3 und 10,11) als deren Abschluss präsentiert.

3.2 Sach 9,1–8

3.2.1 Forschungsgeschichtliche Orientierung

Die entscheidende Frage zum Verständnis des Abschnitts lautet: „Warum gerade die genannten Ortschaften und Gebiete?"[4] Eine Antwort sucht man zumeist in der Traditions- (1) oder in der Zeitgeschichte (2).

---

2 Elliger, *Propheten*, 156.
3 Wellhausen, *Propheten*, 192. Ähnlich auch van der Woude, *Zacharia*, 196f.; Reventlow, *Propheten*, 105; Floyd, *Prophets*, 477; Redditt, *Zechariah*, 60–69; Wolters, *Zechariah*, 328f.; Boda, *Book*, 612. Zur Kritik vgl. Mitchell, *Commentary*, 290; Weingart, *Stämmevolk*, 94.
4 Sæbø, *Sacharja*, 172.

Ad 1) So verortet besonders die angloamerikanische Forschung die Toponyme im Anschluss an die vorkritische Exegese[5] mehrheitlich auf der Landkarte der biblischen Tradition: Sach 9,1–8 artikuliere die Hoffnung auf eine Restitution des davidischen Königreiches in seinen Idealgrenzen.[6] Dies belegten die beiden Landnahmetermini[7] מנחה (9,1) und ירש (9,4) sowie Parallelen zu biblischen Grenzbeschreibungen: Die Landmarken entsprächen der Idealgeographie des Heiligen Landes, wie sie in der Zeit der Wüstenwanderung (vgl. Num 34,1–12) versprochen, in der Landnahmezeit nur teilweise (Jos 13,1–6), in der Königszeit nur zeitweise (vgl. 1Kön 5,1–6) realisiert und schließlich eschatologisch erwartet wurde (Ez 47,13–48).[8]

Doch schon die mutmaßlichen Landnahmetermini מנחה und ירש wecken Zweifel: Zwar bildet מנחה („Ruheort") etwa in Dtn 12,9 ein Paar mit נחלה („Erbbesitz"), umschreibt aber in diesem Kontext stets die Ruhe, die Israel im gelobten Land zukommt, nie das Land als Ruheort JHWHs oder seines Wortes wie in Sach 9,1a.[9] Die Phrase אדני ירשנה (Sach 9,4) besagt zunächst nicht mehr als die Enteignung des reichen Tyros durch JHWH (vgl. 1Sam 2,7). Von einer Integration der

---

5 Die These ist also mitnichten „relativ neu" (so Reventlow, *Propheten*, 90). Schon in Sifre Debarim (zu Dtn 1,1) begründet Rabbi Jose die These „dass Jerusalem in Zukunft bis Damaskus reichen wird" mit dem Stichwort מנחה in Sach 9,1: Denn „‚sein Ruheort' [Sach 9,1] ist nichts Anderes als Jerusalem, denn es heißt: ‚Dies ist mein Ruheort für immer' [Ps 132,14]." Eine Durchführung der These am gesamten Text vollzieht etwa David Kimchi: Über das Stichwort מנחה hinaus nennt er als Beleg die Formulierung וחמת תגבל בה, die besage, „dass zur selben Zeit Hamat innerhalb seiner [Israels; vgl. V.1b] Grenzen liegen wird", den Verlust des Königs aus Gaza, „denn zu Israel wird es [Gaza] gehören", die Entvölkerung Aschkelons, „denn Israeliten werden es [Aschkelon] besiedeln", das Wohnen von „Fremden" – gemeint sei die verbleibende, philistäische Bevölkerung – in Aschdod, „denn unter der Hand Israels werden sie sein", und die Charakterisierung Ekrons als Jebusiter: „die Bewohner Jerusalems, die unter den Israeliten wohnten".
6 Vgl. Hanson, *Zechariah 9*, 37–59; ders., *Dawn*, 317–320; Meyers, C. L., *Places*, 164–172; Meyers/Meyers, *Zechariah*, 162–169; Redditt, *Zechariah*, 38–43, aber auch Köhler, *Propheten III*, 45; Marti, *Dodekapropheton*, 426–429; Sæbø, *Sacharja*, 173; Rudolph, *Haggai*, 167–177; Ellul, *Variations*, 57; Reventlow, *Propheten*, 89–94; Sérandour, *Sacharja*, 513. Mitchell, *Commentary*, 258, Deissler, *Propheten*, 294–296, und Kunz, *Ablehnung*, 91f., teilen die traditionsgeschichtliche Deutung, ohne dabei aber zeitgeschichtliche Anspielungen auf den Alexanderzug (Mitchell, Deissler) oder den Fünften Syrischen Krieg (Kunz) auszuschließen.
7 Vgl. zu מנחה Reventlow, *Propheten*, 91; Kunz, *Ablehnung*, 85–88, und zu ירש Rudolph, *Haggai*, 171.
8 Auf Num 34,1–12 verweisen Redditt, *Zechariah*, 40; Sérandour, *Sacharja*, 513; auf Jos 13,1–6 Rudolph, *Haggai*, 171; Deissler, *Propheten*, 295, auf 1Kön 5,1–6 Sérandour, *Sacharja*, 513, auf Ez 47,13–48 Hanson, *Dawn*, 318; Meyers/Meyers, *Zechariah*, 165; Tai, *Prophetie*, 21; Kunz, *Ablehnung*, 91f.
9 Lediglich das Zionsheiligtum wird als Ruheort JHWHs (Ps 132,8.13f; vgl. Jes 66,1) bzw. seiner Lade (1Chr 28,2) bezeichnet.

betroffenen Landstriche in ein israelitisches Großreich ist nicht die Rede.[10] Nur die nördlichen philistäischen Städte werden nach V.6a.7b Juda (!) zugesprochen. Abgesehen von partiell übereinstimmenden Toponymen berührt sich Sach 9,1–8 zudem lexikalisch mit keiner einschlägigen Grenzbeschreibung: Während formelhaft gewordene Grenzen wie Lebo Hamat und der Fluss Ägyptens (z. B. 1Kön 8,65) oder Dan und Beerscheba (z. B. 1Kön 4,25) fehlen, steht ausgerechnet am Anfang mit „Hadrach" ein alttestamentliches Hapaxlegomenon. Der Charakterisierung als Grenzbeschreibung ist nicht zuletzt das Fehlen einer Ost- und Südgrenze abträglich.[11]

Ad 2) Entsprechend erklärt die kontinentaleuropäische Forschung die Toponyme zumeist zeitgeschichtlich als Wegmarken eines Feldzuges über die syropalästinische Landbrücke, wobei der Alexanderzug bis heute die meisten Fürsprecher findet.[12] Nach Eichhorn schildere der Verfasser das Geschehen zukünftig, „weil er das Erlebte nicht bloß prosaisch erzählen, sondern mit Schwung vorstellen wollte."[13] Elliger und Willi-Plein lenken die Aufmerksamkeit demgegenüber auf eine wichtige Differenzierung innerhalb des Textes: Während die Nominalsätze in V.1–2a noch die gegenwärtige Situation Syriens beschrieben, blickten erst die Gerichtsworte gegen Phönizien und Philistäa (V.4–8) in die Zukunft.[14] Zur Zeit der Abfassung stünde Alexander damit vor den Mauern des reichen Tyros (vgl. V.2b.3). Der Text würde als theologische Deutung des Zeitgeschehens

---

10 Eschatologische Landnahmeerwartungen werden ausschließlich mit ירש Kal und Israel als Subjekt formuliert (Jes 34,17; 54,3; 60,21; 61,7; 65,9; Jer 30,3; 32,23; 49,2; Ez 33,24f; 36,12; Am 2,10; 9,12; Ob 1,17.19.20). Wenn Gott selbst für Israel Land einnimmt, verdeutlicht dies ein ergänzendes מפני ישראל (vgl. z. B. Jos 13,6).

11 Die Aussage "that they surrounded the old Davidic kingdom" (Redditt, *Mission*, 665) trifft die Sache selbst dann nicht, wenn man mit Redditt, *Zechariah*, 40, Damaskus zur Ost- und Philistäa zur Südgrenze erklärt. Als *exemplum in contrarium* kann Zef 2,4ff. gelten: Hier werden Norden und Westen (2,4–7), Süden (2,12) und Osten (2,8–10) sowie die Inbesitznahme durch die Israeliten (2,7.9) explizit genannt. Vgl. schon Eichhorn, *Einleitung (1824)*, 449: „Von wirklich geschehenen Thatsachen geht das Orakel aus; (...) sonst würden gewiß Edomiter, Ammoniter und Moabiter nicht vergessen worden seyn (...); dagegen hätte man das seltene Hadrach in der Aufzählung der Gegenden und Städte gewiß nicht zu erwarten gehabt."

12 Vgl. erstmals Eichhorn, *Einleitung (1790)*, 326f. Anm. g, sowie Delcor, *Allusions*, 110–124; Elliger, *Zeugnis*, 84–115; Willi-Plein, *Ende*, 107; dies., *Weltgeschichte*, 301–15. Zustimmend Mathys, *Chronikbücher*, 52–54; Saur, *Gegenwart*, 80–83; Ego, *Gegenwart*, 24–28. Daneben verstummten die Stimmen für eine vorexilische Datierung nie völlig (vgl. Kraeling, *Situation*, 24–33; Horst, *Propheten*, 238f.; Malamat, *Setting*, 149–159; Tadmor, *Azriyau*, 266–271; Lipiński, *Recherches*, 46–50). Kunz, *Ablehnung*, 192–242, liest den Text indes vor dem Hintergrund des Fünften Syrischen Krieges. Kritisch dazu auch Wöhrle, *Abschluss*, 136f. Anm. 214.

13 Eichhorn, *Einleitung (1824)*, 445f.

14 Vgl. Elliger, *Zeugnis*, 75–77; Willi-Plein, *Weltgeschichte*, 306f.

zum unmittelbaren „Zeugnis aus der jüdischen Gemeinde im Alexanderjahr 332 v. Chr"[15]. Letztlich reduziert sich damit jedoch der mögliche zeitgeschichtliche Reflex auf einen nur vage angedeuteten bedrohlichen Vorgang in Syrien (V.1.2a) und ein florierendes Tyros (V.2b.3).

Das verständliche Bestreben, dem Text weitere historische Details zu entlocken, wirkt bisweilen bemüht: Delcor und Willi-Plein tragen den Tross Alexanders in den Text ein, indem sie den Begriff מנחה als (militärisches) Quartier[16] lesen. Diese Deutung überfrachtet den Vers metaphorisch – schließlich ist das Wort JHWHs Subjekt –, und ließe eher das Nomen מחנה anstelle von מנחה erwarten.[17] Willi-Plein differenziert zwischen einer Hauptbewegung von Nordsyrien nach Süden (Alexander) und einer Nebenbewegung von Nordsyrien nach Damaskus (General Parmenion), indem sie V.1aβ als Parenthese deutet.[18] Die chiastische Gestaltung beider Nominalsätze in V.1a weist diese jedoch als gleichwertige Glieder aus. Elliger ergänzt den fehlenden Streckenabschnitt der nordsyrischen Küste durch eine Konjektur von V.1b: „bestürzt stehn die Leiter von Semer"[19], die angesichts der philologischen Unauffälligkeit des Verses kaum gerechtfertigt ist. Willi-Plein unterscheidet in V.2b.3 zwischen der freiwilligen Kapitulation des „weisen" Sidon und dem Widerstand des törichten Tyros, indem sie Tyros in V.2b literarkritisch eliminiert.[20] Dabei unterläuft sie den traditionsgeschichtlich vorgegebenen Zusammenhang von Tyros und Weisheit (vgl. Ez 28,3) und verkennt den syntaktischen Anschluss von V.3 durch einen Narrativ, der den Bau der tyrenischen Festung gerade als Ausdruck (fehlgeleiteter) Weisheit verstanden wissen will.

Diese erste Sondierung deutet damit bereits einen Mittelweg zwischen zeit- und traditionsgeschichtlichen Engführungen an: Sach 9,1–3 könnten zeitgeschichtliche Vorgänge im Norden Israels reflektieren, bleiben darin aber deutlich unbestimmter als zuweilen postuliert. Sach 9,4–8 scheinen unter Rekurs auf die Tradition die erlebte Gegenwart in die erwartete Zukunft fortzuschreiben, bleiben dabei aber ebenso deutlich hinter der Restitution eines gesamtisraelitischen Idealreiches zurück.

---

15 So der Titel des Aufsatzes von Elliger.

16 Vgl. Delcor, *Allusions*, 111.116 f. Doch in keinem der angeführten Belegverse ist das Wort militärisch konnotiert: Num 10,33 (Ruheort der Lade), Ps 23,2 (Ruheort eines Schafes), Ri 20,43 (Präposition מן + Toponym נוחה). Willi-Plein, *Weltgeschichte*, 311, verweist außerdem auf den שר מנוחה in Jer 51,59. Vgl. auch die Kritik an Delcor von Sæbø, *Sacharja*, 143.

17 Vgl. Delcor, *Allusions*, 112, der zur Bekräftigung seiner These ausgerechnet auf V.8 (וחניתי) und Ps 34,8 (חנה) verweist.

18 Vgl. Willi-Plein, *Weltgeschichte*, 309: „Etwas, das von der prophetischen Stimme mit dem Wort oder Anliegen JHWHs verbunden wird, bewegt sich von Nordsyrien her einerseits nach Damaskus, um dort zu verweilen, andererseits aber weiter an der phönikischen und philistäisch-ägyptischen Mittelmeerküste entlang."

19 Vgl. Elliger, *Zeugnis*, 64–73.

20 Vgl. Willi-Plein, *Deuterosacharja*, 18.32.

3.2.2 Kommentierte Übersetzung

1 Die Last[a] des Wortes JHWHs[b] liegt auf dem Lande Hadrach
und Damaskus ist seine[c] Ruhestätte.
Fürwahr, auf JHWH ist das Auge des Menschen
und aller Stämme Israels gerichtet.[d]
2 Und auch Hamat grenzt[e] daran.[f]
Tyros samt Sidon[g] ist ja sehr weise:[h]
3 Denn Tyros baute sich Türme[i]
und häufte Silber an wie Staub,
und Gold wie Kot in den Gassen[j].
4 Siehe, der Herr wird es enteignen
und seine Ringmauer[k] ins[l] Meer schlagen
und durch Feuer wird es verzehrt werden.
5 Und Aschkelon wird es sehen[m] und sich fürchten,
auch Gaza, und sehr erzittern,
auch Ekron, denn seine Hoffnung ist zunichte.
Und der König wird aus Gaza verschwinden
und Aschkelon wird nicht bleiben.[n]
6 Doch ein Mischling/Fremdling[o] wird in Aschdod wohnen/thronen[p].
Und ich werde den Hochmut der Philister brechen.
7 Und ich werde sein[q] Blut[r] aus seinem Mund entfernen
und seine Abscheulichkeiten aus seinen Zähnen.
So wird selbst er unserem Gott als Rest bleiben.
Und er wird wie ein Vertrauter/Häuptling[s] in Juda sein
und Ekron wie ein Jebusiter.
8 Und ich werde mich für mein Haus als Wachposten[t] lagern
vor dem, der hin und her zieht.
Und kein Bedränger wird mehr über sie hinwegziehen.
Fürwahr, jetzt habe ich mit meinen Augen gesehen!

---

[a] משא bezeichnet als von נשא „heben, tragen" abgeleitetes Nomen den Gegenstand des Tragens, die „Last", in Num und 1./2.Chr als aramaisierender Infinitiv auch die entsprechende Handlung, das „Tragen" (vgl. Ges[18]). Darüber hinaus verwenden Jes 14,28; Jes 13,1 (vgl. Jes 2,1); Sir 9,18 (LXX: λόγῳ) משא synonym zu דבר („Wort") und belegen somit eine vermutlich von der Wendung נשא קול („die Stimme erheben") abzuleitende übertragene Bedeutung „Ausspruch", die möglicherweise für die Verwendung des Wortes in Überschriften prophetischer Texte (vgl. v. a. die einschlägigen Stellen in Jes sowie Nah 1,1; Hab 1,1; Mal 1,1) zu veranschlagen ist (grundlegend Graf, *Prophet*, 315f.; kritisch Sæbø, *Sacharja*, 137-140; Willi-Plein, *Deuterosacharja*, 11.17f.). Während die Mehrheit der Exegeten entsprechend auch in Sach 9,1

für die Bedeutung „Ausspruch"/"oracle" votiert (vgl. Mitchell, *Commentary*, 261; Nowack, *Propheten*, 372; Sellin, *Zwölfprophetenbuch [1930]*, 547; Rudolph, *Haggai*, 167; Mason, *Books*, 82; Reventlow, *Propheten*, 88; Meyers/Meyers, *Zechariah*, 88f.; Redditt, *Zechariah*, 37; Wolters, *Zechariah*, 260; vermutlich schon LXX: Λῆμμα), neigt eine Minderheit unter prinzipieller Infragestellung der Existenz eines Homonyms „Ausspruch" mit V (*onus*) zur Übersetzung „Lastwort" (Sæbø, *Sacharja*, 137-142; Willi-Plein, *Haggai*, 152; inzwischen dies., *Deuterosacharja*, 17f.: „Austragung"). Tatsächlich sprechen vier Beobachtungen dafür, dass ungeachtet der prinzipiellen Frage zumindest in Sach 9,1 die Bedeutung „Last" intendiert ist: 1) Da das Wort משא im *corpus propheticum* überwiegend Gerichtsworte gegen Fremdvölker einleitet, dürfte in einem verhältnismäßig späten prophetischen Text wie Sach 9 ein negativer Unterton zwangsläufig mitschwingen. Jes 30,6 und Jer 23,33-40 spielen entsprechend mit der Doppeldeutigkeit des Lexems. 2) Die Übersetzung „Ausspruch" würde mit dem folgenden „Wort JHWHs" eine „unnatürliche Tautologie" (Sellin, *Zwölfprophetenbuch [1922]*, 496) erzeugen. 3) Der Begriff מנחה („Ruhestätte") führt die Metaphorik der „Last" fort. 4) Der Ruheort der „Last", dem in Sach 9,1 בהדרך entspräche, wird auch in 2Chron 35,3 mit der Präposition ב eingeführt.

Die von Floyd, *Prophets*, 409f., in Anschluss an Weis, *Art. Oracle*, 28f., vorgeschlagene Bedeutung "prophetic reinterpretation of a previous revelation" (zustimmend Redditt, *Zechariah*, 38) mag den Charakter des durch Sach 9,1 eingeleiteten Abschnitts treffend beschreiben, gehört aber kaum zum semantischen Gehalt des Wortes.

[b] Die masoretische Deutung von משא דבר יהוה als Constructus-Kette (vgl. auch LXX: Λῆμμα λόγου κυρίου; V: *onus verbi Domini*) hat für sich, dass absolut stehendes משא nicht nur „allzu blaß und kahl" (Rudolph, *Haggai*, 168) bliebe, sondern auch als prophetische Überschrift nicht belegt ist (vgl. Kunz, *Ablehnung*, 78; gegen Reventlow, *Propheten*, 91; Meyers/Meyers, *Zechariah*, 89f.; Redditt, *Zechariah*, 37; Wolters, *Zechariah*, 260). Die gesamte Kette משא דבר יהוה ließe sich wiederum nur mithilfe einer Ergänzung vor בהדרך wie יהוה (Marti, *Dodekapropheton*, 427; Sellin, *Zwölfprophetenbuch [1922]*, 495; Rudolph, *Haggai*, 168) oder נפל (Mitchell, *Commentary*, 270) als Überschrift retten. Mit Wellhausen, *Propheten*, 188, bleibt deshalb festzuhalten: „Wenn der Wortlaut heil ist, so ist die scheinbare Überschrift in Wahrheit Subject des ersten Satzes." So auch Willi-Plein, *Deuterosacharja*, 17.

[c] Oft bezieht man das Suffix 3. m. sg. auf JHWH (so Marti, *Dodekapropheton*, 427; Rudolph, *Haggai*, 167f.; Wöhrle, *Abschluss*, 124 Anm. 181). Die von Kunz, *Ablehnung*, 77, mit Vehemenz vertretene Behauptung, die Grammatik lasse „allein einen Bezug des Nominalsuffixes der 3. Person Sg. auf JHWH zu", gilt jedoch nur für den in Sach 9,1 gerade nicht vorliegenden „doppelte[n] Genitiv" (Kunz, *Ablehnung*, 77 Anm. 9). Grammatisch wäre durchaus ein Bezug auf das *nomen regens* משא (vgl. z. B. Num 22,31) oder auf דבר יהוה (so Wellhausen, *Propheten*, 46; Nowack, *Propheten*, 372; Mitchell, *Commentary*, 262; Reventlow, *Propheten*, 91; Redditt, *Zechariah*, 33; Willi-Plein, *Deuterosacharja*, 17) denkbar. Angesichts der bildlichen Entsprechung von „Last" und „Ruhestätte" ist letzteres am wahrscheinlichsten.

[d] MT stellt weder vor philologische noch vor textkritische Probleme. Die Wendung עין + Präposition (על, אל, ל) zur Einführung eines Sehobjekts begegnet häufig (vgl. z. B. Jer 5,3). Keine Belege finden sich hingegen für עין mit *genitivus objectivus*, was die Übersetzung „JHWH hat ein Auge, das auf den Menschen blickt" (Wellhausen, *Propheten*, 46; vgl. auch LXX) unwahrscheinlich macht. Mit Meyers/Meyers, *Zechariah*, 94; Wöhrle, *Abschluss*, 127 Anm. 192; Willi-Plein, *Deuterosacharja*, 17.31; Wolters, *Zechariah*, 263. Auf die seit Klostermann, *Rez. Bredenkamp*, 566, beliebte Konjektur ארם für אדם und ערי für עין kann damit verzichtet werden. Gegen Redditt, *Zechariah*, 34.

^e גבל Kal begegnet nur an zwei weiteren Stellen: in Dtn 19,14 als Tätigkeitsverb („eine Grenze ziehen"), in Jos 18,20 (vgl. das Subjekt „Jordan") als Zustandsverb („angrenzen"). In Jos 18,20 hat es exklusive Bedeutung, es markiert die Grenze zu einem anderen Gebiet (Präposition את); in Dtn 19,14 hat es inklusive Bedeutung, es markiert die Grenze innerhalb eines größeren Gebiets (Präposition ב). Allgemeingültige Schlüsse bezüglich des Präpositionsgebrauchs lassen sich angesichts der Überschaubarkeit der Belege jedoch kaum ziehen: Aufgrund des Toponyms „Hamat" als Subjekt ist auch in Sach 9,1 eine Zustandsbeschreibung wahrscheinlich (gegen Mason, *Haggai*, 82: "Sidon has closed her frontier against Hamath"). Nimmt man als Bezugswort מנחה an, wäre eine inklusive Bedeutung („Hamat grenzt darin"; vgl. die Präposition ב) denkbar (so Kunz, *Ablehnung*, 89f.). Natürlicher erscheint dennoch der Bezug auf eine konkrete geografische Größe: Naheliegend wäre dann nicht Hadrach (so aber Willi-Plein, *Weltgeschichte*, 306), sondern das letztgenannte Damaskus (mit Rudolph, *Haggai*, 169; Reventlow, *Propheten*, 91). Die inhaltliche Pointe bleibt von der syntaktischen Entscheidung unberührt: Hamat ist als Teil der in V.1 genannten syrischen Gebiete ebenfalls von der „Last des Wortes JHWHs" getroffen.

^f Der chiastische Aufbau von V.1a lässt ihn schwerlich als Auftakt einer in V.2 fortgesetzten Aufzählung im Stile einer „Völkerliste" (Sæbø, *Sacharja*, 144) oder der „Schilderung einer Route" (Willi-Plein, *Deuterosacharja*, 23) erscheinen. Auch V.1b könnte als solcher nur dienen, wenn man die Konjektur „JHWH gehören die Städte Arams" (vgl. Anm. d) akzeptiert. V.2 gliedert sich vielmehr in zwei eigenständige Sätze, von denen – wie der geografische bzw. der thematische Zusammenhang zeigt – der erste den Abschluss von V.1 bildet (V.2a), der zweite den Auftakt von V.3f. (V.2b). וגבל בה ist demnach nicht wie üblich als asyndetischer Relativsatz (gegen Marti, *Dodekapropheton*, 427; Mitchell, *Commentary*, 270; Sellin, *Zwölfprophetenbuch [1930]*, 548; Rudolph, *Haggai*, 168; Reventlow, *Propheten*, 89 Anm. 159; Meyers/Meyers, *Zechariah*, 96; Redditt, *Zechariah*, 34) zu deuten, sondern als Prädikat eines Verbalsatzes im *casus pendens*. Mit Kunz, *Ablehnung*, 90, der allerdings auch V.2b in den Satz integriert.

^g Sidon wird unter das in der biblischen Tradition größeren Raum einnehmende Tyros subsumiert (vgl. auch Jer 25,22; 27,33), womit sich die singularische Verbform erklärt. Es muss weder das Verb חכמה mit LXX in den Plural korrigiert (so Wellhausen, *Propheten*, 188; Marti, *Dodekapropheton*, 427) noch צר (Nowack, *Propheten*, 373; Sellin, *Zwölfprophetenbuch [1930]*, 548; Mitchell, *Commentary*, 270; Elliger, *Zeugnis*, 71; Mason, *Haggai*, 82; Willi-Plein, *Deuterosacharja*, 18) oder צידן (Procksch, *Schriften*, 101) eliminiert werden. Womöglich dient die Nennung zweier prominenter phönizischer Städte in Analogie zu V.1a.2a der Absteckung des Gebiets „Phönizien", für das das AT keinen Begriff kennt (vgl. Rudolph, *Haggai*, 168; Meyers/Meyers, *Zechariah*, 98): In Joel 4,4 stehen etwa beide Städte den „Bezirken Philistäas" (גלילות פלשת) gegenüber.

^h Wenn auch V.2b keine Fortsetzung einer in V.1 beginnenden Aufzählung ist (s. o.), liegt hier ebenfalls eine Pendenskonstruktion vor (vgl. GK §143).

ⁱ Mit dieser Übersetzung bildet Köhler, *Propheten III*, 23, die hebräische Paronomasie (צור מצור) ab.

^j Im Gegensatz zum trockenen Staub (עפר) beschreibt טיט den nassen Schlamm (vgl. Jes 41,25; 57,20; Jer 38,6; Nah 3,14; Ps 40,3; 69,15). חוצות bezeichnet meist die Gassen einer Stadt (Jer 33,10 u. v. m.), selten die Flur außerhalb der Stadt (Ps 144,13; Spr 8,26; Hi 5,10). Fünfmal begegnet die Wendung טיט חוצות in Vergleichen als etwas, das man ausleert (Ps 18,43), zertritt (2Sam 22,43; Mi 7,10; Sach 10,5; vgl. auch כחמר חוצות in Jes 10,6) oder eben ansammelt (Sach 9,3). Diese Handlungen passen besser zum Schlamm der Gassen, der durch Unrat aus den Haushalten vermehrt, durch Fußgänger festgetreten und zur Reinigung aufgehäuft wird. Gegen Boda, *Book*, 543f.

^k Eine Ableitung von חיל₁ „Reichtum" (Nowack, *Propheten*, 373; Mitchell, *Commentary*, 266; Sellin, *Zwölfprophetenbuch [1930]*, 548; Meyers/Meyers, *Zechariah*, 102f.; Redditt, *Zechariah*, 33; Willi-Plein, *Deuterosacharja*, 34f.) oder „Streitmacht" (Köhler, *Propheten III*, 26; Reventlow, *Propheten*,

91) wäre zwar denkbar, die Ableitung von חיל₂ „äußere Ringmauer" aber wahrscheinlicher (vgl. Well-hausen, *Propheten*, 188; Marti, *Dodekapropheton*, 428; Elliger, *Zeugnis*, 80; Otzen, *Studien*, 238; Wolters, *Zechariah*, 266f.): 1) Die Enteignung wird schon in V.4aα vollzogen (mit Rudolph, *Haggai*, 168 Anm. 4). 2) Reichtum würde man eher rauben (vgl. Ez 26,12) als ins Meer zu stürzen (gegen Willi-Plein, *Deuterosacharja*, 35). 3) Die Handlung „schlagen" ist einer Befestigungsmauer gegenüber angemessener. 4) Im Gegensatz zur Streitmacht ist die Mauer bereits im Text verankert (V.3: מצור).

ˡ ב bezeichnet in diesem Fall nicht den Ort der Handlung (etwa das Schlagen der Streitmacht „auf dem" Meer, so Köhler, *Propheten III*, 26), sondern ihr Ziel (vgl. z. B. Ex 15,4).

ᵐ Vor Gaza und Ekron ist wie vor Aschkelon ein einleitendes תרא „wird [es] sehen" zu denken. Vgl. Marti, *Dodekapropheton*, 428; Nowack, *Propheten*, 373; Meyers/Meyers, *Zechariah*, 106; Redditt, *Zechariah*, 34.

ⁿ Dass „Wohnen" bzw. „Bleiben" von Städten oder Landstrichen ausgesagt werden kann (z. B. Jes 13,20; Jer 17,25; Ez 29,11; 36,35; Joel 4,20; Sach 7,7), dürfte auf Metonymie beruhen, gemeint ist natürlich die jeweilige Bevölkerung (vgl. Köhler, *Propheten III*, 31). Es handelt sich also nicht im eigentlichen Sinne um ein Passiv („bewohnt werden"). Eine vergleichbare Austauschbarkeit von Stadt und Regent ist für das Verb ישב in seiner Bedeutung „thronen" (z. B. Am 1,8) zumindest nicht belegt und damit auch in diesem Fall weniger wahrscheinlich. Gegen Meyers/Meyers, *Zechariah*, 110; Redditt, *Zechariah*, 41; Kunz, *Ablehnung*, 113.

ᵒ In der einzigen weiteren biblischen Belegstelle Dtn 23,3 reiht sich der ממזר ein zwischen einheimischen Kultunfähigen (Genitalverstümmelten) und Angehörigen fremder Nationen (Ammonitern und Moabitern), denen der Eintritt in die JHWH-Versammlung verwehrt wird. Handelt es sich um einen Abkömmling einer illegitimen Verbindung, respektive einen Mischling (so Mitchell, *Commentary*, 267f.; Marti, *Dodekapropheton*, 428; Nowack, *Propheten*, 373; Sellin, *Zwölfprophetenbuch [1930]*, 549; Elliger, *Propheten*, 145; Rudolph, *Haggai*, 173; Reventlow, *Propheten*, 89; Wolters, *Zechariah*, 267), oder im weiteren Sinne um einen Fremden (so Kunz, *Ablehnung*, 111f.)? Angesichts der mageren Quellenlage erscheint eine Entscheidung für eine der beiden Optionen unmöglich. Denn auch die Etymologie (1), die innerbiblische (2) und nachbiblische (3) Rezeption von Dtn 23 sowie die antiken Versionen (4) lassen keine sicheren Rückschlüsse zu: 1) Eine Ableitung von זור₂ („fremd sein") ist aufgrund des doppelten מ-Präfix problematisch (vgl. aber David Kimchi, der auf das seinerseits schwierige ממגורות in Joel 1,17 verweist); eine Wurzel מזר („verdorben sein"; vgl. Ges¹⁸) findet sich nur im Mittelhebräischen. Meyers/Meyers, *Zechariah*, 110; Redditt, *Zechariah*, 41, plädieren allerdings mit Verweis darauf für die Bedeutung "villain". 2) Innerbiblisch wird nur Dtn 23,4ff. aufgegriffen, ohne den ממזר (Dtn 23,3) explizit zu erwähnen: Ob der Verfasser von Klgl 1,10b den בן נכר („Fremdling") oder der Verfasser von Neh 13,23f. den ערב („Mischvolk", Neh 13,3) mit dem ממזר identifizieren würden, bleibt offen. 3) 4Q174 4 (DJD V, 53) nennt unter Anspielung auf Dtn 23 den ממזר in einer Reihe mit Moabitern, Ammonitern und Fremden (ובן נכר וגר). Eine griechische Fassung von 1En 10,8-12 erhellt möglicherweise die kryptische Rede von רוחות ממזרים in 4Q510 1,5 (DJD VII, 220); 4Q511 35,7 (DJD VII, 237); 4Q511 182 (DJD VII, 261). Hier beschreibt der Plural μαζηρέους, vielleicht eine Transkription des aramäischen ממזריא (vgl. Milik, *Books*, 175f.), den hybriden Nachwuchs der von gefallenen Engeln mit menschlichen Frauen gezeugten Kinder (vgl. Lange, *Considerations*, 256-259). Allgemeine Schlussfolgerungen lässt dieser Befund nicht zu. Denn auch die spätere rabbinische Tradition bezeugt neben der engen halachischen Bedeutung „Kind aus illegitimer Ehe" die Bedeutung „Fremder". Vgl. Raschi (עם נוכרי) und David Kimchi (זר) zu Sach 9,6. 4) Auch LXX belegt beide Optionen: In Dtn 23,3 übersetzt sie ἐκ πόρνης („[Abkömmling] einer Hure"), in Sach 9,6 ἀλλογενεῖς („Fremde"). Ebenso belegt V die Probleme der antiken Übersetzer mit dem Wort, indem sie einerseits in Dtn 23,3 ממזר transkribiert („*mamzer*") und die durch LXX geprägte Erklärung „*hoc est de scorto natus*" ergänzt, andererseits in Sach 9,6 „*seperator*" übersetzt.

p Die Übersetzung hängt von der Deutung des ממזר ab.

q Das Suffix bezieht sich aufgrund des Sg. nicht auf die Philister (gegen Rudolph, *Haggai*, 169; Reventlow, *Propheten*, 92f.), sondern auf den ממזר (mit Wellhausen, *Propheten*, 188; Marti, *Dodekapropheton*, 429; Nowack, *Propheten*, 373; Sellin, *Zwölfprophetenbuch [1930]*, 549; Kunz, *Ablehnung*, 104), kaum aber – schließlich ist eine personale, zumindest aber eine körperliche Größe vorausgesetzt – auf die „Hoheit" (gegen Meyers/Meyers, *Zechariah*, 112f.; Willi-Plein, *Haggai*, 160) oder Aschdod (gegen Redditt, *Zechariah*, 42).

r Nach GK §124n handelt es sich um einen Plural „der räumlichen Ausdehnung", der „das vergossene Blut" bezeichnet. So soll das Bild eines blutigen Fressgelages assoziiert werden. Singulär bleibt allerdings die Verwendung des Plurals bei tierischem Blut (vgl. Mitchell, *Commentary*, 261). Die Übersetzung „Blutschuld" (Kunz, *Ablehnung*, 103f.) würde jedoch ein unerwartet kannibalisches Bild ergeben und ist angesichts der kultischen Beheimatung des parallel genannten Begriffs שקץ unwahrscheinlich.

s Ob אַלֻּף₁ „Vertrauter" oder אַלֻּף₂ „Häuptling" (vgl. LXX: χιλίαρχος; V: *dux*) zu veranschlagen ist, hängt wieder von der Deutung des ממזר ab. Eine Änderung der masoretischen Vokalisation in אֶלֶף ist unnötig (gegen Wellhausen, *Propheten*, 188; Marti, *Dodekapropheton*, 249; Nowack, *Propheten*, 374; Sellin, *Zwölfprophetenbuch [1930]*, 549; Mitchell, *Commentary*, 272; Elliger, *Zeugnis*, 65 Anm. 7; Otzen, *Studien*, 239).

t Gegen MT (מִצָּבָה), der in Anlehnung an die folgende Formulierung מֵעֹבֵר וּמִשָּׁב „vor einem Heer" (מצבא) lesen möchte, ist מַצָּבָה (vgl. 1Sam 14,12) zu vokalisieren. Mit Marti, *Dodekapropheton*, 429; Nowack, *Propheten*, 374; Mitchell, *Commentary*, 272; Sellin, *Zwölfprophetenbuch (1930)*, 550; Sæbø, *Sacharja*, 51; Rudolph, *Haggai*, 169; Reventlow, *Propheten*, 90; Willi-Plein, *Deuterosacharja*, 20. Meyers/Meyers, *Zechariah*, 119, deuten MT mit vergleichbarem Ergebnis als nur hier belegtes feminines Äquivalent zu מַצָּב „Stellung/Posten".

3.2.3 Analyse

Der erste Akteur des Buchteils ist das Wort Gottes. Unheilvoll – dies impliziert die Metaphorik – lastet es auf den syrischen Gebieten, die der Text durch das Land Hadrach im Norden (V.1aα), Damaskus im Süden (V.1aβ) und das Gebiet[21] von Hamat im Zentrum (V.2b) absteckt. Dieser Auftakt leitet also kein Gerichtswort gegen Syrien ein, sondern setzt ein bereits ergangenes Gerichtswort voraus, das – erst V.4 blickt in die Zukunft[22] – unter der Zeugenschaft des Verfassers seine

---

21 Die Formulierung „Hamat grenzt daran" zeigt, dass nicht die Stadt, sondern analog zum „Land Hadrach" die Region gemeint ist. Vgl. „Land Hamat" in 2Kön 23,33; 25,21; Jer 39,5; 52,9.27. Das Imperfekt beschreibt keinen zukünftigen, sondern einen gegenwärtig andauernden Zustand.

22 Die Aussage „Da 7–8 die Zukunft anzielen, muß auch für 1–6 dieser Aspekt mit in Anschlag gebracht werden." (Deissler, *Propheten*, 294; ähnlich Rudolph, *Haggai*, 171f.) ist ein Trugschluss. Überdies wenden sich V.2b.3 nach den Zustandssätzen in V.1.2a zunächst in die Vergangenheit. Vgl. Elliger, *Zeugnis*, 77.

bedrohliche[23] Wirkung über Syrien entfaltet.[24] Die Möglichkeit eines derart dinglichen Verständnisses des Wortes Gottes bestätigt Jes 9,7:[25]

„Ein Wort hat JHWH gegen Jakob gesandt und auf Israel ist es gefallen."

Die knappe Formulierung in V.1f. setzt beim Leser Traditions- und Zeitwissen voraus: Er ist mit göttlichen Gerichtsworten gegen den Landstrich vertraut (vgl. z. B. Jes 17,1–3; Jer 49,23–27; Am 1,3–5) und hat Kunde von gegenwärtigen, sicherlich kriegerischen Ereignissen in Syrien, die sich als Auswirkungen der entsprechenden Worte begreifen lassen. Die theologische Pointe liegt in der Zuversicht, dass JHWH selbst sich als eigentlicher Akteur in den geschichtlichen Vorgängen zu erkennen gibt.[26]

V.1b betont die Tragweite des Geschehens, indem er die Augen der (nichtisraelitischen) Menschheit und der Stämme Israels erwartungsvoll auf JHWH blicken lässt. Diese Parenthese unterbricht den Zusammenhang zwischen V.1a und V.2a merklich;[27] gerade das Suffix 3. f. sg. (תגבל בה) findet in V.1b keine rechte Entsprechung.[28] Die universale Perspektive sprengt überdies den judäischen Horizont (vgl. V.7) des Abschnitts mit seiner Konzentration auf einige wenige Nachbarvölker.[29]

---

23 Eine heilvolle Deutung von V.1 ist gerade angesichts des militärischen Grundtons in V.2–8 unwahrscheinlich. So zurecht Redditt, *Zechariah*, 38, gegen Meyers/Meyers, *Zechariah*, 92f.

24 Vgl. Elliger, *Zeugnis*, 75: „Das Wort Jahwes umfaßt mehr, als was unser Prophet hernach ausspricht, ist der Inbegriff aller Verkündigung der Propheten seit den ältesten Zeiten; und von ihr wird ausgesagt, daß sie jetzt im Begriff ist, sich zu erfüllen." Vgl. schon Köhler, *Propheten III*, 19. Dagegen vermutet Reventlow, *Propheten*, 91, mit Verweis auf dieselben Verse, dass das Wort JHWH als „Hypostase" „geradezu an die Stelle Jahwes tritt".

25 Mit Köhler, *Propheten III*, 19; Elliger, *Zeugnis*, 75f.; Sæbø, *Sacharja*, 141. Vgl. außerdem Jes 55,10f.

26 Wöhrle vertritt hingegen die originelle These, Sach 9,1 als „Beginn der Beschreibung einer Theophanie von den besagten Gebieten" (Wöhrle, *Abschluss*, 124 Anm. 181; vgl. ebd., 136f. Anm. 214) zu lesen, hinter der „die Vorstellung vom Götterberg im Norden" (Wöhrle, *Abschluss*, 127, mit Verweis auf Reventlow, *Propheten*, 91; vgl. außerdem Hanson, *Dawn*, 317) stehe. Entsprechend bilde die Theophanie in Sach 9,14ff. die ursprüngliche Fortsetzung des Verses. Wöhrle vermag auf diese Weise den Einschnitt zwischen V.1 und V.2 sowie V.13 und V.14 zu erklären. Die Rede vom Wort Gottes in V.1a bliebe aber völlig unterbestimmt. Auch die Deutung von Hadrach und Damaskus als mythische Heimat JHWHs liegt nicht gerade nahe; mit dem Gottesberg im Norden teilen sie lediglich die Himmelsrichtung. Und gerade diese widerspricht einem Anschluss von V.14 an V.1: JHWH naht in V.14 nicht aus dem Norden, sondern in den Stürmen des Südens.

27 Mit Sæbø, *Sacharja*, 145. Elliger, *Zeugnis*, 67, beklagt die Streichung als „Gewaltkur", kann diese aber selbst nur vermeiden, indem er wiederum in V.1b eine weit abenteuerlichere „Heilung [sic!] des Textes" (a. a. O., 68) durch eine Konjektur unternimmt.

28 Traditionell behilft man sich etwa mit einem Bezug auf das Genitivobjekt „Israel" in V.1b (vgl. David Kimchi).

29 Vgl. Rudolph, *Haggai*, 168, der die Spannung allerdings auf textkritischem Wege zu lösen versucht.

Exkurs 2: Hadrach und Hamat in persischer und hellenistischer Zeit

Das alttestamentliche Hapaxlegomenon „Hadrach" bot in der Geschichte der Bibelauslegung Anlass zu diversen Spekulationen,[30] bis der Ort mit „Hatarrika" aus der assyrischen Eponymenchronik bzw. „Hazrak" aus der Inschrift des Zakkur (KAI 202), König der nordsyrischen Stadt Hamat, identifiziert und vierzig Kilometer südlich von Aleppo in der Gegend des Fundortes der Zakkurstele, Tell Afis, lokalisiert wurde.[31] Sowohl Hamat als auch Hadrach wurden samt ihren Gebieten im Laufe des 8. Jh. zu assyrischen Provinzen. Danach schweigen die Quellen über Hadrach, bis es wie aus dem Nichts ein letztes Mal in Sach 9,2 auftaucht. Inwieweit der in Sifre Debarim (zu Dtn 1,1) überlieferten Aussage von Rabbi Jose aus Damaskus Beweiskraft zukommt, der „Himmel und Erde als Zeugen" anruft, dass „es dort [Damaskus] einen Ort mit Namen Hadrach gibt", sei dahingestellt. In jedem Fall bewahrt sie das Wissen, dass es sich um ein Toponym handelt. Auch die Stadt Hamat versank nach der assyrischen Eroberung in Bedeutungslosigkeit, erlebte jedoch im Zuge ihrer Neugründung als „Epiphaneia" durch Antiochus IV. einen Wiederaufstieg.[32] Der alte Name der assyrischen Provinz lebte als Landschaftsbezeichnung weiter (vgl. 1Makk 12,25: εἰς τὴν Ἀμαθῖτιν χώραν). Es scheint deshalb kaum aus der Luft gegriffen, auch für die Region von Hadrach eine vergleichbare Kontinuität anzunehmen.[33]

Die V.2b–7 unterscheiden sich durch größere Detailfülle, Traditionsbezug und Zukunftsorientierung (V.4–7) von den knappen Sätzen in V.1a.2a: Unter Rückgriff auf Fremdvölkersprüche des *corpus propheticum* imaginiert der Verfasser den möglichen Fortgang des Geschehens. Auswahl und Reihenfolge der betroffenen Gebiete scheinen wiederum geschichtlicher Erfahrung geschuldet zu sein: Vorbilder für derartige Nord-Süd-Bewegungen gab es in der Geschichte Israels zuhauf; wer die syro-palästinische Landbrücke halten will, muss Syrien (V.1a.2a), Phönizien (V.2b–4) und Philistäa (V.5) kontrollieren.[34]

Mit hämisch-sarkastischem Unterton stellt V.2b.3 die sprichwörtlich gewordene Weisheit von Tyros (vgl. Ez 28,4.5.7.12),[35] unter das Sidon subsummiert wird, heraus. Sie äußert sich militärisch im Bau einer Festung, ökonomisch im Anhäu-

---

[30] Bei den Rabbinen etwa findet sich die auch von Hieronymus, *In Zach. II 9,1* [CChr.SL 76A 824,8f.], adaptierte Deutung als *nomen compositum* „scharf-weich", das den Charakter des Messias beschreibe, der sich den Völkern gegenüber „scharf", Israel gegenüber aber „weich" verhalte (vgl. Sifre Debarim zu Dtn 1,1). Für die frühe kritische Forschung vgl. die Diskussion bei Köhler, *Propheten III*, 3–19. Er differenziert u. a. zwischen der personalen Deutung auf einen syrischen König, der theologischen auf eine syrische Gottheit und der geografischen auf eine syrische Stadt oder Landschaft.

[31] Vgl. ausführlich Schott, *Art. Hadrach*.

[32] Vgl. Fugmann, *Hama*, 277; Grainger, *Cities*, 138f.

[33] So Elliger, *Zeugnis*, 93, zustimmend Willi-Plein, *Ende*, 304.

[34] Vgl. zur militärstrategischen Bedeutung der Gebiete Grainger, *Wars*, 11.

[35] Vgl. Rudolph, *Haggai*, 172.

fen von Silber und Gold.[36] Der Kausalnexus von Weisheit und Reichtum ist durch das Ezechielbuch vorgegeben (Ez 28,4):[37]

> *„Durch deine Weisheit und deinen Verstand*
> *hast du dir Macht (חיל) erworben,*
> *und Gold (זהב) und Silber (כסף) hast du zu deinen Schätzen gemacht."*

Tyros (צר) trägt die Festung (מצור) schon im Namen, was die Stadt als schlechthinnige Trutzburg und ihren Untergang geradezu paradigmatisch erscheinen lässt. Zwei weitere Wortspiele verraten ihr nahes Ende: Im Anhäufen von Silber (כסף ותצבר) und Gold (חרוץ) klingen Staub (עפר) und Straßenkot (חוצות טיט) als typische Vergänglichkeitssymbole (vgl. 2Sam 22,43; Ps 18,43; Mi 7,10) schon an.[38]

Die Gerichtsansage V.4 verhält sich schließlich chiastisch zum Lagehinweis V.3: Der „Herr" wird die Stadt und damit ihren Reichtum in Besitz nehmen und die Ringmauer der Festung ins Meer schlagen, womit sich ein weiteres ezechielisches Wort bestätigt (Ez 26,12; vgl. auch 26,4):

> *„Und sie werden deine Macht (חיל) rauben*
> *und deine Handelsgüter plündern und sie werden deine Mauern (חומותיך) zerstören*
> *und deine kostbaren Häuser niederreißen*
> *und deine Steine und deine Balken und dein Erdreich (עפרך).*
> *werden sie ins Wasser werfen."*

Mit dem Aufgehen der Stadt in Flammen behält auch der Prophet Amos Recht (Am 1,10; vgl. auch Jer 49,27; Ez 28,18):[39]

> *„Und ich werde Feuer (אש) an die Mauer (בחומת) von Tyros senden*
> *und es wird seine Paläste fressen (ואכלה)."*

Der folgende Abschnitt V.5–7 setzt den Weg nach Süden fort. Er gliedert sich in eine durch ihre chiastische Fügung klar abgegrenzte Gerichtsansage gegen die Philister (V.5) und eine Verheißung der Eingliederung der Juda nächstgelegenen

---

36 Zu V.3 als ironischer Explikation der in V.2b erwähnten Weisheit vgl. auch Köhler, *Propheten III*, 22; Rudolph, *Haggai*, 172; Reventlow, Propheten, 91; Kunz, *Ablehnung*, 95. Nach Willi-Plein, *Deuterosacharja*, 18, kontrastiert hingegen die tyrenische Torheit in V.3 die sidonische Weisheit in V.2b.
37 Mit Deissler, *Propheten*, 294; Kunz, *Ablehnung*, 93.
38 Mit Sellin, *Zwölfprophetenbuch (1930)*, 548. Um des Wortspiels willen verzichtet der Verfasser auf das Nomen זהב aus Ez 28,4 zugunsten des selteneren חרוץ.
39 Vgl. Mason, *Haggai*, 85; Kunz *Ablehnung*, 99.

Philistergebiete Aschdod und Ekron (V.6f.), die durch die Hervorhebung Ekrons in der Mittelstellung des Chiasmus (V.5aβ) bereits vorbereitet wird.[40]

V.5aα leitet das Ende mit Schrecken ein: Die Furcht angesichts der aus dem Norden nahenden Gefahr steigert sich vom Visuellen („sehen") über das Psychische („fürchten") zum Physischen („erbeben"). Wortspiele[41] verstärken wie in V.4 den bedrohlichen Eindruck: Sehen (תרא) und Fürchten (תירא) Aschkelons fallen schon morphologisch beinahe ineinander.[42] Gaza gleicht in seiner Erschütterung (תחיל) der bereits gefallenen tyrenischen Ringmauer (חיל). Das wiederholte ו-copulativum unterstreicht das Sich-Überschlagen der Ereignisse.

Der Hoffnungsverlust Ekrons markiert den Übergang von der reinen Furcht zum tatsächlichen Ergehen, das der Verfasser wiederum in den Farben der biblischen Tradition, nämlich zweier Fremdvölkerzyklen des Zwölfprophetenbuches, ausmalt.[43] Die Erwartung der politischen Entmachtung[44] erinnert an Am 1,6–8 (hier: V.8a):

> *„Und ich werde den Herrscher aus Aschdod vernichten*
> *und den Zepterträger aus Aschkelon."*

Die Erwartung der Entvölkerung entspricht den ihrerseits von Am 1 abhängigen Versen Zef 2,4–7 (hier: V4a):

> *„Denn Gaza wird verlassen sein*
> *und Aschkelon zur Wüste werden."*

---

40 Vgl. Meyers/Meyers, *Zechariah, 9–14*, 106. Häufig zieht man V.6a noch zu V.5, um so zwei Dreier-Reihen (Aschkelon, Gaza, Ekron – Gaza, Aschkelon, Aschdod) herzustellen (so Mitchell, *Commentary*, 267; Elliger, *Zeugnis*, 81; Sæbø, *Sacharja*, 153; Rudolph, *Haggai*, 173; Reventlow, *Propheten*, 92; Wolters, *Zechariah*, 267). Dem widersprechen Auswahl und Reihung der Namen sowie die antithetische Wiederaufnahme des Verbs ישב aus V.5 in V.6a.

41 Zur Annahme sprechender Ortsnamen (vgl. Rudolph, *Haggai*, 173–175; van der Woude, *Zacharia*, 169; Reventlow, *Propheten*, 92) bemerkt Wolters, *Word Play*, 225, treffend: "there is virtually nothing in the text that supports the fanciful connections that they make." Zudem zeigen Sach 9,4 (צר מצור) und Zef 2,4 (עקרון תעקר; עזה עזובה), dass hierfür eine deutlichere Markierung zu erwarten wäre.

42 Mit Sellin, *Zwölfprophetenbuch (1930)*, 549. Vgl. zum Spiel mit beiden Wurzeln auch Jes 41,5; Ps 40,4; 52,8; 112,8.

43 Neben Sach 9,5 richten nur drei prophetische Texte eine Gerichtsansage an die vier Städte Aschkelon, Gaza, Ekron und Aschdod (Jer 25,50; Am 1,6–8; Zef 2,4–7), weshalb ein literarischer Bezug trotz eher oberflächlicher inhaltlicher Berührungen denkbar scheint. Immerhin finden sich mit den Verben אבד und ישב zwei, allerdings rein lexikalische Übereinstimmungen. Vgl. etwa Mitchell, *Commentary*, 266f; Mason, *Haggai*, 85; Kunz, *Ablehnung*, 114. Ohnehin dürften bei verhältnismäßig späten Texten wie Sach 9–14 Traditionsbezüge zugleich literarische Bezüge darstellen.

44 Der Verzicht auf den Artikel vor „König" betont die Grundsätzlichkeit der Entmachtung. Mit Köhler, *Propheten III*, 28.

Zwischen dem Ergehen Aschkelons und Gazas dürfte dabei – auch angesichts der literarischen Vorlagen – ähnlich wie zwischen den Schreckensreaktionen in V.5aα nicht streng zu differenzieren sein: Philistäa wird entmachtet und entvölkert.

V.6f. stellen durch die positive Aufnahme (וישב) des לא תשב aus V.5b und die Konzentration auf Aschdod und Ekron einen inhaltlichen, jedoch keinen literargeschichtlichen Einschnitt gegenüber V.5 dar.[45] Lediglich V.6b.7a geben sich durch den unvermittelten Wechsel zur JHWH-Rede (V.6b.7aα), das abschließende Wort eines zuvor nicht in Erscheinung getretenen Kollektivs (V.7aβ) und die inhaltliche Verschiebung von der politischen zur kultischen Integration der Philister als Einschub zu erkennen.[46]

Entscheidend für die Deutung von V.6a.7b bleibt der philologisch kaum zu entschlüsselnde ממזר: Ist er singularisch oder kollektiv zu lesen? Handelt es sich um einen „Fremdling" oder einen „Mischling"? Die jeweilige Entscheidung bedingt wiederum die Deutung seiner Prädikate ישב („thronen"/„wohnen") und אלוף („Häuptling"/„Vertrauter"). Da ein sicheres exegetisches Urteil unmöglich scheint, werden im Folgenden zumindest zwei vertretbare Optionen präsentiert, die Aschdod und Ekron als Antipoden zum entvölkerten Aschkelon bzw. zum entmachteten Gaza eine judäische Zukunft verheißen, sei es im Sinne des Überlebens einer judäisch-philistäischen Mischbevölkerung (Option 1)[47] oder der Eingliederung unter einem judäischen Gaufürsten (Option 2).

Ad 1) Anders als im entvölkerten Aschkelon wird in Aschdod (und Ekron) zumindest eine (judäisch-philistäische) Mischbevölkerung[48] „wohnen", deren

---

45 Neben der Mittelstellung Ekrons im Chiasmus in V.5 zeigt auch dieser Anschluss, dass die Städte Ekron und Aschdod hier nicht mehr „pars pro toto" (Willi-Plein, *Ende*, 69; vgl. Nowack, *Propheten*, 374; Sellin, *Zwölfprophetenbuch [1922]*, 498f.; Horst, *Propheten*, 239; Rudolph, *Haggai*, 173) stehen, sondern zwischen den nördlichen und den südlichen Philistergebieten zu differenzieren ist. Mit Elliger, *Zeugnis*, 81.83; Kunz, *Ablehnung*, 102 Anm. 136.

46 Meist grenzt man nur die Gottesrede V.6b.7aα aus (vgl. Reventlow, *Propheten*, 92). Der Restgedanke (V.7aβ), der sich von der Grundschicht durch die kollektive Rede abhebt, lässt sich aber nicht von der kultischen Reinigung trennen (mit Willi-Plein, *Deuterosacharja*, 47f.). Für die literarische Integrität plädieren hingegen Elliger, *Zeugnis*, 83 („das politische und das religiöse Interesse liegen untrennbar ineinander"); Rudolph, *Haggai*, 174. Redditt, *Zechariah*, 53, hält zumindest V.6b für "a redactional transition to vv.7–8". Sæbø, *Sacharja*, 156–158, erkennt in 6b–7 eine zweistufige Erweiterung, innerhalb derer zunächst die kultische (6b.7aαβ), schließlich die politische Integration (7aγ.b) erwartet wurde.

47 Dies ist die übliche Deutung der Verse. Vgl. z. B. Elliger, *Zeugnis*, 81f.; Rudolph, *Haggai*, 173; Reventlow, *Propheten*, 92f.

48 Für die Existenz einer derartigen Mischbevölkerung spricht nicht nur die geografische Nähe zu und die ökonomische Verbundenheit mit Juda, sondern auch Neh 13.

Status innerhalb Judas[49] die beiden Nomina „Vertrauter" und „Jebusiter" (V.7b) beschreiben, womit zugleich Harmlosigkeit und Untertänigkeit ausgedrückt wird: אלוף bezeichnet etwa einen alten Bekannten (Jer 3,4; Ps 55,14) oder ein zutrauliches Lamm (Jer 11,19); die Jebusiter dienten in Jerusalem als Fronpflichtige (1Kön 9,20f.), um ihrer Vertreibung zu entgehen (Jos 15,63; Ri 1,21).[50]

Ad 2) Anders als im entmachteten Gaza wird in Aschdod ein (aus philistäischer Perspektive) „Fremder" „thronen".[51] Als untergeordnete Führungsgestalt ist er einem „Häuptling in Juda" gleichrangig. Ekron wird ihm wie einst die Jebusiter als Vasall dienen. Die Integration der nördlichen philistäischen Gebiete geschähe also durch die Installation eines judäischen Statthalters. Diese Deutung würde auch der Differenzierung zwischen Aschdod und Ekron Rechnung tragen.

Modell für eine judäische Inanspruchnahme des philistäischen Küstenstreifens könnte wiederum Zef 2,6f. (vgl. auch Jes 11,14) gewesen sein. Die Beschränkung auf den philistäischen Norden erklärt sich aus Nachbarschaft und Handelsbeziehungen.

Exkurs 3: Aschdod und Ekron in persischer und hellenistischer Zeit

Die Eroberung der philistäischen Tetrapolis[52] Gaza, Aschkelon, Aschdod und Ekron 604 v. Chr. durch Nebukadnezar „wird üblicherweise als Schlusspunkt der Geschichte der Philister angegeben."[53] „Danach schweigen die Quellen."[54] Während Aschkelon, Gaza und Aschdod wiederaufgebaut wurden und in persischer Zeit zu neuer Blüte gelangten,[55] findet sich in Ekron (Tel Miqne) kein archäologisches Zeugnis für eine städtische Besiedlung. Auch die griechischen Historiker erwähnen die Stadt nicht.[56] Aus der Tetrapolis ist eine Tripolis geworden. Doch noch 1Makk 10,89 und Josephus kennen ein als „Ekron" bezeichnetes Siedlungsgebiet, das Alexander Ballas dem Hasmonäer Jonathan übereignen konnte.[57] Möglicherweise gehörte das Gebiet Ekrons in persischer Zeit und hellenistischer Zeit zu Aschdod, das in Fortsetzung des assyrischen und babylonischen Systems persische Provinz

---

49 Die Angabe „in Juda" muss also nicht als Teil des Vergleichs כאלף gelesen werden.

50 Ez 47,22, worauf Tai, *Prophetie*, 22, und Kunz, *Ablehnung*, 112, verweisen, sieht jedoch eine gleichberechtigte Aufnahme des Fremden כאזרח vor.

51 Eine individuelle Lesart vertreten auch Meyers/Meyers, *Zechariah*, 110; Redditt, *Zechariah*, 41, die den „Mamser" jedoch als „villain" deuten.

52 Nach dem Ende Gats war die Pentapolis schon in der Königszeit zur Tetrapolis geworden. Vgl. Beyer, *Beiträge*, 164. Dies spiegelt sich in Texten wie Jer 25,20; Zef 2,4–7 und Sach 9,6f.

53 Ehrlich, *Art. Philister*, 3.2.3.

54 Ebd.

55 Vgl. Dothan/Dothan, *Philister*, 268.

56 Herodot, *Historien*, kennt nur Aschkelon (I 105), Gaza (III 5) und Aschdod (II 157), Strabon nur Aschdod, Aschkelon, Gaza und Raphia (Strabon, *Geographika*, 759,12–33).

57 Vgl. 1Makk 10,89 (τὴν Ακκαρων καὶ πάντα τὰ ὅρια αὐτῆς) und Josephus, *Ant.* 13, 102 (καὶ τὴν Ἀκκάρωνα καὶ τὴν τοπαρχίαν αὐτῆς).

gewesen sein könnte.[58] Beide Orte verbindet zudem die relative Nähe zu Juda. Ekron kam schon in der Königszeit aufgrund dieser Lage und seiner wirtschaftlichen Bedeutung in der Textil- und Olivenölproduktion eine „vermittelnde Rolle und Lage zwischen Küste und Bergland"[59] zu. Auch für Aschdod, dem nächstgelegenen Mittelmeerhafen, ist die Existenz judäischer Wanderarbeiter wahrscheinlich.[60] Das Nehemiabuch bezeugt eine judäisch-philistäische Mischbevölkerung (Neh 13).

Erst die späteren Verse V.6b.7a verstehen den „Mamser" unmissverständlich kollektiv als philistäische (Misch-)Bevölkerung und stoßen sich angesichts von Dtn 23,3 an seiner voraussetzungslosen Aufnahme.[61] Sie entwerfen ein Programm zu seiner kultischen Integration in drei Etappen (V.6b.7aα.β):[62]

Zunächst vernichtet JHWH selbst den גאון der Philister (V.6b), der weniger die in V.5b bereits zerstörte politische Hoheit meint als vielmehr – im Sinne der folgenden Sätze – den Hochmut gegenüber dem Volk JHWHs und seinem Gott.[63] Dazu bedarf es zweitens eines Eingriffs, der den philistäischen Götzendienst noch *in actu*[64] unterbindet (V.7aα): JHWH extrahiert „Blut" (דמיו) und „Abscheuliches" (שקציו) aus dem Mundraum des „Mamser".[65] Als Gegenstück zu דמיו dürfte שקציו das Götzenopferfleisch bezeichnen.[66] Schließlich kann die Kultgemeinde JHWHs

---

58 Vgl. Beyer, *Beiträge*, 164f.; Donner, *Landeskunde*, 103.

59 Niemann, *Nachbarn*, 78.

60 Vgl. Niemann, *Nachbarn*, 76.

61 Dessen philistäische Abstammung mag ein zusätzliches Ärgernis darstellen: Das biblische Schrifttum verschmäht die Philister als „Unbeschnittene" (vgl. Ri 14,3; 15,18; 1Sam 14,6; 17,26.36; 31,4; 2Sam 1,20); Ben Sirach nennt sie in einer Reihe mit den verpönten Samaritanern und Schechemiten (Sir 50,25f.); 1Makk 10,84 triumphiert über die Zerstörung des aschdodischen Dagontempels durch die Hasmonäer.

62 Damit steht die Ergänzung in theologiegeschichtlicher Nähe zu Jes 56,1–6, der Fremden oder Genitalverstümmelten – also zwei der in Dtn 23 neben dem Mamser ausgeschlossenen Gruppen – unter bestimmten Bedingungen, vor allem der Einhaltung des Sabbats, den Zugang zur JHWH-Gemeinde ermöglicht.

63 Mit Mitchell, *Commentary*, 268; Elliger, *Zeugnis*, 83; Sæbø, *Sacharja*, 155f.; Reventlow, *Propheten*, 92. Gegen Marti, *Dodekapropheton*, 428; Sellin, *Zwölfprophetenbuch (1930)*, 549; Rudolph, *Haggai*, 174; Kunz, *Ablehnung*, 105. In Ez 32,12; Sach 10,11 u. a. bezeichnet גאון zwar die politische Hoheit, in Jer 13,9f.; Ez 7,20 jedoch den Götzendienst Israels und in Zef 2,10; Jes 16,6; Jer 48,29 den Hochmut Moabs.

64 Zur Entfernung von Speise noch während des Kauvorgangs vgl. Num 11,33; Hi 29,17.

65 Zum Tabu des Blutgenusses vgl. Gen 9; Lev 17,11.14; 19,26; Dtn 12,16.23f.; Ez 33,25. Dabei ergibt sich ein bemerkenswerter Unterschied zu Lev 17,10 (vgl. auch Lev 20,3.5.6; 26,30), der den Blutverzehrer selbst, sei er Israelit oder Fremdling, der Vernichtung (כרת) anheimstellt: Nicht der Götzendiener, sondern der Götzendienst wird in Sach 9,7 vernichtet.

66 Zumeist bezieht sich der Begriff שִׁקּוּץ allerdings auf fremde Kultbilder (Dtn 29,16; 1Kön 11,5.7; 2Kön 23,13.24; Jer 4,1; 7,30; 16,18; 32,34; Ez 7,20; Hos 9,10) und deren Verehrung (vgl. Jer 13,27), könnte aber in diesem Fall den nicht belegten Plural von שֶׁקֶץ vertreten, das bes. in Lev 11; Jes 66,17 verbotene Fleischspeisen bezeichnet (mit Mitchell, *Commentary*, 272). Die Austauschbar-

die erfolgreiche Aufnahme des Neulings resümieren (V.7aβ): „So wird selbst er unserem Gott als Rest bleiben." Damit verkehrt der Vers nicht nur die Vernichtungsansage des Amosbuches gegen den Rest der Philister (Am 1,8; vgl. auch Ez 29,8) in ihr Gegenteil,[67] sondern weitet das theologische Konzept des gereinigten „Rests" Israels auf Angehörige eines fremden Volkes aus.[68]

V.8 bildet schließlich den Abschluss des Abschnitts 9,1–8. Der abermalige Wechsel in die JHWH-Rede in V.8a dürfte ebenfalls eine spätere Bearbeitung markieren.[69] Das „Lagern" (וחניתי) JHWHs lässt das Ruhen (מנחה) des Gotteswortes in V.1 anklingen und könnte damit eine Analogie beider Vorgänge implizieren.[70] Der Vers würde dann keine an die bisherigen Vorgänge hinzutretende Handlung ergänzen, sondern dem in V.1a.2–6a.7b beschriebenen Geschehen eine neue Deutung verleihen: JHWH selbst lagert[71] sich als „Wachposten" an den strategischen Schlüsselpunkten der syro-palästinischen Landbrücke, um sein „Haus" in Zukunft vor hindurchziehenden und marodierenden Heeren der Weltmächte zu schützen[72] und vor Unterdrückern zu bewahren. Das Suffix 3. pl. („nicht wird über sie hinwegziehen") zeigt, dass das „Haus JHWHs" nicht den Tempel, sondern sein Umland und dessen Bewohner meint.[73] Die Formulierung „vor dem, der hin und her zieht" (מעבר ומשב) entspricht wörtlich den Androhungen einer Entvölkerung in Ez 35,7 והכרתי ממנו עבר ושב) und Sach 7,14 (והארץ נשמה אחריהם מעבר ומשב), inhaltlich aber den Verheißungen einer zukünftigen Bewahrung des Landes vor fremden (Joel 4,17: זרים לא יעברו בה עוד) oder ruchlosen (Nah 2,1: כי לא יוסיף עוד לעבור בך בליעל) Besuchern. Die Gerichtsansage der Vergangenheit wird so in eine Heilsaussage transformiert.

---

keit beider Begriffe belegen auch Ez 8,10, wo שקץ ein Götzenbild umschreibt, und Jes 66,3, wo unter dem Schlagwort שקוצים nicht nur Götzenlob, sondern auch die Darbringung von Schweineblut subsummiert wird. Vgl. auch Freedman/Welch, Art. שקץ.

67 Vgl. Mason, *Haggai*, 86.

68 Vgl. Mitchell, *Commentary*, 268; Reventlow, *Propheten*, 93.

69 Marti, *Dodekapropheton*, 429; Nowack, *Propheten*, 374; Sellin, *Zwölfprophetenbuch (1922)*, 499, grenzen den gesamten Vers aus.

70 Auf die Assonanz macht Kunz, *Ablehnung*, 121, aufmerksam. Die naheliegende inhaltliche Schlussfolgerung zieht Weingart, *Stämmevolk*, 157: „Die Inclusio markiert einen ersten Zielpunkt; d. h. die ‚Ruhestätte JHWHs' wird in ihrer Funktion für Israels transparent. Das Ergebnis des gesamten in v. 1–7 entfalteten Geschehens ist eine ‚Sicherheitszone' um Israel herum". Ähnlich schon Nogalski, *Book*, 905: "The poetic scene thus conveys YHWH's aggressive actions as defensive maneuvers to shild the land from outside invasion by encircling the land."

71 In ähnlicher Weise lässt Ps 34,8 den Boten JHWHs zum Schutz um die Gottesfürchtigen lagern. Vgl. etwa Marti, *Dodekapropheton*, 429.

72 Bei einer Ausgrenzung der Formel מעבר ומשב (so Sæbø, *Sacharja*, 159) bliebe die Notwendigkeit des Schutzes im Dunkeln.

73 Vgl. Hos 8,1; 9,15; Jer 12,7. Mit Delcor, *Allusions*, 120; Elliger, *Zeugnis*, 84; Rudolph, *Haggai*, 175; Mason, *Haggai*, 87; Deissler, *Propheten*, 295; Kunz, *Ablehnung*, 116. Gegen Ellul, *Variations*, 57.

V.8b („Denn jetzt habe ich mit meinen Augen gesehen.") könnte indes den Schlusspunkt der Grundschicht 9,1a.2–6a.7b bilden, wenn man ihn entgegen der *opinio communis* als Wort des Propheten liest.[74] Dafür sprechen zwei Beobachtungen: 1) Sollte der segensvolle Blick JHWHs intendiert sein, wären als Objekt des Sehens die Notleidenden oder die Notlage zu erwarten, wie die häufig zitierten Belegstellen zeigen:[75]

Ex 2,25a   *„Und Gott sah die Israeliten (...)."*
Dan 9,18a*   *„Öffne deine Augen und sieh unsere Verwüstung."*

2) Die Konstruktion ראה + ב + עין + Suffix betont das Sehen „mit eigenen Augen"[76] und lässt an ein menschliches Subjekt denken. Als Aussage über JHWH wäre sie „singulär"[77].

Mancher beseitigt beide Probleme mit einem Handstreich und konjiziert „ich habe seine (בעניו)[78]/ihre (בעניָם)[79] Not gesehen"; eine exegetische Lösung ist dem zweifelsohne vorzuziehen. Als Prophetenrede bildete V.8b einen affirmativen Schlusspunkt der Ebene Sach 9,1a.2–6a.7b und bestätigte zugleich die Annahme einer Augenzeugenschaft des Verfassers in V.1a.2a:[80] Wie etwa Hiob (Hi 42,5) zunächst nur vom Hörensagen von JHWH gehört hat (לשמע אזן שמעתיך), bis ihn schließlich seine eigenen Augen sahen (ועתה עיני ראתך), so hat auch der Verfasser von JHWHs Verheißungen bisher nur durch das Wort vernommen und wird „jetzt" (עתה) zum Zeugen der einsetzenden eschatologischen Wehen.

Die älteste Ebene des Abschnitts findet sich also in Sach 9,1a.2–5.6a.7b.8b. Sie erkennt in militärischen Umwälzungen im Norden Israels die Erfüllung prophetischer Verheißungen und ist sich auf dieser Basis des Fortgangs des Geschehens

---

74 So schon Ibn Esra (הוא דברי הנביא שראה זה עתה במראות הנבואה). Vgl. Jones, *Interpretation*, 247; Mason, *Haggai*, 87; Larkin, *Eschatology*, 66f.; Tai, *Prophetie* 19 (anders aber a. a. O., 11), Wolters, *Zechariah*, 277. Dabei verstehen Jones und Wolters V.8b freilich als Einleitung von V.9f.

75 Gegen Marti, *Dodekapropheton*, 429; Otzen, *Studien*, 240; Sæbø, *Sacharja*, 161 Anm. 5. Wo ein solches Objekt fehlt (vgl. Jer 7,11; 37,17), erschließt es sich im Gegensatz zu Sach 9,8b zumindest aus dem unmittelbaren Kontext.

76 Zwei Formulierungen können diese Betonung zum Ausdruck bringen: Entweder sind die Augen Subjekt des Verbs „sehen" (z. B. Gen 45,12; 7,19; 10,21; 29,2; Jos 24,7; 1Sam 24,11; 1Kön 10,7; 2Chr 9,6; Hi 21,20; Ps 35,21) oder eben Präpositionalobjekt in der Konstruktion ראה + ב + עין + Suffix (Dtn 3,27; 2Kön 7,2.19; 2Chr 29,8; vgl. auch Dtn 34,4), die nur für menschliche Subjekte belegt ist.

77 So Sæbø, *Sacharja*, 161, ohne daraus Konsequenzen zu ziehen.

78 Vgl. Nowack, *Propheten*, 374; Sellin, *Zwölfprophetenbuch (1930)*, 550; Junker, *Propheten*, 162; Horst, *Propheten*, 238.

79 Vgl. Elliger, *Zeugnis*, 95 Anm. 7.

80 Was Elliger, *Zeugnis*, 79, von V.8b sagt, gilt umso mehr bei einer Deutung als Prophetenrede: „die volle Gegenwartsbedeutung des Orakels wird kräftig betont".

gewiss. Erweiterungen betonen die großisraelitische und globale Dimension des Geschehens (9,1b), regeln die kultische Integration philistäischer Mischlinge (9,6b.7a) und deuten die Nord-Süd-Bewegung des Gotteswortes als Defensivstrategie zum zukünftigen Schutz des Landes (9,8a).

Am Ende bleibt dennoch Entscheidendes offen: Wer füllt das nach der Niederschlagung der Nachbarvölker entstandene Machtvakuum? Wer besiedelt das nunmehr gesicherte Haus JHWHs? Der Abschnitt ist offenbar auf die vollmundigen Hoffnungen der Folgeverse hingeschrieben, deren kleine Anfänge er zu bezeugen glaubt.[81]

3.3 Sach 9,9f.

3.3.1 Forschungsgeschichtliche Orientierung

Das Profil des freudig erwarteten Königs wird kontrovers beurteilt: Verkörpert er ein „Gegenbild zum früheren Königtum"[82] oder schreibt sich in seiner Gestalt die altorientalische und altjerusalemische Königsideologie „in sehr viel ungebrochener Form als bei Sacharja selbst"[83] fort? Vertreter einer königskritischen Deutung betonen die im Partizip Nif. „gerettet" (נושע) zum Ausdruck kommende Passivität des Königs, seine demütige Haltung (עני) und sein alltägliches Reittier, den Esel.[84] Vertreter einer königsideologischen Deutung verstehen das Partizip Nif. נושע im Sinne von „siegreich"[85] oder präferieren das in der Septuaginta bezeugte Partizip Aktiv „rettend" (σῴζων),[86] erklären das Adjektiv עני zum Objekt des Partizips „rettend"[87] oder für sekundär[88], erkennen im Esel das traditionelle altorientalische Würdentier[89] und lassen ebenfalls mit der Septuaginta den König anstelle JHWHs zum Subjekt der Waffenvernichtung

---

81 Vgl. bes. Weingart, *Stämmevolk*, 155, die jedoch Sach 9,1–10 auf ein und derselben literarhistorischen Ebene verortet.

82 Wöhrle, *Abschluss*, 176. Vgl. auch das Votum von Wellhausen, *Propheten*, 189: „Was für ein Contrast zwischen diesem künftigen König von Sion und einem alten Könige von Israel!"

83 Reventlow, *Propheten*, 96. Ähnlich Otzen, *Studien*, 134–142.

84 Vgl. z. B. Marti, *Dodekapropheton*, 429f.

85 Vgl. z. B. Seybold, *Hoffnungen*, 99.

86 Vgl. z. B. Sellin, *Zwölfprophetenbuch (1930)*, 550.

87 So Sellin, *Zwölfprophetenbuch (1930)*, 550, und Nowack, *Propheten*, 374, unter Verschiebung des Personalpronomens הוא.

88 Vgl. Levin, *Poor*, 298; Loretz, *Hippologica*, 316f. Lipiński, *Recherches*, 50, vermutet einen ursprünglichen Imperativ von ענה („singen"): « Les mots 'humble et monté sur un âne' sont à l'origine d'une exégèse piétiste de l'hymne royal qu'est Zach. ix 9–10 ».

89 Vgl. z. B. Sellin, *Zwölfprophetenbuch (1930)*, 551.

werden.[90] Zur Klärung der Frage bedarf es eines traditionsgeschichtlich geschärften Blickes auf die einzelnen Attribute des masoretischen Textes und deren logischen Zusammenhang sowie einer Bewertung der Varianten der Septuaginta.

3.3.2 Kommentierte Übersetzung

9   Juble laut, Tochter Zion,
    jauchze, Tochter Jerusalem!
    Siehe, dein König kommt zu dir,
    gerecht und gerettet[a] ist er,
    demütig[b] und reitend auf einem Esel,
    einem[c] Hengst[d], einem Abkömmling von Eselinnen.[e]
10   Und ich[f] werde den Streitwagen aus Ephraim
    und das Pferd aus Jerusalem beseitigen.
    Und der Kriegsbogen wird beseitigt werden
    und er wird den Völkern Frieden kundtun.
    Und seine Herrschaft wird von Meer zu Meer
    und vom Fluss bis zu den Enden der Erde reichen.

---

[a] Sellin, *Zwölfprophetenbuch (1930)*, 550; Nowack, *Propheten*, 374f.; Greßmann, *Messias*, 268 Anm. 4; Schunck, *Attribute*, 646; Wolters, *Zechariah*, 278-280, ändern nach LXX (σῴζων; vgl. V: *salvator*). Doch die aktive Lesart ist nur ein Element einer Übersetzungsstrategie, die das eigentümliche Königsbild des MT wieder in konventionellere Bahnen lenkt. Vgl. Exkurs 5, S. 84.

[b] Zur Bedeutung „demütig" vgl. Ps 18,28; Spr 3,34; Jes 66,2. Mit Schmidt, *Hoffnung*, 694 Anm. 15; Boda, *Book*, 567.

[c] Zum *waw explicativum* vgl. GK §154a. Dagegen verdoppelt Mt 21,2.7 den Esel. Vgl. zuletzt Mulzer, *Esel*, 79-88.

[d] Schon die Verwendung als Reittier widerrät einer Deutung als Fohlen (so aber LXX: πῶλον νέον). Gen 32,16 belegt mit seinem Gegenüber von Kühen (פרות) und Stieren (פרים) einerseits und Eselinnen (אתנות) und עירים andererseits, dass der עיר den ausgewachsenen Eselshengst bezeichnet. Vgl. grundlegend Köhler, *Lichter*, 56; Noth, *Remarks*, 322-333, sowie Way, *Donkey*, 105-114; ders., *Donkeys*, 162-170.

[e] Im Gegensatz zu עיר könnte אתנות בן zwar ein Jungtier umschreiben (vgl. bes. 1Sam 14,32: בקר ובני בקר), in diesem Fall zielt es jedoch auf die Gattungszugehörigkeit (vgl. z. B. בני צאן in Jer 31,12; Ps 114,4). Zum Plural der Gattung אתנות vgl. GK §124 (z. B. Ri 14,5: כפיר אריות).

[f] Analog zur Wiedergabe von נושע mit σῴζων verleiht LXX auch hier dem König eine aktive Rolle, indem sie ihn zum Subjekt der Waffenvernichtung macht (ἐξολεθρεύσει). Ihr folgen Wellhausen, *Propheten*, 189; Marti, *Dodekapropheton*, 430; Sellin, *Zwölfprophetenbuch (1930)*, 551; Nowack, *Propheten*, 375; Mitchell, *Commentary*, 277; Elliger, *Propheten*, 149; Rehm, *Messias*, 334; Mason,

---

90 Vgl. z. B. Sellin, *Zwölfprophetenbuch (1930)*, 551.

3.3.3 Analyse

Sach 9,9f. bilden eine geschlossene Einheit, die sich sowohl durch ihre poetische Fügung als auch durch ihre thematische Fokussierung auf eine menschliche Herrschergestalt markant von ihrem unmittelbaren Kontext abhebt.[91] Mit ihrem Ausblick auf eine sicherlich endgültig gedachte universale Friedensepoche formen sie den logischen Schlusspunkt des von Kriegsrhetorik geprägten Abschnitts Sach 9,1–11,3, ohne selbst auf die umstehenden Verse zwingend angewiesen zu sein.

Der bereits erfolgende Aufruf zur Freude[92] über das noch ausstehende Kommen des Königs bezeugt die Gewissheit seines unmittelbaren Eintreffens. Der Kommende kann als Zions König („dein König") apostrophiert werden, weil er traditionell auf dem Zion residiert.[93] Zugleich verrät diese Ansprache eine intime Vertrautheit der Angesprochenen mit ihrem König: Tatsächlich kumuliert die folgende Beschreibung von Person und Amt des Herrschers altbekannte Topoi judäischer Königsideologie, präsentiert diese jedoch in einer durch das Feuer nachstaatlicher Königtumskritik geläuterten Form.

Die drei in V.9 genannten Attribute „gerecht" (צדיק), „gerettet" (נושע) und „demütig" (עני) ließen sich zunächst durchaus im Kontext altorientalischer Königsideologie verorten. Gerechtigkeit gilt als vornehmste königliche Pflicht im Alten Orient und im Alten Testament.[94] Die erfahrene Rettung ist nicht zwangs-

---

91 Mit Elliger, *Propheten*, 149; Rudolph, *Haggai*, 178.

92 Die Diskussion um den Sitz im Leben der Gattung (Fruchtbarkeitskult, Thronbesteigung, Heroldsruf, Siegesproklamation) ist für das Verständnis von Sach 9,9f. weniger relevant: Die Gattung hat längst einen von ihren möglichen früheren Bezügen gelösten Sitz in der prophetischen Literatur des nachstaatlichen Juda (vgl. nur Zef 3,14f.; Sach 2,14). Zur Diskussion Irsigler, *Freudenaufruf*, 49–74, der trotz Betonung des literarischen Charakters der Formel eine Funktion für die gottesdienstliche Lesung annimmt.

93 Vgl. Köhler, *Propheten III*, 49. Gegen Schmidt, *Hoffnung*, 699; Rudolph, *Haggai*, 181; Larkin, *Eschatology*, 76; Zakovitch, *Visions*, 141, bieten die beiden Verse gerade angesichts dieser Einführung des Königs keinerlei Indiz für eine Abkehr vom davidischen Königtum. Mit Reventlow, *Propheten*, 95; Waschke, *Gesalbte*, 80; Wöhrle, *Abschluss*, 176.

94 Vgl. für den Alten Orient neben dem Codex Hammurabi (TUAT I, 40) die Jehaumilk- (KAI 10,9: כמלך צדק הא) und die Jehimilk-Inschrift (KAI 4,6–7: כמלך צדק ומלך ישר), für das Alte Testament

läufig Indiz eigener Ohnmacht, sondern Ausdruck göttlicher Gewogenheit gegenüber dem gerechten König:[95] Außerbiblische wie biblische Textzeugnisse erkennen in der göttlichen Rettermacht den entscheidenden Faktor im Kampf,[96] wobei sich im Kontext eines real existierenden Königtums – dies sei schon vorweggenommen – göttliche Hilfe und königlicher Kampf natürlich nicht ausschließen.[97] Selbst Demut stellt keineswegs „eine Eigenschaft dar, die man kaum bei einem König erwartet"[98]; gegenüber den göttlichen Rettern erscheint sie vielmehr als angemessene, die königliche Frömmigkeit demonstrierende Haltung.[99]

Dennoch eignet der spezifischen Zusammenstellung in Sach 9,9 in ihrem Verzicht auf jedwede aktive Komponente eine gewisse Einseitigkeit und damit Ambivalenz: Als gerecht, rettungsbedürftig und demütig könnte sich etwa auch der durchschnittliche Psalmbeter bezeichnen, der sich im Gebet mit den Worten des

---

z. B. Jer 22,3.15; Ps 72,2; Spr 16,13 sowie die eschatologischen Erwartungen Jes 9,6; 11,4 f.; Jer 23,5. Ausführlich Maul, *König*, 65–77; Janowski, *Stellvertretung*, 58–62; ders., *Frucht*, 177–183; Schmidt, *Hoffnung*, 693; ders., *Ohnmacht*, 83. Da der Kontext der Verse keine Infragestellung des davidischen Königtums andeutet, bleibt die philologisch mögliche Deutung „rechtmäßig/legitim" (vgl. Jer 23,5) gegen Seybold, *Hoffnungen*, 103 f., unwahrscheinlich. Umständlich und angesichts der Geprägtheit des Gerechtigkeitsmotivs auch unwahrscheinlich wirkt die passive Deutung des Wortes „gerechtfertigt" (vgl. Rudolph, *Haggai*, 179 f.; van der Woude, *Zacharia*, 174; Schwantes, *Messias*, 286; Zakovitch, *Vision*, 134 f.).

95 Ein etwa in der jüdischen Tradition (vgl. David Kimchi) veranschlagter Kausalnexus zwischen königlicher Gerechtigkeit und göttlicher Rettung ist durchaus denkbar (vgl. etwa Mason, *Haggai*, 88). Auch in der Jehaumilk- und der Jehimilk-Inschrift (s. Anm. 94) gründet die göttliche Unterstützung in der Gerechtigkeit des Herrschers.

96 So bekennt Assarhadon: „Nicht durch meine eigene Kraft, nicht durch die Stärke meines Bogens — durch die Kraft meiner Götter, durch die Stärke meiner Göttinnen beugte ich die Lande … unter das Joch Assurs" (zit. nach Weippert, *Krieg*, 483). Vgl. außerdem die Mescha- (KAI 181,4: בכן השלני מכל ישעני כי) und die Zakkurstele (KAI 202, A, 14: [...] כל מן אחצלך ואנה) sowie zu Analogien in der assyrischen Königsideologie Oded, *War*, 21–24. Für das Alte Testament vgl. etwa Ps 20,7. Die im Effekt zutreffende Übersetzung „siegreich" mit ihren Varianten (Wellhausen, *Propheten*, 46; Sæbø, *Sacharja*, 186; Seybold, *Hoffnungen*, 99; Hanson, *Dawn*, 295; Blenkinsopp, *David*, 146 Anm. 14) verfehlt im Verschweigen des externen Grundes des Sieges die Pointe des Textes.

97 Vgl. etwa Spr 21,3: „Das Pferd ist bereit für den Tag der Schlacht, doch von JHWH kommt die Rettung."

98 Willi-Plein, *Haggai*, 163.

99 König Zakkur von Hamat (8. Jh.) präsentiert sich in KAI 202,2 als „demütiger Mann" (ענה אש). Vgl. grundlegend Tawil, *Elements*, 51–55; für Sach 9,9 Schmidt, *Hoffnung*, 694 Anm. 15; anders jedoch Millard, *Homeland*, 47–52: ein Mann „aus Ana"; ihm folgen u. a. Lipiński, *Aramaeans*, 299 f., bes. Anm. 326; Younger, *History*, 476 f. Anm. 205. Dennoch hält Millard, *Homeland*, 49, fest: "it is certainly true that ancient kings did boast of their humility". Auch Assarhaddon bezeichnet sich als „demütiger Fürst" (*šarru šaḫtu*; vgl. z. B. Borger, *Inschriften*, § 2: Ass. A, IV 9) und Nabopolassar nennt sich „der bescheidene, demütige, der die Ehrfurcht vor Gott und Göttin am eigenen Leibe erlernte" (TUAT II, 491). Als biblische Analogie kann der Königstitel „mein Knecht" (vgl. S. 40 Anm. 104) gelten.

zunehmend als Vorbild der Frommen gezeichneten König David identifiziert.[100] Und stellt man Sach 9,9 neben den vermutlich ebenfalls traditionelle Züge judäischer Königsideologie transportierenden Psalm 72, den der Verfasser angesichts der beinahe wörtlichen Zitation der Weltherrschaftsaussage vor Augen hat (vgl. Sach 9,10b und Ps 72,8),[101] verliert die Gestalt merklich an königlichem Profil. Während der Psalm den König als Retter der Armen inszeniert (Ps 72,4.12f.; vgl. auch Jes 11,4), präsentiert Sach 9,9f. einen geretteten „Armen".[102]

Den Schlüssel für das Verständnis der schillernden Attribute liefert schließlich die Wahl des königlichen Reittieres. Der Verfasser streicht die Bedeutung des Tieres durch die Anhäufung aller aus dem Alten Testament bekannten Termini für den domestizierten Esel heraus, als wollte er jedes Missverständnis hinsichtlich des Reittieres ausschließen.[103] Der sorgfältig abgestimmte, aus jeweils dreizehn Konsonanten bestehende Parallelismus integriert das Adjektiv „demütig" und lässt das Reittier somit zum materialen Ausdruck der königlichen Demut werden. In der Tat: Unbeschadet seiner Rolle als geschätzter Helfer im Alltag taugt der Esel weder für militärische noch für repräsentative Zwecke. Ein König

---

100 Vgl. Schmidt, *Hoffnung*, 695. Mit David empfindet sich der Beter angesichts der Frevler als gerecht (Ps 7,10; 11,5; 34,22 u. v. m.), angesichts der Hochmütigen als demütig (Ps 18,28), seine Hoffnung setzt er nicht auf Ross und Wagen, sondern auf JHWH (z. B. Ps 20,8). Ein kollektives Verständnis der klar individuell gezeichneten und sowohl vom jubelnden Volk als auch vom rettenden Gott unterschiedenen Königsfigur geht freilich gegen Leske, *Context*, 663–678; Kunz, *Ablehnung*, 132, genauso über den Text hinaus wie ihre gegenteilige Identifizierung mit JHWH selbst (gegen Becker, *Messiaserwartung*, 67f.; ders., *Deutung*, 301f.; Rose, *Zechariah*, 219–231; Goswell, *Reading*, 7–19; vgl. auch Hanson, *Dawn*, 320f.).
101 Mit Seybold, *Hoffnungen*, 105; Schwantes, *Messias*, 286f.; Larkin, *Eschatology*, 75; Duguid, *Themes*, 267; Schmidt, *Hoffnung*, 694; Kunz, *Ablehnung*, 128–132; Arneth, *Sonne*, 77; Boda, *Book*, 568f. Gegen ein umgekehrtes Abhängigkeitsverhältnis (Mitchell, *Commentary*, 275; Zenger, *David*, 69f.; vgl. aber ders., *Beobachtungen*, 82 Anm. 35; Janowski, *Stellvertretung*, 65) spricht gerade die Transformation des Königs vom Retter der Armen (Ps 72) zum armen Geretteten in Sach 9,9f. – der Psalm trägt keine Spuren dieses radikalen Perspektivwechsels – und der Sachverhalt, dass Sach 9,9f. mit dem Motivkomplex מלך – צדיק – ישע – עני – שלום – גוי Bezüge in den gesamten Psalm aufweist.
102 Eine komplementäre Lesart von Ps 72 und Sach 9,9f. schlagen Hossfeld/Zenger, *Psalmen*, 324, vor: „Entscheidend ist, daß dieser Friedenskönig von Sach 9,9f. einerseits genau dem Amtsprofil von Ps 72,2–4 entspricht und daß andererseits in Sach 9,9f. deutlich wird, warum er seinen Auftrag erfüllen kann: Er kann zum Richter = Retter der Armen JHWHs werden, weil er selbst ein Armer ist, und er kann retten, weil er selbst Rettung erfahren hat."
103 Mit Rudman, *Commissioning*, 522. Die pleonastische Umschreibung des Tieres mit allen zur Verfügung stehenden Begriffen ist damit zwar mehr als nur poetischer Stil, dient aber gegen Noth, *Remarks*, 322–333; Way, *Donkey*, 105–114, gerade nicht der Herausstellung der Reinrassigkeit des Tieres.

auf einem Esel ist zwangsläufig und exklusiv auf göttliche Rettung angewiesen und ist demütig, weil er auf übliche königliche Machtsymbolik verzichtet.

Exkurs 4: Zum Symbolgehalt des Esels im Alten Testament und seiner Umwelt

Die Deutung des Esels als Symbol königlicher Demut bedarf einer ausführlicheren Begründung, da man in der Wahl des Reittieres häufig ein ehrwürdiges Relikt „der ältesten Periode der Volksgeschichte" vermutet, in der „die Fürsten noch allgemein auf Eseln ritten."[104] Zur Erläuterung verweist man etwa auf die weißen Eselinnen des Deboralieds (Ri 5,10), die Eselshengste der Söhne der kleinen Richter (Ri 10,4; 12,14) und die David als Gabe überlassenen Esel Zibas (2Sam 19,27).

Martin Noth untermauert diese These durch eine Quelle aus den Mari-Archiven (18. Jh. v. Chr.):[105] Der Statthalter Bahdi-Lim rät seinem König Zimri-Lim, auf das Reiten eines Pferdes zugunsten eines von Eseln gezogenen Wagens zu verzichten, um sein Königtum in Ehren zu halten. Dieser Ratschlag spiegle den Konflikt zwischen der althergebrachten Tradition und dem neumodischen Pferdereiten wider. Ein ähnlicher Umbruch sei für die Zeit des davidischen Königtums anzunehmen: Der traditionsbewusste David zerstörte feindliche Pferdegespanne noch (2Sam 8,4; 10,18; 13,29), seine Söhne neigten bereits zu Pferden und Streitwagen (2Sam 15,1; 1Kön 1,5).[106] Während Noth also den Esel als Königstier lediglich für ein Übergangsphänomen am Anfang des israelitischen Königtums hielt, verzichten nachfolgende Forscher zumeist auf diachrone Differenzierungen und erklären den Esel zum Königstier des Alten Orients „par excellence"[107], ohne die Möglichkeit traditionsgeschichtlicher Entwicklungen in Betracht zu ziehen.

Doch schon das vergleichsweise hohe Alter der herangezogenen außerbiblischen Quellen lässt an ihrer Belastbarkeit zweifeln.[108] Schließlich stand der rasante Siegeszug des Pferdes vom Exoten zum königlichen Machtsymbol in der zweiten Hälfte des 2. Jt. v. Chr. noch bevor. Erst die Erfindung des einachsigen Speichenradwagens ermöglichte die Entfal-

---

104 Sellin, *Zwölfprophetenbuch (1930)*, 551. Vgl. auch Procksch, *Schriften*, 103; Horst, *Propheten*, 247; Köhler, *Lichter*, 56f.; Elliger, *Propheten*, 149; Otzen, *Studien*, 140; Rudolph, *Haggai*, 180; Mason, *Haggai*, 89; van der Woude, *Zacharia*, 175; Schunck, *Attribute*, 646; Reventlow, *Propheten*, 95f; Boda, *Book*, 568–570.
105 ARM VI, 76, Z. 20–25. Vgl. Noth, *Remarks*, 331–333. Lipiński, *Recherches*, 51, und Staubli, *Politik*, 183, ergänzen annähernd kontemporäre sumerische bzw. ugaritische Belege für den gehobenen Status des Esels.
106 Vgl. Noth, *Remarks*, 333. Auch von Rad, *Königsritual*, 211f., formuliert ähnlich: „In vorköniglicher Zeit war der Esel das Reittier der Vornehmen und der fürstlichen Anführer gewesen (Jud 5,10; 10,4; 12,14). Ob sich dieser Brauch in der Königszeit nach der Einbürgerung des Pferdes in Israel noch länger erhalten hat, muß man bezweifeln." Ebenso Greßmann, *Messias*, 269.
107 Lipiński, *Recherches*, 51. Vgl. auch Weszeli, *Art. Reiten*, 304. Differenzierter argumentiert Staubli, *Politik*, 182: Wie Sach 9,9f. belege, lebte die alte Tradition in den prophetischen Kreisen als Kritik an „dem protzigen, kriegerischen und damit unheilsträchtigen Auftreten der Könige der Kolonialmächte mit Pferdegespannen, und den imperial akkulturierten eigenen Herrschern" fort. Ähnlich Loretz, *Hippologica*, 306.
108 Mit Schwantes, *Messias*, 287.

tung der Potentiale des schnelleren und leistungsfähigeren Pferdes gegenüber dem Esel.[109] Durch die Professionalisierung der Reittechnik lief dann die Kavallerie im 10.-8. Jh. dem Streitwagen den Rang ab.[110] Dem Esel blieb die Rolle als Zug-, Last- und Reittier des Alltags. Dieser praktische und ökonomische Bedeutungsverlust ging zwangsläufig mit einem kulturellen Prestigeverlust einher.[111] Textliche (1) und ikonographische (2) Befunde belegen diese Entwicklung exemplarisch:

1) In der Inschrift des Idrimi von Alalaḫ (15. Jh. v. Chr.) erkennen die Anhänger ihren flüchtigen, lediglich mit Pferd, Wagen und Stallbursche auftretenden Kronprinzen gerade an Pferd und Wagen.[112] Auch die Kombination II der Wandinschrift von Tell Deir 'Alla (9. Jh.) setzt die enge motivische Verknüpfung von Königtum und Pferd voraus, wenn sie in Zeile 15.4 den Wunsch des Königs nach seinem Pferd (שאלת.מלך.ססה) als Beispiel „der Eitelkeit menschlichen Begehrens"[113] anführt. Demgegenüber belegt schon die Gebel-Barkal-Stele (15. Jh. v. Chr.) den Prestigeverlust des Esels: Pharao Tutmosis III. gewährt laut Inschrift den besiegten Königen der Schlacht von Megiddo freies Geleit in ihre Städte. Da er ihre Pferde und Wagen erbeutet hatte, waren sie gezwungen, ihre Reise auf Eseln anzutreten – zweifelsohne ein Akt der Demütigung.[114] Auch bei den Hethitern galt das Reiten auf einem Esel „als Metapher der Unterwerfung"[115]. Hethitische Codices nennen den Esel nach Pferd und Maultier – die Annahme einer Rangfolge liegt nahe.[116].

2) Zwei Reliefs vom Tell Halaf stellen einen bewaffneten Reiter dar, wobei einer der Reiter aufgrund der Inschrift („Palast des Kapara") möglicherweise mit König Kapara zu identifizieren ist (10./9. Jh.)[117] oder zumindest die Macht seines Königtums symbolisiert. Auf den Reliefs von Karatepe-Arslantaş sind zwei Reiterfiguren durch begleitendes Fußvolk hingegen deutlich als Herrscher herausgehoben.[118] Auch die assyrischen Könige ließen sich mit Vor-

---

109 Vgl. Driesch/Raulwing, *Art. Pferd*, 501; Weszeli, *Art. Pferd*, 473; Clutton-Brock, *History*, 85; Loretz, *Hippologica*, 310; Drews, *Riders*, 51f.

110 Vgl. Weszeli, *Art. Reiten*, 306; Drews, *Riders*, 65–98; Cantrell, *Horsemen*, 136–141.

111 Limet, *Évolution*, 41: « L'âne a conservé son utilité pour porter des charges modestes sur des petits, mais il a, de toute façon, perdu son prestige, qui était grand, au profit du cheval, devenu monture noble, des considerations pratiques et économiques interférant avec des traditions et des modes. »

112 So Dietrich/Loretz, *Inschrift*, 251. Die Verbreitung dieses Motivs belegen spätere Zeugnisse: Ein Gottesbrief des Sargon II. (8. Jh.) berichtet von einer entsprechenden Selbstdarstellung eines urartäischen Königs; Herodot, *Historien III*, 88, weiß Vergleichbares von Dareius zu erzählen. Vgl. Lehmann-Haupt, *Dareios*, 59–64; Root, *King*, 129.

113 Blum, *Schreibkunst*, 46.

114 Vgl. Helck, *Urkunden*, 9. Auf den Text verweist Zakovitch, *Visions*, 136 Anm. 15.

115 Van den Hout, *Art. Pferd*, 489.

116 Vgl. Kammenhuber, *Hippologica*, 23.

117 Vgl. Meyer, *Tell Halaf*, Abb. 10.

118 Vgl. Çambel/Özyar, *Karatepe*, NVI 2 Taf. 44.45; NKr 16 Taf. 90.91. In der Bilingue des Azatiwada am selben Fundort (Cimok, *Reliefs*, 58–61) betont der Herrscher den reichen Pferdebesitz als Ausweis seiner Macht (vgl. Z. 5–8) und bemüht einige in Sach 9,9f. wiederkehrende königsideologische Topoi: Er herrscht vom Aufgang bis zum Untergang der Sonne (Z. 4–5), schafft Frieden mit allen Königen (Z. 11–12) und zeichnet sich durch seine Gerechtigkeit (Z. 12) aus.

liebe hoch zu Ross abbilden, ob in der Schlacht, bei der Stier-, Löwen- oder Onagerjagd.[119] Der Esel dagegen dient auf Darstellungen zumeist als Lasttier, oft auf der Seite besiegter Gegner, oder als Reittier von Frauen und Kindern.[120]

Die biblische Tradition schlägt in der Eselsfrage keinen Sonderweg ein – schließlich hat sie die skizzierte traditionsgeschichtliche Entwicklung bereits im Rücken, sondern bewahrt die Erinnerung an die vom Königtum nicht zu trennende militärische Signifikanz des Pferdes für Israel und Juda.[121] Die Thronprätendenten Absalom und Adonja etwa unterstreichen ihren Anspruch durch die Anschaffung von Pferden und Wagen (2Sam 15,1; 1Kön 1,5). Salomos berühmte Stallungen boten Raum für Zug- (סוסים למרכבו) und Reitpferde (פרשים).[122] Der verstorbene König Amazjahu wird standesgemäß auf Pferden zu seiner letzten Ruhestätte überführt (2Kön 14,20). Mordechai gewährt man als Auszeichnung den Ritt auf einem Pferd nach – allerdings – persischem[123] königlichen Brauch (Est 6,8). Das Jeremiabuch (Jer 17,25; 22,4) erwartet die zukünftigen davidischen Herrscher auf Pferden und Wagen. Eine Verkehrung der Ordnung wäre es hingegen, wenn Knechte auf Pferden reiten würden (Koh 10,7). Der unmittelbare Zusammenhang von Königtum und Pferd ist selbst dann noch selbstverständlich vorausgesetzt, wenn die Deuteronomisten den königlichen Pferdebesitz anprangern (Dtn 17,16).[124] Die späte Reserve gegenüber dem Pferd geht offenbar mit der königskritischen Neusemantisierung der eigenen Geschichte nach dem Untergang des Königtums einher.

Der Esel dagegen rangiert in Listen ähnlich den hethitischen Quellen nach dem Pferd (Gen 47,17; Ex 9,3; Sach 14,15) und dem Maultier (Sach 14,15). Als Lasttier ist er geschätzt und als Reittier analog der assyrischen Ikonographie besonders für Frauen und Kinder gebräuchlich (Ex 4,20; Jos 15,18; Ri 1,14; 1Sam 25,20.23.42; 2Kön 4,22.24).[125] Aufgrund seiner Trittsicherheit taugt er als verlässlicher Untersitz im bergigen Gelände (Num 22,21ff.). Auch Mitglieder des Königshauses reiten ihn außerhalb offizieller oder militärischer Anlässe (2Sam 16,2; 19,27), worin sie sich aber nicht von Vertretern der unteren Bevölkerungsschichten unterscheiden (vgl. Hi 24,3).[126] Statussymbol ist er höchstens dann, wenn er über Her-

---

119 Vgl. Clutton-Brock, *History*, 85 Fig. 6.7; Strommenger, *Mesopotamien*, Abb. 202.209.

120 Vgl. dazu Clutton-Brock, *History*, 92.94.

121 Vgl. Cantrell, *Horsemen*, 40: "[T]he Hebrew tradition strongly associates horse ownership with statehood and the power of the king."

122 1Kön 5,6; vgl. 1Kön 10,28f. sowie 1Kön 22,4; 2Kön 10,2; 2Kön 9,18.

123 Zur königlichen Würde des Pferdes im persischen Reich vgl. Drews, *Riders*, 123–138.

124 Vgl. dazu Perlitt, *Staatsgedanke*, 242; Schroer, *Israel*, 292 Anm. 167. Die LMLK-Siegel mit Pferdedarstellungen können als archäologischer Beleg der königlichen Aura des Pferdes im Juda des 8. Jh. gelten. Vgl. Schmitt, *Herrschaftsrepräsentation*, 127f.; Cantrell, *Horsemen*, 141.

125 Schroer, *Gender*, 116, deutet dies als „erzählerisches Mittel, um ihre Souveränität zu unterstreichen", zieht aber auch die Möglichkeit in Betracht, dass „das Reiten von Frauen auf Eseln womöglich in der erzählten Zeit erst vorstellbar geworden [ist], als in der Erzählzeit der Status eines Mannes längst an Pferde und Kamele gebunden war".

126 In der Erzählung von Saul, der Esel suchte, aber das Königtum fand, erscheint die Eselsuche damit analog zu seiner benjaminitischen Herkunft (vgl. 1Sam 9,21) eher als erzählerisches Kontrastmotiv denn als erstes Vorzeichen königlicher Würde. Vgl. auch die kritischen Anmerkungen von Rudman, *Commissioning*, 521: "If these creatures indeed served as a royal symbol, one might expect his search for them to end in success".

ausstellungsmerkmale wie die weiße Farbe (Ri 5,10)[127] verfügt, wenn man eine große Zahl an Eseln besitzt (Ri 10,4; 12,14)[128] oder wenn man sich die Annehmlichkeit begleitender Knechte leisten kann (Gen 22,3; Num 22,22). Lediglich das Maultier (1Kön 1,33.38.44; vgl. 2Sam 13,29; 2Sam 18,9) ist als explizit königliches Reittier belegt, darf aber nicht mit dem Esel identifiziert werden:[129] Als Hybride vereint es die Vorzüge beider Gattungen, Pferd und Esel, und ist aufgrund seiner Unfruchtbarkeit kostspielig in der Zucht.[130]

Es bleiben zwei messianische, literarisch sicherlich voneinander abhängige Texte, die den Esel als Reittier des zukünftigen Herrschers propagieren: Sach 9,9 f. und der Judaspruch des Jakobsegens (Gen 49,8–12):[131] „Er bindet an den Weinstock seinen Hengst und an die Rebe seinen Esel." (Gen 49,11). Über die zoologische Terminologie (עיר, בן אתון) hinaus eint beide Texte das Motiv der Herrschaft über die Völker (Gen 49,10; Sach 9,10) und – folgt man der umstrittenen Konjektur für Gen 49,10 – die Bezeichnung des Kommenden (יבא) als „Herrscher" (מושל).[132] In Gen 49,8–12 dient die Wahl des Reittieres der Umschreibung einer von sorglosem Luxus geprägten messianischen Friedenszeit: Der kommende Herrscher kann nicht nur kostbaren Wein als Waschmittel verschwenden, sondern ausgerechnet den gefräßigen Esel ohne Angst um die Ernte an einen Weinstock binden.[133] Sach 9,9 transformiert den Esel demgegenüber zum programmatischen Symbol königlicher Ohnmacht und damit zugleich göttlicher Macht.[134]

Somit ist Willi-Plein zuzustimmen: „Wenn zu einer Militärparade der Neuzeit ein General mit dem Fahrrad vorführe, würde man das wohl als ähnlich absonderlich empfinden wie in der ausgehenden Perserzeit einen ‚armseligen' König auf einem Esel."[135]

---

127 Mit Willi-Plein, *Deuterosacharja*, 74.

128 Mit Clutton-Brock, *History*, 94; Groß, *Richter*, 536.

129 Gegen Seybold, *Hoffnungen*, 103.

130 Vgl. Klingbeil, *Friend*, 267; Way, *Donkeys*, 84 Anm. 295; Lee, *Symbole*, 244–247.

131 Zum messianischen Verständnis von Gen 49,8–12 vgl. Schüle, *Sohn*, 278–284; Ebach, *Genesis*, 603. Daneben steht die Deutung als *vaticinium ex eventu*, sei es auf David (z. B. Sellin, *Judaspruch*, 63) oder auf Josua (Blum, *Komposition*, 262f.).

132 Versteht man שילה als – in dieser Form freilich nie belegtes – Toponym „Schilo" (vgl. z. B. Blum, *Komposition*, 261f.) bleibt das Verb יבא ohne Subjekt und der Vers nur schwer verständlich. Entweder greift man in den Text durch die Konjektur משלו ein (z. B. von Rad, *Mose*, 349) oder behilft sich mit der durch die Tradition gestützten Deutung als Relativpartikel mit suffigierter Präposition (vgl. Ez 21,32). So Schüle, *Sohn*, 279; Ebach, *Genesis*, 602f.

133 Mit Sellin, *Judaspruch*, 63; von Rad, *Mose*, 350; Ebach, *Genesis*, 605. Zum Motiv des verfressenen Esels vgl. Way, *Donkey*, 98.

134 Diese programmatische Ausweitung spricht für eine Abhängigkeit von Gen 49,11, wo der Esel im Gegensatz zu Sach 9,9 f. neben klassischen Metaphern königlicher Macht wie Löwe und Stab zu stehen kommt. Mit Rudolph, *Haggai*, 179f.; Seybold, *Hoffnungen*, 105; Larkin, *Eschatologie*, 70–74; Duguid, *Themes*, 268. Dagegen erkennt Willi-Plein, *Deuterosacharja*, 75, keine literarischen Bezüge zwischen beiden Texten.

135 Willi-Plein, *Deuterosacharja*, 75. Auch Way, *Donkeys*, 86 Anm. 300, hält, obwohl er den Esel letztlich doch zum Königstier erklärt, fest: "This connection between donkey and royalty is somewhat exceptional." Als atypisches Reittier für einen König werten den Esel auch Wellhausen, *Propheten*, 189; Marti, *Dodekapropheton*, 429f.; Mitchell, *Commentary*, 274; Schwantes, *Messias*, 286f.; Kunz, *Ablehnung*, 235–239; Wöhrle, *Abschluss*, 176f. Anm. 15. Einen Mittelweg gehen Exe-

Das göttliche „Ich" (והכרתי) in V.10aα ist trotz LXX (ἐξολεθρεύσει) weder text- noch literarkritisch zu beanstanden.[136] Schon der Aufruf zur Freude in V.9 dürfte angesichts biblischer Analogien (Zef 3,14 f.; Sach 2,14) göttlichem Munde entstammen. Inhaltlich komplementiert der göttliche Aktionismus geradezu die königliche Passivität: Die Aussage erklärt, wie der König trotz seiner zur Schau gestellten Machtlosigkeit die Weltherrschaft erlangen kann. Auch die stillschweigend vorausgesetzte großisraelitische Dimension der zukünftigen königlichen Herrschaft widerspricht nicht der Jerusalemer Perspektive in V.9, sondern spiegelt das Verhältnis von Herrschaftssitz (Zion/Jerusalem) und Herrschaftsgebiet (Jerusalem=Juda/Ephraim).

Doch wessen Waffen werden in V.10aα aus „Jerusalem" und „Ephraim" vernichtet? Üblicherweise vermutet man mit Blick auf Mi 5,9 eine Entmilitarisierung des eigenen Volkes,[137] die in dem Bild des eselreitenden Königs als Repräsentanten seines Volkes sowieso schon impliziert sein dürfte. Die Wendung כרת מן umschreibt jedoch nicht nur eine Reinigung zulasten, sondern auch zugunsten betroffener Gebiete.[138] Gerade der gerne als Vorbild angeführte Vers Mi 5,9 suffigiert im Gegensatz zu Sach 9,10 Pferd (סוסיך) und Wagen (מרכבתיך), um offenbar naheliegende Missverständnisse zu vermeiden. Tatsächlich symbolisiert das Paar „Streitwagen" und „Pferd" zumeist die militärische Übermacht der feindlichen Großmächte (vgl. z. B. Ps 46,19; Ez 39,9 f.; Hos 2,20)[139], die somit auch in Sach 9,10aα intendiert sein könnte. Dann wäre die Vernichtungsaussage als Explikation des königlichen Attributs „gerettet" zu lesen: Während fremde Völker auf Pferde und Wagen als Sinnbilder eigener militärischer Potenz setzen, vertrauen der programmatisch auf einem Esel reitende König und sein Volk allein auf Gott und erfahren gerade deshalb Rettung vor der feindlichen Übermacht (vgl. Jes 31,1; Hos 14,3; Ps 20,8; 33,15 f.).

Die zweite, nun im *passivum divinum* formulierte Vernichtungsaussage in V.10aβ geht noch einen Schritt weiter: Als Teil eines Parallelismus, dessen zweites Glied V.10aγ vom Frieden mit den Völkern spricht, bezieht sie sich nun auf die im

---

geten, die den Esel zugleich als Würdentier und Friedenssymbol deuten. Vgl. Rudolph, *Haggai*, 180; Schmidt, *Ohnmacht*, 81; Duguid, *Themes*, 168; Wolters, *Zechariah*, 281.

136 Dagegen halten van der Woude, *Zacharia*, 173; Reventlow, *Propheten*, 96; Willi-Plein, *Deuterosacharja*, 56, V.10aα für eine Glosse. Sæbø, *Sacharja*, 187, wertet V.10aγ.b als nochmals um V.10aα.β fortgeschriebene Erweiterung.

137 Vgl. Mitchell, *Commentary*, 274; Rehm, *Messias*, 336 f.; Schmidt, *Hoffnung*, 696; Reventlow, *Propheten*, 96; van der Woude, *Zacharia*, 175 f.; Boda, *Book*, 572. Lediglich Elliger und Seybold denken an eine Befreiung von den „Gewaltmitteln der Fremdherrschaft" (Elliger, *Propheten*, 149) bzw. „von Usurpatoren" (Seybold, *Hoffnungen*, 104).

138 Vgl. bes. Ex 8,5; Ps 101,8.

139 Zum Motivkomplex vgl. Bach, *Bogen*, 13–26.

Kriegsbogen[140] *pars pro toto* symbolisierte und ein für alle Mal vernichtete Kriegsgewalt der Völker im Allgemeinen.[141] Die Zerstörung des feindlichen Bogens symbolisiert in der Bild- und Textwelt des Alten Orients die Unterwerfung der Feinde.[142] Das Alte Testament kennt die Vorstellung in einer konkreten, gegen bestimmte Völker gerichteten Variante (vgl. Jer 49,35: „Bogen Elams"; Hos 1,5: „Bogen Israels"; Ez 39,3: Bogen Gogs), aber ebenso in einer grundsätzlichen eschatologischen Spielart (Hos 2,20; Ps 37,14f.; 46,10; 76,4).[143] Auch angesichts dieses traditionsgeschichtlichen Hintergrunds dürfte die Pointe der Waffenvernichtung kaum in der Verschonung, sondern in der Entmachtung der Feinde liegen.[144]

Den Taten Gottes folgen die Worte des Königs: Sein Reden ist durch das Nomen „Frieden" charakterisiert, was angesichts des Parallelismus nur in Opposition zum „Krieg" verstanden werden kann. Allerdings bleiben drei Möglichkeiten, die Wendung „Frieden sprechen zu" (דבר שלום ל) zu deuten:[145] Sie kann 1) die Art und Weise der Rede („freundlich/friedlich sprechen mit jmd.", vgl. Jes 9,7; Ps 85,9; 122,8), 2) die Fürsprache zugunsten einer Partei („zum Wohle von jmd. sprechen"; vgl. Est 10,3) oder 3) den Inhalt der Rede („jmd. Frieden zusprechen", vgl. Ps 85,9; Ps 122,7f.) umschreiben. Da 1) eher individuelle Gesprächssituationen voraussetzt und 2) eine hier nicht genannte dritte Instanz impliziert, scheint 3) am wahrscheinlichsten: Als Sprachrohr Gottes[146] gewährt der König den Völkern nach ihrer Unterwerfung den göttlichen Frieden.[147]

---

140 Die Präzisierung des Bogens durch das *nomen rectum* „Krieg" dient nicht der Unterscheidung vom Jagd- (Köhler, *Propheten III*, 58) oder gar Regenbogen (Willi-Plein, *Deuterosacharja*, 77), sondern weist als Gegenbegriff zu שלום bereits auf den Effekt seiner Vernichtung, das Ende der Kriege, hin.

141 Mit Elliger, *Propheten*, 150. Reventlow, *Propheten*, 96, vermutet, dass sich V.10aβ vor der Ergänzung des von ihm als sekundär betrachteten V.10aα auf die Feinde bezog. Dagegen beziehen Mitchell, *Commentary*, 274; Rudolph, *Haggai*, 181; Schmidt, *Hoffnung*, 696f. Anm. 24; van der Woude, *Zacharia*, 176; Boda, *Book*, 571f., auch die Vernichtung des Bogens allein auf Israel. Doch weshalb sollten dann die selbst noch im Besitz ihrer Streitmächte stehenden Völker dem aller Macht beraubten König Gehorsam leisten?

142 In ägyptischer Ikonographie illustriert das Zerbrechen des eigenen Bogens das Eingeständnis der Niederlage (vgl. Keel, *Bogen*, 169). In assyrischen Quellen zerbricht die Gottheit der siegreichen Macht eigenhändig die Bogen der Feinde, die kampfunfähig dem König huldigen. Vgl. Borger, *Inschriften*, §27: Nin. Episode 2 (A, I 75); §69, IV, 18. Zu diesem Motiv vgl. außerdem Weippert, *Krieg*, 467.479.

143 Jes 2,4; Mi 4,3 überlassen schließlich die Waffenvernichtung der Initiative der Betroffenen.

144 Gegen Schmidt, *Hoffnung*, 695; Zakovitch, *Visions*, 138.

145 Vgl. die Diskussion bei Köhler, *Propheten III*, 58; Boda, *Book*, 574.

146 Mason, *Use*, 44f.; Schmidt, *Hoffnung*, 697; van der Woude, *Zacharia*, 176, erkennen darin einen prophetischen Charakterzug des Königs.

147 So versteht auch Sæbø, *Sacharja*, 186, die Aussage „im Sinne eines ‚Friedenschlusses'". Andere vermuten dagegen vor dem Hintergrund von Texten wie Jes 2,3f.; 11,4 eine königliche

Allen potentiellen Konkurrenten ist die Basis der Macht genommen; die Herrschaft des Königs erstreckt sich folgerichtig in klassischer Manier[148] – wie V.10b unter Zitat von Ps 72,8 herausstellt – über die ganze Erde.[149] Allein der finale Ausdruck „Enden der Erde" (vgl. Mi 5,3; Ps 2,8) beseitigt jeden Zweifel am universalen Charakter der Herrschaft. Der Euphrat („Fluss", vgl. Jer 2,18; Mi 7,12) als einziges lokalgeographisches Element der Reihe bezeichnet entsprechend keine äußere Grenze,[150] sondern das Zentrum. Bei den beiden nicht weiter bestimmten Meeren handelt es sich also sicher nicht um das Mittelmeer und das Tote Meer,[151] kaum um das Mittelmeer und den persischen Golf, sondern weit wahrscheinlicher um die weltumgrenzenden mythischen Wasser. Der Verzicht auf das gewaltsamere רדה des Psalms (Ps 72,8) zugunsten des blasseren משל dürfte wieder dem speziellen Königsbild der Verse geschuldet sein.[152]

Der Verfasser von Sach 9,9f. hantiert also durchaus mit Elementen klassischer Königsideologie. Doch durch die Vermeidung aktiver Komponenten, der Betonung der Gottesbeziehung und der Wahl des Reittieres transformiert er den König in das Idealbild eines gottergebenen Frommen, der an die Davidsfigur der Psalmen (vgl. bes. Ps 33,16–19) und den schriftgelehrten Herrscher des deuteronomischen Königsgesetzes (vgl. Dtn 17,14–20; bes. V.16) erinnert. Damit treibt er – im Fahrwasser deuteronomistischer Kritik an königlicher Macht- und Prachtentfaltung – eine theologische Entwicklung auf die Spitze, die menschliche und

---

Friedensschulung: Er lehre die Völker, ihre Streitigkeiten auf gewaltfreie Weise beizulegen (Mitchell, *Commentary*, 275; Marti, *Dodekapropheton*, 430; Elliger, *Propheten*, 150; Rudolph, *Haggai*, 181f.; van der Woude, *Zacharia*, 176; Reventlow, *Propheten*, 96).

148 Selbst wenn es sich bei der Weltherrschaftsaussage in Ps 72,8–11 bereits um eine spätere Ergänzung im Dienste der kanonischen Einbettung des Psalters handeln sollte (vgl. Zenger, *David*, 68f.; ders., *Beobachtungen*, 67–69; Janowski, *Stellvertretung*, 46–49; Arneth, *Sonne*, 44–54; anders Loretz, *Königspsalmen*, 107–139), steht sie dennoch in grundsätzlicher Kontinuität zu assyrischer (vgl. Oded, *War*, 103; Schmid, *Frieden*, 30–36) und judäischer Königsideologie (vgl. Arneth, *Sonne*, 46.101; Zenger, *Beobachtungen*, 81f., mit Verweis auf Ps 2,8; 89,26).

149 Vgl. Sellin, *Zwölfprophetenbuch (1930)*, 551f.; Elliger, *Propheten*, 150; Sæbø, *Großreich*, 83–91; Schmidt, *Hoffnung*, 697f.; Rudolph, *Haggai*, 182; van der Woude, *Zacharia*, 176; Zakovitch, *Visions*, 140; Boda, *Book*, 572f. Gegen Mitchell, *Commentary*, 275; Lipiński, *Recherches*, 53.

150 Sonst würde der Vers wie etwa 1Kön 5,4 das Herrschaftsgebiet auf den Bereich „diesseits des Euphrats" beschränken.

151 Dagegen beschreibt die Wendung מים עד ים in Am 8,12 nur israelitisches Land (vgl. Am 8,11).

152 Mit Zenger, *Beobachtungen*, 82 Anm. 35. Nach Zakovitch, *Visions*, 140, betont auch der Verzicht auf eine finite Verbform zugunsten des Partizips die Passivität des Königs.

göttliche Macht zunehmend exklusiv versteht.[153] Der König ist Symbol[154], bestenfalls Sprachrohr des kommenden Heils. Das Heil kommt mit ihm, aber nicht durch ihn. Alle militärische Durchsetzungsgewalt liegt ausschließlich bei Gott.[155] Gerade daran scheint der griechische Übersetzer Anstoß genommen zu haben.

Exkurs 5: Sach 9,9f. in der Septuaginta

Die LXX deutet im Dienste einer „theologia gloriae"[156] beinahe alle Elemente um, die in ihrer Ambivalenz eine Passivität des Königs suggerieren könnten.[157] Aus dem Geretteten wird ein Retter (σῴζων), der eigenhändig (feindliche) Kriegswaffen vernichtet (καὶ ἐξολεθρεύσει) und über die Welt herrscht (καὶ κατάρξει). Auch die Übersetzung des Adjektivs עני weist in diese Richtung: An anderer Stelle übersetzt LXX πένης (Dtn 24,12.14.15; Ps 108,16; Spr 22,22; 31,9), πτωχός (2Sam 22,28; Hi 29,12; Ps 10,2.9; 14,6; 21,25; 33,7; 34,10; 36,14; 39,18; 68,30; 69,6; 73,21; 81,3; 85,1; 87,16; 108,22; 139,13; Ez 16,49; Ez 18,12; Hab 3,14), ἀσθενής (Hi 36,15) oder ταπεινός (Ps 17,28; Jes 66,2; Jer 22,16), allerdings nur zweimal wie in Sach 9,9 πραΰς (Jes 26,6; Zef 3,12). Die Wahl des Übersetzers könnte darin begründet sein, dass das griechische Adjektiv über das hebräische Wort עני und seine griechischen Äquivalente hinaus die Konnotation „milde, freigebig, gütig" beinhaltet und damit ebenfalls eine aktive Lesart ermöglicht.[158] Mit der Deutung des Esels als Fohlen (πῶλον νέον) scheint der Übersetzer dem ungewöhnlichen Königstier durch Betonung seiner Unbeflecktheit einen würdevollen Charakter zu verleihen.[159] Selbst das Wort des Friedens (V.10aγ) weicht einer gewollten Verlesung des hebräischen Textes:[160] Der König empfängt reiche Gaben der Völker: „Reich-

---

153 Vgl. bes. Schmidt, *Ohnmacht*, 67–88. Ähnliche Tendenzen lassen sich v. a. im eschatologisierenden Teilvers Jes 9,6bβ sowie in der gegenüber Ps 2,9 (בשבט ברזל) auffälligen Beschränkung der messianischen Gewalt auf die Wortgewalt (בשבט פיו) in Jes 11,4 erkennen (vgl. dazu Waschke, *Gesalbte*, 148).

154 So spricht Waschke, *Gesalbte*, 93, von „einem König als reiner Symbolgestalt der beginnenden Heilszeit" im Gegenüber zu „einem König, der diese machtvoll heraufführen sollte."

155 Vgl. Laato, *Josiah*, 273. Dagegen erkennt Redditt, *Zechariah*, 55, die messianologische Pointe des Textes in einer Differenzierung zwischen Innen- (Monarchie) und Außenpolitik (Theokratie), übersieht aber, dass der König durch sein Friedenswort dezidiert außenpolitisch agiert.

156 So Schmid, *Frieden*, 76 Anm. 111. Vgl. auch Sæbø, *Sacharja*, 51–53; Waschke, *Gesalbte*, 92f. Dagegen widerspricht Willi-Plein, *Deuterosacharja*, 55f., einer Umdeutung durch LXX und vermutet mit Verweis auf die Abweichungen in V.11f. eine „beschädigte hebräische Handschrift".

157 Meist kommentiert man nur das Partizip Aktiv σῴζων in V.9 und die königliche Waffenvernichtung in V.10aα (vgl. etwa Schmidt, *Hoffnung*, 703) und erklärt die weiteren Abweichungen für inhaltlich irrelevant (so z. B. Pola, *Indiz*, 244f.).

158 Auch Eidsvåg, *Translation*, 166, versteht πραΰς mit Verweis auf die Charakterisierung von Mose (Num 12,3) und Onias III. (2Makk 15,12) als "honorable designation for a leader".

159 So van der Kooij, *Septuagint*, 58, mit Verweis auf 1Sam 6,7 und die neutestamentliche Deutung in Mk 11,2. Vgl. noch Num 19,2; Dtn 21,3; 1Sam 6,7.

160 Als hebräischen Text müsste man ein ורב ושלום anstelle des ודבר שלום annehmen. Vgl. van der Kooij, *Septuagint*, 59; Pola, *Indiz*, 245. Mit Prijs, *Tradition*, 54–59, kann „absichtliche Substituierung" (57) ähnlicher Konsonanten (z. B. ד/ר) jedoch ein intentionales „exegetisches Verfahren" (55) sein. Vgl. auch Menken, *Form*, 499f., bes. Anm. 500.

tum und Frieden von den Völkern" (καὶ πλῆθος καὶ εἰρήνη ἐξ ἐθνῶν).[161] Die Übersetzung ist vermutlich in einer Zeit entstanden, in der die blasse Königsgestalt des MT kontemporäre Königsvorstellungen torpedierte. Vorstellbar wäre etwa ein Einfluss des hasmonäischen Königtums im 2. Jh.[162]

3.4 Sach 9,11–17

3.4.1 Forschungsgeschichtliche Orientierung

Elliger erkennt in den Versen 9,11–17 mit ihren rasanten Metapherwechseln sowie ihren philologischen und syntaktischen Schwierigkeiten ein „Beispiel der literarischen Verwilderung der Spätzeit"[163] und Willi-Plein ein „esoterisch"[164] geprägtes Stück, dessen Verständnis letztlich Eingeweihten vorbehalten sei. Beide rechnen mit einem im Wesentlichen einheitlichen, jedoch stark glossierten Text. Dennoch bleibt die Frage, ob manche der härteren Übergänge nicht auf literarisches Wachstum zurückgehen könnten. Entsprechend differenzieren Rudolph, Reventlow, Nogalski und Wöhrle zwischen Rückkehrverheißung und Kriegsankündigung.[165] Umstritten bleiben drei Fragen: 1) Die genaue Abgrenzung: Wohin gehören Sach 9,13, der mit der Rückkehrankündigung 9,11f. die Gottesrede, mit 9,14f. aber die Kriegsthematik teilt, und 9,16f., die mit 9,14f. die Prophetenrede, nicht aber die Kriegsthematik teilen? 2) Die relative Chronologie: Kommt der Rückkehr oder dem Krieg die Priorität zu? 3) Der literarische Anschluss: Welchen Textzusammenhang in 9,1–10 setzen 9,11–17 bereits voraus?

---

161 πλῆθος begegnet in Sach 9–14[LXX] nur in Sach 14,14 und bezeichnet dort den Reichtum der Völker (vgl. Mi 4,13). Van der Kooij, *Septuagint*, 58–63, schlägt dagegen mit Verweis auf das Völkerwallfahrtsmotiv (Sach 8,22; 14,16) die Übersetzung „'large crowd' of people" vor. Ihm folgt Eidsvåg, *Translation*, 168f. Pola, *Indiz*, 240, übersetzt: „Fülle und Friede fern von (den) Nationen".

162 Entsprechend bezeichnet 1Makk 9,21 Judas als σῴζων τὸν Ισραηλ. Pola, *Indiz*, 249; ders., *Juda*, 576–580, verweist auf Sach 14,14, wo LXX anstelle des Gentiliz „Juda" den Personennamen „Judas" liest. Eidsvåg, *Translation*, 168–171, bezieht auch den Vokativ in Sach 9,13 auf Judas. Dagegen vermutet Zakovitch, *Visions*, 134, hinter Sach 9,9f.[LXX] eine christliche Bearbeitung.

163 Elliger, *Propheten*, 152.

164 Willi-Plein, *Haggai*, 168.

165 Rudolph, *Haggai*, 185–189, vermutet sich schrittweise aneinander entzündende Fortschreibungen von Sach 9,1–10 in Sach 9,11f.13–15.16f; Reventlow, *Propheten*, 98–100, Nogalski, *Processes*, 217–229, und Wöhrle, *Abschluss*, 70f., halten indes 9,14f. für primär: Während Reventlow ein sekundär durch 9,11–13.16f. gerahmtes Theophaniefragment in 9,14f. vermutet, plädiert Nogalski für einen genuinen Anschluss von V.14–17 an V.8, Wöhrle von V. 14–17 an V.1.

3.4.2 Kommentierte Übersetzung

11 Ja du,[a] aufgrund des Blutes deines Bundes[b]
    habe[c] ich[d] deine Gefangenen freigelassen
    aus dem Brunnen, in dem kein Wasser ist.

12 Kehrt zurück zur Festung[e],
    Gefangene voll Hoffnung[f].
    Auch heute verkünde ich[g]: Doppelt will ich dir vergelten.

13 Denn ich habe[h] mir Juda getreten,
    den Bogen[i] mit Ephraim gefüllt
    und schwinge[j] deine Söhne, Zion, gegen ‚die'[k] Söhne Jawans[l],
    und mache dich zum Schwert eines Helden.

14 Und JHWH wird über ihnen erscheinen
    und wie der Blitz wird sein Pfeil hinausschießen.
    Und der Herr JHWH wird in den Schofar stoßen
    und mit den Stürmen des Südens einherschreiten.

15 JHWH der Heerscharen wird sie beschirmen
    und sie werden fressen und als Schleudersteine[m] niederwerfen
    und ‚Blut'[n] trinken wie Wein
    und voll werden [wie eine Sprengschale,][o] wie Altarecken[p].

16 Und JHWH, ihr Gott, wird sie retten an jenem Tag, wie Kleinvieh sein
    Volk,[q]
    denn sie sind erlesene[r] Steine,
    die funkeln[s] auf seiner Erde.

17 Fürwahr, welch Güte und Schönheit hat es![t]
    Getreide lässt junge Männer
    und Most junge Frauen gedeihen.

---

[a] Die Anrede „auch du" (2. f. sg.) setzt die Anrede Zions in V.9f. fort, weshalb die Funktion der Partikel גם kaum darin besteht, einen neuen Adressaten einzuführen (vgl. aber Willi-Plein, *Deuterosacharja*, 101-106: Ephraim). In ihrer additiven Funktion muss die Partikel nicht zwangsläufig vor ihrem logischen Bezugswort stehen (vgl. GK §153; HALAT; Marti, *Dodekapropheton*, 430; Mitchell, *Commentary*, 282), sondern könnte die gesamte Satzaussage umfassen („Auch habe ich deine Gefangenen freigelassen."). Ebenso könnte das additive zugunsten des affirmativen Moments zurücktreten (vgl. HALAT; Sæbø, *Sacharja*, 54; Reventlow, *Propheten*, 97), um Zion in den Fokus zu rücken (vgl. auch die Einführung im *casus pendens*).

[b] Das Suffix bezieht sich entweder auf das *nomen regens* („dein Bundesblut"; vgl. Nowack, *Propheten*, 375f.; Marti, *Dodekapropheton*, 431) oder auf das *nomen rectum* („Blut deines Bundes"; vgl. schon V: *in sanguine testamenti tui*). Der naheliegende literarische Bezug auf das gerade nicht von Israel selbst vergossene „Bundesblut" in Ex 24,8 spricht für die zweite Variante „Blut deines Bundes". In diesem Fall stellt sich die Frage, ob das Suffix einen *genitivus objectivus*

(Mitchell, *Commentary*, 282: "my covenant with thee") oder *genitivus subjectivus* (Boda, *Book*, 579: "the covenant which you made") umschreibt. Der biblische Befund unterstützt einen *genitivus subjectivus*: Das Suffix bezeichnet stets das Subjekt des Bundesschlusses, während der Bundespartner mit der Präposition עם (vgl. z. B. Ex 24,8), את (vgl. z. B. 2Sam 3,12) oder ל (vgl. z. B. Jos 24,5) angefügt wird.

ᶜ Anstelle eines *perfectum propheticum* (vgl. z. B. Mitchell, *Commentary*, 277) scheint die Annahme einer bereits abgeschlossenen oder sich im Zuge der Rede vollziehenden Handlung wahrscheinlicher, schließlich setzt die Aufforderung zur Rückkehr in V.12a die Befreiung bereits voraus. Mit Willi-Plein, *Haggai*, 168; Boda, *Book*, 575 Anm. d.

ᵈ Beeinflusst durch den Satzanfang (גם את) verstehen LXX (ἐξαπέστειλας) und V (*emisisti*) Zion (so Wolters, *Zechariah*, 282f.) oder den König aus Sach 9,9f. (so Eidsvåg, *Translation*, 167f.) als Subjekt und bereiten damit der christologischen Lesart den Weg, die „dein Bundesblut" auf den Messias bezieht. Vgl. Hieronymus, *In Zach. II 9,11-12* [CChr.SL 76A 832,291f.], der auf Mt 26,28 verweist.

ᵉ Es handelt sich um eine Nominalbildung zu בצר III in synonymer Bedeutung zu מבצר (vgl. LXX: ἐν ὀχυρώματι; V: *ad munitionem*). Mit Sæbø, *Sacharja*, 55. Willi-Plein, *Deuterosacharja*, 85, schlägt dagegen aufgrund des fehlenden Artikels die Übersetzung „zur Verstärkung" vor. Zum Fehlen des Artikels vgl. aber Sach 10,4.

ᶠ Meist deutet man die Konstruktusverbindung als *genitivus subjectivus* (z. B. Willi-Plein, *Haggai*, 168: „Hoffnungsgefesselte") oder *genitivus finalis* (z. B. Rudolph, *Haggai*, 183: „Gefangene auf Hoffnung"). Keine der Optionen ergibt jedoch eine stimmige Metapher, wie ein Vergleich mit verwandten Formulierungen zeigt: Während das Bild der Gefangenen „von Elend und Eisen" (אסירי עני וברזל) in Ps 107,10 oder eines Tores „zur Hoffnung" (פתח תקוה) in Hos 2,17 organisch wirkt, ist schwer vorstellbar, in welchem Sinne die Hoffnung Ursache (Willi-Plein) oder Ziel (Rudolph) einer Gefangenschaft sein sollte. Wahrscheinlicher ist ein *genitivus qualitatis* „hoffende Gefangene" (vgl. z. B. 1Kön 20,31 „gnädige Könige", Ri 11,1 „starker Krieger"). Ähnlich Mitchell, *Commentary*, 279; Boda, *Book*, 575 Anm. h.

ᵍ Das Subjekt ist das gleiche wie in שלחתי (V.11). Vgl. JM §154c.

ʰ Wie in V.11 lassen sich die Perfecta vergangenheitlich lesen: Die Waffen sind bereits in Anschlag gebracht (Bogen) bzw. zum Schlag erhoben (Schwert). Die Waw-Perfecta ועוררתי und ושמתיך könnten den Übergang in die Zukunft markieren. Vgl. Kunz, *Ablehnung*, 291; Boda, *Book*, 576 Anm. p.u.w.

ⁱ Mit MT, LXX und V ist קשת als erstes Objekt zu מלאתי zu lesen. Vgl. Mitchell, *Commentary*, 283; Otzen, *Studien*, 242; Reventlow, *Propheten*, 97; Boda, *Book*, 576 Anm. s. Ein Anschluss als zweites Objekt an דרכתי („ich habe mir Juda als Bogen getreten") wie in MT würde das Gleichgewicht beider Stichoi ins Wanken bringen und ihren Parallelismus – Juda und Ephraim stehen jeweils an letzter Stelle – stören. Gegen Marti, *Dodekapropheton*, 431; Willi-Plein, *Haggai*, 169.

ʲ Manche Exegeten denken an ein Erwecken der Israeliten im Sinne eines Aufrufs zum Krieg (vgl. Marti, *Dodekapropheton*, 431; Kunz, *Ablehnung*, 265f.). Dieser Aufruf wäre aber nach der in V.13a bereits begonnenen und in V.13bβ fortgesetzten Bewaffnung deplatziert. Zudem formulieren die genannten Belege im Hif. (Jes 13,7; Jer 50,9; Joel 4,9; Dan 11,2.25). Der Polel umschreibt hingegen an einigen Stellen das Schwingen einer Waffe, eines Speeres in 2Sam 23,18; 1Chr 11,11.20 oder einer Peitsche in Jes 10,26. Entweder ist also an das Schwingen eines Speeres (so Nowack, *Propheten*, 376; Sellin, *Zwölfprophetenbuch [1930]*, 552f.; Elliger, *Propheten*, 152; Otzen, *Studien*, 242; Rudolph, *Haggai*, 184; Reventlow, *Propheten*, 98) oder wahrscheinlicher an das Schlagen des Schwertes aus V.13b zu denken (mit Mitchell, *Commentary*, 283f.; Redditt, *Zechariah*, 45; Wolters, *Zechariah*, 288).

---

k Die harte doppelte Anrede Zions und Griechenlands בניך ציון על בניך יון dürfte angesichts der Asymmetrie beider Kriegsparteien (Zion *gegen* Jawan) und der fortgesetzten Anrede Zions in V.13b (ושמתיך כחרב גבור) kaum ursprünglich sein (gegen Junker, *Propheten*, 164f.; Steck, *Abschluß*, 73; Kunz, *Ablehnung*, 268f.; Gonzalez, *Continuation*, 19 Anm. 70; Wolters, *Zechariah*, 288f.). Häufig streicht man deshalb על בניך יון als Glosse (van Hoonacker, *Prophètes*, 667; Sellin, *Zwölfprophetenbuch [1922]*, 502; Mitchell, *Commentary*, 279f.; Horst, *Propheten*, 240; Elliger, *Propheten*, 151 Anm. 3; Hanson, *Dawn*, 298; van der Woude, *Zacharia*, 181f.; Redditt, *Zechariah*, 46), handelt sich damit jedoch eine inhaltliche Leerstelle ein: Gegen wen die Söhne Zions in 9,13-15 ihren blutigen Sieg erringen, bliebe ein Rätsel (vgl. schon Hitzig, *Propheten*, 381f., sowie Steck, *Abschluß*, 73; Kunz, *Ablehnung*, 268f.; Gonzalez, *Continuation*, 19 Anm. 70). Erwägenswert scheint deshalb die durch LXX (ἐπὶ τὰ τέκνα τῶν Ἑλλήνων; vgl. auch T: על בני עממיא) bezeugte Lesart על בני יון: Beeinflusst durch die Symmetrie der gleichauslautenden Kriegsparteien ציון und יון könnte ein Schreiber versehentlich auch die zweite Instanz von בן mit einem Suffix versehen haben. יון wäre entsprechend nicht als Vokativ, sondern als Genitiv zu lesen (mit Nowack, *Propheten*, 376; Ehrlich, *Randglossen*, 343; Sellin, *Zwölfprophetenbuch [1930]*, 552f.). Sæbø, *Sacharja*, 55-58.193f., belässt es hinsichtlich der Ursprünglichkeit von MT oder LXX bei einem *non liquet*. Barthélemy, *CTAT*, 978f., entscheidet sich nur unter Vorbehalt für MT.

l Die Bibel kennt יון als Toponym (Jes 66,19; Ez 27,13.19; Dan 8,21; 10,20; 11,2), Ethnonym (Joel 4,6) und Anthroponym (Gen 10,2.4; 1Chr 1,5.7). Vgl. Marti, *Art. Jawan*, 789f. Als militärische Macht begegnen die בני יון neben Sach 9,13 nur im Danielbuch, wo sie zweifelsohne die Griechen („Ionier") unter Alexander dem Großen bezeichnen. Vgl. Gonzalez, *Art. Jawan*, 791f.

m Die Schleudersteine gelten entweder 1) als Subjekt (Sellin, *Zwölfprophetenbuch [1930]*, 553; Rudolph, *Haggai*, 184) oder 2) als Objekt (Mitchell, *Commentary*, 280; Boda, *Book*, 589; Willi-Plein, *Deuterosacharja*, 86) der beiden Verben „fressen" und „niederwerfen/niedertreten". Beide Optionen führen – verzichtet man auf weitere Konjekturen (vgl. etwa Klostermann, *Rez. Bredenkamp*, 564: ואכלו für ויכלום; Wellhausen, *Propheten*, 190: בני für אבני) – jedoch zu bizarren Bildern. Ad 1) Während man für das „Fressen" der Schleudersteine immerhin die gängige Verknüpfung des Schwertes mit dem Verb אכל (vgl. Dtn 32,42; 2Sam 2,26; Jes 1,20; 31,8; Nah 2,14) anführen könnte, setzt der folgende Vergleich des Vernichtungswerkes mit dem Trinken von Wein menschliche Subjekte voraus. Ad 2) Warum die Israeliten Schleudersteine verzehren sollten oder was man sich unter dem Niedertreten von Schleudersteinen vorstellen sollte, bliebe schleierhaft. In den Schleudersteinen mit Verweis auf 1Sam 25,29 und Jer 10,18.25 eine Metapher für die Feinde Israels zu sehen, löst das Problem auf der Bildebene nicht und überfrachtet die Metaphorik des Verses vollends (gegen Hitzig, *Propheten*, 382).

Die einfachste Lösung scheint deshalb, die Schleudersteine als Prädikatsnomen aufzufassen. Subjekt wäre das Gottesvolk aus V. 13, das auch im Suffix von עליהם in V.15a aufgegriffen wird. Wie in V.13 verwandelt sich das Volk in ein tödliches Kriegsinstrument.

n Als Objekt des Trinkens muss „Blut" impliziert sein, da sonst weder der profane Vergleich (Wein) noch der kultische (Altar) Sinn ergäbe. Eine handschriftliche Basis ist durch einige LXX-Handschriften gegeben, die anstelle von המו τὸ αἷμα αὐτῶν lesen. Auch der paraphrasierende T fügt im Kontext des Altarvergleichs das Stichwort „Blut" ein ויהון מזהרין כדמא דמזהרין על כותל מדבחא). Da dem Suffix 3. m. pl. in MT im Gegensatz zur LXX, die auch nach den beiden vorangehenden Verben das Pronomen αὐτοὺς ergänzt, ein Bezug fehlt, dürfte als ursprünglicher hebräischer Text nicht דמם (Marti, *Dodekapropheton*, 432; Nowack, *Propheten*, 377), sondern דם oder דמים anzunehmen sein (Vgl. Mitchell, *Commentary*, 284f.). Die spätere Eliminierung des Blutes könnte durch 9,7aα₁ beeinflusst sein. Gegen Meyers/Meyers, *Zechariah*, 154f.; Redditt, *Zechariah*, 36.48; Boda, *Book*, 586; Willi-Plein, *Deuterosacharja*, 86f.94–96.

° Das überschüssige „wie eine Schale" erklärt sich als *lectio varians* zu „wie Altarecken". Mit Marti, *Dodekapropheton*, 432; Mitchell, *Commentary*, 285. Da das Wort nicht nur kultische Sprengschalen, sondern auch Trinkschalen (Am 6,6: יין מזרקי) bezeichnet, könnte die Lesart ebenfalls der Abschwächung des blutigen Bildes dienen.

ᵖ Die übliche Bezeichnung der Altarecken lautet פנות (vgl. Ex 27,2). Die Bedeutung „Ecke" für זוית belegen Ps 144,12 („Eckpfeiler") und bBer 31a; mPes 10b („Zimmerecke").

ᑫ Die beiden Worte sind syntaktisch schwierig. Als knapper Nominalsatz („Wie Kleinvieh ist sein Volk.") wären sie zwischen der Rettungsaussage V.16aα und ihrer Begründung (V.16b) deplatziert, als Konstruktusverbindung („wie das Kleinvieh seines Volkes"; Boda, *Book*, 586) nur schwer verständlich. Einfacher lässt sich כצאן als verdichteter Vergleich der Rettung mit dem Handeln eines Hirten an seinen Schafen und עמו als präzisierender Objektakkusativ von והושיעם lesen. Vgl. Keil, *Propheten*, 620f.

ʳ Die Vorstellung einer edelsteinbesetzten Krone dürfte mit Wolters, *Zechariah*, 302f., ein Anachronismus sein. Edelsteine waren als Verzierung des Kopfschmucks im Alten Orient und der Antike höchstens die Ausnahme (so Waetzoldt, *Art. Kopfbedeckung*, 198: „Fell und Stein[perlen?] werden nur selten zu Zierzwecken benutzt."; vgl. auch Unger, *Art. Diadem*, 201-211) und erhalten erst in spätrömischer Zeit den für einen entsprechenden Vergleich vorausgesetzten festen Platz auf dem königlichen Insigne (vgl. Hurschmann, *Art. Diadem*a, 498: „Erst im 4. Jh. n. Chr. wurde das D. in der Sonderform des Perlen-D. zum gängigen Insigne"). Auch das Alte Testament verortet lediglich in 2Sam 12,30 einen einzelnen Stein (אבן יקרה) auf einer königlichen Kopfbedeckung (עטרת). Entsprechend veranschlagen LXX (λίθοι ἅγιοι) und V (*lapides sancti*) für נזר anstelle von „Krone" die Grundbedeutung „Weihe" (Lev 21,12; Num 6,4.5.7.8.9. 12.13.18.19.21) im Sinne eines *genitivus qualitatis* (vgl. dazu auch die Erwägungen von Willi-Plein, *Deuterosacharja*, 113f.). Begreift man schließlich den kultischen Kontext des Terminus gegen Wolters, *Zechariah*, 302f., als Metapher, bleibt ein Vergleich des Volkes mit „ausgesonderten/ erlesenen Steinen".

ˢ Meist wird das Verb als Denominativum von נס („Signalstange, Feldzeichen") gedeutet. Seine Bedeutung erschließt man entweder aus der Eigenschaft der Signalstange, ihrer Höhe, oder deren Funktion, der Sammlung. Während für die Bedeutung „sich erheben" (vgl. schon David Kimchi; Mitchell, *Commentary*, 281; Kunz, *Ablehnung*, 279; Wolters, *Zechariah*, 303) keine Parallelen zu finden sind, kann für die Bedeutung „sich sammeln" (vgl. T) zumindest Ps 60,6 angeführt werden. Beide Deutungen ergeben jedoch kein stimmiges Bild mit den Steinen. Eine Konjektur מתנוצצות (Sellin, *Zwölfprophetenbuch [1930]*, 554) oder die Annahme einer mit ניץ verwandten Wurzel נסס (Keil, *Propheten*, 621; Rudolph, *Haggai*, 185) bleibt damit die wahrscheinlichste Lösung.

ᵗ Das Interrogativum מה ist als Einleitung einer Akklamation vor Verben (z. B. Num 24,5: מה טבו אהליך), Adjektiven (z. B. Ps 133,1; Spr 15,13: מה טוב) und einmal vor einem Substantiv (Mal 1,13: מתלאה) belegt. Analogielos sind lediglich die Possessivsuffixe. Das Suffix m. sg. kann sich nicht auf אדמה (f. sg.) beziehen. Ein Bezug auf den gütigen Geber der Gaben, JHWH (so Kunz, *Ablehnung*, 282; Willi-Plein, *Deuterosacharja*, 92), wäre für טובו טוב zwar denkbar (vgl. Hos 3,5: טובו; Jer 31,12: טוב יהוה), weniger aber für יפיו, zumal man diese „Schönheit" als Grund der göttlichen Wohltaten verstehen müsste. Entweder bezieht sich das Suffix als Neutrum auf die gesamte imaginierte Heilssituation (vgl. JM §162: "How good it is!") oder auf das Volk (Rudolph, *Haggai*, 188f.; Reventlow, *Propheten*, 97.100). Für Letzteres spricht die Nennung exemplarischer Volksvertreter in V.17b.

3.4.3 Analyse

V.11 setzt die Gottesrede an Zion in V.9f. fort und diese Verse damit literarhistorisch notwendig voraus:[166] Nur in den beiden vorangehenden Versen findet das Suffix 2. f. sg. eine sinnvolle Entsprechung. Gleichwohl scheint es sich um eine Fortsetzung späterer Hand zu handeln: Der stilistische Bruch gegenüber den sorgfältig gearbeiteten Parallelismen in Sach 9,9f. ist nicht zu übersehen. Nach dem inhaltlich kaum zu überbietenden Höhepunkt des weltweiten Friedensreiches wirken die Folgeverse wie ein späterer Anhang zur Klärung einer offenen Frage:[167] dem Schicksal der Diaspora in der messianischen Zeit. Ihre Heimkehr versprechen Sach 9,11f. Die Befreiungstat Gottes gründet im „Bundesblut" Zions. Diese Formulierung erinnert merklich an Ex 24,8 und könnte vor dem bundestheologischen Hintergrund dieses Textes zu verstehen sein.[168] Ein Blutritus (V.6.8) rahmt dort die Selbstverpflichtung Israels auf alle Worte JHWHs (V.7). Mose sprengt eine Hälfte des Blutes auf den Altar (V.6), die andere auf das Volk mit den Worten (V.8b):

> *„Siehe, das Blut des Bundes (דם הברית), den JHWH mit euch geschlossen hat über alle diese Worte."*

Das Blut bindet die Israeliten an die Sphäre des Altars, unterstreicht ihre Gottesnähe und besiegelt ihre Verpflichtung auf die göttliche Weisung.[169] Die knappe Formulierung in Sach 9,11 scheint nun beide Seiten des Bundesschlusses in Erinnerung zu rufen: Die Rede von „deinem Bund" betont die menschliche Selbstverpflichtung, die Nennung des Blutes die göttliche Bestätigung. Damit lässt sich JHWH durch die Bundestreue Zions[170], das darin seinem gerechten König (V.9) in nichts nachsteht, zum Handeln motivieren. JHWH „entlässt" die Gefangenen „aus einem Brunnen" in die Freiheit. Die Gefangenschaft als Metapher für das Exil hat in anderen Texten Vorläufer (vgl. Jes 14,2.17; Ps 137,3). Der Brunnen ist als

---

166 Vgl. Willi-Plein, *Deuterosacharja*, 101.
167 Mit Rudolph, *Haggai*, 185f.
168 Einen Bezug auf Ex 24 vermuten Keil, *Propheten*, 618; Deissler, *Propheten*, 297; Reventlow, *Propheten*, 98; Redditt, *Zechariah*, 45; Boda, *Book*, 579; Willi-Plein, *Deuterosacharja*, 98. Andere plädieren für das Blut des Abrahambundes in Gen 15 (Mitchell, *Commentary*, 278), das Blut der Beschneidung (Kutsch, *Bundesblut*, 25–30), das Blut des alltäglichen Kultbetriebs (Marti, *Dodekapropheton*, 431; Nowack, *Propheten*, 375f.), das in Ez 16 erwähnte Blut Jerusalems (Willi-Plein, *Haggai*, 167; Nogalski, *Processes*, 224f. Anm. 46) oder das in Folge des Gerichts Gottes über Jerusalem vergossene Blut (Wolters, *Zechariah*, 283).
169 Zur Bedeutung des Blutritus in Exodus 24 vgl. Albertz, *Exodus*, 140.
170 Nicht nur der literarische Bezug auf den Bundesschluss, sondern auch die Bezeichnung der Diaspora als zu Zion gehörige (Kriegs-)Gefangene zeigen, dass „Zion" das ganze Volk vertritt.

improvisierter Kerker bekannt (vgl. Josef in 37,24 und Jeremia in Jer 38,6) und betont bildlich die Ausweglosigkeit der Situation.

Dass ein als langfristiges Gefängnis dienender Brunnen kein Wasser enthalten sollte, bedürfte indes keiner weiteren Erwähnung. Die überschüssige Präzisierung „in dem kein Wasser ist" könnte als Anspielung auf Gen 37,24 (והבור רק אין בו מים) nachträglich eine Analogie zwischen JHWHs vergangenem und zukünftigem Handeln herausstellen.[171]

In „rhetorische[r] Hinwendung"[172] animiert JHWH nun die befreiten Gefangenen (V.12a), die vielleicht gerade angesichts des Gottesbundes (V.11) ihre Hoffnung nie aufgegeben haben, zur Rückkehr:[173] Aus dem Brunnen, aus dem niemand hinauskommt, sollen sie in die „Festung", in die „niemand hineinkommt"[174], fliehen. Die Bezeichnung der Gefangenen als „deine Gefangenen", das Verb „zurückkehren", die Assonanz[175] von בצרון und בת ציון und das traditionsgeschichtliche Motiv des uneinnehmbaren Zions zeigen, dass das Ziel der Rückkehrer Zion ist, wo die jubelnde Masse (V.9) schon für den Empfang bereitsteht. Die Zeichnung der Heimat als sicheren Rückzugsort erinnert an die Gottesrede in V.8a, die mit V.11f. auf einer literarhistorischen Ebene liegen könnte. Aus der Perspektive von 9,8a.11f. sichert JHWH in 9,1a.2–6a.7b.8b das Land für die Rückkehr seines Königs (9,9f.) und seiner Vertriebenen (9,11f.).

Schließlich wendet sich JHWH wieder an Zion (V.12b) und verheißt ihr doppelte Entschädigung (vgl. Jes 61,7; Hi 42,10). Das darin implizierte Leid der Vergangenheit entspricht angesichts des Kontexts der Zerstreuung der Bevölkerung, die Erstattung entspricht der Rückkehr (vgl. das Wortspiel שובו – אשיב). Sollte sich die Partikel גם der Redeeinleitung anders als in V.11 nicht auf den gesamten Satz („Auch verkünde ich heute"), sondern auf היום beziehen („Auch heute verkünde ich"), würde die Zusage der Entschädigung zur bekräftigenden Wiederholung eines bereits ergangenen JHWH-Wortes, wobei an Jes 61,7 zu denken wäre.[176]

Der abrupte Umbruch von den harmlosen Rückkehrverheißungen in V.11f. zur martialischen Kriegsrhetorik in V.13 spricht trotz der Fortführung der Gottesrede für eine neue literarhistorische Ebene, die sich den Schutz des Hauses JHWHs (V.8a) und der Festung Zion (V.12a) nicht ohne kriegerische Beteiligung des Volkes vorstellen kann. Aus der Rückzahlung (V.12b) für vergangenes Leid wird die Heimzahlung an die Feinde. JHWH bedient sich seines Volkes als Kriegs-

---

171 Mit Hanson, *Dawn*, 298; Mason, *Haggai*, 92.
172 Sæbø, *Sacharja*, 188.
173 Zur Verbindung von Hoffnung und Rückkehr vgl. auch Jer 29,11f.; Jer 31,17.
174 Vgl. Rudolph, *Haggai*, 186.
175 Vgl. Boda, *Book*, 580f.
176 Vgl. Willi-Plein, *Haggai*, 169.

waffe:[177] Er tritt[178] mit dem Fuß den Bogen „Juda", um in die gekrümmte Waffe die Sehne einzuspannen.[179] Nun legt er den Pfeil „Ephraim" auf. Die getrennten Reiche werden so ausgerechnet im Bild einer Waffe wiedervereint.[180] Schließlich schwingt er die Söhne Zions, die in seiner Hand zum Heldenschwert mutieren.

V.13 schildert lediglich die Zurüstung bis kurz vor dem Erstschlag und ist somit auf die Fortsetzung durch das Abschießen des Pfeils in V.14 und das Niedergehen des Schwertes in V.15 angewiesen.[181] Das Schlachtgetümmel V.14f. bedarf wiederum einer Einleitung samt Identifizierung der Kriegsparteien, wie sie sich nur in V.13 findet. Der Übergang von der JHWH-Rede zur Prophetenrede markiert damit keinen literarhistorischen, sondern einen rein rhetorischen Schnitt: Der Prophet lässt JHWH selbst die Zurüstung beschreiben und übernimmt mit dem Beginn der Schlacht die Rolle des Kommentators. Die verschiedenen Metaphern beschreiben unterschiedliche Aspekte und Ebenen des Kampfgeschehens, ohne sich in ein anschauliches Gesamtbild vereinigen zu lassen.[182]

V.14 inszeniert den Beginn der Schlacht als Theophanie des Wettergottes. JHWH erscheint[183] in den Naturgewalten Blitz, Donner und Sturmwind. Mythische Wetterphänomene und irdisches Kriegsgerät verschmelzen miteinander: Blitz und Pfeil werden explizit verglichen (vgl. auch Ps 18,15; 144,6; Hab 3,11). Das Stoßen des Schofars als Kampfsignal lässt an den Donner denken (vgl. Ps 18,14). Die gefährlichen Südstürme (vgl. Ps 78,26; Hoh 4,14) assoziieren das Motiv des auf dem Sturmwind reitenden Wettergottes (vgl. Jes 5,28; 66,15; Nah 1,3; Ps 104,3).[184]

---

177 Die Vorstellung von Menschen als göttlichen Waffen begegnet außerhalb des Sacharjabuches (Sach 9,13; 10,3b; 12,6) in Jes 10,5f. und in abgemilderter Form in Jes 49,2.

178 Vgl. Jes 5,28; Klgl 3,12 (göttlicher Bogen); Jes 21,15; Jer 46,9; 50,14.29; Ps 7,13; 11,2; 37,14; Klgl 2,4; 1Chr 5,18; 8,40; 2Chr 14,7 (menschlicher Bogen).

179 Vgl. zur Funktionsweise des Bogens Yadin, *Art*, 6.

180 Dabei zielt der Vers nicht ausdrücklich auf die Restitution des israelitischen Großreiches (gegen Nogalski, *Processes*, 225; Redditt, *Zechariah*, 45–47), sondern setzt sie wie Sach 9,10a für die Heilszeit voraus.

181 V.13 markiert deshalb kaum den Abschluss des Abschnitts V.11–13. Gegen Redditt, *Zechariah*, 45–47; Boda, *Book*, 574–585.

182 Versuche, den Übergang von V.13 zu V.14 literarkritisch zu lösen, überzeugen nicht. Weder ein Anschluss von V.14 an V.1 (so Wöhrle, Abschluss, 71; vgl. zur Kritik bereits S. 63 Anm. 26) noch an V.8 (so Nogalski, Processes, 226f.) ist plausibel, denn V.8 beschreibt nicht den Auftakt, sondern das Ende kriegerischer Auseinandersetzungen. Auch die Ausgrenzung von V.14 als Glosse (Willi-Plein, Deuterosacharja, 89) ergibt keinen spannungsfreien Text.

183 Das Suffix 3. pl. bezieht sich entweder neutral auf beide Kriegsparteien oder nur auf Zion (so Boda, *Book*, 586 Anm. a.), womit schon dessen Bewahrung angedeutet wäre.

184 Vgl. zum Motiv Müller, *Jahwe*, 242.

V.15a führt den Leser schließlich aus den mythischen Höhen mitten hinein in das blutige Schlachtgetümmel: Während JHWH sein Volk wie ein Schild beschirmt, fressen sich seine Schützlinge durch die feindlichen Reihen und machen sie wie „Schleudersteine" nieder.[185]

V.15b malt den Sieg mit einer doppelten Metapher als riesiges Blutbad aus:[186] Das Abschlachten der Feinde wird als Weingelage beschönigt und als Opferfest kultisch überhöht. Der Vergleich mit dem aufgrund von Farbe und Konsistenz häufig als Blutmetapher fungierenden Wein betont das Rauschhafte des Geschehens,[187] der Vergleich mit den auch für Blutapplikationen[188] verwendeten Altarecken verleiht dem Geschehen eine sakrale Aura.[189]

Wie verhält sich die „blutdürstige Rachsucht" und der „ohnmächtige Grimm"[190] der Verse 9,13–15 zur Erwartung des Friedenskönigs in 9,9f.? Einerseits scheint in Sach 9,9f. eine unmittelbare Kriegsbeteiligung des Volkes nicht vorgesehen, andererseits vermeiden auch Sach 9,13–15 jenseits der metaphorischen Ebene jeden Hinweis auf eine tatsächliche Bewaffnung.[191] Mit Sach 9,9f. teilen die Verse also die Vorstellung eines entmilitarisierten Volkes ohne menschlichen Heerführer, das aber nun über Sach 9,9f. hinaus mittels göttlichen Beistands übermenschliche Kräfte entwickelt, sodass „die so gut wie unbewaffneten Juden die Weltmacht überwinden wie weiland David mit seiner Schleuder den Riesen Goliat."[192]

V.16 markiert einen ähnlich abrupten thematischen Bruch wie V.13 gegenüber V.12:[193] An die Stelle des kriegerischen Wettergottes tritt der fürsorgende Hirte, an die Stelle blutrünstiger Waffen friedlich weidendes Kleinvieh, an die Stelle

---

185 Das „Fressen" setzt entweder die Metapher Zions als Schwert fort (vgl. Dtn 32,42; 2Sam 2,26; Jer 46,10) oder bezeichnet allgemein die Vernichtung der Feinde, ohne dass an eine konkrete Waffe gedacht wäre (vgl. Dtn 7,16).

186 Das Bild bluttrinkender Waffen begegnet auch in Dtn 32,42; Jer 46,10.

187 Vgl. Gen 49,11; Dtn 32,14; Jes 63,1–6.

188 Die Hörner an den Altarecken (vgl. Ex 27,2) werden in Ex 29,12; 30,10; Lev 4,7 u. a.; Ez 43,20 mit Blut bestrichen.

189 Zum JHWH-Krieg als Opferfest vgl. Jes 30,27–33; 34,5–8; Jer 46,10; Ez 39,17–20. Diese Verse beweisen, dass die metaphorische Rede vom Trinken des Blutes in der biblischen Tradition durchaus möglich ist. Gegen Redditt, *Zechariah*, 48.

190 Nowack, *Propheten*, 377. Vgl. Elliger, *Propheten*, 153.

191 Vgl. Redditt, *Zechariah*, 47f.: "It is difficult to say exactly what role – if any – the author thought the armies of Juda/Ephraim would play. What mattered was the action of God, the warrior-king fighting for the people." Dabei bleibt die Kriegsthematik sicherlich mehr als eine bloße Metapher für die „„Erweckung' im eigentlichen Sinne" (Willi-Plein, *Deuterosacharja*, 117).

192 Elliger, *Propheten*, 152.

193 Ohne literarkritische Konsequenzen zu ziehen, hält auch Elliger, *Propheten*, 153, fest, dass „der Stimmungsunterschied zwischen V.13–15 und V.16 innerhalb unseres Stückes nicht zu leugnen ist".

der Schleudersteine Edelsteine. V.16f. scheinen die vorangehenden V.13–15 zu ignorieren oder vielmehr erst gar nicht zu kennen: „Wäre nicht V.13 vorangegangen, könnte gar nicht von einem Kampf die Rede sein."[194] Als „Rettung" kann an anderer Stelle (vgl. Jer 30,10; 46,27; Sach 8,7) auch die Befreiung aus der Diaspora beschrieben werden, womit sich eine thematische Nähe zu V.11f. ergibt. V.16f. erweisen sich somit als vormalige Fortsetzung und gleichwohl sekundäre prophetische Erläuterung der Gottesrede in 9,11f.: Sie beleuchten das in V.11 über das Bundesblut definierte Gottesverhältnis von einer anderen Seite her. In einer verknappten Formulierung vergleicht der Redaktor JHWHs Handeln mit dem Handeln eines Hirten an seinen Schafen (vgl. Ez 34,22) und begründet den Einsatz des Hirten für seine Schützlinge:[195] Die Tiere auf seiner Weide gleichen in seinen Augen funkelnden Edelsteinen. Folgte V.16 ursprünglich auf V.12, fällt unweigerlich das Gegenüber von היום und ביום ההוא ins Auge, das entgegen etwaiger Naherwartungen den zu kalkulierenden zeitlichen Abstand zwischen Verheißung („am heutigen Tag") und Erfüllung („an jenem Tag") festhält.[196]

Der Abschnitt mündet – die Herdenmetapher auflösend – in einem entzückten Ausruf ob des Glücks und der Schönheit dieses auf JHWHs Erdboden wandelnden Volkes der Endzeit, um dann die Gaben JHWHs als Ursprung dieser Idylle zu preisen.[197] Getreide und Most gehören zu den Gütern, die *pars pro toto* die Heilsgaben des gelobten Landes beschreiben, und nähren hier im Sinne des Parallelismus sowohl junge Männer als auch junge Frauen.[198] Im Hintergrund der beiden Verse Sach 9,16f. könnte Jer 31 stehen: Dort rettet JHWH sein Volk (Jer 31,7), hütet es wie ein Hirte seine Herde (31,10), gewährt ihnen (unter anderem) Getreide und Most, was Jungfrau und Jungmann zur Freude gereicht (31,13).[199]

Der Befund lässt sich wie folgt zusammenfassen: Sach 9,8a.11*.12 deuten 9,1a.2–6a.7b.8b als Vorbereitung des Heimatlandes für die im Kontext der königlichen Friedensherrschaft (9,9f.) erfolgende Heimkehr der Diaspora (9,11f.). In

---

194 So Willi-Plein, *Haggai*, 170.

195 Vgl. Boda, *Book*, 592.

196 Dagegen grenzen Marti, *Dodekapropheton*, 432; Mitchell, *Commentary*, 281; Sellin, *Zwölf-prophetenbuch (1930)*, 553; Willi-Plein, *Deuterosacharja*, 91f., ביום ההוא als Glosse aus.

197 Allein der (erneute) Bruch der Metapher genügt gegen Mitchell, *Commentary*, 281f., nicht als Indiz, um V.17 gegenüber V.16 nochmals später anzusetzen.

198 Ein „Protest der jüdischen Jungfrauen" (Sellin, *Zwölfprophetenbuch [1930]*, 554), einseitig über den Genuss von Most definiert zu werden, muss also nicht befürchtet werden. Mit Sellin halten jedoch auch Marti, *Dodekapropheton*, 432; Elliger, *Propheten*, 151 Anm. 7; Willi-Plein, *Deuterosacharja*, 92, „Jünglinge" und „Jungfrauen" für Glossierungen.

199 Vgl. Willi-Plein, *Haggai*, 171.

einem prophetischen Kommentar (9,16 f.) malt eine spätere Hand die Rettungstat Gottes und ihre Folgen unter eschatologischem Vorbehalt („an jenem Tag") weiter aus. Dazwischen schiebt sich eine Ergänzung (9,13–15), die nicht nur den Übergang von der Gottesrede (9,11 f.13) zur Prophetenrede (9,14 f.16 f.) nachvollzieht, sondern den Weg von der Verheißung „am heutigen Tag" (V.12) zur Erfüllung „an jenem Tag" (V.16) als blutiges Gemetzel beschreibt.

3.5 Sach 10,1–2

3.5.1 Forschungsgeschichtliche Orientierung

Die „Ratlosigkeit"[200] angesichts des unvermittelt durch einen Imperativ eingeleiteten Mahnworts spiegelt sich in Einschätzungen als „kurze[s], stilistisch wenig anspruchsvolle[s] Stück"[201], dessen „Meinung absichtlich verhüllt"[202] sei. Man interpretiert es entweder wörtlich als Rede zur Zeit eines „akuten Notstand[s]"[203] oder metaphorisch „als Zeugnis eines unter der Dürre der Heilslosigkeit leidenden [...] Gemüts".[204] Im ersten Fall bliebe es „ein ganz isoliert stehendes Mahnwort"[205], dessen Zusammenhang mit seinem Kontext rein äußerlicher Natur sei. Im zweiten Fall stellt sich die Frage nach der Stellung im Kontext dringlicher: Bildet es den originären Abschluss von Sach 9, dessen Fruchtbarkeitsmotivik (9,17) es weiterführt, den Auftakt von Sach 10, dessen Hirtenthematik (10,3) es vorbereitet, oder eine „Art Zwischenstück"[206]?

---

200 So Willi-Plein, *Haggai*, 177.

201 Elliger, *Propheten*, 154.

202 Wellhausen, *Propheten*, 191.

203 Rudolph, *Haggai*, 191. Vgl. auch Reventlow, *Propheten*, 101.

204 Elliger, *Propheten*, 154. Wellhausen, *Propheten*, 191, schreibt dem Verfasser gar ein Bewusstsein für seinen Ort innerhalb der israelitisch-jüdischen Geschichte in ihrer christlichen Periodisierung zu: „[B]ittet um Hilfe und Neubelebung in dieser späten Periode eurer Geschichte, es ist höchste Zeit."

205 Reventlow, *Propheten*, 100. Ähnlich auch Nowack, *Propheten*, 378; Sellin, *Zwölfprophetenbuch (1930)*, 555; Horst, *Propheten*, 249; Rudolph, *Haggai*, 190.

206 Wellhausen, *Propheten*, 191. Ähnlich Keil, *Propheten*, 621 f.; Sellin, *Zwölfprophetenbuch (1930)*, 555; Tigchelaar, *Prophets*, 94. Dagegen deuten Marti, *Dodekapropheton*, 433; Otzen, *Studien*, 218; van der Woude, *Zacharia*, 187–190, das Stück als Anhang zu Sach 9; Redditt, *Zechariah*, 60–65; Wolters, *Zechariah*, 309; Boda, *Book*, 598, als Auftakt zu Sach 10.

3.5.2 Kommentierte Übersetzung

1 Bittet[a] von JHWH Regen zur Zeit des Spätregens,[b]
 JHWH, dem Wolkenwirker[c].
 Denn Regenguss[d] wird er ihnen geben[e],
 einem jedem Kraut auf dem Felde.
2 Doch die Terafim sprachen Lug[f]
 und die Wahrsager schauten Trug.
 Und nichtige Träume künden sie,
 leeren Trost spenden sie.
 Deshalb zogen sie los[g] wie Vieh,
 verfallen der Angst[h], denn da ist kein Hirte.

---

[a] Van der Woude, *Zacharia*, 185; Redditt, *Zechariah*, 58, gleichen das Verb durch die Vokalisation שְׁאָלוּ („sie baten") an 9,17 und das Suffix 3. m. sg. (להם) in 10,1b an. Einer indikativischen Aussage steht aber V.2b als Folge der offenbar ausgebliebenen Bitte entgegen.

[b] Mancher Exeget vermisst den häufig an der Seite des Spätregens auftretenden Frühregen (vgl. Dtn 11,14; Jer 3,3; 5,24; Hos 6,3) und ergänzt mit LXX (καθ' ὥραν πρόιμον καὶ ὄψιμον) יורה (so Nowack, *Propheten*, 378; Sellin, *Zwölfprophetenbuch [1930]*, 555; Hanson, *Dawn*, 326; Mason, *Haggai*, 95) oder streicht auch den Spätregen (so Marti, *Dodekapropheton*, 433; Mitchell, *Commentary*, 298). Doch schon LXX erklärt sich als harmonisierende Angleichung an Dtn 11,14 (καθ' ὥραν πρόιμον καὶ ὄψιμον). Mit Otzen, *Studien*, 247; Rudolph, *Haggai*, 190; Barthélemy, *CTAT*, 982f.

[c] Die antiken Versionen können mit dem nur in Hi 28,26; 38,25 belegten Nomen wenig anfangen: LXX übersetzt φαντασίας („Erscheinungen"), V *nives* („Schnee"), T רוחין („Winde"), S „Regen". Moderne Übersetzungen schwanken zwischen „Blitzen" (Nowack, *Propheten*, 378; Marti, *Dodekapropheton*, 433; Sellin, *Zwölfprophetenbuch [1930]*, 555; Mitchell, *Commentary*, 286; Boda, *Book*, 597) und „Wolken" (Horst, *Propheten*, 248; Elliger, *Propheten*, 154; Otzen, *Studien*, 247). Die Argumente für „Wolken" wiegen schwerer: 1) Verwandte Wurzeln bezeichnen im Akkadischen das „Rauschen", im Ugaritischen den „Regenguss" (vgl. Ges[18]). 2) Die Vorstellung, dass JHWH dem חזיז „einen Weg gibt" (Hi 28,26; 38,25), passt besser zu dahinziehenden Gewitterwolken als zu zuckenden Blitzen. 3) Wolken als Ursache und Regen als Wirkung ergeben in Sach 10,1 ein stimmiges Bild.

[d] Mit David Kimchi kann auf ähnlich pleonastische Fügungen in Dan 12,2 (עפר אדמת: „Erdenstaub") und Ps 40,3 (מטיט היון: „aus Matsch und Schlamm") verwiesen werden. Die spiegelverkehrte Formulierung in Hiob 37,6 (גשם מטר) belegt die Austauschbarkeit der Begriffe. Dagegen ersetzt Rudolph, *Haggai*, 190, ומטר durch יַמְטֵר.

[e] Angesichts des einleitenden Imperativs korrigieren viele entweder mit wenigen hebräischen Mss und S in die 2. pl. לכם (Marti, *Dodekapropheton*, 433; Sæbø, *Sacharja*, 63f., vgl. aber ders., *Prophetie*, 208f.) oder in das Nomen לחם „Brot/Nahrung" (Nowack, *Propheten*, 378; Sellin, *Zwölfprophetenbuch [1930]*, 555; Horst, *Propheten*, 248; Elliger, *Propheten*, 154; Rudolph, *Haggai*, 190; Wolters, *Zechariah*, 310). Allerdings „ist der Umschlag von der 2. in die 3. Person so unerhört nicht" (Rudolph, *Haggai*, 191 Anm. 1). Gemeint ist das Volk, von dem auch in V.2b in der 3. P. gesprochen wird. Vgl. Meyers/Meyers, *Zechariah*, 9-14, 183; Boda, *Book*, 598.

[f] Zur Bedeutung „Lüge" vgl. Jes 58,9; Ps 36,4; 41,7; Spr 11,7; 17,4; 19,28.

[g] נסע bezeichnet ursprünglich das Herausziehen der Zeltpflöcke zur Weiterreise und ist somit Bild für das unstete Leben von Hirten (vgl. Jer 31,24) und Herden. Mit Marti, *Dodekapropheton*,

434; Rudolph, *Haggai*, 190; Wolter, *Zechariah*, 312; Boda, *Book*, 606. Vgl. dagegen die Konjekturen נְתָעוּ (Sellin, *Zwölfprophetenbuch [1930]*, 556; Nowack, *Propheten*, 379; Horst, *Propheten*, 248) oder נסערו (Mitchell, *Commentary*, 299).

[h] Die Konjekturen יָעֵוּ „sie irren umher" (Sellin, *Zwölfprophetenbuch [1930]*, 556; Elliger, *Propheten*, 154) oder וְעֻנּוּ „sie werden unterdrückt" (Marti, *Dodekapropheton*, 434) stellen unnötige Vereinfachungen dar (mit Mitchell, *Commentary*, 299). Die Wurzel ענה II kann etwa das demütige Beugen des Beters vor JHWH (Ps 116,10) oder das furchtsame Ducken des Löwen vor dem Jäger bezeichnen (Jes 31,4). Möglicherweise zielt das Verb also weniger auf das Elend der Schafe (für diese übliche Deutung vgl. Rudolph, *Haggai*, 190; Boda, *Book*, 606) denn auf ihre Angst. Mit Wolters, *Zechariah*, 312f.

3.5.3 Analyse

Der Appell, JHWH um Regen zu bitten, gründet auf einem Versprechen des Deuteronomiums (Dtn 11,14f.), dem Sach 10,1f. einige Stichwörter entlehnt:[207]

> *„Dann werde ich eurem Land Regen (מטר) geben (ונתתי) zu seiner Zeit (בעתו), Frühregen und Spätregen (מלקוש), und du wirst dein Getreide und deinen Most und dein Frischöl einbringen und ich werde deinem Vieh Gras (עשב) auf deinem Feld (בשדך) geben (ונתתי), und du wirst essen und du wirst satt werden."*

Die Erfüllung ist dort an die Einhaltung des Fremdgötterverbots gekoppelt (Dtn 11,16), dessen Missachtung nicht nur durch Dürre, sondern auch durch Landesverlust sanktioniert wird (Dtn 11,17). Beide Aspekte klingen in Sach 10,1f. nach.

Sach 10,1 beschränkt sich dabei – fern davon „eine unverständliche Limitation"[208] zu sein – auf den Spätregen im Frühling, der die Voraussetzung einer reichen Ernte bildet (vgl. Jer 5,24; Joel 2,23f.). Um eben diesen sollen die Leser JHWH – und hier klingt schon mit: niemand anderen – bitten. Denn nur der „Wolkenwirker" bringt Regen und damit „Kraut" hervor,[209] womit allgemein an kultiviertes Weidegrün gedacht ist, das Mensch und Tier ernährt.[210]

Terafim und Wahrsager dagegen waren (Perfekt: דברו, חזו) und bleiben (Imperfekt: ידברו, ינחמון) – man hätte also aus der Vergangenheit lernen können – trügerische

207 Mit Sæbø, *Sacharja*, 211; Meyers/Meyers, *Zechariah*, 9–14, 184; Boda, *Book*, 600f.
208 Marti, *Dodekapropheton*, 433. Zum Früh- und Spätregen und ihrer Bedeutung für den Ackerbau vgl. Dalman, *Arbeit I,1*, 115–130; ders., *Arbeit I,2*, 291–304.
209 Dass die Gottesfrage am Beispiel der Regenfrage durchgespielt wird, ist nicht singulär. Vgl. 1Kön 8,53; 18; Jer 14,22.
210 Die Priesterschrift erklärt das samentragende Kraut (כָּל־עֵשֶׂב זֹרֵעַ זֶרַע) neben fruchttragenden Bäumen zur Menschennahrung (vgl. Maiberger, *Art.* עשב, 411: „Körner- und Hülsenfrüchte") und das grüne Kraut (ירק עשב) zur Tier- (Gen 1,29f.), in Gen 9,3 auch zur Menschennahrung. Ps 104,14 ordnet חציר den Tieren und עשב, wohl als Getreide, den Menschen zu (vgl. auch Gen 3,18). Dtn 11,15; Ps 106,20 hingegen sehen in עשב Tierfutter (vgl. auch Dan 4,22.29.30; 5,21).

Hoffnungsspender.[211] Ohne an der empirischen Funktion der Terafim interessiert zu sein, subsumiert der Verfasser sie gemeinsam mit den Wahrsagern als Sprachrohre falscher Götter.[212] Die Polemik erinnert an die Kritik falscher Propheten, deren Handlungsrepertoire Sprechen, Wahrsagen, Schauen und Träumen (vgl. Jer 23,27f.; 29,8; Ez 13,6.9.23 u. v. m.) umfasst und mit Worten wie שֶׁקֶר (z. B. Jer 5,31), שָׁוְא (z. B. Ez 13,6), הֶבֶל (vgl. Jer 23,16) belegt wird.

Die Abkehr von JHWH zum Götzendienst hatte und hat nach V.2b wie in Dtn 11,17 nicht nur das Ausbleiben des Regens zur Folge, sondern das traurige Dasein einer Herde ohne Hirten: Zerstreuung (נסעו, vgl. Jer 31,24)[213] und Verunsicherung (יענו). Die in Sach 9,9f.11f.16f. artikulierten Hoffnungen auf eine endgültige Rückkehr in das Land unter einem menschlichen (Sach 9,9f.) oder göttlichen Hirten (Sach 9,16f.) harren weiterhin ihrer Erfüllung.

In der knappen Ermahnung schwingt also weit mehr mit als nur die Angst um eine bevorstehende Ernte: Am konkreten Fall des Spätregens spielt der Verfasser die Frage der Bedingung für das Eintreten der Heilszeit durch, sodass die Trockenheit tatsächlich zum Bild für die „Dürre der Heilslosigkeit"[214], der Regen zum Segensregen[215] wird. Damit scheinen 10,1–2 aber die um 9,16f. fortgeschriebenen Rückkehrverheißungen 9,11f. vorauszusetzen, die ein Leben im Überfluss unter dem Hirten JHWH erhoffen. 10,1–2 konfrontieren diese Erwartung mit der Gegenwart und machen das Volk für die Kluft zwischen Anspruch und Wirklichkeit verantwortlich.[216] Eine Kenntnis von Sach 9,13–15 verrät der Abschnitt dagegen nicht.

---

211 Mit Wolters, *Zechariah*, 311. Willi-Plein, *Haggai*, 177 (vgl. auch Boda, *Book*, 604f.), trennt schärfer zwischen 10,2aα und 10,2aβ, so dass Terafim und Wahrsager zu einem Phänomen der Vergangenheit, Träume (als Subjekt von 10,2aβ) hingegen zum Phänomen der Gegenwart werden. Vgl. aber (mit Keil, *Propheten*, 622) den gegenüber den Subjekten התרפים und הקוסמים fehlenden Artikel in חלמות.

212 Etymologie, Gestalt und Funktion der Terafim sind umstritten (vgl. Tropper, *Nekromantie*, 332–339; van der Toorn, *Erbe*, 114–118; Loretz, *Teraphim*, 133–178). Aus Gen 31 und Ez 21,26 lässt sich schließen, dass es sich um Idole mit divinatorischer Funktion handelt. Im Fahrwasser dtr. Götzenpolemik verkommen sie zur „Sammelbezeichnung für (numinose) orakelgebende Instanzen jeglicher Art" (Tropper, *Nekromantie*, 337; ähnlich Elliger, *Propheten*, 155; Mason, *Haggai*, 97). In ihrer Gegenüberstellung von Terafim/Wahrsagern und dem Wort JHWHs stehen sich 1Sam 15,23 und Sach 10,2 nahe (vgl. Tropper, *Nekromantie*, 337).

213 In V.1 „eine Bitte um Verschiebung (bzw. aktuelles Unmöglichwerden) eines militärischen Auszugs" (Willi-Plein, *Haggai*, 178) mittels eines Unwetters zu sehen und V.2b als notgedrungene „Selbstverpflichtung in ein Söldnerheer" (ebd.) zu deuten, misst der andernorts durchaus belegten militärischen Konnotation des Verbs נסע zu viel Gewicht bei.

214 Elliger, *Propheten*, 154.

215 Vgl. etwa auch Ez 34,6.

216 Vgl. Keil, *Propheten*, 621; Hitzig, *Propheten*, 383; Rudolph, *Haggai*, 191. Der Vers ist also, insofern die endgültige Heimkehr immer noch aussteht, mehr als nur ein „Rückblick auf das Exil" (Tropper, *Nekromantie*, 337; ähnlich Rudolph, *Haggai*, 192). Auch der von Floyd, *Prophets*, 470,

3.6 Sach 10,3–12

3.6.1 Forschungsgeschichtliche Orientierung

Dass Sach 10,3–12 „selbst bei wiederholtem Lesen einen fragmentarischen Eindruck"[217] erwecken, hat seinen Grund im mehrfachen Wechsel zwischen Gottes- und Prophetenrede, der mit einer inhaltlichen Differenzierung einhergeht: Die Gottesrede (10,3a.6.8–10.12) thematisiert die friedliche Heimführung des Volkes aus der Diaspora, die Prophetenrede (10,3b–5.7.11) den siegreichen Kampf gegen feindliche Mächte.[218] Während Marti das Phänomen als unerheblich marginalisiert, Nowack den Wechsel in die Gottesrede als stilistischen Kunstgriff zur Betonung der Hauptgedanken erklärt und Meyers/Meyers die Disparatheit des Stoffes mit dem reichhaltig eingespielten Traditionsmaterial begründen[219], erkennen andere in dem abrupten Wechsel zu Recht ein literarkritisches Indiz.[220] Dissens besteht lediglich in der Frage der literarhistorischen Priorität. Obwohl viele der Prophetenrede den Vorzug geben, scheint ihre Einschätzung als späterer Kommentar mit kriegerischer Neuakzentuierung der Rückkehrtexte vielversprechender:[221] Ohne die Rückkehrthematik bliebe die kriegerische Prophetenrede grund- und ziellos.[222] Der Übersichtlichkeit halber werden im Folgenden Gottesrede und Prophetenrede getrennt analysiert.

---

postulierte Motivzusammenhang zwischen 9,11 (אין מים בו) und der Regenbitte in 10,1 ist wenig stichhaltig: Im Gegensatz zu 10,1 ist die Trockenheit in 9,11 überlebensnotwendig.

217 So Willi-Plein, *Haggai*, 174, über Sach 10.

218 Uneinigkeit besteht in der Zuordnung von V.7 und V.12: V.7 nennt JHWH in der dritten Person, ist an keiner Stelle als Gottesrede markiert, inhaltlich auf das Kampfgeschehen in V.5 bezogen und somit der Prophetenrede zuzuordnen (gegen Wöhrle, *Abschluss*, 79 Anm. 51). V.12 nennt JHWH zwar ebenfalls in der dritten Person, ist aber deutlich als Gottesrede (נאם יהוה) markiert und inhaltlich auf die Rückkehrverheißung in V.6 bezogen und somit der Gottesrede zuzuordnen (gegen Reventlow, *Propheten*, 102; Boda, *Book*, 634f.).

219 Vgl. Marti, *Dodekapropheton*, 434: „Der Wechsel zwischen erster und dritter Person darf bei unserm Propheten nicht sehr auffallen, der ohne Bedenken bald Jahwe redend einführt, bald selber das Wort nimmt." Nowack, *Propheten*, 380: „die eigentl. Hauptgedanken werden dagegen überall Jahve in den Mund gelegt"; Meyers/Meyers, *Zechariah*, 231: "If Zechariah 10 seems diverse, in other words, it is because of the various and complex materials upon which it can draw."

220 Neben den genannten inhaltlichen und stilistischen Unterschieden lassen sich terminologische Abweichungen („Haus Josef" in V.6 vs. „Ephraim" in V.7) und die Unterbrechung der Gedankenfolge V.6.8–10.12 durch die übrigen Verse anführen.

221 Zur Priorität der Prophetenrede vgl. Horst, *Propheten*, 242; van der Woude, *Zacharia*, 191; Reventlow, *Propheten*, 102f.; Wöhrle, *Abschluss*, 78–81; zur Priorität der Gottesrede vgl. Jepsen, *Beiträge II*, 246.251; Willi-Plein, *Ende*, 117; Tigchelaar, *Prophets*, 95f. Sæbø, *Sacharja*, 226–229, rechnet mit zwei ehemals eigenständigen Stücken.

222 Als eigenständigen „Völkergericht"-Texten (vgl. Wöhrle, *Abschluss*, 82) fehlte den Passagen das Interesse am konkreten Vergehen und Ergehen der Völker.

3.6.2 Kommentierte Übersetzung

3 Über die Hirten ist mein Zorn entbrannt
und die Leitböcke suche ich heim.
Fürwahr, JHWH mustert seine Herde, das Haus Juda,
und macht sie zu seinem Prachtross[a] im Krieg.

4 Aus ihm der Eckstein, aus ihm der Pflock, aus ihm der Kriegsbogen,
aus ihm geht hervor jeder Treiber allzumal.[b]

5 Und sie werden sein wie Helden,
die im Schlamm der Gassen[c] stampfen im Kampf,
und sie werden kämpfen[d], denn JHWH ist mit ihnen,
und Pferdereiter werden zuschanden werden.

6 Und ich werde das Haus Juda stärken
und das Haus Josef werde ich retten.
Und ich werde sie ‚ansiedeln‘[e], denn ich habe mich ihrer erbarmt.
Und sie werden sein, als hätte ich sie nicht verworfen.
Denn ich bin JHWH, ihr Gott, und werde sie erhören.

7 Und Ephraim[f] wird sein wie ein Held
und ihr Herz wird sich freuen wie beim Wein.
Und ihre Söhne[g] werden es sehen und sich freuen,
ihr Herz wird jubeln über JHWH.

8 Ich werde ihnen pfeifen und sie sammeln, denn ich habe sie freigekauft.
Und sie werden zahlreich sein, wie sie zahlreich waren.

9 Und ich werde sie unter die Völker säen[h]
und in der Ferne werden sie meiner gedenken.
Und sie werden mit[i] ihren Söhnen[j] überleben[k] und zurückkehren.

10 Und ich werde sie zurückbringen aus dem Land Ägypten
und aus Assur werde ich sie sammeln
und in das Land Gilead und den Libanon werde ich sie bringen
und es wird ihnen nicht reichen[l].

11 Und er[m] wird gegen das Meer mit Bedrängnis[n] ziehen
und im Meer Wellen schlagen
und alle Tiefen des Stroms werden vertrocknen[o].
Und der Hochmut Assurs wird niedergeworfen werden
und das Zepter Ägyptens weichen.

12 Und ich werde sie stärken[p] in JHWH
und in seinem Namen werden sie wandeln[q].
Spruch JHWHs.

---

[a] Das Suffix bezieht sich wie z. B. in Dtn 1,41 (כלי מלחמתו) auf die gesamte Constructus-Verbindung (vgl. JM §129 ka-kb).

[b] Vergleichbare Formulierungen in Ps 14,3 (הכל סר יחדו) und Ps 53,4 (כלו סג יחדו) widerlegen die Annahme, dass das Adverb יחדו an den Anfang von V.5 zu ziehen sei. Gegen Nowack, *Propheten*, 380; Sellin, *Zwölfprophetenbuch (1930)*, 558; Elliger, *Propheten*, 155; Reventlow, *Propheten*, 101; Tigchelaar, *Prophets*, 105; Redditt, *Zechariah*, 64; Wolters, *Zechariah*, 316.325f.

[c] Die Frage nach der angemessenen Übersetzung von טיט חוצות stellt sich hier dringlicher als in Sach 9,3, da man eine Schlacht unter Beteiligung von Kavallerie eher auf offenem Feld denn in engen Gassen lokalisieren würde. Angesichts der geprägten Verwendung an anderen Stellen bleibt die Übersetzung "mud on the fields" (Wolters, *Zechariah*, 326; vgl. auch Boda, *Book*, 617) dennoch unwahrscheinlich (vgl. Textanm. j zu Sach 9,3, S. 60). Zudem zeigt etwa Ez 26,11 (בפרסות סוסיו ירמס את כל חוצותיך), dass ein Kampf hoch zu Ross auch in den Gassen einer Stadt vorstellbar ist.

[d] Die Mitseins-Formel impliziert nicht zwangsläufig die Bedeutung „sie werden siegen" für נלחמו. Das Bewusstsein göttlicher Unterstützung könnte auch den Heldenmut in der Schlacht begründen. Gegen Tigchelaar, *Prophets*, 105f. Anm. 62; Wolters, *Zechariah*, 326.

[e] Die „Unform" (GK §72x) והושבותים stellt eine Mischform aus והושבתים („ich werde sie wohnen lassen/ansiedeln") und והשיבותים („ich werde sie zurückkehren lassen") dar. Meist liest man mit LXX (κατοικιῶ αὐτούς) והושבתים (z. B. Keil, *Propheten*, 625; Marti, *Dodekapropheton*, 435). Nowack, *Propheten*, 380, wendet zwar ein, dass die Ansiedlung zu früh käme, „da es sich hier um die noch in der Diaspora Lebenden handelt", doch auch die Rückkehr wird erst nach der Sammlung (V.8) in V.10 vollzogen. Es handelt sich also um eine vorwegnehmende Zielangabe. Die spätere Vokalisation könnte von V.10 (והשיבותים) beeinflusst sein. Gegen Rudoph, *Haggai*, 194; Boda, *Book*, 619. Larkin, *Eschatology*, 92; Wolters, *Zechariah*, 329, halten die Doppeldeutigkeit für beabsichtigt.

[f] Gegen MT und LXX (καὶ ἔσονται ὡς μαχηταὶ τοῦ Εφραιμ) ist Ephraim Subjekt des Satzes. Vgl. Boda, *Book*, 619f. Anm. d.

[g] „Ihre Söhne" (בניהם) meint nicht die Ephraimiten – durch die beobachtende Rolle sind sie deutlich von den Helden Ephraims V.7a unterschieden – sondern tatsächlich deren Nachkommen. Vgl. auch V.9. Gegen Wellhausen, *Propheten*, 192; Marti, *Dodekapropheton*, 435; Rudolph, *Haggai*, 194. Liest man בניהם als Objekt des zweiten Halbverses („sie [die Ephraimiten] werden ihre Söhne sehen und sich freuen"; zur Wortstellung vgl. Neh 9,23), wären beide Versteile inhaltlich (Freude im Krieg vs. Freude über die Nachkommenschaft) kaum mehr miteinander zu vermitteln. Gegen Wolters, *Zechariah*, 330f.

[h] Da die futurische Aussage (vgl. auch LXX: καὶ σπερῶ αὐτούς; V: *et seminabo eos*) im Widerspruch zur Verheißung unmittelbarer Rückkehr (V.8) steht, vokalisiert man das Verb als Narrativ וָאֶזְרָעֵם (Marti, *Dodekapropheton*, 435; Nowack, *Propheten*, 381; Sellin, *Zwölfprophetenbuch [1930]*, 558; Reventlow, *Propheten*, 102; Meyers/Meyers, *Zechariah*, 216) oder konjiziert וְאֶזְרָעֵם (Wellhausen, *Propheten*, 192; Mitchell, *Commentary*, 301) bzw. ואזעיקם (Elliger, *Propheten*, 155). Doch das Moment der Verzögerung prägt mit dem Erinnern in der Fremde und der Betonung der Nachkommenschaft den gesamten Vers. Das spannungsvolle Verhältnis zum Kontext bedarf einer literarkritischen Erklärung.

[i] Vgl. Tigchelaar, *Prophets*, 102.

[j] Van der Woude, *Zacharia*, 198, zieht את בניהם als *casus pendens* zum folgenden Verb („und mit ihren Söhnen werden sie zurückkehren"). In diesem Fall dürfte man aber ein ו-copulativum vor את erwarten.

[k] Mit Rudolph, *Haggai*, 194; Boda, *Book*, 620 Anm. j. Viele ändern mit LXX (ἐκθρέψουσιν) in Pielform חִיּוּ (Wellhausen, *Propheten*, 192; Sellin, *Zwölfprophetenbuch [1930]*, 556; Marti, *Dodekapropheton*, 435; Nowack, *Propheten*, 381; Mitchell, *Commentary*, 301; Reventlow, *Propheten*, 102).

LXX scheint den Text jedoch nachträglich auf das Aussterben der gesamten schuldigen Generation nach dem Vorbild von Texten wie Jos 5,7 oder Jer 31,17 zuzuspitzen.

^{l} Für diese Bedeutung vgl. Num 11,22; Ri 21,14 (Kal); Jos 17,16 (Niphal).

^{m} LXX erdet das Mythologem des Chaoskampfes durch den Plural (καὶ διελεύσονται) als Exodusanspielung und stellt damit die *lectio facilior* dar. Mit Meyers/Meyers, *Zechariah*, 224; Wöhrle, *Abschluss*, 79f. Anm. 52; Wolters, *Zechariah*, 338f.; Boda, *Book*, 620 Anm. m. Gegen Wellhausen, *Propheten*, 192; Marti, *Dodekapropheton*, 436; Nowack, *Propheten*, 381f.; Sellin, *Zwölfprophetenbuch (1930)*, 557; Mitchell, *Commentary*, 301; Elliger, *Propheten*, 155; Rudolph, *Haggai*, 194.

^{n} צרה (f. sg.) lässt sich weder als Subjekt der m. Verbform (so aber van der Woude, *Zacharia*, 199, mit Verweis auf GK §145o; ähnlich Tigchelaar, *Prophets*, 106) noch als Attribut oder *nomen rectum* des m. und (zumindest in MT) determinierten Nomens ים (vgl. aber LXX: ἐν θαλάσσῃ στενῇ; V: *per mare angustum*) verstehen. Durch Konjekturen gleicht man den Text an den engeren (Wellhausen, *Propheten*, 192; Nowack, *Propheten*, 382; Marti, *Dodekapropheton*, 436; Mitchell, *Commentary*, 301; Elliger, *Propheten*, 156: בַּיָּם מִצְרַיִם, vgl. Jes 11,15) oder weiteren literarischen Kontext (Klostermann, *Rez. Bredenkamp*, 566; Junker, *Propheten*, 168: צָרָה [„nach Tyros"], vgl. 10,11aα$_2$ mit 9,4aβ) oder an geprägte Wendungen (Duhm, *Anmerkungen*, 192: בים צרה) an. Vgl. auch die Emendation von Wolters, *Zechariah*, 340: צָרוֹ "the sea, his enemy". Einfacher scheint mit Boda, *Book*, 620f. Anm. o, die Beibehaltung des MT als *accusativus modi*.

^{o} Zur intransitiven Bedeutung von יבש Hiph. vgl. Joel 1,10.12. Mit Nowack, *Propheten*, 382.

^{p} Mit der Konjektur וּגְבַרְתָּם (Wellhausen, *Propheten*, 192; Nowack, *Propheten*, 382; Marti, *Dodekapropheton*, 436; Sellin, *Zwölfprophetenbuch [1930]*, 557; Rudolph, *Haggai*, 194) versucht man die Rede JHWHs von sich in der 3. P. zu vermeiden. Dies ist jedoch kein singuläres Phänomen (vgl. Hos 1,7; 12,7). Durch das abschließende נאם יהוה ist der Vers zudem unmissverständlich als JHWH-Rede markiert. Vgl. Tigchelaar, *Prophets*, 103.

^{q} Es gibt keinen zwingenden Grund, der einfacheren – weil geprägten (vgl. bes. Ps 105, 3; 1Chr 16,10) – Lesart der LXX (κατακαυχήσονται) יתהללו (vgl. auch 4QXII^g) zu folgen (so aber Klostermann, *Rez. Bredenkamp*, 564; Nowack, *Propheten*, 382; Marti, *Dodekapropheton*, 436; Mitchell, *Commentary*, 302; Sellin, *Zwölfprophetenbuch [1930]*, 557; Wolters, *Zechariah*, 344). Mit Boda, *Book*, 621 Anm. t.

3.6.3 Analyse

3.6.3.1 Die Gottesrede (Sach 10,3a.6.8.10.12)

Die Passagen der Gottesrede in ihrer Endgestalt verbindet der Rekurs auf zwei prophetische Texte, in denen Hirtenmetaphorik, Rückkehrverheißung und Herrschererwartung miteinander verwoben sind: Jer 23,1–8 und Ez 34.[223]

Hirten (רעים) begegnen in Sach 10,3a; Jer 23,1f.4 und Ez 34,2.5.7–10.12.23f.; Leitböcke (עתודים) in Sach 10,3a und Ez 34,17; ein Wortspiel zwischen פקד על („jmd. heimsuchen") und פקד את („jmd. aufsuchen") begegnet in Sach 10,3a.b (!) und Jer 23,2; das Verb „zurückbringen" in Sach 10, 10 (והשיבותים) und Jer 23,3 (והשבתי אתהן); das Verb „sammeln" in Sach 10,8.10

---

223 Vgl. Tigchelaar, *Prophets*, 97–101.

(אקבצם); Jer 23,3 (אקבץ) und Ez 34,13 (וקבצתים); das Verb „sich mehren" in Sach 10,8 (ורבו) und Jer 23,3 (ורבו), das Verb „retten" in Sach 10,6 (אושיע); Jer 23,6 (תושע) und Ez 34,22 (והושעתי); die Formulierung „bringen (nach)" in Sach 10,10 (אל...אביאם); Jer 23,8 (הביא) und Ez 34,13 (והביאתים אל...), das Wortfeld „stärken" in Sach 10,6 (וגברתי) und Ez 34,16 (אחזק).

Doch ausgerechnet der im ersten Vers der Gottesrede V.3a artikulierte Zorn JHWHs gegen die Herrscher (Hirten und Leitböcke)[224] findet in den weiteren Passagen der Gottesrede Sach 10,6.8.10.12 keine Fortsetzung, sondern allenfalls in der Prophetenrede 10,3b–5.7.11, die in der Entmachtung fremder Mächte mündet. Doch nicht nur der Sprecherwechsel, sondern auch die unvermittelte semantische Verschiebung von פקד על („heimsuchen") in V.3a zu פקד את („aufsuchen, mustern")[225] in V.3b zeigen, dass auch dieser Zusammenhang kein genuiner ist. Es handelt sich also um eine innerhalb des Kapitels isolierte Ergänzung, die Gottes- und Prophetenrede bereits voraussetzt. [226] Sie trägt das aus den Prätexten bekannte Gericht an den (fremden)[227] Hirten nach, indem sie in Anlehnung an Jer 23,2 der Aufsuchung der Herde (V.3b) die Heimsuchung der Hirten voranstellt.

Die Gottesrede beginnt somit ursprünglich in V.6, der beide Profiteure des Heils beim Namen nennt, als würde er die vorangehende Prophetenrede (vgl. 10,3b) nicht kennen: JHWH verspricht dem Haus Juda und dem Haus Josef[228] Stärkung und Rettung mit dem Ziel der Wiederansiedlung im gelobten Land. Blendet man den kriegerischen Kontext aus, umschreibt das Verb „stärken" (גבר)

---

224 Zu עתודים als Königsmetapher vgl. Jes 14,9.

225 Vgl. Horst, *Propheten*, 250: „Unschön wird dabei auch dem פָּקַד אֶת- ein פָּקַד עַל entgegengestellt." In Jer 23,2 bildet das Wortspiel hingegen einen organischen Zusammenhang.

226 Vgl. Elliger, *Propheten*, 158: „Daß V.3a mit diesem gesamten Inhalt nichts zu tun hat, liegt auf der Hand"; ähnlich Horst, *Propheten*, 249f. Auch Tigchelaar, *Prophets*, 99, notiert das Problem: "It appears that the author is not primarily concerned with the shepherds at all." Gegen eine von Mason, *Haggai*, 96; Wöhrle, *Abschluss*, 81, vermutete Zusammengehörigkeit von 10,3a mit 10,1–2 spricht ebenfalls nicht nur der Sprecherwechsel: Während V.1–2 im abtrünnigen Volk das Problem erkennen und die Hirten nur als abwesend tangieren, adressiert V.3a eben diese völlig unvermittelt als die eigentlich Verantwortlichen.

227 Da im gewachsenen Text von Sach 10 einerseits dem eigenen Volk die Hirten fehlen (V.2b) und andererseits die Herrschermacht Assurs und Ägyptens enden wird (V.11), vertreten die Hirten in V.3a fremde Herrscher über das eigene Volk, gegen die dann auch die in V.3b gemusterte Herde ins Feld zieht. Mit Keil, *Propheten*, 623; Sellin, *Zwölfprophetenbuch (1930)*, 557. Dagegen denken z. B. Marti, *Dodekapropheton*, 434; Laato, *Josiah*, 275, an Herrscher des eigenen Volkes.

228 Für „Haus Josef" als Bezeichnung des Nordreichs vgl. 2Sam 19,21; 1Kön 11,28; Am 5,6; Ob 18; für „Josef" vgl. Ez 37,16.19; Am 6,6; Ps 80,2. Zwei Gründe für die Wahl des Begriffes sind denkbar: 1) Anders als „Israel" oder „Jakob" ist „Josef" „in der Referenz auf die Nordstämme eindeutig" (Weingart, *Stämmevolk*, 187). 2) Die Josefstämme Ephraim und Manasse okkupieren weite Teile des Nordreichs dies- und jenseits (vgl. V.10: Gilead) des Jordans (so Wolters, *Zechariah*, 329).

in einem allgemeinen Sinne die Ermutigung und Ermächtigung zur Rückkehr ohne militärische Implikationen.[229] Gleiches gilt für die Rettungsaussage, die auch andernorts die Rückkehr aus der Diaspora beschreibt.[230]

Theologisch begründet der Vers die Initiative JHWHs zur Heimholung mit seinem Erbarmen und benennt sogleich das Ziel: „Sie werden sein, als hätte ich sie nie verworfen."[231] Die erhoffte Zukunft entspricht der erinnerten Vergangenheit. V.6b klappt demgegenüber als zweite Begründung (vgl. das doppelte כי) nach und setzt theologisch eigene Akzente: Das Erbarmen JHWHs soll als antwortendes Erbarmen auf einen vorangehenden Anruf verstanden werden, respektive als Gebetserhörung.[232] Das gleichzeitige Insistieren darauf, dass JHWH ihr Gott ist, impliziert seine Infragestellung. Beides erinnert an den Abschnitt Sach 10,1f., mit dem V.6b auf einer Ebene liegen könnte.[233]

V.8 setzt die JHWH-Rede aus V.6a organisch fort, indem er beinahe jedes einzelne Element des Verses konkretisiert: Der Ermutigung entspricht das Pfeifen[234], der Rettung die Sammlung, dem Erbarmen der Freikauf[235] und der Restitution die Mehrung wie in früheren Zeiten.

Als spätere, 10,1f.6b nahestehende Ergänzung gibt sich jedoch V.9 zu erkennen;[236] retardierend verlegt er die Mehrung des Volkes in die Fremde: JHWH will sein Volk zunächst unter die Völker säen, um dort Nachkommenschaft und Frömmigkeit gedeihen zu lassen. Das *tertium comparationis* des „Säens" besteht

---

229 Der Piel des Verbs ist nur in Sach 10,6.12 und Koh 10,10 belegt. Vermutlich bezeichnet das Verb wie das synonyme חזק im Piel sowohl physische als auch psychische Stärkungen (vgl. auch Jastrow zum nachbiblischen Gebrauch). Erst die Erweiterung V.5 reduziert das Verb auf eine militärische Bedeutung. Mit Tigchelaar, *Prophets*, 100. Gegen Redditt, *Zechariah*, 65; Wolters, *Zechariah*, 328.

230 Vgl. Ez 34,12; Sach 8,8.13.

231 Auch Klgl 3,31f. kontrastieren רחם und זנח.

232 Mit Köhler, *Propheten III*, 94. Die rettende Antwort JHWHs folgt z. B. in Ps 58,9; Jes 58,9; Jer 33,3 auf einen Anruf (קרא) des Menschen. In Jes 41,17 reagiert die Antwort JHWHs auf eine Bitte um Regen (vgl. Sach 101f.).

233 Dagegen betrachten Marti, *Dodekapropheton*, 435; Mitchell, *Commentary*, 301; Sellin, *Zwölfprophetenbuch (1930)*, 558, den Satz als Glosse.

234 Jes 5,26; Jer 7,18 zeigen, dass das Motiv des Herbeipfeifens nicht notwendig auf die Hirtenmetaphorik angewiesen ist, die erst mit 10,1f. sowie der Prophetenrede (vgl. 10,3b) Eingang in das Kapitel findet.

235 Gerade diese parallele Anlage beider Verse spricht gegen eine Ausgrenzung der Erlösungsaussage. Gegen Nowack, *Propheten*, 381; Marti, *Dodekapropheton*, 435; Mitchell, *Commentary*, 301; Sellin, *Zwölfprophetenbuch (1930)*, 558.

236 Auch Rudolph, *Haggai*, 197f.; van der Woude, *Zacharia*, 197, erachten den Vers als sekundär. Dagegen grenzen Nowack, *Propheten*, 381; Marti, *Dodekapropheton*, 436, nur במרחקים יזכרוני aus, Sellin, *Zwölfprophetenbuch (1930)*, 558, nur יזכרוני und Mitchell, *Commentary*, 301, nur V.9b.

also nicht in der Zerstreuung, die ja durch den Kontext schon vorgegeben ist, sondern in der Verwurzelung und Vermehrung.[237] Dahinter verbirgt sich pädagogisches Interesse: Das Gedenken an JHWH wird zur Voraussetzung des Überlebens[238] samt der heranwachsenden Nachkommenschaft und der gemeinsamen Rückkehr.[239]

V.10 setzt den ursprünglichen Faden von V.6a.8 fort, indem er mit der Nennung des Woher und Wohin die Rückkehr weiter konkretisiert: JHWH wird sein Volk aus dem Norden (Assur) und Süden (Ägypten) heimholen[240] und es in ein um die Randgebiete Gilead und Libanon[241] erweitertes Land führen. Das gewachsene Volk wird selbst im vergrößerten Heimatland nicht genügend Raum finden.[242]

Damit wäre eigentlich alles gesagt, doch V.12 greift nochmals das Verb „stärken" (V.6a) auf, um ein Schlusswort zu formulieren, das auf einer Linie mit den deuteronomisierenden Ergänzungen Sach 10,1f.6b.9 liegt.[243] Denn das Verb גבר Pi. beschreibt nun weniger die Ermutigung zum Aufbruch als vielmehr das Stärken der Frömmigkeit, das Verb הלך Hit. weniger die Rückkehr als vielmehr den Wandel auf den Wegen JHWHs in Analogie zu heilsgeschichtlichen Größen

---

237 Vgl. Hos 2,25 (זרעתיה לי בארץ); Jer 23,8 (זרע בית ישראל). Ähnlich Tigchelaar, *Prophets*, 102; Boda, *Book*, 628.

238 Vgl. den häufig belegten doppelten Imperativ nach dem Muster „Tue XY und überlebe" (vgl. z. B. Ez 18,32; Am 5,4.6). Im vorliegenden Text scheint derselbe Gedanke indikativisch formuliert vorzuliegen (vgl. Num 4,19).

239 Anders als Jos 5,7 oder Jer 31,17 impliziert der Vers nicht das Aussterben der schuldigen Generation.

240 Vgl. Hos 11,11; Mi 7,12.

241 Eine Erweiterung des Landes wäre angesichts des Meeres im Westen und der Wüste im Süden nur gen Norden in die syrische Bergregion (zu dieser weiten Bedeutung des Begriffs Libanon vgl. Mulder, *Art.* לבנן, 464f.) und gen Osten in das Ostjordanland (≙ Gilead; vgl. Sauer, *Art. Gilead*, 571) erstrebenswert. Zum Libanon als Teil des Landes in seinen Idealgrenzen vgl. Dtn 1,7; 3,25; 11,24; Jos 1,4; 1Kön 9,19 (dazu Mulder, *Art.* לבנן, 463f.). Zur erhofften Rückkehr in den Gilead vgl. Jer 50,19; Ob 1,19; Mi 7,14. Beide Landstriche sind zudem als „prächtige, bewaldete Gebiete" bekannt (Fischer, *Jeremia*, 1–25, 654, zu Jer 22,6). Vgl. Tigchelaar, *Prophets*, 103; Boda, *Book*, 630f. Gegen Nowack, *Propheten*, 381; Marti, *Dodekapropheton*, 436; Sellin, *Zwölfprophetenbuch (1930)*, 558; Hanson, *Dawn*, 326; van der Woude, *Zacharia*, 198, die „Libanon" als Glosse betrachten. Die spätere jüdische Identifizierung des Libanon mit dem Zion kennt Sach 10,10 noch nicht (T liest ומקדשא; vgl. dazu Mulder, *Art.* לבנן, 470f.)

242 Der syntaktische Anschluss legt einen Bezug auf das erweiterte Land, nicht (nur) auf das Kernland nahe. Mit Rudolph, *Haggai*, 198f. Gegen Boda, *Book*, 631.

243 Als Glosse betrachten den Vers Nowack, *Propheten*, 382; Marti, *Dodekapropheton*, 436; Mitchell, *Commentary*, 302; Sellin, *Zwölfprophetenbuch (1922)*, 508 (anders ders., *Zwölfprophetenbuch [1930]*, 559). Sellin führt dabei zumindest V.6b.8b.12 auf eine Hand zurück.

wie Henoch (Gen 5,22.24), Noah (Gen 6,9), Abraham (Gen 17,1), Isaak (Gen 24,40) oder Hiskia (1Kön 20,3) und im Kontrast zu den Völkern der Welt (vgl. Mi 4,5).

Die ursprünglich 10,6a.8.10 umfassende Rückkehrverheißung wurde somit durch die Verse 10,1f.6b.9.12 und eine punktuelle Gerichtsansage gegen die Hirten V.3a fortgeschrieben. Literarhistorisch könnte sie auf einer Ebene mit den ebenfalls in Gottesrede formulierten Verheißungen Sach 9,8a.11a.12 liegen und diese Verse einmal als Konkretisierung der „doppelten Erstattung" (9,12b) fortgesetzt haben.[244] Die Erweiterung 10,1f.6b.9.12 setzt bereits 9,16f. voraus.

3.6.3.2 Die Prophetenrede (V.3b–5.7.11)

V.3b–5 transformieren die harmlose (9,16) und führungslose (10,2b) Herde in eine schlagkräftige, von JHWH „der Heerscharen" protegierte Armee. Gerade die Betonung, dass JHWH (selbst) sich seiner Herde annimmt – die Bedeutung „mustern" schwingt dabei aufgrund des kriegerischen Kontexts sicherlich mit[245] –, setzt die Einführung der Herde in 10,2b (und damit 10,1f.6b.9.12) voraus. Der zweite Akkusativ („das Haus Juda") ist in seiner für Sach 9,1–11,3 singulären Eingrenzung der Herde auf Juda zumindest entbehrlich und könnte auf spätere Hand zurückgehen.[246] Auch die kuriose Verwandlung der „furchtsamen Herde" in ein „prächtige[s], feurig schnaubende[s] Ross[]"[247] verdankt sich möglicherweise einer späteren Ergänzung, zumal V.5 die JHWH-Schar als Infanterie der gegnerischen Kavallerie geradezu demonstrativ entgegenstellt.[248] Zudem knüpft V.4 direkt an „Haus Juda" an, ohne der Verwandlung in V.3bβ zu bedürfen.[249] Als Ergänzung würdigt V.3bβ die (königliche)[250] Rolle JHWHs als eigentlicher Akteur im Kampf und steht darin auch sprachlich (שׂים כ...‏) 9,13–15 nahe, wo die menschlichen Pro-

---

244 Der Wechsel von der Anrede Zions zur Rede über die Diaspora (Haus Juda, Haus Josef) findet sich schon in 9,11, der Zion (2.f.) von ihren „Gefangenen" (3. m.) unterscheidet.

245 Vgl. Tigchelaar, *Prophets*, 104f.; Willi-Plein, *Deuterosacharja*, 146; Wolters, *Zechariah*, 314.

246 Meist grenzt man את בית יהודה als Glosse aus. Vgl. Wellhausen, *Propheten*, 191; Nowack, *Propheten*, 380; Marti, *Dodekapropheton*, 434; Mitchell, *Commentary*, 299; Sellin, *Zwölfprophetenbuch (1930)*, 556; Elliger, *Propheten*, 156; Mason, *Haggai*, 99; van der Woude, *Zacharia*, 193. Anders Reventlow, *Propheten*, 103.

247 Sellin, *Zwölfprophetenbuch (1930)*, 557, der das Pferd allerdings pluralisch deutet.

248 Diese Spannung notiert Wolters, *Zechariah*, 308: "Paradoxically, the image of God's people as his personal warhorse is subsequently elaborated by describing them as foot soldiers pitted against enemies on horseback". Vgl. auch Wolters, *Zechariah*, 316.327f.

249 Dass die Ergänzung des Kriegspferdes den Zusammenhang zwischen „Haus Juda" und V.4 stört, zeigt der Versuch der LXX, die Suffixe in V.4 auf das Pferd zu beziehen: καὶ ἐξ αὐτοῦ ἐπέβλεψεν („von ihm [dem Pferd] aus hat er geschaut").

250 Zur königlichen Konnotation von הוד vgl. Wolters, *Zechariah*, 315.

tagonisten im Gegensatz zu 10,3bα*.5 über den Status als Waffen in der Hand JHWHs nicht hinauskommen.

V.4 unterbricht mit seinem konfessorisch-repetitiven Stil den unmittelbaren Zusammenhang zwischen Zurüstung (V.3bα) und Kampfgeschehen (V.5).[251] Die vier Begriffe Ecke, Pflock, Kriegsbogen und Treiber sind allesamt als Herrschafts- und Machtmetaphern belegt.[252] Eckstein – er stabilisiert Gebäude – und Pflock – er fixiert Zelte – symbolisieren die Standhaftigkeit des Herrschers, der Kriegsbogen seine militärische Gewalt (Jer 49,35); Macht- und Gewaltaspekt verschmelzen schließlich im Bild des Treibers, das im Verhältnis zu 9,8a eine ironische Wendung in sich birgt: Von seinen vormaligen Treibern befreit wird Juda nun selbst zum Treiber seiner ehemaligen Unterdrücker (vgl. Jes 14,2: וְרָדוּ בְּנֹגְשֵׂיהֶם). Analoge Formulierungen in Jer 30,21 (וְהָיָה אַדִּירוֹ מִמֶּנּוּ וּמֹשְׁלוֹ מִקִּרְבּוֹ יֵצֵא) und Mi 5,1 (מִמְּךָ לִי יֵצֵא לִהְיוֹת מוֹשֵׁל בְּיִשְׂרָאֵל) unterstreichen, dass V.4 die Erwartung eines künftigen Herrschers artikuliert, der ein bewusstes Gegenbild zur Wehr- und Orientierungslosigkeit des zerstreuten Volkes formt.[253] Als Bezugsgröße des Personalsuffixes drängt sich damit das „Haus Juda" aus V.3bα auf, das mit V.4 auf einer Ebene liegen könnte: Die besondere Rolle Judas in der Schlacht ist in seiner Identität als Herrscherhaus begründet.

V.5 stellt die notwendige Fortsetzung von V3bα* dar: Als Kriegshelden treten die Schützlinge JHWHs ihre Gegner[254] in den Straßenkot. Da als Subjekt des Verbs בוס ausschließlich menschliche (Ps 44,6; Spr 27,7; Jes 63,18; Jer 12,10)

---

251 Mit Mitchell, *Commentary*, 299. Elliger, *Propheten*, 156, hält nur V.4b für sekundär, da er V.4a unter Bestreitung metaphorischer Rede auf Kriegswaffen bezieht. Rudolph, *Haggai*, 195f., verschiebt V.4 aus ähnlichen Gründen nach V.5. Sæbø, *Sacharja*, 219, erkennt in V.4 ein durch V.3b.5 gerahmtes Kernwort.

252 Vgl. für פנה Ri 20,2; 1Sam 14,38; Jes 19,3; für יתד Jes 22,23; für נוגש Jes 3,12; 9,3; 14,2.4; 60,17. Dagegen übersetzt van der Woude, *Zacharia*, 193, נוגש mit Verweis auf Ri 20,23; 2Sam 10,13; Jer 46,3; 1Chron 19,14 als „ieder die (ten strijde) trekt". In den genannten Stellen wird dem Verb aber immer ein präzisierendes למלחמה beigesellt.

253 Neben dieser Deutung auf zukünftige jüdäische Herrscher (vgl. Wellhausen, *Propheten*, 191f.; Marti, *Dodekapropheton*, 434; Reventlow, *Propheten*, 103; Meyers/Meyers, *Zechariah*, 199–204; Floyd, *Prophets*, 477) steht eine Deutung auf die Juda (Tigchelaar, *Prophets*, 105) bzw. JHWH (Elliger, *Propheten*, 156; Tigchelaar, *Prophets*, 105; Redditt, *Zechariah*, 63f.; Wolters, *Zechariah*, 317f.; Boda, *Book*, 613–616) entspringende Kriegsgewalt in einem allgemeineren Sinne. Eine pluralische Lesart bietet Mason, *Haggai*, 100: "the whole community of the faithful will assume the qualities and the role of former leaders".

254 Ohne die Gegner als impliziertes Objekt fehlte dem Satz die Pointe, denn allein das Treten von Schlamm macht niemanden zum Kriegshelden. Die Vertrautheit des Motivs (Ps 44,6; 60,14; 108,14; Jes 14,19; 63,6.18) begünstigt die elliptische Formulierung. Mit Keil, *Propheten*, 624; Rudolph, *Haggai*, 193 Anm. c. Gegen Boda, *Book*, 617; Wolters, *Zechariah*, 326f.; Willi-Plein, *Deuterosacharja*, 148.

oder göttliche (Ps 60,14; 108,14; Jes 14,25; 63,6) Füße belegt sind, ist an Infanterie, nicht an Kavallerie oder gar ein göttliches Streitross (V.3bβ) zu denken. JHWH selbst greift nicht unmittelbar in das Kampfgeschehen ein, sondern ist „mit" den Kämpfenden. Angesichts der Kampfkraft der göttlich protegierten Infanterie wird selbst die feindliche Kavallerie keinen Bestand haben. Wer sich des Beistands JHWHs sicher sein kann, ist nicht auf Pferde angewiesen (Ps 44,6f.):

> *„Durch dich stoßen wir unsere Feinde nieder, durch deinen Namen zertreten wir (נבוס), die sich wider uns erheben. Denn nicht auf meinen Bogen vertraue ich und mein Schwert rettet mich nicht."*

V.7 lässt nun Ephraim explizit als „Krieger" an der in V.5 geschilderten Schlacht teilhaben (V.5: וְהָיוּ כְגִבֹּרִים; V.7: וְהָיוּ כְגִבּוֹר), was erst nach der sekundären Limitation auf das „Haus Juda" in V.3bα*.4 Sinn ergibt.[255] Dabei gewährt der Vers dem Jubel Ephraims mehr Raum als seinen Heldentaten und erinnert sprachlich an 9,15. Möglicherweise liegt er also mit 9,13–15; 10,3bβ auf einer Ebene, die gegenüber V.3bα*.4 die Rolle JHWHs als Anführer einer aus Juda und Ephraim bestehenden Armee betonen.[256]

V.11 schildert – die Stichworte Ägypten und Assur aus V.10 aufgreifend – schließlich den endgültigen Sieg über die Feinde im mythologischen Gewand einer Wettergotttheophanie (vgl. 9,14). Das Schreiten[257] JHWHs durch das Meer ist wie in Ps 77,20 (vgl. auch Hab 3,15) oder Hi 9,8 als „Herrschaftsgestus"[258] zu interpretieren, der die Unterlegenheit der Chaosmächte versinnbildlicht. Sein Schlagen bringt das Meer in Wallung[259] und führt schließlich zum Weichen der feindli-

---

255 Reventlow, *Propheten*, 104, hält den Vers für „ein Element formal ausgleichender Bearbeitung", das zu keiner der beiden Großschichten gehört.

256 Dass der Vers auch die Söhne Ephraims (vgl. V.9) als Beobachter des Kampfgeschehens integriert und ihre Freude theologisch unter Rückgriff auf „Psalmensprache" (Reventlow, *Propheten*, 104) qualifiziert, unterstreicht nochmals, dass er als Teil der Prophetenrede die Gottesrede samt ihrer Erweiterung um 10,1–2.6b.9.12 bereits voraussetzt.

257 Als Hindurchschreiten zum Gericht begegnet עבר auch in Am 5,17.

258 Müller, *Jahwe*, 58, zu Hi 9,8 und Ps 77,20. Er verweist außerdem auf das Epitheton Adads „der das Meer niedertritt".

259 Zu JHWH als Wellenwirker vgl. Jes 51,15; Jer 31,35; Ps 107,25. Verwandt ist auch das Motiv des Erzitterns der Wasser angesichts des erscheinenden Gottes (vgl. Ps 77,17). Verzichtet man auf eine Umformung von V.11aα$_1$ zur Exodusanspielung (vgl. Textanm. m zu Sach 10,11, S. 102), entfallen die inhaltlichen Gründe, V.11aα$_2$ als Glosse auszuscheiden. Gegen Nowack, *Propheten*, 382; Marti, *Dodekapropheton*, 436; Mitchell, *Commentary*, 301f; Sellin, *Zwölfprophetenbuch (1930)*, 557; van der Woude, *Zacharia*, 199.

chen Wassermassen: Der Strom wird vertrocknen.[260] Assur und Ägypten firmieren im Gegensatz zu V.10 nicht mehr nur als geographische Regionen, sondern als militärische Mächte. Mit seinen Anklängen an eine Wettergotttheophanie und der Betonung der Rolle JHWHs im Kampf liegt V.11 mit 9,13–15 sowie 10,3bβ.7 auf einer Ebene.

Der prophetische Kommentar der Gottesrede Sach 10,6.8.10.12 dürfte also seinen Ausgang in Sach 10,3bα(ohne את בית יהודה).5 genommen haben. Zwei Erweiterungen stellen zunächst die militärische Rolle des Herrscherhauses Juda (Sach 10,3bα[nur את בית יהודה].4) und schließlich die Alleinwirksamkeit JHWHs in der Schlacht heraus (Sach 10,3bβ.7.11 mit Sach 9,13–15).

3.7 Sach 11,1–3

3.7.1 Forschungsgeschichtliche Orientierung

Bilden die drei Verse als Triumphlied gegen fremde Herrscher den Abschluss von Sach 9–10[261] oder als Wort gegen die eigenen Führungskräfte den Auftakt von Sach 11,4–17?[262] Für ersteres werden zahlreiche Motiv- und Stichwortverknüpfungen mit Sach 9–10 geltend gemacht, für letzteres das Leitwort der folgenden Verse „Hirten."

Auch diese Kontroverse reicht in die Anfänge der Auslegungsgeschichte zurück. T ersetzt – ähnlich wie im verwandten Vers Jes 2,13 – die zur Debatte stehenden Metaphern durch unmissverständliche Referenten: Der Libanon wird zu den Völkern (עממיא), Wacholder und Hirten zu Königen (מלכיא) und die Baschaneichen zu Herrschern der Provinzen (טורני מדינתא). Dagegen bezieht Hieronymus die Verse auf die Eroberung Jerusalems durch die Römer (70 n. Chr.): Der Libanon symbolisiere den Tempel, Zeder, Wacholder, Baschaneichen, Hirten und Löwen die Führungsriege des jüdischen Volkes.[263] Doch auch in der jüdischen Exegese bleibt der Abschnitt umstritten: Während etwa David Kimchi T folgt, denkt Ibn Esra an den Untergang des hasmonäischen Reiches.

---

260 Zumindest der „Strom", der bisweilen den Nil bezeichnet, könnte auf Ägypten bezogen sein (vgl. Boda, *Book*, 621 Anm. r). Van der Woude, *Zacharia*, 199, findet mit Verweis auf Jer 51,36 auch im „Meer" eine geographische Anspielung auf den Euphrat und damit Assur.

261 So Wellhausen, *Propheten*, 192; Mitchell, *Commentary*, 295–298; Sellin, *Zwölfprophetenbuch (1930)*, 559; Horst, *Propheten*, 241; Elliger, *Propheten*, 158f.; Rudolph, *Haggai*, 199f.; Deissler, *Propheten*, 300f.; Steck, *Abschluß*, 36; Reventlow, *Propheten*, 106f.; Willi-Plein, *Haggai*, 180–182.

262 So Köhler, *Propheten III*, 112f.; Keil, *Propheten*, 629–631; Laato, *Josiah*, 275; Sweeney, *Prophets*, 675f.; Wöhrle *Abschluss*, 84–86; Redditt, *Zechariah*, 78f; Wolters, *Zechariah*, 347f.

263 Vgl. Hieronymus, *In Zach. III 11,1–2* [CChr.SL 76A 848f.,8–21].

3.7.2 Kommentierte Übersetzung

1 Öffne, Libanon, dein Tor[a],
   damit Feuer deine Zedern fresse!
2 Klage, Wacholder,
   denn die Zeder ist gefallen, denn[b] Vornehme wurden zerstört!
   Klagt, Baschaneichen,
   denn der undurchdringliche[c] Wald ist zu Boden gegangen!
3 Horch[d], das Wehklagen der Hirten,
   denn ihre Macht[e] wurde zerstört!
   Horch, das Brüllen der Löwen,
   denn die Pracht des Jordans wurde zerstört!

---

[a] Der Dual bezeichnet die beiden Flügel eines Doppeltores. Vgl. Ges[18]; Willi-Plein, *Haggai*, 181; Wolters, *Zechariah*, 350.

[b] אשר hat hier wie z. B. in Hos 14,4 kausale Bedeutung.

[c] Das Ketib בצור und das Kere בציר stellen „sinnverwandte, vielleicht dialektisch bedingte Varianten" (Sæbø, *Sacharja*, 71) dar. Zur Beschränkung des Artikels auf das Attribut vgl. GK §126w.

[d] Zum Gebrauch von קול als Interjektion vgl. JM §162e.

[e] Wie die Hirten in Jer 25,36 als אדירי הצאן („Herren des Kleinviehs") bezeichnet werden, so meint אדרתם hier ihre Herrschaftsmacht (vgl. Sellin, *Zwölfprophetenbuch [1930]*, 559). Die Angleichung an Jer 25,36 durch Änderung in מרעיתם (Nowack, *Propheten*, 382f.) bleibt „wenig wahrscheinlich" (Wellhausen, *Propheten*, 192).

3.7.3 Analyse

Einleitende Imperative bzw. Interjektionen gliedern die fünf[264] Bikola des Abschnitts in ein 1+2+2-Schema. Eine geographische Nord-Süd-Bewegung vom Libanongebirge über die Baschanebene bis in den Jordangraben[265] sowie eine Stichwortaufnahme verbinden die drei Teile: Die Zedern aus V.1 (בארזיך) kehren in V.2 (ארז) wieder, das Klagen aus V.2 (הילל, הילילו) in V.3 (יללת).[266]

---

264 Zu V.2aβ s. u.

265 Vgl. Wolters, *Zechariah*, 355f.

266 Vgl. Boda, *Book*, 638. Wolters, *Zechariah*, 356, notiert zudem das mögliche Wortspiel ירד (V.2) und ירדן (V.3).

	Imperativ/Interjektion	Adressat/Objekt	Folge/Begründung
11,1	פתח	לבנון	ותאכל
11,2	הילל	ברוש	כי נפל
	הילילו	אלוני בשן	כי ירד
11,3	קול	יללת הרעים	כי שדדה
	קול	שאגת הכפירים	כי שדד

Das erste Bikolon V.1 fungiert als Leitwort: Nur hier besteht das zweite Kolon aus einem Konsekutiv- anstelle eines Kausalsatzes. Der zugleich als Stadt und Wald imaginierte Libanon soll selbst das Tor öffnen, um seine Zedern dem verzehrenden Feuer preiszugeben.

Die beiden folgenden Bikola V.2aα.b animieren Wacholder und Baschaneichen zur Klage über den Niedergang[267] des Zedernwaldes, dessen Festungscharakter wiederum im Adjektiv בצור/בציר mitschwingt.[268] Der Aufruf zur Klage scheint dabei – über einen bloßen Appell zum Mitleid hinaus – bereits den eigenen Untergang spöttisch zu antizipieren.

> Sach 11,2β durchbricht die parallele Struktur des Verses, indem er ein drittes Kolon ergänzt, die Bildebene mit dem an V. 3 (אדרתם) erinnernden Stichwort אדרים verlässt und das ebenfalls in V. 3 verwendete Verb שדד vorzieht. Er dient sekundär der Deutung des offenbar für erklärungswürdig empfundenen Bildes der gefallenen Zeder in V. 2aα und seines Zusammenhangs mit V. 3: Vornehme wurden zerstört.[269]

Die beiden letzten Bikola V.3 lenken die Aufmerksamkeit auf die schon zu vernehmende Klage: Die Hirten – in Jer 25,34.36 „Herren des Kleinviehs" (אדירי הצאן) genannt – beklagen den Verlust eben dieser Herrschermacht (אדרתם); die Löwen brüllen[270] ob der Verwüstung ihres Zufluchtsortes, wobei der Vers hier bewusst

---

267 Zum Fallen eines Baumes vgl. 2Kön 3,19.25; Jer 22,7; Koh 11,3, zum Niedergang eines Waldes vgl. Jes 32,19.
268 Vgl. z. B. Wolters, *Zechariah*, 352; Boda, *Book*, 642f. Dagegen beziehen Rudolph, *Haggai*, 199; Reventlow, *Propheten*, 107, die Klage der Baschaneichen bereits auf deren eigene Vernichtung.
269 Mit Wellhausen, *Propheten*, 192; Horst, *Propheten*, 242. Vgl. auch Sæbø, *Sacharja*, 230 Anm. 2. Auch V.2aα weist in seiner durch den Singular und die fehlende geographische Spezifizierung bedingten Kürze zumindest leichte stilistische Abweichungen auf. Strukturell und thematisch fügt er sich jedoch in seinen Kontext. Seine sekundäre Einfügung wäre kaum begründbar. Nowack, *Propheten*, 382, hält V.2a dennoch für sekundär; Marti, *Dodekapropheton*, 437, verteilt V.2aα und V.2aβ auf zwei redaktionelle Hände: „der erste wollte vielleicht die vermissten Cypressen des Libanons auch zu ihrem Rechte kommen lassen: wie Cypressen und Cedern in Jes 14,8 zusammen sich freuen, sollten sie auch zusammen weinen."
270 Zwar brüllt der Löwe eigentlich zum Angriff (vgl. Jes 5,29; Ez 19,7; Hi 4,10), aber der Verfasser hätte ihn kaum wie den Hirten jammern lassen können. Zudem bezeichnet das Verb auch menschliche Klage (Ps 22,2; 32,3). Vgl. Boda, *Book*, 646f.

mehrschichtig formuliert: Im Jordandickicht (גאון הירדן), der typischen Behausung des Löwen, klingt die verlorene Macht (גאון) an.[271] Indem 11,3 mit der Waldmetaphorik der vorangehenden Verse bricht, dient er zugleich als ihr Schlüssel. Denn Hirt und Löwe, die auf der Bildebene ihrerseits kaum harmonieren, firmieren als stehende Metaphern menschlicher Herrschaft.[272] Damit sind auch Baschaneiche, Wacholder und Libanonzeder als Herrschaftsmetaphern identifiziert.[273] Das Unheil trifft dabei zuerst die Mächtigsten, die erhabenen Zedern, und ihren Machtbereich, den Libanon.[274]

Damit ist freilich die Identität der zerstörten Mächte noch nicht geklärt: Sind es fremde oder eigene Machthaber?

Die geographischen Angaben beantworten die Frage nicht; als Teil der Metaphorik sind sie reine „Qualitätsbegriffe"[275]: Die Libanonzeder ist groß, die Baschaneiche stark, das Jordandickicht undurchdringlich. Gerade der Libanon und seine Zedern vertreten wahlweise Assur (Ez 31,3), Babel (Jes 14,8), Ägypten (vgl. Ez 31,2.18 mit 31,3), Juda (Jes 10,34; Jer 22,6.23; Ez 17,3.22–24) oder Israel (2Kön 14,9).

Ein erstes Indiz bietet das eingespielte Textmaterial. V.2f. imitieren zweifelsohne das Wort gegen die Nationen in Jer 25,34–37, und zwar sowohl den Aufruf zur Klage (vgl. Jer 25,34: הילילו und Sach 11,2: הילל, הילילו) als auch die Klage selbst (vgl. Jer 25,36: קול צעקת הרעים ויללת אדירי הצאן und Sach 11,3: קול יללת הרעים) samt ihrer Begründung (vgl. Jer 25,36: כי שדד יהוה את מרעיתם und Sach 11,3 כי שדדה אדרתם).[276]

Der literarische Kontext verfestigt schließlich den Eindruck eines Wortes gegen fremde Mächte:[277] Das verzehrende Feuer in 11,1 (ותאכל אש) erinnert an den

---

271 Vgl. Wolters, *Zechariah*, 355f.; Boda, *Book*, 647. Das Jordandickicht (vgl. Jer 12,5.8; Jer 49,19; 50,44) begegnet in Am 3,4; Mi 5,7 als Zuhause des Löwen.

272 Der Hirte verkörpert die Fürsorge des Königs (vgl. 2Sam 5,2; 7,7 Jes 44,28; Jer 3,15; 23,2.4; Ez 34; Mi 5,3; 7,14; Ps 78,71f.), der Löwe seine Macht (vgl. Spr 19,12; 20,2; Ez 32,2; Nah 2,12–14).

273 Zum Baum als Bild für den König oder sein Reich vgl. Ri 9,7–15; 2Kön 14,9 par 2Chr 25,18; Jes 10,32–34; Ez 17,3; 31,3.15.16; Jer 22,6.23; Dan 4 (vgl. bes. 4,17–19: אילנא [...] אנתה הוא מלכא [...]). Vgl. für Assyrien Parpola, *Tree*, 165–169. Dagegen bestreitet Keil, *Propheten*, 629f., den Symbolgehalt der Verse: V.1f. beschrieben die „Verwüstung des heiligen Landes", V.3 die Auswirkung auf Mensch und Tier.

274 Auch in Ri 9,7–15; 2Kön 14,9; Jes 14,8; Ez 31,8 impliziert die Differenzierung verschiedener Baumgattungen eine Rangfolge.

275 Rudolph, *Haggai*, 200. Ähnlich Elliger, *Propheten*, 159. Vgl. dagegen Wolters, *Zechariah*, 355.

276 Mit Rudolph, *Haggai*, 199f.; Willi-Plein, *Haggai*, 181. Gegen Reventlow, *Propheten*, 107, der lediglich motivische Berührungen erkennt.

277 Eher äußerlicher Natur dürften dabei die Berührungen zwischen den in 11,1–3 ins Bildhafte gewendeten geographischen Angaben sein. Vgl. die Nord-Süd-Bewegung in 9,1–8 und den „Libanon" in 10,10.

Untergang der Stadt Tyros in 9,4 (באש תאכל), der Niedergang des Waldes (ירד יער)
in 11,2 an den Niedergang assyrischen Hochmuts (והורד גאון אשור), der wiederum in
der Pracht des Jordans in 11,3 (גאון הירדן) nachklingt.[278] Motivisch kontrastiert die
Klage über den eigenen Machtverlust (11,2f.) den Jubel Zions über das Kommen
des machtlosen und doch geretteten Königs (9,9f.).[279] 11,1.2aα.b.3 beschwören
somit den in Sach 9–10 erwarteten Sieg gegen die Völker herauf, indem sie deren
Machthaber zur vorauseilenden „Kapitulation"[280] auffordern.

Möglicherweise ist die Hand, die zwischen der Kritik an falschen bzw. fehlenden Hirten (10,1–2) und der Musterung der Herde durch JHWH (10,3b) den Zorn
gegen die Hirten (10,3a) eingetragen hat, auch für die Ergänzung von 11,1.2aα.b.3
verantwortlich.

Die „Hirten" fungieren damit lediglich als Stichwortgeber für Sach 11,4–17.
Erst dort steigen sie zur Leitmetapher auf und wandeln sich vom Ziel göttlichen
Gerichts zu dessen Instrument.

3.8 Zwischenfazit

3.8.1 Redaktionsgeschichtliche Synthese

Die Analyse ergibt für Sach 9,1–11,3 vier deutlich voneinander geschiedene formative Redaktionsphasen, die zum Teil Anhaltspunkte für weitere literarhistorische
Feindifferenzierungen bieten.

1) Die Königsverheißung Sach 9,9f. bildet die Keimzelle der Kapitel. Während
   ihr eschatologisches Friedensreich als logisches Fernziel für alle Fortschreibungen konstitutiv bleibt, ist sie selbst nicht auf ihren Kontext angewiesen.[281]
2) Sach 9,1a.2–6a.7b.8b erahnen einen sich von Norden her anbahnenden
   machtpolitischen Umbruch auf der syro-palästinischen Landbrücke und
   deuten ihn als ersten Schritt JHWHs zur Realisierung des weltumgreifenden
   judäischen Königreiches.

---

278 Auf 10,11 verweist in dieser Frage schon David Kimchi.

279 Mit Elliger, *Propheten*, 159.

280 Sæbø, *Sacharja*, 232.

281 Eben dieser grundlegende Charakter fehlt der von Wöhrle, *Abschluss*, 76–79, als literarhistorischen Kern betrachteten Paränese in 10,1–2: Wie sollte sich aus diesen beiden Versen die text-
bestimmende Rückkehr- und Kriegsthematik entwickeln? Zudem hinterlässt die relative späte
Ansetzung von Sach 9,9f. nach seiner Fremdvölkerschicht I (mit 9,1aββ.14–16; 10,3b–5.11) und vor
seiner Fremdvölkerschicht II (9,2–6.8.11–13; 10,6–10.12) zunächst eine Lücke zwischen den beiden Versen V.1 und V.14 (vgl. zur Kritik schon S. 63 Anm. 26), die dann auch Sach 9,9f. nicht
überzeugend ausfüllt: Wie wäre Sach 9,1 als unmittelbare Einleitung von Sach 9,9f. zu verstehen?

3) Sach 9,8a.11a.12; 10,6a.8.10 interpretieren 9,1a.2–6a.7b.8b als Teil einer göttlichen Defensivstrategie zum Schutz des Hauses JHWHs: Sie ermöglicht nicht nur die Rückkehr des Königs, sondern auch seiner verstreuten Untertanen in ein restituiertes Großreich. Auf den beiden Ebenen 9,16f. und 10,1f.6b.9.12 mischen sich erstmals verhalten skeptische Untertöne in die allgemeine Heilsstimmung: Sach 9,16f. markieren die temporale Distanz zwischen Verheißung und Erfüllung, Sach 10,1f.6b.9.11 die moralische Distanz zwischen göttlichem Anspruch und menschlicher Wirklichkeit, die die Heillosigkeit der Gegenwart bedingt.

4) Die triumphalistischen Verse 9,13–15; 10,3–5.7.11; 11,1–3 prägen die Endgestalt des Textes jedoch am nachhaltigsten: Nur ein blutiger Krieg der „Söhne Zions" gegen die „Söhne Jawans" (Sach 9,13) kann die erhoffte Heilswende erzwingen. Den Kern dieser Bearbeitungsphase könnte ein kurzes Vorwort zu den Rückkehrverheißungen Sach 10,6.8–10.12 in Sach 10,3bα(ohne יהודה בית את).5 bilden: Das Verb „stärken" (10,6) im Substantiv „Krieger" (10,5) aufgreifend, transformiert es den Rückzug der Diaspora in einen Kriegszug, in dem sich göttlich protegiertes Fußvolk und feindliche Kavallerie programmatisch entgegenstehen (vgl. Sach 9,9f.). Drei Bearbeitungen knüpfen daran an: 10,3bα(nur יהודה בית את).4 betonen die machtvolle Rolle des judäischen Herrscherhauses, Sach 9,13–15; 10,3bβ.7.11 korrigierend die Alleinwirksamkeit JHWHs: Das geeinte (!) Volk verwandelt sich zu einem reinen Kriegsinstrument in der Hand seines Gottes. Sach 10,3a; 11,1.2aα.b.3 schließlich spitzen das Gericht auf die herrschenden Mächte zu.

Doch wie erklärt sich die merkwürdige Dopplung der Kriegspassagen in Sach 9,13–15 und Sach 10,3–11*? Einerseits rahmen Zurüstung gegen die Griechensöhne (9,13) und Niedergang Assurs und Ägyptens (10,11) samt theophanen Motiven (9,14; 10,11) beide Einheiten. Andererseits enthalten beide Passagen Musterung (9,13; 10,3b) und Sieg (9,15; 10,11). Mit ihrer Vorliebe für Vergleiche und Wettergottmotivik stehen sich beide Passagen sprachlich und konzeptionell sehr nahe. Den möglicherweise entscheidenden Unterschied markieren jedoch die „Söhne Zions" (9,13) als Protagonisten, die in Sach 10,3–11* keine Erwähnung finden. Sach 9,13–15 könnten also die Schlacht in der Heimat um die Festung Zion (vgl. 9,12a) beschreiben, Sach 10,3–11* die Schlacht in der Fremde zur Befreiung der Diaspora.

Es bleiben auf ihren unmittelbaren Nahkontext konzentrierte Ergänzungen, die sich keiner der formativen Bearbeitungsphasen zuordnen lassen: Sach 9,1b betonen den globalen und gesamtisraelitischen Charakter des Geschehens, Sach 9,6b–7a führen die Integration der Philister in kultisch geregelte Bahnen.

Übersicht über die Schichtung von Sach 9,1–11,3

1.	Der kommende König	9,9f.
2.	Das Gericht über die Nachbarvölker	9,1a.2–6a.7b.8b
3.	Die Heimkehr der Diaspora	
3.1	Befreiung und Rückkehr	9,8a.11a.12.; 10,6a.8.10
3.2	Ausblick auf die Heilszeit	9,16f.
3.3	Die rechte Gottesverehrung	10,1f.6b.9.12
4.	Der Krieg als Mittel der Realisation	
4.1	Infanterie gegen Kavallerie	10,3bα(ohne את בית יהודה).5
4.2	Die Rolle des Hauses Juda	10,3bα(nur את בית יהודה).4
4.3	Die Rolle JHWHs	9,13–15; 10,3bβ.7.11
4.4	Das Ende der feindlichen Machthaber	10,3a; 11,1.2aα.b.3
	Punktuelle Ergänzungen und Glossen	9,1b; 9,6b.7a; 9,11b; 11,2aβ

3.8.2 Kompositionsgeschichtliche Aspekte

Der Umschwung von der ersten Hälfte des Sacharjabuches (Sach 1–8) zur zweiten Hälfte (Sach 9–14) ist kaum zu verleugnen.[282] Am deutlichsten tritt er im Wegfall des Formelwerks zu Tage, das dem Leser nicht nur formal, sondern – durch den zeitgeschichtlichen Fixpunkt des Tempelbaus – auch inhaltlich Orientierung bietet. Eindeutige buchinterne Querbezüge, wie sie den Epilog Sach 7–8 mit den Heils- und Mahnworten des Prologs und der Epexegesen verflechten, treten in Sach 9,1–11,3 zurück.[283] Dennoch stehen die beiden Kapitel gerade den sacharjanischen Heilsorakeln näher als bisweilen zugestanden.[284] Zahlreiche thematische und zumindest einzelne literarische Berührungen (Sach 9,9f. und Sach 2,14; Sach 9,8a und Sach 7,14) stützen die Annahme, dass diese Texte in Abhängigkeit

---

[282] Vgl. die treffenden Worte von Eichhorn, *Einleitung (1790)*, 321f.: „Wer von der ersten Hälfte des Propheten zur zweiten übergeht, wird Eindrücke beim Lesen fühlen, die von denen auffallend verschieden sind, welche er bei der ersten empfunden hat. Die Schreibart ist weit erhabener und dunkler, die Bilder sind höher und prächtiger, die Sprache ist großen Theils gedrungener, der Standpunct und Gesichtskreis ist verändert. (...) Sollte ein Schriftsteller seine Gewohnheiten auf einmal so ganz vergessen, die Stimmung seines Herzens so ganz verläugnen, sollten Welt und Ausdruck und Bilderkreis bei demselben Dichter auf einmal so ganz anders werden können?"

[283] Etwas übertrieben wirkt angesichts dieses Vergleichsmaterials die Einschätzung von Floyd, *Hope*, 287: „[T]he considerable extent to which chapter 1–8 provide the phraseological and thematic stuff of chapters 9–12 is by now well documented."

[284] Vgl. etwa Willi-Plein, *Ende*, 125: Sach 9–14 „ist in seiner Geschlossenheit anonym, durch nichts z. B. auf das Sacharjabuch bezogen". Schart, *Entstehung*, 275: „Die Kapitel sind wohl kaum als Fortsetzung zu Sach 1–8 entstanden, dazu sind die Bezüge zu gering."

von und Auseinandersetzung mit den Heilsorakeln des Zweiprophetenbuches entstanden sind.

Das gilt insbesondere für das vermutlich älteste Stück: Deutlich erinnert der Jubelruf über den Einzug des Königs in Sach 9,9f. an den Jubelruf über den Einzug Gottes in Sach 2,14.[285]

| Sach 2,14 | רני ושמחי בת ציון כי הנני בא |
| Sach 9,9f. | גילי מאד בת ציון הריעי בת ירושלם הנה מלכך יבוא |

Während sich in Jes 12,6; Zef 3,14f.; Joel 2,23 durchaus ähnliche Freudenaufrufe finden, bleibt die Kombination der Aufmerksamkeitspartikel הנה mit dem Verbum בוא singulär und indiziert die literarische Abhängigkeit beider Verse.[286] Spannend bleibt die Frage nach den inhaltlichen Implikationen: Differenziert oder identifiziert der Verfasser von Sach 9,9f. das Erscheinen von göttlichem und menschlichem Herrscher? Im ersten Fall lenkte er die Aufmerksamkeit vom (längst erbauten) Gottestempel zum Königspalast: Mit dem Einzug Gottes in sein Heiligtum ist das Ziel nicht erreicht; das Kommen seines irdischen Repräsentanten steht schließlich noch aus.[287] Im zweiten Fall stellte er klar: Die in Sach 1–8 erwartete Präsenz JHWHs in ihrer Fülle vollzieht sich erst im Kommen seines irdischen Repräsentanten.[288] Diese zweite Deutung harmoniert mit dem Königsbild von Sach 9,9f.: Im ohnmächtigen König offenbart sich der mächtige Gott.

Setzt man das Zweiprophetenbuch als Kontext von Sach 9,9f. voraus, erklärt sich die passive Königsfigur als konsequente Zuspitzung der Messianologie von Hag und Sach: In Hag 2,20–23 inauguriert JHWH Serubbabel erst nach Niederschlagung der Völker; in Sach 4,6 schärft der Gottesbote dem Tempelbauherrn ein: „Nicht durch Kraft und nicht durch Stärke, sondern durch meinen Geist".[289] Die selbstverständliche Beschränkung auf eine königliche Gestalt in Sach 9,9f. verrät überdies, dass die „Kompetenzstreitigkeit" zwischen geistlicher und welt-

---

285 Mit Mason, *Relation*, 229f.; Laato, *Josiah*, 274; Schultz, *Ties*, 34–37; Stead, *Intertextuality*, 263f.; Gonzalez, *Continuation*, 14f.; Boda, *Book*, 565.
286 Vgl. Stead, *Intertextuality*, 263 Anm. 27; Boda, *Book*, 563.
287 Stead, *Intertextuality*, 264, paraphrasiert: "Yes, what Zech 2 has promised has happened, but the final day for rejoicing is still yet future, and that day will only come when Yahweh's king comes to Jerusalem."
288 Vgl. Laato, *Josiah*, 274: "YHWH will bring his Messiah to Jerusalem in order to bring about the final restoration promised in Zech 1–8." Ähnlich Schultz, *Ties*, 37: "[O]ne would understand that the divine re-election of Jerusalem to be blessed again by the divine presence and deliverance (...) is signalled by the coming of the future (Davidic?) king to Jerusalem." Goswell, *Reading*, 12f., stützt seine theokratische Lesart von Sach 9,9f. auf den Bezug zu Sach 2,10.
289 Vgl. Mason, *Relation*, 237.

licher Macht im Sinne der späten Einschreibungen Sach 3,8 und 6,12 zugunsten des eschatologischen Königs entschieden wurde.

Aus buchkompositorischer Perspektive schließlich könnten Sach 9,9f. als messianische Summe des Sacharjabuches einmal den Abschluss des Epilogs Sach 7–8 gebildet haben, dessen merkwürdiges Schweigen zur Herrscherfrage bereits notiert wurde.[290] In dreifacher Hinsicht knüpfen die beiden Verse Sach 9,9f. an die letzten Heilsworte des achten Kapitels an: Die Freude über das Kommen des Königs spiegelt die Freude (8,19a: לששון ולשמחה) angesichts der Heilswende, seine Gerechtigkeit entspricht der sacharjanischen Paränese (8,19b: והאמת והשלום אהבו), die globale Dimension seiner Friedensherrschaft schafft die Voraussetzung für die erhoffte Völkerwallfahrt (8,20–22.23). Mit Sach 9,9f. münden beide Schriften des Zweiprophetenbuches zwischenzeitlich in einer messianischen Verheißung (vgl. Hag 2,20–23).

Alle weiteren Fortschreibungen orientieren sich nun an dieser Verheißung: Nicht mehr Bedeutung und Bedingungen des Tempelbaus stehen zur Debatte, sondern Bedeutung und Bedingungen der kommenden Königsherrschaft. Kaum zufällig tritt auch der Prophet des Tempelbaus in den Hintergrund: Sach 8,18 leitet das letzte explizit als sacharjanisch identifizierte Wort des Buches ein.

Einen unmissverständlich vom Propheten unterschiedenen Standpunkt vertritt zunächst der Verfasser von Sach 9,1a.2–6a.7b.8b. Die Positionierung dieser Verse vor Sach 9,9f. könnte den Aufbau von Sach 2,10–13.14 imitieren,[291] womit die zeugenhafte Aussage Sach 9,8b in direkte Entsprechung zur Sendeerweisformel 2,13b geriete.

2,10–13a	VÖLKERGERICHT	9,1–7*	VÖLKERGERICHT
2,13b	SENDEERWEISFORMEL	9,8b	„BESTÄTIGUNGSFORMEL"
	„Und ihr werdet erkennen, dass JHWH mich gesandt hat."		*„Ja, jetzt habe ich mit meinen eigenen Augen gesehen."*
2,14	FREUDENAUFRUF	9,9f.	FREUDENAUFRUF

Die Machtdemonstration JHWHs an den Völkern bestätigt die Verlässlichkeit des prophetischen Wortes und motiviert so den Freudenaufruf angesichts des nahenden Heils.[292]

---

290 Eine ähnliche kompositorische Funktion vermutet Irsigler, *Freudenaufruf*, 49–74, für zwei weitere prominente Freudenaufrufe: Zef 3,14–15 fungiere auf einem früheren entstehungsgeschichtlichen Stadium „als volltönender Schlussakkord des Buches" (58), Jes 12 „als große Fermate, als heller Schlussakkord zu den kompositionell buchartig angelegten Kapiteln Jes 1–11" (64).

291 Vgl. zur Abfolge von Völkergericht und Freudenaufruf Floyd, *Hope*, 287f.

292 Erwägenswert bleibt weiterhin, ob die Rede vom „Ruheort" (מנחה) des Gotteswortes in 9,1a durch Sach 6,8 angeregt wurde. Dort will JHWH seinen Geist im Norden „ruhen" lassen, was sich als Gerichtsankündigung gegen Regionen im Norden Israels deuten ließe. Vgl. Mason, *Haggai*, 84.

Die zweite (und letzte) wörtliche Bezugnahme auf Sach 1–8 findet sich schließlich im späteren Teilvers Sach 9,8a, der die Rückkehrverheißungen in 9,11a.12; 10,6a.8.10 vorbereitet:[293]

Sach 7,14aβ   והארץ נשמה אחריהם מעבר ומשב
Sach 9,8aα   וחניתי לביתי מצבה מעבר ומשב

Wie Sach 7,14 die unheilvolle Reinigung des Landes von seiner Bevölkerung (מעבר ומשב) in Folge der Exilierung beschreibt, so Sach 9,8a die heilvolle Reinigung des Landes von fremden Bedrängern (ומשב מעבר) vor der Heimkehr der Diaspora: Damit kontrastiert der Vers die Unheilsbotschaft der vorexilischen Propheten mit der Heilsbotschaft des nachexilischen Propheten.[294]

Auch die mit 9,8a auf einer Ebene liegenden Rückkehrverheißungen 9,11a.12; 10,6a.8.10 greifen ein Thema des ersten Buchteiles auf,[295] steigern es aber vor dem Horizont jeremianischer und ezechielischer Tradition zu einer Restitution panisraelitischen Ausmaßes.[296] Möglicherweise beförderte gerade die Identifizierung der sacharjanischen Predigt mit der der „früheren Propheten" (vgl. bes. 7,7) in Sach 7–8 die Ausformulierung sacharjanischer Themen unter Rückgriff auf die breite prophetische Tradition.[297]

Die markanteste Innovation gegenüber Sach 1–8 bieten jedoch die kriegerischen Passagen: Zwar kennen auch Hag und Sach 1–8 die Vorstellung eines Völkergerichts, doch Akteur bleibt stets JHWH. Eine unmittelbare militärische Konfrontation zwischen Juda und fremden Völkern liegt nicht im Horizont dieser Texte.[298] Dieser Umbruch bedarf einer historischen Erklärung.

---

293 Mit Baldwin, *Haggai*, 161f.; Meyers/Meyers, *Zechariah*, 119; Schultz, *Ties*, 34–36.

294 Mit Meyers/Meyers, *Zechariah*, 119: "[T]he author/redactor may be attempting to emphasize the contrast between the past (...) and the present or future". Ähnlich Schultz, *Ties*, 35: "[T]he reuse of the expression may be intended to recall its very different context and referent in 7:14 in order to highlight the change in Israel's present relationship to God and resultant circumstances."

295 Vgl. Mason, *Relation*, 230.

296 Der für beinahe alle Ebenen konstitutive großisraelitische Horizont von Sach 9,1–11,3 (vgl. 9,10.13; 10,6) deutet sich in den auf Juda und Jerusalem (Sach 1,12; 2,4.16; 8,15.19) konzentrierten Kapiteln Protosacharjas lediglich in einer späten Ergänzung (vgl. Sach 8,13) an.

297 Vgl. auch Mason, *Relation*, 234f.; Boda, *Fasts*, 406; Gonzalez, *Continuation*, 15.

298 Vgl. Gonzalez, *Continuation*, 21f. Damit verdichten sich gerade im Wegfall des Überschriftensystems drei gegenüber Hag 1–Sach 8 entscheidende Charakteristika von Sach 9,1–11,3: Der Wechsel des Themas – vom Tempelbau zum Anbruch der Königsherrschaft, das Zurücktreten der Prophetengestalt und das verlorene Vertrauen in den Bestand der persischen Weltordnung.

3.8.3 Historischer Ort

Insbesondere die plötzliche Dominanz militärischer Bilder und Themen legt eine gegenüber Hag/Sach 1–8 veränderte politische Lage nahe, wie sie durch die Kriegswirren des späten 4. und frühen 3. Jh. gegeben wäre.[299] Während der Diadochenkriege (323 v. Chr.–281 v. Chr.) diente Koilesyrien immer wieder als Aufmarschgebiet und wechselte regelmäßig den Besatzer. Unabhängig von der Historizität der von Josephus berichteten Einnahme Jerusalems durch Ptolemäus I.[300] ging diese wechselhafte Zeit kaum spurlos an Juda vorbei:

> *"During the wars of the Diadochi Palestine was fought in and out over many times. We have no details for the most part, but the fighting may at times have had a devastating effect on the population and economy of the country."*[301]

Gerade die Erwähnung der „Söhne Griechenlands" in 9,13 bleibt trotz aller Einwände ein sicheres Indiz für diese hellenistische Situierung.[302] Natürlich spielten Griechen auch vor Alexander als Handelspartner oder militärische Gegenspieler der Perser eine Rolle, doch scheint eine Reduktion auf die zwei Kriegsparteien Zion und Jawan unter perserzeitlichen Vorzeichen schwer vorstellbar.[303] Schließlich handelt es sich in Sach 9,13–15 nicht um ein beliebiges militärisches Scharmützel, sondern um eine in der Restitution des israelitischen Großreiches mündende Entscheidungsschlacht – für eine persische Weltmacht neben Griechen

---

299 Vgl. bes. Floyd, *Prophets*, 508–511; Gonzalez, *Continuation*, 7 f. Auch für Meyers, *Crisis*, 718, markiert die neue "language of power" einen zeitgeschichtlichen Umbruch, den er jedoch bereits im 5. Jh. verortet.

300 Josephus Ant. XII, 1. Vgl. dazu Frevel, *Geschichte*, 330, sowie die kritische Betrachtung bei Grabbe, *History*, 281–283.

301 Grabbe, *History*, 278. Vgl. außerdem Grabbe, *History*, 286 f., für eine Zusammenstellung aller das palästinische Binnenland betreffenden Militärkampagnen.

302 Vgl. grundlegend Stade, *Deuterozacharja*, 275–290, sowie Steck, *Abschluß*, 36; Nogalski, *Processes*, 216 f. Anm. 24 f.; Gonzalez, *Continuation*, 20 Anm. 74. Auch Wöhrle, *Abschluss*, 136, datiert Sach 9,13 als Teil seiner Fremdvölkerschicht II in die frühe hellenistische Zeit. Indes zwingt nichts, bereits in die Zeit der Syrischen Kriege oder gar der Makkabäer hinabzugehen. Gegen Kunz, *Ablehnung*, 192–242.

303 Gegen Stuhlmueller, *Rebuilding*, 117; Laato, *Josiah*, 301; Redditt, *Mission*, 666 f.; Meyers, *Crisis*, 715 f.; Curtis, *Oracles*, 182 f.; Tiemeyer, *Texts*, 272–276; Carr, *Formation*, 188; Boda, *Book*, 31–37. Vgl. die treffende Kritik von Gonzalez, *Continuation*, 19 f. Solange man übrigens mit tatsächlicher Zukunftsprognostik rechnete, war der hellenistische Bezug der entsprechenden Verse unumstritten, wobei man freilich in die weit besser bezeugte Makkabäerzeit hinunterging: Vgl. etwa Keil, *Propheten*, 619, sowie gegenwärtig Wolters, *Zechariah*, 288 f. Erst das Zurückschrecken vor einer Spätdatierung der Texte führt zu den gewundenen Alternativerklärungen von Sach 9,13.

und Israeliten scheint kein Platz.[304] Auch das Gegenüber der beiden militärischen Mächte Assur und Ägypten in 10,11 fügt sich als Chiffre für Seleukiden und Ptolemäer nahtlos in das Gesamtbild.[305] *Terminus a quo* für die Kriegspassagen 9,13–15; 10,3b–5*.11 wäre damit die Schlacht von Ipsos 301 v. Chr., die erst die territorialen Voraussetzungen für ein von Seleukiden und Ptolemäern umklammertes Koilesyrien schuf.

Die älteren Ebenen in Sach 9,1–11,3 lassen vergleichbar deutliche Indizien vermissen. Doch weist schon die relative Chronologie, d. h. die Abhängigkeit von den vermutlich jüngsten – messianischen – Schichten des Zweiprophetenbuches,[306] auf die frühe hellenistische Zeit, vor deren Hintergrund sie sich auch problemlos lesen lassen:

1) Das demutstheologische Herrscherideal in Sach 9,9f. könnte hellenistische Herrschaftsinszenierungen bewusst konterkarieren.[307] Man denke etwa an die stilprägende Darstellung des reitenden Kriegshelden Alexander auf dem Alexandersarkophag in Sidon (um 320 v. Chr.)[308] oder an den schon von Ptolemäus I. getragenen Beinamen Σωτήρ, der den Herrscher zwangsläufig in die Nähe göttlicher Rettergestalten rückte.[309]

2) Der eschatologische Charakter von Sach 9,4–6a.7b reduziert die möglichen historischen Anknüpfungspunkte in 9,1–8* zwar auf das unheilvolle Wirken des Gotteswortes in V.1a.2a (vgl. Kap 3.2.1). Doch könnte die Erfahrung vergangener Kriegszüge über die syro-palästinische Landbrücke[310] sowie die

---

304 So schon Stade, *Deuterozacharja*, 275: „Denn an die Ueberwindung dieser Javansöhne durch die Zionsöhne knüpft sich der Eintritt des messianischen Reiches." Ähnlich, Hitzig, *Propheten*, 381. Die Deutung als "Persian-period prophecy of Judean support of Persian opposition to Greek influence" (Carr, *Formation*, 188) trägt mit den Persern eine dritte Partei in den Text ein.

305 Vgl. Stade, *Deuterozacharja*, 290–296. Gegen Steck, *Abschluß*, 36f., sind die „Söhne Jawans" (9,13) durchaus als Oberbegriff für Seleukiden und Ptolemäer (Sach 10,11) denkbar. Auch Sach 10,11 differenziert zwischen beiden Mächten höchstens geographisch.

306 Vgl. Kap. 2.6 und Kap. 3.8.2. Ähnlich Gonzalez, *Continuation*, 2 Anm. 2: "In any case, the existence of at least the bulk of Zech 1–8 before the addition(s) of Zech 9–14 seems to be a fairly safe hypothesis."

307 Vgl. Kunz, *Ablehnung*, 229–239. Knauf, *Umwelt*, 177, spricht gar von einem „Anti Alexander". Ähnlich Rehm, *Messias*, 334. Zur Königsideologie der Ptolemäer vgl. Hölbl, *Geschichte*, 69–107.

308 Vgl. Demandt, *Gegenwart*, 152f.; Brinkmann u. a., *Alexandersarkophag*, 181–187.

309 Vgl. Zimmermann, *Art. Soter*, 752: „Die Anwendbarkeit auf Götter und Sterbliche prädestinierte den Begriff für den hell. Herrscherkult."

310 Stade, *Deuterozacharja*, 299: „Einen solchen Einbruch in die Zukunft zu erwarten, lag aber dann um so näher, wenn dergleichen kriegerische Züge etwa bereits erfolgt waren, ohne daß dabei das erstrebte Ziel erreicht oder auch der Angreifer in seinen Kräften erschöpft worden war. Weiter aber konnten früher vorgefallene Züge die Farben für die Beschreibung des künftigen und geweissagten leihen."

territorialgeschichtliche Situation nach der Schlacht von Ipsos die Erwartung eines Militärzuges aus dem Norden begünstigt haben: Zwar wurde Koilesyrien Seleukos zugesprochen, blieb aber faktisch von Ptolemäus I. besetzt.[311]

3) Die in Aussicht gestellte Befreiung des Hauses JHWHs vor den hin- und herziehenden Heeren feindlicher Bedränger (Sach 9,8a; vgl. auch Sach 9,12a) setzt schließlich die ernüchternde Erfahrung, ständiges Aufmarschgebiet wechselnder Mächte zu sein, voraus, wie sie besonders während der Diadochenkriege gegeben war.[312]

In summa reformulieren Sach 9,1–11,3 die perserzeitlichen Hoffnungen des Zweiprophetenbuches unter den Bedingungen der beginnenden hellenistischen Zeit.

---

311 Vgl. zu den historischen Umständen Grabbe, *History*, 287; Hölbl, *Geschichte*, 24.
312 Mit Stade, *Deuterozacharja*, 298.

4 Sach 11,4–17

4.1 Gliederung

In Sach 11,4–17 blickt ein namentlich nicht genannter Sprecher auf zwei göttliche Aufträge zurück: Zunächst soll er Schlachtschafe[1] weiden (V.4f.), um sich schließlich mit Gerät eines törichten Hirten zu rüsten (V.15). Der göttliche Auftraggeber begründet beides mit einem Verweis auf sein künftiges Vorgehen gegen die Erdbewohner (V.6.16). Damit gliedert sich die Episode in zwei Teile: Sach 11,4–14 und Sach 11,15f.17.

Nur im ersten Fall erfährt der Leser von der – jedoch deutlich über das Befohlene hinausgehenden – Ausführung (V.7–14): Der Sprecher ergreift zwei symbolträchtige Stäbe (V.7), die er nach der Tötung dreier Hirten (V.8a) und der Entlassung der Herde (V.8b.9) zerbricht (V.10.14). Ein kurzes Intermezzo (V.11–13) trennt das Zerbrechen der Stäbe. Es schildert eine Begegnung zwischen Schafhändlern und Hirten, die in einen weiteren göttlichen Auftrag mündet: Der Hirte soll den erhaltenen Lohn von dreißig Silberschekeln in den Tempel zum „Bildner" werfen.

Anstelle einer Ausführung folgt im zweiten Teil des Textes (V.15–17) nach Auftrag (V.15) und Begründung (V.16) ein poetisches Schlusswort: Der Weheruf gegen den nichtigen Hirten (V.17).

4.2 Forschungsgeschichtliche Orientierung

In der Deutung der Hirtenepisode konkurrieren zwei unmittelbar mit der Gattungsfrage verbundene Auffassungen: eine geschichtliche und eine eschatologische.[2] Viele Exegeten begreifen die komplexe Handlungskette des Textes als allegorische Einkleidung von Ereignissen der biblischen Heils- oder Zeitgeschichte, wobei die

---

1 Mit Rudolph, *Haggai*, 204 Anm. 3: „Die Wiedergabe des Kollektivs צאן ‚Kleinvieh' mit ‚Schafe' ist eine rein stilistische Einengung; zum Kleinvieh gehören auch die Ziegen."
2 Vgl. schon Sellin, *Zwölfprophetenbuch (1930)*, 561: „[S]o ist die ungeheuer schwer zu beantwortende Frage die, was denn eigentlich der Prophet zum Ausdruck bringen will, ob Erlebtes oder Erwartetes, ob Geschichte oder Eschatologie." Auch Kremer, *Hirtenallegorie*, 17–64, differenziert in seinem Rückblick auf die Auslegungsgeschichte zwischen der historischen Auslegung einerseits und der messianischen bzw. eschatologischen Auslegung andererseits. Die zeitliche Verwirrung spiegelt schon LXX, indem sie alle Verbformen in V.7–12 in Abhängigkeit von V.6 futurisch wiedergibt.

https://doi.org/10.1515/9783110668063-004

dezidiert eschatologischen Abschnitte V.6 und V.15f. häufig der Literarkritik zum Opfer fallen.[3] Andere verstehen den Text als Bericht zweier – tatsächlicher oder fiktiver – Zeichenhandlungen, wobei die eschatologischen Verse (V.6.16) die Deutung der prophetischen Handlungen markierten.[4] Die Annahme eines „Mischstil[s]"[5] aus Allegorie und Zeichenhandlung vermittelt schließlich zwischen den widerstreitenden Textbefunden.

Die folgende Analyse wird – dies sei aus Gründen der Lesbarkeit vorweggenommen – eine literarhistorische Differenzierung zwischen beiden Leseperspektiven nahelegen: Von einem allegorischen Rückblick auf die tragische Karriere eines Propheten (11,4.5aα.7a.8b.9.10a*) heben sich eschatologisierende Gattungselemente einer Zeichenhandlung ab.[6] Drei augenscheinliche Dubletten bestätigen diese Annahme: Begründung (V.5 und V.6), Aufnahme (V.7a und 7b) und Aufgabe (V.9. und V.10.14) des Hirtenamtes wiederholen sich.

---

3 Vgl. mit Unterschieden im Detail van Hoonacker, *Prophètes*, 671; Marti, *Dodekapropheton*, 437; Otzen, *Studien*, 146–168; Rehm, *Hirtenallegorie*, 186; Meyer, *Allegory*, 226; Caquot, *Remarques*, 45; Deissler, *Propheten*, 301; Larkin, *Eschatology*, 132f. Angesichts der spekulativen Auswüchse dieser Auslegungstradition – allein die Identifikationsvorschläge für die drei Hirten in Sach 11,8a sind schier unüberschaubar (vgl. zur Übersicht Kremer, *Hirtenallegorie*, 83–86) – verzichten neuere Beiträge auf die allegorische Ausdeutung jedes einzelnen Bildelements sowie auf den Begriff der „Allegorie". Vgl. Willi-Plein, *Ende*, 52f.; Wöhrle, *Abschluss*, 87–94.
4 Vgl. auch hier mit Unterschieden im Detail Nowack, *Propheten*, 383–388; Sæbø, *Sacharja*, 251; Reventlow, *Propheten*, 109; van der Woude, *Hirtenallegorie*, 143f.; Petersen, *Zechariah*, 89f.; Floyd, *Prophets*, 490; Sweeney, *Prophets*, 678; Curtis, *Road*, 196f. Dagegen sprechen Rudolph, *Haggai*, 204–211; Wolters, *Zechariah*, 357f., von einer Vision.
5 Elliger, *Propheten*, 160. Ähnlich Hanson, *Dawn*, 343; van der Woude, *Hirtenallegorie*, 143f.; Redditt, *Zechariah*, 80; Boda, *Book*, 649. Wie schwierig die Kategorie „Zeichenhandlung" angesichts offensichtlich widersprüchlicher Textsignale durchzuhalten ist, zeigt etwa die unscharfe Interpretation des "sign-enactment report" bei Curtis, *Road*, 200: Er deutet alle Personen (Hirte, Hirten, Händler) allegorisch ("the prophet actually took on some professionally paid role in the community"), das Zerbrechen der Stäbe sowie die Lohnepisode V.11–13 aber wörtlich. Ähnlich Floyd, *Prophets*, 488: "In any case the prophet temporarily assumes the position of a minor minister or adviser (...). At the same time he acts as a prophet (...), which also occasionally involved prophetic symbolic action".
6 Diese These führt literarhistorische Überlegungen von Elliger, *Propheten*, 160–165, fort, der in V.6.15f. und der vermeintlich sekundären Pluralendung in V.10b (עמים) eine eschatologisierende Bearbeitung erkennt.

Ein kurzer Hinweis zum Gebrauch der beiden Kategorien „Allegorie" und „Zeichenhandlung" ist angebracht. Unter einer Allegorie verstehen wir im klassischen Sinne einer *metaphora continua* die narrative Ausgestaltung einer Metapher.[7] Für Sach 11 bedeutet das: Der Sprecher kleidet den Rückblick auf seine eigene Führungsvergangenheit in das konventionelle Bild eines Hirten und seiner Herde. Im Unterschied dazu handelt es sich bei einer Zeichenhandlung um die performative „Inszenierung einer Metapher"[8]: Der Sprecher blickt auf ein wirkmächtiges Schauspiel zurück, in dem er das zukünftige Handeln JHWHs in Szene setzt. Im ersten Fall „ist" der Sprecher also selbst der Hirte, im zweiten spielt er den Hirten lediglich. Hilfreich bleiben die von Fohrer identifizierten elementaren Bausteine einer Zeichenhandlung Auftrag, Begründung und Ausführung, wie sie sich in V.4.15; V.6.16; V.7ff. finden lassen.[9] Die Vorbehalte Fohrers und Otts, Sach 11,4–17 zu den Zeichen- bzw. Analogiehandlungen zu zählen, scheinen nun gerade im allegorischen Charakter begründet zu sein, den die vermutete Grundschicht vorgibt: Sach 11,7–14 enthalten eine Kette von Handlungen, die im Einzelnen nicht göttlich sanktioniert sind.[10]

4.3 Sach 11,4–14

4.3.1 Kommentierte Übersetzung

4   So sprach JHWH, mein Gott: Weide die Schlachtschafe,
5   deren Käufer sie ungestraft[a] schlachten
und deren Verkäufer sprechen[b]
„Gelobt sei JHWH für meinen Reichtum![c]"
und deren[d] Hirten[e] kein Mitleid mit ihnen haben.
6   Denn ich werde kein Mitleid mehr haben mit den Bewohnern der Erde[f],
Spruch JHWHs.
Und siehe, ich lasse jeden Menschen in die Hand seines ‚Hirten'[g] und in die Hand seines Königs geraten.

---

7 Vgl. Kohl, *Metapher*, 87: „Die Allegorie konstituiert sich wie die Metapher aus zwei konzeptuellen Bereichen, wobei der bildlich konkrete Herkunftsbereich narrativ ausgestaltet wird und mit seinen Elementen einer ebenfalls kohärenten Sinnfolge im abstrakteren Zielbereich entspricht." Der Charakter der Allegorie ist dabei analog der Metapher nicht zwangsläufig verhüllend, setzt aber gewisse sprachliche Konventionen voraus.
8 Ott, *Analogiehandlungen*, 25. Vgl. darüber hinaus die Arbeiten von Fohrer, *Gattung*, 92–112, und Stacey, *Drama*, 217–282.
9 Vgl. Fohrer, *Gattung*, 94, und zur Anwendung auf Sach 11,4–17 Boda, *Book*, 648 f.
10 Nach Fohrer, *Gattung*, 103, handle es sich „um eine Allegorie, die Zug für Zug gedeutet werden muß, jedoch nur den Eingeweihten restlos klar geworden ist." Nach Ott, *Analogiehandlungen*, 32, erfüllt Sach 11,4–14 ihr sechstes Kriterium („Der Prophet hat für die Botschaftsübermittlung einen Gottesauftrag erhalten") nicht. Vgl. auch Stacey, *Drama*, 213 f.

Und sie werden die Erde zerschlagen
und ich werde [sie][h] nicht aus ihrer Hand retten.

7 Und ich weidete die Schlachtschafe der[i] ‚Schafhändler'[j].

Und ich nahm mir zwei Stäbe
– einen nannte ich „Freundlichkeit" und einen nannte ich „Verbindung"[k] –
und ich weidete die Schafe.

8 Und ich vernichtete[l] drei[m] Hirten in einem[n] Monat.
Und ich wurde ihrer überdrüssig und auch sie verachteten[o] mich.

9 Und ich sprach: Ich werde euch nicht weiden.
Das Sterbende soll[p] sterben, das Umkommende[q] soll umkommen
und was die Übrigen betrifft – ein jedes soll das Fleisch seines Nächsten
fressen.

10 Und ich nahm meinen Stab „Freundlichkeit"
und zerschlug ihn,
um meinen[r] Bund zu brechen,
den ich mit allen Völkern geschlossen hatte.

11 Und er wurde an jenem Tage gebrochen.
Und die Schafhändler[s], die mich beobachteten[t],
erkannten, dass es das Wort JHWHs war.

12 Und ich sprach zu ihnen:
Wenn es gut ist in euren Augen, gebt mir meinen Lohn, und wenn nicht,
lasst es bleiben.
Und sie wogen meinen Lohn: dreißig Silber.

13 Und JHWH sprach zu mir: Wirf sie dem Bildner[u] hin,
die kostbare Pracht[v], die ich ihnen wert bin.
Und ich nahm die dreißig Silber
und warf sie in das Haus JHWHs zum Bildner.

14 Und ich zerschlug meinen zweiten Stab, die „Verbindung",
um die Bruderschaft zwischen Juda und Israel zu brechen.

───────────

[a] אשם Kal bedeutet sowohl „schuldig sein" als auch „büßen" (vgl. Spr 30,10; Jes 24,6; Jer 2,3; Jer 50,7; Ez 6,6; Hos 5,15; 10,2; 14,1). Der kritische Unterton des Verses spricht für letztere Variante. Mit Nowack, *Propheten*, 383; Horst, *Propheten*, 252; Otzen, *Studien*, 225; Boda, *Book*, 656 Anm. e. Gegen Redditt, *Zechariah*, 75. Vgl. auch die Übersetzung von Sellin, *Zwölfprophetenbuch (1930)*, 559; Reventlow, *Propheten*, 107, Wolters, *Zechariah*, 363: „ohne sich schuldig zu fühlen".

[b] Der Singular des Verbums (יאמר) ist wie am Ende des Satzes (יחמל) distributiv zu verstehen. Vgl. Rudolph, *Haggai*, 202; Boda, *Book*, 656 Anm. g. LXX (ἔλεγον, ἔπασχον) und V (*dicentes, parcebant*) übersetzen sinngemäß.

[c] Zur Assimilation des Aleph vgl. GK §19k.

[d] Der plötzliche Wechsel zum maskulinen Suffix könnte einen Bezug auf die Verkäufer anstelle des Viehs implizieren (so Marti, *Dodekapropheton*, 438; Otzen, *Studien*, 254; Boda, *Book*, 656

Anm. i). Doch auch an anderer Stelle wechselt das Genus der auf צאן bezogenen Suffixe unmotiviert (vgl. Jer 23,3; Ez 34,15f.) Eine sichere Entscheidung für eine der beiden Optionen ist also nicht möglich und inhaltlich auch nicht ausschlaggebend. Vgl. Wolters, *Zechariah*, 364.

ᵉ Grammatisch wäre auch ein Singular in Kongruenz mit dem Prädikat denkbar (vgl. GK §93ss und Jes 42,5 נוטיהם). Angesichts der unzweifelhaft pluralischen, doch ebenfalls von einem singularischen Prädikat begleiteten Form מכריהן ist dies aber unwahrscheinlich. Gegen Mitchell, *Commentary*, 304, u. a.

ᶠ Aufgrund des appellativen Gebrauchs von אדם und der Zuordnung des „Menschen" zu seinem jeweiligen König (מלכו) ist nicht an die Landes-, sondern an die Weltbevölkerung (vgl. Ps 33,14; Jer 25,29f.; Zef 1,18) zu denken. Mit Keil, *Propheten*, 633; Marti, *Dodekapropheton*, 438; Rudolph, *Haggai*, 205f.; Petersen, *Zechariah*, 93; Curtis, Road, 198. Gegen Junker, *Propheten*, 169f.; Otzen, *Studien*, 255; Rehm, *Hirtenallegorie*, 190 Anm. 12; Sweeney, *Prophets*, 679; Conrad, *Zechariah*, 173; Foster, *Shepherds*, 735; Redditt, *Zechariah*, 75.82; Wolters, *Zechariah*, 365; Boda, *Book*, 662. Gerade die unscharfe Paraphrase von Redditt, *Zechariah*, 82, widerlegt die regionale Deutung: "God announces the divine intention to deliver the inhabitants of the land into (...) the hands of another country and its king, presumably Persia."

ᵍ LXX (εἰς χεῖρας τοῦ πλησίον αὐτοῦ) und V (*in manu proximi sui*) bezeugen die Vokalisierung des MT רֵעֵהוּ („seines Nächsten"), während der Konsonantentext auch רֹעֵהוּ („seines Hirten") erlaubte. Tatsächlich schildert die Fortsetzung gerade keine gegenseitige Vernichtung der Weltbevölkerung, sondern stellt Täter („sie [Hirten und Könige] werden die Erde zerschlagen") und Opfer („ich werde sie [die Weltbevölkerung] nicht aus ihrer Hand retten") gegenüber. MT könnte von V.9 (אשה רעותה בשר את) beeinflusst sein. Mit Wellhausen, *Propheten*, 193; Marti, *Dodekapropheton*, 438; Nowack, *Propheten*, 384; Mitchell, *Commentary*, 312; Foster, *Shepherds*, 740; Wolters, *Zechariah*, 366. Die scheinbar „unerträgliche Dublette" (Otzen, *Studien*, 255) aus „Hirte" und „König" erklärt sich, wenn man den „König" als Deutung des „Hirten" auffasst. Gegen Reventlow, *Propheten*, 107; Redditt, *Zechariah*, 82; Boda, *Book*, 657 Anm. p.

ʰ Entweder ist der Satz elliptisch formuliert oder ein Suffix 3. m. pl. durch Haplografie entfallen (so Wolters, *Zechariah*, 367).

ⁱ Jenni, *Lamed*, 68.286, listet Sach 11,7 unter die Kategorie „Zugehörigkeit von Tieren zu Personen". Vgl. auch Gen 36,24 (ותאבדנה האתנות לקיש אבי); 1Sam 9,3 (ברעתו את החמרים לצבעון אביו); 1Sam 9,20 (לאתנות האבדות לך). Gerade in 1Sam 9,3.20 kann sich die Präposition nicht auf das Verb beziehen, sondern nur auf die Tiere, da die Wendung „jmd. verloren gehen" (אבד) nicht mit ל, sondern mit מן gebildet wird (vgl. HALAT).

ʲ Trotz früher Zeugen (CD MS B 19; 4QpIsaᶜ) für MT „die Armen des Kleinviehs" (כן עני הצאן) sprechen gewichtige Gründe dafür, hier und in V.11 in Anlehnung an LXX „Kleinviehhändler" (כנעני הצאן) zu lesen: 1) Es ist höchst unwahrscheinlich, dass der Formulierung עני הצאן gleich zweimal die Partikel כן in syntaktisch ungewöhnlichen, wenn nicht gar unmöglichen Fügungen vorangehen sollte: לכן (V.7a) kann zwar affirmative Bedeutung haben, leitet aber nie ein einzelnes Nomen („deshalb die Armen des Kleinviehs"; so aber Willi-Plein, *Haggai*, 184; Boda, *Book*, 657 Anm. u) oder einen elliptischen Verbalsatz („deshalb [weidete ich] die Armen des Kleinviehs") ein. Die Wendung ידע כן (V.11; vgl. 1Sam 23,17; Spr 28,2) ist in keinem vergleichbaren Sinnzusammenhang belegt. In der hier getätigten Aussage wäre die Partikel überflüssig: vgl. Jer 32,8 (ואדע כי דבר יהוה הוא). 2) כנען und כנעני können vom *nomen proprium* Kanaan/Kanaanäer abgeleitet und als *nomen appellativum* zugleich davon unterschieden den Händler bezeichnen (vgl. Jes 23,8; Ez 16,29; 17,4; Hos 12,8; Zef 1,11; Sach 14,21; Spr 31,24; Hi 40,30). Der Einwand von Willi-Plein, *Haggai*, 184f., dass כנען aufgrund seines ursprünglichen Charakters als *nomen proprium* nicht im *status constructus* stehen könnte, lässt sich mit einem Verweis auf Jes 23,8 (כנעניה) entkräften. 3) LXX bezeugt die ältere Lesart כנעני

הצאן. Die Auslassung des *nomen rectum* צאן (V.7: εἰς τὴν Χαναανῖτιν) bzw. seine Fehldeutung als Akkusativ (V.11: οἱ Χαναναῖοι τὰ πρόβατα) zeigt, dass den griechischen Übersetzern die Bedeutung „Händler" nicht bekannt war. An anderen Stellen, die diese Bedeutung implizieren, transkribieren sie das Wort als Gentiliz (Ez 17,4; Hos 12,8; Zef 1,11; Sach 14,21; Spr 31,24), ersetzen es (Hi 40,30: Φοινίκων γένη) oder ignorieren es (Jes 23,8; Ez 16,29). 4) Lohn für die Hirtentätigkeit (vgl. V.12) hätten nicht die Tiere, sondern die Händler zu zahlen. 5) Mit V.5 sind die Händler im Text verankert. Vgl. die ausführlichen Erörterungen in Barthélemy, *CTAT*, 988-990; Gonzalez/Rückl, *Lectio*, 335-345. Für כנעני הצאן votieren ebenfalls Klostermann, *Rez.* Bredenkamp, 564f.; Wellhausen, *Propheten*, 193; Stade, *Deuterozacharja*, 26 Anm. 2; van Hoonacker, *Prophètes*, 672; Marti, *Dodekapropheton*, 438f.; Feigin, *Notes*, 206; Nowack, *Propheten*, 384; Sellin, *Zwölfprophetenbuch (1930)*, 563; Mitchell, *Commentary*, 312; Horst, *Propheten*, 252; Otzen, *Studien*, 255; Sæbø, *Sacharja*, 75f.; Finley, *Merchants*, 65; Reventlow, *Propheten*, 108; Petersen, *Zechariah* 87 Anm. d; Laato, *Josiah*, 277; Meyers/Meyers, *Zechariah*, 261f.; Curtis, *Road*, 195 Anm. 37; Sweeney, *Prophets*, 680; Redditt, *Zechariah*, 76; Fuller, *Issues*, 421f.; für MT Willi-Plein, *Haggai*, 184f.; Larkin, *Eschatology*, 111; Wolters, *Zechariah*, 367-370. Eine eigenwillige Interpretation liefert van der Woude, *Hirtenallegorie*, 146: Die „Kanaanäer der Schlachtschafe" bezeichneten die Samaritaner.

k חֹבְלִים ist Part. Akt. Kal von חבל („pfänden/verderben/binden"). Die Versionen implizieren indes einen Singular des Nomens חֶבֶל („Seil/Messschnur"): LXX liest „(Land-)Anteil" (Σχοίνισμα, vgl. Dtn 32,9; Jos 17,14 u. v. m.; zuletzt Boda, *Book*, 665: „allotment") und trägt in V.14 entsprechend den Verlust des Landes ein (τοῦ διασκεδάσαι τὴν κατάσχεσιν ἀνὰ μέσον Ιουδα καὶ ἀνὰ μέσον τοῦ Ισραηλ); V liest „Seil" (*Funiculos/Funiculus*). In Analogie zum Namen des ersten Stabes נעם wäre ein – freilich eher חֲבָלִים oder חֲבָלִים zu vokalisierender (vgl. GK §124) – Abstraktplural zu erwarten, der die „Bruderschaft" Judas und Israels (V.14) zu umschreiben vermag, womit man an die Bedeutung „Seil" (z. B. Jos 2,15; 2Sam 17,13) und – davon abgeleitet – „Personenverband/Schar" (1Sam 10,5.10; vgl. ugarit. *ḥbl*) verwiesen wäre. Für die Bedeutung „Verbindung/Eintracht" plädieren auch Hitzig, *Propheten*, 392; Marti, *Dodekapropheton*, 439; Mitchell, *Commentary*, 312; Nowack, *Propheten*, 384f.; Kremer, *Hirtenallegorie* 68; Elliger, *Propheten*, 161f.; Deissler, *Propheten*, 302; Reventlow, *Propheten*, 108; Laato, *Josiah*, 277; Redditt, *Zechariah*, 75; Wolters, *Zechariah*, 371. Die durch Luther, *WA 13*, 636f. („Einen hies ich Sanfft/Den andern hies ich Wehe") wirkmächtig gewordene kontrastive Deutung beider Stäbe scheitert indes an V.10.14. Vgl. jedoch Feigin, *Notes*, 206: "graciousness" und "injurers".

l Angesichts der Verwendung des Verbs כחד zur Beschreibung der Eliminierung von Völkern (z. B. Ex 23,23), Dynastien (1Kön 13,34), Führungsfiguren (z. B. 2Chr 32,21) oder Widersachern (Hi 22,20) ist hier an mehr als eine bloße Amtsenthebung gedacht. Mit Boda, *Reading*, 282f. Gegen Sæbø, *Sacharja*, 248; Petersen, *Zechariah*, 87 Anm. f.; Sweeney, *Prophets*, 680.

m Der Kontext erwähnt keine bestimmte Dreizahl an Hirten. Köhler, *Propheten III*, 134f.; Keil, *Propheten*, 635; Rudolph, *Haggai*, 202, Wolters, *Zechariah*, 372f., beziehen den Artikel deshalb nur auf das *Nomen rectum* (vgl. GK §127e; bes. 1Sam 20,20: „drei Pfeile"). Möglicherweise steht die Determinierung aber auch nach GK §126q, „um eine einzelne, zunächst noch unbekannte und daher nicht näher zu bestimmende Person oder Sache als eine solche zu bezeichnen, welche unter den gegebenen Umständen als vorhanden und in Betracht kommend zu denken sei." Damit könnte im Deutschen auf den Artikel verzichtet werden.

n Wolters, *Zechariah*, 373f., übersetzt „im ersten Monat" (der Hirtentätigkeit), verweist allerdings selbst darauf, dass zumindest bei חדש („Monat") stets die Ordinalzahl ראשון Verwendung findet.

o Das Verb בחל begegnet höchstens noch in der textkritisch strittigen Stelle Spr 20,21. LXX übersetzt „heulen" (ἐπωρύοντο), V „wechseln" (*variavit*). Die Wendung וגם legt jedoch ein Verständnis von נפשם בחלה בי nahe, das dem von נפשי בהם entspricht, was zur Übersetzung

„überdrüssig werden/verachten" führt. Vgl. etwa Sæbø, *Sacharja*, 76 f. Eine Emendation (גּעלה)
scheint gegen Nowack, *Propheten*, 385; Marti, *Dodekapropheton*, 439; Sellin, *Zwölfprophetenbuch (1930)*, 564, unangebracht.

ᵖ Vgl. GK §107 r.

ᵍ Um eine Redundanz gegenüber המתה תמות zu vermeiden, übersetzt man bisweilen „verlaufen"
(z. B. Sellin, *Zwölfprophetenbuch [1930]*, 565; Otzen, *Studien*, 256; Reventlow, *Propheten*, 108).
Zwar vertritt das Nif. tatsächlich sowohl das Passiv des Hif. („vernichtet werden/umkommen")
als auch das Passiv des Pi. („verborgen werden/sein"), dennoch müsste man für Sach 11,9 eine
Sonderbedeutung „verlaufen" ansetzen. Ohnehin folgt mit הנשארת תאכלנה אשה את בשר רעותה
eine dritte Todesart: das gegenseitige Zerfleischen. Auch zwischen den ersten beiden Varianten
ließe sich differenzieren: הנכחדת תכחד könnte im Gegensatz zum allgemeineren המתה תמות den
gewaltsamen Tod durch fremde Hand implizieren. Vgl. Mitchell, *Commentary*, 308.

ʳ Das göttliche Ich des MT ist mit LXX und V gegen Elliger, *Propheten*, 159 Anm. 6; Petersen,
Zechariah, 87 Anm. h, beizubehalten.

ˢ Vgl. Anm. j zu V.7.

ᵗ Zu dieser neutralen Bedeutung von שמר vgl. 1Sam 1,12. Mit Marti, *Dodekapropheton*, 440;
Nowack, *Propheten*, 385; Sellin, *Zwölfprophetenbuch (1930)*, 565; Horst, *Propheten*, 252; Revent-
low, *Propheten*, 108; Redditt, *Zechariah*, 76. Dagegen ändern van Hoonacker, *Prophètes*, 676;
Mitchell, *Commentary*, 309, in שכרים.

ᵘ Da sich Töpferhandwerk und Silbermaterial ausschließen, korrigiert man in אוצר (Wellhausen,
Propheten, 194; Marti, *Dodekapropheton*, 440; Nowack, *Propheten*, 386; Delcor, *Passages*, 73-77;
Redditt, *Zechariah*, 76) oder plädiert für eine Nebenbedeutung „Einschmelzer" (Torrey, *Foundry*,
247-260; Schaper, *Jerusalem*, 530). Tatsächlich beschreibt das Verb יצר in seiner Grundbedeutung
materialunabhängige Bildnertätigkeiten, die über das reine Töpferhandwerk hinaus durchaus
Metallarbeiten wie z. B. die Herstellung von gegossenen Götterstatuen einschließen können
(vgl. Jes 44,9 f.; Hab 2,18). Mit Wolters, *Zechariah*, 383; Boda, *Book*, 670 f. Vgl. Aquila (πλαστής); V
(*ad statuarium*: „zum Bildgießer"). LXX verschiebt die Bedeutung indes vom Akteur zu seinem
Instrumentarium (εἰς τὸ χωνευτήριον: „in den Schmelzofen").

ᵛ Die Wendung אדר היקר ist im Sinne eines *genitivus qualitatis* (vgl. z. B. Sach 2,16 אדמת הקדש; Sach
8,3 הר הקדש) als „kostbare Pracht" aufzulösen (vgl. Willi-Plein, *Haggai*, 183: „wertvolle Pracht").
Meist übersetzt man jedoch genau umgekehrt „herrlicher Preis" (vgl. mit Unterschieden im Wortlaut Marti, *Dodekapropheton*, 440; Sellin, *Zwölfprophetenbuch [1930]*, 560; Elliger, *Propheten*,
160; Reventlow, *Propheten*, 108; Meyers/Meyers, *Zechariah*, 278 f.; Redditt, *Zechariah*, 76 f.)

4.3.2 Analyse

V.4 eröffnet die Hirtenepisode mit der für Sach 9–14 singulären Botenspruchformel. Gattungsuntypisch markiert diese kein durch den Propheten zu übermitteln-
des Wort, sondern einen Auftrag an den Propheten selbst. Die ungewöhnliche
Verwendung könnte der Auszeichnung des Sprechenden als Propheten[11] und

---

11 Vgl. van der Woude, *Hirtenallegorie*, 141: „Die Wortereignisformel [sic] von Vs. 4 beweist, dass
eine prophetische Gestalt angeredet ist".

der folgenden Bildrede als besonders hörerrelevante Botschaft geschuldet sein.[12] Wenn der Prophet dezidiert von „meinem Gott" spricht, inszeniert er sich – in der Tradition des leidenden Propheten – als innerhalb seines Volkes isolierte Gestalt: Auch an anderer Stelle hebt diese Formulierung einen Einzelnen aufgrund einer besonderen Aufgabe (vgl. Dtn 4,5) oder eben aufgrund seiner besonderen Gottesnähe (vgl. Jos 14,8; Hos 9,8) aus der Masse des Volkes hervor.[13] Die Identität des Propheten ist offenbar aus dem Kontext vorausgesetzt: Entweder ist an eine letzte Botschaft des Namensgebers des Buches Sacharja zu denken oder – immerhin markierten schon Texte wie Sach 8,9–13 und Sach 9,8b unverhohlen die temporale Distanz zum zuletzt in 8,18 (אלי) auftretenden Propheten – an eine eher paradigmatische Figur, in der sich die durch das Zweiprophetenbuch präsentierte Tradition der nachexilischen Prophetie verdichtet.[14]

Der Prophet erhält den Auftrag, Kleinvieh zu weiden, eine gängige Metapher für ein Leitungsamt.[15] Die Deutung des Verses als Auftrag zu einer Zeichenhandlung ist damit zwar noch nicht ausgeschlossen, doch ein bildhafter Rückblick auf die eigene Berufung zum Prophetenamt scheint durchaus plausibel.[16]

Kaum zufällig spezifiziert der Prophet seine Schützlinge als „Schlachtschafe": Sachliche Analogien bilden die Beschreibungen des beklagten Schicksals Einzelner (Jes 53,7: כשה לטבח יובל; Jer 11,19: ככבש אלוף יובל לטבוח) und des Volkes (Ps 44,12: כצאן מאכל; Ps 44,23: כצאן טבחה) oder des erhofften Schicksals

---

12 Der typische Vermittlungscharakter der Formel verblasst auch in Jer 13,1; 17,19; 27,2 (כה אמר יהוה אלי); Jer 25,15 (כי כה אמר יהוה אלהי ישראל אלי). Vgl. dazu Wagner, *Prophetie*, 261: „Die Funktion der *kô ʾāmar ʾlay*-Formel besteht darin, für den Leser die folgende im Selbstbericht geschilderte symbolische Handlung als von Jahwe autorisiert auszuweisen".

13 Von einer Mosetypologie (so Larkin, *Eschatology*, 114f.) kann dennoch kaum die Rede sein.

14 Für Sacharja, sei es als historische Figur oder literarische Gestalt, plädieren Sæbø, *Sacharja*, 252; Gese, *Nachtrag*, 233; Steck, *Abschluß*, 88; Floyd, *Prophets*, 487; Conrad, *Zechariah*, 173; Curtis, *Road*, 202; Gonzalez, *Continuation*, 33–35. An eine prophetische Gestalt im weiteren Sinne denken Rehm, *Hirtenallegorie*, 208; Hanson, *Dawn*, 342; Larkin, *Eschatology*, 116. Keinen Anhalt im Text hat jedoch die Annahme einer dritten symbolisch repräsentierten Größe neben Prophet und Gott, wobei Boda, *Book*, 652; Wöhrle, *Abschluss*, 131 Anm. 203, an Serubbabel, Rudolph, *Haggai*, 205; Laato, *Josiah*, 279, an den Messias denken. Der zweifelsohne prophetische Sprecher symbolisiert – in der Endgestalt des Kapitels – über sein eigenes Erleben hinaus nur das Handeln Gottes (vgl. V.6.10b.16).

15 Ps 78,70f. (David) korrelieren Herrschen und Weiden explizit, Ex 3,1 (Mose), 2Sam 7,8 (David) und Am 7,15 (Amos) setzen den Vergleich voraus, wenn sie den jeweiligen Protagonisten von seiner Weidetätigkeit weg zu einem Führungsamt berufen. Vgl. Jer 17,16. Auch außerhalb des Alten Testaments begegnet der Hirte als vormaliger Beruf des Herrschers sowie als Bild göttlichen und menschlichen Königtums. Vgl. Waetzoldt, *Art. Hirt*, 424f.

16 Mit Wöhrle, *Abschluss*, 91. Das rechtfertigt freilich noch nicht, von einer Berufungserzählung (Hanson, *Dawn*, 341: "commissioning narrative") zu sprechen.

der Frevler (Jer 12,3: הרגה ליום והקדשם לטבחה כצאן התקם). All diesen Belegen ist gemein, dass das Vieh bereits zum Zwecke der Schlachtung ausgesondert ist: Es wird zur Schlachtung geführt (Jes 53,7; Jer 11,19), für den Schlachttag geweiht (Jer 12,3) oder als Schlachtvieh verkauft (Ps 44,12f.). Der Auftrag des eigentlichen Herdeneigners JHWH, das Schlachtvieh wieder auf die Weide zu führen, entzieht die Tiere also gerade den Händen ihrer Schlächter. Sollte die Beauftragung dagegen auf die Vorbereitung zur Schlachtung zielen, wäre sie nicht nur „ein schlechter Witz"[17], sondern völlig überflüssig, da das Schicksal der Schafe auch ohne Zutun des Propheten längst besiegelt scheint. Auch der Fortgang des Kapitels zeigt unmissverständlich: Das Leid der Tiere beginnt erst (wieder) nach dem Abgang des Hirten (vgl. V.9); auf der Schlachtbank enden sie selbst dann nicht mehr.

Veranschlagt man wiederum das prophetische Ich sowie das Zweiprophetenbuch als literarischen Horizont, könnte der Vers auf den – mit dem Auftreten Haggais und Sacharjas einhergehenden – heilvollen Umbruch zu Beginn der Perserzeit anspielen.[18]

Den heilvollen Eindruck bestätigt der Charakter des Hirtenberufs als saisonale Tätigkeit, wie ihn Hirtenverträge alt- und neubabylonischer Zeit sowie die Jakob-Laban-Erzählung bezeugen.[19] Der Hirte wird zu Beginn der Weidesaison durch den Viehbesitzer mit der Herde betraut, deren Bestand man gewissenhaft dokumentiert. Um die Anbauflächen nicht zu gefährden, entfernt sich der Hirte mit seinen Schützlingen vom Kulturland (vgl. Gen 37,12.17)[20], damit aber auch vom Schlächter. Er selbst darf sich an den Tieren nicht vergreifen (vgl. Gen 31,38), sondern schützt und nährt sie schon aus eigenem Interesse; schließlich muss er über Todesfälle und Vermehrung am Ende der Saison Rechenschaft leisten. Die Fürsorge des Hirten für seine Herde begründet – unter Ausblendung der außerhalb seines Wirkungsbereichs liegenden kulinarischen Bestimmung der Schafe – seinen metaphorischen Aufstieg zur idealtypischen Führungsfigur.

---

17 Van der Woude, *Hirtenallegorie*, 141. Vgl. dagegen Mitchell, *Commentary*, 303; Petersen, *Zechariah*, 92f.; Rehm, *Hirtenallegorie*, 189; Laato, *Josiah*, 279; Redditt, *Shepherds*, 679; Boda, *Book*, 660. Wer der positiven Deutung des Hirten nicht folgt, muss seine Beauftragung jedoch zwangsläufig als Farce betrachten: Vgl. Hanson, *Dawn*, 342: "But the commissioning is a mockery, without serious intention, for the flock is described as 'flock for slaughter.'"
18 Sach 11,4ff. schauen damit auf eine Zeit zurück, deren Anfänge die motivisch verwandte Hirtenvision Ez 34 bezeugt: JHWH befreit seine Herde aus den Händen schlechter Hirten.
19 Vgl. zum Hirtendasein nach biblischen und außerbiblischen Zeugnissen Finkelstein, *Contract*, 30–36; Postgate, *Shepherds*, 1–18; Morrisson, *Jacob*, 155–164; Mein, *Shepherds*, 493–504.
20 Dalman, *Arbeit VI*, 205: „Mit dem ganzen Sachverhalt hängt es zusammen, daß fast überall die Viehherden während der Weidezeit vom Wohnsitz des Besitzers weit entfernt sind und ein eigenes Leben führen."

V.5 begründet den Auftrag, indem er – den Terminus „Schlachtschafe" erläuternd – die Situation der Herde *vor* Antritt des prophetischen Hirten schildert.[21] In seiner Endgestalt verfolgt der Vers die Kette der für das Vieh Verantwortlichen vom Endverbraucher („Käufer") über den Händler („Verkäufer") bis zum Hirten zurück. Die Käufer morden ohne Reue,[22] die Verkäufer lobpreisen JHWH für ihren auf Kosten der Schafe erworbenen Reichtum (vgl. Hos 12,9) und die Hirten zeigen sich ob des Schicksals ihrer Schützlinge erbarmungslos (vgl. Jer 21,7). Was im Falle eines realen Schafes als durchaus gewöhnlicher Lebenslauf bezeichnet werden könnte, wird in der biblischen Bildwelt, die allein auf die Fürsorgefunktion des Hirten abhebt, zum kritikwürdigen Verhalten der Verantwortlichen: Für die Herde JHWHs gelten andere Bedingungen als für gewöhnliches Vieh (vgl. allein Ps 23).[23]

Freilich genügte V.5aα, der die entscheidende Wurzel הרג aus V.4 aufgreift, als Erläuterung des Auftrags völlig: Der formale Wechsel vom Plural in den kollektiven Singular sowie die thematische Verschiebung vom Schicksal der Schafe zum moralischen Versagen der profitgierigen Verantwortlichen[24] weisen V.5aβ.b als Fortschreibung aus.[25]

---

21 Vgl. Keil, *Propheten*, 218: „Die Imperfecta sind nicht Futura, sondern drücken aus, wie die Herde zu der Zeit, da der Prophet sie zu weiden übernimmt, pflegte behandelt zu werden." Entsprechend verstehen etwa Marti, *Dodekapropheton*, 438; Rudoph, *Haggai*, 204f., den Vers als Kritik. Dabei liegt das von V.5 anvisierte Problem gegen Petersen, *Zechariah*, 91; Curtis, *Road*, 197, kaum nur darin, dass die *ganze* Herde anstelle der üblichen Teilmenge geschlachtet werden soll.

22 Auch in Jer 50,7 hat die Selbsteinschätzung (לא נאשם) der Frevler gegenüber der Gottesherde (vgl. Jer 2,7; 30,16) als Trugschluss zu gelten. Mit Schmidt, *Jeremia*, 335; Fischer, *Jeremia 26–52*, 574f.

23 Vgl. Clines, *Varieties*, 19: "[W]hat happens to the sheep who has the Lord as its Shepherd is that once it has been led from green pastures through dark valleys, it is guided, eventually, up to the house of the Lord. And we all know why sheep go to the house of the Lord. Now it might be a sheep's highest ambition to end up as a holocaust on the sacrificial altar rather than lamb chops in the butcher's shop. But nothing like that is in the sheep's mind when it pronounces 'the Lord is my Shepherd'." Galambush, *Jerusalem*, 7f.: "In the case of any metaphorical concept, only some parts of the metaphor (...) are ordinarily employed. If the Lord is my shepherd (my example), the Lord may feed, carry, chase or chasten me, but he may not kill me and eat me, even though that is one of the things that real shepherds do." Kritisch dazu jedoch Mein, *Shepherds*, 493–504.

24 Dabei scheinen die Verkäufer die judäische Elite zu repräsentieren (vgl. den Satz „Gelobt sei *JHWH*"), die das Volk fremden Schlächtern ausliefert.

25 Lediglich Sæbø, *Sacharja*, 235, notiert den „etwas weitschweifiger[en]" Stil des Verses, grenzt ihn jedoch als Ganzen aus. Ihm folgt Larkin, *Eschatology*, 118: "with v.5 providing a closer, mantological comment, which brings into focus the leaders of the people." Ott, *Analogiehandlungen*, 75, bes. Anm. 246, grenzt gar ohne Begründung V.5 und V.6 aus.

V.6 überrascht mit einer zweiten Begründung des Auftrags, die mit ihrem Übergang in die Sachebene („Bewohner der Erde", „König") und der Differenzierung zwischen Darsteller (Prophet) und Dargestelltem (JHWHs Gericht über die Erde) erstmals Merkmale einer Zeichenhandlung in den Text trägt. In seiner Rolle (!) als Hirt inszeniert der Prophet das zukünftige Handeln JHWHs: Erbarmungslos wird JHWH die Menschheit der Willkür ihrer Herrscher überlassen und die Welt ins Chaos stürzen. Dabei irritiert weniger die Gottesrede, das Verlassen der Bildebene oder der Blick in die Zukunft – all das charakterisiert den Deutesatz einer Zeichenhandlung – als vielmehr das nur schwer zu bestimmende Verhältnis von Auftrag und Deutung:[26] Sowohl V.4.5aα als auch V.6 beschreiben einen, jeweils entgegengesetzten, Herrschaftswechsel:[27] Aus den Händen der Schlächter in die Hand des guten Hirten (V.4.5aα), aus der erbarmenden Hand JHWHs in die Hand übler Könige (V.6). Ältere Forschungsbeiträge limitieren deshalb die zu weidende Herde (V.4) auf eine Teilmenge der Bewohner des Landes/der Erde (V.6), die unter dem heilsamen Schutz des Hirten vor dem allgemeinen Zornesgericht bewahrt werden soll.[28] Jedoch bietet das restliche Kapitel keinerlei Indizien für solch eine Differenzierung noch Raum für einen – wenn auch nur partiell – heilvollen Ausgang der Geschichte. Neuere Beiträge neigen mit gutem Grund zur Ausgrenzung des Verses.[29] Das inhaltliche Problem löst sich dann erst, wenn man den Vers nicht auf den Auftakt (V.4.5aα), sondern auf die gesamte, Sach 11,4–14 umspannende symbolische Handlung bezieht: Das Ende des göttlichen Erbarmens (V.6a) markiert nicht den Beginn (V.4f.), sondern das – nun von Anfang an intendierte – Ende der im Fortgang beschriebenen Hirtentätigkeit (V.8b.9), das auch in V.10b globale Folgen zeigt.

---

26 Vgl. Conrad, *Zechariah*, 173: "It is probably not possible to see a direct analogy between the Lord's imperative to Zechariah to become the shepherd of the doomed flock (...) and the words of the Lord in v.6."

27 Die häufige Identifizierung von Hirtentätigkeit (V.4a) und göttlicher Strafe (V.6) setzt wieder eine gerichtstheologische Deutung der Beauftragung – auch der neue Hirte arbeitet den Schlächtern zu – voraus, die auf keiner literarhistorischen Ebene des Textes eingelöst wird: Das Unheil trifft die Schafe eben erst nach Abgang des Hirten. Gegen Nowack, *Propheten*, 384; Rehm, *Hirtenallegorie*, 188; Redditt, *Zechariah*, 82; Boda, *Book*, 660f.

28 Entweder unterscheidet man die Herde als Gemeinschaft der Gerechten von den restlichen Bewohnern des Landes (von Orelli, *Propheten*, 389) oder als Volk Israel von den Bewohnern der Welt (Köhler, *Propheten III*, 119; Sellin, *Zwölfprophetenbuch [1930]*, 563).

29 So Marti, *Dodekapropheton*, 438; Horst, *Propheten*, 244; Sellin, *Zwölfprophetenbuch (1922)*, 513 (vgl. aber Anm. 28); Nowack, *Propheten*, 384; Elliger, *Propheten*, 161; Rudolph, *Haggai*, 205f.; Reventlow, *Propheten*, 110; Deissler, *Propheten*, 302; Tigchelaar, *Prophets*, 113; Willi-Plein, *Haggai*, 191; van der Woude, *Hirtenallegorie*, 141; Wöhrle, *Abschluss*, 88. Vgl. dagegen Mason, *Haggai*, 106; Larkin, *Eschatology*, 117; Meyers/Meyers, *Zechariah*, 258; Redditt, *Zechariah*, 82 Anm. 32.

Entsprechend ließe sich die Beauftragung (V.4.5aα) von V.6 her gelesen wie folgt paraphrasieren: „Weide die Schlachtschafe, aber nur, um an ihnen das Ende meiner Geduld mit der Menschheit zu demonstrieren." Die Positionierung der Deutung der Zeichenhandlung (V.6) noch vor der eigentlichen Ausführung (V.7–14*) betont: Das böse Ende ist kein Unfall oder Scheitern des Propheten, sondern von Anfang an Sinn und Zweck des Geschehens.

Der Vers stellt eine ins Globale gesteigerte Absage an die Zukunftserwartung von Ez 34 dar:[30]

> Ez 34,10 „*Siehe (הנה), ich gehe gegen die Hirten vor und fordere meine Schafe aus ihren Händen (מידם). (...) Und ich werde meine Schafe aus ihrem Mund retten (והצלתי).*"
>
> Sach 11,6 „*Und siehe (והנה), ich lasse den Menschen in die Hand seines Hirten und in die Hand seines Königs geraten (...) und ich werde sie nicht aus ihrer Hand retten (ולא אציל מידם).*"

Die literarhistorische Differenzierung zwischen einem allegorischen Rückblick auf die Berufung des Propheten (V.4.5aα) und seiner eschatologisierenden Transformation in eine Zeichenhandlung (V.6) bestätigt V.7, der nach der doppelten Begründung auch die Aufnahme der Hirtentätigkeit zweifach berichtet.[31]

V.7a schließt als Ausführung des Auftrags zunächst nahtlos an V.4.5aα an. Die Zuordnung der Schlachtschafe zu den Viehhändlern mittels der Präposition ל markiert diese als die (ursprünglichen) Besitzer der Tiere,[32] ohne jedoch den Propheten zu ihrem Handlanger zu machen.[33] Vielmehr übernimmt er die Herde von den Händlern, noch bevor sie in den Händen der brutalen Käufer (V.5aα) landet.

V.7b ergänzt jedoch über den eigentlichen Auftrag hinausgehende Gattungselemente einer Zeichenhandlung: das Hantieren mit und das Benennen von symbolträchtigen Objekten (V.7bα).[34] Durch eine verknappte Wiederholung des Ausgangssatzes (vgl. V.7bβ und V.7a) führt er schließlich wieder auf die Aufnahme der Hirtentätigkeit zurück. Die beiden Stäbe symbolisieren zwei erfreuliche Begleiterscheinungen des Hirtenamtes und damit das in V.6 thematisierte Erbarmen JHWHs: die „Freundlichkeit" (vgl. Ps 27,4; 90,17) des Hirten gegenüber der

---

30 Zu diesem literarischen Bezug vgl. Hanson, *Dawn*, 344 f., u. v. m.

31 Die auffällige Dopplung wird nur selten kommentiert und nie literarkritisch ausgewertet. Vgl. Boda, *Book*, 663: "emphasizing even further the prophet's obedience as well as enveloping the act of taking the two staffs".

32 Vgl. Textanm. i zu Sach 11,7, S. 127.

33 Gegen Redditt, *Zechariah*, 84; Curtis, *Road*, 200. Sie lassen sich in ihrer Einschätzung von der Lohnepisode in V.11–13 leiten, die sich noch als sekundär erweisen wird.

34 Vgl. bes. Jes 8,1–4; Ez 37,15–23; Hos 1,4–11.

Herde und den „Zusammenhalt" der Schafe untereinander. Mit V.6 im Hinterkopf ahnt der Leser jedoch schon: Der heilvolle Beginn trügt.

Als Inspiration für V.7b dürfte angesichts der späteren Deutung des zweiten Stabs (V.14) die zeichenhafte Vereinigung zweier, Juda und Ephraim symbolisierender Hölzer (עֵצִים) in Ez 37,15–19 gedient haben, deren literarischer Kontext (Ez 37,22–26) deutliche Interdependenzen mit dem Hirtenkapitel Ez 34 aufweist.[35] Sach 11,7b entlehnt Ez 37 also nicht beide Stäbe,[36] sondern lediglich das Produkt ihrer Vereinigung, transformiert es in einen Hirtenstab und ergänzt einen zweiten Hirtenstab.

> Die gesamte Zeichenhandlung wirkt konstruiert und kaum realiter inszenierbar. Erst recht angesichts des Ergänzungscharakters von V.6.7b und der literarischen Abhängigkeit von Ez 37 bleibt sie ein Produkt schriftstellerischer Phantasie.[37] Nach den dahinterstehenden Realien zu fragen, scheint letztlich müßig. Natürlich gehört zumindest ein Stab zur Ausrüstung eines Hirten. Ob ein Hirte aber tatsächlich zwei funktional klar unterscheidbare Stäbe (!) benötigte, sei dahingestellt.[38] Der Parallelismus Ps 23,4 (שִׁבְטְךָ וּמִשְׁעַנְתֶּךָ) kann ob seiner poetischen Sprache (vgl. auch Jes 9,3) kaum dafür in Anschlag gebracht werden. Sach 11,7b unterscheidet weder funktional noch terminologisch zwischen den Stäben. Allein die doppelte Gerichtsbotschaft in V.10b.14b bedingt die künstliche Zweizahl der Stäbe.

Ein Problem besonderer Art stellt V.8a dar: Der Hirte beginnt seine Tätigkeit mit der Ermordung dreier Hirten innerhalb eines Monats. Da sich im näheren und weiteren literarischen Kontext keine Größen finden lassen, die mit den Hirten zu identifizieren wären, liegt eine zeitgeschichtliche Anspielung nahe, deren Entschlüsselung sich dem modernen Leser aufgrund ihrer Knappheit entzieht. Festzuhalten bleibt lediglich: Der Protagonist eliminiert drei Amtsvorgänger oder Amtskollegen innerhalb kurzer Zeit. Weder der Zeitraum noch die Anzahl der Opponenten muss wörtlich zu verstehen sein; sie könnten auch die Kürze der Zeitspanne und die Totalität der Vernichtung symbolisieren.[39] Innerhalb des Kapitels ließe sich der Satz als Brücke zwischen der Erwartung zahlreicher erbarmungs-

---

35 Vgl. Redditt, *Zechariah*, 86f.90; Boda, *Book*, 672. Vorsichtiger formuliert Sæbø, *Sacharja*, 242.
36 Gegen Sæbø, *Sacharja*, 241; Boda, *Book*, 651.
37 Vgl. Wellhausen, *Propheten*, 193, dessen Abneigung gegenüber dem Schriftsteller man freilich nicht teilen muss: „[W]ir haben es nicht mit einem Propheten zu tun, sondern nur mit einem Schriftsteller". Dagegen erkennen Sæbø, *Sacharja*, 243; Jones, *Interpretation*, 250–255; Sweeney, *Prophets*, 677; Floyd, *Prophets*, 491, in Sach 11,4–14 den Bericht einer tatsächlich vollzogenen Zeichenhandlung.
38 Keel, *Welt*, 208, unterscheidet etwa mit Verweis auf eine ikonographische Darstellung und Ps 23,4 zwischen einem „langen Stab, mit dem er die Herde leitet" und einer „Keule, die zur Abwehr der Raubtiere (vgl. 1Sm 17,34–36) dient". Vgl. auch Dalman, *Arbeit VI*, 238–241.
39 Mit Boda, *Reading*, 283. Jub 34,15 belegt immerhin das Motiv dreier Todesfälle innerhalb eines Monats als Ausdruck besonderer Tragik. Vgl. Tigchelaar, *Prophets*, 112.

loser Herrscher (V.6) und der Erwartung eines einzelnen Hirten (V.15f.) deuten: Der Verfasser könnte in politischen Umstürzen seiner Zeit (V.8a) eine Verdichtung der unübersichtlichen und chaotischen Zustände (V.6) auf das Hervortreten eines einzelnen Tyrannen (V.15f.) erahnen.

Als gesichert darf hingegen der sekundäre Charakter dieses Teilverses gelten,[40] verstellt er doch den unmittelbaren, über die Suffixe (בהם, נפשם) hergestellten Zusammenhang zwischen V.8b und V.7a. Spätestens die Fortsetzung in V.9a zeigt: V.8b beschreibt kaum das Scheitern der Beziehung zwischen Hirte und Hirten (V.8a), sondern zwischen Hirte und Herde (V.7a).[41]

Die plötzliche – übrigens kaum als Teil einer Zeichenhandlung vorstellbare – Beziehungskrise zwischen Hirt und Herde in V.8b schließt nahtlos an den allegorischen Rückblick der Grundschicht V.4.5aα.7a an. Zwar erklärt der Satz das Scheitern des Propheten nicht, doch erfordert das Füllen der Lücke wenig Phantasie: Der Prophet verzweifelt an der Impertinenz des Volkes gegenüber der göttlichen Botschaft. Das Volk wiederum hat für den Propheten und seine Befindlichkeiten nur Verachtung übrig.[42]

Der Amtsverzicht in V.9a ist folgerichtig. Seine Konsequenzen (V.9b) bestätigen die bisher vermutete positive Intention der Hirtentätigkeit von V.4.5aα.7a. Der Prophet überlässt seine ehemaligen Schützlinge ihrem Schicksal, nicht aber dem Schlachter. Mit anderen Worten: Nicht die Aufnahme, sondern die Aufgabe des Hirtenamtes bringt Unheil über die Herde. Das groteske Bild sich gegenseitig zerfleischender Schafe unterstreicht den Charakter eines allegorischen Geschichtsrückblicks: An eine – wenn auch nur hypothetisch – ausführbare Zeichenhandlung ist noch nicht gedacht.

---

40 Mit Mitchell, *Commentary*, 306; Sellin, *Zwölfprophetenbuch (1922)*, 514 (anders ders., *Zwölfprophetenbuch [1930]*, 564); Nowack, *Propheten*, 385; Elliger, *Propheten*, 162; Sæbø, *Sacharja*, 247f.; Rudolph, *Haggai*, 207; Reventlow, *Propheten*, 110; Deissler, *Propheten*, 302; Laato, *Josiah*, 278; van der Woude, *Hirtenallegorie*, 142; Tigchelaar, *Prophets*, 113; Larkin, *Eschatology*, 125f.; Wöhrle, *Abschluss*, 88f.

41 Die Suffixe m. pl. in V.8b widersprechen einem Anschluss an V.7b (Bezugswort צאן) nicht. Ein ähnlich unmotivierter Genus- und Numeruswechsel ist auch in Jer 23,3; Ez 34,15f. zu beobachten; vgl. außerdem die Fortsetzung in V.9 (אתכם). Dagegen beziehen Feigin, *Notes*, 207; Petersen, *Zechariah*, 94; Sweeney, *Prophets*, 680; Redditt, *Zechariah*, 85; Boda, *Book*, 666f., und wohl auch schon LXX V.8b auf V.8a.

42 LXX ergänzt in der Beschreibung des Verhaltens der gegnerischen Partei (in LXX wohl die Hirten aus V.8a) ein γὰρ (vgl. auch V: *siquidem*) und schließt damit endgültig einen schuldhaften Rücktritt des Hirten aus. Dennoch impliziert auch MT kaum ein Versagen des Hirten. Zumindest lässt das Ende der Hirtentätigkeit nicht auf ihre Qualität schließen. Gegen Redditt, *Zechariah*, 682: "This is not the behavior of a good shepherd."

Thematisch und sprachlich könnten Jer 15,1f. und Ez 34,16a V.9 inspiriert haben. In Jer 15,1f. überlässt JHWH, seines Volkes überdrüssig (אין נפשי אל העם הזה), eben dieses seinem Schicksal:

Jer 15,2   אשר למות למות ואשר לחרב לחרב ואשר לרעב לרעב ואשר לשבי לשבי

> „Wer dem Tod gehört, zum Tode, und wer dem Schwert gehört, zum Schwerte, und wer dem Hunger gehört, zum Hunger, und wer der Gefangenschaft gehört, in die Gefangenschaft."

In Ez 34,16a beschreiben Partizipialkonstruktionen die Fürsorge des göttlichen Hirten. Sach 11,9 stellt sie nach Maßgabe von Jer 15,1f. auf den Kopf:

Ez 34,16a   את האבדת אבקש ואת הנדחת אשיב ולנשברת אחבש ואת החולה אחזק

> „Das Verlorene werde ich suchen und das Verirrte zurückbringen und das Verletzte verbinden und das Kranke stärken."

Vor diesem literarischen Horizont wird umso deutlicher: Mit der prophetischen Hirtentätigkeit endet die Fürsorge JHWHs für sein Volk.

Wie das zeichenhafte Hirtenspiel mit der Aufnahme zweier Stäbe begonnen hat (V.7b), so endet es mit ihrer Vernichtung in V.10.14. In ihrer Endgestalt setzen V.10.14 zweifelsohne die Ebene der Zeichenhandlung V.6.7b voraus. Freilich empfindet man den unvermittelten Übergang von der Prophetenrede („Und ich nahm meinen Stab ‚Freundlichkeit' und zerschlug ihn") zur Gottesrede („um meinen Bund zu brechen, den ich mit allen Völkern geschlossen hatte") in V.10 schon immer als störend.[43] Der bloße Hinweis, es handle sich eben um „Gottesrede im Munde des Propheten"[44], genügt an dieser Stelle nicht, weil sich der Wechsel mitten im Satz vollzieht. Da eine textkritische Operation nicht angezeigt scheint, greift man häufig zu einer rhetorischen Erklärung: Der Wechsel markiere die für die Zeichenhandlung entscheidende Identität von prophetischer Symbolhandlung und göttlichem Wirken.[45] Ohne Zweifel trifft dies die Aussageabsicht des vorliegenden Textes. Dennoch rückt gerade ein Vergleich von V.10 mit V.14, in dem sich Handlung und Deutung spannungsfrei verbinden, eine literarkritische

---

[43] Kaum überzeugen kann die Annahme, der Prophet spreche auch in V.10b und rekurriere auf einen nach V.7 mit den Händlern geschlossenen Arbeitsvertrag (so Redditt, *Shepherds*, 682f.; ders., *Zechariah 9–14*, 85; Boda, *Book*, 668): Weder auf der Bild- noch auf der Sachebene ließe sich so die Rede von „allen Völkern" sinnvoll erklären.

[44] So aber Wöhrle, *Abschluss*, 90.

[45] Vgl. Hitzig, *Propheten*, 396; van der Woude, *Hirtenallegorie*, 144; Reventlow, *Propheten*, 111; Meyers/Meyers, *Zechariah*, 269; Barthélemy, *CTAT*, 991; Foster, *Shepherds*, 747.

Lösung zumindest in den Bereich des Möglichen. Neben kleineren sprachlichen Varianzen fällt auf: Während V.14 einen „zweiten Stab" kennt, spricht V.10 lediglich „von meinem Stab", ohne die Existenz eines zweiten Stabes zwingend vorauszusetzen. Es könnte sich in V.10 vielmehr um den typischen Stab eines Hirten handeln, der weder einer Einführung (V.7b) noch eines Namens (V.10a*: את נעם) noch einer Deutung (V.10b) bedürfte. Das eindrückliche Bild des prophetischen Hirten, der über seinen Schützlingen den Stab bricht (V.10a*[ohne את נעם]: „Und ich nahm meinen Stab und zerbrach ihn."), könnte einmal die Grundschicht Sach 11,4.5aα.7a.8b.9 beschlossen[46] und der Ebene der Zeichenhandlung einen passgenauen Anknüpfungspunkt geboten haben: V.7b.10a*(nur את נעם).b.14 verleihen dem Stab nachträglich Name und Deutung und ergänzen einen weiteren Stab. Die Deutesätze V.10b.14b sind nun ihrerseits erklärungsbedürftig.

Der erste Stab „Freundlichkeit" symbolisiert nach V.10b den Bund Gottes „mit allen Völkern". Der Satz birgt ein doppeltes Problem: Einerseits erinnert die Formulierung כרת ברית an den Bund Gottes mit Israel.[47] Andererseits sprengt die Wendung „alle Völker" den israelitischen Horizont unmissverständlich.[48] Wenn man nicht zur Konjektur greift, versucht man das Rätsel mit Verweis auf einen Schutzbund JHWHs mit den Völkern zugunsten Israels zu lösen.[49] Doch lediglich

---

46 Natürlich bleibt ein methodischer Vorbehalt: Die Ausgrenzung von את נעם ist literarkritisch eher indirekt indiziert. Dennoch kann (nur?) auf diese Weise der Bruch zwischen V.10a und V.10b unter Berücksichtigung der abweichenden Formulierung in V.10a und V.14a sinnvoll erklärt werden, ohne dabei eine weitere Entstehungsebene postulieren zu müssen. Diese Lösung ist damit bisherigen literarkritischen Operationen, nämlich der Ausgrenzung beider Deutesätze V.10b.14b (Feigin, *Notes*, 208; Sæbø, *Sacharja* 250f.) oder eines Deutesatzes (V.14b, vgl. Ott, *Analogiehandlungen*, 75 Anm. 248), vorzuziehen: Denn ohne Deutung bleiben die Namen beider Stäbe rätselhaft. Vgl. nur Sæbø, *Sacharja*, 251: „dabei hatten diese Symbolnamen und das Zerbrechen der Stäbe offenbar einen genügend klaren Sinn für die ursprünglichen Zuschauer und Zuhörer".

47 Vgl. z. B. Dtn 31,16 (והפר את בריתי אשר כרתי אתו) und Jer 11,10 (הפרו ... את בריתי אשר כרתי את אבותם) sowie 2Kön 17,38; Jer 31,32; Hag 2,5.

48 Die Wendung „alle (!) Völker" bezeichnet etwa die Vorbewohner des Landes (Dtn 7,17; Jos 24,18), die Völker des persischen Großreiches (Est 1,16; 9,2), oder die Völker der ganzen Welt (Ps 47,2f.; 49,2; 97,5f.; 99,2; Jes 25,7; Mi 4,5; Hab 2,5). Für eine Limitierung auf die „Stämme Israels" (vgl. van Hoonacker, *Prophètes*, 672; Otzen, *Studien*, 154; Meyers/Meyers, *Zechariah*, 270f.; Bautch, *Zechariah*, 265) oder gar auf die Mischbevölkerung des ehemaligen Nordreiches (van der Woude, *Hirtenallegorie*, 145.147) lassen sich keine stichhaltigen Belege finden.

49 So Köhler, *Propheten III*, 146; von Orelli, *Propheten*, 389; Keil, *Propheten*, 637f.; Marti, *Dodekapropheton*, 439; Nowack, *Propheten*, 385; Sellin, *Zwölfprophetenbuch (1930)*, 565; Procksch, *Schriften*, 109; Kremer, *Hirtenallegorie*, 70; Junker, *Propheten*, 173; Rehm, *Hirtenallegorie*, 191f.; Rudolph, *Haggai*, 206; Reventlow, *Propheten*, 11; Caquot, *Remarques*, 54; Wöhrle, *Abschluss*, 91 Anm. 85. Foster, *Shepherds*, 749, verweist für seine ebenfalls drei Bundesparteien voraussetzende Deutung ("Yhwh reverses the promise to [continue to] bring the Jews back to their homeland from

Hos 2,20 bezeugt solch einen Bund.[50] Wäre also in Sach 11,10 nicht eine deutlicher in diese Richtung weisende Formulierung – etwa ein präzisierendes להם – zu erwarten?[51]

Es empfiehlt sich also, die Völkeraussage vor dem Hintergrund von Sach 11,4ff. zu lesen. Denn ein „Bund mit allen Völkern" entspricht durchaus der globalen Dimension von V.6. Es ist dieser Bund, respektive JHWHs „Freundlichkeit" (V.7b) bzw. sein „Erbarmen" (V.6a), das ihn bisher davor zurückhielt, die Erde ins Chaos zu stürzen. Veranschlagt man wiederum den durch das „Ich" in V.4 signalisierten Buchkontext, bündelt Sach 11,10 eine Vorstellung im Konzept des „Bundes", die Protosacharja und etwa auch Deuterojesaja durchweg voraussetzen: Das persische Weltreich[52] und seine Ordnungen sind Setzungen des Gottes Israels, von denen natürlich auch das Gottesvolk selbst profitiert.

Der zweite Stab „Zusammenhalt" symbolisiert nach V.14b die Bruderschaft zwischen Israel und Juda. Die partikulare Perspektive des Verses muss der globalen Deutung von V.6 und V.10b nicht widersprechen, wenn man den Vers als Testfall der in V.6b beschriebenen allgemeinen, eben auch Israel nicht ausnehmenden Zersplitterung interpretiert. Inmitten des weltweiten Chaos zerbricht die zumindest prophetisch schon in Kraft gesetzte (vgl. Ez 37) Vereinigung Israels und Judas.

Die Infinitive der Deutesätze V.10b.14b weisen das Geschehen als sich zeitgleich mit dem wirkmächtigen Zerbrechen vollziehendes und damit vergangenes

---

north, south, east, and west, from the ends of the earth.") auf Jes 42,6 und 49,8, wo jedoch ausgerechnet das Nomen עם im Singular steht.

50 Zu Hos 2,20 vgl. Jermias, *Hosea*, 49f. Die bisweilen in einem Atemzug mit Hos 2,20 genannten Stellen Lev 26,6; Ez 34,25; Hi 5,23 bilden zwar ein Netz literarischer Bezüge, kennen jedoch nur einen Friedensbund mit dem Volk, der sich in der Vernichtung (!) der feindlichen Mächte äußert.

51 Ohnehin scheint die Annahme einer solchen Dreieckskonstellation etwas um die Ecke gedacht: Der Stab des Hirten dient doch angesichts seines Namens dem „freundlichen" Weiden der Herde selbst und nicht dem Bund mit einer dritten Größe, der sich dann indirekt auch wieder auf die Herde auswirkt.

52 Vgl. Gese, *Nachtrag*, 233: „Der erste Stecken soll den Jahwe-‚Bund' mit allen Völkern, also den allgemeinen Friedenszustand der (persischen) Ökumene meinen. Das Zerbrechen ‚an jenem Tage' wird sich demnach auf den schnellen, fast plötzlichen Zusammenbruch des persischen Großreiches beziehen." Ähnlich Steck, *Abschluß*, 88; Willi-Plein, *Haggai*, 188: „Was praktisch durchgehend in den alttestamentlichen Zeugnissen über die Perserzeit zu erfahren ist – dass nämlich die persische Oberherrschaft für Israel von Gott verordnet ist und es keinen Konflikt zwischen Gehorsam gegenüber Gottes Weisung und Königsweisung zu geben braucht, gilt nun nicht mehr." Vgl. auch Floyd, *Prophets*, 488: "a sign of Yahwe's rejection of the current world order" und Gonzalez, *Continuation*, 28 Anm. 95: "[T]he breaking of the covenant (made most probably by YHWH) with all the nations in Zech 11:10 is best understood as an allusion to the political instability of the early Hellenistic period."

Ereignis aus, dessen Auswirkungen die Leser durch ihre eigene Erfahrung verifizieren können.

Zwischen das Zerbrechen beider Stäbe (V.10.14) schiebt sich in V.11–13 ein Intermezzo, das kaum anders denn als eine letzte (hypothetische) Chance verstanden werden kann, das in V.14 endgültig eintretende Gericht zu verhindern – eine kaum mit V.9 („Ich werde euch nicht mehr weiden!") zu vereinbarende Option.[53] Protagonisten sind die Schafhändler, deren Geldgier schon der sekundäre Teilvers V.5aβ.b anprangerte,[54] ein Eindruck den V.11–13 bestätigen.[55] Während die Grundschicht Sach 11,4.5aα.7a.8b.9.10a* und ihre erste Erweiterung Sach 11,6.7b.10a*.b.14b sich auf das Verhältnis von prophetischem bzw. göttlichem Hirten und Herde konzentrieren, rückt mit der Ergänzung von V.5aβ.b.11–13 die Führungsriege in den Fokus der Kritik.

Dabei verschwimmt der Unterschied zwischen allegorischem Rückblick und Zeichenhandlung endgültig: Einerseits stehen die Händler als Beobachter der Zeichenhandlung außerhalb der bildhaften Inszenierung des Propheten, andererseits scheinen sie selbst auch Symbolcharakter zu tragen,[56] wenn man die Verse nicht als bloße Kritik an einer einzelnen Berufsgruppe lesen will. Im Unterschied zu den älteren Schichten scheint nun der Prophet doch im Verantwortungsbereich der Händler (vgl. V.7a mit V.11) zu agieren, was zu einer unfreiwillig absurden Szene führt: Anstelle einer Lohnzahlung hätte der prophetische Hirte eher eine Entschädigungsforderung zu erwarten.

Die Kleinviehhändler werden als שמרים apostrophiert. Aufgrund der pejorativen Tendenz des gesamten Einschubs meint dies kaum die treue Orientierung am Propheten. Vielmehr „beobachten" (vgl. z. B. 1Sam 1,12) sie den wirkmächtig handelnden Propheten und konkludieren folgerichtig: Es muss sich um „JHWHs Wort/Sache"[57] handeln. Die Händler vollziehen also genau jene Identifizierung von Gotteswort und Prophetenwort bzw. Gottestat und Prophetentat, die V.10 in seiner Endgestalt durch den Übergang von Propheten- in Gottesrede veranschaulicht.

---

53 Mit Wöhrle, *Abschluss*, 89 f. Vgl. auch Mason, *Haggai*, 108, der ein Fragment eines weiteren prophetischen Selbstberichts vermutet. Dagegen Meyers/Meyers, *Zechariah*, 274.

54 Zur Identifizierung der Händler mit den Verkäufern vgl. van Hoonacker, *Prophètes*, 672.

55 Zu den ökonomischen Aspekten vgl. Gonzalez, *Continuation*, 29–31.

56 Diese Ambivalenz spiegeln letztlich auch synchrone Lesarten des gesamten Kapitels, die zwar einerseits von einer Zeichenhandlung ausgehen, andererseits aber das Hirtenamt als Metapher für ein vom Propheten übernommenes politisches Leitungsamt verstehen. Vgl. Floyd, *Prophets*, 488; Curtis, *Road*, 200.

57 Als „Wort JHWHs" könnte man דבר יהוה auf das JHWH-Wort V.6 beziehen, das in V.10 seine Erfüllung findet, und hätte darin einen frühen Beleg für einen Zusammenhang zw. V.6 und V.10b.

Der zeichenhaft handelnde Prophet registriert seine Zuschauer und hält vor dem Zerbrechen des zweiten Stabes inne, um nun – nur so ist die Platzierung der Passage zwischen den beiden Handlungen 11,10.14 zu erklären – in Form eines „Test[s]"[58] doch noch eine letzte Chance zur Abwendung des Unheils zu geben. Wenn er seine Aufforderung zur Lohnzahlung mit einem schulterzuckenden „Falls es in euren Augen gut ist" (vgl. 1Kön 21,2; Jes 40,4) einleitet und mit einem desinteressiert bis resigniert klingenden „und wenn nicht, dann lasst es bleiben" (vgl. 1Kön 22,6.15; 2Chr 18,5.14; Ez 2,7; 3,11.27) beendet, bringt er schon damit seine niedrige Erwartungshaltung zum Ausdruck. Und tatsächlich mag der abgezählte Lohn von dreißig Silber(schekeln) für einen Lohnarbeiter durchaus statthaft sein, eine „kostbare Pracht" – aus diesen JHWH in den Mund gelegten Worten spricht purer Sarkasmus – ist er aber sicher nicht und somit der „Sache JHWHs" kaum angemessen.[59] Möglicherweise geht die Kritik sogar noch tiefer: Nicht äußerliche Geldopfer geziemten der Sache JHWHs, sondern – etwa im Sinne von Hos 6,6 – ein entsprechender Lebenswandel. Die nicht von ungefähr als Händler dargestellte Führungsriege preist JHWH nur mit Worten (vgl. V.5aβ.b), dient aber in Wahrheit dem schnöden Mammon.

Da Hirten meist in Naturalien ausbezahlt wurden, temporale und regionale Differenzen der Lohnentwicklung und des Gewichts eines Schekels berücksichtigt werden müssten und Sach 11,11–13 nichts über den ausbezahlten Zeitraum verrät, sind die dreißig Silber angesichts der mageren Quellenlage – wenn überhaupt – schwer zu bewerten.[60] Vielleicht ist mit der Auszahlung für eine Weidesaison zu rechnen. Der Codex Hammurapi § 261 bezeugt – freilich ca. 1500 Jahre vor Sach 11 – 8 Kor Getreide als jährlichen Hirtenlohn (TUAT I, 73), dem Codex Eschnunna § 1 zufolge entspräche ein Kor Getreide einem Silberschekel (TUAT I, 33). In neubabylonischer Zeit dürfte der Monatslohn für Hirten oder Erntearbeiter einen Silberschekel übertroffen haben.[61] In achämenidischer Zeit ist mit steigendem Lohnniveau zu rechnen.[62] Die Lohnzahlung in Sach 11,11–13 scheint sich also durchaus im erwartbaren Rahmen zu bewegen. Im Alten Testament gibt sich etwa der Levit in Ri 17 mit zehn Schekeln pro Jahr plus Verpflegung und Unterkunft zufrieden. Mit wahrhaft als „kostbarer Preis" anzusehenden Summen hantieren dagegen z. B. Abraham

---

58 Rudolph, *Haggai*, 208.
59 Mit Rudolph, *Haggai*, 209; Laato, *Josiah*, 284; Curtis, *Road*, 199. Gegen Sweeney, *Prophets*, 681; Redditt, *Zechariah*, 86; Gonzalez, *Temple*, 40–47; Boda, *Book*, 671.
60 Mit Boda, *Book*, 669: "To determine value, one would have to know the relative value of these items in relation to annual wages, information that is not available." Vgl. Altmann, *Economics*, 40f.
61 Vgl. Jursa, *Documents*, 56: "The often cited standard wage of 1 shekel of silver per month is well attested, but just as frequently wages are significantly higher (less often lower). Wages above 4 shekels per month are rare; the highest wage (up to 10 shekels per month) were apparently paid for military or corvée service outside of Babylonia." Vgl. auch Jursa, *Aspects*, 660–753.
62 Vgl. Altmann, *Economics*, 62f.

(Gen 23,16: 400 Silberschekel, vgl. Gen 13,2)[63] oder Delia (Ri 16,5: 1100 Silber), was jedoch eher die Verhältnisse der oberen, grundbesitzenden, Schichten widerspiegelt. Ein Hirte gehört sicherlich auch noch in persischer und hellenistischer Zeit den niederen Lohnklassen an.

In der Identifizierung der Wertschätzung des Propheten mit der Wertschätzung JHWHs kommt wiederholt die prophetische Stellvertreterfunktion zum Ausdruck: Das Verhältnis zum Propheten spiegelt das Verhältnis zu JHWH. Letzterer fordert seinen Repräsentanten dazu auf, den Lohn in den Tempel zu werfen. Das Verb (שלך Hif.) kann zwar in Ausnahmen (vgl. v. a. 2Chr 24,10) neutral gebraucht werden, aufgrund der Gesamttendenz des Abschnittes ist aber auch hier der häufig belegte pejorative Unterton wahrscheinlicher.[64] Wenn der unwürdige Lohn nun ausgerechnet im Tempel landet, gerät zwangsläufig auch dieser als Umschlagsplatz der „Viehhändler" und damit als Ort eines falschen JHWH-Kultes ins Zwielicht. Bei dem „Bildner" wäre entsprechend an einen Hersteller von Götzenbildern zu denken (vgl. Jes 44,9f.; Hab 2,18): Wer JHWH keine Wertschätzung entgegenbringt, kann sein Silber ebenso gut für Götzenbilder verwenden.[65]

Die Ergänzung von V.5aβ.b.11–13 verstärkt also den Eindruck des isolierten Propheten der älteren Ebenen: Nicht nur das Volk, sondern auch die eigene Führungsschicht ist nicht bereit, ihm und damit seinem Gott den nötigen Respekt zu zollen. Als Konsequenz folgt der endgültige Bruch zwischen Hirte und Herde in V.14. Auch diese Positionierung von V.11–13 zwischen V.10.14 beweist die negative Tendenz der schwierigen Episode.

Für Sach 11,4–14 ergibt sich somit folgender Befund: Die Grundschicht 11,4.5aα.7a.8b.9.10a*(ohne את נעם) blickt allegorisch auf das Scheitern einer prophetischen Gestalt zurück. Die erste Erweiterung 11,6.7b.10a*(nur את נעם).b.14 lässt das prophetische Handeln im Stile einer Zeichenhandlung transparent auf JHWHs eschatologisches Handeln an der gesamten Völkerwelt werden, zu der auch das nun endgültig geteilte Gottesvolk gehört. Die zweite Erweiterung 11,5aβ.b.11–13 rückt neben dem Volk erstmals die Führungsschicht in den Fokus der Kritik.

---

63 Vgl. Altmann, *Economics*, 64: "an astronomical amount".

64 Mit Rudolph, *Haggai*, 209.

65 Vgl. mit Unterschieden im Detail Delcor, *Passages*, 76f.; Baldwin, *Haggai*, 185; Laato, *Josiah*, 284f. Gegen Boda, *Book*, 671. Die Existenz einer Tempelwerkstatt wäre damit vorausgesetzt. Die behauptete Herstellung illegitimer Kultobjekte könnte der Polemik entspringen. Zur Tempelwerkstätte als Ort der Herstellung von Kultbildern in Mesopotamien und im Alten Testament vgl. Berlejung, *Theologie*, 89–93.324f.

4.4 Sach 11,15f.17

4.4.1 Kommentierte Übersetzung

15 Und JHWH sprach zu mir:
Nimm dir noch dazu[a] Handwerkszeug[b] eines törichten[c] Hirten.

16 Denn siehe, ich lasse einen Hirten auf der Erde auftreten:
Das Umkommende[d] wird er nicht aufsuchen,
das ‚Verlorene‘[e] nicht suchen,
das Gebrochene[f] nicht heilen,
das Hinzutretende[g] nicht ernähren
und das Fleisch der Gesunden wird er essen
und ihre Klauen abreißen.

17 Wehe dem Hirten der Nichtigkeit[h], der die Schafe im Stich lässt.
Schwert gegen seinen Arm und gegen sein rechtes Auge!
Sein Arm soll völlig verdorren
und sein rechtes Auge völlig erblinden.

---

[a] Liest man die Partikel עוֹד mit MT nicht als Abschluss der Redeeinleitung („Und JHWH sprach *nochmals* zu mir"), sondern als Auftakt der Rede („Nimm dir *nochmals* Werkzeug eines törichten Hirten!" Vgl. Hos 3,1; Sach 1,17), ergibt sich durch die damit implizierte Analogie beider Zeichenhandlungen 11,4-14 und 11,15f. ein inhaltliches Problem: Das bisher verwendete Hirtenwerkzeug symbolisierte mit seinen heilvollen Namen (V.7.10.14) die Fürsorge eines guten, keineswegs törichten Hirten. Entweder entscheidet man sich also gegen MT (so Ehrlich, *Randglossen*, 349; Petersen, *Zechariah*, 87 Anm. l; Boda, *Reading*, 283, hier bes. Anm. 25; anders ders. *Book*, 673 Anm. a), was syntaktisch durchaus im Rahmen des Möglichen liegt (vgl. Jeremias, J., *Hosea*, 52 Anm. 1, zu Hos 3,1 sowie Dtn 3,26; Jes 8,5 u.v.m.), oder man nuanciert – wie hier vorgeschlagen – semantisch: „Nimm dir *noch dazu* Werkzeug eines törichten Hirten!" Zum Bedeutungsspektrum von עוֹד vgl. Ges[18].

[b] כְּלִי הָרֹעִים bezeichnet in 1Sam 17,40.49 eine Hirtentasche zur Aufbewahrung von Schleudersteinen. Angesichts der vorangehenden Zeichenhandlung mit ihren Hirtenstäben dürfte hier in einem weiteren Sinne an „Hirtenwerkzeug" gedacht sein. Vgl. Wolters, *Zechariah*, 390f.

[c] Das Hapaxlegomenon dürfte Synonym zu dem häufig belegten אֱוִיל sein. Vgl. Wolters, *Zechariah*, 391.

[d] Vgl. Textanm. q zu Sach 11,9, S. 129.

[e] Das Wort נַעַר ist für Tiere nicht belegt. Als Objekt des Verbs „suchen" würde man zudem eher verlaufene als junge Schafe erwarten (Vgl. LXX, V, T). Auch die maskuline Form fällt aus der Reihe. Vermutlich liegt ein Schreibfehler für ursprüngliches הַנֶּעְדֶּרֶת (mit Horst, *Propheten*, 244; Elliger, *Propheten*, 160) vor. Für weitere Vorschläge vgl. Marti, *Dodekapropheton*, 442; Mitchell, *Commentary*, 318f.; Otzen, *Studien*, 258f.; Sæbø, *Sacharja*, 86; Wolters, *Zechariah*, 392f.

[f] Das Verb kann das Brechen menschlicher (Jes 8,15; 28,13) und tierischer (Ez 34,4.16) Körperteile beschreiben.

[g] נצב₁ „hintreten" ließe sich höchstens als Beschreibung zur Fütterung hinzutretender Tiere verstehen, ist in diesem Sinne aber genauso wenig belegt wie eine aus dem Arabischen abgeleitete Wurzel נצב₂ „müde, matt sein" (vgl. Ges[18]). Mit Sicherheit kann nur gesagt werden, dass es sich um ernährungsbedürftige Tiere handelt. Vgl. auch hier die diversen Emendationen: הרעבה (Mitchell, *Commentary*, 319; Sellin, *Zwölfprophetenbuch [1930]*, 566; Horst, *Propheten*, 244), הנחלה (Nowack, *Propheten*, 387).

[h] Sog. י-compaginis dient ursprünglich der „Hervorhebung des Stat. Constr." (GK §90k), vgl. z. B. בני אתנו (Gen 49,11), bei Partizipalformen außerdem dem „Streben nach voller tönenden Formen" (GK §90m; z. B. Ps 113,5-9). Beides ist hier gegeben. Es liegt also, wie auch die folgenden Suffixe 3. sg. m. bezeugen, kein Plural vor.

4.4.2 Analyse

Der Abschnitt Sach 11,15f. bestätigt zunächst die Deutung der um Sach 11,6.7b.10a*.b.14 erweiterten Episode Sach 11,4–14* als Zeichenhandlung: Unmissverständlich differenzieren der erneute Auftrag und seine Begründung zwischen dem prophetischen Darsteller – er soll einen schlechten Hirten spielen – und dem Dargestellten – JHWH wird einen solchen Hirten (als Herrscher) erwecken.[66] Gleichzeitig impliziert die auf V.7b rekurrierende Partikel עוד eine Analogie zu Sach 11,4–14*. Tatsächlich erinnert der Auftrag in V.15b (קח לך כלי רעה) an die Ausrüstung des ersten Hirten in V.7b (ואקח לי שני מקלות), die Ankündigung des Hirten V.16aα (הנה אנכי מקים רעה) an das Deutewort V.6 (והנה אנכי ממציא את האדם איש ביד רעהו) und dessen Regierungsprogramm V.16aβ.b an die Abschiedsworte des Hirten in V.9.

Sach 11,15f. setzen damit Sach 11,6.7b.10a*.b.14 voraus. Doch sind sie auch später als diese Verse anzusetzen?[67] Zunächst fallen zwei Unterschiede formaler Natur auf: V.15f. verzichten auf eine Ausführung der Symbolhandlung und verbleiben selbst im Deutesatz konsequent in der Bildsprache. Inhaltlich verhalten sich beide Zeichenhandlungen jedoch durchaus komplementär: Auf das Scheitern eines guten Hirten folgt der Aufstieg eines schlechten Hirten.[68] Außerdem gibt es einen sachlichen Grund für den Verzicht auf die Ausführung. Der in V.10.14 vollzogenen Symbolhandlung eignete performative Kraft: Der symbolische Akt – das Zerbrechen der

---

[66] Gegen Wöhrle, *Abschluss*, 129, der in V.15f. eine Anspielung auf das Abtreten des „guten Hirten" Serubbabel vermutet (vgl. ders., *Abschluss*, 131 Anm. 203), liegt das Auftreten des schlechten Hirten nicht in der Vergangenheit.

[67] Meist wird Sach 11,15f. als gegenüber Sach 11,4–14 sekundär betrachtet. Vgl. Reventlow, *Propheten*, 112. Elliger, *Propheten*, 161, verortet die beiden Verse auf einer Ebene mit seiner eschatologischen Überarbeitung in V.6.10b*.

[68] Vgl. Willi-Plein, *Haggai*, 189: „Der Ausgang der ersten Zeichenhandlung verlangt geradezu unausweichlich eine zweite Zeichenhandlung, die dann auch in V.15 angeschlossen wird."

beiden Stäbe – bewirkt das Symbolisierte, nämlich das Brechen des Völkerbundes und der panisraelitischen Bruderschaft. Will der Verfasser den schlechten Hirten als eschatologische Gestalt einführen, muss er auf die wirkmächtige Inszenierung verzichten.[69] Vielleicht ist darin auch das Verschmelzen von Bild und Deutung begründet, das freilich auch der literarischen Vorlage geschuldet sein könnte.

Denn V.15f. teilen ein weiteres Charakteristikum mit V.6.14; auch sie konterkarieren eine Erwartung des Ezechielbuches. Anstelle eines davidischen Hirten tritt „eine Art Vorläufer des Antichrist"[70]:

> Ez 34,23a „*Und ich werde über sie einen einzigen Hirten aufrichten* (והקמתי) *und er wird sie weiden, meinen Knecht David.*"
>
> Sach 11,16a „*Denn siehe, ich richte* (אנכי מקים) *einen Hirten in der Welt auf (...).*"

Der negative Handlungskatalog (V.16) des erwarteten Hirten orientiert sich wie V.9 an Ez 34,4.16 (vgl. die Stichworte שבר, בקש, רפא), überbietet aber die reine Verletzung der Fürsorgepflicht (V.9), indem zumindest die gesunden Schafe auf der Speisekarte ihres Hirten landen (vgl. Ez 34,3.10) und somit erstmals ihrer Bezeichnung als Schlachtschafe (V.4b.7a) gerecht werden.

> Der Katalog gliedert sich in sechs Teile, deren Systematik sich nur bedingt erschließt.[71] Beide Rahmenglieder sind pluralisch formuliert (פרסיהן, הנכחדות).[72] Zwischen dem ersten und zweiten sowie dem dritten und vierten Glied fehlt ein ו-copulativum. Inhaltlich widmen sich die ersten vier Glieder der Vernachlässigung hilfsbedürftiger, verlorener (הנעדרת*), verletzter (הנשברת) und hungriger Tiere. Das vierte Glied leitet bereits zu den letzten beiden über, die wohl die Klimax der Reihe bilden: Während der Hirte den erwartungsvoll bereitstehenden Tieren die Fütterung verweigert, labt er sich selbst an den gesunden Exemplaren; sogar das Fleisch zwischen den Klauen wird er fressen.[73]

Damit ergibt sich folgendes Gesamtbild: V.6.7b.10a*.b.14.15f. transformieren den Geschichtsrückblick der Grundschicht Sach 11,4.5aα.7a.8b.9.10a* in eine zweistufige Zeichenhandlung. Der Prophet inszeniert zunächst das Scheitern eines guten Hirten, um sich schließlich für die Rolle eines schlechten Hirten zu rüsten. Der zweistufigen Zeichenhandlung entspricht ein zweistufiges eschatologisches

---

69 Vgl. Floyd, *Prophets*, 487: "The implication of this juxtaposition is that the second symbolic action will be performed and will have its intended effect, just like its predecessor."

70 Rudolph, *Haggai*, 211. Zur Abhängigkeit von Ez 34 vgl. neben anderen Sæbø, *Sacharja*, 242; Hanson, *Dawn*, 344f., Laato, *Josiah*, 285f.; Redditt, *Zechariah*, 91.

71 Vgl. Wellhausen, *Propheten*, 195: „הנער (...), הנצבה und פרק יפרק פרסיהן versteh [sic] ich nicht."

72 Literarhistorisch lässt sich der Numeruswechsel nicht auswerten. Es scheint gerade für die späten Fortschreibungen in Sach 11 (und in Sach 9–14 im Allgemeinen) zu gelten, dass auf Genus- oder Numeruskongruenz kein besonderes Augenmerk gelegt wird.

73 Vgl. dazu Dalman, *Arbeit VI*, 230.

Schema: Auf eine bereits eingetretene Zeit globalen politischen Chaos (V.6) wird die Erweckung eines tyrannischen Weltherrschers folgen (V.15f.).

Der schon formal abgesetzte Weheruf am Ende des Kapitels markiert dessen jüngste literarhistorische Ebene,[74] indem er mit einem Fluch über den schlechten Hirten ein Fenster in eine neue Heilszeit öffnet. In einem Wortspiel greift er das Attribut des Hirten aus V.15 auf: Der törichte (אולי) Hirte ist ein nichtiger (האליל) Hirte.[75] Als Hauptvorwurf wird das Verlassen des Viehs herausgegriffen. Durch die Vernichtung des (schwerttragenden) Arms und des rechten Auges durch das Schwert[76] soll der Hirte kampfuntauglich gemacht werden.[77]

4.5 Zwischenfazit

4.5.1 Redaktionsgeschichtliche Synthese

Lässt man sich von den Dopplungen in Deutung (V.5. und V.6), Ausführung (V.7a und V.7b) und Gerichtsansage (V.9 und V.10.14) der ersten Episode 11,4–14 leiten und subtrahiert alle Elemente, die Merkmale einer Zeichenhandlung tragen oder diese bereits voraussetzen, bleibt eine Grundschicht 11,4.5aα.7a.8b.9.10a*(ohne את נעם) mit einer intuitiv ablaufenden, kaum inszenierbaren Ereigniskette: Es handelt sich um einen allegorischen Geschichtsrückblick, der die tragische Karriere eines Propheten – dies zeigt das prophetische Ich im Zusammenspiel mit der Botenspruchformel (V.4) – in die Metapher eines Hirten und seiner Herde kleidet. Von JHWH beauftragt, sich einer bemitleidenswerten Herde von Schlachtschafen anzunehmen, scheitert der Hirte an seinen widerborstigen Schützlingen und überlässt sie ihrem Schicksal. Mit dem Abtritt des Propheten endet die göttliche Fürsorge für das Volk.

Die erste Erweiterung 11,6.7b.10a*(nur את נעם).b.14.15f. bettet das Drama in einen weltweiten Kontext (vgl. V.6.10b.16) ein. Dabei beantwortet sie zwei Fragen: Was haben wir verloren und was können wir nun erwarten? Zu diesem Zwecke transformiert sie den autobiographischen Rückblick der Grundschicht in einen Rückblick auf ein prophetisches Schauspiel in zwei Akten: Im ersten Akt 11,4–14* zerstört der Prophet das Handwerkszeug eines guten Hirten, im zweiten, erst noch zu inszenierenden Akt

---

[74] Mit Rudolph, *Haggai*, 211. Reventlow, *Propheten*, 113, vermutet ein „übernommenes Traditionsstück".

[75] Vgl. Sæbø, *Sacharja*, 249.

[76] Eine vergleichbare Formulierung findet sich in Jer 50,35: חרב על כשדים.

[77] So bricht JHWH in Ez 30,21f. den Arm des Pharaos, um dessen Griff zum Schwert zu verhindern, und der Ammoniter Nachasch droht den Jabeschiten in 1Sam 11,2 damit, ihnen das rechte Auge auszustechen. Zum Ausstechen beider Augen als Strafe vgl. zudem Num 16,14; Ri 16,21; 2Kön 25,7. Vgl. Curtis, *Road*, 199f.

11,15f. soll er sich mit dem Handwerkszeug eines schlechten Hirten rüsten. Die erste Zeichenhandlung symbolisiert die Preisgabe der Menschheit durch JHWH in chaotische Zustände (vgl. V.6.10b). Inmitten einer auseinanderbrechenden Welt zerbrechen auch die letzten, zumindest in der prophetischen Hoffnung präsenten Bande zwischen Israel und Juda (V.14b). Die zweite Zeichenhandlung (V.15f.) konterkariert messianische Hoffnungen, indem sie auf die Erweckung eines „Gegenmessias" zielt. Obwohl das Handeln des Propheten im Gegensatz zur Grundschicht das Handeln Gottes repräsentiert und damit zeichenhaften Charakter gewinnt, bleibt doch ein Eindruck erhalten: Mit diesen Szenen markiert der Prophet seinen eigenen Abtritt. Denn wer in einer Zeichenhandlung den völligen Beziehungsabbruch zwischen Gott und Volk inszeniert, hat auch als Mittler zwischen beiden Größen keine Zukunft.

Die zweite Erweiterung 11,5aβ.b.11–13 rückt zwielichtige Randfiguren der älteren Ebenen in den Fokus der Kritik: Die geldgierigen Schafhändler führen den Namen JHWHs im Munde und agieren im Kontext des Tempels. Offenbar vertreten sie die judäische Führungsschicht, die JHWH und seinem Repräsentanten die Anerkennung verweigert und damit das Gericht besiegelt.

Dazu gesellen sich schließlich zwei punktuelle Einschreibungen: Der kaum mehr entschlüsselbare V.8a lässt den guten Hirten zum Mörder dreier Amtskollegen werden. V.17 verheißt das Ende des schlechten Hirten und damit erstmals einen möglichen Neubeginn nach dem Gericht.

Am Ende steht ein höchst komplexes Gebilde, das zwischen Allegorie und Zeichenhandlung, Prophet und JHWH, Israel und Welt oszilliert. Seine Einzelelemente lassen sich kaum mehr in eine kohärente Interpretation überführen. Davon zeugt die Auslegungsgeschichte zu Genüge.[78] Sicher für beinahe alle Ebenen gilt nur: Hier wird bisher Selbstverständliches radikal in Frage gestellt.

Übersicht über die Schichtung von Sach 11,4–17

1.	Allegorischer Rückblick: Scheitern des prophetischen Hirten	11,4.5aα.7a.8b.9.10a*(ohne את נעם)
2.	Zeichenhafter Ausblick: Die Stäbe des Hirten	11,6.7b.10a*(nur את נעם).b. 14.15f.
3.	Das Ende des schlechten Hirten	11,17
	Punktuelle Ergänzungen[1]	
	Die drei Hirten	11,8a
	„Händlerintermezzo"	11,5aβ.b.11–13

Note:

1 Die Charakterisierung als „punktuelle Ergänzungen" ergibt sich erst aus der Analyse von Sach 12–14: Im Unterschied zu den anderen Entstehungsstufen des Kapitels finden diese Ergänzungen keine Fortsetzung in Sach 12–14.

---

78 Vgl. nur Nogalski, *Book*, 939: "This passage continually resists any attempt to force a single interpretation on the narrative we have."

4.5.2 Kompositionsgeschichtliche Aspekte

Schon die Grundschicht Sach 11,4.5aα.7a.8b.9.10a* enthält Leerstellen, die sich nur durch den Kontext des Sacharjabuches sinnvoll füllen lassen.[79] Dazu gehört das prophetische Ich, das den Protagonisten des Kapitels vielleicht nicht gerade mit Sacharja selbst, aber doch als Repräsentanten der sacharjanischen Tradition identifiziert.[80] Dazu gehört aber auch die Selbstverständlichkeit, mit der V.8b die Zerrüttung zwischen Prophet und Volk notiert. Sie erklärt sich erst angesichts der sacharjanischen Paränese (1,1–6; 7,7.11–14; 8,14–17.19b) samt ihrer Zuspitzung auf das rechte Gottesverhältnis in 10,1–2: Eindringlich warnen diese Verse – wobei Polemik gegen falsche Prophetie anklingt – vor jahwefeindlichen Quellen der Divination. Doch die mahnenden Worte, auf deren Kraft Sach 10,6b.9.12 noch vertrauen, bleiben nach Sach 11,8b vergebens: Das Volk verwirft den wahren Hirten und Propheten, mit ihm seinen Gott und verspielt damit das durch ihn verbürgte Heil.

Für die protosacharjanischen Redaktoren deuteronomistischer Prägung (vgl. Kap. 2.3) galt die Zeit der „früheren Propheten" (Sach 1,4; 7,7.12: הנביאים הראשנים) als abgeschlossen. Sie endete mit dem Untergang Jerusalems und der Zerstörung des ersten Tempels. An ihre Stelle traten zu Beginn der Perserzeit die Propheten des zweiten Tempels Haggai und Sacharja mit ihrer Botschaft des Neuanfangs. Für den Verfasser von Sach 11,4ff. scheint sich die Geschichte jedoch zu wiederholen: Weil das Volk die Mahnung „Seid nicht wie eure Väter!" (Sach 1,4) in den Wind schlägt, mündet auch die Epoche der nachexilischen Heilsprophetie im göttlichen Gericht.[81]

Was bedeutet dieses Scheitern für die Botschaft des Buches? Dieser Frage spürt die Erweiterung um Sach 11,6.7b.10a*.b.14.15f. mit ihren Symbolhandlungen nach: Die erste Zeichenhandlung, das Zerbrechen der Stäbe eines guten Hirten, symbolisiert das verlorene Heil, die zweite Zeichenhandlung, die Inszenierung

---

[79] Dies spricht nicht nur gegen die klassische These einer ursprünglichen Eigenständigkeit von Sach 9–14, sondern auch gegen die Vermutung, bei Sach 11 handele es sich um die Keimzelle von Sach 9–14 (Larkin, *Eschatology*, 139), sowie den Vorschlag, Sach 11 als Teil einer Sammlung ehemals eigenständiger Hirtenworte zu verstehen (Wöhrle, *Abschluss*, 128–131).

[80] Vgl. Boda, *Book*, 28: "The reemergence of the prophetic 'I' in 11:4–16 connects this material back to the prophetic 'I' of Zechariah 1–8."

[81] In eine ähnliche Richtung weisen die Überlegungen von Floyd, der Sach 9–14 als "typological reinterpretation" (Floyd, *Hope*, 289) von Sach 1–8 versteht. Die Ereignisse des 6. Jh., die Zerstörung des ersten und der Bau des zweiten Tempels, gewinnen in ihrer theologischen Deutung als Gericht und Neuanfang modellhaften Charakter: "Yahweh can repeat the same pattern of divine action whenever Persian hegemony no longer insures the safety and prosperity of his people." (ebd.) Gegen Floyd wird man aber gerade angesichts von Sach 11,4ff. den Aspekt der Transformation und Abrogation früherer Hoffnungen stärker gewichten müssen.

eines schlechten Hirten, das kommende Unheil. Die weltweite Dimension der symbolischen Handlungen (vgl. 11,6.10b.16) entspricht der weltweiten Dimension der sacharjanischen Heilserwartungen, die Jerusalem als globales Zentrum verstehen (vgl. Sach 2,15; 8,20–22.23; 9,10). Mit eben jener Hoffnung auf einen völkerübergreifenden Frieden, die sich in Sach 9,9f. mit der Erwartung eines Jerusalemer Königs verbindet, bricht Sach 11,10. Zugleich zerschlägt Sach 11,14 das besonders Sach 9–10 prägende gesamtisraelitische Bewusstsein (9,1b.10.13; 10,6; vgl. schon 8,13). Kein gerechter und demütiger davidischer Messias wird im Einklang mit JHWH ein wiedervereintes Großreich inmitten einer befriedeten Völkerwelt regieren (so aber noch Sach 9,9f.). Seine Stelle nimmt in Sach 11,15f. ein rücksichtsloser Tyrann ein.[82] Mit der Erweiterung des Kapitels zur doppelten Zeichenhandlung revoziert der Redaktor also entscheidende Aspekte der sacharjanischen Zukunftshoffnung.[83]

> Die Auseinandersetzung mit den älteren Texten des Buches vollzieht sich – dies gehört zu den Eigentümlichkeiten des Kapitels, wenn nicht des ganzen Buchteils Sach 9–14 – unter Rekurs auf andere prophetische Schriften.[84] Denn in literarischer Hinsicht liest sich Sach 11 eher wie eine Abrechnung mit den Kapiteln Ez 34 und Ez 37,[85] die freilich die zentralen Koordinaten mit Sach 9–10 teilen: Die Rückkehr ins Land, die sichere Existenz inmitten der Völkerwelt, die Wiedervereinigung Israels und Judas, und die Einsetzung eines davidischen Königs. Vielleicht trägt die besonders in Sach 7,7 beobachtete Vorstellung, dass die Propheten JHWHs über Zeit und Raum hinweg mit einer Stimme sprechen, zum Verständnis des Phänomens bei.

Ähnlich radikal scheint – berücksichtigt man den Kontext des Buches – die Fortschreibung Sach 11,5aβ.b.11–13 mit ihrer tempelkritischen Stoßrichtung: Die Distanz zu den Institutionen, deren Aufbau und Legitimierung die Propheten Haggai, Sacharja und ihre Tradenten noch beförderten, ist bemerkenswert.[86]

---

82 Weniger wahrscheinlich scheint aufgrund der kompositorischen Position die umgekehrte Vermutung von Wöhrle, *Abschluss*, 180, Sach 9,9f. würden Sach 11,4–17 revozieren: „Durch die Voranstellung von Sach 9,9–10 wird daher auch im Deuterosacharjabuch über das im folgenden erwähnte Gericht an einem schlechten Hirten hinausgeblickt und ein neuer, von Jhwh legitimierter Herrscher verheißen."
83 Zum Verständnis von Sach 11,4ff. als Revision von Sach 9–10, das freilich nicht jeden zur Annahme literarischen Wachstums nötigt, vgl. Stade, *Deuterozacharja*, 94–96; Mitchell, *Commentary*, 254; Ellul, *Variations*, 61f.; Mason, *Haggai*, 112; Stuhlmueller, *Rebuilding*, 134f.; Redditt, *Shepherds*, 635; Laato, *Josiah*, 283; Boda, *Reading*, 290f.; Nogalski, *Book*, 940.
84 Vgl. zum Verhältnis von intra- und intertextuellen Bezügen in Sach 11 Boda, *Reading*, 277–291.
85 Vgl. z. B. Ellul, *Variations*, 61: « une inversion quasi-totale du texte d'Ez 37/15–28 ».
86 Vgl. Ellul, *Variations*, 62; Laato, *Josiah*, 285.

In Sach 9,1–11,3 ist von dem Stimmungsumschwung, der Sach 11,4–17 von der ersten bis zur letzten Fortschreibung prägt, nichts zu spüren.[87] Allenfalls in der verhaltenen Paränese (10,1f.) und der zunehmenden Kriegsrhetorik (9,13–15; 10,3–11*) deuten sich erste Misstöne an. Damit können Sach 11,4ff. nur nach Vollendung von Sach 9,1–11,3 entstanden sein: Jede nachträglich in Sach 9,1–11,3 eingetragene Heilserwartung wäre durch ihre Fortsetzung in Sach 11,4ff. von vornherein in Zweifel gezogen.

4.5.3 Historischer Ort

Das lange Zeit vorherrschende Bestreben, die einzelnen Protagonisten, Objekte und Handlungen des Hirtenkapitels mit konkreten historischen Daten zu verknüpfen, war dem Verständnis des Textes wenig zuträglich, präsentiert er sich doch primär als Auseinandersetzung mit Literatur, nämlich der perserzeitlichen Heilsprophetie. Diese Auseinandersetzung vollzieht sich dennoch nicht im luftleeren Raum. Der bildhafte Rückblick des gewachsenen Textes endet mit dem wirkmächtigen Zerbrechen der beiden Stäbe (Sach 11,10.14) in der Gegenwart des Verfassers. Die Verortung von Sach 9,1–11,3 im ausgehenden 4. Jh. einmal vorausgesetzt, lehnt man sich kaum zu weit aus dem Fenster, wenn man die Kriegswirren der fortgeschrittenen Diadochenkriege als Erfahrungshintergrund für den mit dem ersten Stab symbolisch zerbrochenen Bund JHWHs mit den Völkern veranschlagt.[88]

Schwieriger gestaltet sich die Frage nach dem historischen Anknüpfungspunkt der mit dem zweiten Stab zerbrochenen „Bruderschaft" zwischen Juda und Israel. Auch neuere Arbeiten verweisen auf das sog. samaritanische Schisma, das der Bau des Tempels auf dem Garizim besiegelte, den wiederum Josephus in die Zeit des Alexanderzuges datiert (Ant. 11:304–36; 13:74).[89] Allerdings dürfte der Tempel, wie archäologische Forschungen zeigen, perserzeitlichen Ursprungs sein,[90] und die Herausbildung einer eigenen, von der judäisch-jüdischen unter-

---

87 Vgl. Mitchell, *Commentary*, 254: "From 11:4 onward, however, there is a greatly changed tone. Hope is not, it is true, entirely quenched, but it is a 'hope deferred,' and there is mingled with it a bitterness, the effect of positive oppression, of which there is no trace in 9^{11}–11^{3}."
88 Vgl. dazu schon Anm. 52.
89 Vgl. Elliger, *Propheten*, 163; Gese, *Nachtrag*, 233f.; Willi-Plein, *Haggai*, 189; Rudoph, *Haggai*, 209; Deissler, *Propheten*, 303; Lacocque, *Zacharie*, 179; Nogalski, *Book*, 936.
90 Vgl. z. B. Magen, *Dating*, 157–211; Hensel, *Juda*, 35–50.

schiedenen samaritanischen Identität bis in das 2. Jh. angedauert haben.[91] Ohnehin klagt Sach 11,14 keine mutwillige, religiös begründete Abspaltung des Nordens an, sondern beerdigt angesichts der Verfehlungen des gesamten Volkes die Hoffnung auf eine gemeinsame Zukunft.[92] Eine sichere Grundlage für eine Datierung bietet der Vers also nicht.

Während die Verfasser von Sach 9,1–11,3 noch überzeugt sind, die perserzeitlichen Hoffnungen des Sacharjabuches in die hellenistische Zeit retten zu können, scheint diese Gewissheit in Sach 11,4ff. verloren. Die Redaktoren der Hirtenepisode erkennen in den Kriegswirren nicht mehr die Wehen der Heilswende, sondern Vorboten des göttlichen Gerichts. Was diesen Stimmungsumschwung bewirkte, wissen wir nicht. Es bleibt verlockend, die kompositionsgeschichtlichen Brüche mit Erfahrungen der anonymen Tradenten zu verbinden. Darin besteht das verständliche Anliegen der verschiedenen "dissidence theories"[93], die hinter Sach 9–14 marginalisierte Gegenspieler der Jerusalemer Priesterschaft sehen (vgl. die weiterführenden Überlegungen in Kap. 6.5.3). Doch um aus Sach 9–14 indirekt die Biographie eines verfolgten Propheten und seiner Schülerkreise[94] oder einer opponierenden Bewegung von "visionaries"[95] zu extrahieren, fehlen sowohl klare Hinweise im Text als auch belastbare Quellen über das Jerusalem des 3. Jh.[96]

---

91 Hensel, *Juda*, 218–230, vermutet etwa, dass erst in ptolemäischer und seleukidischer Zeit mit politischen und wirtschaftlichen Rivalitäten zu rechnen ist, die schließlich in makkabäischer Zeit in schärfere religiöse Auseinandersetzungen mündeten. Vgl. Kratz, *Israel*, 40–59. Entsprechend vorsichtig formuliert Gonzalez, *Continuation*, 27 Anm. 95: "The breaking of the brotherhood between Judah and Israel in Zech 11:14 is probably a reflection of the growing tension between Jerusalem and Samaria during the Hellenistic period."

92 Vgl. nur Willi-Plein, *Ende*, 128. Demgegenüber hat in Sach 9,1–11,3 das Nordreich stets teil an den Hoffnungen des Südens auf die Rückkehr der Diaspora, den Sieg über die Feinde und die Errichtung eines messianischen Reiches. Vgl. Pummer, *Samaritans*, 259f.: "The texts of Isa 11:12–13; Jer 23:4–6, 31,17–20, and 41:5; Ezek 37:15–28; and Zech 8:13, 9:13, and 10:6–12 presuppose that the inhabitants of Samaria are part of the people of Israel and that the North share a common faith with the residents of the South. This inspires the hope that one day the unity of Ephraim and Judah will be restored." Lediglich 10,3bα[יהודה בית את].4 heben den Führungsanspruch Judas hervor.

93 Larkin, *Eschatology*, 11.

94 Vgl. Lamarche, *Zacharie*, 115–123.148–157; Mason, *Use*, 204–208.

95 Vgl. Hanson, *Dawn*, 1–31.280–413. Redditt, *Shepherds*, 632, beschreibt die Gruppe als "pro-Judean", "antiestablishment", "antipriestly", "nonmessianic" und "opposed to prophets of its own time".

96 Die magere Quellenlage veranschaulicht exemplarisch die Darstellung der hellenistischen Zeit in Frevel, *Geschichte*, 328–366, die beinahe direkt von Alexander zu den Verhältnissen der Makkabäerzeit springt.

5 Sach 12–13

5.1 Gliederung

Die Wendung משא דבר יהוה (vgl. Sach 9,1; Mal 1,1) hebt Sach 12–14 als zweiten Teil von Sach 9–11 ab. Im Gegensatz zu Sach 9,1–11,3 zerfallen Sach 12–14 in zwei Untereinheiten, deren Auftakt die Aufmerksamkeitspartikel הנה gefolgt von einem Partizipialsatz markiert (*futurum instans*):[1]

> Sach 12,2a „*Siehe, ich mache Jerusalem zur Taumelschale für alle Völker ringsum.*"
>
> Sach 14,1 „*Siehe, ein Tag kommt für JHWH.*"

Zur weiteren Untergliederung verweist man gerne auf die Formel ביום ההוא und ihre Langform והיה ביום הוא.[2] Wer den Text jedoch konsequent anhand ihrer siebzehn Instanzen aufteilt, muss ihn nicht nur völlig zerstückeln, sondern zugleich inhaltlich markante Zäsuren wie das Wort gegen den Hirten (13,7), den Auszug JHWHs in den Kampf (14,3) oder den Auftakt des Völkergerichts (14,12) übergehen. Selbst die Langvariante der Formel geht nur in 12,9; 13,2, nicht aber in 12,3; 13,4; 14,6 mit erkennbaren Zäsuren einher. Eine rein affirmative Funktion eignet der Formel, wenn sie in der Mitte oder am Ende eines gedanklichen Zusammenhangs zu stehen kommt (12,8; 14,9; 14,21). Ihre penetrante Wiederholung scheint somit eher allgemeines „Merkmal eschatologischen Stils"[3] denn belastbares Strukturelement zu sein.

Exkurs 6: Deixis und Funktion der Formel ביום ההוא

In der Diskussion um die Funktion der Formel ביום הוא stehen sich zwei Extrempositionen gegenüber, die bis heute Nachfolger finden: Während Greßmann dem deiktischen Ausdruck im eschatologischen Kontext einen innertextlichen Bezug zugunsten eines Verweises auf den außertextlichen Motivkomplex des Tages JHWHs abspricht,[4] versucht Munch den Charakter der Formel als Temporaladverb unter Bestreitung jeglicher eschatologischer

---

1 Vgl. etwa Biberger, *Heil*, 268; Boda, *Book*, 682.
2 Vgl. van der Woude, *Zacharia*, 222f.; Tigchelaar, *Prophets*, 118–120; Willi-Plein, *Haggai*, 194–196; Biberger, *Heil*, 267f. Vorsichtiger Boda, *Book*, 686. Unter formgeschichtlichem Paradigma sieht man in der Wendung gerne den Kitt ehemals eigenständiger Traditionsfragmente. Vgl. Lutz, *Jahwe*, 18; Sæbø, *Sacharja*, 266; Reventlow, *Propheten*, 114f.
3 Sæbø, *Art.* יום, 570.
4 Vgl. Greßmann, *Ursprung*, 142: „Denn schon Amos redet von jenem Tage (8,9.13), ohne daß das Pronomen demonstrativum aus dem Zusammenhang zu erklären wäre. Nur der Inhalt macht den Hörer darauf aufmerksam, daß jener Tag gemeint ist, den jedermann als den Tag Jahves kennt."

https://doi.org/10.1515/9783110668063-005

Konnotation nachzuweisen.[5] Die gehäufte Verwendung der Formel in Texten wie Sach 12–13 führt er auf eine Funktion als "connective formular"[6] zurück, die ohne weitere inhaltliche Implikationen allein der Aneinanderreihung oder Ergänzung ehemals unabhängiger Fragmente diene.

Für eine differenzierte Beurteilung empfiehlt sich, vom Gebrauch der Formel in der Vergangenheit auszugehen: Neben der gewöhnlichen adverbialen Verwendung – sei es mit Emphase („am selben Tag"; z. B. Sach 11,11) oder ohne Emphase („damals/dann"; z. B. Gen 33,16) – zum Ausdruck der Gleich- bzw. unmittelbaren Nachzeitigkeit eines Ereignisses, betont die Formel die temporale Distanz eines bestimmten Tages (vgl. Jos 9,27; 1Sam 31,6) sowie dessen besondere Qualität (vgl. Gen 15,18; 48,20; Ex 14,30; Jos 4,14; 14,9; 24,25).[7]

Auch in Zukunftsaussagen begegnet die Formel als eher blasses Zeitadverb, mit mehr oder weniger Emphase („am selben Tag/dann"; z. B. Ex 8,18; 13,8; Dtn 21,23; Dtn 31,17f.; 1Sam 8,18; 1Kön 22,25). Daneben steht aber seine auffallend gehäufte Verwendung im eschatologischen Kontext, manchmal begleitet von Phrasen wie באחרית הימים (Jes 2,2) oder יום ליהוה (Jes 2,12). Könnte nicht gerade dieser Gebrauch auf die Möglichkeit zurückzuführen sein, temporale Distanz und besondere Qualität zu bezeichnen, wie sie eben dem aus allen anderen Tagen herausgehobenen Tag JHWHs zukommen? Ihren „zeitadverbiellen Charakter"[8] hätte die Formel damit nicht verloren, gerade ihr Fehlen in den beiden Auftaktversen Sach 12,2 und Sach 14,1 zeigt, dass sie auf einen textimmanenten Anknüpfungspunkt angewiesen ist.[9] Eine eschatologische Note käme ihr gerade dann zu, wenn sie – wie in Sach 14 – auf eine Ankündigung des JHWH-Tages (14,1) zurückverweist oder – wie in Sach 12–13 – so gehäuft vorkommt, dass über die Einzigartigkeit dieses ereignisreichen Tages kein Zweifel bestehen kann.[10]

Eine Gliederung der Kapitel Sach 12–13 (zu Sach 14 vgl. Kap. 6.1) sollte sich also vornehmlich an inhaltlichen Signalen orientieren. Die von Abschnitt zu Abschnitt differierenden menschlichen Protagonisten des JHWH-Tages sowie der Wechsel zwischen Gottes- und Prophetenrede geben hierfür einen ersten Anhaltspunkt. Nach der Überschrift Sach 12,1 widmen sich Sach 12,2–6 ganz dem Verhältnis

---

5 Vgl. Munch, *Expression*, 6: "ביום ההוא can always be understood as a temporal adverb. An eschatological interpretation is unnescessary." Ihm folgt Beck, *Tag*, 44.
6 Vgl. Munch, *Expression*, 15–51: "The author, however, is obviously no great poet. He has not got further than to put in a row various eschatological imaginings, so to say, to collect stuff for an eschatological poem. He has not managed to put it together to a whole – except in as far as he means to have done so by repeating ביום ההוא over and over again, which, however, only shows a clumsy style."
7 Diese und die folgenden Überlegungen basieren auf der Arbeit von DeVries über das alttestamentliche Zeitverständnis (vgl. bes. ders., *Yesterday*, 338–340). Er unterscheidet zwischen Zeitadverben, die die Bedeutung ("epitomizing") oder die relative Chronologie ("time identifying") einer Zeitspanne definieren. Die theologische Überschneidung zwischen emphatischem ביום ההוא in Vergangenheit, Gegenwart und Zukunft findet er im offenbarenden ("revelatory") Charakter der durch die Formel eingeleiteten Sätze. Vgl. außerdem Sæbø, *Sacharja*, 261–266.
8 Sæbø, *Art.* יום, 570.
9 Darauf macht Munch, *Expression*, 20, zurecht aufmerksam.
10 Vgl. Sæbø, *Art.* יום, 570.

Jerusalems und der Völker im endzeitlichen Sturm auf die Stadt, bei dem jedoch auch Juda (V.2a) bzw. das Haus Juda (V.4b) und dessen Anführer (V.5.6a) eine Rolle spielen. In diesen Versen spricht allein Gott. Einen Einschnitt markiert V.6b: Er notiert als Ertrag den bleibenden Bestand Jerusalems. Sach 12,7f. konzentrieren sich auf Juda einerseits und die Bewohner Jerusalems und das Haus Davids andererseits. Im Fokus steht ihre Rolle im Kampfgeschehen, womit die Verse deutlich auf Sach 12,2–6 bezogen sind. Formuliert sind sie in Prophetenrede.

Sach 12,9 führt wieder auf das Gegenüber von Jerusalem und den Völkern zurück, schreitet jedoch gedanklich nicht fort – die Völker sind noch nicht vernichtet[11], sondern bietet eher dem folgenden Abschnitt 12,10–13,1 einen Anknüpfungspunkt: Hier stehen die Bewohner Jerusalems und das Haus David – von Juda ist keine Rede – im Mittelpunkt. Sich ergießende Segenskräfte (Sach 12,10; 13,1) rahmen ein merkwürdiges Trauerritual dieser Protagonisten. Von Sach 12,9 an ist der Text wieder durchgehend in Gottesrede gehalten.

Sach 13,2–9 erwartet schließlich die Reinigung des ganzen Landes vom Götzendienst. Die Stichworte ארץ, שם, כרת in 13,2.8f. rahmen diese Einheit. Einen Einschnitt markiert jedoch der Weckruf an das Schwert in 13,7: 13,2–6 thematisieren das Ende der Propheten, 13,7–9 das Ende eines Hirten und seine Folgen.

5.2 Sach 12,1

5.2.1 Kommentierte Übersetzung

1 Last/Ausspruch[a] des Wortes JHWHs gegen/über[b] Israel. Spruch JHWHs, der[c] den Himmel aufspannt und die Erde gründet und den Geist des Menschen in seinem Innern bildet.

---

[a] Vgl. zur Semantik von משא Textanm. a, S. 61, zu Sach 9,1. Der metaphorische Gehalt des Wortes tritt gegenüber Sach 9,1 jedoch deutlich zurück.
[b] Die Präposition על kann sowohl pejorativ eine Rede „gegen" (vgl. z. B. 2Kön 10,10) als auch indifferent eine Rede „über" (vgl. 2Chr 23,3) jemanden umschreiben. Vgl. Boda, *Book*, 692.
[c] Die indeterminierten Partizipien entsprechen poetisch-doxologischem Sprachgebrauch (vgl. etwa Jes 51,13; dazu Mitchell, *Commentary*, 326). Etwas eigenwillig wirkt der Vorschlag, sie als Prädikative auf das *Wort* JHWHs, das der Text doch deutlich als Wort „gegen/über Israel" einführt, zu beziehen, „womit hier zum erstenmal der Gedanke der Schöpfung durch das Wort bezeugt" (Willi-Plein, *Haggai*, 193) wäre.

---

11 Zur näheren Begründung vgl. die Analyse.

5.2.2 Analyse

Sach 12,1 verbindet – ein wichtiges Charakteristikum von Sach 12–14 vorwegneh-
mend – die partikulare Orientierung am Gottesvolk (12,1a) mit der universalen
Perspektive des Schöpfergottes (12,1b). Beide Aspekte verteilen sich auf zwei
Überschriften, die das Folgende als „Ausspruch des Wortes JHWHs" bzw. „Spruch
JHWHs" einleiten. Beide Überschriften könnten jeweils für sich bestehen.[12] Ihr
literargeschichtlicher Ort sowie ihre relative Chronologie lassen sich nur auf
Basis des jeweils vorausgesetzten literarischen Zusammenhangs bestimmen,
mithin erst nach der Analyse von Sach 12–14.[13]

Die sonst nicht belegte Wendung משא דבר יהיה verbindet Sach 12,1a literarisch
mit Sach 9,1a; und Mal 1,1.

> Sach 9,1 *„Die Last des Wortes JHWHs liegt auf dem Lande Hadrach und Damaskus ist sein Ruheort."*
>
> Sach 12,1 *„Last/Ausspruch des Wortes JHWHs gegen/über Israel."*
>
> Mal 1,1 *„Last/Ausspruch des Wortes JHWHs gegen/an Israel durch Maleachi."*

Zweifelsohne signalisiert die Wendung im überlieferten Text drei gliederungsre-
levante Zäsuren. Allerdings bildet sie in Sach 9,1 gerade keine Überschrift,
sondern Auftakt und Subjekt des ersten Satzes.[14] Erst Adressaten- und Mittleran-
gaben in Sach 12,1a (על ישראל) und Mal 1,1 (אל ישראל ביד מלאכי) verwandeln die
Wendung in eine Überschrift. Entsprechend verblasst die in 9,1a noch präsente
(vgl. „sein Ruheort") metaphorische Dimension des Wortes „Last". Sach 9,1
kommt damit die literarhistorische Priorität gegenüber Sach 12,1a und Mal 1,1 zu.[15]

---

12 Zwar steht נאם יהוה zumeist in der Mitte oder am Ende einer Gottesrede, kann eine solche aber
auch einleiten (vgl. Ps 110,1; Jes 56,8). Vgl. z. B. Lutz, *Jahwe*, 13; Sæbø, *Sacharja*, 253.

13 Vgl. Kap. 6.5.2.2. Zur Priorität von Sach 12,1a vgl. Nowack, *Propheten*, 390; Sellin, *Zwölfprophetenbuch (1930)*, 570; Reventlow, *Prophten*, 115; Wöhrle, *Abschluss*, 127 f.; zur Priorität von
12,1b vgl. Sæbø, *Sacharja*, 254; Rudolph, *Haggai*, 218 f.

14 Vgl. die Anmerkungen zu Sach 9,1. Die folgenden Überlegungen behalten im Übrigen auch
dann ihre Gültigkeit, wenn man משא als absolut stehende Überschrift ansieht. Denn דבר יהוה, das
in Sach 12,1 und Mal 1,1 zweifelsohne zur Überschrift gehört, lässt sich in Sach 9,1 nur unter Annahme von Textverstümmelung vom ersten Satz lösen.

15 Diese These blieb seit Ewald, *Propheten*, 61 f., weitgehend unbestritten. Vgl. Stade, *Deuterozacharja*, 307–309; von Orelli, *Propheten*, 392; Cornill, *Einleitung*, 202 f.; Grützmacher, *Untersuchung*, 51; Driver, *Einleitung*, 381; Nowack, *Propheten*, 389 f.; Sellin, *Zwölfprophetenbuch (1930)*,
570 f.; Elliger, *Propheten*, 167; Lutz, *Jahwe*, 12; Sæbø, *Sacharja*, 252; Floyd, *Prophets*, 515; Willi-Plein,
Haggai, 193; Gärtner, *Jesaja*, 137 Anm. 421; Redditt, *Zechariah*, 96. Nur wenige verorten Sach 9,1a
und Sach 12,1a (Wöhrle, *Abschluss*, 124–128), Sach 12,1a und Mal 1,1 (Steck, *Abschluß*, 130–132;

Gerade der Bezug auf Sach 9,1 könnte angesichts der mehrdeutigen Präposition עַל einen kritischen Unterton von Sach 12,1a implizieren: Wie sich die Last des göttlichen Wortes in 9,1 ff. gegen fremde Völker wendet, so nun gegen das eigene Volk Israel. Die überwiegend völkerfeindlichen Kapitel Sach 12–14 in ihrer Endgestalt lösen diese Erwartung jedoch nur bedingt ein.[16] Auch der Terminus „Israel" überrascht als Einleitung eines ganz auf Jerusalem und Juda konzentrierten Textes, der „Israel" nie erwähnt. Aus der Perspektive von Sach 12,1a scheint das Gottesvolk Israel also auf Jerusalem und sein Umland reduziert.[17]

Die zweite Überschrift 12,1b stimmt mit der Betonung der Schöpferkraft Gottes in Doxologien Deuterojesajas (v. a. Jes 51,13; vgl. auch Jes 42,5; 44,24; Jer 10,12; Jer 51,15; Ps 104,2; Hi 9,8) ein und vereint mit ihrer Verschränkung von Kosmo- und Anthropogonie Aspekte von priesterlicher und nichtpriesterlicher Schöpfungserzählung (vgl. Gen 1,1 und 2,7).[18] Wenn JHWH abweichend von Gen 2,7 nicht den Körper des Menschen „bildet", sondern ausgerechnet den in der biblischen Bildwelt eher gasförmig oder flüssig denn fest gedachten „Geist" (רוח),[19] könnte damit nicht nur an die – sowohl durch נשמה als auch durch רוח bezeichnete – lebensermöglichende, sondern auch an die lebensgestaltende Geistkraft zu denken sein: JHWH formt nicht nur Körper, sondern auch Charakter, den רוח als Synonym zu לב umschreiben kann.[20]

Redditt, *Zechariah*, 96) oder gar Sach 9,1; 12,1 und Mal 1,1 auf einer Ebene (Marti, *Dodekapropheton*, 443). Denn auf diesem Wege lassen sich die Differenzen der drei Instanzen kaum erklären. Selbst bei einer – freilich kaum indizierten – literarhistorischen Isolierung von משא דבר יהוה in Sach 9,1 (so Wöhrle, *Abschluss*, 124–128) bliebe die gegenüber 12,1 fehlende Adressatenangabe erklärungsbedürftig. Auch die Priorität von Mal 1,1 erscheint gerade angesichts des fehlenden Überschriftcharakters von 9,1 unwahrscheinlich (gegen Rudolph, *Haggai*, 253; Nogalski, *Processes*, 187–189; Meinhold, *Maleachi*, 9–11; Kessler, *Maleachi*, 67; Gonzalez, *Unité*, 61 Anm. 5).

16 So rechnet etwa Wöhrle, *Abschluss*, 125, mit einem durch Sach 12,1a eingeleiteten israelkritischen Textbestand in Sach 12–14. Für die Endgestalt ist wohl eher van Hoonacker, *Prophètes*, 681, zuzustimmen: « Il es clair que l'expression ... עַל ... מַשָּׂא n'est pas à comprendre ici en un sens défavorable ».

17 Vgl. z. B. Elliger, *Propheten*, 167; Willi-Plein, *Haggai*, 193; Nogalski, *Book*, 944.

18 Vgl. Floyd, *Prophets*, 495f.; Biberger, *Heil*, 270; Nogalski, *Book*, 945.

19 Im Kontext der Geistgabe wären eigentlich Formulierungen wie „einhauchen" (Gen 2,7), „legen" (z. B. Jes 63,11) oder „füllen" (z. B. Ex 28,3) zu erwarten. Als *terminus technicus* für JHWHs Schöpferhandeln hat das Verb יצר hingegen entweder den ganzen Menschen (Gen 2,7; Jes 43,1.7.21; 44,2.21.24; 45,9.11; 49,5; 64,7; Jer 1,5) oder einzelne Körperteile wie Herz (Ps 33,15) oder Auge (Ps 94,9) zum Objekt.

20 Herz und Geist werden häufig parallel genannt: Ex 28,3; 35,21; Jes 57,15; 65,14; Ez 11,19; 18,31; 21,12; 36,26; Ps 34,19; 51.12.19; 78,8; Ps 143,4; Spr, 17,22. Vgl. dagegen Willi-Plein, *Haggai*, 193.

Als Vorspann der Ereignisse „an jenem Tag" verankert 12,1b die Eschatologie in der Protologie und vergewissert damit den Leser der bereits erfahrenen Macht Gottes.[21] Die Erwartungen eines radikalen Eingriffs JHWHs in die Um- (Sach 14,4–10) und Innenwelt (Sach 12,10–14; 13,1–6) des Menschen dürften ebenso vorausgesetzt sein, wie die globale Dimension seines Handelns (Sach 14,9).[22]

5.3 Sach 12,2–8

5.3.1 Forschungsgeschichtliche Orientierung

Neben der rätselhaften Metapher zum Auftakt der Einheit V.2a – handelt es sich um eine Taumelschale oder eine Taumelschwelle?[23] – bietet vor allem die Rolle Judas (V.2b: Juda; V.4b: Haus Juda; V.5.6a: Anführer Judas; V.7: Zelte Judas) im Verhältnis zu Jerusalem (V.2a.3a.6b: Jerusalem; V.5.7f.: Bewohner Jerusalems; V.7f.: Haus David) Raum für Kontroversen. Ausgerechnet die Deutung des philologisch und textkritisch schwierigen V.2b stellt die Weichen für das Verständnis der folgenden Verse: Steht Juda auf der Seite Jerusalems oder auf der Seite der Völker? Folgt man der traditionellen Deutung, die das Land im – möglicherweise sogar durch die Völker aufgezwungenen – Krieg gegen die Stadt sieht, muss man aus V.1–6 eine Art Bekehrung Judas herausfiltern, die initiiert durch die Zuwendung JHWHs (V.4b) und die folgende Reflexion (V.5) im tatkräftigen Einsatz gegen die Völker und für Jerusalem mündet (V.6a).[24]

---

21 Vgl. Köhler, *Propheten III*, 177f.; Mitchell, *Commentary*, 321; Elliger, *Propheten*, 169; Mason, *Use*, 134.

22 Zu den motivischen Verweisen von Sach 12,1b in die Kapitel Sach 12–14 vgl. z. B. Floyd, *Prophets*, 515f.; Boda, *Book*, 694. Dagegen sprechen Nowack, *Propheten*, 390; Reventlow, *Propheten*, 115; Wöhrle, *Abschluss*, 128, der zweiten Überschrift jegliche inhaltliche Verbindung mit Sach 12–14 ab. Auffälligerweise bietet auch die Ergänzung Sach 9,1b am Auftakt der ersten Einheit Sach 9,1–11,3 eine ähnlich universale Perspektive. Gegenüber der Rede von „allen Stämmen Israels" scheint „Israel" in 12,1 jedoch auf den Süden reduziert zu sein.

23 Vgl. Textanm. a , S. 160 , zu Sach 12,2.

24 Schon T meint, die Teilnahme Judas am Kampf gegen Jerusalem durch äußeren Zwang entschulden zu müssen: ואף דבית יהודה ייתונון עממיא כד אניסין בצירא ליצירא לירושלם. Auch diejenigen griechischen Handschriften, die „Israel" in Sach 11,14 durch „Jerusalem" ersetzen, dürften Sach 12,2b (und Sach 14,14a) in diesem Sinne verstanden haben. Vgl. Nowack, *Propheten*, 389f. Zu den neueren Vertretern dieser Deutung gehört Wolters, *Zechariah*, 404–410. Wöhrle, *Abschluss*, 95–106, kann trotz entsprechender Deutung von V.2b auf die Annahme einer Bekehrung Judas verzichten, da seine Grundschicht auf eine Niederlage Jerusalems gegen Juda und die Völker hinausläuft.

Das Verhältnis von Juda und Jerusalem bietet auch den Ausgangspunkt für redaktionsgeschichtliche Überlegungen. Viele Exegeten isolieren die entsprechenden Verse literarkritisch, wobei sich gerade in V.7f. zum inhaltlichen Kriterium der formale Wechsel von der Gottes- in die Prophetenrede gesellt. Andere differenzieren weiter zwischen einer projerusalemischen und einer projudäischen Bearbeitung. Umfang und Chronologie dieser Schichten bleiben jedoch höchst umstritten.[25]

5.3.2 Kommentierte Übersetzung

2 Siehe, ich mache Jerusalem zur Taumelschale[a] für alle Völker ringsum. Und auch gegen Juda: Es wird belagert werden wegen Jerusalem.[b]
3 Und es wird geschehen an jenem Tag, da werde ich Jerusalem zu einem Hebestein[c] für alle Völker machen. Alle, die ihn heben, werden sich gewiss reißen[d]. Und alle Nationen der Welt werden sich gegen es versammeln.
4 An jenem Tag, Spruch JHWHs, werde ich jedes Pferd mit Scheuen[e] und jeden Reiter mit Raserei schlagen. Doch über das Haus Juda werde ich meine Augen öffnen und jedes Pferd der Völker mit Blindheit schlagen.
5 Und die Anführer[f] Judas werden in ihrem Herzen sprechen: Meine[g] Stärke[h] sind die Bewohner Jerusalems durch JHWH der Heerscharen, ihren Gott.
6 An jenem Tag werde ich die Anführer Judas wie ein Feuerbecken im Holzhaufen[i] und wie eine Feuerfackel im Garbenbündel machen und sie werden nach rechts und nach links fressen alle Völker ringsum. Und Jerusalem wird weiter an seinem Platz bleiben in Jerusalem.[j]
7 Und JHWH wird die Zelte Judas zuerst retten, damit der Ruhm des Hauses David und der Ruhm des Bewohners[k] Jerusalems nicht über Juda hinausgeht.
8 An jenem Tage wird JHWH den Bewohner Jerusalems beschirmen, und der Strauchelnde unter[l] ihnen an jenem Tag wird sein wie David und das Haus David wie Gott, wie der Bote JHWHs vor ihnen.

---

25 Folgende Exegeten rechnen mit einer Judabearbeitung, die neben V.7f. auch Teilverse in V.2–6 enthält: V.2b*(וגם על יהודה).5.7f. (Marti, *Dodekapropheton*, 445); V.2b.3b.4bα.7f. (Elliger, *Propheten*, 167–169); V.2b.3b.4bα.5f. (Plöger, *Theokratie*, 102f.); V.4bα.5–8 (Rudolph, *Haggai*, 218–223); V.7f. sowie spätere Glossen in 2b.3b.4bα.β.5.8bβ (Reventlow, *Propheten*, 114–118). Gärtner, *Jesaja*, 146f., zählt V.8 zur zionstheologischen Grundschicht 1.2a.4a.bβ.6.8.9, die mit 2b.4bα.5.7 eine projudäische Überarbeitung erfahren habe. Biberger, *Heil*, 303–306, vermutet eine mehrfach fortgeschriebene Grundschicht in 12,2a.3a.6b, wobei die Erweiterung V.2b.4b.6a der Einbeziehung Judas diene. Lutz, *Jahwe*, 11–21; Tai, *Prophetie*, 160–183, differenzieren zwischen projerusalemischen und projudäischen Bearbeitungen in V.5.6b.8 und V.2b.4bα.6a.7.

ᵃ Während T „Gefäß voll Rauschgetränk" (מן מלי מרוי) paraphrasiert, denken LXX (πρόθυρα σαλευόμενα: „bebende Vorhalle") und V (*superliminare crapulae*: „Oberschwelle des Rausches") an eine architektonische Größe. סף kann neben der Schale (Ex 12,22; 2Sam 17,28; 1Kön 7,50; 2Kön 12,14; Jer 52,19) tatsächlich die Türschwelle mit ihren schalenartigen Vertiefungen für die Türzapfen bezeichnen (Ri 19,27; 1Kön 14,17; 2Kön 22,4; 23,4; 25,18; Jes 6,4; 35,4; Jer 52,24; Ez 40,6.7; 41,16; 43,8; Am 9,1; Zef 2,14; Est 2,21; 6,2; 1Chr 9,19.22; 2Chr 3,7; 23,4; 34,9). Grundsätzlich denkbar wäre also auch die Übersetzung „Stolperschwelle" (Driver, *Problems*, 178; Mason, *Haggai*, 115; Rudolph, *Haggai*, 217; Stiglmaier, *Durchbohrte*, 451; ähnlich Petersen, *Zechariah*, 107; Wolters, *Zechariah*, 404f.). Dem widerraten jedoch der literarische Kontext (a) sowie der biblische Gebrauch der Wurzel רעל (b): a) Die Verwirrung der feindlichen Reiterei (V.4a) lässt sich als sachliches Pendant der Taumelschale begreifen. b) Die Wurzel רעל verbindet sich an mehreren Stellen mit der Vorstellung eines „Taumelbechers" oder „Taumelweins" (Jes 51,17.22: קבעת כוס התרעלה; Ps 60,5: יין תרעלה; zu Hab 2,16 vgl. BHS). Die Ersetzung des „Bechers" durch eine „Schale" könnte der Identifizierung mit einer belagerten Stadt geschuldet sein (ähnlich Köhler, *Propheten III*, 179): Für die Masse der um Jerusalem versammelnden Völker schien ein großes, flaches Gefäß geeigneter. Weitere Bedenken erheben sich gegen die Deutung „bebende Schwelle" (Wöhrle, *Abschluss*, 98f., mit Verweis auf Jes 6,4; Am 9,1) als Bild für das Gericht gegen Jerusalem, zumal so die Wendung „für alle Völker ringsum" (לכל העמים סביב) funktionslos bliebe. Der Vergleich einer belagerten bzw. eroberten Stadt mit einer bebenden Schwelle leuchtet nur bedingt ein: Gerade der entscheidende „Übergangscharakter" der Schwelle, deren Beben in Jes 6,4; Am 9,1 vom drohenden Gericht kündet (vgl. zu Jes 6 Hartenstein, *Unzugänglichkeit*, 110-136; zu Am 9 Jeremias, J., *Amos*, 125), bliebe in Sach 12,2 unterbestimmt. Außerdem dürfte der Verfasser, wollte er auf Jes 6,4 oder Am 9,1 anspielen, kaum auf die Verben נוע oder רעש zugunsten der seltenen Wurzel רעל verzichten. Die Deutung als „Taumelschale" teilen Köhler, *Propheten III*, 178f.; Wellhausen, *Propheten*, 197; Mitchell, *Commentary*, 321; Sellin, *Zwölfprophetenbuch (1930)*, 571; Elliger, *Propheten*, 169; Lutz, *Jahwe*, 17; Deissler, *Propheten*, 305; Reventlow, *Propheten*, 115; Floyd, *Prophets*, 519; Willi-Plein, *Haggai*, 196f.; Redditt, *Zechariah*, 102.104; Boda, *Book*, 699f.

ᵇ V.2b lässt ein Subjekt vermissen, das die Versionen durch Auslassung einer der Präpositionen vor יהודה oder מצור zu gewinnen suchen: LXX liest (unter Abschwächung des hebr. על יהודה) καὶ ἐν τῇ Ιουδαίᾳ ἔσται περιοχὴ ἐπὶ Ιερουσαλημ; V liest *sed et Iuda erit in obsidione contra Hierusalem*. Hierbei handelt es sich kaum um zwei alte Lesarten, die schließlich im MT als *textum mixtum* zusammenfanden (so BHS; Sæbø, *Sacharja*, 89-92), sondern um unterschiedliche Versuche, denselben Ausgangstext zu emendieren.

Bisherige Deutungen des MT überzeugen jedoch in syntaktischer und inhaltlicher Hinsicht nicht völlig: 1) Gegen eine Verbindung von וגם על יהודה mit dem vorangehenden Satz („und auch gegen Juda wird sie [die Taumelschale] sein"; vgl. Nowack, *Propheten*, 390; Floyd, *Prophets*, 517) spricht die abweichende Präposition (לכל העמים סביב vs. על יהודה) sowie der Inhalt des gesamten Abschnitts: Zum Gegner Jerusalems wird Juda unter Einfluss von Sach 14,14a erst in den Augen der Rezeption (vgl. T; dazu Anm. 24, S. 158). 2) Im Falle einer Verpflichtung Judas zur Belagerung Jerusalems (vgl. schon T sowie z. B. Barthélemy, *CTAT*, 998; Wolters, *Zechariah*, 405f.) dürfte man abgesehen von ähnlichen inhaltlichen Vorbehalten eine Formulierung wie ‏*על יהודה יהיה המצור‎ (vgl. z. B. Esr 10,4) oder ‏*על יהודה להיות במצור‎ (vgl. z. B. 1Kön 4,7) erwarten. 3) Die sachlich in die richtige Richtung weisende unpersönliche (Reventlow, *Propheten*, 113: „und auch gegen Juda wird es geschehen bei der Belagerung gegen Jerusalem"; ähnlich Keil, *Propheten*, 649; von Orelli, *Propheten*, 393; van Hoonacker, *Prophètes*, 681) oder elliptische (Köhler, *Propheten III*, 178: „und auch um Juda wird [Belagerung] seyn bei der Belagerung wider Jerusalem") Deutung hat die folgenden syntaktischen Überlegungen gegen sich.

Entscheidend für das Verständnis des MT ist, dass die Wendung היה במצור (wörtl.: „in der Belagerung sein") nicht den Akt („belagern"), sondern den Zustand der Belagerung („belagert werden") bezeichnet (Ez 4,3: וְהָיְתָה בְמָצוֹר וְצַרְתָּ עָלֶיהָ ; vgl. außerdem בוא + במצור in Dtn 20,19 u. ö.; ישב + במצור in 2Chr 32,19). Den Versuch, die Wendung in Ez 4,3 durch eine Umvokalisierung (וְהָיְתָה) in ihr Gegenteil zu verkehren, beschreibt Wöhrle, *Abschluss*, 100 Anm. 12, selbst als „spekulativ". Es empfiehlt sich damit, וגם על יהודה im Sinne eines *casus pendens* aufzulösen (vgl. Sach 9,11: גם את), Juda als Subjekt von היה zu denken (zur maskulinen Bildung vgl. Jes 3,8; 11,13; Hos 4,15; 5,5; 8,14; 10,11; 12,1 u. v. m.) und das abschließende – von Elliger, *Propheten*, 166; Lutz, *Jahwe*, 11, als Glosse betrachtete – על ירושלם mit „wegen Jerusalem" zu übersetzen (vgl. Ges[18]). Ähnlich Rudolph, *Haggai*, 216; Gärtner, *Jesaja*, 136 Anm. 417; Boda, *Book*, 701.

[c] LXX kann mit dem Hapaxlegomenon מעמסה genauso wenig anfangen wie mit der seltenen Wurzel שרט und liest in Orientierung an der Wurzel רמס (mit Jansma, *Inquiry*, 113) λίθον καταπατούμενον („zertretener Stein") und πᾶς ὁ καταπατῶν („jeder, der tritt") sowie in Orientierung nicht an שרק (so Rudolph, *Haggai*, 217), sondern an שחק (vgl. Ri 16,25.27; Ps 104,26) ἐμπαίζων ἐμπαίξεται („wird sehr spotten"). MT ist dem sicherlich vorzuziehen. Als Nominalbildung von עמס könnte מעמסה in Analogie zu משא sowohl den Akt („Heben/Tragen") als auch das Objekt („Last") des Hebens bezeichnen (vgl. ugar.: *'ms*: „eine Last aufladen/hochstemmen, tragen, stützen"). Aufgrund der Fortsetzung („alle, die ihn heben") ist an einen zu hebenden Stein zu denken.

[d] Zur Semantik: Das AT kennt das seltene Verb nur in der Bedeutung des „Ritzens" von Haut (Lev 21,5 vgl. 19,28), die auch für akk. *šarāṭu* belegt ist und in der vorkritischen Rezeption von Sach 12,3 eine Bestätigung findet (vgl. V: *concisione lacerabuntur*; Hieronymus, *In Zach. III 12,1-3* [CChr. SL 76A 862,68f.]: *scissuram aliquam vel rasuram in levantium corporibus*; David Kimchi: יעשו בה שריטות בידם). Deshalb ist weniger an „Muskelrisse, Rückgratschäden" (Rudolph, *Haggai*, 221 Anm. 7) als vielmehr an Hautschürfungen zu denken (mit Mitchell, *Commentary*, 322; Redditt, *Zechariah*, 98; Wolters, *Zechariah*, 407; Boda, *Book*, 702): Wer sich erfolglos an einem schweren Stein abmüht, ohne ihn bewegen zu können, holt sich blutige Hände. Zur Syntax: Der *inf. abs.* in einer *figura etymologica* stimmt meist mit der Form des finiten Verbs überein, kann aber auch, wie im vorliegenden Fall, im Kal wiedergegeben werden (JM §123 p).

[e] תמהון leitet sich von תמה „staunen, erschrecken, erstarren" (Jes 13,8; Jer 4,9 u. ö.) ab, bei Pferden liegt die Bedeutung „Scheuen" nahe.

[f] Die Versionen bestätigen MT אַלֻּפֵי יְהוּדָה (LXX: οἱ χιλίαρχοι Ιουδα; V: *duces Iuda*). Mit der Änderung in אַלְפֵי יְהוּדָה gleicht man ohne Not an geläufigere Formulierungen an (vgl. z. B. Num 1,16 אַלְפֵי יִשְׂרָאֵל; 1Sam 23,23 אַלְפֵי יְהוּדָה). Mit Sæbø, *Sacharja*, 93; Petersen, *Zechariah*, 108; Boda, *Book*, 699 Anm. p. Gegen Marti, *Dodekapropheton*, 445; Mitchell, *Commentary*, 327f.; Nowack, *Propheten*, 391; Sellin, *Zwölfprophetenbuch (1930)*, 571; Elliger, *Propheten*, 166; Lutz, *Jahwe*, 11; Rudolph, *Haggai*, 217; Wolters, *Zechariah*, 408.

[g] Die durch eine hebräische Handschrift und T (ליתבי ירושלם) bezeugte kürzere Lesart לישבי ירושלם erklärt sich als Haplographie des י. Gegen Mitchell, *Commentary*, 238; Nowack, *Propheten*, 391; Elliger, *Propheten*, 166; Lutz, *Jahwe*, 11f.; Rudolph, *Haggai*, 217; Gärtner, *Jesaja*, 136f. Anm. 418; Wolters, *Zechariah*, 409.

[h] Den Versionen bereitet sowohl das Hapaxlegomenon אמצה als auch der Nominalsatz mit לי Probleme. LXX und T leiten das Nomen von מצא (LXX: εὑρήσομεν; T: אשתכח) ab und sind so gezwungen, die Bewohner Jerusalems als Objekt zu lesen (LXX: τοὺς κατοικοῦντας Ιερουσαλημ) bzw. ein Objekt einzufügen (T: פורקן „Rettung"); V macht die Bewohner Jerusalems zum Subjekt: *confortentur mihi habitatores Hierusalem* („die Einwohner Jerusalems werden durch mich ermutigt"). Doch das Nomen lässt sich von אמץ „stärken, ermutigen" (vgl. v. a. Dtn 3,28; Jes 41,10; Ps 89,22; Hi

16,5; 2Chr 11,17) ableiten und die Satzkonstruktion ist häufig belegt: 2Sam 22,19 ויהי יהוה משען לי
(„und JHWH war mir Stütze"); Ps 32,7 אתה סתר לי („du bist mir Schutz"); Ps 59,17 כי היית משגב לי
(„denn du warst mir Zuflucht"); Ps 61,4 כי היית מחסה לי („denn du warst mir Zuflucht"); HL 1,13 צרור
המר דודי לי („ein Myrrhenbeutel ist mir mein Geliebter"); HL 1,14 אשכל הכפר דודי לי („eine Henna-
blüte ist mir mein Geliebter"). Vgl. dagegen die diversen Emendationen bei Marti, *Dodekapropheton*, 445; Sellin, *Zwölfprophetenbuch (1930)*, 572; Rudolph, *Haggai*, 217.

[i] Der Plural kann geschichtete Hölzer umschreiben (vgl. Lev 1,7; 4,12; 6,5), was ein analoges Bild
zu den gebündelten Getreidehalmen im selben Vers ergibt.

[j] Zu ישב + תחת + Suffix in der Bedeutung „an seinem Platz bleiben" vgl. Ex 16,29 (שבו איש תחתיו);
Sach 14,10 (וישבה תחתיה). Die nächste Analogie findet sich jedoch in Jos 5,8, wo die Bleibe durch
ein weiteres Präpositionalobjekt präzisiert wird: וישבו תחתם במחנה. Die Redundanz des MT dient
der Emphase und ist weder durch Streichung (so Marti, *Dodekapropheton*, 445; Mitchell, *Commentary*, 328; Sellin, *Zwölfprophetenbuch [1930]*, 572; Lutz, *Jahwe*, 12; Gärtner, *Jesaja*, 137
Anm. 419; Biberger, *Heil*, 305, mit Mss und LXX) noch durch Konjektur (Ehrlich, *Randglossen*,
350; Petersen, *Zechariah*, 108: בשלום) zu bereinigen.

[k] Der gegenüber 12,5 auffallende Singular (ebenfalls singularisch in 12,8.10; pluralisch in 13,1)
ließe sich zwar als Haplografie des י erklären, zumal die Versionen durchweg den Plural bieten.
Doch schon 4QXII[e] bezeugt die kürzere hebräische Lesart, die auch an anderer Stelle im kollektiven Sinne Gebrauch findet (vgl. Jes 5,3; 8,14; 9,8; 22,21).

[l] בהם bezeichnet weder die Strauchelnden „über sie" (so in Lev 26,37; Jer 6,21; 46,12; Ez 33,12; Hos
5,5; 14,2.19; Nah 3,3; Spr 4,19) noch „durch sie" (so in Dan 11,33; Klgl 5,13; Spr 24,16), sondern die
Strauchelnden „unter ihnen" (so in Ps 105,37: ואין בשבטיו כושל).

5.3.3 Analyse

Sach 12,2–6 kondensieren das endzeitliche Drama um Jerusalem auf assoziativ
aneinandergereihte Bilder der Tradition.[26] Der erste Vers vereint das unheilsprophe-
tische Motiv des Taumelbechers[27] und das zionstheologische Motiv des erfolglosen

---

26 Ähnlich spricht etwa Horst, *Propheten*, 255, von einem „Mosaikbild", Gärtner, *Jesaja*, 136,
von einem „Konglomerat".
27 Vgl. bes. Jes 51,17–23; Jer 25,15–29 sowie Jer 13,12–14; 49,12; 51,7; Ez 23,31–34; Ob 16; Hab 2,15–
17; Ps 60,5; 75,9; Klgl 4,21. Sach 12,2a setzt bereits eine Entwicklung des Motivs voraus, in der Israel vom gerichteten Zechkumpanen (Jer 25,15–29) zum richtenden Mundschenk der Völker wird
(Jes 51,17–23). Die Identifizierung des Bechers mit einer Stadt könnte in Jer 51,7 ein Vorbild haben;
allerdings ist Babylon dort nicht Instrument, sondern Objekt des göttlichen Gerichts. Während
die Völker bisweilen zum Trinken gezwungen werden müssen (Jer 25,28; 49,12), setzt Sach 12,2a
eine verführerische Wirkung der Schale voraus (vgl. etwa Köhler, *Propheten III*, 178f.). Umstritten bleibt der traditionsgeschichtliche Ursprung des Motivs (vgl. dazu Greßmann, *Festbecher*,
55–62; Schunck, *Becher*, 323–330; Seidl, *Becher*, 149; Fuchs, *Symbol*, 65–84). Für die Deutung
eines späten Textes wie Sach 12 ist diese Frage kaum entscheidend. In der vorliegenden Verbindung mit dem Tag JHWHs scheint jedoch die Verkehrung eines ursprünglichen Festmotives at-
traktiv: Wie die prophetische Tradition den JHWH-Tag vom Festtag zum Tag des eschatologi-

Völkersturms auf Jerusalem[28], indem es die Stadt selbst mit einer Schale identifiziert, die die Völker ‚ringsum' – eine verführerische Wirkung scheint impliziert – zum verhängnisvollen Schluck reizt. Jerusalem wird so zu Grund, Ort und Mittel des göttlichen Gerichts über die Völker.

V.2b erweckt gegenüber der performativen Gottesrede in V.2a den Eindruck eines kommentierenden Nachtrags: Er verlässt die metaphorische Ebene, indem er das Bild der um die Schale versammelten Völker – sachlich freilich zutreffend, jedoch V.3b vorwegnehmend – als Belagerung Jerusalems auflöst.[29] Seine Intention liegt in der Einbeziehung Judas in das Geschehen: Als Peripherie Jerusalems wird es zwangsläufig („wegen Jerusalem") vom Angriff der Völker betroffen sein. Die Rede von der Belagerung eines Landstriches ist keineswegs anstößig. Schließlich beheimatet auch Juda befestigte und damit belagerungsfähige Städte (vgl. etwa 2Kön 18,13; Jes 36,1; 2Chr 11,5; 12,4; Jer 1,15; 4,16).[30]

Das Bild Jerusalems als Stein (V.3a) verhält sich indes komplementär zum ersten Bild: Es kontrastiert die Taumelwirkung Jerusalems auf die Völker mit der eigenen Beständigkeit. Im Hintergrund steht die ins Eschatologische gewendete und in ein Bild des Alltags verpackte Vorstellung Zions als letztlich uneinnehmbarer Gottesstadt (vgl. z. B. Ps 48). Mit Hieronymus dürfte der „Hebestein" als Instrument sportlicher Ertüchtigung, eine Art antike Hantel, aufzufassen sein. Denn erst das Element des sportlichen Ehrgeizes bildet ein passgenaues Gegenüber zum Reiz der Trinkschale und vermag zu erklären, was den Stein überhaupt zum „Hebestein" macht.[31]

Hieronymus beschreibt in seinem Kommentar zur Stelle den Brauch der jüdischen Stadtjugend (*Mos est in urbibus Palaestinae*), ihre Kraft an überaus schweren Steinen (*lapides gravissimi ponderis*) zu messen, sowie eine ähnlichen Zwecken dienende Hebekugel in

---

schen Gerichts verkehrt (vgl. zu dieser These Müller, *Tag*, 582–591), so den Weinbecher vom Festgetränk zum Gerichtsinstrument (vgl. v. a. Greßmann, *Ursprung*, 129–136; anders ders., *Festbecher*, 55–62).

28 Vgl. z. B. Ps 46,6f.; 48,5–8; 76,4–8 sowie die prophetische Ausformung zu einem endzeitlichen Völkerangriff in Ez 38f.; Joel 4; Mi 4,11–13.

29 Mit Mitchell, *Commentary*, 321f.; Nowack, *Propheten*, 390; Elliger, *Propheten*, 168; Lutz, *Jahwe*, 13; Rudolph, *Haggai*, 219; Reventlow, *Propheten*, 115; Tai, *Prophetie*, 161f.; Gärtner, *Jesaja*, 145; Biberger, *Heil*, 304; Redditt, *Zechariah*, 103. Gegen Wöhrle, *Abschluss*, 100, der lediglich die Präposition על für sekundär hält.

30 Gegen Wöhrle, *Abschluss*, 100; Wolters, *Zechariah*, 405. Auch Dtn 2,9.19 spricht unter Verwendung der Wurzel צור von der Belagerung Moabs und Ammons (vgl. die Syntax mit Jos 9,31).

31 Mit Köhler, *Propheten III*, 182f.; Wellhausen, *Propheten*, 197; Marti, *Dodekapropheton*, 444; Elliger, *Propheten*, 169; Rudolph, *Haggai*, 221; Wolters, *Zechariah*, 406f. Dagegen denkt Driver, *Problems*, 180, an eine Wegsperre ("some huge block of stone or a mass of heavy stones dragged into position to close a passage"), Wöhrle, *Abschluss*, 95, an einen „wegzutragenden Stein".

der Akropolis von Athen.[32] Zwar stieg das Gewichtheben in der griechischen Antike nie zur olympischen Disziplin auf, doch ist das Stemmen von Steinen zu Trainings- oder Wettkampfzwecken schon in vorchristlicher Zeit sowohl literarisch als auch archäologisch durch Inschriften auf entsprechenden Steinen bezeugt.[33] Einen Beleg für das hellenistische Juda bietet möglicherweise die synonyme Formulierung משא אבן in Sir 6,21: Der schnellstmöglich wieder abzulegende „Hebestein" versinnbildlicht hier die Lästigkeit der Weisheit für den Toren (כאבן משא תהיה עליו ולא יאחר לשליכה). Deutlicher an eine Kraftprobe lässt die griechische Übersetzung denken: λίθος δοκιμασίας ἰσχυρὸς („schwerer Prüfstein").

Etwaige Ertüchtigungsversuche resultieren jedenfalls frei nach Koh 10,9 in Selbstverletzung: „Wer Steine hebt, verletzt sich an ihnen." Der gegenüber V.2a zunächst auffallende syntaktische Überschuss von V.3aβ erklärt sich aus inhaltlichen Zwängen: Das zwangsläufige Scheitern der Völker ist zwar im Bild der Taumelschale, nicht aber im Bild des Hebesteines inbegriffen.[34]

Als unverzichtbar für die Grundschicht erweist sich auch V.3b gerade aufgrund des Übergangs in die Sachebene: Während die bisherigen Aussagen V.2a.3a nur die Verwandlung Jerusalems in die für etwaige Angreifer potentiell verhängnisvollen Größen Schale und Stein ankündigen, spricht erst V.3b vom tatsächlich

---

32 Der vollständige Abschnitt (Hieronymus, *In Zach.* III 12,1–3 [CChr.SL 76A 861f.,50–57]) lautet: *Mos est in urbibus Palaestinae, et usque hodie per omnem Judaeam vetus consuetudo servatur, ut in vinculis, oppidis, et castellis rotundi ponantur lapides gravissimi ponderis, ad quos juvenes exercere se soleant, et eos pro varietate virium sublevare, alii usque ad genua, alii usque ad umbilicum, alii ad humeros et caput, nonnulli super verticem, rectis junctisque manibus, magnitudinem virium demonstrantes, pondus extollant.* Vgl. dazu ausführlich Opelt, *Hebestein*, 287–294.

33 Vgl. Harris, *Sport*, 142–150; Crowther, *Weightlifting*, 111–120; Opelt, *Hebestein*, 290–294; Hübner, *Spiele*, 127f.; Decker, *Sport*, 147.

34 Vgl. Lutz, *Jahwe*, 18: „Anders als das zudem sehr geläufige Bild vom Taumelbecher bedarf das Bild vom Stemmstein, soll es einen drohenden Charakter erhalten, einer Erläuterung". Gegen Marti, *Dodekapropheton*, 444; Mitchell, *Commentary*, 322; Nowack, *Propheten*, 390; Sellin, *Zwölfprophetenbuch (1930)*, 571; Wöhrle, *Abschluss*, 96, die V.3aβ als Ergänzung werten. Wöhrle, *Abschluss*, 95–102, gründet auf den sekundären Charakter von V.3aβ die These einer jerusalemfeindlichen Grundschicht in V.2.3aα.b.4a.bα.6aα, die jedoch mit schwierigen Zusatzannahmen einhergeht: Der jerusalemkritischen Deutung von V.2a, die das לכל העמים סביב kaum zu erklären vermag, der Ursprünglichkeit von V.2b, die den inhaltlichen und stilistischen Bruch gegenüber V.2a gegen sich hat, der Annahme, dass sich der Gottesschrecken (V.4a), der unmittelbar nach der Einführung der Völker in V.3b „alle Pferde" und „alle Reiter" (!) treffen soll, ausschließlich auf die Jerusalemer Kavallerie beziehe, und schließlich der keineswegs zwingenden Trennung zwischen V.6aα und V.6aβ.

erfolgenden Angriff, der wiederum in V.4ff. bereits vorausgesetzt ist. V.3b bildet somit ein notwendiges Scharnier zwischen V.2a.3a und V.4–6*.[35]

Entgegen der geläufigen Forschungsmeinung ist allein die terminologische Varianz – V.2a spricht von „allen Völkern ringsum" (כל העמים סביב), V.3b von „allen Nationen der Erde" (כל גויי הארץ) – literarkritisch kaum belastbar: 1) Die Begriffe „Völker" (עמים) und „Nationen" (גוים) sind semantisch häufig austauschbar, ihre parallele Verwendung Merkmal abwechslungsreichen Stils (vgl. Gen 17,16; Dtn 4,27; Ps 33,10; 96,3.10 u.v.m.). 2) Eine Eingrenzung der „Völker ringsum" auf Völker der unmittelbaren Nachbarschaft ist möglich, aber keineswegs zwingend: Das hier verwendete Adverb סביב sowie die aus Präposition und Substantiv bestehende Fügung מסביב lassen sich hinsichtlich ihrer Reichweite nicht unterscheiden:[36] Der beschriebene Radius variiert vielmehr je nach Kontext zwischen dem unmittelbaren Umfeld und der gesamten Welt. So scheint die deuteronomistische Rede von den „Feinden ringsum" (z. B. Dtn 25,19: איביך מסביב; vgl. auch Ez 36,4.7) die unmittelbare Nachbarschaft im Blick zu haben, während die Sammlung „aller Nationen ringsum" (כל הגוים מסביב) in Joel 4,11f. einen umfassenderen Vorgang (vgl. Joel 4,2) impliziert. Auch das Adverb סביב beschreibt etwa in Jer 25,9 die umliegenden Völker (כל הגוים האלה סביב), während es in den Ausführungen zum weltweiten Ruhm der salomonischen Weisheit in 1Kön 5,11.14 eine universale Bedeutung erhält:

> *"Und er war weiser als alle Menschen (…).*
> *Und sein Name war berühmt unter allen Nationen ringsum (בכל הגוים סביב).*
> *[…][37]*
> *Und sie kamen aus allen Völkern (מכל העמים), um die Weisheit Salomos zu hören*
> *und von allen Königen der Welt (הארץ), die von seiner Weisheit gehört hatten."*

Schon der Parallelismus „alle Menschen" – „alle Nationen ringsum" belegt die universale Dimension des Adverbs סביב; V.14 bestätigt sie: Der Ruhm unter „allen Nationen ringsum" manifestiert sich im Kommen „aller Völker", bei denen es sich wiederum aufgrund des Parallelismus „alle Völker"/„alle Könige der Welt" um alle Völker der Welt handeln muss. Nicht zuletzt belegt auch dieser Text die Austauschbarkeit der Begriffe „Völker" (עמים) und „Nationen" (גוים).

V.4a setzt die Grundschicht V.2a.3 nahtlos fort, indem er die erste Metapher auflöst: Die Verwandlung in eine Taumelschale realisiert sich in der göttlichen

---

35 Vgl. bes. Tigelchaar, *Prophets*, 121 („Zech 12:2a, 3a only hypothetically refer to the assault of the nations") sowie Gärtner, *Jesaja*, 139. Gegen Mitchell, *Commentary*, 322; Elliger, *Propheten*, 168; Lutz, *Jahwe*, 14; Rudolph, *Haggai*, 219; Reventlow, *Propheten*, 116; Wöhrle, *Abschluss*, 96; Biberger, *Heil*, 304.

36 LXX gibt beides sowohl mit κυκλόθεν (für סביב z. B. Sach 2,9; für מסביב z. B. Joel 4,11f.) als auch mit κύκλῳ (für סביב z. B. Sach 12,2; für מסביב z. B. Ez 36,3) wieder.

37 1Kön 5,12f. behandeln Umfang und Inhalt des literarischen Werkes Salomos, unterbrechen so den Zusammenhang zwischen dem Ruhm des Königs (V.11) und dem Kommen der Völker (V.14) und könnten eine sekundäre Ergänzung darstellen. Vgl. Würthwein, *Bücher*, 48.

Verwirrung der feindlichen[38] Kavallerie, die als Sinnbild militärischer Macht fungiert (vgl. Sach 9,10; 10,5). Das ebenfalls traditionelle Motiv des Gottesschreckens speist sich aus Dtn 28,28: Nur dort begegnet das Verb „schlagen" in Kombination mit den beiden seltenen Nomina „Wahnsinn" und „Entsetzen".[39]

> „JHWH wird dich schlagen (יככה) mit Wahnsinn (בשגעון) und mit Blindheit (ובעורון) und mit Entsetzen (ובתמהון) des Herzens."

Das von תמה „erstarren, erstaunen" abgeleitete Nomen תמהון beschreibt in Sach 12,4a das Scheuen der Pferde, das von שגע abgeleitete Nomen „Wahnsinn"[40] im Kontext der Fortbewegung (vgl. 2Kön 9,20) die Raserei der Reiter: Tier und Mensch arbeiten gegeneinander, die Kavallerie ist handlungsunfähig.

V.4b verhält sich gegenüber V.4a in doppelter Hinsicht auffällig.[41] Zum einen rückt V.4bα das Haus Juda anstelle Jerusalems (vgl. V.2a.3a) in den Mittelpunkt des Geschehens.[42] Zum anderen wiederholt V.4bβ das letzte fehlende Nomen „Blindheit" aus Dtn 28,28 aufgreifend[43] die Gerichtsansage gegen die Völker in V.4a, wobei die explizite Identifizierung der Pferde als „Pferde der Völker" in der vorangehenden Erwähnung Judas begründet liegt. Die Intention dieser Ergänzung liegt also darin, Juda als entscheidenden Gegenspieler der Völker darzustellen:[44] Während JHWH über die einen seine Augen öffnet, schlägt er die anderen mit Blindheit.[45] Die Einführung Judas in V.2b dürfte V.4b zumindest voraussetzen.

---

38 Dass „alle Pferde" und „alle Reiter" nach V.2a.3 nicht mehr ausdrücklich als Pferde und Reiter der Völker und Nationen identifiziert werden, verwundert gegen Wöhrle, *Abschluss*, 97, kaum.
39 Ähnlich wie beim Motiv des Taumelbechers wird hier ein ursprünglich Israel geltender Gerichtsgedanke auf die Völker bezogen. Vgl. Mason, *Use*, 214: "a kind of reversal of judgment".
40 Das Wort begegnet nur in Dtn 28,28; 1Kön 9,20; Sach 12,4.
41 Während Willi-Plein, *Haggai*, 198; Biberger, *Heil*, 305; Redditt, *Zechariah*, 103, V.4b als Ganzes ausgrenzen, erachten Marti, *Dodekapropheton*, 445; Mitchell, *Commentary*, 323; Nowack, *Propheten*, 391; Sellin, *Zwölfprophetenbuch (1930)*, 571; Hanson, *Dawn*, 357; Gärtner, *Jesaja*, 145f., lediglich V.4bβ als Glosse. Lutz, *Jahwe*, 14f.; Rudolph, *Haggai*, 220; Reventlow, *Propheten*, 116; rechnen mit zwei Glossen in V.4bα und V.4bβ.
42 Ein Jerusalem inkludierendes Verständnis von „Haus Juda" (so Nowack, *Propheten*, 391; Sellin, *Zwölfprophetenbuch [1930]*, 571) widerspricht dem literarischen Kontext, der entweder nur von Jerusalem spricht (V.2a.3a.6b.8) oder Juda als Gegenüber Jerusalems auffasst (V.2b.5.6a.7). Während „Juda" in V.2b die Landschaft bezeichnet, dürfte „Haus Juda" in V.4b auf deren Bevölkerung zielen.
43 Der Traditionsbezug erklärt auch die etwas schiefe Gegenüberstellung der Erblindung der Pferde der Völker mit dem Öffnen der Augen JHWHs über Juda; das wirkliche Gegenstück, nämlich das Öffnen der Augen Judas, würde die intendierte Aussage verfehlen.
44 V.4b verortet Juda also gegen Wellhausen, *Propheten*, 197, u. a. nicht unter den Feinden Jerusalems.
45 Gerade die Opposition zur Erblindung der feindlichen Rosse belegt die wohlwollende Intention des göttlichen Blicks. Der Blick JHWHs kann zwar prüfende (z. B. Ps 11,4; 17,2) oder richtende

Als inneres Zwiegespräch der judäischen Anführer bricht V.5 nicht nur mit dem knappen, performativen Stil der Gottesrede in V.2a.3.4a, sondern verschiebt den Fokus wie schon V.2b und V.4b von der Stadt auf das Land.[46] Dabei stellen die Judäer ihre eigenen Rettungserfahrungen (vgl. V.4) in einen zionstheologischen Deuterahmen. Die Syntax erinnert an die Sprache der Psalmen: Wie dem Beter JHWH zur Stütze und Zuflucht wird,[47] so den Judäern die Bewohner Jerusalems – mittels ihres Gottes – zur Stärke. Die Peripherie hat im Unterschied zu V.4b also nur mittelbaren Anteil an den Segnungen des Zionsgottes, der dezidiert als Gott der Jerusalemer („ihr Gott") apostrophiert wird. Auch das auffällige Interesse an den Anführern Judas zeigt: Unterschwellig diskutiert dieser Vers Herrschaftsansprüche. Indem der Verfasser der judäischen Führungsriege ausgerechnet den einfachen Jerusalemer Bürger gegenüberstellt, lässt er die theologisch begründete Kluft zwischen Stadt und Land umso deutlicher hervortreten.[48] Welche Perspektive die ältere ist, die projudäische (V.4b) oder die projerusalemische (V.5), und welcher der beiden Ebenen damit der einführende V.2b zuzuschlagen ist, lässt sich von V.4b.5 her noch nicht entscheiden.

Auch V.6a teilt die Judathematik mit V.2.4b.5 und dürfte damit späteren Datums als V.2a.3.4a sein.[49] Doch aus seiner Perspektive erscheint das Bekenntnis zur eigenen Ohnmacht in V.5 eher als Rückbesinnung auf die eigene Stärke: Die von Gott entbrannten Judäer fressen sich durch die wehrlosen („Holzstoß", „Garbe") feindlichen Reihen und werden so zum Vollstreckungswerkzeug des göttlichen Gerichts an den zuvor unschädlich gemachten Völkern (V.4).[50] Anders als in V.5 scheint die Rede von den „Anführern Judas" unmotiviert und könnte von dort übernommen sein.[51] Zudem teilt V.6a die Konstellation von V.4b, in dem sich Juda und die Völker unmittelbar gegenüberstehen. Die projudäischen Verse V.4b.6a sind damit später als der projerusalemische V.5 anzusetzen, dem deshalb die Einführung Judas in V.2b zuzuordnen ist.

Indem V.6b sich dem Schicksal Jerusalems in den Kriegswirren (vgl. V.4a) zuwendet, markiert er den notwendigen Abschluss der ältesten Ebene V.2a.3.4a.6b:

(z. B. Am 9,4.8), aber auch rettende (z. B. Jer 24,6) oder segnende (z. B. Dtn 11,2; Esr 5,5) Funktion haben. In Gebeten ist die Bitte um das Öffnen (פקח) der Augen im Sinne der Wahrnehmung der eigenen Notsituation belegt (2Kön 19,16 = Jes 37,17; Dan 9,18).

46 Auch Marti, *Dodekapropheton*, 445; Nowack, *Propheten*, 391; Reventlow, *Propheten*, 116; Gärtner, *Jesaja*, 146, halten V.5 für sekundär.

47 Vgl. Textanm. h, S. 161 , zu Sach 12,5.

48 Vgl. Nogalski, *Book*, 948.

49 So etwa Elliger, *Propheten*, 167–169; Biberger, *Heil*, 303–306.

50 Dabei greift der Vers bewusst das Verb שים aus V.2a.3a auf: JHWH transformiert nicht nur Jerusalem (V.2a.3a), sondern auch Juda in ein Instrument seines Zorns.

51 In der möglichen Vorlage Ob 18 wird etwa das gesamte Haus Jakob und Josef Feuer und Flamme.

Das von JHWH zur Taumelschale (V.2a) und Laststein (V.3a) gemachte Jerusalem bringt am Tag des Völkerangriffs (V.3b) die Feinde zu Fall (V.4a) und bleibt selbst an seiner Stelle (V.6b).[52] Damit ergeben die Bilder der Grundschicht ein systematisches Arrangement:

Bildebene	Taumelschale (V.2a)	Hebestein (V.3a)
Übergang	Versammlung aller Völker gegen Jerusalem (V.3b)	
Sachebene	Verwirrung der Völker (V.4a)	Beständigkeit Jerusalems (V.6b)

Die beiden folgenden Verse heben sich schon in ihrem Charakter als Prophetenrede vom Vorangehenden ab. Sie bilden weniger eine chronologische Fortsetzung von V.2–6 als vielmehr einen Kommentar zur Rolle von Stadt und Landschaft im Kriegsgeschehen:[53] V.8 teilt die projerusalemische Tendenz von V.2b.5, V.7 die projudäische Tendenz von V.4b.6a.[54]

V.7 stellt die zeitliche Priorisierung Judas (בראשנה) in der göttlichen Rettungsaktion heraus. Die gerade im Gegenüber zum „Haus David" auffällige Rede von den „Zelten Judas" betont den Gegensatz zwischen der einfachen Landbevölkerung und den städtischen Noblessen.[55]

Der Begriff „Zelt" (אהל) kann zwar synonym zu „Haus" (בית) verwendet werden (vgl. Ri 20,8: לא נלך איש לאהלו ולא נסור איש לביתו) und damit in unspezifischem Sinne die Gesamtheit der eigenen Wohnstätten (Mal 2,12: Zelte Jakobs) bezeichnen.[56] Er unterscheidet aber auch die Wohnung der Nomaden oder eben der Landbevölkerung von der befestigten Stadt.[57]

---

52 Vgl. Elliger, *Propheten*, 169 f.: „Jerusalem aber wird unverrückt und unzerstört an seiner alten Stelle liegen bleiben, ohne daß jemand es aufhebt". Dagegen grenzt Lutz, *Jahwe*, 15, auch V.6b als projerusalemische Glosse aus. Der Zusammenhang zeigt, dass V.6b keinen „Tadel" (Rudolph, *Haggai*, 217) am unbeweglichen Jerusalem darstellt.

53 Ähnlich Tigelchaar, *Prophets*, 123: "the author's balanced recapitulation and explanation of the preceding events."

54 Allerdings lassen sich gerade die projudäischen Verse V.4b.6a.7 weder stilistisch noch inhaltlich völlig in Deckung bringen: In V.4b.6a spricht Gott, in V.7 der „Prophet". Eine chronologische Bevorzugung Judas (V.7) lässt sich V.4b.6a kaum entnehmen. Die Unterschiede mögen darin begründet sein, dass die Erweiterungen sich auf ihren jeweiligen literarischen Kontext konzentrieren: V.4b.6a korrigieren V.5, V.7 korrigiert V.8.

55 Zum Gegenüber von Zelten Judas und Haus Davids vgl. auch Lutz, *Jahwe*, 13 Anm. 2.

56 Vgl. Koch, *Art.* אהל, 129–131, der zudem auf das akkadische *ālu(m)* „Stadt" und Jer 4,20; Hos 9,6; Ps 78,55; Kl 2,4 verweist. Kessler, *Maleachi*, 200, versteht die Formulierung in Mal 2,12 als „poetische[n] Ausdruck für die Gemeinschaft des aktuellen Israel".

57 Vgl. Ps 83,7: Zelte Edoms; Ps 120,5; HL 1,5: Zelte Kedars; Hab 3,7: Zelte Kuschans. In Jer 30,18 liegt vermutlich eine Steigerung von Zelten und Wohnstätten zu Stadt und Palast vor. Vgl. Schmidt, *Jeremia*, 122.

Der Eindruck einer möglichen Überhöhung Jerusalems und der davidischen Dynastie entsteht jedoch erst in V.8, den V.7 damit voraussetzt.[58] V.8aα verspricht den Bewohnern Jerusalems göttlichen Schutz, den zwei durch והיה angefügte, chiastisch angeordnete Vergleiche in Form einer doppelten Beförderung konkretisieren:[59] Die (im Kampf) Strauchelnden unter den Jerusalemern, die „ihrer physischen Beschaffenheit nach (…) das reinste Gegenteil eines גבור"[60] darstellen, werden nicht fallen,[61] sondern sein „wie David", also wie ein königlicher Krieger. Im Gegenzug rückt die davidische Dynastie – zumindest funktional[62] – in den Rang Gottes („wie Gott") auf, indem sie „vor" dem jerusalemischen Heer in den Krieg zieht. An die Stelle der individuellen tritt hier also eine kollektive Messiasvorstellung,[63] die gleichwohl dem Davidshaus eine besondere Leitungsverantwortung zugesteht. Zwar handelt es sich um eine eschatologische Aussage, doch dürfte zumindest vorausgesetzt sein, dass zur Zeit des Verfasser Menschen existierten, die sich auf David zurückführten und daraus womöglich auch einen Führungsanspruch ableiteten.[64] Der Text knüpft an diese Gruppe keine Hoffnung auf die Wiederherstellung der davidischen Monarchie und dies nicht nur in persona-

---

58 Zur Priorität von V.8 gegenüber V.7 vgl. Lutz, *Jahwe*, 13; Gärtner, *Jesaja*, 146; Biberger, *Heil*, 305; Nogalski, *Book*, 949. Rudolph, *Haggai*, 222, stellt beide Verse um.

59 Ähnlich Wolters, *Zechariah*, 411: "Every level of society will rise above itself in strength." Vgl. auch Floyd, *Prophets*, 521. Angesichts des steigernden Duktus des Verses erkennt der Verfasser in der Gottähnlichkeit eher kein klassisches königliches Attribut mehr. Gegen Nowack, *Propheten*, 392, und Nogalski, *Book*, 949, die auf Jes 9,5 (אל גבור) bzw. Ps 2,9 verweisen.

60 Köhler, *Propheten III*, 191.

61 Das Straucheln (כשל) steht natürlicherweise meist vor dem Fallen (נפל): vgl. Ps 27,2; Jes 8,15; Jes 31,3; Jer 46,6.12.16; Jer 50,32; Dan 11,19.

62 Ein ähnlich funktional aufzulösender Gottesvergleich begegnet in Ex 4,16; 7,1 zur Beschreibung der Rolle Moses gegenüber seinem Bruder Aaron bzw. dem Pharao. Vgl. zu לפניהם im Kontext einer Führungsrolle auch 1Sam 18,16; 2Sam 10,16; Mi 2,13; Koh 4,16. Von Gott wird Vergleichbares in Ex 13,21 (ויהוה הלך לפניהם); Num 14,14 (אתה הלך לפניהם) (ובעמד ענן אתה הלך לפניהם) ausgesagt.

63 Ähnlich kollektivierende (nicht zwangsläufig eschatologische) Tendenzen werden unter dem Stichwort „Demokratisierung" oder „Demotisierung" der Königsideologie verhandelt. Vgl. z. B. die Gottesebenbildlichkeit des Menschen in Gen 1,26 (vgl. Schmid, *Schöpfung*, 91f.), der Zuspruch königlicher Segnungen an den Ahnvater Israels Abraham in Gen 12,2f. (Köckert, *Abraham*, 62), die deuterojesajanische Übertragung des Knechtstitels (Jes 49,3; vgl. Leuenberger, *Messias*, 62) oder des Davidbundes (Jes 55,1–5; vgl. Waschke, *Gesalbte*, 152–154) auf Israel. Vgl. auch Becker, *Messiaserwartung*, 63–73, dessen Beispiele (u. a. Sach 9,9f.) jedoch nicht gleichermaßen überzeugen.

64 Zwar vermuten Wellhausen, *Propheten*, 199; Marti, *Dodekapropheton*, 446, eine metaphorische Umschreibung der Herrscherriege. Doch „Haus David" meint stets eine Größe, die sich nicht nur funktional, sondern auch biologisch auf David zurückführt (vgl. Jes 7,2.13; 22,22; Jer 21,12). Mit Mitchell, *Commentary*, 326; Plöger, *Theokratie*, 104; Petersen, *Zechariah*, 117.

ler, sondern auch in territorialer Hinsicht: Die Macht des Hauses Davids scheint – im Unterschied zu den Hoffnungen in Sach 9,1–11,3 auf Jerusalem und seine Bewohner beschränkt.

Ein späterer Glossator empfindet den Vergleich des Hauses David mit Gott anstößig und präzisiert ihn durch die Ergänzung „wie der Bote JHWHs". Die Formulierung könnte einerseits auf den Vergleich Davids mit dem Gottesboten in den Samuelisbüchern (1Sam 29,9; 2Sam 14,17; 2Sam 19,28) zurückgehen, andererseits auf Texte, die den Gottesboten „vor" den Schützlingen JHWHs einhergehen lassen (Gen 24,7; Ex 23,20.23; 32,34).[65]

5.4 Sach 12,9–13,1

5.4.1 Forschungsgeschichtliche Orientierung

Schon die exakte Abgrenzung der Einheit nach vorne (12,9 oder 12,10) und hinten (12,14 oder 13,1) ist umstritten: Ist der Trauerritus vor dem Hintergrund der in V.9 thematisierten Schlacht um Jerusalem zu verstehen? Zielt er auf den in 13,1 beschriebenen Entsühnungsvorgang? Beide Fragen haben Auswirkungen auf die im Fokus der exegetischen Debatte stehende Identität des Durchbohrten in Sach 12,10. Ihre Klärung hängt wiederum von der Bestimmung der syntaktisch schwierigen Phrase והביטו אלי את אשר דקרו ab: Sollten die Jerusalemer tatsächlich Gott selbst durchbohrt haben? Diese Deutung erfreute sich vor allem unter christologischen Vorzeichen großer Beliebtheit. In der kritischen Forschung wird sie nur noch in zwei abgeschwächten Varianten vertreten, einer metaphorischen und einer repräsentativen: 1) Der Vers spreche rein metaphorisch von der Tötung JHWHs im Sinne einer „tödlichen" Beleidigung durch Götzendienst.[66] 2) JHWH identifiziere sich ähnlich wie in Sach 11,10 oder 11,13 derart mit seinem Repräsentanten, dass er dessen Ermordung rhetorisch auf sich selbst beziehen könne. Zu

---

65 Mit Sellin, *Zwölfprophetenbuch (1930)*, 573; Elliger, *Propheten*, 166; Lutz, *Jahwe*, 12; Deissler, *Propheten*, 306; Reventlow, *Propheten*, 116; Mason, *Messiah*, 356f.; Sweeney, *Prophets*, 687; Nogalski, *Book*, 950. Die theologische Abschwächung findet in den Versionen eine Fortsetzung (vgl. Sæbø, *Sacharja*, 95): T liest statt „wie Gott" (כאלהים) „wie große Männer" (כרברבין); LXX ergänzt כאלהים zu ὡς οἶκος θεοῦ.
66 Vgl. von Baudissin, *Klage*, 297; Delcor, *Problème*, 193–199; Stiglmaier, *Durchbohrte*, 451–456; Boda, *Book*, 715–717; Wolters, *Zechariah*, 417f.

Tode gekommen im eigentlichen Sinne sei entweder der Prophet JHWHs[67] oder sein Messias[68].

Die messianische Deutung bleibt freilich auch dann eine Möglichkeit, wenn man auf textkritischem oder philologischem Wege die Identifizierung JHWHs mit dem Durchbohrten vermeidet. Schon der babylonische Talmud (bSukka 52a) denkt an den leidenden Messias ben Joseph.[69] Neuere Arbeiten schreiben dem Tod des Messias unter Verweis auf die reinigende Quelle in Sach 13,1 sühnende Wirkung zu. Vorbild sei der leidende Gottesknecht Deuterojesajas (Jes 53).[70] Auf derartige theologische Deutehorizonte verzichtet die zeitgeschichtliche Deutung gänzlich, wobei die Hohenpriester Jesus[71], Onias III.[72] und Simon Makkabäus[73] zu den beliebtesten Todeskandidaten zählen.

Von den vier genannten individuellen Deutevarianten (metaphorisch, repräsentativ, messianisch, zeitgeschichtlich) hebt sich die in der jüdischen Exegese beheimatete kollektive Deutung ab: Beklagt würden die in der Schlacht gefallenen Märtyrer. Diese Sicht findet auch in der gegenwärtigen Debatte wieder Anklang und wird bisweilen gar auf die Opfer unter den Feinden Jerusalems ausgeweitet.[74]

5.4.2 Kommentierte Übersetzung

9   Und es wird geschehen an jenem Tage, da werde ich danach trachten alle Völker, die gegen Jerusalem ziehen, zu vernichten.

---

67 Vgl. Hitzig, *Propheten*, 396; von Orelli, *Propheten*, 394. Gonzalez, *Continuation*, 34 Anm. 122, vermutet mit Verweis auf Sach 11,10 einen plötzlichen Wechsel vom göttlichen („Und ich werde ausgießen...") zum prophetischen („und sie werden auf mich schauen...") Sprecher.

68 Vgl. Condamin, *Sens*, 54f.; Lamarche, *Zacharie*, 83–86; Rudolph, *Haggai*, 223f. Laato, *Josiah*, 288.291, kombiniert die metaphorische mit der repräsentativ-messianischen Deutung.

69 Vgl. dazu Torrey, *Messiah*, 272f.

70 Vgl. Nowack, *Propheten*, 393; Elliger, *Propheten*, 171; Plöger, *Theokratie*, 104; Jones, *Haggai*, 162; Baldwin, *Haggai*, 194; Rudolph, *Haggai*, 224; van der Woude, *Zacharia*, 236; Reventlow, *Propheten*, 117; Laato, *Josiah*, 288; Deissler, *Crux*, 57. Mitchell, *Commentary*, 331; Jones, *Haggai*, 162; Hanson, *Dawn*, 366; Lacocque, *Zacharie*, 192, vermuten, dass die Knechtsgestalt kollektiv zu verstehen ist.

71 Plöger, *Theokratie*, 105f.; Steck, *Abschluß*, 90; Kaiser, *Gott*, 237–240.

72 Marti, *Dodekapropheton*, 447

73 Vgl. Duhm, *Anmerkungen*, 197.

74 Für die jüdische Tradition vgl. Rabbi Josef Kara, Rabbi Josef Ibn Kaspi. Für die kritische Forschung: Jones, *Haggai*, 161; Gese, *Anfang*, 226; Tigchelaar, *Prophets*, 126; Floyd, *Prophets*, 524.527f.; Sweeney, *Prophets*, 689; Nogalski, *Book*, 955f.

10 Und ich werde über das Haus David und über den Bewohner Jerusalems
    einen Geist des Erbarmens[a] und des Flehens[b] ausgießen. Und sie werden
    auf mich blicken hinsichtlich dessen, den sie durchbohrt[c] haben.[d] Und sie
    werden über ihn klagen wie bei einer Klage über den Einziggeborenen und
    verbittern, wie man verbittert über den Erstgeborenen.

11 An jenem Tage wird die Trauer in Jerusalem groß werden wie die Trauer
    von Hadad-Rimmon[e] im Tal Megiddo[f].

12 Und das ganze Land wird trauern, jede Sippe für sich[g]: Die Sippe des
    Hauses Davids für sich und ihre Frauen für sich; die Sippe des Hauses
    Natans für sich und ihre Frauen für sich;

13 die Sippe des Hauses Levi für sich und ihre Frauen für sich; die Sippe des
    Schimiters für sich und ihre Frauen für sich;

14 alle übrigen Sippen, jede Sippe für sich und ihre Frauen für sich.

13

1   An jenem Tage wird sich eine unversiegbare[h] Quelle öffnen für das Haus
    David und die Bewohner Jerusalems gegen[i] Sünde[j] und Unreinheit.

---

[a] Da תחנונים zweifelsohne das Flehen um חן im Sinne von „Gnade, Erbarmen" beschreibt, dürfte חן angesichts des Wortspiels eben dieser gnädigen Zuwendung entsprechen. Dem korrespondiert das Verhältnis beider Verbalstämme (Kal: „sich erbarmen"; Hit.: „um Erbarmen flehen"). Willi-Plein, חן, 90-99, schlägt dagegen unter grundsätzlicher Bestreitung der Bedeutung „Gnade/Erbarmen" die Übersetzung „Liebreiz/Gefälligkeit" vor. Doch sowohl die beschriebene Reziprozität beider Begriffe, als auch die vorliegende Kombination mit רוח (vgl. etwa Jes 11,2) zeigen, dass חן in Sach 12,10 eine Geisteshaltung meint. Der synonyme Gebrauch mit חסד (Est 2,17) sowie die Wendung מצא חן בעין, die חן als eine in den Augen des Gegenübers zu findende Haltung erscheinen lässt, unterstreichen die Möglichkeit dieser Deutung. Zur Kritik an Willi-Plein vgl. auch Rudolph, *Haggai*, 223 Anm. 16; Wolters, *Zechariah*, 414.

[b] Es handelt sich um einen Abstraktplural zur „Zusammenfassung der einzelnen Akte eines Tuns" (GK §124f).

[c] LXX (ἀνθ᾽ ὧν κατωρχήσαντο: „weil sie getanzt haben") liest רקד statt דקר sowie eine Kausalkonjunktion wie עקב אשר (Gen 22,18 u. ö.)./תחת אשר (Num 25,13 u. ö.)./אחרי אשר (Jos 24,20 u. ö.)./יען אשר (Ri 2,20 u. ö.)./על אשר (2Sam 3,30 u. ö.) statt את אשר und vermeidet so die grammatisch mögliche Identifizierung des Durchbohrten mit JHWH. Vgl. dazu Menken, *Form*, 499f.

[d] Der schwierige Verbalsatz mit seinem doppelten Objekt provozierte diverse Emendationen. Meist korrigiert man das Suffix in die 3. m. sg. אליו (so Ewald, *Propheten*, 393; Stade, *Deuterozacharja*, 34f. Anm. 3; Mitchell, *Commentary*, 334f.; Junker, *Propheten*, 179; Elliger, *Propheten*, 166 Anm. 10; Deissler, *Propheten*, 306; Wöhrle, *Abschluss*, 103 Anm. 120; Redditt, *Zechariah*, 107) oder streicht es samt *nota accusativi* (so GK §138e; Hanson, *Dawn*, 357; vgl. schon Joh 19,37). Als *lectio difficilior* dürfte dem breit bezeugten MT (LXX, θ᾽, V, S) Priorität zukommen. Objekt des Sehens ist damit Gott (אלי).

Doch welche Funktion eignet der durch *nota accusativi* eingeleiteten Phrase את אשר דקרו? Gegen ein Verständnis als attributive Näherbestimmung des Sehobjektes, also einer Identifikation des Durchbohrten mit JHWH („Und sie werden auf mich blicken, den sie durchbohrt haben"), erheben sich syntaktische (a), kontextuelle (b) und inhaltliche (c) Bedenken: a) Eine Apposition bzw. ein Relativsatz („den sie durchbohrt haben") ließe die Wiederholung der ersten Präposition אל אשר (vgl. z. B. Gen 24,4 אל ארצי ואל מולדתי תלך כי) oder die Beschränkung auf die *nota relationis* אשר (vgl. z. B. Ri 10,14 וזעקו אל האלהים אשר בחרתם) erwarten. b) V.10b setzt voraus, dass die zu betrauernde Person (עליו; 3. m. sg.) von der sprechenden Person (1. com. sg.) zu unterscheiden ist. c) Den göttlichen Sprecher (!) selbst als Opfer eines Mordanschlages zu verstehen, dürfte erst unter christologischen Vorzeichen denkbar sein (vgl. nur Keil, *Propheten*, 653: „die Tötung des Maleach Jahve, der mit Jahve weseneins in der Person Jesu Christi Mensch geworden"). Selbst eine metaphorische Deutung des Tötungsakts (von Baudissin, *Klage*, 297; Delcor, *Problème*, 193-199; Stiglmaier, *Durchbohrte*, 451-456; Boda, *Book*, 715-717; Wolters, *Zechariah*, 417f.) vermag die Identifizierung mit JHWH nicht zu retten: Über eine lediglich metaphorisch getötete Person müsste man nicht trauern (vgl. V.10b).

Wahrscheinlicher indizieren die unterschiedlichen Partikel אל und את unterschiedliche Objekte. Nur so erhält das Suffix 3. m. sg. im Folgesatz einen Haftpunkt. Damit bleiben zwei mögliche Deutungen der bleibend schwierigen Syntax: 1) Als *casus pendens* des Folgesatzes könnte die Phrase das Objekt der Trauer betont voranstellen (so van Hoonacker, *Prophètes*, 683; Rudolph, *Haggai*, 218; Tournay, *Zacharie*, 364; vgl. auch Boda, *Zechariah*, 712 Anm. c.). Problematisch bleibt jedoch die umstrittene Deutung von את als Hervorhebungspartikel sowie die syntaktische Verkettung: Das *waw-copulativum* wäre eher vor אשר את als vor ספדו zu erwarten. Entsprechend emendieren van Hoonacker, *Prophètes*, 683; Rudolph, *Haggai*, 218. 2) Als *accusativus limitationis* (vgl. JM §125j; JM §126g) könnte die Wendung den Bezugspunkt der flehentlichen Hinwendung zu JHWH umschreiben (so mit Variationen im Detail Jones, *Haggai*, 161; van der Woude, *Zacharia*, 235f.; Reventlow, *Propheten*, 114; Menken, *Form*, 500; Tigchelaar, *Prophets*, 127; Deissler, *Crux*, 55f.; Floyd, *Prophets*, 524; Blenkinsopp, *David*, 158).

e Im Bemühen, eine Anspielung auf eine heidnische Gottheit zu vermeiden, formuliert LXX durch kreativen Umgang mit dem Konsonantenbestand (vgl. auch die Anmerkungen zu Sach 9,10 und 12,10) ein naturverbundenes Bild: ὡς κοπετὸς ῥοῶνος ἐν πεδίῳ ἐκκοπτομένου („wie um eine abgehauene Granatapfelbaumplantage im Feld"). Vgl. dazu Jansma, *Inquiry*, 119; Rudolph, *Haggai*, 218; Boda, *Book*, 712 Anm. h.

f Das singuläre auslautende Nun („Megiddon") könnte der Assonanz zu Rimmon geschuldet sein. Vgl. Otzen, *Studien*, 265; Tournay, *Zacharie*, 367.

g Zur distributiven Bedeutung der Wiederholung von Nomina unter Beifügung von לבד vgl. GK §123f.

h In der Kombination היה + Partizip markiert היה die Zeitstufe, das Partizip – über den reinen Öffnungsakt hinaus (z. B. Gen 7,11) – den durativen Aspekt des Geschehens (vgl. JM §121e; §154m), die die Verwendung des Part. Nif. im Unterschied zum Part. Pass. Kal zusätzlich betont (vgl. JM §121q).

i Die Präposition lässt sich im Sinne eines *Dativus incommodi* (vgl. JM §133d) auflösen. Einer Deutung als Genitiv von מקור (Ehrlich, *Randglossen*, 351) widerrät die Wortstellung. Gegen eine finale Deutung „für die Reinigung und für die Läuterung" (Milgrom/Wright, *Art.* נִדָּה, 251), die für חטאת denkbar wäre, spricht, dass man für נדה auf Basis eines mehrdeutigen Textbefundes (neben Sach 13,1 nur מי נדה in Num 9,9.13.20f.; 31,23) eine der üblichen Verwendung („Unreinheit") „geradezu entgegengesetzte Bedeutung" (Milgrom/Wright, *Art.* נִדָּה, 252) annehmen müsste. Auch מי נדה ließe sich als „Wasser z. Abwendung (v. Unreinheit)" (Ges¹⁸) verstehen.

j Der St. Cstr. unterstreicht die enge Zusammengehörigkeit beider Nomina. Vgl. JM §129s mit Verweis auf Jes 33,6 (חָכְמַת וָדָעַת); Ez 26,10 (גַּלְגַּל וָרֶכֶב). Für eine Umvokalisierung plädieren hingegen Ehrlich, *Randglossen*, 351; Mitchell, *Commentary*, 339; Nowack, *Propheten*, 395; Sellin, *Zwölfprophetenbuch [1930]*, 577; Meyers/Meyers, *Zechariah*, 364.

5.4.3 Analyse

Sach 12,9 markiert gegenüber Sach 12,2–8 einen inhaltlichen Rückschritt, indem er die zuvor konstatierte erfolgreiche Abwehr des Völkersturms zu einem noch unvollendeten Vorhaben werden lässt: Die Wendung בקש + ל + *inf. constr.* („trachten etwas zu tun") bringt lediglich eine Absicht zum Ausdruck.[75] Die Funktion des Verses besteht deshalb kaum im summierenden Abschluss von 12,2 -8*, sondern eher in der einleitenden Verortung der nachfolgenden Geschehnisse noch während der Belagerung der Stadt.[76] Ihnen kommt damit die Rolle einer notwendigen Vorbedingung für die Befreiung der Stadt aus der Feindeshand zu – eine Bedingung, die JHWH freilich selbst durch eine Geistausgießung schafft. Wie verhält sich der mit V.9 beginnende Abschnitt literarhistorisch zum vorangehenden? Zwar spricht V.10 wie die Ergänzungen in V.5.8/V.7 von den Bewohnern Jerusalems und dem Haus David, doch sind Stadt und Land im Gegensatz zu V.2b.4b.5.6a.7 selbstverständlich als Einheit konzipiert (vgl. V.10f. mit V.12–14). Stilistisch greift die Gottesrede über V.7f. hinweg auf V.2a.3.4a.6b zurück.[77] Inhaltlich lesen sich beide durch V.9 verbundenen Abschnitte zunächst wie zwei Seiten einer Medaille: Nach außen richtet sich Gott Jerusalem zum endzeitlichen Bollwerk zu, nach innen bewirkt er Umkehr. Allerdings lassen die triumphalen V.2a.3.4a.6b nichts von der getrübten Stimmung der Fortsetzung in V.10ff. verspüren, deren Anknüpfung durch V.9 etwas umständlich wirkt. Man wird in V.9 wohl den Beginn einer neuen literarhistorischen Ebene erkennen dürfen.

Die eschatologische Geistausgießung in V.10a zielt wie andernorts auf einen Sinneswandel der Betroffenen.[78] Hier resultiert sie, veranschaulicht durch das Spiel mit

---

75 Vgl. z. B. Ex 2,15; Dtn 13,11; 2Sam 20,19; 1Kön 11,22; Sach 6,7; Ps 37,32; Est 2,21; 6,2.

76 Dem widerspricht auch die Fortsetzung durch eine „w-qatal-Form" (Biberger, *Heil*, 280) in V.10 nicht: Die Ereignisse in V.10 folgen eben nicht auf die Vernichtung der Völker, sondern auf den Entschluss zur Vernichtung der Völker. Mit Marti, *Dodekapropheton*, 446; Elliger, *Propheten*, 170; Plöger, *Theokratie*, 103.113; Laato, *Josiah*, 289f. Gegen Gese, *Anfang*, 225; Ellul, *Variations*, 64; Deissler, *Propheten*, 306; Reventlow, *Propheten*, 117; Floyd, *Prophets*, 527; Redditt, *Zechariah*, 108.

77 Vgl. schon Marti, *Dodekapropheton*, 446: „Das Tristichon 9 schliesst gut an V.6 an, während es mit V.8 oder V.7 keine direkte Verbindung hat." Anders Wöhrle, *Abschluss*, 105, der Sach 12,10–13,1 auf einer Ebene mit 12,5.7–8 verortet.

78 Die Formulierung steht terminologisch einerseits den Aussagen Ez 39,29; Joel 3,1 (שפך + רוח) nahe, die den Geist jedoch ausdrücklich als göttlichen („meinen") Geist identifizieren, andererseits erinnert sie an Konstruktusverbindungen mit רוח als *nomen regens*, die eine dem Menschen eignende oder verliehene Eigenschaft beschreiben: vgl. z. B. רוח חכמה (Ez 28,3; Dtn 34,9; Jes 11,2); רוח קנאה (Num 5,14.30); רוח שקר (1Kön 22,22f.; 2Chr 18,21f.); רוח משפט (Jes 28,6). Eine klare Scheidung zwischen einem theologischen und einem anthropologischen Verständnis der dynamisch gedachten Größe ist offenbar nicht im Sinne des Verfassers. Wie in Jes 11,2 bewirkt die Gabe des

der Wurzel חנן, in zwei komplementären Gemütszuständen der Geistempfänger[79]: Gnadengewährung („Erbarmen") und Gnadengesuch („Flehen"). Als Ausdruck desselben Geistes sind beide Dispositionen kaum auf unterschiedliche Subjekte zu verteilen, sondern charakterisieren das zukünftige Verhalten der Bewohner Jerusalems und des Hauses David.[80] Umgekehrt können die beiden gegenläufigen Haltungen kaum gleichzeitig demselben Objekt entgegengebracht werden. Tatsächlich beschreibt die Fortsetzung in chiastischer Anordnung eine doppelte Auswirkung[81] auf das Verhalten der Geistbegabten: Sie blicken[82] flehentlich auf Jahwe und trauern erbarmungsvoll um einen Durchbohrten.

A	B	B'	A'
Erbarmen	Flehen	Blick auf JHWH	Trauer
חן	תחנונים	והביטו	וספדו

Wie hängt beides zusammen? Der Tote ist den Jerusalemern selbst zum Opfer gefallen: In ihrer Trauer drückt sich Reue, in ihrer Ausrichtung auf JHWH die Bitte um Vergebung aus. Der offenbar notwendige Anstoß durch die Geistgabe sowie die abschließende Reinigung lassen keinen Zweifel an der Schuld der zunächst uneinsichtigen Stadtbewohner.[83] Berücksichtigt man den Kontext des Völkerangriffs (vgl. bes. V.9) beschreiben Sach 12,10ff. eine kollektive Fürbitte als Reaktion

---

göttlichen Geistes bestimmte menschliche Geisteshaltungen. Zum literarhistorischen Verhältnis von Sach 12,10 und Joel 3,1 vgl. Kap. 8.2.

79 Mit Marti, *Dodekapropheton*, 446, kann damit auch חן „nur eine Wirkung des Geistes in den Empfängern desselben und nicht eine Eigenschaft des Spenders bezeichnen". Gegen Keil, *Propheten*, 653; Rudolph, *Haggai*, 223; Deissler, *Crux*, 53; Petersen, *Zechariah*, 106; Tai, *Prophetie*, 189; Boda, *Book*, 714f., die unter חן die göttliche Gnade verstehen.

80 Die Verteilung auf verschiedene menschliche Akteure im Sinne der Beseitigung einer „bisher bestehenden Zwietracht zwischen dem Haus Davids und den übrigen Bewohnern Jerusalems" (Willi-Plein, חן, 98f.) hat überdies keinen Anhalt am literarischen Kontext.

81 Vgl. zum „Blicken" und „Trauern" als Auswirkungen der Geistausgießung z. B. van Hoonacker, *Prophètes*, 683; Delcor, *Problème*, 192; Lamarche, *Zacharie*, 82.

82 Das Verb נבט („blicken") beschreibt im Unterschied zu ראה („sehen") einen intentionalen Sehakt (vgl. z. B. 1Chr 21,21: ויבט ארנן וירא את דויד, etwa das Heben der Augen auf einen Hoffnungsträger (Jes 22,8: „auf die Waffen im Waldhaus"; Jon 2,5: „zu deinem heiligen Tempel"; Ps 34,6: „zu dir"; Jes 51,1: „auf den Felsen") oder suchendes Umschauen nach einem Helfer (Jes 63,5), und ist im vorliegenden Vers als Hinwendung im Gebet zu verstehen. Vgl. z. B. Lacocque, *Zacharie*, 190.

83 Vgl. z. B. Stoebe, *Art.* חנן, 590 („ḥēn ist die Ergriffenheit, Erschütterung beim Anblick des Märtyrers, die zu taḥanūnīm führt."); Laato, *Josiah*, 290. Das Schuldhafte der Tat belegt spätestens der Sühnevorgang in Sach 13,1. Vgl. Nowack, *Propheten*, 393, zu 13,1: „Damit dürfte bewiesen sein, daß der Gedanke einer Schuld hier nicht eingetragen ist, sondern durch den ganzen Zusammenhang gefordert ist."

auf selbstverschuldetes Unheil: Die Schuld besteht in der Ermordung des Durchbohrten, das Unheil im Völkersturm auf Jerusalem.[84]

Es bleibt die Frage: Wen haben die Jerusalemer getötet, um ihn nun reuig zu beklagen? Trotz aller Vagheit der Formulierung, lässt die zugrundeliegende Konstellation – eine auf JHWHs Seite stehende Einzelperson[85] und das widerspenstige Volk – wenig exegetischen Spielraum. Zwangsläufig fühlt man sich an das Motiv des leidenden JHWH-Propheten erinnert, der innerhalb seines Volkes isoliert, verfolgt und vom Tode bedroht ist.[86] Gehörte der Tod ohnehin zum Berufsrisiko des Unheilspropheten,[87] so steigert Sach 12,10 diese Vorstellung bis zum Tod des letzten prophetischen Repräsentanten JHWHs. Gerade der literarische Kontext stützt diese These, obwohl er das tödliche Schicksal des Propheten nicht unmittelbar thematisiert.[88] Schon Sach 11,4–16 lässt die Beziehung zwischen dem einsam auf der Seite seines Gottes stehenden Propheten (vgl. Sach 11,4) und seiner widerborstigen Herde eskalieren, nach Sach 12,10 wird diese Krise nun eine blutige Zuspitzung erfahren.[89] Die (vermutlich späteren) Verse Sach 13,2–6 (s. Kap. 5.5.3) thematisieren schließlich das brutale Ende der von einem Geist der Unreinheit befallenen falschen Propheten und nehmen dabei durch die Stichworte רוח und דקר auf Sach 12,10 Bezug. Offenbar verstehen diese Verse die strit-

---

84 Als Analogien lassen sich die in Sach 7–8 beschriebenen Fastenriten oder die Verse 1Kön 8,33f. des Tempelweihgebets anführen: „Wenn dein Volk Israel vor einem Feind geschlagen wird, weil sie gegen dich gesündigt haben, und sie zu dir zurückkehren und deinen Namen loben und beten und flehen (והתחננו) zu dir in diesem Haus, dann höre du im Himmel und vergib die Sünde deines Volkes und lass sie bleiben auf dem Boden, den du ihren Vätern gegeben hast."
85 Die kollektive Deutung der Wendung auf Kriegsgefallene muss demgegenüber mit spekulativen Zusatzannahmen agieren: Einer *constructio ad sensum* – V.10b verweist mit einem Suffix 3. m. sg. auf V.10a zurück – und einem Subjektwechsel von „sie [das Haus David und die Bewohner Jerusalems] werden blicken" zu „sie [die Völker] haben durchbohrt". Eine Klage über die eigenen Opfer bedürfte zudem weder eines übernatürlichen Geistimpulses noch eines Sühneritus. Gegen Jones, *Haggai*, 161; Gese, *Anfang*, 226; Tigchelaar, *Prophets*, 126. Floyd, *Prophets*, 524.527f.; Sweeney, *Prophets*, 689; Nogalski, *Book*, 955f., vermuten – vielleicht auch deshalb – feindliche Opfer unter den Beklagten.
86 An einen Prophetenmord denken auch Hitzig, *Propheten*, 396; Mason, *Haggai*, 119; Meyers/Meyers, *Zechariah*, 339f.; Gonzalez, *Continuation*, 34 Anm. 122. Das Motiv verbindet sich auf besondere Art und Weise mit der Elia- und Jeremiaüberlieferung (vgl. 1Kön 18,4.13; 19,10.14 sowie Jer 2,30; 11,20; 26,8.11.15) und begegnet außerdem in 1Kön 22,1–28 (Micha ben Jimla), 2Chr 24,20f. (Sacharja) und Neh 9,26. Vgl. dazu Hossfeld/Meyer, *Prophet*, die in ihrer Darstellung jedoch die Elia-Erzählungen ignorieren.
87 Fischer, *Jeremia 26–52*, 19–43, betitelt Jer 26 mit den Worten „Lebensgefahr für Unheilspropheten".
88 Entsprechend kritisch äußert sich Condamin, *Sens*, 52: « [L]e texte n'en dit rien – d'un prophète envoyé par Iahvé et mis à mort par le peuple. »
89 Zu diesem Bezug vgl. etwa Gonzalez, *Continuation*, 34 Anm. 122.

tige Aussage in 12,10 als Mord am letzten wahren Propheten JHWHs, denn sie selbst kennen nur noch falsche Propheten. Was der wahre Prophet durch seine Mörder erlitten hat, sollen seine pseudoprophetischen Gegenspieler durch die Hände der eigenen Eltern erfahren.[90]

Die folgenden Verse stellen Intensität (V.10b.11) und Extensität (V.12–14) der Klage heraus.[91] Der Verlust des einzigen oder erstgeborenen Kindes gilt als besonders schwerer Schicksalsschlag: So fungiert der (drohende) Tod des einzigen Kindes als dramatisches Erzählmotiv (Gen 22,2.12.16; Ri 11,34), der Kummer um den einzigen Sohn als Bild tiefer Trauer (Jer 6,26; Am 8,10: כאבל יחיד) und der Tod des privilegierten Erstgeborenen als äußerste Stufe göttlicher Strafe (vgl. Ex 11,5; 12,12.29; 13,15).

Unkonventionell und exegetisch entsprechend umstritten ist jedoch der letzte Vergleich: Als Sinnbild für die „Größe" der Klage dient ein wohl sprichwörtlich gewordenes Trauerritual um eine sterbende und wiederauferstehende Vegetationsgottheit im Tal Megiddo. Berücksichtigt man die übliche Verwendung des Verbs גדל zur Umschreibung großen Geschreis (Gen 19,13; 2Sam 7,22; Ps 92,6; Hi 2,13; Klgl 4,6; Esr 9,6), zielt auch dieser Vergleich noch nicht auf die Anzahl der Klagenden (vgl. V.12), sondern wie V.10b auf die Intensität der Klage.

Exkurs 7: Die Klage um Hadad-Rimmon im Tal von Megiddo

Die Wendung „Hadad-Rimmon" setzt sich aus dem Namen der aramäischen Wetter- und Vegetationsgottheit Hadad sowie dem Epitheton „Granatapfel" zusammen, das man gemeinhin als masoretische „Verballhornung" eines *rammān(u)* („Donnerer") erklärt (vgl. auch 2Kön 5,18).[92] Doch worauf wird damit angespielt? Einer klassischen traditionsgeschichtlichen Deutung steht eine moderne religionsgeschichtliche gegenüber.

Die mit den religionsgeschichtlichen Hintergründen nicht vertraute Tradition versuchte, die Leerstellen des Textes durch biblisches Material zu füllen. Der Targum bezieht die Formulierung „Hadad-Rimmon" auf den Tod Ahabs im Krieg gegen den aramäischen König „Ben Hadad, Sohn des Tabrimmon" (1Kön 15,18; 22,35) und (!) die Ortsangabe „im Tal Megiddon" (בבקעת מגדון) auf den Tod Josias, der nach 2Chr 35,22–25 im „Tal Megiddo" (בבקעת מגדו) tödlich verwundet, nach Jerusalem überführt und dort nach seinem Tod betrauert

---

90 Mit dem Gottesknecht des Jesajabuches (Jes 53) hat der Durchbohrte des Sacharjabuches indes wenig gemein. Gerade jene stellvertretende Komponente, der Jes 53 seine theologische Prominenz verdankt, fehlt dem Tod des Durchbohrten: Nicht sein Tod, sondern die Reue über seinen Tod hat heilvolle Konsequenzen. Gegen Nowack, *Propheten*, 393; Elliger, *Propheten*, 171; Plöger, *Theokratie*, 104; Lamarche, *Zacharie*, 85f.; Jones, *Haggai*, 162; Baldwin, *Haggai*, 194; Rudolph, *Haggai*, 224; van der Woude, *Zacharia*, 236; Reventlow, *Propheten*, 117; Deissler, *Crux*, 57. Mit Petersen, *Zechariah*, 121; Boda, *Book*, 716f.
91 Stiglmaier, *Durchbohrte*, 453f., grenzt V.10b indes als prophetischen Kommentar aus.
92 Vgl. etwa Schwemer, *Wettergottgestalten*, 625.

wurde. Hieronymus integriert auch „Hadad-Rimmon" in die Josia-These, indem er ihn als Toponym mit dem zeitgenössischen Maximianopolis identifizierte:

> *„Adadremmon [...] urbs est juxta Jezraelem, quae hoc olim vocabulo nuncupata est, et hodie vocatur Maximianopolis in campo Mageddon, in quo Josias, rex justus, a Pharaone cognomento Nechao vulneratus est.*"[93]

Anlass für diese Identifizierung dürfte der hebräische Name von Maximianopolis gegeben haben: Tatsächlich liegt ca. siebzehn Kilometer südlich von Megiddo der arabische Ort Ramanu, der eine alte Namenstradition bewahrt haben könnte.[94]

Eine wirklich stichhaltige Analogie zwischen Sach 12,11 und 2Chr 35 ergäbe sich allerdings erst auf Basis der umständlich wirkenden Annahme, „die Klage von/über Hadad-Rimmon" sei als „eine Verkürzung der ‚Klage um das dort Geschehene'"[95] zu verstehen. Schließlich lokalisiert 2Chr 35 nur die tödliche Verwundung in Megiddo, Tod und Klage aber in Jerusalem. Der für die These entscheidende Zusammenhang zwischen der Verwundung Josias und einem Toponym „Hadad-Rimmon" bleibt zudem rein spekulativ. Sach 12,11 erwähnt den Namen des Königs nicht, 2Chr 35 erwähnt den Namen des Ortes nicht.[96]

Vielversprechender erscheint der seit Hitzig eingeschlagene Weg, jahreszeitliche Klageriten um verschwundene und wiederkehrende Vegetationsgottheiten als religionsgeschichtlichen Hintergrund heranzuziehen.[97] Derartige Rituale lassen sich nicht nur für den häufig mit Hadad identifizierten ugaritischen Baal[98] erschließen, sondern auch für den hethitischen Telipinu[99], den sumerischen Dummuzi[100], dessen babylonischen Äquivalent Tammuz

---

93 Hieronymus, *In Zach. III 12,11–14* [CChr.SL 76A 869,334–337].

94 Vgl. Arnold, *Art. Rimmon*, 773–774.

95 Rudolph, *Haggai*, 225. Zu den Vertretern der klassischen Deutung zählen außerdem Keil, *Propheten*, 655; Mitchell, *Commentary*, 331; Laato, *Josiah*, 291; Meyers/Meyers, *Zechariah*, 343 f.; Petterson, *King*, 233 f.; Blenkinsopp, *David*,159 f.; Wolters, *Zechariah*, 420 f. Die josianische Deutung bildet zudem eine wichtige Säule der etwas gezwungen wirkenden These von Laato, *Josiah*, 293 f., dass die „messianischen" Texte Sach 9,9 f.; 11,4–14; 12,9–13,1; 13,7–9 als Josia-Typologie zu verstehen seien.

96 Delcor, *Passages*, 72, ersetzt entsprechend הדד רמון durch בן אמון oder ד אמון(י)ד.

97 Vgl. Hitzig, *Propheten*, 395–398, der das Epitethon allerdings noch als „Granatapfel" deutet. Von Baudissin, *Klage*, 295–325, plädiert bereits für die Bedeutung „Donnerer", denkt aber wieder an einen nach der Gottheit benannten Ort, der zum Schauplatz des Todes Josias wurde. Der religionsgeschichtliche Ansatz hat bis heute viele Nachfolger gefunden: Vgl. Marti, *Dodekapropheton*, 447 f.; Nowack, *Propheten*, 394; Sellin, *Zwölfprophetenbuch (1930)*, 575 f.; Elliger, *Propheten*, 171; Otzen, *Studien*, 264 f.; Plöger, *Theokratie*, 103; Hanson, *Dawn*, 366; van der Woude, *Zacharia*, 237; Deissler, *Propheten*, 306; Reventlow, *Propheten*, 117; Redditt, *Zechariah*, 111; Boda, *Book*, 717 f.

98 Vgl. den Baal-Zyklus (TUAT III, 1091–1198). Dazu Loretz, *Ugarit*, 113 f.

99 Vgl. Haas, *Geschichte*, 707–719.

100 Vgl. Inannas Gang zur Unterwelt (TUAT III, 458–495) und die Klagelieder über Dumuzi (TUAT II, 693–700).

(vgl. Ez 8,14) und den griechischen Adonis[101]. Die in der fruchtbaren Jesreelebene gelegene Region von Megiddo wäre als Bühne derartiger kultischer Begehungen prädestiniert.

Damit ist freilich „die alte Streitfrage, ob Hadadrimmon einen Gott oder (…) einen Ort bezeichnet"[102] noch nicht entschieden: Gerade das Fehlen der in V.10b verwendeten Präposition עַל könnte als Indiz für eine semantische Differenzierung zwischen der Klage über bestimmte Personen und der Klage an einem bestimmten Ort gelten.[103] Ein nach der Gottheit benannter und für ihren Kult bekannter Ort könnte zum sprichwörtlichen Exempel intensiven Klagens geworden sein.

Auch der genuine Charakter des masoretischen Epithetons „Granatapfel" gegenüber dem hypothetisch erschlossenen „Donnerer" sollte im Kontext eines Fruchtbarkeitkultes neu in Erwägung gezogen werden: Der Granatapfel ist sowohl in der altorientalischen[104] als auch in der biblischen Tradition[105] allgegenwärtiges „Fruchtbarkeits- und Lebenssymbol"[106], als solches häufiges Element des biblischen Onomastikons[107], Attribut diverser Gottheiten[108], und insbesondere „eng verbunden mit sterbenden und wiederauferstehenden Gottheiten"[109]. Als Epitheton einer Vegetationsgottheit in der Region Megiddos, wo schon für das ausgehende 2. Jt. Anhänger und Ringe in Granatapfelform, die zum Teil „als Requisiten eines Fruchtbarkeitskultes"[110] gedient haben könnten, archäologisch belegt sind, ist ein „Hadad des Granatapfels" durchaus denkbar. Analoge Bildungen sind aus dem hethitischen Pantheon bekannt, das Wettergötter „des Grünens des Weingartens", „des Waldes der Baumplantage", „des Weingartens" und „der Wiese" kennt.[111] Die biblische Ortslage „Baal-Tamar" („Baal der Dattelpalme") ergänzt diese Reihe (Ri 20,33). Das Epitheton „Granatapfel" könnte somit gleichsam auf die agrarischen Gegebenheiten der Kultregion und deren göttlichen Garanten anspielen.

---

101 Vgl. schon Hitzig, *Propheten*, 397f.

102 Rudolph, *Haggai*, 224.

103 Vgl. zur Syntax etwa Laato, *Josiah*, 289.

104 Vgl. die umfassende Aufstellung in Börker-Klähn, *Art. Granatapfel*, 617–624.

105 Das Alte Testament kennt den Granatapfel als kultischer Ornat (vgl. Ex 28,33f.; 39,24–26; 1Kön 7,18.20.42; 25,17), Symbol des fruchtbaren Landes (Num 13,23; 20,5; Dtn 8,8), erotische Metapher (HL 4,3.13; 6,7) und Aphrodisiakum (HL 8,2). Zur erotischen Konnotation vgl. Keel, *Hohelied*, 134f.; Schroer, *Israel*, 60–66.

106 Schroer, *Israel*, 63.

107 Vgl. רִמּוֹן „Granatapfel" (südlich Jerusalems: Sach 14,10; in Sebulon: Jos 19,13); עֵין רִמּוֹן „Granatapfelquelle" (Neh 11,29; evtl. auch Jos 15,32; 19,7; 1Chr 4,32); סֶלַע רִמּוֹן „Granatapfelfelsen" (Ri 20,45.47; 21,13); רִמּוֹן פֶּרֶץ (Num 33,19f.). Dazu Arnold, *Art. Rimmon*, 773–774. 2Sam 4,2.5.9 kennen ein Anthroponym „Granatapfel".

108 Die Göttinen Kubaba und Tanit sind ikonographisch mit dem Granatapfel verbunden; außerdem begegnet die Frucht im Zusammenhang mit Lebenswasser spendenden Gottheiten (vgl. Börker-Klähn, *Art. Granatapfel*, 621.627; Keel, *Hohelied*, 135), aber auch neben dem Stier, der als Macht- und Fertilitätssymbol zum Attributtier des Wettergottes wurde. Vgl. etwa eine Goldschale aus dem ugaritischen Baalstempel (Cornelius/Niehr, *Götter*, 73 Abb. 118; Börker-Klähn, *Art. Granatapfel*, 618).

109 Börker-Klähn, *Art. Granatapfel*, 626.

110 Börker-Klähn, *Art. Granatapfel*, 619.

111 Vgl. Haas, *Geschichte*, 327f.

Der unbekümmerte Vergleich mit einem paganen Trauerritus – Ez 8,13 f. brandmarkt entsprechend Bräuche als „Abscheulichkeiten" (תועבות) – bleibt zwar gerade in einem Überlieferungsbereich, der mit beiden Füßen im Traditionsstrom des biblischen Judentums steht, gewagt.[112] Der religionsgeschichtliche Hintergrund eines möglicherweise zur Redewendung verblassten Vergleichs muss dem Verfasser, dem sowieso nur am *tertium comparationis* der Intensität der Klage gelegen ist, jedoch nicht mehr präsent gewesen sein.

Sach 12,12–14 beschreiben, wie das Trauerritual von Jerusalem auf das gesamte Land und seine Sippen ausgreift.[113] Die streng schematische Aufstellung der Trauergemeinschaft atmet priesterlich-chronistischen Geist. Zwei Aspekte dieser Darstellung sind erklärungsbedürftig: 1) Die namentliche Hervorhebung bestimmter Sippen aus den „übrigen Sippen". 2) Die jeweils gesonderte Erwähnung „ihrer Frauen".

Ad 1) Die einleitende Formulierung „Sippe für Sippe" markiert die folgende Reihe als Aufzählung. Sie lässt sich also nicht in zwei Parallelismen auflösen, in denen die Sippe des Hauses Nathans als Teil der königlichen Sippe des Hauses Davids und die Sippe Schimis als Teil der priesterlichen Sippe des Hauses Levis zu verstehen wäre.[114] Der Terminus „Sippe" bezeichnet jeweils die gegenwärtige Generation einer übergeordneten Dynastie (Haus), die sich auf einen gemeinsamen Ahnvater zurückführt.[115] Mit Königtum (David), Prophetentum (Nathan), Priestertum (Levi) und Tempelmusik (Schimi) bilden die genannten Sippen altehrwürdige Institutionen Jerusalems ab, deren Nachkommen jedoch mit dem gesamten Volk in die nun zu beklagende Krise geraten sind.

---

112 Dieser Einwand wird häufig als Argument für die traditionelle Deutung vorgebracht. Vgl. schon van Baudissin, *Klage*, 325; Keil, *Propheten*, 655 f. Anm. 1, sowie Rudolph, *Haggai*, 224. Vgl. dagegen etwa van der Woude, *Zacharia*, 237.

113 Die scheinbare Spannung zwischen der Jerusalemorientierung der Rahmenverse 12,10; 13,1 und der landesweiten Dimension in V.12–14 löst sich, wenn man die Jerusalemer als die eigentlich Verantwortlichen der Tat sieht, deren Folgen sich aber auf das ganze Land auswirken. Gegen Willi-Plein, *Haggai*, 203, die V.12–14 ausgrenzt.

114 Gegen Marti, *Dodekapropheton*, 448; Mitchell, *Commentary*, 333; Sellin, *Zwölfprophetenbuch (1930)*, 576; Plöger, *Theokratie*, 105; Rudolph, *Haggai*, 225; van der Woude, *Zacharia*, 238; Petersen, *Zechariah*, 122; Reventlow, *Propheten*, 116; Wöhrle, *Abschluss*, 104; Biberger, *Heil*, 288; Redditt, *Zechariah*, 112; Samuel, *Priestern*, 380; Boda, *Book*, 719 f.

115 Das gilt inbesondere für die hier vorliegende Konstruktusverbindung „Sippe des Hauses des XY" (vgl. 2Sam 16,5; Jer 2,4). In anderem Kontext kann das Haus im Gegenteil auch die kleinste Einheit nach Stamm und Sippe bezeichnen (vgl. z. B. Jos 7,14).

- *Sippe des Hauses David*: Dass hier eine Anspielung auf die Dynastie des Königs David vorliegt, bedarf keiner Begründung.
- *Sippe des Hauses Nathan*: Nathan meint eher nicht den unbekannten Davidssohn (2Sam 5,14), der letztlich sowieso schon im „Haus David" inbegriffen sein müsste,[116] sondern seinen weit prominenteren Namensvetter, den Propheten.[117]
- *Sippe des Hauses Levi*: Der Jakobssohn ist nicht nur Ahnvater der Leviten, sondern auch der Aaroniten (vgl. Ex 6,16–25) und repräsentiert somit als „Identifikationsfigur für Priester und Leviten"[118] das Priestertum in seiner Gesamtheit.
- *Sippe des Schimi*: In wörtlicher Übereinstimmung mit Sach 12 bezeichnet Num 3,21 die Nachkommen des Enkels Levi als „Sippe des Schimi".[119] Vor diesem Hintergrund ließe sich auch der auffällige Verzicht auf den Terminus „Haus" in Sach 12,13 erklären: Die Schimiter stellen keine eigene Dynastie dar, sondern sind eine Nebenlinie der Dynastie Levis. Ihre Erwähnung dürften sie der Rolle Schimis als Ahnvater der Tempelsängergilde der Asafiten in 1Chr 6 verdanken. Die Bevorzugung der Asafiten gegenüber den Henaniten oder Etaniten könnte in der Tradition begründet sein: Asaf erlangte als Psalmendichter Prominenz, seine Nachkommen werden in Esr 2,41 und Neh 7,44 als einzige Tempelsängergruppe unter den Heimkehrern erwähnt.[120]

Ad 2) Die Frauen charakterisiert man bisweilen als Klageweiber[121] oder verweist auf geschlechterspezifisches Trauerverhalten.[122] Doch gegen eine stellvertretende Rolle als professionell geschulte oder natürlich veranlagte Trauerdienstleister spricht die Tendenz des Textes, die Totalität der Klage „aller Sippen" im „Land" herauszustellen:[123] Die Frauen klagen in ihrer Gesamtheit nicht anstelle, sondern neben den Männern. Wie Esr 10,1; Neh 5,1 und 2Chr 20,13 schließt Sach 12,12–14 die Frauen explizit mit ein, um dem Eindruck zu wehren, es wäre nur von

---

116 So schon Ibn Esra: ‏ולהיותו בית נתן אחי שלמה אין צורך, כי בית דוד שם כולל שניהם‎.

117 Mit Gese, *Anfang*, 226; Sweeney, *Prophets*, 691; Willi-Plein, *Haggai*, 202; Nogalski, *Micah*, 953. Bedenkenswert bleibt der umsichtige Einwand von Marti, *Dodekapropheton*, 448: „aber dass an Propheten zu denken wäre, ist nach 13,1–6 unwahrscheinlich." Die literarhistorische spätere Ansetzung von Sach 13,2–6 (vgl. Kap. 5.5) mildert jedoch die mögliche Spannung zwischen der Klage einer prophetischen Sippe – über deren tatsächliche Berufsausübung man freilich nichts erfährt – und dem in Sach 13,2–6 erwarteten Ende der Prophetie.

118 Samuel, *Priestern*, 381. Ebenso Sweeney, *Prophets*, 691; Wolters, *Zechariah*, 423. Gegen Willi-Plein, *Haggai*, 202.

119 Mit Sweeney, *Prophets*, 691; Willi-Plein, *Haggai*, 202; Nogalski, *Micah*, 954. Dagegen denkt Gese, *Anfang*, 227, an den Widersacher Davids (vgl. z. B. 2Sam 16,5).

120 Vgl. zu den Asafiten Gese, *Geschichte*, 147–158.

121 So z. B. Nogalski, *Book*, 954; Wolters, *Zechariah*, 424, mit Verweis auf Texte wie Am 5,16 (‏יודעי נהי‎); Jer 9,16–18 (‏מקוננות‎); 2Chr 35,25 (‏כל השרים והשרות‎).

122 Vgl. schon David Kimchi: ‏או לפי שהנשים הם מקוננות וספודות יותר מן האנשים, אמר שתתיחדנה הנשים לבדן לספוד כמנהג‎.

123 Ähnlich Mason, *Use*, 168.

Männern die Rede. Die getrennte Aufstellung könnte kultische Gepflogenheiten der Geschlechtertrennung widerspiegeln.[124]

Die großangelegte Trauerzeremonie ist kein Selbstzweck, sondern zielt auf eine göttliche Reaktion, die erst Sach 13,1 berichtet. Dieser Vers bildet in seiner Konzentration auf Jerusalem und das Davidhaus sowie dem Bild sich ergießender Kräfte einen Rahmen mit Sach 12,10 und den ursprünglichen Abschluss von Sach 12,9–14.[125] Der Vers verleiht den auf dem Zion entspringenden Paradiesströmen, die mit „lebendigem Wasser" das Land gedeihen lassen (Ez 47,12; Joel 4,18; Sach 14,8),[126] eine kultische Funktion, indem er ihnen die Kraft von Entsündigungs- und Reinigungswasser (Num 8,7: מֵי חַטָּאת; Num 19,9.13.20f.; 31,23: מֵי נִדָּה) zuschreibt.[127] Das Entsündigungswasser, das bei der Investitur der Leviten eine Rolle spielt, könnte auf die Vergebung der Freveltat zielen, das Reinigungswasser, das nach Totenberührung Anwendung findet, auf die Reinigung nach dem Trauerritus,[128] womit zugleich der Übergang von der Trauer- in die Heilszeit markiert wäre.[129]

Damit stellen Sach 12,9–13,1 eine in sich einheitliche Fortschreibung von Sach 12,2a.3.4a.6b dar, die in der Reue Jerusalem über die Ermordung des Prophe-

---

124 Mit Rudolph, *Haggai*, 225; van der Woude, *Zacharia*, 238. Boda, *Book*, 719, vermutet einen Zusammenhang mit dem bei Trauerriten verbreiteten Ablegen der eigenen Kleidung. Vgl. auch Wellhausen, *Propheten*, 200 („dabei sollen die Weiber, Anstands halber, von den Männern getrennt sein"), und schon David Kimchi (הוא דרך צניעות).

125 Vgl. dagegen z. B. Rudolph, *Haggai*, 225 („Wie Jahwe auf diese große Klage- und Reueszene reagieren wird, wird nicht ausgesprochen"); Rhea, *Attack*, 290 ("Why should be joyous [sic!], vindicated people of Jerusalem suddenly require ritual purification?"). Willi-Plein, *Haggai*, 201–203, hält Sach 13,1 für eine sachlich nicht zwingend mit 12,10ff. zusammenhängende Fortschreibung.

126 Das Stichwort מקור hängt mit dem Motiv des vom Zion ausgehenden Lebensstroms zusammen (vgl. Mason, *Haggai*, 120): In Ps 36,10 geht eine Quelle des Lebens (מקור חיים) vom Haus JHWHs (vgl. V.9) aus. Jer 2,13; 17,13 bezeichnen JHWH selbst als מקור מים חיים. Und Sach 14,8 lässt wiederum unter Rückgriff auf diese Tradition lebendiges Wasser (מים חיים) von Jerusalem ausgehen. Vgl. auch Joel 4,18 (מעין מבית יהוה).

127 Zur Kombination des Motivs der Tempelquelle mit dem des Reinigungswassers vgl. Wellhausen, *Propheten*, 200; Marti, *Dodekapropheton*, 488; Mitchell, *Commentary*, 336; Nowack, *Propheten*, 395; Sellin, *Zwölfprophetenbuch (1930)*, 576; Horst, *Propheten*, 257; Rudolph, *Haggai*, 227; Deissler, *Propheten*, 307; Meyers/Meyers, *Zechariah*, 362; Reventlow, *Propheten*, 118; Larkin, *Eschatology*, 166; Tigchelaar, *Prophets*, 127f. Dagegen bestreitet Willi-Plein, *Haggai*, 201, jegliche Berührung mit dem Motiv des Lebensstroms.

128 Mit Floyd, *Prophets*, 528. Zur Verunreinigung durch Totenklage im Kontext altorientalischer Reinheitsvorstellungen vgl. Olyan, *Mourning*, 37–39.

129 Angesichts dieser möglichen Differenzierung zwischen Sünde und Unreinheit, wäre zu überlegen, ob die eher auf ein Hendiadyoin weisende Vokalisierung des MT, nicht auf eine spätere Deutung zurückgeht, die bereits Sach13,2 im Blick hat (s. u.).

ten eine notwendige Bedingung der Niederschlagung des Völkersturms auf die Stadt sieht.

5.5 Sach 13,2–9

5.5.1 Forschungsgeschichtliche Orientierung

Seit Ewald zieht man den inneren Zusammenhang des Kapitels in Zweifel: Das Wort gegen den Hirten in Sach 13,7–9 sei „an der jetzigen Stelle völlig beziehungslos nach vorne wie hinten"[130] und markiere vielmehr den ursprünglichen Abschluss des „Hirtenkapitels" Sach 11. Wie der Abschnitt dann an seine jetzige Stelle gekommen sei, vermag man nicht zu erklären. Neuere Arbeiten verzichten zumeist auf diese Umstellung, da der Abschnitt neben dem Hirtenmotiv auch Aspekte des näheren literarischen Kontexts integriert.[131]

Ein weiterer Kristallationspunkt der Exegese ist die Frage nach dem Prophetenverständnis der Verse 13,2–6: Antizipieren sie das Ende der Prophetie schlechthin oder interessiert sie nur das Schicksal falscher und lügnerischer Propheten?

5.5.2 Kommentierte Übersetzung

2 Und an jenem Tage, Spruch JHWHs der Heerscharen, werde ich die Namen der Götzen aus dem Lande[a] vertilgen und sie werden nicht mehr genannt werden.[b] Und auch die Propheten und den Geist der Unreinheit werde ich aus dem Land entfernen.

3 Und wenn nochmals jemand als Prophet auftritt, werden sein Vater und seine Mutter, seine Eltern, zu ihm sprechen: Du sollst nicht leben, weil du Lüge im Namen JHWHs gesprochen hast. Und sein Vater und seine Mutter, seine Eltern, werden ihn durchbohren, weil[c] er als Prophet auftritt.

4 Und an jenem Tag werden sich die Propheten schämen, ein jeder für seine Schauung, wenn[d] er als Prophet auftritt[e]. Und sie werden keinen härenen Mantel tragen, um zu verleugnen.

---

130 Sellin, *Zwölfprophetenbuch (1930)*, 567. Vgl. grundlegend Ewald, *Versetzungen*, 330f., sowie Wellhausen, *Propheten*, 195; Stade, *Deuterozacharja*, 29–31; Marti, *Dodekapropheton*, 442; Mitchell, *Commentary*, 219; Rudolph, *Haggai*, 215; Mason, *Haggai*, 110; Deissler, *Propheten*, 309; Cook, *Metamorphosis*, 454f.; Nogalski, *Processes*, 234f.; Willi-Plein, *Haggai*, 212.
131 Vgl. bes. Nogalski, *Text*, 292–304, sowie Lamarche, *Zacharie*, 92f.; Reventlow, *Propheten*, 121; Tai, *Prophetie*, 236; Redditt, *Zechariah*, 120f.

5 Und er wird sagen: Ich bin kein Prophet, sondern Ackerbauer.
Denn <Ackerboden> ist <mein Besitz>[f] von meiner Jugend an.

6 Und man wird zu ihm sagen: Was sind das für Wunden zwischen deinen
Händen? Und er wird sagen:[g] Ich wurde geschlagen im Haus meiner
Liebhaber!

7 Schwert, erwache gegen meinen Hirten,[h] gegen meinen Vertrauten[i]!
Spruch JHWHs der Heerscharen. Schlage[j] den Hirten, dass[k] sich das Vieh
zerstreue und ich meine Hand gegen die Kleinen wende.

8 Und im ganzen Land, Spruch JHWHs, werden zwei Teile[l], die darin sind,
vertilgt werden[, sterben][m], und der dritte Teil wird darin bleiben.

9 Und ich werde den dritten Teil ins Feuer bringen und ich werde sie läutern,
wie man Silber läutert, und ich werde sie prüfen, wie man Gold prüft. Er[n]
wird meinen Namen rufen und ich werde ihm antworten <und>[o] sagen
„Mein Volk ist er." Und er wird sagen: „JHWH ist mein Gott.

---

[a] Der jerusalemzentrierte Kontext (V.1) und der explizite Bezug auf Hos 2 widersprechen der vielleicht durch Sach 14,8.9 beeinflussten universalen Deutung der LXX „aus der Welt" (ἀπὸ τῆς γῆς).

[b] Zu dieser, im Zusammenhang der Rede von „Namen" naheliegenden Bedeutung von זכר vgl. Ex 23,10; Jos 23,7; Jer 20,9; Hos 2,19; Am 6,10. Mit Rudolph, *Haggai*, 226; Jeremias, J., *Hosea*, 49.

[c] Zur kausalen Bedeutung der Präpositon ב vgl. Wolters, *Zechariah*, 428.

[d] Ein Schämen des *Propheten* bei gleichzeitiger Fortsetzung seiner Tätigkeit wäre ein Selbstwiderspruch. Die Konstruktion ב + Inf. Cstr. kann sich jedoch auch auf das direkt voranstehende Nomen beziehen (vgl. Ez 16,22; 23,21; Ps 3,1; 63,1), womit in diesem Fall die Visionen während seiner vergangenen oder einer hypothetischen Tätigkeit Objekt der Scham sind. Ähnlich Boda, *Book*, 722 Anm. e.

[e] Der Infinitiv ist „nach Analogie der ה"ל" (GK §74h) gebildet. Gerade aufgrund der Abweichung von V.3 ist MT beizubehalten. Mit Rudolph, *Haggai*, 226; Reventlow, *Propheten*, 120. Gegen Marti, *Dodekapropheton*, 449; Ehrlich, *Randglossen*, 351; Mitchell, *Commentary*, 340; Nowack, *Propheten*, 396.

[f] Die Übersetzungsschwierigkeiten der Versionen können als Problemanzeige dienen: LXX deutet הקנני unter Ignorierung des ה als Form (קָנַנִי) von קנה2 „erschaffen" (ἐγέννησέν): „denn ein Mensch [man] hat mich [dazu, d. h. zum Ackerbauer] gemacht von meiner Jugend an". Das Verb ist jedoch ausschließlich göttlichem Schöpfungshandeln vorbehalten (vgl. Gen 14,19.22; Dtn 32,6; Ps 139,13; Spr 8,22). V liest den gesamten Vers als Anspielung auf die Paradieserzählung (vgl. Gen 3,23): „denn Adam ist mein Vorbild von meiner Jugend an" (*quoniam Adam exemplum meum ab adulescentia mea*). T gibt MT textgetreu wieder (ארי אנשא אקנני מזעורי). MT wäre von קנה Hif. abzuleiten, das üblicherweise kausative Bedeutung („verkaufen") hat (vgl. Sir 9,2; bSan 81b; bKet 82b; bBMets 33b), aber zumindest in 1QS XI 2 auch in der Bedeutung „kaufen" belegt ist (vgl. Lange, *Wort*, 302f. Anm. 142). Gegen die Übersetzung „man hat mich erworben von meiner Jugend an" (vgl. Sæbø, *Sacharja*, 104f.; Willi-Plein, *Haggai*, 208; ähnlich Boda, *Book*, 722 Anm. h) wurde jedoch schon häufig vorgebracht, dass die Gleichung „Sklave = Landwirt" nicht aufgeht (vgl. Marti, *Dodekapropheton*, 449; Nowack, *Propheten*, 397). Schwerer wiegt jedoch, dass das

Präpositionalobjekt מִנְּעוּרָי ("von meiner Jugend an") einen Zustand oder zumindest eine iterative bzw. durative Handlung voraussetzt: Man kann etwa von Jugend an Viehzüchter (Gen 46,34), Krieger (1Sam 17,33), Gottesfürchtiger (1Kön 18,22), Sünder (Jer 3,25) oder eben Ackerbesitzer sein, aber kaum von Jugend an durch "einen Menschen" gekauft werden. Der behutsame Eingriff von Wellhausen, *Propheten*, 201 (אֲדָמָה קְנָיֽנִי), bleibt unumgänglich. Mit Marti, *Dodekapropheton*, 449; Ehrlich, *Randglossen*, 351; Mitchell, *Commentary*, 340; Sellin, *Zwölfprophetenbuch (1930)*, 578; Nowack, *Propheten*, 396; Hanson, *Dawn*, 357; Larkin, *Eschatology*, 149. Zur vergleichbaren Lesart einer Targum-Marginalie vgl. außerdem Gordon, *Targum*, 218f. MT könnte durch falsche Worttrennung und dem Versuch, dem entstellten Text durch Ergänzung eines י Sinn zu verleihen, entstanden sein.

ᵍ Die Partikel אשר eröffnet entweder einen Relativsatz zu einem elliptisch entfallenen Hauptsatz (etwa אלה המכות*; vgl. 2Kön 8,29; 9,15; 2Chr 22,6) oder dient in der Funktion eines כי-Rezitativums der Einleitung direkter Rede (so etwa Marti, *Dodekapropheton*, 450; Nowack, *Propheten*, 387).

ʰ Weil nach V.7b "Hirte" und "Mann" identisch sind, ist die Konjunktion explikativ zu verstehen.

ⁱ Die Endung ית (vgl. GK §86 l; JM §88M i) lässt viele an ein ursprüngliches Abstraktum im Sinne von "Volksgemeinschaft" denken (vgl. Rudolph, *Haggai*, 212; Wolters, *Zechariah*, 443). Als Analogie kämen dann Formulierungen wie איש שלומי (Ps 41,10); איש ימינך (Ps 80,18); איש ריבי (Hi 31,35) in Frage. Da עמית jedoch ausschließlich in der konkreten Bedeutung "Volkszugehöriger, Nächster" belegt ist (Lev 5,21; 18,20; 19,11.15.17; 24,19; 25,14f.17; 1QS 6,26), bleibt für das indeterminierte (!) גבר die Annahme eines st. cstr. "in Anlehnung an eine nachfolg. Apposition" (GK §130e) wahrscheinlicher. Vgl. auch LXX: ἐπ᾽ ἄνδρα πολίτην μου.

ʲ Bei "mehreren aufeinander folgenden Formen der 2. Sing. fem. Imperf." ist bisweilen "nur die erste mit dem Afformativ î versehen" (GK §145t).

ᵏ Vgl. zur finalen Bedeutung des Waw die analoge Formulierung in Am 9,1: הך הכפתור וירעשו הספים.

ˡ Zu פה in der Bedeutung "Teil" (LXX: τὰ δύο μέρη; V: *partes duae*; T: תרין חולקין) vgl. Dtn 21,17.

ᵐ Die Redundanz lässt gepaart mit der Asyndese eine Glosse vermuten, die – vielleicht in Abgrenzung zu Sach 14,2, wo כרת lediglich die Wegführung bezeichnet – den tödlichen Ausgang des Vorgangs betont. Mit Nowack, *Propheten*, 389; Sellin, *Zwölfprophetenbuch [1930]*, 568. Umgekehrt hätte die spätere Ergänzung des semantisch weiteren יכרתו gegen Willi-Plein, *Haggai*, 213, kaum klärende Wirkung.

ⁿ Die Form m. sg. ist nicht weiter erklärungsbedürftig – Willi-Plein *Haggai*, 213, führt etwa den Traditionsbezug (vgl. Hos 2,25) an –, da "das Drittel" (השלשית) schon in V.8b Subjekt einer maskulinen Verbform ist.

ᵒ Das zu erwartende *waw-copulativum* könnte durch Haplografie entfallen sein.

5.5.3 Analyse

Sach 13,2 weitet die jerusalemzentrierte Perspektive der Schicht Sach 12,9–13,1 auf das ganze Land (vgl. Sach 12,12–14), verschiebt das Thema vom konkreten Verbrechen der Jerusalemer auf das grundsätzliche Problem des Götzendienstes und bricht in diesem Zuge mit dem vergleichsweise idyllischen Bild der reinigenden Quelle bei gleichzeitiger Fortführung des Motivs der Reinigung: Sach 13,1 markiert nun nicht mehr den Endpunkt der Klagefeiern von Sach 12,10–14, sondern den Ausgangspunkt eines eschatologischen Reinigungsprozesses.[132]

Einen Anstoß für diese Fortschreibung könnte die metaphorische Verwendung der Termini חטאת und נדה (13,1b) außerhalb ihres halachischen Kontextes gegeben haben: נדה beschreibt etwa die Kontaminierung des Landes mit Fremdgötterdienst (vgl. Ez 36,17f.; Esr 9,11) und auch für חטאת ist eine vergleichbare übertragene Bedeutung belegt (Hos 10,8). Ez 36,25 bezeichnet gar die Beseitigung des zuvor als נדה gebrandmarkten Götzendienstes (vgl. Ez 36,17f.) mit dem *terminus technicus* für die Applikation von Reinigungswasser in Num 19,13.20 זרק:

> *„Und ich werde euch mit reinem Wasser besprengen und ich werde euch reinigen von all euren Unreinheiten und von all euren Mistgötzen werde ich euch reinigen.“*

Den Vollzug der Reinigung schildert Sach 13,2 unter Rückgriff auf hoseanisches Traditionsgut:[133]

Hos 2,19   והסרתי את שמות הבעלים מפיה ולא יזכרו עוד בשמם

Sach 13,2a   והיה ביום ההוא נאם יהוה צבאות אכרית את שמות העצבים מן הארץ ולא יזכרו עוד

Die sachlich zutreffende Auflösung der hoseanischen Metapher der hurerischen Frau als Bild für das abtrünnige Land, die mit einer Ersetzung von והסרתי durch das gewalttätigere והכרתי und von הבעלים durch das plastischere[134] העצבים einhergeht, verleiht dem Text einen brutaleren Unterton: Das Ende des jahwefernen Lobpreises erfordert die Zerstörung seiner materialen Manifestationen.[135]

Die Erfolgsmeldung ולא יזכרו עוד erweckt auf den ersten Blick einen abschließenden Eindruck, die Fortführung durch וגם klappt nach. Dies könnte jedoch auch im Zitatcharakter des hoseanisch geprägten V.2a begründet sein, dem V.2b

---

132 Dass 13,2ff. gegenüber 12,9–13,1 sekundär sind, sehen z. B. auch Hanson, *Dawn*, 355; Petersen, *Zechariah*, 124. Anders Lange, *Wort*, 296: „Diese kunstvolle Verknüpfung beider Texte [Sach 13,1 und Sach 13,2, M.S.] spricht m.E. gegen eine literarkritische Abtrennung von Sach 13,2–6 vom vorhergehenden Kontext."

133 Vgl. Marti, *Dodekapropheton*, 449; Mitchell, *Commentary*, 336, u. v. m.

134 עצבים stehen in Häusern (1Sam 31,9=1Chr 10,9), werden getragen (2Sam 5,21; Jes 46,1), sind Menschenwerk aus Silber und Gold (Hos 8,4; Ps 115,4; 135,15), können als solches neben Ascheren (2Chr 24,18), פסל und נסך (Jes 48,5) oder גלול (Jer 50,2) genannt werden und sind wie diese Objekte göttlicher Zerstörung (Mi 1,7). An einigen Stellen könnte freilich auch an die durch die Statuen repräsentierten Gottheiten gedacht sein: Jes 10,11; Hos 4,17; 14,9; 13,2; Ps 106,36.38.

135 Eine vergleichbare Formulierung findet sich in Jos 7,9. Die Tilgung der Namen ist dort, wie das vorangehende Verb „umzingeln" (ונסבו) zeigt, nichts anderes als ein Euphemismus der völligen militärischen Vernichtung. Vgl. außerdem mit זכר als Objekt Ps 34,17; 109,15.

nun mit der Entfernung des unreinen Geistes und der Propheten seine eigene Pointe verleiht. Inhaltlich verhält sich V.2b komplementär zu V.2a, was eine literarkritische Operation endgültig verzichtbar macht:[136] Während V.2a den Kultbetrieb anvisiert, konzentriert sich V.2b auf das Kultpersonal.

Um die Identität der Propheten wurde viel gestritten: Beschränkt sich die Vernichtung auf bestimmte Ausprägungen der Prophetie? Schon die Versionen scheinen eine solche Deutung nur durch Präzisierungen wie „Propheten des Lügengeistes" (T: ית נביי רוח שקרא) oder „Lügenpropheten" (LXX: τοὺς ψευδοπροφήτας) sichern zu können.[137] Der Text selbst gibt für derartige Differenzierungen keinen Anhalt. Vielmehr scheinen die Propheten *in toto* Träger und damit berufsbedingt auch Multiplikatoren des Geistes der Unreinheit zu sein, der in diesem Kontext nicht nur die Neigung zum Götzendienst bezeichnen (vgl. z. B. Ez 36,17.25.29; 39,24; Esr 6,21; 9,11; 2Chr 29,16)[138], sondern auch dem gottgeschenkten Geist des Erbarmens und Flehens (Sach 12,10) diametral entgegenstehen dürfte.[139]

Dennoch handelt es sich im Kontext eines Buches, dessen zentrale Figur selbst den Titel „Prophet" (Sach 1,1.7) trägt, nicht um *zeitlose* Kritik an der Prophetie.[140] Dem Verfasser gilt das gegenwärtig erfahrbare und deshalb zukünftig verzichtbare Prophetentum als degeneriert. Er selbst versteht sich kaum als Prophet. Das unterstreicht der schriftgelehrte Charakter der späten sacharjanischen Texte, wie er in besonderer Weise in Sach 13,2–9 hervortritt:[141] Die Redaktoren betätigen sich als Sachwalter des prophetischen Erbes in der Auswahl, Montage und Interpretation vorliegenden Traditionsmaterials.[142]

---

136 Gegen Larkin, *Eschatology*, 174.

137 V bleibt textgetreu bei *prophetas*.

138 Zur übertragenen Bedeutung der Wurzel טמא vgl. André, *Art.* טָמֵא, 360–364.

139 Zur Beziehung zw. Sach 13,2b und Sach 12,10a vgl. etwa Keil, *Propheten*, 658.

140 Vgl. Lange, *Wort*, 304: „Es geht um die eschatologische Lösung eines für den Verfasser gegenwärtigen Konflikts."

141 Vgl. Lange, *Wort*, 304.

142 Diese Deutung als schriftgelehrte Kritik an der zeitgenössischen Prophetie *in toto* teilen mit Unterschieden im Detail Keil, *Propheten III*, 657f.; Wellhausen, *Propheten*, 200; Marti, *Dodekapropheton*, 449; Mitchell, *Commentary*, 337; Nowack, *Propheten*, 395; Sellin, *Zwölfprophetenbuch (1930)*, 577; Horst, *Propheten*, 257; Hossfeld/Meyer, *Prophet*, 159; Stuhlmueller, *Rebuilding*, 151; Jeremias, J., *Prophetie*, 108–110; Lange, *Wort*, 297; Conrad, *Zechariah*, 186; Willi-Plein, *Haggai*, 205; Schweitzer, *Visions*, 258; Biberger, *Heil*, 289; Noetzel, *Maleachi*, 38–42; Gonzalez, *Continuation*, 32–41. Einen anderen Akzent setzen Elliger, *Propheten*, 172; Mason, *Haggai*, 121; Schmitt, *Mantik*, 154, ohne damit das harsche Vorgehen gegen die Prophetie begründen zu können: Die Gegenwart JHWHs in der Heilszeit mache das prophetische Mittleramt obsolet. Jedenfalls bilden die falschen und lügnerischen Berufsvertreter des Kapitels mehr als nur eine abweichende Teilgruppe innerhalb der Prophetie. Gegen Sæbø, *Sacharja*, 274; Rudolph, *Haggai*, 288; van der Woude, *Zacharia*, 239f.; Deissler, *Propheten*, 309; Reventlow, *Propheten*, 119; Larkin, *Eschatolo-*

Die Partikel עוֹד situiert V.3 nach Abschluss der in V.1f. berichteten Geschehnisse.[143] Der Vers behandelt in kasuistisch-juristischer Sprache den hypothetischen Fall des erneuten Auftretens eines Propheten[144] und erweist gerade damit den Erfolg des göttlichen Reinigungsprozesses: Nun genügen die Selbstreinigungskräfte des geläuterten Gottesvolkes um das Problem bereits innerfamiliär einer endgültigen Lösung zuzuführen.[145] Das Vorgehen der Eltern gliedert sich in die drei Schritte Urteil („Du sollst nicht leben!"), Begründung („Denn Lüge hast du gesprochen im Namen JHWHs.") und Vollstreckung („Und sein Vater und seine Mutter, seine Eltern, werden ihn erstechen."). Den letalen Charakter des elterlichen „Durchbohrens" belegt nicht nur die Konkordanz[146], sondern auch die unmissverständliche Formulierung des Urteils.

In ihrem Vorgehen beweisen die Eltern einen gewissen Übereifer, da ihr Tun zwar der deuteronomistischen Forderung nach absoluter Erbarmungslosigkeit auch gegen falsche Propheten in der nächsten Verwandtschaft (Dtn 13,2–12; vgl. auch 18,20; Jer 14,15) sowie gegen widerspenstige Söhne (Dtn 21,18–21)[147] entspricht, aber von der Hinrichtungsmethode – Erstechen statt Steinigen – und damit vom öffentlichen Charakter der Hinrichtung abweicht: Für einen Prozess vor den Ältesten bleibt keine Zeit. Den bitteren Ernst des Geschehens betont weiterhin die Wiederholung des Subjekts „sein Vater und seine Mutter", jeweils ver-

---

gy, 171; Nogalski, *Book*, 961–964; Wöhrle, *Abschluss*, 110; Cook, *Question*, 58–63; Wolters, *Zechariah*, 427; Boda, *Book*, 726f.

143 Gegen Lange, *Wort*, 300, der den Vers als Explikation der göttlichen (!) Reinigung des Landes liest.

144 Auch dieser Vers differenziert nicht innerhalb des Prophetentums, sondern schließt jeden zukünftigen Propheten in das Verdikt der Lüge ein.

145 Während V.2 die Propheten mit den „Namen der Götzen" verbindet, lässt sie V.3 im „Namen JHWHs" Lüge verkünden. Kartveit, *Ende*, 146; Reventlow, *Propheten*, 119; Nogalski, *Processes*, 233; Rhea, *Attack*, 291; Willi-Plein, *Haggai*, 207, verorten V.3ff. aus diesem und anderen Gründen auf einer neuen literarhistorischen Ebene. Tatsächlich differenzieren viele biblische Texte zwischen Falschpropheten, die das Volk zum Fremdgötterdienst verführen (z. B. Dtn 13,2ff.), und Lügenpropheten, die meist in Konkurrenz zu den Unheilspropheten eine heile Zukunft vorgaukeln (z. B. Jer 14,4; 23,17; Jer 28). Freilich kann sich beides in der Polemik vermischen (mit Mitchell, *Commentary*, 338): Dtn 18,20 nennt Lügenrede im Namen JHWHs und Rede im Namen anderer Götter in einem Atemzug; Jer 23,25–32 spricht von Propheten, die im Namen JHWHs lügen (V.25), sodass sein Name im Volk in Vergessenheit gerät (V.27).

146 Vgl. Num 25,8; Ri 9,54; 1Sam 31,4; Jes 13,15; Jer 51,4; Klgl 4,9. Eine Ausnahme stellt möglicherweise Jer 37,10 dar.

147 Vgl. dazu Marti, *Dodekapropheton*, 449; Mitchell, *Commentary*, 337f; Nowack, *Propheten*, 396; Sellin, *Zwölfprophetenbuch (1930)*, 577; Elliger, *Propheten*, 173; Rudolph, *Haggai*, 229; Deissler, *Propheten*, 308; Reventlow, *Propheten*, 120; Petersen, *Zechariah*, 126; Larkin, *Eschatology*, 171; Lange, *Wort*, 300; Willi-Plein, *Haggai*, 207.

stärkt durch die Apposition „seine Eltern". Die Wahl des Verbs דקר erfüllt eine zusätzliche Funktion: Sach 13,4 wird zum positiven Gegenstück von Sach 12,10. Traf die Waffe zuvor die Falschen, nämlich richtige Propheten, so trifft sie nun die Richtigen, nämlich falsche Propheten.[148]

Die V.4–6 ergänzen eine weitere Episode zum Thema „Ende der Prophetie", die in ihrem geradezu grotesken Charakter nur der Desavouierung für den Verfasser gegenwärtig erfahrbarer Prophetie durch Imagination ihres peinlichen Endes dienen kann.[149] Die der göttlichen (V.2b) und innerfamiliären (V.3) Inquisition entgangenen Propheten – ein in diesen Versen nicht vorgesehenes Versäumnis –, versuchen von der Bildfläche zu verschwinden (V.4) und sehen sich doch durch eine anonyme Religionspolizei verfolgt (V.5f.).

Die Scham der Propheten für ihre bisherige Tätigkeit scheint weniger Ausdruck innerer Einsicht denn Folge der gesellschaftlichen Ächtung (vgl. V.2f.) zu sein. Jedenfalls resultiert sie in einem doppelten Akt der Verleugnung. Der tiefe Fall der Prophetie tritt durch kontrastive Anspielungen auf zwei ihrer prominentesten Vertreter, Elia und Amos, hervor.

Wenn der Verfasser die Propheten in V.4b ausgerechnet den Mantel Elias tragen lässt, markiert er sie als verkommene Nachfolger der alten Propheten: Es handelt sich eben auch hier nicht nur um pseudoprophetische Auswüchse einzelner Randgruppen. Wie in den Elia-Elisa-Erzählungen das Überwerfen des Mantels (אדרת) die Aufnahme der prophetischen Tätigkeit beschreibt (vgl. 1Kön 19,19f.; 2Kön 2,13)[150], so hier das Ablegen deren Beendigung.[151] Die finale Wendung למען כחש charakterisiert also kaum das vergangene Tragen des Mantels, wobei man

---

148 Vgl. Mason, *Haggai*, 121f.; Larkin, *Eschatology*, 171; Lange, *Wort*, 300; Biberger, *Heil*, 291.

149 Auch Elliger, *Propheten*, 173; Hossfeld/Meyer, *Prophet*, 158; Petersen, *Zechariah*, 127; Reventlow, *Propheten*, 120; Rhea, *Attack*, 291, halten V.4–6 für einen Zusatz. Gegen Lange, *Wort*, 296.301. Willi-Plein, *Haggai*, 208, vermutet dagegen in V.3.5f. Fortschreibungen von V.2.4. Redditt, *Zechariah*, 115, erachtet V.4f. für sekundär.

150 Sach 13,4 kombiniert die Rede vom Mantel Elias (1Kön 19,13.19; 2Kön 2,9.13f.) mit der Charakterisierung des Propheten als בעל שער (2Kön 1,8), die sich angesichts der Erwähnung seines Gürtels (אזור) eher auf seinen härenen Mantel denn auf seine Körperbehaarung beziehen dürfte (mit Bender, *Sprache*, 100f.). Da die Wendung אדרת שער nur noch in Gen 25,25 als vergleichende Beschreibung Esaus begegnet, vermuten manche eine besonders hintersinnige Anspielung auf den Betrug Jakobs (vgl. Petersen, *Zechariah*, 127; Rhea, *Attack*, 292; Conrad, *Zechariah*, 187; Floyd, *Prophets*, 532; Sweeney, *Prophets*, 694; Boda, *Book*, 729f.). Das abschließende למען כחש kann jedenfalls kaum für diese These in Anschlag gebracht werden, da es nicht das Vortäuschen prophetischer Identität durch Anlegen einer härenen Tracht, sondern im Gegenteil ihre Verleugnung durch Ablegen derselben umschreibt.

151 V.4 setzt also nicht voraus, dass die Propheten ihre Tätigkeit im Untergrund fortsetzen. Gegen Reventlow, *Propheten*, 120.

entweder an das Vortäuschen prophetischer Legitimation[152] oder an den lügnerischen Inhalt der prophetischen Rede denkt.[153] Syntax[154] und Fortsetzung (V.5a) lassen vielmehr das Ablegen des Mantels als Verleugnung des eigenen Berufs erscheinen („sie werden keinen Mantel mehr tragen, um zu verleugnen").[155]

Mit entsprechenden Verdächtigungen konfrontiert, greift der Prophet auf die Worte des Amos „Ich bin kein Prophet." (Am 7,14) zurück:[156] Was in der Anfangszeit der Prophetie als mutiges Bekenntnis zur eigenen Berufung durch JHWH erklang,[157] ist in der Zeit der letzten Propheten zu einer feigen Lüge verkommen. Gerade die Pointe des Amoswortes kann der sacharjanische Prophet nicht mitsprechen: Die Berufung durch JHWH. Während Amos als Landwirt begann, enden die letzten Propheten als Ackerbauern.[158] Mit V.5b bestreitet der exemplarische Prophet auch eine etwaige frühere prophetische Wirksamkeit: Seinen Acker besitzt er von Jugend an. Sowohl der symbolische (V.4b) als auch der verbale Akt (V.5) der Verleugnung zeigen: Selbst im Moment ihrer Abdankung bleiben die Propheten ihrer Berufskrankheit, der Lüge, treu.

Das Ausziehen des Eliamantels zeitigt nun aber einen unbeabsichtigten Nebeneffekt: Die zutage tretenden Wunden am Oberkörper[159] entlarven den

---

152 So Keil, *Propheten*, 659; Mitchell, *Commentary*, 338; Boda, *Book*, 730.

153 So Marti, *Dodekapropheton*, 449; Sellin, *Zwölfprophetenbuch (1930)*, 577f.; Petersen, *Zechariah*, 127; Conrad, *Zechariah*, 187; Redditt, *Zechariah*, 115.

154 Vgl. Ex 11,9 לא ישמע אליכם פרעה למען רבות מופתי בארץ מצרים. In Gen 18,15; Lev 5,22; Jos 7,11 bezeichnet das Verb zudem die Verleugnung einer vergangenen Handlung.

155 Mit Reventlow, *Propheten*, 120; Biberger, *Heil*, 292.

156 Vgl. Marti, *Dodekapropheton*, 449; Boda, *Book*, 731, u. v. m.

157 Die Aussage in Am 7,14 beschreibt im Gegensatz zu Sach 13,5 vermutlich die Vergangenheit des Propheten vor seiner Berufung. Dafür spricht die vergangenheitliche Fortsetzung in 7,15 (vgl. Jeremias, J., *Amos*, 109f.), die Berufung zur Prophetie (הנבא) sowie die Formulierung ויקחני יהוה מאחרי הצאן, die sein Bauerntum als Phänomen der Vergangenheit erscheinen lässt (vgl. 2Sam 7,8; Ps 78,70). Durch seinen Charakter als berufener Quereinsteiger betont Amos seine Unabhängigkeit vom Establishment: Er ist nicht Prophet qua Ausbildung (zu בן נביא als „Prophetenschüler" vgl. Jeremias, J., *Amos*, 110), sondern qua Berufung. Anders Hossfeld/Meyer, *Prophet*, 37–43.

158 Gegen Floyd, *Prophets*, 533; Boda, *Book*, 731f., spielen die Worte עבד אדמה schwerlich auf Kain (Gen 4,2) an.

159 Umstritten ist, ob die Wendung „zwischen den Händen" die Brust (z. B. Marti, *Dodekapropheton*, 449; Nowack, *Propheten*, 387; Sellin, *Zwölfprophetenbuch [1930]*, 578) oder den Rücken bezeichnet (z. B. Mitchell, *Commentary*, 340; Larkin, *Eschatology*, 150). Eine analoge Formulierung in 2Kön 9,42 (בין זרעיו) macht letzteres wahrscheinlicher. Wolters, *Zechariah*, 435f., vermutet indes den Genitalbereich: "One might also imagine that, if a naked man were to hide his private parts with his two hands, those private parts might also be said to be 'between his hands.'"

Mann gegenüber den aufmerksamen Inquisitoren als Baalspropheten, die ihre Gottheit durch Selbstgeißelung zu beeinflussen suchen (vgl. 1Kön 18,28).[160]

Der Verweis des Delinquenten auf das „Haus meiner Liebhaber" stellt allein aufgrund des Textduktus eher eine weitere Ausflucht denn ein resignierendes Geständnis seines Götzendienstes dar.[161] Auch das von ihm verwendete Passiv „ich wurde geschlagen" scheint eher von den kultischen Riten der Selbstgeißelung abzulenken.

Es bleiben zwei häufig angeführte Deutungsoptionen: das Eltern- und das Freudenhaus. Ein Verweis auf die elterliche Erziehung ist eher unwahrscheinlich:[162] Zwar beschreibt „Liebe" das Verhältnis der Eltern zu ihren Kindern (Gen 22,2; 25,8) und körperliche Züchtigung gilt als ihr Ausdruck (Spr 13,24; vgl. auch 27,6). Doch ist fraglich, ob die Spuren kindlicher Erziehung auch im Erwachsenalter noch sichtbar wären. Kaum zu erklären wäre zudem das Piel, das ausschließlich intensive, sprich sexuelle, Formen der Liebe beschreibt.[163] Der in die Enge getriebene Prophet scheint – offenbar im Bewusstsein der Konsequenzen – eher gewillt (homoerotische) sexuelle Eskapaden denn prophetisches Wirken zuzugeben.[164] Dass der textgewandte Verfasser, der seine Vorliebe für hintersinnige Anspielungen bereits unter Beweis gestellt hat, dabei ausgerechnet ein Wort verwendet, das gerade in dem schon in V.2 zitierten Kapitel Hos 2 der Bezeichnung göttlicher Liebhaber des personifizierten Israels dient (Hos 2,7.9.12.14.15)[165], muss kein Zufall sein: Für den Leser ist der Mann somit nicht nur als Lügen-, sondern auch als Baalsprophet überführt. Das weitere Schicksal des Delinquenten kann aus V.2f. erschlossen werden.

Der unvermittelte Imperativ („Schwert erwache") sowie die plötzliche Fokussierung einer menschlichen Herrschergestalt („gegen meinen Hirten, meinen Vertrauten") in V.7 markieren einen deutlichen Einschnitt gegenüber den voran-

---

160 Vgl. Keil, *Propheten*, 659; Marti, *Dodekapropheton*, 449; Sellin, *Zwölfprophetenbuch (1930)*, 578; Elliger, *Propheten*, 173; Otzen, *Studien*, 196; Boda, *Book*, 733f. Dagegen denkt Wolters, *Zechariah*, 434f., an Symptome einer Geschlechtskrankheit (vgl. V.6b). Folge der in V.3 beschriebenen elterlichen Züchtigung können die Wunden angesichts ihres letalen Charakters nicht sein. Gegen Mitchell, *Commentary*, 339.

161 Gegen Otzen, *Studien*, 197; Nogalski, *Book*, 964; Biberger, *Heil*, 294; Wolters, *Zechariah*, 437–439; Boda, *Book*, 734.

162 Gegen Keil, *Propheten*, 659; Floyd, *Prophets*, 533; Redditt, *Zechariah*, 115.

163 Anders Rudolph, *Haggai*, 227, der mit Verweis auf Jer 22,20.22; 30,14; Klgl 1,19 für die vergleichsweise harmlose Bedeutung „Kameraden" plädiert. Ähnlich Willi-Plein, *Haggai*, 209.

164 Mit Wellhausen, *Propheten*, 201; Marti, *Dodekapropheton*, 449; Sellin, *Zwölfprophetenbuch (1930)*, 526; Lange, *Wort*, 303; Wolters, *Zechariah*, 438.

165 Generell ist das Partizip Piel nur in metaphorischer Bedeutung belegt: Jer 22,20.22; Jer 30,14; Ez 16,33.37; 23,5.9.22; Klgl 1,19.

gehenden Versen.[166] Gleichwohl lässt sich eine thematische Kontinuität besonders zu V.2f. nicht verleugnen: Sie zeigt sich in der Gottesrede, den Stichwortverknüpfungen „ausrotten" (V.2.8), „Land" (V.2.8) und „Name" (V.2.9) sowie in der beinahe zitathaften Anlehnung der beiden Verse 13,2.9 an Hos 2. Nur die Götzenpolemik in V.2 liefert schließlich eine Begründung für die Läuterung des Landes in V.8f. Damit könnten Sach 13,7–9 einmal auf Sach 13,2f. gefolgt sein.

Der dem Schwert anheimgegebene Hirte in V.7 hat sich offenbar nichts zuschulden kommen lassen; er wird als göttlich legitimierte Leitungsfigur und Vertrauter Gottes *ex officio* apostrophiert.[167] Seine Eliminierung zielt nicht auf seine Bestrafung, sondern auf das Gericht über seine Herde, die – ihres Hirten entledigt – ziellos umherirrt und so dem Schwert wehrlos ausgeliefert ist:[168] „Und ich werde meine Hand gegen die Kleinen wenden."[169] Das Wort „Kleine" bezeichnet weder untergeordnete Hirtengestalten[170], noch eine Teilgruppe innerhalb der Herde[171] – hier differenziert erst V.8 –, sondern die gesamte Herde im Gegenüber zu ihrem Hirten.[172]

Über die Identität des Hirten wurde auch hier viel gerätselt. Da es sich um einen guten Hirten handelt, dessen Ende nicht Heil, sondern Gericht für die Herde bedeutet, liegt ein Zusammenhang mit Sach 11,15–17 nicht gerade nahe. Vielmehr scheint der Vers die Figur des guten Hirten aus Sach 11,4–14* und die Anspielung auf dessen gewaltsames Ende in Sach 12,10 zu kombinieren und dem

---

166 Mit Elliger, *Propheten*, 175; Otzen, *Studien*, 193. Biberger, *Heil*, 306, vermutet dagegen, dass 13,7–9 ursprünglich an 13,1 angeschlossen wurden.

167 Vgl. etwa Keil, *Propheten*, 660f. Vgl. dagegen die ironische Deutung bei Mason, *Haggai*, 111. An einen „schlechten" Hirten denkt z. B. Boda, *Book*, 738.

168 Das Verb פוץ beschreibt häufig die Zerstreuung der unterlegenen Seite im Kampf nach einem vernichtenden Schlag (1Sam 11,11; 2Kön 25,5; Jer 18,17; 52,8; Ps 18,15; 68,2) oder, wie hier, nach der Beseitigung des Anführers (1Kön 22,17; vgl. V.35f.; 2Chr 18,16; Jer 40,15; vgl. auch Ez 34,5f.), die die Herde zum leichten Opfer für das feindliche Schwert werden lässt (vgl. Jer 9,15). Dass der Vers nicht auf eine Exilierung anspielt, zeigt auch die Formulierung בכל הארץ im folgenden Vers.

169 Die Formulierung „und ich werde meine Hand wenden gegen" ist stets negativ konnotiert (vgl. Jes 1,25; Ez 38,12; Am 1,8; Ps 81,15) und beschreibt entsprechend das vernichtende Werk der Schwerthand JHWHs. Mit Marti, *Dodekapropheton*, 443; Mitchell, *Commentary*, 317; Sellin, *Zwölfprophetenbuch (1930)*, 568; Rudolph, *Haggai*, 214. Gegen Keil, *Propheten*, 661; Willi-Plein, *Haggai*, 213.

170 Gegen Wolters, *Zechariah*, 445; Marti, *Dodekapropheton*, 443; Ehrlich, *Randglossen*, 352. Vgl. auch LXX: ἐπὶ τοὺς ποιμένας.

171 Gegen Keil, *Propheten*, 661f.; Mitchell, *Commentary*, 317; Reventlow, *Propheten*, 121; Willi-Plein, *Haggai*, 214.

172 Mit Sellin, *Zwölfprophetenbuch (1930)*, 568; Elliger, *Propheten*, 176. So grenzt dieselbe Wurzel in Jer 30,19; Hiob 14,21 Unbedeutendes von „Gewichtigem" (Wurzel כבד) ab.

Geschehen eine tiefere theologische Dimension zu geben: JHWH selbst hat seinen Hirten dem Schwert anheimgegeben, um so das Reinigungsgericht über sein Volk einzuläuten.[173]

Der Vollzug des Gerichts in V.8.9a erinnert an die Zeichenhandlung „Scheren des Kopfhaares" in Ez 5,1–17, die wie der literarische Kontext von Sach 13,7–9 eine Belagerungssituation voraussetzt. Dem Vers Ez 5,2 könnte die Drittelung des Volkes entlehnt sein:[174]

> *„Ein Drittel sollst du im Feuer verbrennen mitten in der Stadt, wenn die Tage der Belagerung erfüllt sind. Und nimm ein Drittel, schlage es mit dem Schwert um sie herum. Und ein Drittel zerstreue im Wind und ich werde das Schwert hinter ihnen herziehen."*

Mit Ez lässt Sach 13,8.9a zwei Drittel dem Schwert zum Opfer fallen, deutet aber das vernichtende Feuer Ezechiels als reinigendes Feuer: צרף ist *terminus technicus* für die Läuterung (vgl. Spr 25,4).[175] Sie dient als Bild göttlicher Prüfungen (Jer 9,6; Ps 17,3; 26,2; 66,10; Spr 17,3) sowie menschlicher (Ri 7,4) als auch göttlicher Aussonderungs- und Reinigungsprozesse (Jes 1,25; 48,10; Jer 6,27–30; Mal 3,2f.; Ps 105,19; Dan 11,35; 12,10). Häufig wird der Begriff gemeinsam mit dem abstrakteren בחן verwendet (Spr 17,3; Ps 26,2; 66,10). Da das Feuermotiv ausschließlich als Gerichtsmetapher fungiert (vgl. Ez 22) und der Schmelzofen mit Leiderfahrungen identifiziert wird (Jes 48,10: בכור עני), ist auch hier an einen schmerzhaften Vorgang zu denken. Aus der friedlich sprudelnden Reinigungsquelle in 13,1 ist ein verheerendes Feuer geworden.[176]

Das Ergebnis der Reinigung beschreibt schließlich V.9b. Der theologische Schluss- und Höhepunkt des Kapitels liest sich wie eine Essenz aus Hos 2,16–25 unter Auslassung der bereits in 13,2 angeführten negativen Aspekte.[177]

Hos 2,18	*„Und an jenem Tag, Spruch JHWHs, wirst du <u>rufen</u> ‚mein Mann' und du wirst mich nicht mehr ‚mein Baal' rufen."*
Hos 2,23	*„Und an jenem Tag werde ich <u>antworten</u>, Spruch JHWHs."*

---

173 Vgl. etwa Sellin, *Zwölfprophetenbuch (1930)*, 568; Rudolph, *Haggai*, 213. Zur Identifikation der Hirtengestalt mit dem Durchbohrten vgl. z. B. Keil, *Propheten*, 661; Elliger, *Propheten*, 176; Cook, *Metamorphosis*, 462.

174 Mit Marti, *Dodekapropheton*, 443; Sellin, *Zwölfprophetenbuch (1930)*, 568; Rudolph, *Haggai*, 214; Boda, *Book*, 740. Zur Vorstellung einer dreifachen Auslese vgl. auch 1Kön 19,17.

175 Vgl. für die Realien Forbes, *Studies*, 172–174.226–239.

176 Vgl. Elliger, *Propheten*, 177.

177 Zum literarischen Bezug auf Hos 2 vgl. z. B. Marti, *Dodekapropheton*, 443; Rudolph, *Haggai*, 215.

Hos 2,25   *„Und zu ‚Nicht-mein-Volk' werde ich sagen: ‚Mein Volk* bist du.' *Und er wird zu mir sagen: ‚Mein Gott.' "*

Sach 13,9b   *„Er wird meinen Namen* <u>*rufen*</u> *und ich werde ihm* <u>*antworten*</u>. *Und ich werde sagen: ‚Mein Volk ist er' und er wird sagen: ‚JHWH ist* <u>*mein Gott*</u>.' "*

Die Einheiten Sach 13,2f.(4–6) und Sach 13,7–9 rekurrieren also nicht nur beide auf das gleiche Kapitel des Hoseabuches, sondern verhalten sich auch inhaltlich komplementär: Die Namen fremder Götter sollen aus dem Lande verschwinden, sodass am Ende nur noch der eine Name JHWH erklingt. Die in 12,9–13,1 beschriebene Umkehr des Volkes markiert für beide Erweiterungen nur einen ersten, insuffizienten Schritt in Richtung tiefergreifender Maßnahmen. Während V.2f. (4–6) die prophetischen Verführer des Volkes der Vernichtung anheimgeben, lassen V.7–9 sogar das gesamte Volk einen schmerzhaften Reinigungs- und Läuterungsprozess durchlaufen, den nur ein Drittel überlebt.[178]

Die älteste überlieferte Rezeption des Abschnitts Sach 13,7–9 in seinem literarischen Kontext bietet vermutlich die Damaskusschrift (CD MS B 19). Sie wirft zugleich ein Licht auf das frühe Verständnis der „Armen des Kleinviehs" (עניי הצאן) in Sach 11,7.11 (zur ursprünglichen Lesart כנעני הצאן „Kleinviehhändler" vgl. Textanm. j, S. 127, zu Sach 11,7). Der relevante Abschnitt (Z. 7–9) zitiert Sach 13,7 als Aussage über die Wehen der Endzeit und verweist dann auf die dem Schwert Entkommenen: die „Armen des Kleinviehs" (Sach 11,7.11). Sie unterscheiden sich von der *massa perditionis* durch ihre Observanz gegenüber den göttlichen Vorschriften. Offenbar versteht der Text das Verb שמר, das in Sach 11,11 die „Armen" beschreibt, im Sinne der Gebotsbewahrung. So ist die Damaskusschrift ein frühes Zeugnis dafür, wie eine Auslegungsgemeinschaft sich mit ihrem Schicksal in den kryptischen Texten der letzten Kapitel des Sacharjabuches wiederfand.

5.6 Zwischenfazit

5.6.1 Redaktionsgeschichtliche Synthese

Sach 12,2–13,9 gliedern sich in vier sukzessiv gewachsene Blöcke, die um das Geschehen an eben „jenem Tag"[179] ringen, an dem nach 12,2f. die Völker gegen

---

178 Vgl. Elliger, *Propheten*, 177, zu 13,7–9: „[N]icht nur Götzen und Propheten, sondern volle zwei Drittel des Volkes werden ausgerottet; und nicht ein Quell spült fast mechanisch alle Unreinigkeit hinweg, sondern ein schmerzhaftes Feuer schmilzt alle Schlacken aus. Mit dem Gerichtsgedanken tritt der unheimliche Ernst der Endsituation gerade auch für das Heilsvolk ungleich schärfer heraus."
179 Lediglich im letzten Abschnitt 13,7–9 fehlt ein Verweis auf eben jenen Tag, was im imperativischen Einstieg sowie in der Orientierung an Sach 11 begründet sein könnte.

Jerusalem ziehen. Ist es ein Tag des Triumphs oder auch ein Tag der inneren Erneuerung? Bedarf es über die Umkehr hinaus der Reinigung des Landes von jahwefeindlichen Mächten oder gar der Läuterung des ganzen Volkes? Als theologischer *cantus firmus* zieht sich durch alle Ebenen der Gedanke der Alleinwirksamkeit JHWHs.[180]

1) Der Triumph über die Völker (Sach 12,2a.3.4a.6b): JHWH selbst reizt die Völker zum vergeblichen Angriff auf Jerusalem, indem er Jerusalem in Taumelschale und Hebestein verwandelt: Ihre Gier und ihr Ehrgeiz werden ihnen zum Verhängnis.

2) Die Umkehr Jerusalems (Sach 12,9–13,1): JHWH selbst bewegt Jerusalem durch die Ausgießung eines Geistes des Erbarmens und des Flehens zur Reue über die Ermordung seines (letzten) prophetischen Repräsentanten, um schließlich Sühne für die Tat zu wirken.

3) Die Reinigung des Landes (Sach 13,2f.): Die verbleibenden, den Namen fremder Götter und der Lüge verfallenen Propheten wird JHWH samt ihrem unreinen Geiste ausrotten. (V.2) Etwaige Nachahmer wird von nun an das gleiche Schicksal treffen wie zuvor den zu Unrecht durchbohrten JHWH-Vertreter (V.3; vgl. 12,10).

4) Die Läuterung des Volkes (Sach 13,7–9): JHWH selbst liefert seinen guten Hirten dem Schwert aus, um das nun führungslose Volk dem Vernichtungs- und Läuterungsgericht anheimzugeben: Nur ein Drittel wird überleben.

Zu diesen vier Fortschreibungsblöcken gesellen sich zwei Einschreibungen ohne Ausstrahlung auf die Gesamtkomposition:

Sach 12,2b.4b.5.6a.7f. thematisieren das Verhältnis von Stadt und Land im Kampf gegen die Völker: Während Sach 12,2b.5.8 die Rolle der Stadt zulasten des Landes unter Einfluss zionstheologischer Traditionen steigern, lassen 12,4b.6a.7 Juda mit Jerusalem gleichziehen, indem sie ihm eine wichtige Rolle im Kriegsgeschehen verleihen.[181]

---

180 Vgl. Elliger, *Propheten*, 172, zu Sach 12,10; 13,1: „Stark wird herausgestellt, wie alles von Anfang bis zu Ende sein Werk ist. Gott ist es, der die Schulderkenntnis und Sinnesänderung durch das Ausgießen des Geistes herbeiführt. Gott ist es auch, der Reinigung von der Sünde gewährt durch das Aufbrechen des Wunderquells." Ähnlich Keil, *Propheten*, 657.
181 Gegen Wöhrle, *Abschluss*, 105, und Redditt, *Shepherds*, 635, indiziert die Erwähnung der „Bewohner Jerusalems" und des „Hauses David" in Sach 12,7f. und 12,10–13,1 keine literarhistorische Gleichzeitigkeit, zu unterschiedlich scheint die Tendenz: Ruhm und Ehre auf der einen Seite, Trauer und Umkehr auf der anderen. Von den 12,7f. prägenden Rangstreitigkeiten zwischen Stadt und Land ist in 12,9–13,1 nichts zu spüren.

Sach 13,4–6 ergänzen eine groteske, mit biblischen Anspielungen gespickte Szene zum Schicksal der Propheten in einer postprophetischen Zeit: Angesichts gesellschaftlicher Ächtung und Verfolgung verleugnen sie als Zerrbilder der großen Vorgänger Elia und Amos ihren Beruf, um sich letztlich doch selbst als moralisch zweifelhafte Götzendiener zu entlarven.

Übersicht über die Schichtung von Sach 12–13

1.	Völkerangriff und Völkergericht	12,2a.3.4a.6b
2.	Bußritual um den Durchbohrten	12,9–13,1
3.	Ende von Götzendienst und Prophetie	13,2f.
4.	Vernichtungs- und Läuterungsgericht	13,7–9
	Punktuelle Ergänzungen	
	Projerusalemische Passagen	12,2b.5.8
	Projudäische Passagen	12,4b.6a.7
	„Prophetengroteske"	13,4–6
Noch nicht verortet		12,1a.b

5.6.2 Kompositionsgeschichtliche Aspekte

Die in Sach 12,2–13,9 imaginierten Ereignisse lassen sich einerseits als Auswirkungen der in Sach 11,4ff. heraufbeschworenen Krise lesen, haben aber andererseits auf allen literarhistorischen Ebenen bereits ihre Überwindung im Blick.[182]

Sach 12,2a.3.4a.6b lassen den Zusammenbruch der persischen Weltordnung, nämlich des im Stab נעם symbolisierten Bundes mit „allen Völkern" (Sach 11,10), in einen Sturm „aller Völker" auf Jerusalem münden. Anders als in Sach 9–10 muss der Süden auf den Beistand seines nördlichen Bundesgenossen verzichten, denn auch der Stab חבלים und mit ihm die Bruderschaft zwischen Juda und Israel sind zerstört.[183] Allerdings ist dieser Angriff von Anfang an zum Scheitern verurteilt.

Sach 12,9–13,1 behaupten einerseits eine über Sach 11,8b.9 hinausgehende tödliche Eskalation des Konflikts zwischen Volk und Prophet, eröffnen aber

---

182 Dass sich Sach 11,4–17 und Sach 12–14 wie Ankündigung und Ausführung zueinander verhalten, gilt etwa Cornill, *Einleitung*, 198; Rudolph, *Haggai*, 219, als Ausweis literarischer Einheitlichkeit des gesamten Buches. Auch Steck, *Abschluß*, 37, schließt aus dem fortlaufenden Gedankengang in Sach 11,4–13,9 auf die Einheitlichkeit zumindest dieses Abschnittes.
183 Kaum zu beweisen, aber immerhin denkbar scheint, dass auch zwischen dem Erstarken eines weltweiten Gewaltherrschers (Sach 11,15f.) und der Vereinigung aller Völker zum Sturm auf Jerusalem (Sach 12,2f.) ein innerer Zusammenhang besteht.

andererseits dem störrischen Volk des Hirtenkapitels einen Weg zur Umkehr und Erneuerung. Die Prominenz des Hauses David unter den Trauernden und damit wohl auch unter den Tätern erhält von Sach 11,15f. her gelesen ebenfalls eine besondere Note: Schließlich stellen diese Verse die Hoffnung auf einen König aus den Reihen der Davididen (vgl. Ez 34,23; 37,24) infrage.

Sach 13,2f. sorgen für die endgültige Vernichtung prophetischer Verführer, vor denen Sach 10,1f. vergeblich (vgl. Sach 11,4ff.) warnten.

Sach 13,7–9 verdichten schließlich zentrale Themen von Sach 11,4–13,6 in einer theologischen Summe.[184] Das Hirtenmotiv dürfte Sach 11 entlehnt sein, das „Schwert" auf den kriegerischen Kontext anspielen, die Reinigung und Läuterung Sach 12,9–13,1; 13,2f. fortsetzen. JHWH selbst hat seinen Propheten geopfert, um das Volk im Völkerangriff zu richten und zu reinigen. Das ehemals einsame Bekenntnis des Propheten in Sach 11,4 („mein Gott") kann nun immerhin ein geläutertes Drittel mitsprechen (vgl. Sach 13,9b).

Liest man Sach 12,9–13,9 vor dem Horizont des Völkerangriffs in 12,2–6*, fällt allerdings auf, dass sie ihn als pädagogisches Instrument Jahwes zur Umkehr, Reinigung und Läuterung Jerusalems und des Landes wahrnehmen. Sie liegen damit im Rahmen des durch Sach 11,4ff. eröffneten Erwartungshorizonts eines umfassenden göttlichen Gerichts, dem auch Jerusalem und Juda ausgeliefert sein werden. Gleichzeitig werfen sie über Sach 11,4ff. hinaus schon einen Blick durch das Gericht hindurch auf den Anfang einer neuen Heilszeit.

Den strafenden bzw. erzieherischen Aspekt des Völkerangriffs lösen nun aber die triumphalistischen Verse 12,2a.3.4a.6b gerade nicht ein: Sie gestehen höchstens indirekt zu, dass Jerusalem als Taumelschale und Hebestein von den Völkern angetastet werden wird. Doch dieses Vergreifen an Gottes Stadt wird ihnen selbst zum Verderben gereichen.[185]

Dieses Ungleichgewicht könnte daraufhin deuten, dass Sach 12–13 bereits auf einen weiteren Text rekurrieren, der in Anschluss an Sach 11,4ff. den Völkerangriff dezidiert als Gericht über Jerusalem deutet. Sach 12,2a.3.4a.6b würden dann als Antithese die Rettung Jerusalems herausstellen, Sach 12,9–13,1; 13,2f.; 13,7–9 Gericht und Heil über die Motive der Umkehr, Reinigung und Läuterung mitein-

---

184 Vgl. Sæbø, *Sacharja*, 279; Laato, *Josiah*, 267.286; Gärtner, *Jesaja*, 302f.; Nogalski, *Text*, 292–304.
185 Dieses sperrige Element übersehen diejenigen häufig, die Sach 12 als direkte Auswirkung von Sach 11 interpretieren. Cornill, *Einleitung*, 198, beschreibt den Völkerangriff etwa als „grösste Noth", Ellul, *Variations*, 65, als « un instrument du châtiment de Yahwéh contre son peuple ». Ähnlich Sellin, *Zwölfprophetenbuch (1930)*, 536f. Vgl. aber Rudolph, *Haggai*, 219: „Diese Beziehung [zwischen Sach 11 und Sach 12–13] wird dadurch etwas überdeckt, daß in V.2–4a und 9 schon das Scheitern dieses Angriffs mitverkündet wird".

ander verbinden. Erhärten lässt sich diese Vermutung freilich erst durch die Analyse von Sach 14.

Dass zumindest der Abschnitt Sach 13,7–9 mit seinem Vernichtungs- und Restgedanken schon Sach 14 voraussetzt, wird häufig gesehen. Manche deuten den Abschnitt als Sach 14 vorwegnehmende[186] oder gar den gesamten Textbereich Sach 11,4–14,21 integrierende theologische Summe.[187]

---

186 So etwa Keil, *Propheten*, 659 f.; Junker, *Propheten*, 184; Petersen, *Zechariah*, 129. Schon David Kimchi sieht in Sach 14,1 ff. eine Explikation von Sach 13,7–9: ועתה יפרש איך יכרתו פי שנים בכל הארץ.
187 Vgl. Plöger, *Theokratie*, 109; Lutz, *Jahwe*, 212; Cook, *Metamorphosis*, 460 f.; Kaiser, *Gott*, 238; Biberger, *Heil*, 310; Nogalski, *Text*, 302; Redditt, *Zechariah*, 116; Boda, *Book*, 734 f.

6 Sach 14

6.1 Gliederung

Sach 14 gilt bisweilen als besonders elaborierte Komposition. Die Gliederungsvorschläge reichen von linearen[1] über parallele[2] bis hin zu konzentrischen Strukturen[3]. Schwesig sieht sogar alle drei Gestaltungsprinzipien in einem „überaus kunstvolle[n] Aufbau"[4] vereint, den er durch diverse Zahlenspiele untermauert.[5] Doch gerade dieses Maximalmodell weckt den Verdacht, dass der Text eines eindeutigen Ordnungsprinzips entbehrt.[6]

Die vermeintlich gliedernde ביום ההוא-Formel erweist sich wie in Sach 12–13 als wenig hilfreich[7]: Weder der Auszug JHWHs in den Krieg (V.3) noch der Beginn des Völkergerichts (V.12) wird entsprechend markiert.[8] In 14,9 und 14,21 signalisiert die Formel in Mittel- bzw. Schlussstellung des Satzes den zentralen Gedanken bzw. das Ende des Kapitels.

Einen relevanten Einschnitt bildet höchstens V.11: Mit der Zusage künftiger Sicherheit schließt er die erste, auf das Ergehen Jerusalems konzentrierte Hälfte des Kapitels ab. Die zweite Hälfte widmet sich dem Ergehen der Völker. In beiden Teilen markiert das Motiv des „Restes" einen Wendepunkt vom Unheil zum Heil.[9] Es ergibt sich folgender Grobaufriss:

---

1 Vgl. Willi-Plein, *Haggai*, 218; Floyd, *Prophets*, 542f.; Boda, *Book*, 745f.

2 Vgl. Nogalski, *Processes*, 236f.; Meyers/Meyers, *Zechariah*, 493.

3 Vgl. Lamarche, *Zacharie*, 8 (« [C]ette ‚mosaïque' est en réalité un chiasme harmonieux, parfois un peu compliqué, mais très expressif. »); Biberger, *Heil*, 342f.; Redditt, *Zechariah*, 127.

4 Schwesig, *Rolle*, 199.

5 Vgl. Schwesig, *Rolle*, 183–199. Schon Lacocque, *Zacharie*, 203f., erkennt eine durchdachte numerische Anordnung einzelner Leitworte bzw. -motive und folgert: « Il ne peut donc être question pour nous de suprimer des versets comme additions secondaires. L'équilibre délicat du chapitre en serait totalement perturbé pour un résultat extrêmement aléatoire. » Lacocque zählt je dreizehn Instanzen der Leitwörter „JHWH" und „Tag", Schwesig vierzehn Instanzen von „JHWH" und zwölf von „Tag".

6 Vgl. nur Otzen, *Studien*, 228 („Wir glauben nicht, dass wir in bezug auf Sach 14 von einer Struktur im engeren Sinn reden können."); Wolters, *Zechariah*, 451 ("Altough the chapter is widely seen as an integral literary unit that is thematically unified, its internal organisation seems disjointed and jumbled.").

7 So auch Gärtner, *Jesaja*, 69 Anm. 234.

8 Orientiert man sich mechanisch an der Formel, ergibt sich ein merkwürdiger Einschnitt zwischen V.12 und V.13 (z. B. bei Steck, *Abschluß*, 44). Denn V.12 markiert keinen Abschluss (vgl. V.15) und V.13 angesichts des pronominalen Anschlusses (בהם) keinen Anfang.

9 Vgl. etwa Ollenburger, *Book*, 835; Nogalski, *Processes*, 237 Anm. 75; Tigchelaar, *Prophets*, 241. Auch Willi-Plein, *Haggai*, 218, notiert den abschließenden Charakter des Verses: „Mit 14,11

https://doi.org/10.1515/9783110668063-006

V.1–2a.bα	Unheil für Jerusalem
V.2bβγ–11	Heil für den Rest Jerusalems (...יתר העם)
	Schlusssatz: „Und es wird keine Zerstörung mehr (עוד) sein (...). "
V.12–15	Unheil für die Völker
V.16–21	Heil für den Rest der Völker (...והיה כל הנותר)
	Schlusssatz: „Und es wird kein Kanaanäer mehr (עוד) sein (...). "

Allerdings bleibt auch diese Aufteilung künstlich. Zu offensichtlich durchbricht sie übergreifende Sinnlinien: JHWHs Vorgehen gegen die Völker beginnt in V.3, verläuft sich in V.4–11, um sich schließlich in V.12–15 fortzusetzen. Das weltweite Königtum JHWHs in V.9 und die jährliche Wallfahrt der Völker zu seinem Regierungssitz in V.16–19 bilden zwei Seiten einer Medaille.

6.2 Forschungsgeschichtliche Orientierung

Luther beginnt seinen deutschen Kommentar zu Sach 14 mit den Worten „Hie gebe ich mich gefangen ynn diesem capitel, Denn ich nicht gewis bin, wo von der Prophet sagt."[10] Sein lateinischer Kommentar bricht bezeichnenderweise vor Sach 14 ab. Ein Blick in die jüngere Forschungsliteratur ergibt einen merkwürdigen Befund: Einerseits beklagt man die „literarische Unübersichtlichkeit"[11] oder die „nicht bis ins Letzte durchdachte[] Form"[12], spricht von „Mosaik"[13], „Patchwork"[14] oder „montage"[15]. Andererseits erkennt man eine höhere Ordnung, in der die einzelnen Versatzstücke von vornherein ihren wohlüberlegten Platz finden. Argumente, die auch für die Einheitlichkeit von Sach 9–14 im Allgemeinen vorgebracht werden (vgl. Kap. 1.4.6), kehren hier für Sach 14 im Speziellen wieder: Der vordergründig fragmentarische Charakter ergebe sich aus der Verbindung ursprünglich unabhängiger Traditionsstoffe in einer eschatologischen Gesamtschau.[16] Manche sehen die Widersprüche in einer besonders

---

scheint diese Großeinheit eigentlich ihr Ziel erreicht zu haben, doch folgen noch zehn weitere Verse".

10 Luther, *WA 23*, 655.
11 Willi-Plein, *Haggai*, 218.
12 Rudoph, *Haggai*, 241.
13 Stade, *Deuterozacharja*, 46.
14 Schwesig, *Rolle*, 183.
15 Petersen, *Zechariah*, 160.
16 Dabei lässt sich eine gewisse Verselbstständigung der Argumente beobachten: Während Rudolph, *Haggai*, 240f., an die Kommentierung des für einheitlich gehaltenen Kapitels „eine systematische Zusammenstellung der Aussagen des Kapitels" anfügt, erkennt Gärtner, *Jesaja*, 69,

hintergründigen, mit Chiasmen und Stichwortstatistik arbeitenden Kompositionstechnik aufgehoben.[17]

Selbst Exegeten, die literarkritischen Erklärungen nicht grundsätzlich abgeneigt sind, sehen von diachronen Differenzierungen ab.[18] Doch wäre nicht gerade bei einem einheitlichen Stück, das von vornherein einen eschatologischen Gesamtentwurf anstrebt, zumindest eine gewisse formale und gedankliche Geschlossenheit zu erwarten?[19] Entsprechend greifen manche Exegeten zu redaktionsgeschichtlichen Erklärungsmodellen, die sich im Grad der Differenzierung jedoch deutlich unterscheiden.

1) Elliger, Reventlow, Tigchelaar und Willi-Plein rechnen lediglich mit einer Reihe punktueller Erläuterungen und Glossen.[20] Nach Elliger wurde das Kapitel schon vor der Einfügung in den Buchzusammenhang um die Verse Sach 14,4*.5a*10.11aα.12.15.18.19*.20.21 erweitert. Reventlow verteilt seine im Umfang vergleichbaren Zusätze auf zwei Ebenen: Ein erster Redaktor ergänzte geographische und historische Einzelheiten (Sach 14,4aβ.5aβγ.10–11aα), ein zweiter Redaktor die vornehmlich am Stichwort „Schlag" orientierten Worte Sach 14,12.14a.15.17–19.21. Tigchelaar erkennt nur im letztgenannten Textbereich (Sach 14,12.14a.15.18.19*) sekundäres Material. Willi-Plein findet wieder in Sach 14,5aβb.6bβ.8b.10. 11aα.12.15.17–19 „Detailerläuterungen"[21] und in V.13b.14.16a eine, „die Einheit von Kap. 12–14 bearbeitende[] ‚relecture'"[22].

2) Über die Annahme kleinräumiger Kommentierungen hinaus grenzen Sellin und Beck die geographischen Umwälzungen in Sach 14,4–11* aus, so dass sich die Grundschicht auf die Motive Völkerkampf und Völkerwallfahrt reduziert.[23] Während Sellin vermutet, dass der

---

ähnlich wie Schart, *Entstehung*, 276 („ein geschlossenes Szenario"), von vornherein eine „systematisierende[] Darstellung".

17 So Lamarche, *Zacharie*, 94–104; Lacocque, *Zacharie*, 203f.; Schwesig, *Rolle*, 183–199. Vgl. dazu schon Anm. 845.

18 Vgl. Rudolph, *Haggai*, 233–241; Bosshard/Kratz, *Maleachi*, 43–45; Steck, *Abschluß*, 43 Anm. 91; Schart, *Entstehung*, 275–277; Biberger, *Heil*, 343–346; Gärtner, *Jesaja*, 91–93. Vorsichtiger formuliert Nogalski, *Processes*, 241: "This cursory investigation reveals that caution must be employed, however, when referring to the unity of this chapter, since there are clear indications that these verses received expansion reflecting further contemplation upon the texts after the compilation of the chapter."

19 Beck, *Tag*, 209: „Davon abgesehen sollte aber doch auch bei einem rein redaktionellen Produkt, das sich durch eine Vielzahl von Anspielungen auszeichnet, ein in sich logischer und ausgeglichener Ablauf und ein syntaktisch stimmiger Text erwartet werden können."

20 Vgl. Elliger, *Propheten*, 178–187; Reventlow, *Propheten*, 122–129; Tigchelaar, *Prophets*, 218; Willi-Plein, *Haggai*, 222f.

21 Willi-Plein, *Haggai*, 223.

22 Willi-Plein, *Haggai*, 222. In ihrer ersten Studie (Willi-Plein, *Ende*, 59f.) vermutet sie noch ein ehemals selbstständiges Stück in Sach 14,1–2.5b.9.

23 Vgl. Sellin, *Zwölfprophetenbuch (1930)*, 580 (ebenso Nowack, *Propheten*, 397); Beck, *Tag*, 216–227.

Grundbestand Sach 14,1–5.12.15–18 in einem Zug um Sach 14,6–11.13.14.20.21 fortgeschrieben wurde, minimiert Beck die Grundschicht und differenziert innerhalb der Erweiterung: Die Grundschicht umfasse Sach 14,1.2a.bα.3.13.14b.16.20–21. Eine erste Fortschreibung in Sach 14,12.15 steigere die Völkerabwehr durch das Motiv der Seuche; eine zweite Fortschreibung in Sach 14,4.5aα₁aα₂(ohne ונסתם).b.6.7a(ohne הוא יודע ליהוה).b.8–11 verleihe der Theophanie kosmische Züge; Glossen in V.2bβγ,V.5a*, V.7aα₂, V.14a, V.18–19 zeigten schließlich, „dass man mit dem Zukunftsszenario von Sach 14 gelebt und gerungen hat"[24].

3) Redditt hält auch die mit dem Königtum JHWHs (V.9) verbundene Völkerwallfahrt (V.16–19) für sekundär.[25] Die Grundschicht ("a composite of smaller units") bestehe aus 14,1–3.13–14.20–21a und sei zunächst um 14,4–5 ("future elevation of Zion"), später um 14,6–8.10–11 ("renewed environment motif") fortgeschrieben worden. Der Endredaktor ("final redactor") sei verantwortlich für 14,9.16–17 ("kingship of God"), 14,12.15.18.19 ("plague motif") und das abschließende Wort 14,21b, das durch das Stichwort „Händler" eine Verbindung mit Sach 11,4ff. herstelle.

4) Wöhrle minimiert die Grundschicht unter Abzug der völkerfeindlichen Verse auf das Gericht gegen Jerusalem[26]. Ein Völkerangriff in Sach 14,1–2.13–14a sei durch 14,3.11*.12.14b.15.20–21 in ein Völkergericht umgearbeitet worden. Die Verwandlung des Landes in Sach 14,4.6–10.11* und die Völkerwallfahrt in 14,16–19 gingen jeweils auf spätere Hände zurück. Sach 14,5 markiere einen „vereinzelten Nachtrag."

6.3 Sach 14,1–11

6.3.1 Kommentierte Übersetzung

1 Siehe, ein Tag[a] kommt für[b] JHWH, da wird deine Beute in deiner Mitte verteilt werden.
2 Ich werde nämlich[c] alle Nationen gegen Jerusalem zum Krieg versammeln. Und die Stadt wird eingenommen und die Häuser geplündert und die Frauen vergewaltigt[d] werden. Und die Hälfte der Stadt wird in die Verbannung ziehen. Doch der Rest des Volkes wird nicht aus der Stadt verschwinden[e].
3 Denn[f] JHWH wird ausziehen und gegen jene Nationen kämpfen wie damals, als er kämpfte am Kriegstag.[g]
4 Und seine Füße werden an jenem Tag auf den Ölberg treten, der gegenüber Jerusalems im Osten liegt. Und der Ölberg wird sich von seiner Mitte[h] aus spalten nach Osten und nach Westen: ein sehr großes Tal.[i] Und die (eine) Hälfte des Berges wird nach Norden und seine (andere) Hälfte nach Süden weichen.

---

24 Beck, *Tag*, 226.
25 Vgl. Redditt, *Zechariah*, 140–142.
26 Vgl. Wöhrle, *Abschluss*, 112–124.

5   Und ihr werdet fliehen[j] in das Tal ‚seiner‘[k] Berge, denn Bergtal[l] wird bis
    Azel[m] reichen. Und ihr werdet fliehen[n], wie ihr geflohen seid vor dem
    Erdbeben in den Tagen Usijas, des Königs Judas. Und JHWH, mein[o] Gott,
    wird kommen, alle Heiligen mit ‚ihm‘[p].
6   Und es wird geschehen an jenem Tag, da wird kein Licht[q] sein [?].[r]
7   Und es wird ein einziger Tag/Tag eins[s] werden – er ist JHWH bekannt –
    kein Tag und keine Nacht. Und es wird geschehen, zur Abendzeit wird
    Licht sein.
8   Und es wird geschehen an jenem Tag, da wird lebendiges Wasser von
    Jerusalem ausgehen, seine eine Hälfte zum östlichen Meer und seine
    andere Hälfte zum westlichen Meer. Im Sommer und im Winter wird es so
    sein.
9   Und JHWH wird König sein über die ganze Erde. An jenem Tag wird
    JHWH einzig sein und sein Name einzig sein.
10 Das ganze Land wird sich verwandeln[t] wie die Araba[u] von Geba bis nach
    Rimmon, im Süden Jerusalems. Aber es wird aufragen[v] und an seiner
    Stelle bleiben vom Tor Benjamin bis zum Ort des ersten[w] Tores, bis zum
    Ecktor, und vom[x] Turm Hananel bis zu den Keltern[y] des Königs.
11 Und sie werden darin wohnen. Und es wird keine Zerstörung[z] mehr sein
    und Jerusalem wird in Sicherheit wohnen.

---

[a] LXX (Ἰδοὺ ἡμέραι ἔρχονται) und V (*ecce dies veniunt*) gleichen den Text an die geläufige pluralische Wendung הנה ימים באים (vgl. Jer 7,32; Am 4,2 u. ö.) an.

[b] Die Umschreibung des Genitivverhältnisses durch ל anstelle der gewohnten Konstruktusverbindung יום יהוה (vgl. aber auch Jes 2,12; Ez 30,3: יום ליהוה) dient dem Spannungsaufbau: Das
nomen regens יום bleibt indeterminiert (zur Verwendung von ל bei indeterminierten *nomina re-
genta* und determinierten *nomina recta* vgl. JM §130) und kann so zugleich durch das Verb von
seinem Bezugswort getrennt werden.

[c] Da V.1b bereits das Ergebnis der Belagerung vorwegnimmt, ist das V.2 einleitende Waw als
Waw-explicativum zu verstehen. Vgl. Keil, *Propheten*, 664; Köhler, *Propheten III*, 249.

[d] Die Masora ersetzt das als obszön empfundene Ketib תשגלנה wie an anderer Stelle (Dtn 28,30;
Jer 3,2; Jes 13,16) durch das euphemistische Kere תשכבנה. Vgl. z. B. Rudolph, *Haggai*, 231.

[e] Der „Rest" bildet das Gegenüber zur exilierten Bewohnerschaft. כרת Nif. bedeutet deshalb
nicht „ausgerottet werden", sondern „verschwinden". Vgl. zu dieser Bedeutung Jos 9,23; 11Q19
58.11 (ומחצית העם לוא יכרתו מעריהמה).

[f] Auch dieser Satzanschluss lässt sich explikativ verstehen: V.3 erklärt, warum der in V.2bβγ erwähnte Rest den Angriff übersteht.

[g] Die auch durch LXX bezeugte (καθὼς ἡμέρα παρατάξεως αὐτοῦ ἐν ἡμέρᾳ πολέμου) redundan-
te Formulierung des MT wirkt merkwürdig. Versteht man קרב ביום als adverbiale Bestimmung des
„Kämpfens" (z. B. Beck, *Tag*, 212: „Wie am Tag seines Kämpfens am Tag eines Krieges"), bleibt das
doppelte יום merkwürdig. Versteht man die Wendung als Apposition (z. B. Sellin, *Zwölfprophetenbuch [1930]*, 581: „wie an seinem Kampftage, am Tage der Schlacht"), verwundert die fehlende Deter-

mination sowie der Wechsel der Präposition von כ zu ב. Wolters, *Zechariah*, 455, kommt mit seinem Vorschlag ביום קרב ("on a day close at hand") zwar ohne Eingriff in den Konsonantenbestand aus, doch wirkt die Wendung am Ende des Verses deplaziert, da sie sich nicht auf den zuvor erwähnten, vergangenen Kampftag, sondern auf den zukünftigen Auszug JHWHs in die Schlacht beziehen müsste. Mitchell, *Commentary*, 344, liest mit Verweis auf V (*sicut proeliatus est in die certaminis*) statt כיום die Vergleichspartikel כמו ("wie er kämpfte am Tag eines Kampfes"). Eher vorstellbar wäre eine Verwechslung von ב und כ in der hinteren Phrase (ursprüngliches כיום קרב). Andere vermuten, dass כיום hier formelhaft zu einem „wie jedesmal" (Rudolph, *Haggai*, 230) oder „wie damals" (Willi- Plein, *Haggai*, 214) verblasst. Vgl. Boda, *Book*, 752. Aus Mangel an Alternativen folgen wir diesem Vorschlag.

ʰ Die Bedeutung „Mitte" für חצי belegen Ex 12,29; 27,5; 38,4; Jos 10,13; Ri 16,3; Jer 17,11; Ps 102,25; Rut 3,8 (V: *ex media parte sui*; vgl. Raschi: מאמצעיתו). MT beschreibt also eine Ost-West-Spaltung des Ölbergs von seiner „Mitte" her (V.4a) und das Auseinanderdriften der entstehenden Hälften nach Nord und Süd (V.4b). LXX gleicht V.4aα₂ (καὶ σχισθήσεται τὸ ὄρος τῶν ἐλαιῶν, τὸ ἥμισυ αὐτοῦ πρὸς ἀνατολὰς καὶ τὸ ἥμισυ αὐτοῦ πρὸς θάλασσαν/„und der Ölberg wird sich spalten, seine eine Hälfte nach Osten, seine andere Hälfte nach Westen") durch Auslassung der Präposition und Verdopplung von „Mitte/Hälfte" der Formulierung von V.4b (καὶ κλινεῖ τὸ ἥμισυ τοῦ ὄρους πρὸς βορρᾶν καὶ τὸ ἥμισυ αὐτοῦ πρὸς νότον/„und die eine Hälfte des Berges wird sich nach Norden und seine andere Hälfte nach Süden neigen") an, vielleicht weil τὸ ἥμισυ im Griechischen nur „Hälfte", nicht aber „Mitte" bedeutet. Wahrscheinlich ist σχισθήσεται („wird sich spalten") dennoch als logisches Prädikat von τὸ ἥμισυ zu denken, was wie im Hebräischen in einem Ost-West-Tal resultieren würde, dessen flankierende Bergehälften sich schließlich jedoch nach Nord und Süd „neigen" (κλινεῖ). Merkwürdig bleibt dabei nicht nur das Verb „neigen", sondern dass mit dem Wort „Hälfte" (τὸ ἥμισυ) zunächst Ost- und Westhälfte, dann aber Nord- und Südhälfte des Berges bezeichnet würden. Diese „unklare Uebersetzung der LXX" (Köhler, *Propheten III*, 253) führt bisweilen zur Annahme einer Vierteilung des Berges mit zentraler Kreuzung (vgl. etwa Hieronymus, *In Zach. III 14,5* [CChr.SL 76A 881,156]: „*praeruptum quadragulum*"), die gegen Willi-Plein, *Haggai*, 220, zumindest in MT nicht angelegt ist.

ⁱ Warum MT hier einen st. cstr. vokalisiert bleibt unklar. Mitchell, *Commentary*, 344, vermutet eine Sonderform des st. abs. ohne Artikel. Zur femininen Bildung von גיא vgl. Rudolph, *Haggai*, 231; Gärtner, *Jesaja*, 66 Anm. 221, mit Verweis auf 2Kön 2,16. Für weitere Erklärungsmodelle vgl. Otzen, *Studien*, 267.

ʲ Die rabbinische Tradition differenziert zwischen einer babylonischen (נִסְתַּם: Part. Nif. סתם „verstopft werden") und einer jerusalemischen (נַסְתֶּם: Perf. Kal. נוס „fliehen") Vokalisierungstradition (vgl. z. B. Ibn Esra; David Kimchi), die sich auch in den Versionen spiegelt: Nach LXX (ἐμφραχθήσεται), T (ויסתתים) und wenigen Mss wird das Tal verschlossen, nach MT und V Ziel einer Flucht (*fugietis*). Sollte vom soeben erst entstandenen Tal (V.4) die Rede sein – was allein aufgrund des Stichwortbezugs die einfachste Deutung ist –, wäre seine sofortige erneute Verstopfung jedoch erstaunlich (mit Barthélemy, *CTAT*, 1007; gegen Junker, *Propheten*, 187; Beck, *Propheten*, 212 Anm. 48). Die Variante der LXX fußt vielleicht auf den Übersetzungsproblemen in V.4 (vgl. Textanm. h): Es steht eben kein als Fluchtroute geeignetes Tal zur Verfügung. Die Lesart des Targum scheint theologisch motiviert: Teilung und Schließung des Ölbergs stilisieren Sach 14,4 zum eschatologischen Gegenstück von Teilung (vgl. בקע bzw. aram. בזע in Ex 14,16.21 und Sach 14,4) und Schließung des Schilfmeeres (vgl. schon die Einleitung in Sach 14,3b: כיום אגחותיה קרב על ימא דסוף). Über die diplomatische Selbstbescheidung Josef Karas („Und nur unser Gott kann die richtige [Lesart] klären.") wird man also zugunsten von MT hinausgehen dürfen. Mit Otzen, *Studien*, 267f.; Lamarche, *Zacharie*, 94f.; Petersen, *Zechariah*, 136; Wöhrle, *Abschluss*, 118 Anm. 165; Wolters, *Zechariah*, 457f. Entscheidet man sich dagegen für נַסְתֶּם, muss man entweder zu Emendationen (vgl. die nächste Textanmerkung) greifen oder behaupten, dass hier von einem anderen Tal als in V.4 die Rede ist. Für das Kidrontal plädieren Tigchelaar, *Prophets*, 226; Willi-Plein, *Haggai*, 220, für das Hinnomtal Lutz, *Jahwe*, 25; Rudolph, *Haggai*, 231; Gärtner, *Jesaja*, 66 Anm. 223; Biberger, *Heil*, 320f.

ᵏ LXX (φάραγξ ὀρέων μου) und V (*vallem montium meorum*) bezeugen das Suffix 1. Sg. com., in T fehlt es (חילא דטוריא). Schon David Kimchi (vgl. auch Tigchelaar, *Prophets*, 226) vermutet eine irreguläre Pluralendung mit Verweis auf Ez 13,18 (ידי); Jer 22,14 (חלוני); Jes 20,4 (חשופי); die Belege sind allerdings strittig (vgl. GK §87g). Angesichts der Szenerie – JHWH steht mit beiden Füßen auf dem nun in zwei Berge gespaltenen Ölberg – wäre die Rede von den Bergen JHWHs nicht abwegig. Die im Kontext völlig unmotivierte Gottesrede ließe sich durch einen behutsamen Eingriff in „seine Berge" (הריו) korrigieren (so Redditt, *Zechariah*, 126; anders Otzen, *Studien*, 268: הרים). Sollte es sich bei dem folgenden כי-Satz – wie von manchen angenommen (Reventlow, *Propheten*, 125; Biberger, *Heil*, 344) – um eine Glosse handeln und die unmittelbare Fortsetzung einmal ונסתם gelautet haben, könnte MT durch Haplografie des ו entstanden sein. Weitergehende Konjekturen wie גיחון (Mitchell, *Commentary*, 345) oder גיא-הנֹּם (Wellhausen, *Propheten*, 201; Duhm, *Anmerkungen*, 198; Marti, *Dodekapropheton*, 451; Nowack, *Propheten*, 398; Sellin, *Zwölfprophetenbuch [1930]*, 581; Elliger, *Propheten*, 177) entbehren eines textlichen Anhaltspunktes.

ˡ Gegenüber den beiden anderen Erwähnungen des „Tals" in V.4.5 fällt die maskuline Bildung (יניע), das Fehlen des א (vgl. aber Jos 15,8; 18,16; 19,14; 1Sam 13,18; Ez 39,11; Neh 11,35) sowie eines Suffixes und damit die Unbestimmtheit des Nomens auf. Angesichts des Kontextes kann kaum einfach irgendein „bergiges Tal" gemeint sein. Der Verfasser könnte die vorangehende Wendung גיא הרי als Eigenname (vgl. Jes 22,1.5 גיא חזיון) (miss)verstanden haben. Als *lectio difficilior* ist MT beizubehalten.

ᵐ Das Dilemma spiegelt sich schon in den Versionen wider: Handelt es sich a) um ein Toponym (LXX: ἕως Ιασολ) oder b) um eine der Präposition אצל verwandte Form (V: *usque ad proximum*)? Ad a) Es könnte sich um die Pausaform eines *nomen proprium* אָצֵל (vgl. 1Chr 9,44) handeln, für dessen Lokalisierung freilich auch בית האצל aus Mi 1,11 nicht weiterhilft. Eine Identifizierung mit dem südlich in das Kidrontal mündende Wadi Jasul (Abel, *Aṣal*, 397–400) bleibt philologisch und inhaltlich unbefriedigend. Ad b) Hier müsste man ein durch Haplografie entfallenes Suffix der 3. m. sg. (אצלו) annehmen (Mitchell, *Commentary*, 346; Nowack, *Propheten*, 398; Sellin, *Zwölfprophetenbuch [1930]*, 581; Elliger, *Propheten*, 177; Lutz, *Jahwe*, 22; Rudolph, *Haggai*, 231f.; Petersen, *Zechariah*, 136; Beck, *Tag*, 213 Anm. 51; Gärtner, *Jesaja*, 66f. Anm. 224; Boda, *Book*, 758), das sich nur auf den Ölberg beziehen könnte: Das Tal reicht bis „neben ihn", also bis an seine Seite. Eine sichere Entscheidung scheint unmöglich. In jedem Fall begründet der Satz die Eignung des Tales als Fluchtkorridor durch Verweis auf seine Ausdehnung.

ⁿ LXX liest hier wie in der vorangehenden (vgl. Textanm. j) und der darauffolgenden Instanz נסתם: καὶ ἐμφραχθήσεται καθὼς ἐνεφράγη. Aufgrund des Vergleichs müssen zumindest die beiden letzten Verben tatsächlich übereinstimmen. Allerdings ergibt die Präposition מפני („vor") nur nach dem Verb „flüchten" (נַסְתֶּם) Sinn. LXX muss entsprechend korrigieren, womit die Priorität des MT gesichert sein dürfte: ἐν ταῖς ἡμέραις τοῦ σεισμοῦ ἐν ἡμέραις Οζιου βασιλέως Ιουδα („in den Tagen des Erdbebens, in den Tagen Usias, des Königs von Juda"). Eine phonetische und semantische Differenzierung zwischen den drei Instanzen von נסתם in diesem Vers (vgl. aber T) wäre zudem durch nichts indiziert.

ᵒ Viele nehmen ein durch Haplografie entstelltes אלהיך an (vgl. Marti, *Dodekapropheton*, 451; Nowack, *Propheten*, 399; Elliger, *Propheten*, 177; Lutz, *Jahwe*, 22; Rudolph, *Haggai*, 232; Petersen, *Zechariah*, 136; Schwesig, *Rolle*, 179 Anm. 5). Andere greifen zu weiterreichenden Konjekturen: Van der Woude, *Zacharia*, 258; Wolters, *Zechariah*, 459, verteilen die beiden Konsonanten des

Wortes כל auf die umstehenden Nomina, sodass sich der Satz ובא יהוה אלהיך לקדשים עמך ergibt. Tigchelaar, *Prophets*, 227, konjiziert ובא יהוה אל היכל קדשו מעמדו. Das plötzliche Hervortreten des Sprechers ist aber nicht analogielos (vgl. schon Sach 9,8b) und als *lectio difficilior* beizubehalten. Mit Reventlow, *Propheten*, 125; Beck, *Tag*, 213 Anm. 52.

[p] Das Suffix kann sowohl auf Gott (2. m. sg., Pausa) als auch auf Zion (2. f. sg.; vgl. V.1b) bezogen werden (vgl. GK §103). Beides bleibt spannungsvoll: Eine Anrede Gottes stieße sich am unmittelbar vorangehenden „mein Gott", eine Anrede Zions ließe Zion als Begleitung (vgl. die Präposition עם) des nahenden Gottes erscheinen, nicht aber – wie eigentlich zu erwarten – als dessen Ziel (gegen Floyd, *Prophets*, 541; Boda, *Book*, 759f.). Vieles spricht somit für die durch LXX (μετ᾽ αὐτοῦ) und V (*cum eo*) bezeugte 3. m. sg. Mit Wellhausen, *Propheten*, 202; Marti, *Dodekapropheton*, 451; Nowack, *Propheten*, 399; Elliger, *Propheten*, 177; Lutz, *Jahwe*, 22; Deissler, *Propheten*, 311; Petersen, *Zechariah*, 136; Beck, *Tag*, 213 Anm. 54; Schwesig, *Rolle*, 180 Anm. 6; Redditt, *Zechariah*, 126. Die Abweichung des MT, die sich kaum als Schreibfehler erklären lässt, bleibt dennoch rätselhaft.

[q] Konjekturen wie חום „Hitze" (Wellhausen, *Propheten*, 202; Marti, *Dodekapropheton*, 452; Nowack, *Propheten*, 399; Otzen, *Studien*, 269), עוד (Mitchell, *Commentary*, 349), אש bzw. חֹרֶב (Sellin, *Zwölfprophetenbuch [1930]*, 582), קור (Elliger, *Propheten*, 182; Wöhrle, *Abschluss*, 112 Anm. 150) oder אור קדר (Rudolph, *Haggai*, 232) dienen der Angleichung an die diversen Lesarten von V.6b sowie dem Ausgleich mit der entgegengesetzten Aussage in V.7b, entbehren aber eines inhaltlichen Anhaltspunktes und einer textlichen Grundlage.

[r] Das Ketib bietet einen Verbalsatz bestehend aus dem Adjektiv יקרות (f. pl. „gewichtig, kostbar") und dem Verb יִקְפָּאוּן (Kal., Imperfekt, 3. m. pl.; *nun energicum*), für das im biblischen und nachbiblischen Hebräisch u. a. die Bedeutungen „gerinnen" (Hi 10,10), „gefrieren" (Sir 43,20 Hif.) und „aufsteigen" (Ex 15,8; vgl. dazu Wolters, *Zechariah*, 459f., sowie weitere Belege bei Jastrow) bezeugt sind. Inhaltlich bleibt das Ketib rätselhaft. Gegen die an V.6a angelehnte Deutung als Erlöschen der Himmelskörper (z. B. Boda, *Book*, 762) erheben sich Bedenken: 1) Der oft bemühte Vers Hi 31,26 beschreibt mit יקר zwar den „majestätischen" Himmelslauf des Mondes, begründet aber damit noch keine grundsätzliche Affinität des Adjektivs mit Himmelskörpern. 2) Ein „Erstarren" der Gestirne implizierte, wenn man es auf ihre Bewegung bezieht, eher ihr dauerhaftes Leuchten denn ihr Erlöschen (vgl. Jos 10,13). 3) Es besteht eine Genusinkongruenz zwischen Subjekt und Prädikat. LXX (καὶ ψῦχος καὶ πάγος) und V (*sed frigus et gelu*) bieten schließlich einen Text, der sich auf zwei hebräische Hapaxlegomena (!) zurückführen ließe (וקרות וקפאון). Die beiden י des MT wären zwar plausibel als Schreibfehler zu erklären, allerdings stellen „Kälte und Frost" kein intuitiv verständliches Gegenüber zu „Licht" dar. Offen bleibt auch, wie sich die beiden Begriffe der voranstehenden Verneinung des Lichts gegenüber verhalten: exklusiv („kein Licht, sondern Kälte und Frost"; so mit V Lamarche, *Zacharie*, 95f.) oder inklusiv („weder Licht noch Kälte und Frost"; so mit LXX Wellhausen, *Propheten*, 202; Marti, *Dodekapropheton*, 452; Mitchell, *Commentary*, 349; Sellin, *Zwölfprophetenbuch [1930]*, 582; Elliger, *Propheten*, 182; Otzen, *Studien*, 268f.; Rudolph, *Haggai*, 232; Reventlow, *Propheten*, 126; Tigchelaar, *Prophets*, 228; Floyd, *Prophets*, 541f.; Beck, *Tag*, 214 Anm. 56; Schwesig, *Rolle*, 180 Anm. 7; Biberger, *Heil*, 323f. u. a.)?
Da sich also über den Sinn der einzelnen Textvarianten keine sicheren Aussagen treffen lassen, ist eine Entscheidung über ihre Ursprünglichkeit nicht möglich. Die beiden Wörter präzisieren die Aussage „es wird kein Licht sein". Mehr lässt sich nicht sagen.

[s] Vgl. die Analyse.

[t] LXX (κυκλῶν πᾶσαν τὴν γῆν) und T (יקפה לכל ארעא) deuten das Land als Objekt des Verbs יסוב, womit JHWH als Subjekt zu denken ist (vgl. auch Beck, *Tag*, 214 Anm. 58), V deutet das Land als Subjekt (*et revertetur omnis terra*). Es spricht mehr für die zweite Lösung: ארץ kann maskulin konstruiert werden (z. B. Gen 11,1; 13,6). Angesichts der im Hif. belegten Bedeutung des Verbs

„jmd./etw. verwandeln" (z. B. das Herz, 1Kön 18,37; Esr 6,22, oder den Namen, 2Kön 23,34; 24,17; 2Chr 36,4) kann die Bedeutung „sich verwandeln" für den Kal veranschlagt werden. Vgl. Otzen, *Studien*, 269f., der auf die ugar. Wurzel *sbb* verweist, sowie Rudolph, *Haggai*, 232f.; Gärtner, *Jesaja*, 67 Anm. 227.

ᵘ G (ἔρημον) und V (*desertum*) übersetzen „Wüste", T (כמישרא) „Ebene". Tatsächlich bezeichnet ערבה sowohl aride Regionen als auch die Jordanniederung. Die Determination (MT) sowie der literarische Kontext geben den Ausschlag für einen Vergleich mit der Jordanniederung: Sie kontrastiert die Erhöhung Jerusalems im selben Vers. Vgl. z. B. Wolters, *Zechariah*, 461.

ᵛ LXX versteht ראמה als Toponym (Ραμα). Die Stadt Rama verdrängt auf diese Weise Jerusalem nicht nur als Subjekt des folgenden Verbalsatzes, sondern auch als eschatologischen Schauplatz, was reichlich sonderbar anmutet (vgl. dagegen nur Sach 12,6b). V (*exaltabitur*) und T (תתרבי) setzen hingegen eine Verbalform voraus. Die masoretische Vokalisation impliziert die 3. f. sg. Kal Perfekt von ראם, einer stammerweiterten Form von רום (vgl. JM §80 k).

ʷ Der fehlende Artikel vor שער könnte zwar ein Verständnis von הראשן als Eigenname implizieren, doch ist gerade bei architektonischen Größen die Beschränkung des Artikels auf das Attribut üblich (vgl. GK §126 mit Verweis auf Jer 38,14: מבוא השלישי; Ez 9,2: שער העליון).

ˣ Die zu erwartende Präposition מן dürfte mit Rudolph, *Haggai*, 233; Beck, *Tag*, 215 Anm. 61; Wolters, *Zechariah*, 265, durch Haplografie entfallen sein. Vgl. V (*et a turre Ananehel*). Dagegen liest LXX die Präposition עד: καὶ ἕως τοῦ πύργου Ανανεηλ.

ʸ Van Hoonacker, *Prophètes*, 690, emendiert קבר המלך („Königsgrab"), Simons, *Jerusalem*, 208, קברי מלך („Königsgräber"). Wolters, *Zechariah*, 466f., versucht eben diese Bedeutung auch für MT nachzuweisen. Einfacher scheint es, bei dem von MT bezeugten יקב in seiner üblichen Bedeutung „Kelter" zu bleiben.

ᶻ Für חרם in der allgemeinen Bedeutung „Zerstörung" vgl. Jes 43,28; Mal 3,24.

6.3.2 Analyse

Mit der Aufmerksamkeitspartikel הנה beginnt in Sach 14,1 eine zweite Einheit nach Sach 12,2–13,9, die sich dem Tag JHWHs als Tag des Völkerangriffs auf Jerusalem widmet. Durch die gespaltene Syntax – „ein Tag kommt für JHWH" – steigert der Vers die Spannung, um dann als Quintessenz den Ausgang des Tages vorwegzunehmen: „da wird deine Beute in deiner Mitte geteilt werden".[27] Die unvermittelte Anrede verwundert, gilt aber zumindest der masoretischen Vokalisation zufolge Jerusalem, von dem der Folgevers jedoch in der 3. sg. spricht.[28] Schon das Passiv וחלק lässt erahnen, dass die angesprochene Person nicht Subjekt der Verteilung ist. Die Formulierung „deine Beute" bestätigt dies: Folgt auf שלל ein Suffix oder ein *nomen rectum*, bezeichnet es bis auf wenige Ausnahmen stets das Opfer eines

---

27 Zum Zusammenhang beider Teilverse vgl. Keil, *Propheten*, 664; Boda, *Book*, 749; Beck, *Tag*, 220.
28 Vgl. z. B. Keil, *Propheten*, 664; Nowack, *Propheten*, 397; Rudolph, *Haggai*, 234; Petersen, *Zechariah*, 135; Gärtner, *Jesaja*, 69; Boda, *Book*, 748. Schon T ergänzt den Vokativ „Jerusalem". Vgl. zum Problem der Anrede und einem möglichen Lösungsansatz Kap. 6.5.2.2.

Beutezuges.[29] Das abschließende „in deiner Mitte" signalisiert bereits die Eroberung der Stadt, in deren Mitte eigentlich Gott selbst wachen müsste (vgl. Ps 46,6).[30]

Sach 14,2 wirft Schlaglichter auf einzelne Wegstationen der Eroberung: JHWH
selbst sammelt die Völker zum Krieg gegen Jerusalem. Doch nicht ihr Handeln,
sondern das Ergehen Jerusalems steht im Mittelpunkt, wie die folgenden passi-
vischen Formulierungen zeigen.[31] Die Zerstörung schreitet bedrohlich von außen
nach innen – eben in die „Mitte" (V.1b) Jerusalems – voran[32]: Die Stadt wird
erobert, die Häuser geplündert, die Frauen vergewaltigt.[33] Schließlich zieht die
Hälfte der (überlebenden?) Bevölkerung ins Exil. Einen Grund für das innerhalb
der alttestamentlichen Eschatologie beispiellose Gottesgericht an der Gottesstadt
nennt der Vers nicht.[34] Liest man Sach 14,1–2 jedoch vor dem Horizont der vorangehenden Kapitel, folgt der Angriff „aller Nationen" (Sach 14,2) auf Jerusalem aus
dem Ende des Bundes mit „allen Völkern" (Sach 11,10) und erscheint als letzte
Konsequenz der Preisgabe des ungehorsamen Gottesvolkes durch den Propheten.

Häufig notiert man einen Sprecherwechsel zwischen V.1 als Prophetenrede
und V.2 als Gottesrede[35] und schließt daraus bisweilen auf literarisches Wachstum.[36]
Doch auch V.1 lässt sich als Gottesrede lesen: Dass JHWH in geprägten Wendungen wie „Tag JHWHs" seinen eigenen Namen in den Mund nimmt, ist eher Regel
denn Ausnahme und unterstreicht den drohenden Unterton der Ankündigung.[37]

---

29 Mit Keil, *Propheten*, 664; Köhler, *Propheten III*, 248; Sellin, *Zwölfprophetenbuch (1930)*, 580;
Petersen, *Zechariah*, 135; Boda, *Book*, 749. Dagegen vermuten Rudolph, *Haggai*, 234; Beck, *Tag*,
220, eine bewusst ambivalente Formulierung. Als Belege vgl. Dtn 2,35; 3,7; 13,17; 20,14; Jos 8,2;
11,14; 22,8; 1Sam 14,30; 2Sam 8,12; 12,30; 1Chr 20,2; Est 3,13; 8,11; Jes 8,4; Ez 29,19 (mit Posses-
sivsuffix); Dtn 2,35; 3,7; Jos 8,27; 11,14; Jos 22,8; 1Sam 14,30; 30,26; 2Sam 12,30; Jes 8,4; 1Chr 20,2
(mit *nomen rectum*). Ausnahmen finden sich in: Ri 8,24f.; 1Sam 30,20; Jes 10,2; 2Chr 24,23.
30 Vgl. Sellin, *Zwölfprophetenbuch (1930)*, 580: „Wenn die Beute im Innern Jerusalems verteilt
wird, muß es zuvor erobert sein."
31 Vgl. Biberger, *Heil*, 315.
32 Vgl. Petersen, *Zechariah*, 141; Boda, *Book*, 750.
33 Die beiden letzten Aussagen erinnern bis in den Wortlaut an das Gericht, das Babylon nach
Jes 13,6 treffen wird. Vgl. z. B. Gärtner, *Jesaja*, 71; Boda, *Book*, 751. Die Ankündigung des Tages
JHWHs in Sach 14,1a (הנה יום בא ליהוה) ähnelt zudem terminologisch Jes 13,9 (הנה יום יהוה בא). Falls
es sich nicht einfach um eine stereotype Wendung handeln sollte, könnte Jerusalem mittels der
Anspielung als jahwefeindliche Stadt gebrandmarkt werden.
34 Vgl. Rudolph, *Haggai*, 234: „Nirgends wird die Vorstellung vom eschatologischen Ansturm
(sic) der Völker gegen Jerusalem so weit getrieben wie hier."
35 Vgl. Mitchell, *Commentary*, 341; Nowack, *Propheten*, 397; Lutz, *Jahwe*, 23; Biberger, *Heil*, 314;
Boda, *Book*, 749. Horst, *Propheten*, 258, emendiert entsprechend in V.2.
36 Vgl. Marti, *Dodekapropheton*, 450f. Ohne V.2a fehlt jedoch V.1b eine Erläuterung und V.3 ein
Anschluss, den auch die unbegründete Ausgrenzung von בגוים ההם (V.3) nicht retten kann.
37 Für יום יהוה vgl. Joel 2,1; Am 5,18.20; Zef 1,14; Mal 3,23. Für יום ליהוה vgl. Ez 30,3. Die Formulierung „mein Tag" ist indes nicht belegt. Vgl. Wöhrle, *Abschluss*, 115 Anm. 155.

Anders verhält es sich mit V.2bβγ, der die düstere Szenerie durch einen Verweis auf den „Rest des Volkes" erhellt. Dieser Perspektivwechsel sowie die semantische Verschiebung von der „Stadt" als Bevölkerung (חֲצִי הָעִיר) zu der „Stadt" als Ort (מִן הָעִיר) weisen den Satz als Fortschreibung aus.[38] Die Wendung יֶתֶר הָעָם bezeichnet nur in 2Kön 25,11 (Jer 39,9; 52,15) die Überlebenden einer Belagerung, womit ein bemerkenswerter Kontrast entsteht: Während bei der Eroberung durch die Babylonier auch der Rest der Bevölkerung in die Gefangenschaft geführt wurde, verbleibt er nun in der Stadt.[39]

Das kriegerische Eingreifen JHWHs „gegen jene Völker" in V.3 begründet die Bewahrung des in V.2bβγ notierten Rests,[40] womit beide Aussagen jünger als V.1.2a.bα sein dürften.[41] Dies belegen sowohl die formalen Unebenheiten, wie das harte Gegenüber des Auszugs der Gefangenen (V.2bα) und des Auszugs JHWHs (V.3aα) oder der Wechsel von der Gottes- zur Prophetenrede, als auch der inhaltlich völlig unvermittelte Übergang vom Gericht zur Rettung: Warum führt JHWH die Völker gegen Jerusalem, um sie dann doch kommentarlos zurückzuschlagen? Warum befinden sich die feindlichen Armeen, die mit ihren Gefangenen längst über alle Berge sein sollten, überhaupt noch in Jerusalem?[42] Mit Mowinckel gesprochen: „ein anschauliches Bild der Vorgänge kann man nicht gewinnen"[43].

---

38 Mit Elliger, *Propheten*, 177; Lutz, *Jahwe*, 23f.; Reventlow, *Propheten*, 124f.; Beck, *Tag*, 221.

39 Vgl. Keil, *Propheten*, 664; Beck, *Tag*, 228; Boda, *Book*, 750f.

40 Da Jerusalem in der Hand der Feinde ist, zieht er aus seinem himmlischen Heiligtum aus. Vgl. z. B. Sellin, *Zwölfprophetenbuch (1930)*, 581.

41 Mit Wöhrle, *Abschluss*, 115, der jedoch V.2bβγ noch zum Grundbestand zählt. Auch Willi-Plein, *Ende*, 59f. (anders dies., *Haggai*, 216–224), vermutet eine literarhistorische Naht zwischen V.1–2 und V.3. Fraglich scheint jedoch ihr Vorschlag, V.5b.9 als ursprüngliche Fortsetzung der beiden Eingangsverse zu lesen.

42 Die Wendung יָצָא בַגּוֹלָה (Jer 29,16; 48,7) bezeichnet genauso wie הָלַךְ בַּגּוֹלָה (Ez 12,11; 25,3; Am 1,15) nicht nur den Beginn eines Gefangenentransports, sondern die Exilierung als abgeschlossenen Vorgang. Die Entscheidungsschlacht zwischen JHWH und den Völkern findet jedoch, wie der Fortgang des Kapitels zeigt, in Jerusalem statt: Dort erscheint JHWH auf dem Ölberg (V.4f.), dort befindet sich das feindliche Heerlager (V.15).

43 Mowinckel, *Psalmenstudien*, 233. Meist nimmt man den Bruch kommentarlos, zumindest aber literarhistorisch folgenlos hin. Lutz, *Jahwe*, 51, spricht von einer „unvermittelt und unmotiviert in die Schilderung eingeführte[n] Vorstellung von einem Kampf Jahwes gegen die Völker". Petersen, *Zechariah*, 141, formuliert: "The most surprising element in this saying involves the timing of Yahweh's move to battle. Earlier in the vignette, we had not been told why Jerusalem was to be attacked. And now we do not know why Yahweh intervenes." Junker, *Propheten*, 186, vermutet deshalb einen zeitlichen Abstand zwischen der Eroberung Jerusalems (V.1–2) und dem Auszug JHWHs gegen die besetzte Stadt (V.3). Dagegen spricht jedoch, dass das Kapitel beinahe alle Folgeereignisse an eben jenem Tag der Eroberung Jerusalems verortet (vgl. für das Völkergericht bes. V.4.13).

Dass es sich dabei nicht nur um logische Probleme eines modernen Geistes handelt, zeigen die kreativen und notwendigerweise über den Text hinausgehenden Erklärungsversuche der vorkritischen Exegese. Raschi vermutet unter Einfluss von V.16–19, dass JHWH einen Vorwand zur Vernichtung der Völker abwartet: „Aber warum lässt er [JHWH] sie [die Völker] ihre Hälfte in die Verbannung führen und die Häuser plündern? Damit ihnen hier keine Ausrede bleibt zu sagen: Nicht zum Krieg, sondern um anzubeten, sind wir gekommen." David Kimchi nimmt an, dass die Gefangenen in V.2b lediglich in die Zelte des feindlichen Heerlagers vor der Stadt geführt wurden.[44]

Der Versuch, den Bruch als unvermeidbares Ergebnis einer Verbindung der beiden Traditionen „Völkersturm" und „Völkergericht" zu erklären, greift zu kurz.[45] Schließlich formuliert der Verfasser eigenständig und hätte alle Freiheit gehabt, beides in einen kohärenten Zusammenhang zu überführen, zumal ein solcher in der Tradition durchaus zu finden ist: In Joel 2 gründet das Eingreifen JHWHs in der Umkehr des Volkes, in Joel 4 und Ez 38f. dient das Heraufführen der Völker von Anfang an ihrem Untergang. Auch der Fortgang des Kapitels erweckt eher den Eindruck als würden die Völkergerichtspassagen von Sach 14 die Eroberung Jerusalems schlichtweg ignorieren: V.12 legt den Völkern zur Last, sie seien gegen Jerusalem gezogen, als wäre es ihre eigene Wahl gewesen.[46] V.14b verspricht Jerusalem reiche Beute unter den Völkern, als wäre dies die eigentliche Pointe von V.1b.

Die letzten Worte von V.3 „wie damals, als er kämpfte am Kriegstag" stellen das eschatologische Eingreifen JHWHs zugunsten seines Volkes in eine Reihe mit vergangenen Rettungstaten und bereiten den Leser auf einen klassischen Topos göttlicher Kriegsführung vor.[47]

Diese Erwartung erfüllt V.4 nur bedingt.[48] Das Erdbeben gehört zwar zum festen Repertoire alttestamentlicher Theophanie- und Tag JHWHs-Texte.[49] Jedoch

---

44 Hebr.: ולמה יניחים להגלות חצים ולשטות הבתים כדי שלא יהא להם פתחון פה לומר לא למלחמה באנו כי (Raschi) und להשתחוות באנו רוצה לומר שיגלום מן העיר כשבויים אל אהליהם שהם חוץ לעיר (David Kimchi).
45 Mowinckel, *Psalmenstudien*, 233: „[D]iese vielen parallelen Varianten sind dann von den Späteren ganz unvermittelt nebeneinander gestellt worden, weil sie nun einmal als Bestandteile der Eschatologie gegeben waren." Vgl. auch Petersen, *Zechariah*, 140f.
46 Dabei wird auffälligerweise auch die Eroberung selbst verschwiegen.
47 Zum Auszug JHWHs vgl. Ri 4,14; 2Sam 5,24, zum Kämpfen JHWHs vgl. Ex 14,14.25; Dtn 1,30; 3,22; 20,4; Jos 10,14; 23,3.10; 2Chr 20,29; 32,8; Neh 4,14.
48 Entsprechend rechnen Beck, *Tag*, 219f.; Redditt, *Zechariah*, 130, in V.4ff. mit einer späteren Ebene. Indirekt belegt auch T die Spannung zwischen beiden Versen, indem er sie zu überwinden sucht: Er bezieht den „Tag des Kampfes" (V.3) auf die Rettung am Schilfmeer und damit implizit die Spaltung des Ölbergs (V.4) auf die Spaltung des Meeres. Petersen, *Zechariah*, 142f., geht freilich zu weit, wenn er V.4f. als Traditionsstück jeglichen Zusammenhang mit V.1–3 abspricht.
49 Vgl. bes. Mi 1,3f.

denkt V.4 den Topos auf eigentümlich konkrete Art und Weise weiter[50]: Unter der Last der göttlichen Füße spaltet sich der Berg nach Ost und West und gibt ein gen Jerusalem geöffnetes „sehr großes Tal" frei, das sich durch das Auseinanderdriften der Berghälften nach Nord und Süd vergrößert.[51] Wie die Analyse von V.12–15 bestätigen wird, gehört V.4 zu einer Bearbeitung, die den Auszug JHWHs gegen die Völker (V.3) steigert.

Die überflüssige Verortung des Ölbergs im Osten Jerusalem mittels eines אשר-Satzes könnte auf spätere Hand zurückgehen.[52] Die Terminologie (קדם statt מזרח) weicht vom Rest des Verses ab, erinnert aber an Ez 11,23 (vgl. Ez 43,2).[53] Dort hält die Herrlichkeit JHWHs „auf dem Berg, der im Osten der Stadt liegt" inne, bevor sie die dem Gericht geweihte Stadt verlässt. Die sekundäre Anspielung könnte so neues Licht auf die zunächst kriegerisch wirkende Ölbergszene werfen: JHWH kehrt in Analogie zu seinem vergangenen Handeln von Osten her in seine Stadt zurück, um erneut in ihr Wohnung zu nehmen. V.5b, der tatsächlich von einem Einzug JHWHs in die Stadt spricht, unterstützt diese Deutung (s. u.).

Doch welchen Zweck erfüllt das in V.4 entstandene Tal?[54] Diese Frage beantwortet V.5aα.[55] Der Satz wendet sich an die Leser als unmittelbar vom Geschehen Betroffene und deutet damit ähnlich wie das *futurum instans* in 14,1 die Nähe des Tages JHWHs an: „Und ihr werdet fliehen in das Tal meiner/seiner Berge."[56]

---

50 Elliger, *Propheten*, 177; Reventlow, *Propheten*, 125, grenzt entsprechend den restlichen Vers ab מזרחה aus, wofür es allerdings keine belastbaren Indizien gibt.

51 Das Zwischenfazit „ein sehr großes Tal" und der Schlussatz „Und die (eine) Hälfte wird nach Norden und seine (andere) Hälfte nach Süden weichen" sind zwar für das Verständnis nicht zwingend notwendig, stehen aber inhaltlich nicht in Spannung zum restlichen Vers. Gegen Lutz, *Jahwe*, 24.

52 Vgl. nur die Beobachtungen von Köhler, *Propheten III*, 252: Der Nebensatz wirke „auffallend und überflüssig", die zusätzliche Lokalisierung basiere „auf einem gewissen umständlichen Streben nach Deutlichkeit". Als Glosse betrachten den Satz Marti, *Dodekapropheton*, 450; Elliger, *Propheten*, 177; Lutz, *Jahwe*, 24; Mason, *Haggai*, 124; Reventlow, *Propheten*, 125. Vgl. dagegen Wolters, *Zechariah*, 456: Die Präzisierung sei notwendig, da הר הזיתים noch nicht zum Eigenname geworden sei.

53 Einen Bezug zu Ez 11,23 sehen auch Mason, *Haggai*, 124f.; Rudolph, *Haggai*, 234f.; Gärtner, *Jesaja*, 73f.; Biberger, *Heil*, 318; Boda, *Book*, 755f.

54 Boda, *Book*, 756, vermutet einen funktionalen Zusammenhang zwischen der Spaltung des Ölbergs und der ebenfalls in zwei „Hälften" geteilten Tempelquelle in V.8. Doch könnte der Spalt nur dem in östliche Richtung fließenden Strom als Flussbett dienen.

55 Grenzt man V.5 aus (so Mason, *Haggai*, 125; Wöhrle, *Abschluss*, 118), lässt man V.4 ins Leere laufen und ignoriert die Brüche innerhalb des Verses (s. u.).

56 Die direkte Anrede erklärt sich also rhetorisch und steht nicht in Spannung zum restlichen Kapitel: Die hier angesprochene überlebende Bevölkerung Jerusalems taucht nur in den älteren Eingangsversen sowie in der jüngeren Glosse V.11aα als 3. m. pl. auf.

Es scheint müßig, um die Identität des Tales zu rätseln, wenn im vorangehenden Vers bereits von einem besonderen Tal die Rede war.[57] Dessen flankierende Berghälften sind JHWHs Berge, weil sie durch sein Auftreten entstanden sind[58] oder weil seine Füße immer noch auf ihnen lasten. JHWH gewährt seinem Volk also eine Zuflucht mitten im Ölberg, einen Schutzbunker im Epizentrum des Erdbebens.[59] Der rätselhaft bleibende כ-Satz erläutert dem verständigen Leser, warum die geographischen Gegebenheiten das Tal als Fluchtort prädestinieren.[60]

Unter doppelter Aufnahme von „ihr werdet fliehen" folgt in V.5aβ ein Vergleich mit der Flucht vor dem Erdbeben in der Zeit des Usija, von dem der Prophet Amos an prominenter Stelle (Am 1,1) zu berichten weiß. Der Vergleich macht die Angesprochenen nicht nur endgültig zu einer merkwürdig überzeitlichen Größe, sondern hinkt auch: Während die Israeliten zu Usijas Zeiten naturgemäß *vor* dem Erdbeben flüchteten, führt die Flucht diesmal mitten *in* das Beben hinein. Angesichts dieser Schwierigkeiten darf man auch hier einen Zuwachs vermuten.[61] Er bietet ein Beispiel für das Bestreben der Tradenten, eschatologische Erwartungen mit heilsgeschichtlichen Erinnerungen mehr oder weniger überzeugend zu analogisieren (vgl. z. B. T in Sach 10,11; 12,11; 14,3).[62]

Nachdem JHWH seine Schützlinge in Deckung gebracht hat, erwartet man den entscheidenden Schlag gegen die Völker. Stattdessen lässt V.5b JHWH in auffälliger Dopplung zu V.3 gen Stadt ziehen.[63] Seine heilige Entourage rekrutiert sich kaum aus dem eben erst in Sicherheit gebrachten Volk (V.5a), sondern aus

---

57 Mit Redditt, *Zechariah*, 130 f.
58 So Köhler, *Propheten III*, 254; Schwesig, *Rolle*, 179 Anm. 3. Der Plural bezeichnet also gegen Boda, *Book*, 757, kaum alle Berge Jerusalems.
59 Vgl. Köhler, *Propheten III*, 251–255.
60 Vgl. Redditt, *Zechariah*, 131: "While certainty about the name is impossible, the meaning of the verse is clear: the inhabitants of Jerusalem would be able to flee from the city by means of the newly created valley provided by God." Reventlow, *Propheten*, 125; Biberger, *Heil*, 344, erkennen in dem Satz eine Glosse. Da sich sein Sinn nicht restlos klären lässt, wird hier von einer literhistorischen Entscheidung abgesehen.
61 Mit Marti, *Dodekapropheton*, 450; Mitchell, *Commentary*, 343 f.; Sellin, *Zwölfprophetenbuch (1930)*, 581; Elliger, *Propheten*, 177; Lutz, *Jahwe*, 24 f.; Rudolph, *Haggai*, 232; Reventlow, *Propheten*, 125; Willi-Plein, *Haggai*, 219; Beck, *Tag*, 223; Biberger, *Heil*, 344 f.
62 Köhler, *Propheten III*, 258, vermutet das *tertium comparationis* in der Intensität der Flucht.
63 Auffällig präsent wird der Sprecher in der bekenntnishaften Formulierung „mein Gott", die auch im Munde des leidenden Propheten in 11,4 und des gereinigten Rests in 13,9 begegnet: Vielleicht soll hier frommer Triumph durchklingen, dass sich der Gott, für den man zuvor verschmäht und verspottet wurde, dereinst als Herr über die ganze Welt erweisen wird. Ähnlich Köhler, *Propheten III*, 259.

seinem himmlischen Hofstaat (vgl. Ps 89,6; 89,8; Hi 5,1; 15,15).[64] Damit überblendet der Satz den in V.3 beginnenden „Auszug" (יצא) des göttlichen Kriegers aus seiner himmlischen Wohnstatt mit dem „Einzug" (בוא) des siegreichen Gottes in sein irdisches Heiligtum.[65] Vorbereitet durch den auf Ez 11,23 verweisenden Zusatz in V.4a* (s. o.), eröffnet V.5b die von kosmischen Erschütterungen begleitete Inthronisation JHWHs (V.7–11), die sich deutlich zwischen die erst in V.12–15 zum Ziel kommende kriegerische Theophanie schiebt.[66]

> Eine Verbindung zwischen dem Einzug JHWHs (V.5b) und den zuvor beschriebenen geomorphologischen Vorgängen (V.4) im Sinne der Schaffung einer *via triumphans* (vgl. Jes 40,4.9f.) unterstützt der Text nicht: JHWH nähert sich seiner Stadt gerade nicht durch das Tal, sondern über den Ölberg.[67]

Auf die seismologischen Phänomene in V.4f. folgen solare in V.6f. Zwei rahmende Aussagen über das Licht – „es wird kein Licht sein"/„am Abend wird Licht sein/ werden" – markieren den Zusammenhang der beiden Verse und zugleich einen Widerspruch, der sich höchstens chronologisch lösen lässt.[68] Anhand der Lichtsymbolik spielen die beiden Verse die alte Frage durch, ob der JHWH-Tag Heil oder Unheil bedeutet (Am 5,18).

Die in V.6 erwartete Finsternis steht ganz in der Tradition des „finsteren" Tages JHWHs als Tag des göttlichen Gerichts (vgl. Jes 13,10; Ez 32,7.8; Joel 2,2; 4,15; Am 5,18.20; 8,9; Zef 1,15).[69] Damit knüpft der Vers – vorbehaltlich der philologisch und textkritisch nicht mehr zu entschlüsselnden Aussage in V.6b – an die um V.4*.5aα fortgeschriebene kriegerische Theophanie gegen die Völker an: JHWH erscheint (V.3), die Erde bebt (V.4.5aα), die Sonne verfinstert sich (V.6).

---

64 Mit Köhler, *Propheten III*, 260; Sellin, *Zwölfprophetenbuch (1930)*, 582; Lutz, *Jahwe*, 28; Redditt, *Zechariah*, 131. Gegen Mason, *Use*, 183; Biberger, *Heil*, 322; Boda, *Book*, 759f.

65 Vgl. zur Bezeichnung des Einzugs JHWHs mit בוא Ez 34,2.4; Sach 2,14.

66 Vgl. Mitchell, *Commentary*, 346, zu V.6–11: "The author interrupts himself at this point". Sellin, *Zwölfprophetenbuch (1930)*, 588, setzt V.6–11 entsprechend später an. Ähnlich Redditt, *Zechariah*, 141. Den unmittelbaren Zusammenhang von Einzug (V.5b) und Inthronisation (V.9) betont Willi-Plein, *Ende*, 59f., die V.9 jedoch direkt an V.5b anschließt.

67 Nicht zufällig plädieren besonders Exegeten für diesen Zusammenhang, die in V.5aα der LXX folgen und damit die einzig klare Funktionsbestimmung des Tales, nämlich die Flucht, eliminieren. Vgl. Mason, *Use*, 178f.; Rudolph, *Haggai*, 235; Willi-Plein, *Haggai*, 220; Beck, *Tag*, 223; Gärtner, *Jesaja*, 74f.; Biberger, *Heil*, 322. Kritisch dazu Petersen, *Zechariah*, 143 Anm. 68; Boda, *Book*, 756 Anm. 35.

68 Bisweilen versucht man V.6a an V.7b anzugleichen. Doch weder Emendationen (vgl. Textanm. q, S. 206, zu V.6) noch die Deutung von אור als „Tagesanbruch" (Reventlow, *Propheten*, 126; Beck, *Tag*, 214 Anm. 55), die der zweiten Instanz von אור in V.7b entgegensteht, überzeugen.

69 Zu diesem traditionsgeschichtlichen Zusammenhang vgl. bes. Gärtner, *Jesaja*, 77f.

Wie V.5b von der Evakuierung der Gottbefohlenen (V.5a) zum Einzug des siegreichen Herrschers lenkt, so auch V.7 vom Dunkel des Kriegstages zum Licht der neuen Heilszeit. Er könnte mit V.4a*.5b auf einer Ebene liegen.[70] Die Bestimmung der in V.7 anvisierten Lichtphänomene hängt von der Interpretation des Zahlwortes אחד in יום אחד ab. Vier Optionen sind zu diskutieren:

1) אחד hat *terminierende* Bedeutung: „ein bestimmter Tag" (vgl. z. B. 1Sam 27,1).[71] Der Folgesatz „er ist JHWH bekannt" bestätigt diese Interpretation zwar, stellt aber vermutlich – als „Stossseufzer, gläubig und resignirt zugleich"[72] – eine Glosse dar. Denn der Kontext lässt eine Aussage über die wundersamen Lichtverhältnisse erwarten, die diesen יום אחד entscheidend prägen.

2) אחד hat *qualifizierende* Bedeutung: „ein einzigartiger Tag."[73] Der Tag unterscheidet sich von allen Tagen vor *und* nach ihm (vgl. Jer 30,7: „Gross ist jener Tag, keiner ist wie er!") durch eine Umkehrung der Naturordnung: „[D]er Tag gleicht der Nacht und der Abend bringt das Licht."[74] An dieser Deutung imponiert die Geschlossenheit, mit der V.6 und V.7 als organischer Übergang von der Finsternis ins Licht interpretiert werden können. Allerdings scheint fraglich, ob sich die apodiktisch klingende Aussage „kein Tag und keine Nacht" auf eine einmalige Umkehrung der Tageszeiten reduzieren lässt.

3) אחד hat *limitierende* Bedeutung: „ein einziger Tag." Schon LXX übersetzt יום אחד als *accusativus spatii*: „es wird einen (einzigen) Tag lang (so) sein" (ἔσται μίαν ἡμέραν) und bezieht diese Aussage vermutlich auf die erst am Abend endende Dunkelheit.[75] Freilich liesse sich dieser „einzige Tag" ganz im Gegenteil auch als ein bleibender Tag einer neuen Schöpfung deuten, mit dem der Wechsel von Tag und Nacht ein für alle Mal zu Ende käme (vgl. Jes 30,26;

---

70 Redditt, *Zechariah*, 141, hebt dagegen V.6–8.(9.)10–11 von V.5 ab.

71 So von Orelli, *Propheten*, 397. Auch Boda, *Book*, 762f., übersetzt "a particular day", verbindet diese Übersetzung aber etwas unscharf mit einer schöpfungstheologischen Anspielung.

72 Wellhausen, *Propheten*, 202. Ihm folgen Marti, *Dodekapropheton*, 452; Mitchell, *Commentary*, 346; Nowack, *Propheten*, 399; Sellin, *Zwölfprophetenbuch (1930)*, 582; Junker, *Propheten*, 188; Elliger, *Propheten*, 182; Otzen, *Studien*, 269; Willi-Plein, *Ende*, 31; Rudolph, *Haggai*, 232; Reventlow, *Propheten*, 122; Beck, *Tag*, 224; Schwesig, *Rolle*, 180 Anm. 8; Biberger, *Heil*, 345.

73 Hitzig, *Propheten*, 404f.; Bredenkamp, *Prophet*, 191f.; Petersen, *Zechariah*, 144f.

74 Keil, *Propheten*, 667. Ähnlich Biberger, *Heil*, 324f.: Für „die Dauer eines Tages" werde durch die Aufhebung der Tageszeiten „die Schöpfungsordnung (...) außer Kraft" gesetzt. Nach Hitzig, *Propheten*, 404; Bredenkamp, *Prophet*, 191f., Petersen, *Zechariah*, 145, besteht die „Einzigartigkeit" des Tages jedoch in einem zwischen Tag und Nacht verharrenden, unheimlichen Dämmerzustand.

75 Eine ähnliche Deutung vertritt Köhler, *Propheten III*, 263f., der diesen Tag durch einen Zustand der Dämmerung geprägt sieht. Vgl. auch Tigchelaar, *Prophets*, 229: "a single day without the normal distinction between day-time and night-time".

60,19 f.; Offb 22,5).[76] Diese Interpretation fügt sich in den Kontext, der von bleibenden kosmischen Eingriffen spricht (V.8) und die „Einzigkeit" JHWHs (V.9) herausstellt.[77] Die abschließende Aussage אור יהיה ערב בעת והיה muss dann als Zustand („selbst am Abend wird Licht sein"), nicht als Prozess („erst am Abend wird Licht sein") gelesen werden. Die häufig registrierten schöpfungstheologischen Anspielungen des Verses öffnen aber den Raum für eine letzte, geringfügig abweichende und hier präferierte Deutung.

4) אחד hat *nummerierende* Bedeutung: „Tag eins/erster Tag": Angeführt von der Wendung אחד יום reihen sich in Sach 14,7 Leitwörter der priesterschriftlichen Darstellung des ersten Schöpfungstages aneinander (vgl. Gen 1,3–5): Tag (יום), Nacht (לילה), Abend (ערב), Licht (אור). Nimmt man diesen Bezug ernst, dürfte אחד auch in Sach 14,7 als Ordinalzahl den „ersten" Tag einer neuen Schöpfung markieren, der hier wie dort aus Chaos und Finsternis hervorbricht.[78] Während JHWH jedoch am ersten Tag der alten Schöpfung den stetigen Wechsel zwischen Licht und Finsternis, Tag und Nacht begründet, ist dieser Dualismus in der neuen Welt aufgehoben: „kein Tag und keine Nacht." Selbst am Abend, der in Gen 1 den Übergang zum nächsten Schöpfungstag markiert, wird es hell bleiben.[79]

Sach 14,8 widmet sich in Fortsetzung der kosmischen Perspektive einem weiteren Heils- und Lebensspender nach dem Licht: Aus Jerusalem wird „lebendiges Wasser" hervorströmen. Der Gedanke gründet in der Vorstellung paradiesischer Wasserströme der Gottesstadt (Ps 46,5; vgl. auch Ps 36,9 f.; 65,10), die den geordneten Kosmos und die göttlich garantierte Fruchtbarkeit versinnbildlichen, und setzt ihre Eschatologisierung als Tempelquelle in Ez 47,1–12 und Joel 4,18 bereits

---

76 Vgl. Wellhausen, *Propheten*, 202; van Hoonacker, *Prophètes*, 689; Marti, *Dodekapropheton*, 452; Mitchell, *Commentary*, 346 f.; Nowack, *Propheten*, 399; Sellin, *Zwölfprophetenbuch (1930)*, 582; Junker, *Propheten*, 188; Elliger, *Propheten*, 182; Otzen, *Studien*, 206; Mason, *Haggai*, 127 f.; Rudolph, *Haggai*, 236; Lacocque, *Zacharie*, 209; Deissler, *Propheten*, 312; Reventlow, *Propheten*, 126; Larkin, *Eschatology*, 290; Floyd, *Prophets*, 446 f.; Willi-Plein, *Haggai*, 217; Beck, *Tag*, 224; Nogalski, *Book*, 974 f.; Wöhrle, *Abschluss*, 112 f.; Redditt, *Zechariah*, 132.
77 Rudolph, *Haggai*, 236 Anm. 14, notiert allerdings zurecht: „Daß zwischen dem einen Gott und dem einen Tag von V.7 eine innere Beziehung bestehe (...), ist schwer zu glauben."
78 Einen derartigen Bezug erwägen auch Tigchelaar, *Prophets*, 228f; Floyd, *Prophets*, 546 f.; Nogalski, *Book*, 975; Boda, *Book*, 762f.
79 Vielleicht ließe sich für die Deutung auch die Langformulierung „in der Zeit des Abends" anführen: Nicht „am Abend", sondern zu der „Zeit", in der eigentlich Abend werden würde.

voraus.[80] Wohl deshalb kann der Verfasser auf die Ausmalung blühender Landschaften in Folge der Bewässerung verzichten.

Drei Vorzüge des Stroms stellt der Vers dennoch heraus. 1) Seine Qualität: Er führt sprudelndes („lebendiges") Quellwasser.[81] 2) Seine Reichweite: Er teilt sich in westliche und östliche Richtung und bewässert so das ganze Land vom Mittelmeer bis zum Toten Meer.[82] Darin erinnert er an die traditionsgeschichtlich mit der Tempelquelle verwandten Paradiesströme (Gen 2,10). 3) Seine jahreszeitliche Unabhängigkeit: Er fließt nicht nur in der winterlichen Regen-, sondern auch in der sommerlichen Dürrezeit.[83]

Sach 14,9 lässt JHWH schließlich seinen angestammten Platz in der neuen Welt als „König der ganzen Erde" einnehmen.[84] Zwar betreffen die rahmenden Verse nur Kernland (V.8) und Regierungssitz (V.10–11), doch bestätigen der weitere Kontext des Kapitels, nämlich die Bezwingung aller Völker (V.12–15) und ihre Huldigung vor dem König (V.16–19), sowie der traditionsgeschichtliche Hintergrund der Aussage (s. Exkurs 8, S. 217) die weltweiten Dimension seiner Herrschaft.[85] Aus dieser globalen Perspektive ergibt sich zwangsläufig die Deutung des zweiten Versteiles: Die gesamte Völkerwelt kann in das Bekenntnis Israels einstimmen (Dtn 6,4): „JHWH ist unser Gott, JHWH ist einzig."[86] Denn es wird keinen anderen Gott (oder eher Götzen) neben ihm geben und nur sein

---

80 Mit Nowack, *Propheten*, 400; Rudolph, *Haggai*, 235, u. a. Vgl. zu den traditionsgeschichtlichen Hintergründen Janowski, *Wohnung*, 53–60; Ego, *Wasser*, 361–389. Aus der fehlenden Erwähnung des Tempels eine tempelkritische Stoßrichtung abzuleiten (so Mason, *Haggai*, 128), geht über den Text hinaus.

81 Vgl. Gen 26,19; HL 4,14 sowie metaphorisch als Aussage über JHWH Jer 2,13; 17,13. In Lev 14,5.50; 19,17 ist wohl im weiteren Sinne an „frisches Wasser" zu denken.

82 Zu הים הקדמוני als Bezeichnung des Toten Meeres vgl. Ez 47,18; Joel 2,20. Mit Boda, *Book*, 764, u. a. Dagegen vermuten Sellin, *Zwölfprophetenbuch (1930)*, 582, Deissler, *Propheten*, 312; Lacocque, *Zacharie*, 209; Reventlow, *Propheten*, 126; Biberger, *Heil*, 326 (vgl. aber ders., *Heil*, 325), weltweite Dimensionen (vgl. Sach 9,10b).

83 Vgl. Köhler, *Propheten III*, 265; Redditt, *Zechariah*, 132. Willi-Plein, *Haggai*, 221, grenzt V.8b ohne zwingende Gründe aus.

84 Das eschatologische Königtum JHWHs bildet einen stimmigen Zusammenhang mit den Motiven der Rahmenverse „Neuschöpfung" (V.7) und „Fruchtbarkeit" (V.8) sowie „Gottesstadt" (V.10) und „Sicherheit" (V.11). Dagegen halten Horst, *Propheten*, 259; Redditt, *Zechariah*, 132f., den Kern V.9, Willi-Plein, *Ende*, 59f., den Rahmen V.6f.10f. für sekundär.

85 Mit Marti, *Dodekapropheton*, 452; Wellhausen, *Propheten*, 347; Sellin, *Zwölfprophetenbuch (1930)*, 582; Elliger, *Propheten*, 182; Rudolph, *Haggai*, 236; Deissler, *Propheten*, 312; Lacocque, *Zacharie*, 209; Reventlow, *Propheten*, 126; Petersen, *Zechariah*, 147; Tigchelaar, *Prophets*, 234f.; Willi-Plein, *Haggai*, 218; Gärtner, *Jesaja*, 80f.; Biberger, *Heil*, 327; Wolters, *Zechariah*, 461. Gegen Keil, *Propheten*, 668; Köhler, *Propheten III*, 266f.; Boda, *Book*, 765f.

86 Zur Aufnahme von Dtn 6,4 vgl. Sellin, *Zwölfprophetenbuch (1930)*, 582; Rudolph, *Haggai*, 236; Reventlow, *Propheten*, 126; Petersen, *Zechariah*, 148f.; Biberger, *Heil*, 327, u. a.

Name wird im Lobpreis erklingen. Die doppelte Formulierung zielt auf die Einzigkeit der Existenz (יהוה אחד) und die Einzigkeit der Verehrung (שמו אחד).[87]

Eine originelle, gleichwohl deutlich partikularistische Auslegung dieses Verses bietet der babylonische Talmud (bPes 50b). Er bezieht die Einheit des Gottesnamens auf die Differenz zwischen seiner biblischen Schreibung und seiner frommen Aussprache: „Nicht wie diese Welt ist die kommende Welt, in dieser Welt schreibt man Jod-He und spricht Alef-Dalet, aber in der kommenden Welt ist er ganz und gar eins: Man spricht Jod-He und schreibt Jod-He."

Exkurs 8: Das Königtum JHWHs über die ganze Welt

Das Motiv des Königtums JHWHs hat seinen Ursprung in der vorexilischen Kulttheologie. In den JHWH-König-Psalmen überlagern Ebenen, die das unerschütterliche Königtum JHWHs nach dem Modell des höchsten Gottes El betonen, ältere Konzeptionen eines sich im Kampf gegen die Chaosmächte je und je zu bewährenden Königtums nach dem Modell des Wettergottes Baal (vgl. bes. Ps 29 und Ps 93).[88] Der mythische Chaoskampf dürfte wie im ugaritischen Baal-Zyklus[89] jahreszeitliche Erfahrungen widerspiegeln und seinen kultischen Sitz im Leben in einem, dem babylonischen Neujahrsfest vergleichbaren herbstlichen Thronbesteigungsfest – vielleicht dem „Tag JHWHs" – haben. Als geeigneter Kandidat aus den biblischen Festkalendern käme dafür nur das Sukkotfest, das im Bundesbuch noch als „Fest der Lese am Ausgang des Jahres" (Ex 23,16b) begegnet, infrage.[90]

Die Herrschaft JHWHs ist vermutlich schon in den alten Traditionen analog der Bezeichnung Baals als „Fürst, Herr der Erde" (KTU 1.3 1,3f.) global konzipiert (vgl. z. B. Ps 24,1; 97,5b), wofür sich vielleicht die königszeitliche Inschrift von Ḫirbet Bēt Layy anführen lässt: יהוה אלהי כל הארץ.[91] In nachstaatlicher Zeit reichert man die kultischen Traditionen um partikulare Elemente der biblischen Heilsgeschichte (vgl. Ps 95,7b–10; 99,6–8) und Torafrömmigkeit (93,5a; 97,10–12) an und vermittelt diese unter deuterojesajanisch geprägten monotheistischen Vorzeichen (vgl. Ps 96,5; 97,7) mit dem vorgegebenen Universalismus, so dass die Völker angesichts der an Israel erwiesenen Macht in das Lob des großen Königs

---

87 Vgl. z. B. Wellhausen, *Propheten*, 202; Mitchell, *Commentary*, 347; Rudolph, *Haggai*, 236; Reventlow, *Propheten*, 126. Anders Elliger, *Propheten*, 182, der mit Blick auf das Deuteronomium im Namen „die sichtbare, irdische Gestalt und Vertretung seines (...) himmlischen Wesens" erkennt.
88 Umstritten ist, ob diese Verbindung königszeitliche (Müller, *Jahwe*, 244–248) oder bereits nachstaatliche Entwicklungen (so Pfeiffer, *König*, 76f., für Ps 93) widerspiegelt.
89 Vgl. Smith, *Baal*, 60–75.
90 Grundlegend Mowinckel, *Psalmenstudien*, 83. In jüngerer Zeit wieder Janowski, *Königtum*, 424–446; Leuenberger, *Konzeptionen*, 226; Müller, *Jahwe*, 240. Zur Identifizierung mit Sukkot vgl. Ulfgard, *Story*, 151–154; Weyde, *Festivals*, 187–209; kritisch Körting, *Schall*, 65. Neben Sach 14,16f. verbindet nur LXX das Königtum JHWHs explizit mit dem Sukkotfest, indem sie Ps 28 (MT: Ps 29) in V.1 „am Ausgang des Zelt(fest)es" (ἐξοδίου σκηνῆς) verortet. Zum Ursprung der Tag-JHWHs-Motivik vgl. ebenfalls Mowinckel, *Psalmenstudien*, 229, und Müller, *Tag*, 576–592.
91 BLay(7):1 Z. 1 (HAE I, 245f.). Vgl. Kratz, *Reste*, 33; Müller, *Jahwe*, 95–98. Mowinckel, *Psalmenstudien*, 181f. sah den Universalismus noch allein im Schöpfungsgedanken begründet, der jedoch als *creatio prima* nicht ursprünglich mit der Königsvorstellung verbunden war. Vgl. Janowski, *Königtum*, 446–453; Pfeiffer, *König*, 77–83.

einstimmen sollen (Ps 99,3): „Deinen Namen sollen sie preisen, den großen und schrecklichen, heilig ist er."[92] Neben dieser „theokratischen" Fortschreibung des Psalters steht die Eschatologisierung im prophetischen Schrifttum, die die endgültige Durchsetzung der göttlichen Königsherrschaft wieder am Tag JHWHs erwartet (Jes 24,23; Ob 15–21; Zef 3,11–17; vgl. Mi 4,1–7).[93] Schon die traditionsgeschichtlichen Hintergründe legen also eine konzeptionelle Nähe von JHWHs Königtum, Schöpfungs- und Fruchtbarkeitssymbolik, Gottesberg und Sukkotfest nahe und unterstreichen damit den Zusammenhang von Sach 14,7–11.16–19.

V.10 thematisiert die im wörtlichen Sinne überragende Rolle Jerusalems in der zukünftigen Welt, die doch nur in seiner Funktion als irdische Residenz des Weltenkönigs begründet sein kann. Der sprachlich auffällige asyndetische Anschluss an V.9[94] sowie der semantisch variierende Gebrauch von כל הארץ – in V.9 bezieht es sich auf die ganze Welt, in V.10 auf das ganze Land – könnten eine Fortschreibung signalisieren.[95] Da sich aber abgesehen von der topographischen Detailfreudigkeit keine zwingenden Kriterien erheben lassen, kann auf eine Scheidung verzichtet werden. Das Nebeneinander von partikularen und universalen Aussagen prägt, wie bereits festgestellt, nicht nur den literarischen Kontext (vgl. V.8 mit V.9), sondern die Zionstheologie an sich (s. Exkurs 8, S. 217).[96]

Das Vorbild für die endzeitliche Erhöhung der Stadt bildet wie schon in V.8 und V.9 die prophetische Eschatologisierung eines zionstheologischen Motivs (Jes 2,2/Mi 4,1):[97]

> „Und am Ende der Tage wird es geschehen: Da wird der Berg des Hauses JHWHs fest gegründet sein als Gipfel der Berge und sich erheben über die Hügel."

Der Höhenunterschied entsteht in Sach 14 jedoch eigentümlicher Weise – vielleicht inspiriert durch die in V.4 beschriebenen Landschaftskorrekturen – durch Absenkung des bergigen Umlands (vgl. Ps 125,2) auf das Niveau der Jordansenke: „Das ganze Land wird sich verwandeln wie die Araba von Geba bis nach Rimmon, im Süden Jerusalems."[98]

---

92 Vgl. Kratz, *Reste*, 52f; Müller, *Jahwe*, 249f.

93 Etwas überspitzt formuliert Mowinckel, *Psalmenstudien*, 229: „Der Tag Jahwä's bedeutet (...) ursprünglich seinen Thronbesteigungstag. Darin liegt der Schlüssel der ganzen Eschatologie."

94 Marti, *Dodekapropheton*, 452; Sellin, *Zwölfprophetenbuch (1922)*, 582, vermuten ein ausgefallenes והיה ביום ההוא.

95 So Elliger, *Propheten*, 182f.; Reventlow, *Propheten*, 126; Willi-Plein, *Haggai*, 220f.

96 Vgl. Beck, *Tag*, 224: „Vor diesem Hintergrund ist dann auch die Differenz zwischen lokaler Sicht und dem Universalismus von V.9 nicht zu stark zu gewichten."

97 Vgl. z. B. Sellin, *Zwölfprophetenbuch (1930)*, 582.

98 Allzu realistisch darf man sich das auf die herausragende Bedeutung Jerusalems abzielende Bild nicht ausmalen. Jerusalem würde sein Umland um mehr als einen Kilometer überragen

Geba und Rimmon markieren die nördliche und südliche Grenze des judäischen Berglandes[99]: Geba liegt ca. 9 km nordöstlich von Jerusalem im Wādī eṣ-Ṣwēnīṭ (vgl. 1Kön 15,22); Rimmon, das durch den Hinweis „südlich Jerusalems" bewusst von seinen biblischen Namensvettern unterschieden wird, ist vermutlich mit dem ca. 15 km nordöstlich von Beerscheba gelegenen Tel Ḥalif zu identifizieren, dessen ursprünglicher Name auf die Nachfolgesiedlung Rumane überging (vgl. Jos 15,21.32).[100] Der Umfang ähnelt also dem in 2Kön 23,8 durch Josia gereinigtem Gebiet „von Geba bis Beerscheba". Vielleicht wählt der Verfasser bewusst zwei Toponyme (גבע, רמון), die den „Hügel" (גבעה) bzw. die „Anhöhe" (רמה) anklingen lassen.

Doch was besagt der Satz „und es wird an seinem Platz liegen/bleiben" (וישבה תחתיה)? Man könnte ihn auf den ersten Versteil beziehen: Im Gegensatz zu seinem Umland wird Jerusalem an seinem Platz, also auf seinem Level bleiben.[101] Dann wäre jedoch die umgekehrte Reihenfolge „es wird an seinem Platz bleiben und aufragen" organischer. Eher bereitet der Satz den sonst völlig in der Luft hängenden zweiten Versteil vor: Das wiederhergestellte Jerusalem wird an seinem angestammten Ort innerhalb der umrissenen Grenzen „liegen".[102] Die geographischen Haftpunkte umschreiben, dies legt allein die Nennung vier verschiedener Ortslagen nahe, die Ausdehnung der Stadt in die vier Himmelsrichtungen.[103]

–   Das *Benjamintor* dürfte in der der Nähe der Nordostecke der Stadtmauer zu suchen sein.[104] Sein Name lässt einen geographischen Zusammenhang mit dem nördlich Jerusalems gelegenen Benjamin vermuten (vgl. Jer 37,13). Ez 48,32 lokalisiert es im Osten.[105]

–   Der *Hananelturm* liegt, wie die beiden Listen in Neh 3,1–31 und Neh 12,27–43 zeigen, als Bollwerk an „der klassischen militärischen Schwachstelle"[106] im nördlichen Mauerabschnitt.

(vgl. z. B. Rudolph, *Haggai*, 237; Wolters, *Zechariah*, 463). Wallfahrer (vgl. V.16–19) müssten die Stadt über steile Pfade erklimmen; die Tempelströme (V.8) würden sich als tosende „Wasserfälle" (Rudolph, *Haggai*, 237 Anm. 17) in die judäische Ebene hinabstürzen.

99 Vgl. etwa Marti, *Dodekapropheton*, 452f; Nowack, *Propheten*, 400; Sellin, *Zwölfprophetenbuch (1930)*, 582f; Wolters *Zechariah*, 461f.

100 Vgl. Arnold, *Art. Rimmon*.

101 Vgl. z. B. Rudolph, *Haggai*, 236f.; Gärtner, *Jesaja*, 81; Biberger, *Heil*, 329; Boda, *Book*, 768.

102 Mit Keil, *Propheten*, 669; Wolters, *Zechariah*, 464. Für eine Ausgrenzung von V.10b besteht gegen Horst, *Propheten*, 259, kein Anlass.

103 So auch Sellin, *Zwölfprophetenbuch (1930)*, 583; Elliger, *Propheten*, 183; Rudolph, *Haggai*, 237; Gärtner, *Jesaja*, 82.

104 Mit Simons, *Jerusalem*, 341; Otto, *Jerusalem*, 65.106. Bieberstein, *Jerusalem*, 89, neigt dagegen aufgrund der keineswegs zwingenden Annahme, Sach 14,10 würde die in 2Kön 14,13 geschlagene Mauerbresche korrigieren, zur Identifizierung des Benjamintores mit dem nordwestlichen Ephraimtor.

105 Jer 20,2 kennt außerdem ein „Oberes Benjamin-Tor" am Tempel.

106 Otto, *Jerusalem*, 106. Vgl. Simons, *Jerusalem*, 208.

- Die *Kelter des Königs* könnte im Zusammenhang des auch in nachstaatlicher Zeit noch existierenden „Garten des Königs" (Jer 39,4; 52,7; Neh 3,15), dem persischen „Paradeisos" (vgl. פרדס in Neh 2,8; Koh 2,5; HL 4,13) stehen.[107] Er ist im Süden der Davidsstadt zu suchen (vgl. bes. Neh 3,15): Dort sind die bewässerungstechnischen Voraussetzungen für eine entsprechende Anlage gegeben. Darauf weisen auch die Namen der ebenfalls im Süden zu lokalisierenden Ortslagen „Quelltor" (Neh 2,14; 3,15; 12,37) und „Königsteich" (Neh 2,14).

- Der שער הפנים bleibt die Leerstelle in dieser Reihe. Schon ein Glossator identifizierte das Tor mit dem „Ort des früheren Tores", kannte es also nicht mehr.[108] Sollte ein Zusammenhang mit dem „Ecktor" (שער הפנה) bestehen, läge es an der Nordwestecke der Mauer: 2Kön 14,13 berichtet von einer 400 Ellen lange Bresche zwischen „Ecktor" und „Ephraimtor", das aufgrund seines Namens und seiner Position in den Listen Neh 3,1–31 und Neh 12,27–43 im nordwestlichen Mauerabschnitt liegt.[109] Jer 31,38 erwartet die eschatologische Verlängerung eines bereits existierenden Mauerabschnitts zwischen dem Hananel-Turm und dem Ecktor (ממגדל חננאל שער הפנה)[110] gen Westen (vgl. V.39).

V.10b durchmisst also das aus Tempelberg und Davidsstadt bestehende, nach Süden schmal zulaufende Jerusalem an seiner breitesten Stelle („vom Benjamintor (...) bis zum Pinimtor") und seiner längsten Stelle („vom Hananelturm bis zu den Keltern des Königs"). Damit verbleibt der Text im Rahmen der perserzeitlichen und frühen hellenistischen Stadtgrenzen. Eine erneute Westerweiterung der Stadt, wie sie in Jer 31,38 erhofft, jedoch erst unter dem Hasmonäer Aristobul II. umgesetzt wurde, liegt nicht im Horizont der Verheißung.[111]

---

107 Freilich würde man eine Kelter intuitiv in den Weinbergen außerhalb der Stadt suchen (vgl. Jes 5,2). Allerdings verortet auch 1Kön 21,1 Nabots Weinberg direkt neben dem Palast des Königs Ahab, der ihn in einen Gemüsegarten (גן ירק) verwandeln will.

108 Mit Marti, *Dodekapropheton*, 453; Mitchell, *Commentary*, 350; Nowack, *Propheten*, 401; Sellin, *Zwölfprophetenbuch (1930)*, 583; Elliger, *Propheten*, 183. Die Formulierung impliziert, dass an diesem „Ort" zur Zeit des Verfassers kein Tor mehr zu finden war. Vgl. Gen 13,4: אל מקום המזבח אשר עשה שם בראשנה. Dagegen fasst Wolters, *Zechariah*, 464, מקום noch konkreter als "square" auf.

109 Otto, *Jerusalem*, 65.101, lokalisiert das Tor im Westen der Nordmauer, Wightman, *Walls*, 66–71.73, im Norden der Westmauer. Bieberstein, *Jerusalem*, 89, hingegen vermutet es mit Verweis auf Jer 31,38 am Turm Hananel, ohne damit die Bezeichnung „Ecktor" begründen zu können.

110 שער הפנה ist *accusativus directionis*. LXX übersetzt sachgemäß ἀπὸ πύργου Αναμεηλ ἕως πύλης τῆς γωνίας.

111 Vgl. dazu Bieberstein, *Jerusalem*, 100, sowie Wightman, *Walls*, 65–77; Küchler, *Jerusalem*, 95–99. Gegen Redditt, *Zechariah*, 135: "So, the point seems to be that the future city would reach out as far in each direction as it ever had". Dennoch bleibt ein restitutiver Unterton: Mit dem Benjamintor und dem Pinimtor greift der Text auf in nachstaatlicher Zeit nicht mehr gebräuchliche Toponyme zurück.

Ähnlich wie die Erhöhung Jerusalems (V.10a) etwas über seine Bedeutung aussagt, verdichtet der zweite Versteil (V.10b) in der singulären Kombination aus Turm, Toren und Kelter symbolisch drei Aspekte des endzeitlichen Jerusalems: Wehrhaftigkeit, Gastfreundlichkeit und Fruchtbarkeit. So fordert Ps 48,13 auf, Zions Türme zu zählen, um seiner Wehrhaftigkeit ansichtig zu werden (V.14); Tore markieren „Zugänglichkeit, Aufnahmebereitschaft, das Ziel der Reise"[112]; der in neuassyrischen und persischen Städten zu findende Garten des Königs, auf den die königliche Kelter verweisen könnte, symbolisiert als Mikrokosmos die ordnende und lebensschaffende Kraft des Königtums, die sich im Kontext des Kapitels freilich nicht mehr mit einem irdischen Herrscher verbindet.[113]

Die Aussage „und sie werden darin wohnen" (V.11aα) wirkt zwischen V.10 und V.11 verloren: Das Verb ישב hat gegen V.10a und V.11b eine 3. Pl. zum Subjekt, die ohne Bezug im Kontext in der Luft hängt. Vielleicht vermisste ein Glossator vor lauter geographischer und architektonischer Details einen Hinweis auf die Bevölkerung.[114] Im weiteren Kontext des Kapitels bildet diese Randnotiz ein Gegengewicht zu Exil (V.2a) und Flucht (V.5a).[115]

Die beiden abschließenden Sätze in V.11aβ.b legen sich gegenseitig aus, womit חרם gelöst vom Motivzusammenhang der Vernichtungsweihe schlicht das Gegenteil von ישבה לבטח bezeichnen dürfte: die Zerstörung.[116] Damit schließt der Vers eng an V.10 an:[117] Das wiederhergestellte Jerusalem wird nie wieder (vgl. V.2) zerstört werden, sondern in Sicherheit wohnen.[118] Ein Vergleich mit Jer 31,38–40 erhärtet diesen Zusammenhang. Auch dort endet eine Beschreibung des eschatologischen Stadtumfangs mit dem Versprechen (vgl. Jes 60,18): לא יהרס עוד לעולם.

Der erfolgreiche Völkerangriff auf Jerusalem (14,1.2a.bα) wurde also zunächst durch das kriegerische Einschreiten JHWHs gegen die Völker zugunsten der Restbevölkerung fortgeschrieben (14,2byβ.3). Dieser Auszug JHWHs in den Krieg erfuhr eine Steigerung zur Theophanie auf dem Ölberg mit Erdbeben und Finsternis (14,4aα*.β.b.5aα.6), um schließlich abrupt in die von kosmischen Transforma-

---

112 Küchler, *Jerusalem*, 92. Vgl. Jes 60,11.

113 Vgl. zu den königlichen Gärten Janowski, *Wohnung*, 53–60.

114 Mit Marti, *Dodekapropheton*, 453; Nowack, *Propheten*, 401; Reventlow, *Propheten*, 127. Willi-Plein, *Haggai*, 221; Reventlow, *Propheten* 127, grenzen den Satz gemeinsam mit V.10 aus.

115 Floyd, *Prophets*, 554, erkennt im Gegenüber von dreifacher Flucht (V.5) und dreifachem Wohnen/Bleiben (V.10.11) eine besondere Finesse des einheitlichen Textes.

116 In Dan 11,44 steht dem Verb להחרים das Verb להשמיד zur Seite. Mit Reventlow, *Propheten*, 127. Gegen Willi-Plein, *Haggai*, 221; Gärtner, *Jesaja*, 82; Biberger, *Heil*, 331; Boda, *Book*, 769f.

117 Gegen Reventlow, *Propheten*, 126, der V.11 nach Ausgrenzung von V.10 unmittelbar auf V.9 bezieht, und Wöhrle, *Abschluss*, 118f., der V.11 auf V.3 folgen lässt.

118 Dabei stellt Rudolph, *Haggai*, 237, einen Zusammenhang zwischen Höhe (V.10) und Sicherheit (V.11) her.

tionen begleitete Epiphanie des siegreichen Königs JHWH überführt zu werden 14,4aα*5b.7*.8–10*.11aβ.b. Abgesehen vom ursprünglichen Gerichtswort (14,1–2*) erfährt jeder einzelne der Fäden in Sach 14,12–21 eine Fortsetzung.

6.4 Sach 14,12–21

6.4.1 Kommentierte Übersetzung

12 Und dies wird der Schlag sein, mit dem JHWH alle Völker schlagen wird, die gegen Jerusalem in den Krieg gezogen sind: Er lässt sein Fleisch verwesen[a], während er noch auf seinen Füßen steht, und seine Augen eitern in ihren Höhlen und seine Zunge verfault in ‚seinem‘[b] Mund.

13 Und es wird geschehen an jenem Tag, da wird ein großer JHWH-Schrecken unter ihnen sein. Und ein jeder wird die Hand seines Nächsten ergreifen und seine Hand wird sich gegen die Hand seines Nächsten erheben.

14 Und auch Juda wird in[c] Jerusalem kämpfen. Und der Reichtum aller Nationen ringsum wird gesammelt werden, Gold, Silber und Kleider in großer Menge.

15 Und so wird auch der Schlag sein gegen Pferd, Maultier, Kamel und Esel und alles Vieh, das in jenen Lagern ist, wie dieser Schlag.

16 Und es wird geschehen, alle, die übrigbleiben von allen Nationen, die gegen Jerusalem gezogen sind, werden Jahr für Jahr hinaufziehen, um sich niederzuwerfen vor dem König JHWH der Heerscharen und um das Laubhüttenfest zu feiern.

17 Und es wird geschehen, jene, die nicht hinaufziehen werden aus den Sippen der Welt nach Jerusalem, um sich niederzuwerfen vor dem König JHWH der Heerscharen, auf die wird kein Regen fallen.

18 Und wenn die Sippe Ägyptens nicht hinaufziehen wird und nicht kommen wird, dann wird sie der Schlag <...>[d] treffen, mit dem JHWH die Nationen schlägt <...>[e].

19 Das wird die Strafe[f] Ägyptens sein und die Strafe aller Nationen, die nicht hinaufziehen, um das Laubhüttenfest zu feiern.

20 An jenem Tag wird auf den Schellen[g] der Pferde „Heilig für JHWH der Heerscharen" stehen. Und die Kessel im Hause JHWHs werden sein wie die Sprengschalen vor dem Altar.

21 Und jeder Kessel in Jerusalem und in Juda wird heilig für JHWH der Heerscharen sein. Und alle, die Schlachtopfer darbringen, werden kommen und von ihnen nehmen und in ihnen kochen. Und es wird kein Kanaanäer mehr im Haus JHWHs der Heerscharen sein an jenem Tag.

---

[a] LXX (τακήσονται: „werden dahinschwinden") und V (*tabescet*: „wird dahinschwinden") gleichen an die zwei folgenden Formen von מקק im Nif. an, während MT einen Inf. Abs. Hif. (הָמֵק) mit JHWH als logischem Subjekt bietet. Zum inf. abs. als Stellvertreter eines finitien Verbs vgl. GK §113 bb. Mit Wolters, *Zechariah*, 467f.

[b] LXX liest die auf die Opfer bezogenen Suffixe durchgehend pluralisch (αὐτῶν), V durchgehend singularisch (hier: *in ore suo*). Da die masoretische Mischform mit einem pluralischen Suffix im letzten Wort „und seine Zunge wird in *ihrem* Mund verfaulen" sinnlos bliebe (gegen Beck, *Tag*, 215 Anm. 63; Gärtner, *Jesaja*, 67 Anm. 229), ist mit einer durch das vorangehende בחריהן – dort bezieht sich das Suffix auf die notwendigerweise pluralischen Augen – beeinflussten Verschreibung eines ursprünglichen בפיהו zu rechnen. Vgl. z. B. Wellhausen, *Propheten*, 202; Mitchell, *Commentary*, 353; Otzen, *Studien*, 270.

[c] לחם Nif. + ב bezeichnet zumeist das Kämpfen „gegen" (vgl. V *sed et Iudas pugnabit adversus Hierusalem*) einen konkreten Feind (Ex 1,10; 14,25; 17,9f.; Num 21,23.26; 22,1; Jos 10,31; 24,9f. u. v. m.), bisweilen aber auch das Kämpfen „an/in" einem bestimmten Ort (Ex 17,8; Dtn 1,30; Ri 5,19; 1Sam 17,19; 1Kön 20,23.25; 2Chr 35,20.22). Da Sach 12–14 keinen Kampf Judas gegen Jerusalem kennen, sehr wohl aber einen Kampf Judas für Jerusalem (vgl. Sach 12,6a), dürfte die Präposition lokal zu verstehen sein. Anders würde auch das Plündern der besiegten Völker, das im vorliegenden Textzusammenhang die unmittelbare Folge des militärischen Eingriffs Judas markiert, keinen Sinn ergeben. Mit Junker, *Propheten*, 190; Elliger, *Propheten*, 178; Lamarche, *Zacharie*, 96f.; Lacocque, *Zacharie*, 204f.; Petersen, *Zechariah*, 154; Boda, *Book*, 773. Gegen Marti, *Dodekapropheton*, 454; Nowack, *Propheten*, 402; Sellin, *Zwölfprophetenbuch (1930)*, 583; Otzen, *Studien*, 270; Rudolph, *Haggai*, 233; Mason, *Haggai*, 130f.; Beck, *Tag*, 219; Wöhrle, *Abschluss*, 119f.; Biberger, *Heil*, 333.

[d] Der überlieferte hebräische Text scheint Ägypten jegliche Strafe zu erlassen: „und gegen sie wird nicht die Plage kommen, mit der JHWH die Völker schlägt (...)". Doch selbst wenn man diese Ausnahme durch die Friedfertigkeit Ägyptens begründet, indem man die Wendung „und nicht kommt" (ולא באה) auf den Völkersturm gegen Jerusalem (vgl. V.16: הבאים על ירושלם) bezieht (so Wolters, *Zechariah*, 470f.), bleibt ein Widerspruch mit V.19: Er setzt eine Bestrafung sowohl der Völker als auch Ägyptens voraus.

Die vertretenen Lösungsstrategien reichen von 1) einer Deutung als rhetorischer Frage über 2) eine alternative Satzeinteilung bis zur 3) Annahme von Textausfällen oder von 4) Textzuwächsen.

Ad 1) Für eine Deutung als Fragesatz (Hitzig, *Propheten*, 409) gibt der Text keinen Anhaltspunkt. Im Gegenteil: Dieselbe Wendung leitete in V.17 eine Aussage ein.

Ad 2) MT zählt עליהם ולא, offenbar als elliptische Anspielung auf V.17, noch zur Protasis (vgl. auch V: *nec super eos erit sed erit ruina*) und lässt die Apodosis nach dem Atnach mit תהיה המגפה beginnen. Das Ergebnis besteht jedoch in zwei verstümmelt wirkenden Sätzen. Zu einer vergleichbaren Deutung unter Annahme von Textausfall vgl. Boda, *Book*, 774f.: "then there will be no rain on them; upon them will come the plague".

Ad 3) Andere vermuten inspiriert durch T (ולא להון יסק נילוס ברם עליהון תהי מחתא), dass der ursprüngliche Text eine Aussage über das Ausbleiben des Nihlhochwassers enthielt (vgl. Junker, *Propheten*, 161; Rudolph, *Haggai*, 233). Eher erklärt sich jedoch T als interpretierende Übersetzung.

Ad 4) Wenige hebräische Handschriften, LXX und P bietet einen Text ohne Negation: καὶ ἐπὶ τούτοις ἔσται ἡ πτῶσις. Eine versehentliche Einfügung der Partikel unter Einfluss der beiden vorangehenden Instanzen wäre tatsächlich vorstellbar. Mit Wellhausen, *Propheten*, 203; Marti, *Dodekapropheton*, 454f.; Mitchell, *Commentary*, 357; Nowack, *Propheten*, 403; Sellin, *Zwölfprophetenbuch (1930)*, 584; Junker, *Propheten*, 260; Lamarche, *Zacharie*, 102; Beck, *Propheten*, 215 Anm. 65; Wöhrle, *Abschluss*, 113 Anm. 151. Der Einwand von Barthélemy, *CTAT*, 1015, מגפה könne nicht mit der Präposition על verbunden werden, lässt sich durch Verweis auf Num 25,8; 2Sam 24,21.25 entkräften.

ᵉ Der Relativsatz „die nicht hinaufgezogen sind, um das Fest Sukkot zu feiern" stellt eine wortwörtliche Dublette zu V.19bβ dar und steht in Spannung zu V.18bα; denn die erwähnte „Plage" (מגפה) trifft nicht die Wallfahrtsverweigerer (V.17), sondern die Kriegstreiber (V.12). Eine irrtümliche Einfügung durch *aberratio oculi* ist denkbar. Mit Marti, *Dodekapropheton*, 454f.; Mitchell, *Commentary*, 354f.; Nowack, *Propheten*, 403; Sellin, *Zwölfprophetenbuch (1930)*, 584; Junker, *Propheten*, 260.

ᶠ Da die Schuld schon im Relativsatz „die nicht hinaufziehen, um das Fest Sukkot zu feiern" benannt wird, bezeichnet חטאת ihre Konsequenz, die Strafe (vgl. zu dieser Bedeutung Nu 32,23; Jes 5,18; Spr 10,16). Mit Wellhausen, *Propheten*, 203; Boda, *Book*, 775, u. a.

ᵍ Das Hapaxlegomenon leitet sich von der Wurzel צלל I ab. Oft denkt man an Glöckchen (vgl. z. B. Rudolph, *Haggai*, 239; Beck, *Tag*, 223; Boda, *Book*, 775). Allerdings scheinen die kleinen Accessoires als Träger einer Aufschrift wenig geeignet. Zurecht weisen G (χαλινός), P und V (*frenum*) auf das klirrende, mit Blechen und Schellen geschmückte Zaumzeug. Vgl. Wolters, *Zechariah*, 471.

6.4.2 Analyse

In seiner Endgestalt folgt Sach 14 keiner chronologischen Ordnung (vgl. dazu schon Kap. 6.1): Der Auszug JHWHs in den Krieg (Sach 14,3–6*) und sein Gericht über die Völker (Sach 14,12–15) gehören notwendig zusammen und bilden gemeinsam die Voraussetzung der weltweiten Königsherrschaft JHWHs. Sach 14,7–11* gewähren als Einschub einen vorzeitigen Ausblick auf das neue Jerusalem unter dem König JHWH.[119] Aus ihrer Perspektive gelesen erscheint die zweite Hälfte des Kapitels als Nachtrag zum Schicksal der Völker in seiner negativen und seiner positiven Dimension: Völkervernichtung (14,12–15) und Völkerwallfahrt (14,16ff.). Doch auch das Völkergericht in Sach 14,12–15 ist nicht aus einem Guß: Rahmen (V.12.15) und Kern (V.13f.) heben sich deutlich voneinander ab.

Die beiden Rahmenverse lassen Mensch und Tier an einer göttlichen Plage zugrunde gehen.[120] Genüsslich malt der Verfasser dem Leser den qualvollen Faulungsprozess von Fleisch, Augen und Zunge durch dreifache Wiederholung des Verbs vor Augen und kann sich den Hinweis nicht verkneifen, dass der qualvolle Prozess noch bei lebendigem Leibe einsetzen wird: „während er auf seinen Füßen steht".

---

119 Floyd, *Prophets*, 548, bezieht V.12–15 jedoch auf die Zeit der neuen Schöpfung: „Even the new creation remains conflicted".
120 Ein Bezug auf den Plagenzyklus des Exodusbuches ist gegen Willi-Plein, *Haggai*, 221; Gärtner, *Jesaja*, 84f., unwahrscheinlich, zumal das Stichwort מגפה nur in Ex 9,14 begegnet.

Im Kern führt ein Gottesschrecken zu tödlichem Chaos: Die feindlichen Soldaten packen sich gegenseitig an den Armen, [121] um mit der anderen Hand zum tödlichen Schlag auszuholen (vgl. Dtn 7,23; 1Sam 14,20; Ez 38,21; Hag 2,21f.). Den unverhofften Siegern bleibt die Aufgabe, die Kriegsbeute, nämlich Gold, Silber und Kleider der Toten, einzusammeln (vgl. Ez 39,10).

> Die im Kontext des Kapitels völlig isolierte Notiz zur Kampfbeteiligung Judas (V.14a) ist vermutlich als Teil der projudäischen Bearbeitung in Sach 12,4b.6a.7 in das Kapitel gewandert: Auch dort dezimiert Juda nach Ausbruch der göttlichen Verwirrung (V.4) die feindlichen Reihen (V.6a). [122] Als Explikation des chaotischen Kampfes eines jeden gegen jeden (v.13), bei dem klare Unterscheidungen zwischen den Kriegsparteien gerade verloren gehen müssten, lässt sich der Versteil schwerlich lesen. [123]

Durch den abschließenden Satz V.15 sind V.13f. in das Plagegeschehen eingeschlossen, sodass der Schrecken wie eine Folge der Plage wirken könnte. [124] Dennoch stehen beide Vernichtungsaussagen unvermittelt nebeneinander und differieren auch sprachlich: Auf der einen Seite steht das kommentarhafte „und dies wird die Plage sein" (V.12) mit seinen singularischen Formulierungen, auf der andere Seite das den Rhythmus des Kapitels aufnehmende „und es wird geschehen an jenem Tage" (V.13). So wird man in den rahmenden Versen eine steigernde Fortschreibung sehen dürfen. [125] Dies bestätigen die folgenden Überlegungen zum ursprünglichen Anschluss der beiden Vernichtungsaussagen.

---

121 Zwar ist das Ergreifen der Hand sonst nicht kriegerisch konnotiert (vgl. Gen 21,18; Ri 16,26; Jes 42,6; 51,18; Jer 31,32; Hi 8,20), allerdings formulieren die genannten Belege nicht mit der Präposition ב. Tatsächliche Analogien finden sich in 1Sam 17,35 und 2Sam 2,16: Dort steht das Ergreifen des Bartes (1Sam 17,35: והחזקתי בזקנו) bzw. des Kopfes (2Sam 2,16: ויחזקו איש ביד רעהו) vor dem tödlichen Schlag. Vgl. Boda, *Book*, 773. Gegen Willi-Plein, *Haggai*, 222, die eine wohlwollende Geste für möglich hält („wobei offen bliebt [sic], ob dies eine Geste der Angst oder der Beginn eines einträchtigen und friedlichen Zugehens auf Jerusalem ist.") und die ursprüngliche Fortsetzung der Aussage in V.16b findet: „Sie werden einander an der Hand fassen [...] und Jahr für Jahr wallfahren nach Jerusalem...". Dass ein Gottesschrecken jedoch derart konstruktive Auswirkungen zeigt, kann abgesehen von den genannten philologischen Schwierigkeiten dieser Deutung als unwahrscheinlich gelten.
122 Vgl. mit Unterschieden im Detail Sellin, *Zwölfprophetenbuch (1930)*, 583; Nowack, *Propheten*, 402; Elliger, *Propheten*, 184; Otzen, *Studien*, 270f.; Rudolph, *Haggai*, 233; Nogalski, *Processes*, 238; Reventlow, *Propheten* 127; Larkin, *Eschatology*, 190f.; Tigchelaar, *Prophets*, 240f.; Willi-Plein, *Haggai*, 222; Beck, *Tag*, 219; Gärtner, *Tag*, 85f. Anm. 290; Biberger, *Heil*, 345.
123 Gegen Marti, *Dodekapropheton*, 454; Ollenburger, *Book*, 838; Biberger, *Heil*, 333. Wöhrle, *Abschluss*, 119f., findet in V.13.14a eine Aussage über den Kampf Judas *gegen* Jerusalem und damit die eigentliche Fortsetzung des Völkerangriffs auf Jerusalen in V.1f.
124 Vgl. Mitchell, *Commentary*, 351; Redditt, *Zechariah*, 137; Boda, *Book*, 772.
125 Mit Elliger, *Propheten*, 184; Tigchelaar, *Prophets*, 240f.; Beck, *Tag*, 217f.; Redditt, *Zechariah*, 135f. Umgekehrt Wellhausen, *Propheten*, 202; Marti, *Dodekapropheton*, 453; Nowack, *Propheten*,

Aufgrund des Suffixes in „unter ihnen" (בהם, V.13), das sich in der Endgestalt des Kapitels auf die Völker in V.12 bezieht, kann V.13 nicht auf V.7–11* gefolgt sein.[126] Die Inthronisation JHWHs mit ihren Begleiterscheinungen (V.7–11*) setzt also bereits die Rahmung V.12.15 mit der ausdrücklichen Nennung der Völker voraus. Das Suffix widerrät auch einem Anschluss an V.4*.5aα.6. Zwar finden sich in diesen Versen keine konkurrierenden Bezugsgrößen, dennoch birgt der Abstand des Suffixes von seinem logischen Bezugswort (vgl. V.3) angesichts der allgemein gehaltenen Formulierung in V.13 Verwirrungspotential. V.12.15 lassen sich umgekehrt problemlos mit V.4*.5aα.6 verbinden: Beide Erweiterungen steigern den übernatürlichen Charakter des vorliegenden Textes. Die Flucht in den Ölberg könnte aus dieser Perspektive der Bewahrung vor dem göttlichen Schlag dienen. Nach erfolgreicher Evakuierung der Jerusalemer, führt V.12 mit den Worten „Und dies wird die Plage sein…" wieder auf das Schicksal der Völker zurück. Für V.13.14b bleibt V.3 als Anschluss, womit sich ein flüssiger Textzusammenhang ergibt.[127]

„1 Siehe, ein Tag kommt für JHWH, da wird deine Beute in deiner Mitte verteilt werden. 2 Denn ich werde alle Nationen gegen Jerusalem zum Krieg versammeln. Und die Stadt wird eingenommen und die Häuser geplündert und die Frauen vergewaltigt werden. Und die Hälfte der Stadt wird in die Verbannung ziehen. *Doch der Rest des Volkes wird nicht aus der Stadt verschwinden. 3 Denn JHWH wird ausziehen und gegen jene Nationen kämpfen wie damals, als er kämpfte am Kriegstag. 13 Und es wird geschehen an jenem Tag, da wird ein großer JHWH-Schrecken unter ihnen sein. Und ein jeder wird die Hand seines Nächsten ergreifen und seine Hand wird sich gegen die Hand seines Nächsten erheben. 14b Und der Reichtum aller Nationen ringsum wird gesammelt werden, Gold, Silber und Kleider in großer Menge.*"

V.13.14b schließen nicht nur organischer als V.12.15 an den Auszug JHWHs in den Kampf an (V.3), sondern sind auch thematisch und terminologisch weit enger mit

---

401; Sellin, *Zwölfprophetenbuch (1930)*, 583; Junker, *Propheten*, 190; Reventlow, *Propheten*, 127; Boda, *Zechariah*, 12. Eine Umstellung von V.15 hinter V.12 scheint gegen Rudolph, *Haggai*, 238 Anm. 25; Petersen, *Zechariah*, 137, methodisch fragwürdig.

126 Das übersieht Redditt, *Zechariah*, 141, wenn er vermutet, dass ein ursprünglich Sach 14,1–3.13–14.20–21a umfassender Text zunächst um V.4f. und dann um V.6–8.10.11 fortgeschrieben worden sei. Auch Elliger, *Propheten*, 180, muss bei seiner V.1–3.4*.5b.6–9.11aβ.b.13.14b.16–17.19b umfassenden Grundschicht in V.13 mit „Auslassungen" rechnen.

127 Mit Beck, *Tag*, 219; Redditt, *Zechariah*, 140f., für die dieser Textzusammenhang allerdings schon die Grundschicht des Kapitels darstellt. Weniger wahrscheinlich scheint der von Wöhrle, *Abschluss*, 119f., vertretene Anschluss der V.13.14a (!) an V.2: V.2bβγ ist heilvoll konnotiert und kaum als Vorbereitung des Gottesschreckens geeignet. Die bereits exilierte Bevölkerung in V.2a kommt ebenfalls nicht als Bezugpunkt in Frage. Für die Originalität von V.14a spricht darüber hinaus genauso wenig wie für die Ausgrenzung von V.14b.

dem ursprünglichen Gerichtswort in V.1.2a.bα verbunden, dessen Bedeutung sie freilich auf den Kopf stellen: Die „Beute in deiner Mitte" (V.1b) entpuppt sich nun doch als der aus Gold, Silber und Kleidern bestehende Reichtum des feindlichen Heeres. Das „Sammeln" der feindlichen Nationen nach Jerusalem (V.2a) scheint erst im „Sammeln" ihrer Schätze zu seinem eigentlichen Ziel zu kommen.[128] Ähnlich indifferent gegenüber V.1.2a.bα verhalten sich die Rahmenverse V.12.15: Sie werfen den Völkern den Kriegszug gegen Jerusalem vor (V.12), als wäre er ihre eigene Wahl gewesen, und verschweigen die Einnahme der Stadt.

Der Völkersturm auf Jerusalem V.1.2a.bα wurde also zunächst um das Völkergericht in V.2bβγ.3.13.14b fortgeschrieben, das wiederum durch V.4*.5aα.6.12.15 eine Steigerung erfuhr. Die Inthronisation JHWHs V.5b–11* mit ihren Begleiterscheinungen unterbricht diesen linearen Ablauf der Ereignisse, der vom Erscheinen JHWHs bis zur Niederlage der Völker reicht. Der theologische Spitzensatz dieser jüngsten Ebene „JHWH wird König über die ganze Welt sein" (V.9) findet nun seinen sichtbaren Ausdruck in der jährlichen Wallfahrt der Völker (in V.16–19), die ihrem König JHWH zu Jerusalem ihre Reverenz erweisen.[129] Wie V.2b in Bezug auf Jerusalem, so rechnet auch V.16 mit einem überlebenden Rest unter den Völkern. Ob es sich dabei um Überlebende der Plage handelt[130] oder um kriegsuntaugliche Daheimgebliebenen[131], verrät der Text nicht.

Die Vorstellung des Völkerzugs gestaltet sich gegenüber anderen biblischen Texten in doppelter Hinsicht innovativ: 1) Die Völker ziehen nicht nach Jerusalem, um dort freiwillig ihre Reichtümer (Jes 60,5.11: חיל גוים; Hag 2,7: חמדת כל הגוים) abzugeben, sondern unter dem Eindruck des bereits erfolgten, gewaltsamen Verlusts dieser Reichtümer (Sach 14,14b: חיל כל הגוים); die Vorstellung der Völkerwallfahrt wird so in die des Völkergerichts integriert. 2) Sach 14,16 verleiht dem Völkerzug nach Jerusalem den jährlichen Rhythmus eines Wallfahrtsfestes; erst hier trägt die sog. „Völkerwallfahrt" ihren Namen zurecht.[132]

---

128 Zu diesem Wortspiel vgl. Gärtner, *Jesaja*, 85; Biberger, *Heil*, 333; Boda, *Book*, 774. Zum Bezug auf V.2 vgl. schon Wellhausen, *Propheten*, 202: „Diese beiden Verse sprengen den Zusammenhang (...) und tun einen seltsamen Schritt rückwärts bis auf v. 2."
129 Mit Elliger, *Propheten*, 184f.; Plöger, *Theokratie*, 111; Rudolph, *Haggai*, 238; Ollenburger, *Book*, 838f.; Gärtner, *Jesaja*, 86f.; Redditt, *Zechariah*, 132. Zum motivischen Zusammenhang von Königtum JHWHs und Niederwerfen der Völker vgl. Ps 22,28f; Ps 96,7–9; 1Chr 16,29–31.
130 So Petersen, *Zechariah*, 155; Biberger, *Heil*, 334; Boda, *Book*, 776.
131 So Sellin, *Zwölfprophetenbuch (1930)*, 584; Junker, *Propheten*, 190; Rudolph, *Haggai*, 238.
132 Wenn Jes 66,23 die Menschheit unter Verwendung zweier Stichwörter aus Sach 14,16 (מדי, להשתחות) „Neumond für Neumond und Sabbat für Sabbat" vor JHWH treten lässt, könnte hier eine jüngere Steigerung des jährlichen zum monatlichen, ja sogar wöchentlichen Gottesdienst vorliegen. Vgl. Westermann, *Jesaja*, 339: „Anscheinend soll in V.23 Sach. 14,16 noch überboten werden."

Exkurs 9: Eine Völkerwallfahrt am persischen Neujahrstag als Vorbild für Sach 14,16ff.?

Auch die Reliefs an der Osttreppe des Audienzsaales „Apadana" in der persischen Königs-residenz Persepolis verstand man als Spiegelbild jährlicher Zeremonien am persischen Neujahrstag „Nouruz": Delegationen der dreiundzwanzig Länder des persischen Reiches brächten anlässlich des Feiertages dem Großkönig Jahr für Jahr ihre Gaben in den Palast.[133] Doch weder die Existenz eines persischen Neujahrfestes in der Achaemenidenzeit noch die Annahme einer damit verbundenen jährlichen Völkerwallfahrt können sich auf schriftli-che Quellen stützen. Entsprechend vertritt eine Mehrzahl der Forscher inzwischen eine symbolische Deutung der Reliefs anstelle einer allzu „wörtlichen" Übersetzung in realhis-torische Vorgänge. Die Gabenbringer-Reliefs verdichteten – ähnlich wie die Thronträger-Reliefs – persische Königsideologie: „An diesem Platz, in Reliefs und Architektur, sollte das Gefühl einer universellen Ordnung vermittelt werden, die auf der einhelligen Unterstüt-zung des Königs durch seine Untertanen beruhte."[134] Es handele sich um eine „zeit- und raumlose Versinnbildlichung der – alltäglichen und reichsweiten – Begegnung zwischen König und Untertanen ohne konkreten Persepolisbezug."[135] Biblische Autoren der Perser-zeit beschreiben ihr Gottesbild mithilfe persischer Königsideologie und lösen dabei die vor dem Hintergrund des achaemenidischen Reisekönigtums verständliche „Raumlosigkeit" zugunsten einer Orientierung am Königssitz JHWHs, dem Zion, auf, während die „Zeitlosig-keit" in Texten wie Jes 2/Mi 4; Jes 60; Hag 2,6–9; Sach 8,20–23 noch erhalten bleibt.[136] Den persischen Tributszenen stehen dabei Texte wie Jes 60 und Hag 2,6–9 näher.

Den kultischen Rahmen des Völkerzugs bildet das Laubhüttenfest als Wallfahrts-fest „par excellence".[137] Sollte tatsächlich ein ursächlicher Zusammenhang zwi-schen Herbstfest und Königtum JHWHs bestehen (vgl. Exkurs 8, S. 217), erklärt sich die Wahl des Termins von allein. Auch der agrarische Charakter als Ernte-fest, der traditionsgeschichtlich freilich ebenfalls mit dem Königtum JHWHs zusammenhängt, prädestiniert es als universales JHWH-Fest.[138]

Die agrarische Dimension des Festes tritt in V.17 zutage, der mit Abweichlern „aus den Sippen der Völker"[139] rechnet:[140] Wer sich der jährlichen Niederwer-

---

133 Vgl. z. B. Walser, *Völkerschaften*, 20.23. Mit Blick auf Sach 14,16 Wolters, *Zechariah*, 469 f.

134 Wiesehöfer, *Nouruz*, 22. Vgl. außerdem Koch, *Persepolis*, 17; Root, *King*, 279.

135 Wiesehöfer, *Nouruz*, 17.

136 Die gegenseitigen Ermutigungen in Jes 2,3/Mi 4,2 („Kommt, lasst uns hinaufziehen...!") und in Sach 8,22 („Lasst und gehen...! Auch ich will gehen!") lassen eher an individuell organisierte Pilgerreisen denken. Jes 60,11 setzt einen kontinuierlichen Pilgerstrom voraus: „und alle Zeit werden deine Tore offen stehen Tag und Nacht".

137 Weyde, *Festivals*, 226. Vgl. auch Körting, *Schall*, 82.

138 Vgl. z. B. Körting, *Schall*, 153; Junker, *Propheten*, 190 f.

139 Zur Formulierung vgl. Ps 22,28 (משפחות גוים); 96,7 (משפחות עמים); Gen 12,3; 28,13; Am 3,2 (משפחות האדמה). Die Wendung bezeichnet also gegen Willi-Plein, *Haggai*, 223, nicht nur „die jü-dischen Bewohner des Landes (oder der Erde?)".

140 Reventlow, *Propheten*, 127 f.; Meinhold, *Maleachi*, 355, erkennen dagegen in V.17–19 eine Erweiterung. Nogalski, *Processes*, 238; Beck, *Tag*, 218 f., grenzen zumindest V.18 f. aus. Vgl. aber

fung vor JHWH verweigert, dem verweigert JHWH den Regen als Garanten einer fruchtbaren Ernte. Mehr als diese jährliche Wallfahrt gepaart mit dem exklusiven Bekenntnis zu JHWH (V.9) scheint der Text von den Völkern nicht zu verlangen.[141]

Doch weshalb hebt der textkritisch schwierige V.18 ausgerechnet die „Sippe Ägyptens" aus den „Sippen der Erde" (V.17) hervor? Sollte mit der „Plage" angesichts des Stichwortbezugs eine Wiederholung der in V.12.15 beschriebenen Leiden und damit eine Verschärfung der Strafe gegenüber den anderen Völkern intendiert sein, genügt der traditionelle Verweis auf die agrarischen Besonderheiten der ägyptischen Landwirtschaft, die weniger auf Regen denn auf die Nilhochwasser angewiesen ist, nicht.[142] Einen weiteren Anlass – über Spekulationen kommt man nicht hinaus – könnte die Tradition oder die Zeitgeschichte bieten: Entweder brechen sich hier traditionelle Antipathien gegen den Erzfeind der biblischen Gründungslegenden Bahn oder Ägypten fungiert als Chiffre für die Ptolemäer, die das Land im 4. und 3. Jh. mit Krieg überzogen.[143] V.19 fasst V.17f. in sprachlicher Orientierung an V.12[144] zusammen und bestätigt die Differenzierung in eine „Strafe Ägyptens" und eine „Strafe aller Völker".[145]

In der Frage des Königtums harmonisieren Sach 14,4aα*5b.7*.8–10*.11aβ.b und Sach 14,16–19 also hervorragend: Die weltweite Herrschaft JHWHs manifestiert sich in der jährlichen Völkerwallfahrt. Doch liegen beide Passagen auch

---

Wöhrle, *Abschluss*, 121: „Es fehlen nämlich deutliche formale oder inhaltliche Anhaltspunkte, um diesen Gedanken als unvereinbar mit dem Gesamtduktus der Verse 14,16–19 zu erweisen."

141 Vgl. Harrelson, *Celebration*, 95: "The nations would not be 'converted' to Israelite faith. They would not be required to observe Torah. They would be compelled, for their own good, to gather regularly for acknowledgment of the Lord as king of the universe." Einen bleibenden Unterschied zwischen Volk und Völkern markiert die Verpflichtung auf nur ein Wallfahrtsfest. Die punktuelle Integration der Völker in die JHWH-Verehrung geschieht nicht durch Gebet (1Kön 8,41–43; Jes 56), Unterweisung (vgl. Jes 2) oder Observanz bestimmter Gebote (Jes 56), sondern durch die gemeinsame Feier.

142 Gegen Marti, *Dodekapropheton*, 455; Mitchell, *Commentary*, 354f.; Nowack, *Propheten*, 403; Sellin, *Zwölfprophetenbuch (1930)*, 584; Junker, *Propheten*, 191; Elliger, *Propheten*, 185; Rudolph, *Haggai*, 239; Reventlow, *Propheten*, 128; Petersen, *Zechariah*, 158; Beck, *Tag*, 223; Biberger, *Heil*, 338.

143 Zur traditionsgeschichtlichen Erklärung vgl. Floyd, *Prophets*, 554; Gärtner, *Jesaja*, 88; zur zeitgeschichtlichen Erklärung Willi-Plein, *Haggai*, 223. Dass sich hinter Ägypten, das als Teil der Nationen bzw. der Sippen der Erde firmiert, die jüdische Gemeinde in Elephantine verbirgt, ist gegen Redditt, *Zechariah*, 139, auch unabhängig von den zeitgeschichtlichen Implikationen kaum wahrscheinlich.

144 Dabei kommt der Wendung זאת תהיה in V.12 eine kataphorische, in V.19 jedoch eine anaphorische Funktion zu. Allein auf Basis der Vorliebe für das Stichwort „Schlag" lässt sich gegen Reventlow, *Propheten*, 128, keine gemeinsame literarhistorische Ebene begründen.

145 Vgl. Mitchell, *Commentary*, 355.

literarhistorisch auf einer Ebene?[146] Gerade die schöpfungstheologischen Motive finden in Sach 14,16–19 keine Fortsetzung. Sach 14,16–19 thematisieren nicht den ersten Tag der neuen Schöpfung, sondern den zyklisch wiederkehrenden Tag des Laubhüttenfestes, keine kontinuierlichen Frischwasserströme, sondern den unverfügbaren Regen. Selbst für die neue Zeit unter dem König JHWH rechnen sie mit Gefährdungen. Berücksichtigt man jedoch, dass sich schon die einzelnen geomorphologischen Motive in Sach 14,7–11* nur schwer in ein konzinnes Gesamtbild integrieren lassen, darf man auch diese unterschiedliche Schwerpunktsetzung nicht übergewichten. Beide Passagen widmen sich dem Königtum JHWHs, die eine unter dem Aspekt der Neuschöpfung mit Fokus auf Jerusalem, die andere unter dem Aspekt des agrarischen Jahreszyklus mit Fokus auf die Völker.[147] So wird Jerusalem zu einem paradiesischen Anziehungspunkt inmitten der Völkerwelt.

Die Formel „an jenem Tag" rahmt die beiden letzten Verse Sach 14,20 f., die um das Stichwort „heilig" kreisen. Doch schon die Verwendung der in Sach 12–14 durchgehend auf den eschatologischen Tag JHWHs bezogenen Formel „an jenem Tag" wirft – abgesehen vom merkwürdigen Gegenüber heiliger Pferde und heiliger Töpfe – Fragen auf nach dem inneren Zusammenhang und dem literarhistorischen Anschluss der beiden Verse: Auf die jährliche (!) Feier des Laubhüttenfestes V.16–19 kann sich die eschatologische Formel schwerlich beziehen, nicht zufällig fehlt sie gerade in diesen Versen. Andererseits scheint das im Kern angesprochene Problem des Opfergeschirrs auf die Erweiterung der Festgemeinde an Sukkot anzuspielen. Schließlich zeichnet sich das Fest in Num 29,12–39 durch die Zahl seiner Opfer aus und verbindet sich in Esr 3,1–6 mit der Wiederaufnahme des Opferdienstes.[148] Möglicherweise ist also literarhistorisch zwischen einem älteren Rahmen (V.20a.21b) und einem jüngeren, mit dem Laub-

---

146 Kritisch z. B. Beck, *Tag*, 222 f.; Wöhrle, *Abschluss*, 123 f.

147 Schon der Verweis auf die Jahreszeiten in Sach 14,8 zeigt, dass die neuen Lichtverhältnisse in V.7 nicht zwangsläufig jede Zeitrechnung aufheben. Der Tempelstrom in V.8 versorgt zudem nur das zwischen Mittelmeer und Totem Meer gelegene Land, während die restliche Welt auf Regen angewiesen bleibt (vgl. Boda, *Book*, 764).

148 Zu diesem Zusammenhang vgl. Beck, *Tag*, 223; Redditt, *Zechariah*, 139 f.; Boda, *Book*, 780 f. Zu Num 29 vgl. Körting, *Schall*, 221; Ulfgard, *Story*, 95. Kritisch Wöhrle, *Abschluss*, 122: „Von einem Opferdienst der Völker in Jerusalem war dort [in Sach 14,16–19, M.S.] nicht die Rede." Noetzel, *Maleachi*, 300, sieht das Laubhüttenfest, das sie mit Verweis auf Dtn 31 und Neh 8 auf die Toraverlesung reduziert, sogar an die Stelle des Tempelkultes treten: „Das Erntefest wird zu einem Hauptfest einer spezifischen Religion, bei dem deren Identität, die in der Überlieferung der Tora festgehalten ist, im Mittelpunkt steht. (...) Die Verehrung Jhwhs als König der Welt (Sach 14,9.16b) ereignet sich somit im Anerkennen der Tora, nicht im Tempelkult."

hüttenfest verbundenen Kern (V.20b.21a) zu differenzieren. Diesen vagen Verdacht bestätigen die folgenden Überlegungen.

Die Aufschrift auf dem Zaumzeug der Pferde „Heilig für JHWH" in V.20a versteht man häufig in Analogie zum hohepriesterlichen Kopfschmuck (Ex 28,36; Ex 39,30).[149] Als eine Art Etikett verorte sie das Symbol menschlichen Machtstrebens in der Sphäre JHWHs. Wahrscheinlich sollen aber gar nicht die Pferde selbst heiliggesprochen werden. Vielmehr endet das Zaumzeug, das ehemals die stolzen Rosse – den Inbegriff jahwefeindlicher militärischer Potenz – schmückte, als Beutestück und Weihegabe mit dem Vermerk „Heilig für JHWH" im Tempel,[150] was die Entmachtung der geplünderten Feinde (vgl. V.14b) unterstreicht. Altaramäische „Inventarvermerke auf Teilen von Pferdezaumzeug"[151] belegen eine vergleichbare Praxis.

Der abschließende Satz „Und kein Kanaanäer wird mehr im Haus JHWHs sein an jenem Tage" (V.21b) unterstützt diese militärische Deutung. Denn Aufschluss über die Identität des Kanaanäers geben die beiden Verse Jes 52,1 und Joel 4,17, die ebenfalls die Heiligkeit Jerusalems zum Thema haben:

> Jes 52,1b   *„Kleide dich mit deinen herrlichen Kleidern, Jerusalem, heilige Stadt! Denn nie wieder wird dich ein Unbeschnittener oder Unreiner betreten."*

> Joel 4,17b   *„Und Jerusalem wird heilig sein und Fremde werden sie nicht mehr durchziehen."*

Die Worte Unbeschnittener (ערל), Unreiner (טמא) und Fremder (זר) bezeichnen in diesen Versen die Feinde des heiligen Jerusalems, die es zuvor (vgl. יוסיף in Jes 52,1 und עוד in Joel 4,17) als Eroberer „betreten" (בוא) oder „durchzogen" (עבר) haben.[152] Sach 14,21a verbindet im Begriff des für alles Widerisraelitische

---

149 Vgl. Köhler, *Propheten III*, 288–290; Marti, *Dodekapropheton*, 455; Sellin, *Zwölfprophetenbuch (1930)*, 584; Junker, *Propheten*, 260; Lamarche, *Zacharie*, 103; Rudolph, *Haggai*, 239; Mason, *Haggai*, 133; Lacocque, *Zacharie*, 215; Deissler, *Propheten*, 313; Gärtner, *Jesaja*, 89; Schwesig, *Rolle*, 189; Wolters, *Zechariah*, 471–473. Redditt, *Zechariah*, 140; Boda, *Book*, 779, beziehen das Attribut „heilig" zwar nur auf den Schmuck der Tiere, vertreten aber eine ähnliche Deutung.
150 Die Wendung „Heilig für JHWH" bezeichnet etwa in Esr 8,28 Weihegaben für JHWH.
151 Weippert, *Textbuch*, Nr. 117. Die beiden Beute- oder Tributstücke tragen die Inschrift „(Dies ist es,) was Hadad unserem Herrn Hasael aus ´Umq gegeben hat in dem Jahr, als unser Herr den Strom (=Euphrat) überschritt." Versteht man das Zaumzeug als Beutestück liegt die Aussage gegen Rudolph, *Haggai*, 240 („Die Pferde, die nach 9,10 in der Endzeit verschwinden müssen, sind nach V.20 auch im eschatologischen Jerusalem noch vorhanden."), auf einer Linie mit Sach 9,10.
152 Vgl. zu Jes 52,1 Berges, *Jesaja 49–54*, 186, und zu Joel 4,17 Jeremias, J., *Joel*, 53f. Auch Wöhrle, *Abschluss*, 122f. versteht Sach 14,20a.21b vor dem Horizont der völkerfeindlichen Verse und insbesondere V.21b als „Schutz Jhwhs vor weiteren Bedrohungen".

stehenden „Kanaanäers" beide Aspekte: das kultisch Fremde und zugleich für das „Haus JHWHs" militärisch Bedrohliche. Das „Haus JHWHs" meint entweder im allgemeinen Sinne das Land JHWHs (vgl. Sach 9,8a) oder im engeren Sinne den Tempel JHWHs als besonderes Ziel feindlicher Plünderung und Demütigung. Kurzum: Die Entmachtung der Feinde (V.20a) garantiert den zukünftigen Schutz des Landes (V.21b). In dieser Deutung würden Sach 14,20a.21b nahtlos an die Niederlage der Angreifer und die Erbeutung ihrer Kostbarkeiten in Sach 14,13.14b anschließen. Auch die steigernde Plagenerweiterung in V.12.15 scheint auf V.20a.21b Bezug zu nehmen, berichtet sie doch davon, dass neben Maultieren, Kamelen und Eseln auch die Pferde der Feinde zu Tode kommen.

Damit wäre der ursprünglich militärisch konnotierte Rahmen erst nachträglich um den kulttheologischen Kern erweitert worden: Ein Redaktor bezog die Begriffe „heilig" (V.20a) und „(Tempel-)Haus" (V.21b) vor dem Horizont des Sukkotfestes auf den Opferkult und sinniert über das Opfergeschirr in einer Zeit, in der selbst die Völker jährlich nach Jerusalem ziehen werden.

> Eine literarische Narbe zwischen Rahmen und Kern indizieren implizit rabbinische Texte, indem sie dem offenbar keineswegs selbstverständlichen Zusammenhang zwischen heiligem Zaumzeug im Rahmen und heiligen Töpfen im Kern nachspüren: Das Zaumzeug werde für heilig erklärt, um so als Rohmaterial für die benötigten Töpfe dienen zu können.[153]

Man könnte nun rein pragmatische Gründe für die Verwischung der Grenzen zwischen heilig und profan veranschlagen: Der Pilgeransturm ist nur durch Sakralisierung profaner Töpfe zu bewältigen.[154] Bedenkt man jedoch, dass der Kern nun die Leseperspektive für den gesamten Abschnitt vorgibt, in dem eben auch die Pferde bzw. ihr Zaumzeug das Label „heilig" tragen, scheint doch mehr impliziert: Mit der Grenze zwischen Israel und den Völkern verschwimmt auch die Grenze zwischen „heilig" und „profan". Dies belegt ein Vergleich mit Ez 46,21–24. Dort kochen Tempeldiener das Schlachtopfer (זבח) des Volkes in dafür eingerichteten „Häusern der Köche" (בית המבשלים) rund um den äußeren Vorhof.[155] Sach 14 überlässt diese Aufgabe den Wallfahrern selbst (ובאו כל הזבחים ולקחו מהם ובשלו בהם).

---

153 Vgl. Raschi, Ibn Esra. Eine ähnlich über den Text hinausgehende Verbindungslinie zwischen den Pferden und dem Opferfest ziehen Mitchell, *Commentary*, 355f.; Junker, *Propheten*, 191; Biberger, *Heil*, 340; Boda, *Book*, 780: Die Pferde dienten dem Transport der Pilger zum Sukkotfest.

154 So Mitchell, *Commentary*, 356; Junker, *Propheten*, 192; Rudolph, *Haggai*, 239. Vgl. dagegen Gärtner, *Jesaja*, 89f. Anm. 306.

155 Auf Ez 46 verweisen u. a. Lamarche, *Zacharie*, 103; Ollenburger, *Book*, 839; Redditt, *Zechariah*, 140. Ez 46,19f. markieren darüber hinaus eine spezielle Stätte im eschatologischen Tempel, an der

Der Schlusssatz des Buches gewinnt je nach literarhistorischer Ebene eine andere Bedeutung: Kein Kanaanäer wird mehr den Tempel betreten, weil alle Kanaanäer vernichtet wurden, oder weil alle verbleibenden Kanaanäer zu JHWH-Verehrern werden.[156]

Davor steht jedoch noch ein Satz (V.20b), der offenbar „die Töpfe im Hause JHWHs" (V.20b) von „allen Töpfen in Jerusalem und Juda" (V.21a) unterschieden wissen möchte und sie auf eine Ebene mit den „Schalen vor dem Altar" stellt. Was diese Schalen nun ursprünglich gegenüber den Töpfen auszeichnet, bleibt angesichts der Tempelinventarlisten, in denen beide Begriffe gleichberechtigt auftauchen, rätselhaft: Ist es die Größe[157] oder die Nähe zum Altar[158]? Letzteres hätte größeren Anhalt am Text („vor dem Altar"). Die Vorwegnahme des Begriffs סיר sowie die Tendenzverschiebung hin zur erneuten Differenzierung zwischen verschiedenen Graden der Heiligkeit entlarven den Satz als Werk eines von Sellin als „Unverbesserlicher"[159] gescholtenen Redaktors: In der Sakralisierung des alltäglichen Geschirrs sah er eine Gefahr der Profanisierung priesterlichen Instrumentariums.

6.5 Zwischenfazit

6.5.1 Redaktionsgeschichtliche Synthese

Im Fokus von Sach 14 steht das Schicksal Jerusalems im Verhältnis zur Völkerwelt am Tag JHWHs. Auf allen Ebenen präsentiert sich das Kapitel als eschatologische Auseinandersetzung mit zionstheologischen Motiven.

1) Der Tag JHWHs als Tag des Völkerangriffs (14,1.2a.bα): Die literarisch ältesten Verse des Kapitels künden vom drohenden Kommen des Tages JHWHs

---

die Priester Schuld- und Sündopfer „kochen", um sie vom „äußeren Vorhof" fernzuhalten und eine Heiligung des Volkes zu verhindern.

156 Anders als in Sach 11,7.11 meint „Kanaanäer" hier also kaum den „Händler". Als Abschluß des Buches wäre eine derartige Aussage banal und auch durch die Viehhändler in Sach 11, die ja keine Geschirrhändler sind, nicht vorbereitet. Gegen Marti, *Dodekapropheton*, 455; Mitchell, *Commentary*, 357; Petersen, *Zechariah*, 160; Floyd, *Prophets*, 556; Ollenburger, *Book*, 839; Gärtner, *Jesaja*, 90; Redditt, *Zechariah*, 141; Boda, *Book*, 781f. Ohne Bezug zu Sach 11 Junker, *Propheten*, 192; Rudolph, *Haggai*, 239; Reventlow, *Propheten*, 128; Beck, *Propheten*, 216 Anm. 67. Vgl. aber die neutestamentliche Rezeption in Mt 21,12–13; Mk 11,15–17; Lk 19,45–46; Joh 2,13–16.

157 So Wellhausen, *Propheten*, 203.

158 So Sellin, *Zwölfprophetenbuch (1930)*, 585.

159 Sellin, *Zwölfprophetenbuch (1930)*, 584. So auch Nowack, *Propheten*, 403. Reventlow, *Propheten*, 128, hält dagegen V.21 für eine Ergänzung. Für synchrone Erklärungen vgl. Köhler, *Propheten III*, 289f.

als Unheilstag für Jerusalem. Der Gott, dessen schützende Gegenwart in der „Mitte" der Stadt und „ihren Palästen" die Zionspsalmen bekennen (vgl. Ps 46,6; 48,4), führt „alle Völker" gegen seine Stadt, sodass sie ungehindert und ungestraft ihren Mutwillen treiben können und schließlich die Hälfte der Bevölkerung in Gefangenschaft führen. Das Unheil erschöpft sich also nicht in der Eroberung: Gott lässt seine Stadt im Stich, wird ihr selbst zum Feind.

2) Der Tag JHWHs als Tag des Völkergerichts (14,2byβ.3.13.14b.20a.21b + 14,4aα*.β.b.5aα.6.12.15): Diese Ebene lenkt den unerhörten Erfolg der Völker gegen die Gottesstadt wieder zurück in traditionellere Bahnen: Letztlich werden sie am Zion scheitern (vgl. Ps 46,6; 48,5–8). JHWH greift zugunsten seiner Stadt ein und rettet zumindest die Hälfte der Bevölkerung. Das Gericht an Jerusalem bleibt bestehen. Aber am Ende wird doch die an den Feinden Jerusalems gemachte Beute in der Stadt verteilt (vgl. V.1b mit V.14b). Das „Sammeln" (V.2a: וְאָסַפְתִּי) der Völker nach Jerusalem dient letztlich dem „Sammeln" ihrer Reichtümer (V.14b: וְאֻסַּף). Von nun an wird kein „Kanaanäer" als Inbegriff israelfeindlicher militärischer Mächte einen Fuß in die Gottesstadt setzen (V.20a.21b). Erstaunlicherweise bemühen sich diese Verse nicht, das für selbstverständlich erachtete Gericht an den Völkern mit dem von JHWH initiierten Völkerangriff zu vermitteln. Unausgeglichen steht das Völkergericht als Antithese dem Völkerangriff gegenüber. Die traditionsgeschichtlichen Vorläufer dieser Ebene sind Ez 38f. und Joel 4, in denen jedoch die Bestrafung der Völker von vornherein als Ziel markiert ist. Mit Sach 14,4aα*.β.b.5aα.6.12.15 erfährt diese Ebene eine Steigerung: Der Auszug JHWHs mündet in eine den Ölberg spaltende Theophanie, der Schrecken der Völker gründet in einer grausamen Plage.

3) Der Tag JHWHs als „Tag eins" der Königsherrschaft Gottes (14,4aα*5b.7*.8–10*.11aβ.b.16–19.21a): Diese Fortschreibung widmet sich der aus der Niederschlagung der Völker erwachsenden Königsherrschaft JHWHs unter dem Aspekt der Neuschöpfung und der Völkerwallfahrt. Sie resultiert in der etwas künstlich wirkenden Aufteilung des Kapitels in einen Jerusalem- (Sach 14,1–11) und einen Völkerteil (Sach 14,12–21). Der Redaktor trennt zwischen dem Erscheinen JHWHs zugunsten Jerusalems und seinem Vorgehen gegen die Völker, um an Motive des bestehenden Textes anknüpfen zu können: Auf den kriegerischen Auszug (V.3) folgt der königliche Einzug (V.5b), auf das Dunkel des Krieges (V.6) das Licht der neuen Schöpfung (V.7*), auf die Spaltung des Ölberges (V.4*) die Erhöhung der Gottesstadt (V.10*), auf die Vernichtung der Feinde (V.12–15*) die jährliche Wallfahrt zum König aller Welt (V.16–19).

Es folgen punktuelle Erweiterungen, die heilsgeschichtliche (V.5aβ), temporale (V.7a*: nur הוּא יוֹדַע לַיהוה), geographische (V.10*: nur עַד מְקוֹם שַׁעַר הָרִאשׁוֹן; V.11aα) und kultische (V.20b) Details ergänzen. Der kurze Hinweis auf die Kampfbeteiligung Judas in V.14a dürfte indes mit der projudäischen Bearbeitung in Sach 12 zusammenhängen.

Übersicht über die Schichtung von Sach 14

1.	Der Tag des Völkersturms	14,1.2a.bα
2.	Der Tag des Völkergerichts	
2.1	Die Niederlage der Völker	14,2byβ.3.13.14b.20a.21b
2.2	Steigernde Ausmalung	14,4aα*.β.b.5aα.6.12.15
3.	Die Königsherrschaft JHWHs	14,4aα*5b.7*.8–10*.11aβ.b.16–19.21a
	Glossen	
	14,5aβ.7a*(nur ליהוה יודע הוא).10*(nur הראשון שער מקום עד).11aα.14a.20b	

6.5.2 Kompositionsgeschichtliche Aspekte

6.5.2.1 Sach 12,2–13,9 und Sach 14

Sach 12,2–13,9 und Sach 14 sind „Doppelgänger"[160]. Beide Abschnitte erzählen vom Angriff der Völker auf Jerusalem am Tag JHWHs. In ihrer jeweiligen Perspektive verhalten sie sich weitgehend komplementär. Während Sach 12,2–13,9 einen besonderen Schwerpunkt auf die inneren Vorgänge der Umkehr, Reinigung und Läuterung des Gottesvolkes legen, konzentriert sich Sach 14 auf die äußeren Vorgänge in der Natur- und Völkerwelt.[161] Reduziert man beide Texte auf das eigentliche Kriegsgeschehen – nämlich den Angriff und die Abwehr der Völker – und damit auf die ältesten literarhistorischen Ebenen (Sach 12,2a.3.4a.6b und Sach 14,1.2a.bα[2bβγ.3.13.14b.20a.21b]), treten die entscheidenden Widersprüche deutlich hervor.[162] Sie betreffen das Schicksal Jerusalems (1), die Rolle

---

160 Sellin, *Zwölfprophetenbuch (1930)*, 580. Stade, *Deuterozacharja*, 36, spricht von einer „Doublette". Die Wiederholung des Motivs der Tempelquelle in unterschiedlicher Ausprägung (Sach 13,1 und Sach 14,8) sowie die detaillierte geographische Ausmalung der Aussage ירושלים וישבה תחתיה עד (Sach 12,6b) in Sach 14,10 (תחתיה וישבה) spiegeln ebenfalls die parallele Anlage beider Abschnitte.
161 Vgl. Hitzig, *Propheten*, 402; Marti, *Dodekapropheton*, 450; Sellin, *Zwölfprophetenbuch (1930)*, 580; Nowack, *Propheten*, 397; Plöger, *Theokratie*, 109.
162 Vgl. schon Lutz, *Jahwe*, 7: „Das Problem, das mit diesen so unterschiedlichen Schilderungen gegeben ist, spitzt sich in den Eingangsstücken 12,1–8 und 14,1–5 zu, da hier einerseits die Berührungen am engsten sind, andererseits aber auch der Gegensatz am deutlichsten zu Tage tritt."

JHWHs (2) und das Verhältnis von Völkerangriff und Völkergericht (3):[163] 1) In Sach 14,1.2a.bα sind die Völker willenlose Werkzeuge in den Händen JHWHs: Er sammelt sie gegen Jerusalem (ואספתי את כל הגוים אל ירושלם). In Sach 12,2a.3.4a.6b greifen göttliche und menschliche Verantwortung ineinander: Zwar provoziert JHWH Gier und Ehrgeiz der Völker, indem er Jerusalem zur „Taumelschale" und zum „Hebestein" macht, doch versammeln sie sich in eigener Verantwortung gegen die Stadt (V.3b:ונאספו עליה כל גויי הארץ).[164] 2) In Sach 14,1.2a.bα dringen die von JHWH geführten Völker tatsächlich in die Gottesstadt ein. Jerusalem erleidet das typische Schicksal einer eroberten Stadt: Plünderung, Vergewaltigung, Exilierung. In Sach 12,2a.3.4a.6b vergreifen sich die Völker zwar auch an der „Taumelschale" bzw. dem „Hebestein" Jerusalem, doch integrieren die beiden Bilder von vornherein die Gewissheit des Scheiterns: Der Angriff auf Jerusalem gereicht den Völkern selbst zum Unheil. 3) In Sach 14 formen Völkerangriff und Völkergericht ein unvermitteltes – vermutlich literarhistorisch zu differenzierendes – Gegenüber, in Sach 12 jedoch einen plausiblen Zusammenhang: JHWH reizt die Völker zum Angriff gegen Jerusalem, um sie eben dort ihrer gerechten Strafe zuzuführen.

Damit zeichnet sich bereits eine kompositionsgeschichtliche These ab: Das Wort gegen Jerusalem in Sach 14,1.2a.bα bildet den Kern von Sach 12,2–14,21. Alle weiteren Texte ringen um Bedeutung und Tragweite dieser Unheilsansage. Sie lassen sich auf drei redaktionsgeschichtliche Phasen verteilen:

1) Vom Völkerangriff zum Völkergericht: Die ältesten Fortschreibungen finden sich in den Völkergerichtstexten. Sie relativieren den Angriff auf Jerusalem als notwendige Vorstufe des Völkergerichts. Gewichtet man das Gegenüber von Gottesrede in Sach 12,2a.3.4a.6b und Prophetenrede in Sach 14,2byβ.3.13.14b.20a.21b nicht zu stark, lassen sich die Erweiterungen beider Kapitel inhaltlich auf einer Ebene verorten. Sach 12,2a.3.4a.6b geben in groben Strichen die theologische Leseperspektive für Sach 14 vor, während Sach 14,2byβ.3.13.14b.20a.21b und später 14,4aα*.β.b.5aα.6.12.15 die Niederlage der Völker detaillierter ausmalen.[165]

---

163 Meist nennt man für die militärischen Abschnitte nur die erfolgreiche Eroberung als Unterschied. Vgl. Marti, *Dodekapropheton*, 450; Sellin, *Zwölfprophetenbuch (1930)*, 580; Mason, *Haggai*, 122; Schwesig, *Rolle*, 182f.

164 Der Sachverhalt gestaltet sich also in Sach 12,1–8 etwas differenzierter, als Lutz, *Jahwe*, 8, vermutet, der die Völker allein aus eigenem Antrieb nach Jerusalem ziehen lässt.

165 Was Lutz, *Jahwe*, 7, mit Blick auf die Endgestalt der beiden Kapitel Sach 12 und 14 formuliert, zeichnet sich schon in den frühen Entstehungsphasen ab: „Die Sicht von Sach 12 ist begrenzt, nur wenige Themen werden angeschlagen, die Sprache ist knapp, und die verwendeten Motive deuten nur an." Zu Sach 14: „Die Schilderung ist breit, ja gelegentlich pedantisch, eine Vielzahl von Themen wird angerührt, die Motive werden zum Teil breit ausgewalzt."

2) Vom Völkerangriff zur Reinigung des Gottesvolkes: Die sukzessive gewachsenen Blöcke Sach 12,9–13,1; 13,2f.; 13,7–9 erklären, weshalb Jerusalem bedroht, aber doch gerettet wird. Im Unterschied zu den relativierenden Völkergerichtstexten arbeiten sie den strafenden Charakter des Völkerangriffs wieder deutlicher heraus. Dabei theologisiert Sach 13,8 (פי שנים בה יכרתו והשלשית יותר בה) das Motiv des „Rests" aus Sach 14,2bβγ (ויתר העם לא יכרת מן העיר): Nur eine Schar geläuterter Gottesdiener überlebt. Doch wieso steht der überlebenden Hälfte in Sach 14,2 ein überlebendes Drittel in Sach 13,8 gegenüber? Die Mengenangabe in Sach 13,8 erklärt sich zunächst traditionsgeschichtlich: Sie ist Ez 5,2 entlehnt. Dennoch lässt sich das Drittel problemlos mit der Hälfte in Sach 14,2 harmonisieren, da sowohl die Bezugsgröße als auch ihr Schicksal differieren: a) Sach 14,2 spricht von der Stadt, während sich Sach 13,8 auf das gesamte Land bezieht. b) Sach 14,2 spricht von den Exilierten, verschweigt aber die Zahl der Todesopfer.[166]

3) Vom Völkerangriff zur Völkerwallfahrt: Die letzte formative Bearbeitung in Sach 14,4aα*5b.7*.8–10*.11aβ.b.16–19.21a widmet sich schließlich dem Schicksal Jerusalems und der Völker in der Zeit nach dem letzten Angriff auf Jerusalem. An der Bevölkerung Jerusalems und ihrem Schicksal haben diese Verse keinerlei Interesse, da sie Sach 12,9ff. bereits voraussetzen: Sie universalisieren die Vernichtung „der Namen der Götzen" (13,2), sodass nun nicht nur der Rest Israels (13,9), sondern auch der Rest der Völker JHWH als seinen Gott (und König) bekennen kann (14,9.16f.).[167]

Die verbleibenden Nachträge (12,2b.5.8; 12,4b.6a.7 + 14,14a; Sach 13,4–6) widmen sich Detailproblemen ihres Mikrokontextes, ohne auf den Makrokontext auszustrahlen. Deshalb fehlen Indizien für ihre relative Chronologie innerhalb der Gesamtkomposition.

6.5.2.2 Die beiden Überschriften in Sach 12,1

Welches textgenetische Stadium eröffnen die beiden Überschriften Sach 12,1a und Sach 12,1b? Verhältnismäßig leicht fällt die Antwort für die zweite Überschrift Sach 12,1b: Ihre schöpfungstheologische Perspektive mit dem Fokus auf dem Geist

---

166 Gegen Mitchell, *Commentary*, 342, der das Geschehen von Sach 14,1f. chronologisch nach 13,7–9 verortet: "If this passage were by the same author as 13:8f., the remnant would now be only a sixth of the original population."
167 Unter dem Einfluss von Sach 14,9.16–19 vermutet Ibn Esra auch für Sach 13,7–9 eine weltweite Dimension: Das geläuterte Drittel sei mit den jährlichen Wallfahrern identisch.

des Menschen (vgl. Sach 12,10; 13,2b) einerseits und ihrer kosmisch-universalen Ausrichtung andererseits setzt nicht nur die Umkehr und Reinigung Jerusalems (12,9–13,9*), sondern auch das weltweite Königtum JHWHs über die Völker und damit die letzte formative Bearbeitung der Kapitel voraus. Sie könnte auf einer Ebene mit Sach 14,4aα*5b.7*.8–10*.11aβ.b.16–19.21a liegen.

Schwieriger verhält es sich mit der ersten Überschrift Sach 12,1a, die den durchweg jerusalem- und judazentrierten Kapiteln eine „Last des Wortes Gottes gegen *Israel*" voranstellt. Diese Einleitung versteht die Gottesstadt der folgenden Kapitel als architektonische Mitte des Gottesvolkes.[168] Dies vorausgesetzt, könnte sie schon das Kernwort Sach 14,1.2a.bα eröffnet haben. Der drohende Unterton von Sach 12,1a findet eine Fortsetzung in Sach 14,1.2a.bα, die unvermittelte Anrede in Sach 14,1.2a.bα einen Anknüpfungspunkt in Sach 12,1a. Freilich erfordert dies eine geringfügige Modifikation der masoretischen Vokalisation; sie stellt eben erst eine Interpretation des Endtextes dar. Die beiden Suffixe in Sach 14,1b wären nicht unmittelbar auf Jerusalem (2. f. sg.: שְׁלָלֵךְ בְּקִרְבֵּךְ), sondern auf Israel als Gottesvolk (2. m. sg.: שְׁלָלְךָ בְּקִרְבְּךָ) zu beziehen. „Deine Mitte" wäre Jerusalem als Mitte Israels. Ein weiteres Indiz liefert V.2a, der, ohne die Anrede fortzusetzen, *über* Jerusalem in der 3. P. spricht. Es ergibt sich folgender Text (Sach 12,1a; 14,1.2a.bα):

> „*12,1a Last des Wortes Gottes gegen Israel: 14,1 Siehe, ein Tag kommt für JHWH, da wird deine Beute[, Israel,] in deiner Mitte verteilt werden. 14,2a.bα Ich werde nämlich alle Nationen gegen Jerusalem zum Krieg versammeln. Und die Stadt wird eingenommen und die Häuser geplündert und die Frauen vergewaltigt werden. Und die Hälfte der Stadt wird in die Verbannung ziehen.*"

6.5.2.3 Sach 11,4–17 und Sach 12–14

Der Zusammenhang mit Sach 11,4ff. bestätigt die Priorität von Sach 14,1.2a.bα innerhalb von Sach 12–14: Nur das Wort gegen Jerusalem bildet eine konsequente Fortsetzung der Grundschicht der Hirtenepisode (Sach 11,4.5aα.7a.8b.9.10a*). Die Preisgabe der Herde an die wilden Tiere entspricht der Preisgabe der Stadt an

---

168 Vgl. die Erwägungen von Köhler, *Propheten III*, 176, zu Sach 12,1a: „Da nun aber in 12,2–14,21 weder das Reich Ephraim noch die Nachkommen der Bürger dieses Reiches je erwähnt werden, sondern ausschließlich von Jerusalem, Juda, dem Hause David's, dem Geschlechte Levi's die Rede ist, so muss יִשְׂרָאֵל in 12,1 als Bezeichnung des Zwölfstämmevolks gemeint seyn, sofern es an Jerusalem seine Hauptstadt und seinen örtlichen Mittelpunkt besitzt (...)." Ähnlich Keil, *Propheten*, 664: „Jerusalem als Hauptstadt des Reiches ist der Sitz Israels, des Volkes Gottes; was ihr widerfährt, widerfährt dem Volke und dem Reiche Gottes."

die Völker. Den Restaurationshoffnungen von Sach 9,1–11,3 ist damit eine Absage erteilt. Die Völker überrennen Jerusalem, das doch eigentlich Regierungssitz des Heilskönigs (Sach 9,9f.), Hauptstadt des Großreiches (z. B. Sach 9,10) und Trutzburg gegen jede Bedrohung (Sach 9,8a; 9,12) sein sollte. Die Erweiterung des Hirtenkapitels zur Zeichenhandlung (Sach 11,6.7b. 10a*b.14.15f.) scheint bereits auf Sach 14,1.2a.bα hingeschrieben zu sein. Die Auflösung des Völkerbundes (Sach 11,10) gibt das Startsignal für den weltweiten Krieg, die Auflösung der Bruderschaft zwischen Juda und Israel (Sach 11,14), lässt Jerusalem ohne seinen – in Sach 9,1–11,3 stets gegenwärtigen – Bundesgenossen Israel den Völkern entgegentreten.[169] Mit etwas gutem Willen ließe sich auch das Erstarken eines tyrannischen *Weltherrschers* (Sach 11,15f.) in der Vorgeschichte eines Kriegszuges *aller Völker* gegen Jerusalem verorten. Das Wort gegen eben diesen „Hirten" in Sach 11,17 könnte den Auftakt des Gerichts gegen die Völker markieren und gemeinsam mit den ersten Völkergerichtstexten in Sach 12,2a.3.4a.6b und 14,2byβ.3.13.14b.20a.21b in den Text gewandert sein.

Alle weiteren Fortschreibungen in Sach 12–14 relativieren die dunklen Worte über Verwerfung und Gericht in Sach 11,4ff. und Sach 14,1–2* nicht einfach: Sie gehen auf dem Weg in eine neue Zukunft, die mit dem Tag JHWHs beginnt, nicht hinter das Gericht zurück, sondern durch das Gericht hindurch. Die Restaurationshoffnungen der Eingangskapitel Sach 9,1–11,3 bleiben Vergangenheit.[170] Das Israelschweigen auf allen literarhistorischen Ebenen zeigt: Die Aufhebung des Bruderbundes (Sach 11,14) hat Bestand. Der göttliche König (Sach 14,9) tritt endgültig an die Stelle einer menschlichen Messiasgestalt, wie die kompositionsgeschichtliche Anlage belegt: Sie führt von der Verheißung eines irdischen Königs (Sach 9,9f.) über die Verkehrung davidischer Herrschaftserwartungen in ihr Gegenteil (Sach 11,15f.) zum Ausblick auf die Königsherrschaft JHWHs (Sach 14,9).[171]

---

169 „Israel" bezeichnet in Sach 11,14 anders als in Sach 12,1a das Nordreich, weshalb beide Verse kaum auf einer Ebene liegen können.
170 Vgl. etwa Ollenburger, *Book*, 742: "However, it seems clear enough that there is a conflict between the future as restoration, envisioned in chaps. 9–10, and the utopia envisioned in chaps. 12 and 14. And it may be that the nature of that conflict is reflected in chaps. 11–13."
171 Zu diesem exklusiven Verständnis von Sach 14,9 vgl. Mason, *Relation*, 237; Petersen, *Zechariah*, 149; Gärtner, *Jesaja*, 80f.; Biberger, *Heil*, 383; Redditt, *Shepherds*, 635. Gegen Meyers/ Meyers, *Zechariah*, 439; Boda, *Book*, 766; Petterson, *Shape*, 243.

Übersicht über die Schichtung von Sach 11,4–14,21

1.	Der Tag des Völkersturms und seine Vorgeschichte	
1.1	Die Preisgabe von Gottesvolk und Gottesstadt	11,4.5aα.7a.8b.9.10a* + 12,1a; 14,1.2a.bα
1.2	Zeichenhandlung: Die Stäbe des Hirten	11,6.7b.10a*b.14.15f.
2.	Der Tag des Völkergerichts	
2.1	Die Niederlage der Völker	11,17 + 12,2a.3.4a.6b + 14,2bγβ.3.13.14b.20a.21b
2.2	Steigernde Ausmalung von Theophanie und Vernichtung	14,4aα*.β.b.5aα.6.12.15
3.	Der Tag der Reinigung Israels	
3.1	Bußritual um den durchbohrten Propheten	12,9–13,1
3.2	Ende von Götzendienst und Prophetie	13,2f.
3.3	Vernichtungs- und Läuterungsgericht	13,7–9
4.	Die Königsherrschaft JHWHs	12,1b;14,4aα*5b.7*.8–10*.11aβ.b.16–19.21a

Punktuelle Ergänzungen und Glossen
11,5aβ.b.11–13; 11,8a; 12,2b.5.8; 12,4b.6a.7 + 14,14a; 13,4–6; 13,8*; 14,5aβ.7a*.10*.11aα.20b

6.5.3 Historischer Ort

Der Fokus auf den Tag JHWHs, der dem Lauf der Geschichte naturgemäß enthoben ist, erschwert eine Datierung der Texte. Manche Exegeten sehen in der Eroberung Jerusalem durch Ptolemaios I. 302 v. Chr. den historischen Haftpunkt für Sach 14,1–2.[172] Tatsächlich würde ein *vaticinum ex eventu* die plötzliche unheilstheologische Wende mit ihrem zwischenzeitlichen Höhepunkt in Sach 14,1–2* hervorragend begründen. Allerdings verweist die relative Chronologie Sach 11,4–14,21 eher in das 3. Jh. (vgl. Kap. 3.8.3). Wahrscheinlich verleihen also die Erfahrungen der Diadochenkriege oder bereits der syrischen Kriege dem Zukunftsgemälde ihre Farben.[173] Mehr lässt sich aufgrund der mageren Quellenlage auch hier nicht sagen.

Während die Fortschreibungstexte Sach 9,1–11,3 aus dem Ende des 4. und Anfang des 3. Jh. den *terminus a quo* für Sach 12–14 vorgeben, bleibt zur Bestimmung eines *terminus ad quem* die äußere Bezeugung. Ben Sirach kennt um ca. 180 v. Chr. ein Zwölfprophetenbuch, das bereits den Epilog des Maleachibuches enthält (vgl. Sir 49,10 mit Sir 48,10), der wiederum erst nach Sach 9–14 entstan-

---

172 Vgl. Steck, *Abschluß*, 57f.; Kaiser, *Gott*, 165; Biberger, *Heil*, 346.
173 Vgl. Beck, *Tag*, 227.

den ist (s. dazu Kap. 8.3). Vielleicht bezeugt ein Fragment von 4QXII[a] einen der jüngsten Verse des Buches, Sach 14,18. Die Rolle stammt, soweit man der paläographischen Datierung vertrauen darf, aus der Mitte des 2. Jh.[174] Die griechische Übersetzung des Buches könnte angesichts ihres Unbehagens gegenüber der blassen Königsgestalt in Sach 9,9f. und der Eintragung des Makkabäers „Judas" in Sach 9,13 und Sach 14,14 aus dem hasmonäischen Jerusalem stammen.[175] Sach 9–14 dürfte damit um den Übergang vom 3. zum 2. Jh. v. Chr. im Wesentlichen abgeschlossen gewesen sein. Die Ereignisse unter Antiochus IV. tangieren selbst die jüngsten Bearbeitungen noch nicht.

> Manche erkennen jedoch im Ringen der späten Verse Sach 12,2b.5.8; Sach 12,4b.6a.7 um das Verhältnis Judas zu Jerusalem einen Reflex auf die Konflikte zu Beginn der makkabäischen Aufstände.[176] Allerdings bleiben Jerusalem und Juda auch in diesen Passagen stets Partner im Krieg gegen die Völker. Lediglich der Führungsanspruch Jerusalems steht zur Debatte. Vielleicht spiegeln die Erweiterungen den Anspruch selbstbewusster Exponenten wirtschaftlich prosperierender judäischer Großfamilien gegenüber Jerusalem wider.[177]

Über die möglichen „Trägerkreise" lässt sich im Anschluss an die Überlegungen zu Sach 11,4–17 (vgl. Kap. 4.5.3) höchstens spekulieren: Wer den Völkersturm auf Jerusalem als reinigendes Gewitter herbeisehnt (Sach 12,2–8; 14,1–11), die Honoritäten Jerusalems an die Spitze eines demütigenden Bußritals stellt (Sach 12,9–13,1), sich das Ende der Propheten in blutigen Bildern ausmalt (Sach 13,2–6) und jegliche Wende zum Guten allein von JHWH erwartet, steht wahrscheinlich nicht in der Mitte der judäischen Gesellschaft und kaum an ihrer Spitze. Eher scheint es, als hätten die Tradenten eine gewisse Distanz zu den Institutionen eingenommen, deren Aufbau und Legitimierung sie in Hag/Sach 1–8 noch betreiben.[178]

---

174 Vgl. DJD XV, 220–232. Allerdings bleibt die Identifizierung des Fragments mit Sach 14,18 umstritten. Vgl. Pajunen/Weissenberg, *Book*, 737 f.

175 So Pola, *Indiz*, 249; ders., *Juda*, 576–580; Eidsvåg, *Translation*, 168–171.

176 Vgl. z. B. Marti, *Dodekapropheton*, 445 f.

177 Vgl. dazu Roth, *Israel*, 31 f.

178 Ähnliche Beobachtungen führten in der älteren Forschung (Plöger, Hanson) zur unterkomplexen Annahme eines sozial- und religionsgeschichtlichen Dualismus zwischen den Hierokraten des Jerusalemer Tempels und den Visionären protoapokalyptischer Prägung. Neuere Arbeiten (Mason, Redditt, Wöhrle) nehmen diese Impulse im Sinne einer führungskritischen Interpretation der Texte auf (Vgl. auch Exkurs 10, S. 245). Eine differenzierte Verortung der Trägerkreise in der „zweiten Reihe" der Tempelhierarchie bietet Gonzalez, *Temple*, 76: « Il est toutefois plus simple de penser que Za 9–14 a été développé dans les milieux scribaux du temple de Jérusalme par un groupe qui occupait une place subalterne au sein de l'institution ». Zur grundsätzlichen Zurückhaltung gegenüber Spekulationen zu den Trägerkreisen und ihrem soziologischen Ort mahnt Willi-Plein, *Ende*, 127.

Diese führungskritische Komponente deutet sich schon im Profil des gottergebenen Königs (Sach 9,9f.) an und tritt deutlich in der Zeichnung des Propheten als letztem Getreuen JHWHs in Sach 11,4ff. hervor.[179] Eine dezidiert tempelkritische Stoßrichtung enthält die Ergänzung 11,5aβ.b.11–13 (vgl. Kap. 4.5.1). Verschiedene Beobachtungen widersprechen zugleich einer grundsätzlichen Opposition zum Tempel: Die Redaktoren knüpfen bewusst an das Zweiprophetenbuch an, das sich als Ätiologie des zweiten Tempels lesen lässt; sie verwenden (durchaus ungewöhnliche) sakrale Metaphern (vgl. Sach 9,15); sie lassen in Sach 12,9–13,1 und Sach 14,16–19 ein kultisches Interesse erkennen.[180] Wie Sach 1–8 hoffen Sach 9–14 auf die Restitution des Tempelkults mit universalen Dimensionen (vgl. Sach 8,20–23 und Sach 14,16–19). Im Unterschied zu Sach 1–8 geht dieser Heilszeit jedoch zwingend ein reinigendes Gewitter über die Stadt, ihre Bewohner und ihre Führungsschicht voran.

---

179 Die Kritik trifft allerdings nicht nur die Führung des Volkes, sondern auch das Volk selbst. Vgl. dazu Exkurs 10, S. 245.
180 Vgl. die ausführliche Darstellung in Gonzalez, *Temple*, 62–69 (« La rédaction de Zacharie 9–14 dans le contexte institutionnel du temple de Jérusalem »), die allerdings die Kontinuität etwas überspitzt.

7 Synthese

7.1 Sach 9–14 in ihrer Endgestalt

Vor einer zusammenfassenden Darstellung der Textgenese (s. Kap. 7.2) empfiehlt sich ein Blick auf die großen inhaltlichen Linien der Endgestalt von Sach 9–14: Mit Sach 9,1–11,3 und Sach 12,1–14,21 stehen sich zwei Zukunftsszenarien gegenüber, die sich in manchem ähneln und in vielem unterscheiden. Beide hoffen auf das Kommen eines Königs, der von Jerusalem die gesamte Welt regiert (Sach 9,9f.; Sach 14,9; vgl. 14,5b.16). Seine Herrschaft garantiert endgültigen Frieden mit den Völkern und Schutz für Jerusalem. Der Weg dorthin gestaltet sich freilich beschwerlich, wovon kriegerische Episoden zeugen, die sich durch beide Teile ziehen (vgl. bes. Sach 9,1–8.13–15; 10,3–11,3; 12,1–8; 14,1–6.12–15).

Dem ersten Szenario Sach 9,1–11,3 eignet eine restaurative Note: Der erwartete König ist – obgleich er das operative Geschäft seinem Gott überlässt und sich als Mann des Wortes repräsentativen Aufgaben widmet – der altbekannte König Zions (Sach 9,9: „dein König"). Er herrscht über ein restituiertes Großreich aus Juda und Ephraim/Israel (Sach 9,10; vgl. 9,1b.13; 10,6), in dessen durch JHWH geschützten Grenzen (Sach 9,8a) die Nachkommen der in die Welt zerstreuten Israeliten ein neues Zuhause finden (9,11f.; 10,6.8.10): „Sie werden sein als hätte ich sie nicht verworfen" (Sach 10,6). Zu diesem Zwecke gilt es die „Söhne der Griechen" (Sach 9,13) zu überwinden, die das Gottesland wie einst Assyrien und Ägypten von Nord und Süd bedrohen (Sach 10,11).

Im zweiten Szenario Sach 12–14 tritt die Wiederherstellung zugunsten eines auch für Jerusalem schmerzhaften Transformationsprozesses in den Hintergrund: Die Überschrift Sach 12,1b beschwört die Schöpferkraft JHWHs, die Mensch und Natur gleichermaßen verwandeln kann (Sach 12,1b). Eine Entscheidungsschlacht zwischen Jerusalem und allen Völkern am Tag JHWHs (12,1–8; 14,1–5.12–15) leitet die von kosmischen Umwälzungen begleitete Königsherrschaft JHWHs über die gesamte Welt ein (14,6–11): Selbst die Völker werden von nun an jährlich das Laubhüttenfest als Fest des Königtums JHWHs in Jerusalem begehen (14,16–19). Zu den unterschiedlichen Tendenzen beider Szenarien treten offensichtliche Widersprüche[1]: Während in Sach 9,8a.11f. die Heimkehrer Schutz in der durch JHWH gesicherten Festung Jerusalem finden sollen, erobern die Feinde

---

[1] Das Gegenüber von Sach 9,1–11,3 und Sach 12–14 entspricht in den inhaltlichen Hauptlinien dem Gegenüber der Rückkehr- und Restitutionshoffnungen in Ez 34; 37,15–28 und dem Kampf gegen Gog aus Magog in Ez 38–39. Im Unterschied zum Ezechielbuch wird in Sach 9–14 die Tag JHWHs-Erwartung als Krise der älteren Heilsprophetie wahrgenommen.

https://doi.org/10.1515/9783110668063-007

Jerusalems in Sach 14,2 die Stadt und deportieren einen beträchtlichen Teil ihrer Bevölkerung. Während in Sach 9,1–11,3 dem Süden stets der nördliche Bundespartner treu zur Seite steht (vgl. 9,1b.10.13; 10,6.7), findet sich Jerusalem und sein Umland in Sach 12–14 ohne militärische Unterstützung aus dem Norden seinen Feinden ausgesetzt: Das Paar Jerusalem und Juda (vgl. bes. 12,1–8; 14,21) ersetzt das Paar Jerusalem/Juda und Ephraim/Israel/Jakob. Zugleich schwillt die Feindesschar von den unmittelbaren Nachbarvölkern (Sach 9,1–8) sowie den Griechen (9,13) auf alle Völker der Welt an. Der ohnehin in seiner Macht beschnittene menschliche König (Sach 9,9f.) wird stillschweigend durch den göttlichen König (Sach 14,9) ersetzt.

Beide Zukunftsszenarien lassen sich nur durch eine Meta-Erzählung enttäuschter und wiedergewonnener Hoffnung verbinden, deren Stoff propheten-theologische Reflexionen liefern, die sich durch den gesamten Textbereich ziehen (Sach 10,1–2; 11,4–17; 12,9–13,9). Aus ihrer Perspektive gewinnt das erste Szenario vorläufigen, das zweite Szenario endgültigen Charakter. Die drei Passagen seien im Folgenden kurz zusammengefasst.

Sach 10,1–2 mahnen zum Vertrauen auf JHWH und warnen vor der trügerischen Sicherheit konkurrierender divinatorischer Quellen. Die – gemessen an den prophetischen Erwartungen – betrübliche Lage der Gegenwart gründet in der kultischen Orientierungslosigkeit: Das Volk gleicht einer Herde ohne Hirte. Die Terminologie (שקר, שוא, הבל mit דבר, קסם, חזה) speist sich aus der Polemik gegen falsche Prophetie (vgl. bes. Jer 23). Dennoch bleibt – im Kontext des Kapitels gelesen – die Perspektive optimistisch: JHWH, „ihr Gott", wird seine Schützlinge erhören (10,6b), sie werden „in seinem Namen" wandeln (10,12).

In 11,4ff. kommt unvermittelt eine anonyme Gestalt zu Wort, die sich vielleicht schon durch die Rede von „meinem Gott" (V.4) als ein auf verlorenem Posten stehender Verehrer JHWHs präsentiert (vgl. Hos 9,7–9). Im Kontext eines Prophetenbuches und angesichts der einleitenden Botenspruchformel liegt es nahe an einen Propheten zu denken. Dieser Prophet blickt – verpackt in das Bild eines Hirten und seiner Herde – auf die Geschichte des eigenen Scheiterns am Volk zurück: Mit der Verwerfung ihres menschlichen Hirten hat die Herde auch ihren göttlichen Hirten verloren. Die mahnenden Worte (10,1–2) blieben folgenlos. Zeichenhafte Handlungselemente lassen den Rückblick zugleich transparent werden auf die verwirkte Zukunft. Das Zerbrechen der beiden Hirtenstäbe (11,10.14) sowie die erneute Aufnahme pastoralen Instrumentariums (11,15f.) markieren entscheidende Umbrüche zwischen den beiden Zukunftsszenarien in 9,1–11,3 und 12–14: Das Ende des Bundes JHWHs mit allen Nationen eröffnet den Sturm aller Völker auf Jerusalem (11,10). Das Ende der Bruderschaft zwischen Juda und Israel begründet das Verschwinden des Nordens in den hinteren Kapiteln (11,14). Die Ankündigung eines – bewusst messianische Hoffnungen konterkarierenden – bösen Hirten markiert das Ende davidischer Herrschaftserwartung (vgl. 11,15f. mit Ez 34,23; 37,24).

Die Hirtenepisode konstatiert also eine tiefgreifende Beziehungskrise, letztlich gar den Beziehungsabbruch zwischen dem Volk und dem durch seinen Propheten repräsentierten Gott. Wie kann es nun überhaupt noch Hoffnung geben? Weshalb rettet JHWH Jerusalem letztlich doch durch das Gericht hindurch? Diese Fragen beantworten Sach 12,9–13,9. Die Jerusalemer werden Buße für die Verwerfung – ja nun sogar Ermordung – des Propheten leisten und so Reinigung für ihre Taten erwirken (12,9–13,1). JHWH wird das Land von falschen Göttern und ihren Boten, nämlich den nach dem Tod des wahren Propheten verbleibenden falschen Propheten, säubern (13,2–6). Inmitten eines auf die harte Linie deuteronomistischer Gesetzgebung eingeschworenen Volkes wird die Lügenpropheten dasselbe Schicksal ereilen wie zuvor den letzten Repräsentanten JHWHs (vgl. 13,3 mit 12,10). Letztlich hat JHWH selbst den Tod seines Hirten heraufbeschworen, um sein abtrünniges Volk schutzlos dem Schwert preiszugeben (13,7–9). Erst für ein selbst noch durch Feuer geläutertes Drittel erfüllt sich, was Sach 10,12 noch für das gesamte Gottesvolk erhoffte („und sie werden in seinem Namen wandeln") und Sach 11,4 zwischenzeitlich auf den einen Propheten reduzierte („So sprach JHWH, mein Gott, zu mir"): Es wird den Namen JHWHs („mein Gott") anrufen, er wird es als sein Volk („mein Volk") erhören (13,9; vgl. 10,6b). Während Sach 10,1–2 noch Hoffnung in die verändernde Kraft prophetischer Paränese setzte, erwarten Sach 12,9–13,9 alle Veränderung von JHWH.

Exkurs 10: Das sog. „Hirtenmaterial" in Sach 9–14

Die genannten prophetentheologischen Passagen überschneiden sich mit dem sog. „Hirtenmaterial", dem man zurecht eine besondere Bedeutung für die Komposition des Buchteiles zuschreibt. Erstmals identifiziert Mason eine Reihe von "controversial passages"[2] in 10,1–3a; 11,4–17; 13,7–9, die den Umschwung von den eher optimistischen Kapiteln 9–10 zu den eher pessimistischen Kapiteln 12–14 begründeten: Sie attackierten die „Hirten" als die eigentlich Verantwortlichen für die Misere ihres Volkes. Redditt erweitert das "shepherd material"[3] um 11,1–3 und schreibt den Texten, denen er ebenfalls eine führungskritische Tendenz bescheinigt,[4] eine zentrale redaktionsgeschichtliche Funktion zu: Sie bildeten – gemeinsam mit kleineren Ergänzungen in Sach 12–14 – den Kitt der beiden ehemals unabhängigen Sammlungen in Sach 9–10 und Sach 12–14. Wöhrle ergänzt die Reihe um den Ausblick auf das Ende der Prophetie Sach 13,2–6 und erkennt in den Texten die Grundschicht des Buchteiles,

---

2 Mason, *Haggai*, 80. Vgl. ders. *Relation*, 237; ders. *Messiah*, 353.

3 Vgl. bes. Redditt, *Shepherds*, 631–641. Boda, *Book*, 25, folgt Redditt in dieser Einschätzung der "shepherd motif pieces", die er in 10,1–3a; 11,1–3; 11,4–16; 11,17; 13,7–9 findet.

4 Redditt, *Shepherds*, 637: "It is becauce of Judah's leaders, the entire establishment, that the people suffer, and it is upon the leaders that God will send his judgment."

in der sich unter der doppelten Überschrift 9,1a* und 12,1a Worte gegen Propheten mit Worten gegen politische Führer abwechselten: „Diesen Führern, die zumeist als Hirten bezeichnet werden, wird vorgeworfen, dass sie ihrer Aufgabe, das Volk zu leiten, nicht nachkommen, und es wird ihnen angekündigt, dass sie deshalb das Gericht treffen wird."[5]

Die hier vertretene (und im Folgenden zusammenfassend skizzierte) These bestätigt die zentrale Bedeutung dieser Passagen für Sach 9–14, weicht aber in ihrer theologischen Deutung (a), ihrer Abgrenzung (b) und ihrer redaktionsgeschichtlichen Verortung (c) von der bisherigen Forschung ab: a) Als reine Anklage der Führungsschicht sind diese Texte nicht angemessen beschrieben[6]: Die Mahnung in 10,1–2 richtet sich an das Volk, die Verwerfung in 11,8b.9 trifft das Volk und die Reinigung in 12,9–13,9 gilt dem Volk (und seinen Führern), weil es falschen Propheten anhängt und den wahren Propheten verschmäht. b) Während Sach 10,3a und 11,1–3 als Worte gegen fremde (!) Führungsmächte trotz Hirtenmotiv aus diesem Muster herausfallen, befassen sich 12,9–13,1.2–6 auch ohne Hirtenmotiv mit der Prophetenthematik. c) Das Fortschreiten von der Mahnung (10,1–2) vor falschen Propheten über die Verwerfung des wahren Propheten (11,4–17) zur Buße und Reinigung des Volkes (12,9–13,9) spiegelt einen Reflexionsprozess, der literarhistorisch aufzulösen ist.[7]

7.2 Literarhistorische Differenzierungen

7.2.1 „Deuterosacharja" und „Tritosacharja"

Angesichts der beschriebenen Differenzen zwischen den beiden Zukunftsszenarien Sach 9,1–11,3 und Sach 12,1–14,21 sowie der Entwicklung innerhalb des sog. „Hirtenmaterials" von der Paränese (10,1–2) über die Gerichtsansage (Sach 11,4ff.) zur göttlich initiierten Reinigung (12,9–13,9) können selbst holistische Entwürfe auf diachrone Interpretamente nicht verzichten. Dies zeigen zwei prominente Gewährsmänner einer traditionsgeschichtlich bzw. formgeschichtlich begründeten einheitlichen Verfasserschaft.

---

5 Wöhrle, *Abschluss*, 128.

6 Zur führungskritischen Deutung vgl. neben Mason, Redditt und Wöhrle auch Schweitzer, *Vision*, 257–259; Boda, *Book*, 25. Differenzierter argumentiert Boda, *Reading*, 282, in einem früheren Aufsatz: "In Zech. 11, however, the indictment is not against the shepherds, but rather against the flock." Tatsächlich ist die Erweckung des schlechten Hirten in Sach 11,15f. göttliche Strafe, während der Weheruf gegen eben diesen Hirten Sach 11,17 ihr Ende in Aussicht stellt.

7 Wöhrle, *Abschluss*, 86, bestätigt die Vielgestaltigkeit des Hirtenmaterials, indem er die entsprechenden Abschnitte als Teil einer „Sammlung ursprünglich selbständiger Worte" versteht. Boda, *Book*, 25, notiert zumindest einen Gedankenfortschritt: "a progression can be discerned as the sections appear, with 10:1–3a expressing divine anger, 11:1–3 promising divine destruction, 11:17 pronouncing a curse, and 13:7–9 executing divine judgment."

Stade sah die genannten Stolperfallen einer synchronen Deutung klarer als mancher Exeget in seinen Fußstapfen und versuchte sie durch eine pädagogische Deutung zu umgehen: Der schriftgelehrte Epigone stelle seinem eschatologischen Kompendium eine Sammlung verfehlten Heils in Sach 9–10 voran (vgl. Kap. 1.2). Lamarche verleiht seiner kunstvollen Strukturierung der Textoberfläche eine biographische Tiefendimension (vgl. Kap. 1.4.1): Der zunehmende Pessimismus der prophetischen Botschaft reflektiere die zunehmende Frustration einer prophetischen Karriere. Beide Thesen stehen auf wackligen Beinen. Die unbeirrt optimistischen Heilsworte in Sach 9,1–11,3 wissen nichts von ihrer späteren Infragestellung: Wer sollte ein solches – zwar traditionsgesättigtes, aber doch eigenständiges – Zukunftsszenario entwerfen, um es noch im selben Atemzug wieder einzustampfen? Die Anonymität der Texte, die auf prophetisches Formwerk beinahe gänzlich verzichten, widerrät schließlich auch der biographischen Einebnung der Differenzen. Eine redaktionsgeschichtliche Erklärung, die über ein prophetisches Leben hinausgehende Entstehungszeiträume veranschlagen kann, ist dem sicherlich vorzuziehen.

Die bisher genannten Beobachtungen führen zunächst zum klassischen literarhistorischen Minimalkonsens: Auf eine ältere, von grundsätzlichem Optimismus geprägte Zukunftsschau in Sach 9,1–11,3 („Deuterosacharja") folgt eine jüngere, wesentlich pessimistischere Vision in Sach 12–14 („Tritosacharja").[8] Über die genaue Abgrenzung beider Teile konnte jedoch nie Einigkeit erzielt werden: Setzt Sach 11 einen Schlusspunkt nach Sach 9–10 oder einen Doppelpunkt vor Sach 12–14? Die vorliegende Studie schlägt deshalb eine literarhistorische Differenzierung innerhalb der als Scharnier fungierenden Hirtenepisode Sach 11,4–17* vor, die zugleich den alten Streit um die Gattung des Textes und seiner Zeitstufe lösen könnte: Die Grundschicht (Sach 11,4.5aα.7a.8b.9.10a*) blickt allegorisch auf die gescheiterte Karriere eines paradigmatischen Propheten zurück und revidiert die prophetisch verbürgten Hoffnungen in Sach 9,1–11,3. Die erste Erweiterung ergänzt Elemente einer Zeichenhandlung (Sach 11,6.7b.10a*b.14.15f.), öffnet den Blick auf die (zunächst düstere) Zukunft und bereitet damit Sach 12–14 vor.

Markiert der Übergang von Sach 9,1–11,3 zu Sach 12–14 den Übergang von einer prophetischen zu einer (proto-)apokalyptischen Zukunftsauffassung? In der Sacharjaforschung wurde diese Frage häufig bejaht und bisweilen mit allzu linearen theologiegeschichtlichen Entwicklungsmodellen und Spekulationen über das Milieu der Trägerkreise verbunden

---

8 Die alte terminologische Differenzierung in Deutero- und Tritosacharja trifft, indem sie inhaltlich und entstehungsgeschichtlich zwischen beiden Szenarien differenziert, sachlich Richtiges. Da sie jedoch zugleich eine vom Buchkontext gelöste Entstehung beider Teile aus der Hand jeweils eines Verfassers impliziert, empfiehlt sich nicht, sie wiederzubeleben.

(vgl. bes. Hanson, dazu Kap. 1.4.5).[9] Die Antwort hängt bei einem wissenschaftlichen Reflexionsbegriff wie „Apokalyptik" naturgemäß an der jeweiligen Definition und ihren Bezugstexten. Nach Schipper etwa gehören zu den seit jeher anerkannten Merkmalen apokalyptischen Denkens ein theologisches Krisenbewusstsein und die Transzendierung des Heils.[10] Beides könnte man Sach (11,4–17;) 12,1–14,21 im Unterschied zu Sach 9,1–11,3 durchaus attestieren. Sie inszenieren die Krise der Prophetie und lassen den Tag JHWHs zu ihrem letzten Wort werden.[11] Als universaler Neubeginn mit schöpfungstheologischen Dimensionen (vgl. v. a. Sach 12,1b) transzendiert dieser Tag die Hoffnungen auf die Restitution eines Großreiches unter einem irdischen König, die in Sach 11,4ff. beerdigt wurden.[12] Die inhaltlichen Unterschiede bestehen freilich unabhängig davon, ob man sie mit dem Etikett „protoapokalyptisch" versehen will oder nicht. Gattungstypische Elemente wie Visionen, Pseudonymität, numerische Systematisierung etc. fehlen dagegen in Sach 9–14.

7.2.2 Das Wachstum der beiden Hauptteile

Nimmt man die beiden Zukunftsszenarien Sach 9,1–11,3 und Sach 12–14 genauer unter die Lupe, erweisen sie sich als komplexer als die vorangestellte chronologisch wie inhaltlich systematisierende Zusammenfassung erwarten lässt. Nicht zu Unrecht assoziierte man ihre fragmentarische Gestalt mit dem Bild eines Mosaiks oder Kaleidoskops.[13] Der Traditionsbezug erklärt den brüchigen Zusammenhang nur bedingt: Es handelt sich nicht um notdürftig aneinandergefügte Traditionsstücke, sondern um eigenständige und kreative Adaptionen alttestamentlicher

---

9 Tigchelaar, *Prophets*, 242–265, und (unter Vorbehalt) Redditt, *Zechariah*, 150–152, finden protoapokalyptische Denkfiguren in Sach 14, Plöger, *Theokratie*, 37–68; Biberger, *Heil*, 386–389, in Sach 12–14. Willi-Plein, *Ende*, 123–128, sieht Sach 9–14 insgesamt „auf der Schwelle zur Apokalyptik" (ebd., 128), wobei „[d]er eschatologische Aspekt" (ebd., 127) besonders in Sach 12–14 hervortrete. Nach Hanson, *Dawn*, wächst der apokalyptische Charakter von Kapitel zu Kapitel. Gese, *Anfang*, verortet schon die Visionen Sacharjas (Sach 1–6) in der Vorgeschichte der Apokalyptik.
10 Vgl. Schipper, *Apokalyptik*, 22–27.
11 Auffälligerweise verbinden sich alle drei Texte im Zwölfprophetenbuch, die das Ende der Prophetie direkt oder indirekt thematisieren (Sach 13,2–6; Joel 3; Mal 3,22–24), mit der Tag-JHWHs-Erwartung (vgl. dazu noch Kap. 8.2 und Kap. 8.3). Die Vorstellung vom Ende der Prophetie lässt sich mit Biberger, *Heil*, 389, als Voraussetzung für die Pseudonymität apokalyptischer Schriften verstehen.
12 Die einzelnen Zeichenhandlungen in Sach 11,4ff. kappen geradezu die geschichtlichen Verbindungen der Vergangenheit wie den Völkerbund (Sach 11,10) oder die Bruderschaft zwischen Juda und Israel (Sach 11,14). Willi-Plein, *Ende*, 125, deutet Sach 11 entsprechend als Absage an „innergeschichtliches Heil". Berücksichtigt man Sach 14,18f., ist jedoch selbst mit dem Tag JHWHs gegen Biberger, *Heil* 388, kein „endgültiger Heilszustand" erreicht: Die beiden Verse rechnen mit Gefährdungen der neuen Ordnung durch einzelne Völker und entsprechenden göttlichen Sanktionen.
13 Vgl. Cornill, *Einleitung*, 199; Horst, *Propheten*, 255.

Themen und Motive. Der Verfasser hätte freie Hand gehabt, die eingespielten Traditionsstoffe in ein einigermaßen formal wie inhaltlich kohärentes Ganzes zu überführen. So legt sich auch für die Entstehung der beiden Hauptteile eine redaktionsgeschichtliche Erklärung nahe: Das Blockmodell ist durch ein Schichtenmodell zu ergänzen.[14] Auf diese Weise können die einzelnen Stimmen des Textes mir ihrem je eigenem Profil zu Wort kommen, ohne zu früh in theologische Allgemeinplätze aufgelöst zu werden. Gleichzeitig lassen sie sich als Teil eines kontinuierlichen Reflexionsprozesses aufeinander beziehen, um den atomisierenden Effekt mancher formgeschichtlichen Entwürfe der Vergangenheit zu vermeiden. Sowohl für Sach 9,1–11,3 als auch für Sach 11,4–14,21 ergeben sich vier formative redaktionelle Phasen, die dem Text einen deutlichen thematischen und theologischen Stempel aufdrücken. Sprachliche und sachliche Spannungen legen weitere Differenzierungen innerhalb mancher dieser Phasen nahe.[15]

1   DER KOMMENDE KÖNIG (Sach 9,9f.)
    Die schon stilistisch durch ihre poetische Gestaltung dem Kontext enthobenen Verse bilden nicht nur den sachlichen Höhe- und Zielpunkt von Sach 9,1–11,3, sondern auch die literarhistorische Keimzelle der ersten Zukunftsschau: Sie sind weder sprachlich noch inhaltlich auf ihren Kontext angewiesen. Die Verheißung arbeitet mit königsideologischen Topoi, verweigert dem Herrscher aber militärische Macht und Würde. Er ist weniger Heilsbringer denn Symbol des durch JHWH gewirkten Heils. Alle Fortschreibungen in Sach 9,1–11,3 widmen sich letztlich den Voraussetzungen und Bedingungen der mit der Inthronisation des Königs einsetzenden Heilszeit.

2   DAS GERICHT ÜBER DIE NACHBARVÖLKER (Sach 9,1a.2–6a.7b.8b)
    Der Verfasser dieser Verse erkennt in militärischen Erschütterungen in Syrien das Wirken des Gotteswortes („Die Last des Wortes Gottes liegt auf dem Lande Hadrach...") und die beginnenden Wehen der Heilszeit. Er imaginiert ihre Fortsetzung über die syro-palästinische Landbrücke gen Süden und erhofft erste judäische Gebietsgewinne. Der Abschnitt mündet notwendig im Kommen des Zionskönigs (Sach 9,9f.): Erst er füllt das entstehende Machtvakuum.

3   DIE HEIMKEHR DER DIASPORA
    Die in Gottesrede gehaltenen Rückkehrverheißungen (3.1) knüpfen nicht nur syntaktisch (vgl. Sach 9,11), sondern auch sachlich an die Herrschererwartung (Sach 9,9f.) an: Der König braucht Untertanen. Eng mit der Rückkehrverheißung verbunden und

---

14 Reine Blockmodelle die das Wachstum von Sach 9–14 auf eine sukzessive Addition einzelner Kapitel oder Sinneinheiten reduzieren (vgl. dazu Kap. 1.3 und Kap. 1.5), werden der Komplexität der Texte nicht gerecht. Im Unterschied zu Sach 9–10 und Sach 12–14 sind sowohl Sach 9 und 10 als auch Sach 12–13 und 14 sachlich und terminologisch eng miteinander verzahnt und komplementär zu lesen.
15 Vgl. zur ausführlichen Begründung der Schichtung die entsprechenden Analysen sowie die redaktionsgeschichtlichen Zwischenergebnisse in 3.8.1, 4.5.1, 5.6.1, 6.5.1.

doch literarkritisch nochmals davon abzuheben sind zwei Ebenen, die sich dem Leben nach der Rückkehr (3.2) und den Voraussetzungen der Rückkehr (3.3) widmen.

3.1 BEFREIUNG UND RÜCKKEHR (Sach 9,8a.11a.12; 10,6a.8.10)

Die Erweiterung knüpft einerseits an die nun als Sicherung der südlichen Levante verstandenen Verse 9,1a.2–6a.7b.8b, andererseits an die Anrede Zions in Sach 9,9f. an: JHWH verspricht sein Land zu schützen (9,8a), und ruft in rhetorischer Fortsetzung von Sach 9,9f. die von ihm befreite Diaspora („deine Gefangenen") zur Rückkehr in die „Festung" auf (9,11f.): Er will sie stärken, sammeln und zurück in ihre Heimat führen (10,6a.8.10).

3.2 EIN AUSBLICK AUF DIE HEILSZEIT (9,16f.)

Der retardierende („an jenem Tag") Ausblick auf die Heilszeit in 9,16f. setzt sachlich die Rückkehr voraus, trägt kommentierenden Charakter und unterbricht den Zusammenhang zwischen 9,11f.* und 10,6a. Erstmals gelangt pastorale Metaphorik in den Text: JHWH rettet sein Volk „wie Kleinvieh".

3.3 DIE RECHTE GOTTESBEZIEHUNG (10,1–2.6b.9.12)

Diese meist isoliert wahrgenommenen Verse lassen das Erbarmen JHWHs und damit die Rückkehr der Diaspora zur Antwort (V.6b) auf die rechte Anrufung JHWHs werden. Sach 10,1–2 mahnen zur Ausrichtung auf JHWH, den wahren „Wolkenwirker", Sach 10,6b.9.12 werten die Erfolgsaussichten des Appells optimistisch. Motivisch knüpfen Sach 10,1–2 an die Hirten- und Fruchtbarkeitsthematik von Sach 9,16f. an: Weil das Volk seinen wahren Hirten (vgl. 9,16) missachtet, bleibt es ohne Hirte (10,2).

4 DER KRIEG ALS MITTEL DER REALISATION

Die kriegerischen Passagen prägen die Endgestalt von Sach 9,1–11,3 nachhaltig: Sie erkennen in den „Söhne Jawans" ein der Realisierung des Friedensreiches entgegenstehendes Hindernis (9,13), das in einem blutigen Krieg niedergerungen werden muss, der einerseits um die Festung Zion toben (9,13–15), andererseits der Diaspora den Weg in die Heimat bahnen wird (10,3–11*). Sprachliche und konzeptionelle Spannungen legen eine gestufte Entstehung auch dieser Texte nahe.

4.1 INFANTERIE GEGEN KAVALLERIE (10,3bα[ohne ‏את בית יהודה‎].5)

Ähnlich wie 10,1–2 schiebt sich auch diese Erweiterung deutend vor die Rückkehrverheißungen in Sach 10,6–12*: Die Rückkehr muss nicht nur erbeten (vgl. 10,1), sondern auch erkämpft werden.[16] JHWH mustert seine vormals orientierungslose Herde (vgl. 10,2) und lässt sie als Fußsoldaten unter seinem Beistand programmatisch gegen die feindlichen Schlachtrosse antreten.

4.2 DIE ROLLE DES HAUSES JUDA (10,3bα[nur ‏את בית יהודה‎].4)

Der kurze Kommentar fokussiert – angesichts von Sach 9,9f. durchaus überraschend – die militärische Bedeutung des Hauses Juda, die in seiner Bedeutung als Herrscherhaus gründet.

---

16 Allerdings ruft der Text nicht zu den Waffen. Er spricht von eschatologischen Ereignissen, deren Initiator JHWH bleibt.

4.3 DIE ROLLE JHWHs (9,13–15; 10,3bβ.7.11)
Nun betreten die Griechen als Gegner der Söhne Zions die Bühne. Auch Ephraim erhält
wieder seinen Platz an der Seite Judas. Beide, Nord und Süd, mutieren anders als noch
in 10,5 zu bloßem Kriegswerkzeug in den Händen des kämpfenden Wettergottes.

4.4 DAS ENDE DER FEINDLICHEN MACHTHABER (10,3a; 11,1.2aα.b.3)
Die jüngste Erweiterung in Sach 9,1–11,3 beschwört in vorweggenommener Schaden-
freude (bes. 11,1–3*) den Untergang der feindlichen Machthaber, die sie als (dem
wahren Hirten entgegengesetzte) „Hirten" apostrophiert.

5 DER TAG DES VÖLKERSTURMS UND SEINE VORGESCHICHTE
Mit dieser Phase vollzieht sich eine radikale Abkehr von der bisherigen Heilsbotschaft, die nur vor dem Hintergrund der paränetischen Passagen des gesamten
Buches (v. a. 10,1–2) zu begreifen ist. JHWH gibt – vertreten durch seinen prophetischen Hirten – das Gottesvolk (11,4–16*) und die Gottesstadt (14,1–2*) dem Unheil
preis. Wie die Ankündigung eines Königs für Jerusalem in Sach 9,9f. den Anstoß für
das Wachstum von Sach 9,1–11,3 gab, so nun die Ankündigung der Eroberung Jerusalems 14,1–2 den Anstoß für alle weiteren Fortschreibungen, die um das Schicksal Jerusalems und der Völker am Tag JHWHs ringen.

5.1 DIE PREISGABE VON GOTTESVOLK UND GOTTESSTADT (Sach 11,4.5aα.7a.8b.9.10a*; 12,1a;
14,1.2a.bα)
Nur Sach 14,1–2a.bα bieten innerhalb von Sach 12–14 eine ordentliche Einführung des
Tages JHWHs („Siehe, ein Tag kommt für JHWH…") und eine konsequente Umsetzung
der Gerichtsbotschaft von Sach 11,4ff.: Der Preisgabe des Gottesvolkes (11,9) entspricht
die Preisgabe der Gottesstadt (14,1–2a.bα). Eingeführt durch die Amtsaufgabe des Propheten 11,4.5aα.7a.8b.9.10a* und überschrieben durch den noch drohend zu verste-
henden und Sach 9,1a kontrastierenden Teilvers Sach 12,1a („Last des Wortes JHWHs
gegen Israel") bildet 14,1–2a.bα den Kern des zweiten Zukunftsszenarios. Erst aus
dieser Perspektive gewinnt auch Sach 9,1a Überschriftscharakter.

5.2 ZEICHENHANDLUNG: DIE HIRTENSTÄBE (Sach 11,6.7b.10a*b.14.15f.)
Die Erweiterung der Hirtenepisode um zeichenhafte Elemente ist bereits auf Sach 14,1–2a.
bα hingeschrieben. Sie profiliert den Völkersturm als Aufhebung zentraler Verheißungen
von Sach 9,1–11,3: Die sichere Existenz Jerusalems inmitten der Völker (Sach 11,10), die
Restitution eines Großreiches aus Nord- und Süd (Sach 11,14) und die Rückkehr des davidischen Herrschers (Sach 11,15f.). Diese Umbrüche bleiben auch für die weiteren Fortschreibungen maßgeblich, obwohl sie die Eroberung Jerusalems durch seine Errettung
relativieren (6.) oder über die Bedingungen dieser erneuten Heilswende sinnieren (7.).

6 DER TAG DES VÖLKERGERICHTS
Die folgenden Erweiterungen verkehren die Niederlage Jerusalems geschickt in ihr
Gegenteil: Der unbesiegbare Zion dient als Köder, um die siegessicheren Völker in eine
tödliche Falle zu locken.

6.1 DIE NIEDERLAGE DER VÖLKER (Sach 11,17; 12,2a.3.4a.6b; 14,2byβ.3.13.14b.20a.21b)
Der Weheruf über den schlechten Hirten in Sach 11,17, der als *Weltherrscher* an der
Spitze der in Sach 14,1–2* angreifenden *Weltmacht* stehen könnte, deutet die Wende
bereits an: Die entsprechenden Erweiterungen in Sach 12 und Sach 14 überführen den

Völkersturm in ein Völkergericht. Dabei geben 12,2a.3.4a.6b die Leseperspektive für Sach 14* vor: JHWH bestimmt Jerusalem zu Grund und Ort des Völkergerichts. Als Taumelschale und Hebestein weckt es Gier und Ehrgeiz der Völker: Während sie zu Fall kommen, bleibt die Gottesstadt bestehen. 14,2bβγ.3.13.14b.20a.21b widmen sich ausführlich dem Schicksal der Völker. Das drohende Wort zum Auftakt des Kapitels („da wird deine Beute in deiner Mitte verteilt") verliert seinen Schrecken: Es sind die Reichtümer der besiegten Völker, die nun in Jerusalem als Beute „gesammelt" werden können (14,14b). So erscheint die Aussage, dass JHWH die Völker gegen Jerusalem „sammeln" wird, in einem ganz neuen Licht. Am Ende landet selbst der Schmuck der schon in Sach 9,1–11,3 verschmähten (Sach 9,9) und bekämpften (Sach 10,5) Schlachtrosse der Feinde als Beutestück im Tempel (Sach 14,20a). Jerusalem bleibt endgültig – wie eigentlich schon in Sach 9,8a erwartet – von Feinden verschont (Sach 14,21b).

6.2 STEIGERNDE AUSMALUNG VON THEOPHANIE UND VERNICHTUNG (Sach 14,4aα*.β.b.5aα.6.12.15)

Diese Schicht steigert Theophanie und Völkervernichtung der vorangehenden Ebene ins Martialische: Während sich die überlebende Bevölkerung Jerusalems in einen kurioserweise durch ein Erdbeben entstandenen Schutzbunker im Ölberg flüchtet, gehen die in der Stadt verbliebenen Feinde elendig an einer göttlichen Plage zugrunde.

7 DER TAG DER REINIGUNG ISRAELS

Zwischen 12,1–8* und 14,1–21* und damit ganz bewusst in die Mitte der Völkerschlacht um Jerusalem schieben sich drei sukzessive gewachsene Blöcke: Sie schildern Umkehr (7.1), Reinigung (7.2) und Läuterung (7.3) des Gottesvolkes und benennen damit die Voraussetzungen der endzeitlichen Rettung Jerusalems. Sie teilen eine theologische Pointe: Alle Veränderung geht von JHWH aus.

7.1 BUSSRITUAL UM DEN DURCHBOHRTEN PROPHETEN (Sach 12,9–13,1)

Inmitten der tobenden Völkerschlacht bewirkt JHWH die Reue der Jerusalemer über eine Tat, die den göttlichen Zorn überhaupt erst heraufbeschworen hat: Bei dem zu beklagenden „Durchbohrten" dürfte es sich – in steigernder Fortführung von Sach 11,8b – um den Propheten als Repräsentanten JHWHs handeln. Infolge der landesweiten Klagezeremonie gewährt JHWH Reinigung, indem er in Jerusalem eine Quelle reinigenden Wasser entspringen lässt.

7.2 ENDE VON GÖTZENDIENST UND PROPHETIE (Sach 13,2f.)

Eine neue Dimension erhält die Reinigung in Sach 13,2f.: Die beiden Verse widmen sich – nach Verwerfung und Tod des wahren Propheten – den verbleibenden falschen Propheten. Als Sprachrohr des Götzendienstes verstanden sollen sie gemeinsam mit dem Götzendienst aus dem Land verschwinden. Zukünftige Propheten wird schon im eigenen Elternhaus das Schicksal des letzten wahren Propheten ereilen: Die Durchbohrung.

7.3 VERNICHTUNGS- UND LÄUTERUNGSGERICHT (Sach 13,7–9)

Sach 13,7–9 verdichten zentrale Topoi von Sach 11,4–14,21* und steigern nochmals die Theozentrik des Geschehens: JHWH selbst hat seinen (prophetischen) Hirten dem Schwert ausgeliefert, um das Volk dem Gericht preiszugeben. Nur ein Drittel wird der Vernichtung entgehen und selbst erst nach seiner Läuterung den Namen JHWHs anrufen.

8   Die Königsherrschaft JHWHs (Sach 12,1b; 14,4aα*5b.7*.8–10*.11aβ.b.16–19.21a)
Die letzte formative redaktionelle Bearbeitung wirft einen Blick auf die mit dem Tag
JHWHs beginnende Königsherrschaft JHWHs und behandelt sie unter den Aspekten
der Neuschöpfung und der Herrschaft über die Völkerwelt. Die Inthronisation JHWHs
geht – im Anschluss an die bereits vorhandenen theophanen Motive (vgl. 14,3f.*) –
mit kosmischen Transformationen einher. Selbst die überlebenden Völker erkennen
JHWH als ihren König an und integrieren sich durch das jährliche Laubhüttenfest
punktuell in den Jerusalemer Kult. Was 13,2 („Ich werde die Namen der Götzen aus
dem Land ausrotten.") und 13,9 („Er wird meinen Namen anrufen.") für das „ganze
Land" (13,8) erwarten, erhofft 14,9 für die „ganze Welt": „Sein Name wird einzig sein."
Damit besiegelt der Vers implizit die antimessianische Tendenz von Sach 11,15f.: An
die Stelle des menschlichen Königs tritt der göttliche König.[17]

PUNKTUELLE ERGÄNZUNGEN UND GLOSSEN
Kleinere Einschreibungen und Glossen in Sach 9,1b; 9,6b.7a; 9,11b; 11,2aβ sowie Sach
12,2b.5.8; Sach 12,4b.6a.7 + Sach 14,14a; Sach 13,4–6; 14,5aβ.7a*(nur הוא יודע ליהוה).
10*(nur עד מקום שער הראשון).11aα.20b kommentieren und korrigieren den Text punktuell ohne Ausstrahlung auf die Gesamtkomposition. Entsprechend entziehen sie sich
einer genauen chronologischen Verortung.

---

17 Auch die spätere Ergänzung Sach 12,2b.5.8, die die Rolle des Hauses Davids hervorhebt, verbindet sich nicht mit einer individuellen Herrschererwartung. Sach 12–14 teilen in ihrem Messias-
schweigen ein auffälliges Charakteristikum mit anderen Tag-JHWHs-Texten (Ez 38–39; Joel 4; Mal 3).

8 Ausblick: Sach 9–14 und das Zwölfprophetenbuch

8.1 Sach 9–14 am Ende des Zweiprophetenbuches Hag/Sach

Das Zweiprophetenbuch Hag/Sach ist der genuine literarhistorische Ort der Kapitel Sach 9–14 von ihrer ältesten textgenetischen Ebene an.[1] Schon ein Vergleich mit Mal 1,1 zeigt, dass die „Überschriften" Sach 9,1a und 12,1a als buchinterne Gliederungsmarken fungieren: Ihnen fehlt die bucheinleitende Mittlerangabe des Maleachibuches. Zur Überschrift wird Sach 9,1a ohnehin erst aus der Perspektive von Sach 12,1a. Ursprünglich bilden die Worte „Die Last des Wortes JHWHs (liegt) auf dem Lande Hadrach" den Auftakt des ersten Satzes. Die Zäsur zwischen Sach 1–8 und Sach 9 fällt schon dadurch weniger deutlich aus, als manchmal vermutet. Wörtliche Bezugnahmen (vgl. Sach 9,9 mit Sach 2,14 und Sach 9,8a mit Sach 7,14) untermauern den Zusammenhang mit dem Sacharjabuch.

Inhaltlich präsentieren sich Sach 9,1–11,3 als buchinterne Reformulierungen der perserzeitlichen Hoffnungen des Zweiprophetenbuches Hag/Sach 1–8 für die beginnende hellenistische Zeit. Nicht zufällig fehlt das Hag/Sach 1–8 gliedernde Formelwerk mit seinen Verweisen auf den persischen König.[2]

Vermutlich in Abgrenzung zu hellenistischen Herrscherinszenierungen (vgl. Kap. 3.8.3) bündeln Sach 9,9f. messianische Erwartungen des Zweiprophetenbuches in einer königlichen Gestalt, die zwar Aspekte traditioneller judäischer Königsideologie integriert, aber die militärische Durchsetzung ihrer Herrschaft Gott überlässt. Als exemplarischer Frommer erlangt dieser König, was anderen Herrschern verwehrt blieb: ein weltweites Friedensreich. Die Verheißung füllt die messianische Leerstelle des summarischen Epilogs Sach 7–8 und könnte als Gegenstück zu Hag 2,20–23 einmal dessen Schlusswort geformt haben.

Alle weiteren Fortschreibungen lassen sich – setzt man den Buchkontext einmal voraus – ebenfalls als Weiterführung sacharjanischer Themen deuten. Der Blick auf die sich anbahnenden Konflikte in der südlichen Levante (Sach 9,1–8*) mündet in einem Bekenntnis des Verfassers (Sach 9,8b), das sich wie eine Antwort auf die sacharjanische Sendeerweisformel (z. B. Sach 2,13b: „Und ihr werdet erkennen, dass JHWH der Heerscharen mich gesandt hat.")[3] liest:

---

1 Vgl. die Überlegungen zu Sach 7–8 in Kap. 2 und die kompositionsgeschichtliche Verortung von Sach 9,1–11,3 in Kap. 3.8.2.

2 Innerhalb der beiden Bücher vergeben Sach 9,9f. den bisher den Persern vorbehaltenen Königstitel (Hag 1,1.15; Sach 7,1) erstmals einem Herrscher aus den eigenen Reihen („dein König").

3 Zu den Sendeerweisformeln vgl. S. 25 Anm. 36.

https://doi.org/10.1515/9783110668063-008

„Fürwahr, jetzt habe ich mit meinen Augen gesehen." Die Rückkehrverheißungen rekurrieren auf entsprechende Passagen in Sach 1–8 und steigern sie in panisraelitische Ausmaße. Die Paränese Sach 10,1–2 knüpft an die deuteronomisierenden Passagen in Pro- und Epilog von Sach 1–8 (Sach 1,1–6; Sach 7,4–14; 8,14–17.19b) an und ergänzt die horizontale Ebene des rechten Sozialverhaltens um die vertikale Ebene der rechten Gottesverehrung. Schließlich greifen die kriegerischen Texte die Gerichtsankündigung gegen die Völker (Sach 1,15; 2,1–4; 2,13) auf, binden aber das eigene Volk unter der Führung JHWHs in das Kampfgeschehen ein. Die zunehmende Dominanz militärischer Bilder mag zeitgeschichtlichen Erfahrungen geschuldet sein (vgl. Kap. 3.8.3). Die „Söhne Jawans" in 9,13 sowie die beiden als „Ägypten" und „Assur" chiffrierten Mächte in 10,11 weisen deutlich in die hellenistische Zeit.

In ihrer restaurativen Tendenz stehen Sach 9,1–11,3 noch ganz unter dem Namen זכריה: „JHWH hat sich erinnert".[4] Nur befördern sie nicht mehr den Bau des Tempels und seiner Institutionen, sondern erhoffen im Anschluss an und in Weiterführung von Hag/Sach 1–8 (Hag 2,20–23; Sach 3,8; 6,8) die Realisierung des messianischen Reiches.

Erst in Sach 11,4–14,21 mischen sich unheilvolle Töne in die Heilsstimmung. Sie erwarten keine Restauration unter den geschichtlichen Bedingungen des persischen Reiches (Hag/Sach 1–8) oder durch Überwindung der hellenistischen Herrschaft (Sach 9,1–11,3), sondern den Tag JHWHs als Gericht und Neuanfang für Israel und die Völker. In ihrer Abgrenzung von Sach 9,1–11,3 distanzieren sich die letzten Kapitel zwangsläufig von Hag/Sach 1–8. Unterschiede treten etwa in der harschen Kritik an der Führungsschicht zutage: Die späte, punktuelle Ergänzung Sach 11,11–13 wirft den im Kontext des Tempels angesiedelten „Kleinviehhändlern" Bereicherung und Götzendienst vor. Sach 12,10 beschuldigt das „Haus Davids" und die „Bewohner Jerusalems" der Ermordung eines Repräsentanten JHWHs und stellt sie an die Spitze einer landesweiten Bußbewegung.[5] Die häufig geäußerte Vermutung, dass der literarische Bruch mit den älteren Hoffnungen auch einen Bruch der Trägerkreise mit den in Hag/Sach 1–8 noch legitimierten Institutionen signalisiert, gewinnt vor diesem Hintergrund an Plausibilität.

Die (theologisch konstruierte) Geschichte der Prophetie, über die schon die entsprechenden Passagen in Pro- und Epilog (Sach 1,4–6; 7,7.12; 8,9) sinnieren,

---

4 Tigchelaar, *Prophets*, 261, schreibt zu den Nachtgesichten in Sach 1–6: "The near future is a restoration of the past." Und zu Sach 10: "The text is interested in the restoration of pre-exilic times."
5 Daneben steht auch die Vision eines durch seine exponierte Lage und seine Mauern geschützten Jerusalems (Sach 14,10f.*) im Kontrast zu Sach 2,8f.

erfährt in Sach 9–14 ebenfalls eine überraschende Wende.[6] Während der erste Buchteil in den Propheten des zweiten Tempels, Haggai und Sacharja, das Wiederaufleben der Prophetie in Kontinuität zu den Propheten des ersten Tempels sieht, scheitern in Sach 9–14 auch die Propheten des zweiten Tempels. Allmählich setzt sich die Gewissheit durch, dass die Prophetie an ihr Ende gekommen ist: Am Anfang steht die Warnung vor falschen Propheten (10,1–2), dann die literarische Inszenierung des Endes eines wahren Propheten (Sach 11,4–17*; vgl. 12,10) und schließlich die erhoffte Vernichtung der verbleibenden Propheten (Sach 13,2f.). Die zunehmende Wertschätzung der „früheren Propheten" und ihrer Tradition führt zur allmählichen Geringschätzung ihrer gegenwärtigen Nachfolger. Das theologische Urteil über das Ende der (wahren) Prophetie darf jedoch nicht als empirisches Urteil über das Phänomen Prophetie in der hellenistischen Zeit missverstanden werden.[7]

8.2 Sach 9–14 am Ende des entstehenden Zwölfprophetenbuches

In der jüngeren Forschung hat sich ein Konsens zum letzten Kapitel des Sacharjabuches etabliert: Die Vorschau auf den Tag JHWHs in Sach 14 bilde als „Summe der prophetischen Verkündigung"[8] den „hermeneutischen Schlüssel"[9] des entstehenden Zwölfprophetenbuches.[10] Durch eine eigene Überschrift zum Tag

---

6 Gegen Gonzalez, *Continuation*, 40f., gehen die entsprechenden Passagen in Sach 9–14 deutlich über Sach 1–8 hinaus: Erst hier werden auch die Propheten des zweiten Tempels zu „früheren Propheten".

7 Vgl. Noetzel, *Maleachi*, 40f., zu Sach 13: „Dabei geht es nicht um das Ende des Phänomens prophetischer Rede, sondern um das Ende der theologischen Legitimation solcher Rede. (…) Diese Programmatik steht neben der historischen Realität, für die zum Beispiel Qumrantexte belegen, dass es auch danach Propheten und prophetische Äußerungen gab, die sich an Dtn 13 und 18 messen lassen mussten."

8 Beck, *Tag*, 255.

9 Schart, *Entstehung*, 277.

10 Schon Nogalski, *Processes*, 275–278, schreibt dem Tag JHWHs im Kontext eines "Joel-related layer" eine integrierende Funktion für die Großkomposition zu, setzt aber Sach 9–14 später an. Schart, *Entstehung*, 261–282 (vgl. bes. 275–277), verortet Sach 14 auf einer Ebene mit Joel, Ob sowie Hos 2,2b; Am 4,9*; 9,12*.13*; Nah 3,15–16*; Hab 3,16b-17; Zef 3,9–10 („Joel-Obadja-Korpus"). Schwesig, *Rolle*, 287–296, versteht Ob; Joel 2,1–11; 4,1–3.9–17 und Sach 14 als Teil einer Redaktionsphase. Wöhrle, *Abschluss*, 139–171, lässt die Tag JHWHs-Texte in den Völkergerichtstexten aufgehen („Fremdvölkerschicht I"), verortet dabei aber ebenfalls beträchtliche Teile von Joel 4 und Sach 14 auf einer Ebene. Beck, *Tag*, 254f.311–323; Gärtner, *Jesaja*, 322–329, verhalten sich gegenüber der

JHWHs vom Vorangehenden abgehoben,[11] transzendiere es den Mikrokontext des eigenen Buches von vornherein. Die Begründung sowohl für das Gericht gegen Jerusalem als auch für das Vorgehen gegen die Völker sei stillschweigend aus dem Makrokontext des Zwölfprophetenbuches vorausgesetzt.[12]

Ohne die theologische Schlüsselstellung des Kapitels zu bestreiten, ergibt die vorliegende Analyse ein etwas differenzierteres Bild: Das einleitende הנה יום בא ליהוה (Sach 14,1; vgl. Sach 12,2) ordnet im vorliegenden Kontext Sach 14 der Überschrift Sach 12,1 unter und damit dem Abschnitt Sach 12,2–13,9 bei. Die zwei Abschnitte zum Tag JHWHs Sach 12,2–13,9 und Sach 14 sind textgenetisch als Ergebnis eines kontinuierlichen Reflexionsprozesses miteinander verwoben und formen auch in ihrer Endgestalt nur gemeinsam ein stimmiges Gesamtbild der äußeren Vorgänge am Tag JHWHs (Sach 14) und ihrer inneren Bedeutung (Sach 12,2–13,9). Das Gericht gegen Jerusalem erfährt überdies in Sach 11,4ff. eine hinreichende Begründung; das Motiv für das Gericht über die Völker lässt sich in den Bildern der Taumelschale und des Hebesteines (Sach 12,2a.3a) zumindest erahnen: Sie implizieren blinde Gier und falschen Ehrgeiz. Inhaltliche Leerstellen ergeben sich also erst, wenn man Sach 14 von vornherein dem unmittelbaren Buchkontext enthebt.

Nun lässt sich aber auch die besondere Beziehung von Sach 12–14 auf die erste umfassende Vision des Tages JHWHs im Zwölfprophetenbuch, Joel 4, nicht leugnen. Zwar fehlen zitathafte Anspielungen, doch entwerfen nur diese beiden Texte am Anfang und Ende des Zwölfprophetenbuches unter Einfluss von Ez 38–39 ein Bild vom Tag JHWHs als Tag des Gerichts über die von JHWH nach Jerusalem versammelten Völker. Aufgrund der Eigentümlichkeiten beider Darstellungen wie etwa dem Gerichtsszenario im Tal Joschafat („JHWH richtet") oder der (vorübergehenden) Einnahme Jerusalems (Sach 14,1–2) bleibt eine gemeinsame Verfasserschaft unwahrscheinlich.[13] Der ältere Text dürfte in Joel 4 vorliegen, da sich die etwas grobe Korrektur des ursprünglichen Gerichtswortes (Sach 14,1–2*) gegen Jerusalem besser als Rekurs auf einen bereits bekannten Stoff erklären lässt, der durch die Integration der vorübergehenden Eroberung Jerusalems noch

---

Annahme buchübergreifender Schichten zurückhaltender, bestätigen aber die Schlüsselfunktion von Sach 14 für das Zwölfprophetenbuch und seinen Zusammenhang mit dem Joelbuch.

11 Vgl. Beck, *Tag*, 239.

12 Vgl. Schart, *Entstehung*, 276 Anm. 38 („Bezeichnend dafür, wie sehr Sach 14 andere Texte bereits voraussetzt, ist, daß kein Grund genannt wird, warum Jahwe Jerusalem den Völkern preisgibt."); Schwesig, *Rolle*, 231 („Die Kontextbewusstheit des Autors zeigt sich auch darin, dass er keinerlei Motivierung für das Vorgehen der Akteure bietet und insbesondere auf jegliche Zornesterminologie zur Begründung des JHWH-Handelns verzichtet.").

13 Vgl. aber S. 257 Anm. 10.

an Komplexität gewinnt. Möglicherweise inspirierte auch der Aufruf, den drohenden Tag JHWHs durch Buße abzuwenden (Joel 2,12–17), die – nun aber auffällig theozentrische – Vorstellung der Erneuerung und Reinigung des Gottesvolkes im Kontext des Völkerkampfes (Sach 12,9–13,1; 13,2f.; 13,7–9).

Das jüngste Kapitel des Joelbuches Joel 3 beweist, dass beide Textbereiche schon früh aufeinander bezogen wurden.[14] Wie Sach 13 behandelt Joel 3 das Ende der Prophetie im Kontext des Tages JHWHs. Den sacharjanischen Texten kommt die Priorität zu: Joel 3 verbindet Begriffe und Motive, die sich in Sach 12,9–13,1; 13,2f.; 13,7–9 auf drei Schichten verteilen: Geistausgießung (Sach 12,10), Prophetie (Sach 13,2f.) und Anrufung des Namens JHWHs (Sach 13,9).[15] JHWH gießt seinen prophetischen Geist „über alles Fleisch" aus (Joel 3,1).[16] Trotz der universal anmutenden Formulierung weisen zwei Eigenheiten die Israeliten als Empfänger des Geistes aus: die unmittelbare Anrede (Joel 3,1: „und *eure* Söhne und *eure* Töchter werden weissagen") sowie die thematische Konzentration auf den Zion (Joel 3,5).[17] Der Geist befähigt seine Träger, ohne prophetische Vermittlung die Zeichen der Zeit vor dem Tag JHWHs zu erkennen (Joel 3,3f.) und die entsprechenden Schlüsse zur eigenen Rettung zu ziehen, nämlich den Namen JHWHs anzurufen (Joel 3,5).[18] So kontert Joel 3 nicht nur die harsche Prophetenpolemik von Sach 13,2f., ohne dabei das Ende der Prophetie als einer besonderen Begabung zu bestreiten, sondern beantwortet eine offene Frage der theozentrischen Umkehr- und Reinigungsaussagen in Sach 12,9–13,9: Was kann der Einzelne dazu beitragen, den kommenden Tag als Teil des geläuterten Rests zu überstehen?[19] Dass Joel 3 den Tag JHWHs nicht als überwundene (vgl. Joel 2), sondern gegen Joel 4 (!) als bleibende Bedrohung auch für Israel wahrnimmt, könnte ebenfalls Sach 12–14 geschuldet sein.

Konstituiert der literarische Bezug auf das Joelbuch einen kompositorischen Zusammenhang? Auf Basis der Analyse eines Einzeltextes wie Sach 9–14 lässt sich diese Frage kaum zufriedenstellend beantworten. Sicher aber steht die

---

14 Zum literarhistorischen Ort von Joel 3 innerhalb des Joelbuches vgl. Jeremias, J., *Joel*, 41.

15 Zur Abhängigkeit von Sach 12–13 vgl. Hagedorn, *Spiegel*, 267; Ebach, *Geistausgießung*, 54–58. Kritisch Roth, *Israel*, 66. Jeremias, J., *Prophetie*, 108–110, behandelt beide Passagen als Beispiel für die Vorstellung vom Ende der Prophetie, ohne mögliche literarische Bezüge zu diskutieren.

16 Mit Jeremias, J., *Joel*, 42. Geistesgabe und Prophetie als „voneinander unabhängige Verheißungen" (Roth, *Israel*, 65) zu betrachten, überzeugt nicht, zumal dann der Geistverleihung die Pointe fehlte.

17 Mit Rudolph, *Joel*, 71; Jeremias, J., *Joel*, 42 Anm. 84. Gegen Roth, *Israel*, 65–68; Wöhrle, *Sammlungen*, 425; Hagedorn, *Spiegel*, 267; Ebach, *Geistausgießung*, 48–51.

18 Mit Jeremias, J., *Joel*, 41–43; Ebach, *Geistausgießung*, 54–58. Gegen Rudolph, *Joel*, 74 Anm. 18. Der letzte Satz Joel 3,5bβ gesellt den JHWH anrufenden Geretteten auf dem Zion durch JHWH Gerufene „unter den Überlebenden" bei. Vermutlich handelt es sich um eine Fortschreibung, die analog zu Sach 14,16–19 den Überlebenden aus den Völkern eine Heilsperspektive eröffnet. Vgl. Rudolph, *Joel*, 74; Jeremias, J., *Joel*, 44; Roth, *Israel*, 70; Hagedorn, *Spiegel*, 269.

19 Mit Ebach, *Geistausgießung*, 54–58. Vgl. auch Jeremias, J., *Joel*, 41, zu Joel 3: „Damit aber wird auch die Rettung am ‚Tag Jahwes', der weiterhin aussteht, individualisiert, d. h. in die Verantwortung jedes einzelnen gelegt."

sacharjanischen Zukunftsschau chronologisch und inhaltlich nicht zu Unrecht am *Ende* der kleinen Propheten: Sach 12–14 antizipieren das Ende der Prophetie und gewähren eine letzte Vorschau auf den sowohl für Israel als auch für die Völker entscheidenden Tag JHWHs, der Gericht und Heil für beide Gruppen integriert. Dass schon die Verfasser dieser jungen Fortschreibungen sich nicht nur ihres Ortes am „Ende der Prophetie", sondern auch am Ende einer Sammlung prophetischer Schriften bewusst waren, ist auch angesichts des kompositionellen Brückenschlags an den Anfang der kleinen Propheten durchaus denkbar.[20] Für das Verständnis der Kapitel notwendig ist diese Annahme jedoch nicht. Der Zusammenhang mit dem eigenen Buch bleibt terminologisch und konzeptionell enger.[21] Deshalb sollte die Rede von einem Zwölfpropheten*buch* nicht übertriebene Erwartungen an dessen inhaltliche Kohärenz im Sinne einer durchlaufenden Gedankenführung wecken.[22] Selbst auf den jüngsten Ebenen der kleinen Propheten sind, wie der Vergleich von Sach 12,9–13,9 und Joel 3 (s. o.) zeigt, statt ausgleichender Töne pointierte Gegendarstellungen möglich. Dennoch belegen besonders die Überschriftensysteme (Hag 1,1; 2,1.10; Sach 1,1.7; 7,1 und Sach 9,1; 12,1; Mal 1,1), die die drei letzten Bücher der zwölf Propheten auf unterschiedlichen literarhistorischen Ebenen verbinden, das Interesse einer buchübergreifenden Leserlenkung schon vor Abschluss der Einzelbücher.

---

20 Zur Unterscheidung von intra- und intertextuellen Bezügen auf Basis kompositorischer Beobachtungen vgl. Leuenberger, *Herrschaftsverheißungen*, 81f.; Wöhrle, *Cross-References*, 3–19. Wie das Völkergerichtsszenario in Sach 12–14 einen Bogen zum ersten Tag-JHWHs-Text des Zwölfprophetenbuches schlägt, so die Wiederherstellung der rechten JHWH-Verehrung (Sach 13,2a und später 13,9b) in ihrer beinahe zitathaften Anlehnung an Hos 2,18.19.23.25 einen Bogen zu den ersten Kapiteln des Zwölfprophetenbuches. Die jüngste literarhistorische Ebene in Sach 12–14 mit ihrer kosmisch-universalen Dimension bindet schließlich auch die über die kleinen Propheten verstreuten positiven Völkeraussagen in das Konzept des Jahwetages ein: Der Völkerzug nach Jerusalem (Sach 14,16–19*) konstituiert sich erst nach dem Völkergericht.

21 Sir 49,10 fasst die kleinen Propheten vermutlich nicht nur aus pragmatischen Gründen als „die zwölf Propheten" zusammen. Immerhin schreibt er ihnen auch eine gemeinsame Intention, nämlich das Trösten und Erlösen Jakobs zu. Dennoch zitieren frühjüdische und christliche Rezipienten stets unter Verweis auf das jeweilige Einzelbuch, das auch die Bezugsgröße für die Pescharim von Qumran bildet (z. B. 1QpHab). Vgl. Nihan, *Remarques*; Gonzalez, *Unité*.

22 Der kontrovers debattierten Frage, ob Hos-Mal ein Zwölfprophetenbuch oder eine Sammlung zwölf prophetischer Bücher bilden, kann im Rahmen dieser Studie nicht weiter nachgegangen werden. Für ein Zwölfprophetenbuch votieren Nogalski, *Processes*; ders., *Book*; Schart, *Entstehung*; ders., *Reconstructing*; Wöhrle, *Abschluss*; ders., *Zwölfprophetenbuch*; ders., *Cross-References*. Beck, *Tag*, 311–322; ders., *Dodekapropheton*, versteht das Zwölfprophetenbuch als Anthologie, deren Zusammenhang aber schon auf den beiden jüngsten Ebenen durch die Tag-JHWHs-Thematik in Sach 14 und Mal 3,22–24 hergestellt werde. Ähnlich spricht Petersen, *Book*, von einer "thematic anthology". Kritischer äußern sich Ben Zvi, *Books*; Himbaza, *Thèmes*; Nihan, *Remarques*; Gonzalez, *Unité*.

Exkurs 11: Buchübergreifende Schichten in Sach 9–14?

Wöhrle geht in der Annahme einer buchübergreifenden Perspektive beinahe aller literarhistorischen Ebenen von Sach 9–14 über die von Schart, Beck, Gärtner und Schwesig vertretene These einer programmatischen Schlussstellung von Sach 14 hinaus (vgl. auch Kap. 1.5.2.2). Die thematischen Linien des Völkergerichts (1), der Herrscherverheißung (2) und der Völkerwallfahrt (3) zögen sich als Ergebnis einer intentionalen Komposition durch das gesamte Zwölfprophetenbuch.[23]

Ad 1) Wöhrle unterscheidet Texte, die sich gegen die gesamte Völkerwelt richten, und Texte, die nur bestimmte Völker ins Visier nehmen, und verteilt sie entsprechend auf ein älteres Fremdvölker-Korpus I (mit Sach 9,1aβb.14–16; 10,3b-5.11; 12,3aβ.4bβ.6aβb.9; 14,3–11*. 12.14b.15.20–21) und ein konkretisierendes Fremdvölker-Korpus II (mit Sach 9,2–6.8.11–13; 10,6–10.12; 14,4.6–10.11*).[24] Unabhängig von der Frage, inwieweit die jeweiligen Texte tatsächlich ein einheitliches Profil aufweisen,[25] ergeben sich für Sach 9–14 zwei Bedenken: a) Die Kategorisierung unterläuft die Differenzierung zwischen unbestimmten Völkergerichtstexten und dem (endgültigen) Völkergericht am Tag JHWHs in Jerusalem.[26] b) Die kapitelübergreifende Schichtung von Sach 9–14 ignoriert die durch Sach 11,4ff. markierte kompositorische Logik von Sach 9–14: Der vorliegende Text degradiert Sach 9,1–11,3 zu vorläufigen Zukunftserwartungen.

Ad 2) Wöhrle verortet die Herrscherverheißung Sach 9,9f. textgenetisch zwischen beiden Fremdvölker-Korpora und auf einer Ebene mit den Davidsverheißungen Am 9,11.12b und Mi 4,8; 5,1.3*.[27] Innerhalb des Sacharjabuchs stelle sie damit eine relativ späte Einschreibung dar. Doch auch hier gilt: Vor dem Horizont einer mindestens Sach 11,4ff. enthaltenden Komposition hat die Verheißung nur vorläufigen Charakter. Sach 11,15f. negiert die Davidshoffnung, Sach 14,9 ersetzt sie durch das exklusive Königtum Gottes. Sach 9,9f. wäre also bei einer späten Einfügung von vornherein durch den Kontext relativiert. Die jüngsten Texte zum Tag JHWHs im Zwölfprophetenbuch verhalten sich reserviert gegenüber menschlicher

---

23 Vgl. bes. die Gesamtdarstellung Wöhrle, *Abschluss*, 439–446.

24 Vgl. Wöhrle, *Abschluss*, 139–171.264–287. Für Joel 4 lässt sich der literarhistorische Weg vom allgemeinen zum konkreten Völkergericht zweifelsohne nachweisen: In Joel 4,4–8 unterbrechen Worte gegen Tyros, Sidon und Philistäa Worte der Anklage und des Gerichts gegen die Völker. Dennoch bleibt der Tag JHWHs auch für diese Fortschreibung im Unterschied zu anderen Texten, die sich einzelnen Völkern widmen (z. B. in Sach 9–10), der logische Bezugspunkt.

25 Die Einheit Sach 14,4.6–10.11* etwa widerspricht der inhaltlichen Tendenz der „Fremdvölkerschicht II" Wöhrles doppelt: Sie zielt auf das Königtum JHWHs über „die ganze Welt" (Sach 14,9), während die Fremdvölkerschicht II gerade „nicht (…) die gesamte Völkerwelt als Gegenstand des göttlichen Gerichts" (Wöhrle, *Abschluss*, 265) im Blick habe; sie steht in einem Kontext (Sach 12–14; vgl. Sach 11,14), der jegliche Aussage über den Norden vermeidet, während die Fremdvölkerschicht II „mehrfach von einer gesamtisraelitischen Perspektive geprägt" (Wöhrle, *Abschluss*, 272) sei.

26 Vgl. etwa Gärtner, *Jesaja*, 324, mit Blick auf Sach 12: „Es geht nicht mehr nur wie in Sach 9,11–17 um ein Gericht Jhwhs an einzelnen Völkern, sondern um das Völkergericht schlechthin."

27 Vgl. Wöhrle, *Abschluss*, 173–189. Zu den sich damit ergebenden redaktionsgeschichtlichen Problemen innerhalb von Sach 9 vgl. bereits S. 63 Anm. 26 und S. 113 Anm. 281.

Herrschaft.[28] Das eigenständige theologische Profil seines Königs hebt Sach 9,9f. zudem von den messianischen Verheißungen in Am 9 und Mi 4; 5 ab.[29]

Ad 3) Auch die völkerfreundlichen Texte Joel 3,1–4.5*; Obd 17a; Mi 4,1–4; 5,6; 7,17aβb; Zef 3,9.10*; Sach 2,15–16; 8,20–23; Sach 14,16–19 führt Wöhrle auf eine Hand zurück.[30] Wieder stellt sich die Frage, ob allein eine völkerfreundliche Perspektive trotz konzeptioneller Unterschiede der Einzeltexte die Zuschreibung zu einer Bearbeitungsschicht trägt.[31] Gerade die elaborierte Vorstellung einer kultisch geregelten jährlichen Wallfahrt nach dem Völkergericht am Tag JHWHs in Sach 14,16–19, die auch Sanktionierungen im Falle einer Verweigerung einschließt, dürfte bereits auf jüngere Vorstellungen, wie sie sich etwa in Sach 8,20–23 finden, rekurrieren.

8.3 Sach 9–14 vor dem Maleachibuch

Will man das Verhältnis des Sacharja- und Maleachibuches bestimmen, empfiehlt sich Mal 1,1 als Ausgangspunkt. Wie die datierten Wortereignisformeln des Zweiprophetenbuches Hag/Sach 1–8 (Hag 1,1; 2,1.10.20; Sach 1,1.7; 7,1) markieren die Überschriften in Sach 9,1aα*; 12,1a; Mal 1,1 einen buchübergreifenden Zusammenhang: Die dreigliedrige Konstruktuskette יהוה דבר משא ist nur an diesen Stellen belegt. Ihren Ursprung hat sie in Sach 9,1. Hier fungiert sie noch als Teil des ersten Satzes und entwickelt sich erst in Sach 12,1 und Mal 1,1 zur Buchüberschrift.[32] Dem Maleachibuch ist sie sekundär zugewachsen: Die prophetische Mittlergestalt der Überschrift spielt im weiteren Verlauf des Buches keine Rolle. Weder ein prophetisches Ich noch entsprechendes prophetisches Formelwerk weisen auf „Maleachi" zurück.[33]

Welchem Zweck dient also die Anbindung an das Sacharjabuch mittels Mal 1,1? Einen ersten Hinweis gibt die gegenüber Sach 9,1; 12,1 überschüssige Mittlerangabe מלאכי ביד. Unabhängig von der Frage, ob „Maleachi" als Eigenname oder

---

28 Vgl. z. B. Leuenberger, *Herrschaftsverheißungen*, 101: „Der theokratische Schlussakzent in Sach ist also nicht zu übersehen und liegt makrokompositionell auch für das XII vor".

29 Vgl. Leuenberger, *Herrschaftsverheißungen*, 99f., sowie die von Wöhrle, *Abschluss*, 181, selbst geäußerten Bedenken. Schärfer formuliert Kessler, *Twelve*, 221: "The first problem with the alleged layer is that there are almost no similarities between these verses, either in semantics or in content."

30 Vgl. Wöhrle, *Abschluss*, 335–361.

31 Für eine differenzierte Betrachtung der Texte vgl. Irsigler, *Gottesvolk*. Gärtner, *Jesaja*, 325f., vermutet eine Entwicklung von Mi 4,1–3; Sach 8,20–23 über Zef 3,9f. zu Sach 14.

32 Vgl. ausführlich Kap. 5.2.2.

33 Zum Ergänzungscharakter der Überschrift vgl. z. B. Elliger, *Propheten*, 189; Meinhold, *Maleachi*, 3; Wöhrle, *Abschluss*, 253–255; Noetzel, *Maleachi*, 264; Snyman, *Malachi*, 27. Kritisch Kessler, *Maleachi*, 102; Nihan, *Remarques*, 157 Anm. 66.

Appellativum aufzufassen ist, handelt es sich zweifelsohne um einen programmatischen Namen.[34] Dafür sprechen folgende Beobachtungen: 1) Es fehlen weitere Angaben zur Funktion, Familie oder Zeitgeschichte (vgl. z. B. Hag 1,1; Sach 1,1). 2) Dem „Maleachi" der Überschrift korrespondieren diverse Botengestalten im Buchkorpus: Zum prophetischen Boten der Gegenwart (Mal 1,1) gesellt sich ein prophetischer Bote des Eschaton (Mal 3,1a; vgl. 3,23f.). Auf den priesterlichen Boten der Gegenwart (Mal 2,7) folgt ein mit der eschatologischen Reinigung der Priesterschaft betrauter „Bote des Bundes" (Mal 3,1b). 3) Die Kombination der innerhalb einer Prophetenbuchüberschrift seltenen Präposition ביד (nur Hag 1,1) mit einem „Boten" lässt eine elaborierte Prophetentheologie erahnen[35]: Die Präposition beschreibt häufig die Vermittlung göttlicher Worte und Gebote durch Mose oder Propheten und hat so ihren Weg in die deuteronomistisch geprägten Summarien gefunden, denen zufolge JHWH je und je seine prophetischen Knechte sandte, um in der Nachfolge des Moses die Tora zu verkünden (vgl. bes. 2Kön 17,13.23 sowie Esr 9,10f.; Dan 9,10). 2Chr 36,15f. nennt diese Propheten „Boten":

> *„Und JHWH, der Gott ihrer Väter, sandte immer wieder durch seine Boten zu ihnen, denn er hatte Mitleid mit seinem Volk und seiner Wohnung. Doch sie verhöhnten die Boten Gottes und verachteten ihre Worte und verspotteten seine Propheten, bis dass der Zorn JHWHs gegen sein Volk anschwoll, sodass es keine Heilung gab."*

Aus dieser Perspektive gelesen verschmelzen in Mal 1,1 Name und Aufgabe des Propheten in einer (letzten) paradigmatischen Gestalt.[36]

Auf dem Hintergrund der prophetentheologischen Passagen des Sacharjabuches lässt sich diese Botengestalt weiter profilieren: Nach Scheitern (Sach 11,8b)

---

34 Die appellativische Interpretation hat eine lange Tradition: Schon LXX übersetzt ἐν χειρὶ ἀγγέλου αὐτοῦ, korrigiert dabei freilich das Suffix in die 3. sg. Als Eigenname ist מלאכי – vermutlich eine Kurzform von מלאכיה „mein Bote ist JHWH" (vgl. Meinhold, *Maleachi*, 15) – nur auf einem Krughenkel aus Arad belegt (HAE 1, 305f.). Für ein Verständnis als Eigenname plädieren Rudolph, *Haggai*, 247f.; Reventlow, *Haggai*, 133; Kessler, *Maleachi*, 77; Snyman, *Malachi*, 25–27, für ein Appellativum Elliger, *Propheten*, 189; Steck, *Abschluß*, 131; Zakovitch, *Verses*, 63. Einen sprechenden Namen vermuten Lescow, *Buch*, 167; Meinhold, *Maleachi*, 16; Noetzel, *Maleachi*, 52f.
35 Vgl. Steck, *Abschluß*, 132–134; Lescow, *Buch*, 166f.; Meinhold, *Maleachi*, 8; Noetzel, *Maleachi*, 52.
36 Auch diese Auffassung ist alt: Die jüdische Tradition versteht Maleachi als letzten Propheten und identifiziert ihn mit Esra. So ergänzt der Targum Mal 1,1 um die Worte דיתקרי שמיה עזרא ספרא („den man Esra, den Schreiber, nennt"). Vgl. Steck, *Abschluß*, 133; Meinhold, *Maleachi*, 12.17. Wirklich stichhaltig wird diese Einschätzung allerdings erst, wenn man Mal 1,1 vor dem Horizont von Sach 9–14 (bes. Sach 13) liest. Etwas anders Noetzel, *Maleachi*, 41, die im Anschluss an die jüdische Tradition in Maleachi nicht den letzten Vertreter des alten prophetischen Typus, sondern den ersten Vertreter des neuen schriftgelehrten Typus vermutet.

und Tod (Sach 12,10) des letzten wahren Propheten bleiben nach Sach 13,2f.(4–6) nur zwielichtige Berufsvertreter. Im Lesezusammenhang erscheinen die durch Mal 1,1 eingeführten Worte wie die Abschiedsworte des letzten wahren Propheten für die Zeit bis zum Tag JHWHs, die eben eine prophetenlose Zeit sein wird. Diese Worte bieten ein handlungsorientiertes Gegengewicht zu den Visionen Sach 12–14.[37] Wie Sach 12–14 „über" (על) das künftige Israel (12,1a) sprechen, um sein Schicksal am Tag JHWHs zu enthüllen, so sprechen Mal 1–3 aus der Perspektive der Überschrift Mal 1,1 „zum" (אל) gegenwärtigen Israel, um ihm den Weg zu diesem und durch diesen „schrecklichen" (Mal 3,23) Tag zu weisen.[38] Damit ist die inhaltliche Voraussetzung für diese Verbindung mit dem Sacharjabuch genannt: Sie besteht in der (sekundären) Identifizierung der „Zukunftserwartung der Grundschicht [des Maleachibuches, M.S.] mit der Tag-JHWHs-Erwartung"[39] in Mal 3,1b-4.13–21. Den buchübergreifenden Zusammenhang der ehemals unabhängigen Bücher konstituiert jedoch vermutlich erst die Überschrift.

Dagegen verstehen Bosshard/Kratz schon ihre Grundschicht des Maleachibuches (vgl. dazu Kap. 1.5.1.1) ohne die Überschrift als „unmittelbare literarische Fortsetzung von Sach 1–8"[40]. Sie führen eine lange Reihe von „sprachlichen und sachlichen Querbeziehungen"[41] an. Ein literarischer Bezug auf das Sacharjabuch lässt sich zumindest für Mal 3,7 (vgl. bes. Sach 1,6 sowie 1,2.4f.) nicht bestreiten.[42] Doch ein darüberhinausgehender kompositorischer Zusammenhang müsste sich durch Sach 9–14 erhärten lassen. Diese Kapitel hätten sich schließlich erst sekundär zwischen Sach 1–8 und Mal 1–3 geschoben. Unter

---

37 Mit Schart, *Entstehung*, 298: „Nach der extensiven und intensiven Schilderung von Visionen der eschatologischen Vollendung Israels und der ganzen Schöpfung in Hag, Sach 1–8 und besonders Sach 9–14 gibt Mal Anleitung, in welcher Weise denn diese Visionen in konkreten Alltagsproblemen eine Hilfe sein können." Vgl. ders., *Visions*, 342. Zustimmend Beck, *Tag*, 308.
38 Vgl. Snyman, *Malachi*, 24: "The prophetic announcement containing the word of Yahweh is directed to Israel (אל ישראל), not about or concerning Israels as is the case in Zechariah 12:1; making it much more direct and even personal." Rendtorff, *Tag*, 9, betitelt das Maleachibuch treffend mit den Worten „Bevor der Tag Jhwhs kommt". Gegen Steck, *Abschluß*, 130: Aus der Perspektive der beiden Überschriften Sach 12,1 und Mal 1,1 sei Sach 12–14 als „Weissagung bereits zurückliegender Unheilserfahrungen" zu deuten.
39 Meinhold, *Art. Maleachi*, 4.2.
40 Bosshard/Kratz, *Maleachi*, 46. Redditt, *Zechariah*, 30f.; Meinhold, *Maleachi*, 10f.; Kessler, *Maleachi*, 66–70, halten das Maleachibuch zwar für ehemals eigenständig, vermuten aber ebenfalls, dass es vor der Ergänzung von Sach 9–14 mit Hag/Sach 1–8 verbunden wurde.
41 Bosshard/Kratz, *Maleachi*, 46. Zur Kritik vgl. Lescow, *Buch*, 180–184; Schart, *Vision*, 335–339; Lauber, *Buch*, 214–221; Nihan, *Remarques*, 159–160.
42 Zum literarischen Bezug vgl. auch Hallaschka, *Haggai*, 94; Kessler, *Maleachi*, 64; Nihan, *Remarques*, 159–161; Boda, *Zechariah*, 21. Anders Schart, *Vision*, 336 ("It can well be argued that these striking verbal agreements stem from the oral stage."); Beck, *Tag*, 292f. Wöhrle, *Abschluss*, 244–246, vermutet in Mal 3,7 eine Ergänzung nach der Verbindung beider Bücher.

dieser Prämisse untersucht Steck Sach 9–14.[43] Seine Beobachtungen tragen jedoch die Beweislast nicht: Weder erwecken Sach 9,1–8 oder Sach 11,1–3 den Anschein, einen Platz für das in Mal 1 folgende Gericht an Edom auszusparen, noch teilen Sach 10,1–2 mit Mal 3,6–12 mehr als eine allgemeine Furchtbarkeitsmotivik. Die messianische Erwartung in Sach 9,9 f. hat entgegen seiner Einschätzung mit den präsentischen Völkeraussagen in Mal 1,11.14 wenig gemein. Während Sach 9–14 besonders in Sach 9,1–11,3 Aspekte der sacharjanischen Heilsbotschaft und Paränese weiterführen (s. Kap. 8.1), ignorieren sie mit Tempelkult und Priesterschaft zentrale Themen des Maleachibuches beinahe völlig. Sodann begünstigt das „unverwechselbare Proprium des Buches Maleachi"[44], nämlich „seine dialogische Struktur"[45], eher die vormals selbständige Existenz eines Grundbestands an Diskussionsworten.[46]

Auch die Tag JHWHs-Passagen beider Bücher scheinen gegen Bosshard/Kratz und Steck, die Sach 14 und Mal 2,17–3,5.13–21 auf einer Ebene verorten, nicht von vornherein buchübergreifend konzipiert zu sein[47]: Der Völkersturm auf Jerusalem als Nukleus der Tag-JHWHs-Vorstellung (Sach 12–14) spielt im Maleachibuch keine Rolle; an seine Stelle tritt in 3,13–21 das Schicksal des gottesfürchtigen Individuums. Die häufig angeführten Querbezüge zwischen Sach 13,9a und Mal 3,2b.3 unterstreichen die Differenz umso deutlicher: Die terminologischen Überschneidungen (צרף, כסף, זהב) ergeben sich zwangsläufig aus der Metapher der Läuterung. Selbst wenn einer der beiden Texte in Kenntnis des anderen geschrieben sein sollte,[48] lassen sie sich kaum in ein stimmiges Gesamtbild integrieren. Das Vernichtungsgericht (Sach 13,7–9), dem nur ein geläutertes Drittel des Volkes entgehen wird, steht dem Läuterungsgericht über die Priesterschaft (Mal 2,17–3,5) und dem Scheidungsgericht zwischen Gerechten und Frevlern (Mal 3,13–21) unausgeglichen gegenüber. Die präsentischen (!) Völkeraussagen in Mal 1,11.14b, deren Berührungen mit den eschatologischen Aussagen in Sach 14,9.16 ebenfalls nicht über erwartbare Terminologie (מלך, שם, גוים, יהוה צבאות) hinausgehen (vgl. Ps 102,16), verschärfen den Widerspruch weiter: Während die Völker dem König JHWH schon jetzt „an jedem Ort" (!) ein „reines Opfer" darbringen, wird JHWH erst nach der Reinigung der Priesterschaft am Tag JHWHs wieder Gefallen am Opfer Judas und Jerusalems finden (Mal 3,4).[49] Von einem vorangehen-

---

43 Vgl. bes. Steck, *Abschluß*, 35 f.

44 Zenger, *Zwölfprophetenbuch*, 695. Zu Form und Struktur des Maleachibuches vgl. Meinhold, *Maleachi*, XI-XVI.

45 Zenger, *Zwölfprophetenbuch*, 695.

46 Vgl. auch Kessler, *Maleachi*, 69; Lescow, *Buch*, 26; Nihan, *Remarques*, 157.

47 Vgl. Bosshard/Kratz, *Maleachi*, 41–45; Steck, *Abschluß*, 43–55. Schwesig, *Rolle*, 254–266, vermutet dass Mal 3,17–21 bewusst als Abschluss der Tag JHWHs-Thematik im Zwölfprophetenbuch verfasst wurde. Zur Kritik vgl. Lauber, *Buch*; Himbaza, *Thèmes*, 90 f.; Nihan, *Remarques*, 161–164; Gonzalez, *Unité*.

48 Bosshard/Kratz, *Maleachi*, 41; Steck, *Abschluß*, 51; Noetzel, *Maleachi*, 177, halten Sach 13,9a für älter; Redditt, *Zechariah*, 142–145; Gonzalez, *Unité*, 75, Mal 3,2b.3.

49 Vgl. zu dieser Spannung Schwesig, *Rolle*, 264 Anm. 131; Gonzalez, *Unité*, 76–79. Dies spricht auch gegen die These von Schart, *Visions*, 338 f., und Redditt, *Zechariah*, 142–145, dass die Verbindung beider Bücher durch Mal 1,11aβ.b.14b und Sach 14,20 f. (Schart) bzw. Mal 1,14b und Sach 13,9a (Redditt) hergestellt wurde. Goswell, *Eschatology*, 629–633, will den Zusammenhang mit Sach 14 im Anschluss an ältere Studien durch eine futurische Deutung der Nominal- und Partizi-

den Völkergericht geschweige denn einer Integration der Völker in den Jerusalemer Kult (Sach 14,16–19) ist nicht die Rede. Weder im Sacharja- noch im Maleachibuch finden sich Passagen, die zwischen beiden Perspektiven vermitteln. Vermutlich sind die jeweiligen Texte vor der Zusammenstellung beider Bücher entstanden.

Der Epilog des Maleachibuches Mal 3,22–24 hebt sich formal durch seine Abkehr von der dialogischen Struktur des Buches, terminologisch durch deuteronomistisch geprägte Wendungen und thematisch durch seinen Verweis auf die buchexternen Gestalten Mose (3,22) und Elia (3,23) vom Rest des Buches ab.[50] Mit Mal 1,1 im Rücken[51] knüpft er seinerseits an die in Sach 9–14 entwickelte Vorstellung vom Ende der Prophetie an[52]: Er nimmt die prophetenlose Zeit zwischen dem Auftreten des letzten Boten JHWHs (Mal 1,1) bis zum Tag JHWHs in den Blick. Mit der programmatischen Zuordnung von Mose und Elia, Tora und Prophetie,[53] weisen die Verse weit über ihren unmittelbaren literarischen Kontext hinaus: Sie lassen sich als Schlusswort einer mit dem Josuabuch beginnenden Komposition prophetischer Schriften lesen und sind vermutlich auch als solches gedacht.[54] Dabei bilden Handlungsanweisung in Mal 3,22 und Ankündigung in Mal 3,23–24 eine inhaltlich wie chronologisch stimmige Abfolge, die keine

---

pialsätze in Mal 1,11 sichern. Die angeführten Analogien (2Sam 20,21; 1Kön 2,2; 2Kön 4,16; Jes 3,1; 7,14; Jer 30,10; Sach 2,13; 3,8) überzeugen jedoch nicht: In den meisten Belegstellen handelt es sich im Gegensatz zu Mal 1,11 um durch הנה eingeleitetes *futurum instans*. In 1Kön 2,2 hat der von David zu gehende Weg „aller Welt" (אנכי הלך בדרך כל הארץ) für den sterbenden (!) König schon längst begonnen. In 2Kön 4,16 steht dem Partizip eine eindeutige Zeitangabe zur Seite. Den Ausschlag für die präsentische Deutung von Mal 1,11 gibt jedoch die Argumentationsstruktur: Der Verweis auf das gottgefällige Opfer der Völker funktioniert als Kontrastfolie zum kritisierten judäischen Kult der Gegenwart nur bei einem präsentischen Verständnis. Vgl. treffend Kessler, *Maleachi*, 153.

50 Mit Chapman, *Law*, 134; Meinhold, *Maleachi*, 403–405; Schwesig, *Rolle*, 269f.; Wöhrle, *Abschluss*, 269f.; Kessler, *Maleachi*, 302f.; Snyman, *Malachi*, 183f.; Zakovitch, *Verses*, 61–65. Gegen Glazier-MacDonald, *Malachi*, 243–270.

51 Mit Bosshard/Kratz, *Maleachi*, 45; Steck, *Abschluß*, 34f., lassen sich Mal 1,1 und 3,22–24 auf einer Ebene verorten.

52 Einen konzeptionellen Zusammenhang mit Sach 13 sehen auch Steck, *Abschluß*, 141; Beck, *Tag*, 310; Noetzel, *Maleachi*, 249.

53 Mal 3,22–24 ordnen die Propheten einerseits Mose und der Tora unter, lassen sie damit aber andererseits an deren Autorität partizipieren. Vgl. Himbaza, *Finale*, 38: « Elle est comme une corde qui noue la gerbe des prophètes. »

54 Grundlegend Rudolph, *Haggai*, 291: „V.22 ist eine Zutat nicht zu Maleachi, auch nicht zum Zwölfprophetenbuch, sondern zum ganzen Prophetenkanon." Ihm folgen Bosshard/Kratz, *Maleachi*, 45; Petersen, *Zechariah*, 232f.; Steck, *Abschluß*, 127–136; Lescow, *Buch*, 168–174; Mathys, *Anmerkungen*, 30f.; Meinhold, *Maleachi*, 408–411; Schart, *Entstehung*, 302f.; Wöhrle, *Abschluss*, 421–427; Schwesig, *Rolle*, 269–280; Kessler, *Maleachi*, 303; Noetzel, *Maleachi*, 248–252; Snyman, *Malachi*, 181; Zakovitch, *Verses*, 60–81. Dagegen beschränken Assis, *Moses*, 207–220;

weitere literarkritische Differenzierung erfordert.[55] Mit der Tora als Orientierung für die Gegenwart (Mal 3,22) und dem Tag JHWHs als letztem Wort über die Zukunft (Mal 3,23f.) sind „Mose und die Propheten" programmatisch zusammengefasst. Im Folgenden sollen beide Teile des Epilogs näher betrachtet werden.

Mal 3,22: Angesichts des Verweises auf „ganz Israel" beschränkt sich die Anrede eher nicht auf die Gottesfürchtigen, Gerechten bzw. Gottesdiener des vorangehenden Diskussionswortes (Mal 3,13–21), sondern adressiert gemäß der Überschrift (Mal 1,1) Israel in seiner Gesamtheit.[56] Der Vers erfüllt alle Erwartungen an die Verkündigung eines Boten (Mal 1,1!) in der *successio mosaica*. In Form eines Gotteswortes ruft der Prophet seinem Volk die Tora in Erinnerung, die er vierfach durch ihren Mittler („Mose, mein Knecht"), ihren Vermittlungsort („am Horeb"), ihren Empfänger („für ganz Israel") und ihren Inhalt („Satzungen und Rechte") bestimmt. Zugleich lenken lexikalische Überschneidungen in Verbindung mit dem exponierten kompositorischen Ort den Blick zum Anfang des prophetischen Kanonteils: Mal 3,22 kombiniert die Ermahnung JHWHs an Josua (Jos 1,7) mit dem inhaltlich ganz anders gefüllten Wort Josuas an die Stämme des Ostjordanlandes (Jos 1,13),[57] was für die Priorität der Josuaverse spricht.[58]

Glazier-MacDonald, *Malachi*, 243–270; Chapman, *Law*, 131–149; Willi-Plein, *Haggai*, 286f., den Horizont des Epilogs auf das Maleachibuch.

55 Mit Bosshard/Kratz, *Maleachi*, 45f.; Steck, *Abschluß*, 127 Anm. 253; Nihan, *Moses*, 49 Anm. 65. Gegen Lescow, *Buch*, 168f.; Mathys, *Anmerkungen*, 39f.; Willi-Plein, *Haggai*, 286; Beck, *Tag*, 299–308; Schwesig, *Rolle*, 270, die V.22 für älter halten, und gegen Meinhold, *Maleachi*, 410f., Wöhrle, *Abschluss*, 253 Anm. 102; Kessler, *Maleachi*, 304, die V.23f. für älter halten. LXX stellt die Tora wohl aus Gründen der theologischen Dignität an den Schluss, stört damit aber die Chronologie der Verse, in der die Tora gerade die Zeit bis zum Kommen Elias überbrücken soll. Vgl. z. B. Nihan, *Moses*, 49 Anm. 66; Noetzel, *Maleachi*, 252f.

56 Gegen Kessler, *Maleachi*, 307: „Der Anhang ist nur noch an die Gottesfürchtigen gerichtet. Diese aber sind für ihn ‚ganz Israel'." Doch wer in Israel zu den Gottesfürchtigen gehört, entscheidet sich noch nicht am Ruf zur Tora, sondern erst an der Reaktion darauf.

57 Vgl. z. B. Steck, *Abschluß*, 134–136; Wöhrle, *Abschluss*, 424; Kessler, *Maleachi*, 308f.; Zakovitch, *Verses*, 67f.

58 Gegen Zakovitch, *Verses*, 68, der Jos 1,7–8 und Mal 3,22–24 auf einer Ebene verortet. Hinzu kommt eine Akzentverschiebung durch den Subjektwechsel: „die ganze Tora, die dir mein Knecht Mose geboten hat" (Jos 1,7)/„die Tora meines Knechtes Mose, die ich ihm geboten habe" (Mal 3,22).

Jos 1,7 *„Nur sei stark und sehr mutig, darauf zu achten, nach der ganzen Tora (כל התורה)* *zu handeln, die Mose, mein Knecht (משה עבדי), dir geboten hat (צוך) (...)."*

Jos 1,13 *„Denkt (זכור) an das Wort, das Mose, der Knecht JHWHs euch befohlen hat (...)."*

Mal 3,22 *„Denkt (זכרו) an die Tora des Mose, meines Knechts*

(תורת משה עבדי), die ich ihm befohlen habe (צויתי אותו) (...)."

Noch der letzte Prophet weist so in seinem Abschiedswort auf den ersten und unerreichten Propheten. Damit bestätigt sich die Aussage des Mose-Epitaph Dtn 34,10 („Und es trat kein Prophet mehr auf wie Mose"), das ebenfalls auf die Prophetie als eine vergangene Größe zurückblickt.[59]

Mal 3,23–24: JHWH verspricht schließlich – mit einem Zitat aus dem Prophetenkapitel des Joelbuches (vgl. Kap. 8.2) – den Propheten Elia „vor dem Kommen des großen und schrecklichen Tages JHWHs" (Mal 3,23b ≙ Joel 3,4b) zu senden.[60] Wie in Joel 3 soll der prophetische Geist nach dem Ende der Prophetie und vor dem Tag JHWHs zurückkehren. Doch wirkt er nicht unmittelbar in den einzelnen Gliedern des Volkes (Joel 3: Söhne, Töchter, alte Männer, junge Männer), sondern mittels des eschatologischen Propheten zugunsten des ganzen Volkes (Mal 3: „Väter" und „Söhne" im Sinne von Eltern und Kindern).[61]

> Letztlich individualisiert und eschatologisiert Mal 3,23f. Dtn 18,15 („Einen Propheten aus deiner Mitte, aus deinen Brüdern, wie mich wird dir JHWH, dein Gott, auftreten lassen, auf ihn sollt ihr hören."), womit sich ein klarer Zusammenhang zwischen der Tora des Mose (3,22) und dem Propheten des Eschaton (3,23f.) ergibt. Kein Prophet hätte das Prädikat „wie Mose" (Dtn 18,15)[62] eher verdient als Elia: Wie Mose begegnete er JHWH auf dem Horeb, wobei nach Dtn 34,10 die auditive Erfahrung Elias im Unterschied zur visuellen Moses die

---

59 Dtn 34,10–12 löst den Pentateuch aus dem hexateuchischen Zusammenhang (vgl. z. B. Otto, *Deuteronomium*, 279) und bildet die Voraussetzung für die Rahmung der Propheten Jos-Mal durch Jos 1,7f. und Mal 3,22–24.

60 Letztlich tritt der eschatologische Prophet an die Stelle des in Sach 11,15f.; 14,9 verabschiedeten eschatologischen Königs. Wie der Untergang der Monarchie die Hoffnung auf einen Messias nährte, so der in Sach 13 diagnostizierte Niedergang der Prophetie die Hoffnung auf einen Propheten der Zukunft. Gegen Assis, *Mose*, 220, der sich Mal 3,23f. nur vor einem „Ende der Prophetie" vorstellen kann: "At a later time, when prophecy ceased to exist, Judaism relinquished the belief in the coming of a prophet-messiah and returned to the belief in the coming of a king-messiah." Das erste Makkabäerbuch teilt die Auffasung vom Ende der Prophetie (1Makk 9,27) und die Erwartung eines zukünftigen Propheten (1Makk 4,46; 14,41), ohne diesen als Elia zu identifizieren. Vgl. Cook, *Question*, 66–74.

61 Zum Zusammenhang der Texte Sach 13,2ff.; Joel 3 und Mal 3,22–24 vgl. auch Macchi, *Thème*, 164–168.

62 Vgl. Meinhold, *Elia*, 22–34; Nihan, *Moses*, 51; Zakovitch, *Verses*, 77–79. Elia steht also nicht gleichberechtigt als idealtypischer Prophet neben Mose als idealtypischem Gesetzgeber. Gegen Noetzel, *Maleachi*, 245.

bleibende Differenz markiert,[63] wie Mose teilte er ein Gewässer (2Kön 2,8), wie Mose gilt er als Knecht JHWHs (1Kön 18,36). Zudem erfüllt nur er eine entscheidende Voraussetzung: Aufgrund seiner Entrückung in 2Kön 2,11 steht er überhaupt erst für eine Rückkehr bereit.[64]

Der Auftrag Elias besteht darin, „das Herz der Väter den Söhnen und das Herz der Söhne den Vätern" zuzuwenden. Aufgrund der pluralischen und reziproken Formulierung bezeichnen „Väter" und „Söhne" die gegenwärtige Eltern- und Kindergeneration.[65] Die Aufgabe wirkt höchstens auf den ersten Blick peripher. Denn Israel konstituiert sich nicht nur durch den Empfang der Tora, sondern auch durch die Genealogie. Eine Zerrüttung der Generationen, wie sie der Verfasser offenbar für seine Zeit diagnostiziert, bedroht die Existenz Israels an sich.[66] Elias eschatologische Mission zielt also – berücksichtigt man Mal 3,22 – auf die Wiederherstellung der Einheit des Gottesvolkes unter der Tora. So soll der Bann über das Land, das als „Lebensraum des Gottevolkes"[67] ein drittes Konstituens Israels nach Tora und Genealogie bezeichnet, verhindert werden.[68] Dieser letzte Satz changiert zwischen Drohung und Verheißung: Der Bann bleibt eine – jedoch durch Elia abzuwendende – Möglichkeit.

So enden Mal 3,22–24 optimistischer als Sach 14: Während Sach 14,11 das Ende des חרם erst für die Zeit nach dem Tag JHWHs erwartet, gewährt Mal 3,24 Israel eine ernsthafte Chance, dem Schrecken des Tages zu entgehen.[69] Die Erin-

---

63 Vgl. Noetzel, *Maleachi*, 250.

64 Vgl. Zakovitch, *Verses*, 66 f. Eine originelle Lesart des Verses bietet Nihan, *Moses*, 51: Mal 3,23 harmonisiere die beiden unvereinbaren Aussagen von Dtn 18,15 („Einen Propheten aus deiner Mitte, aus deinen Brüdern, wie mich wird dir JHWH, dein Gott auftreten lassen, auf ihn sollt ihr hören.") und Dtn 34,10 („Und es trat kein Prophet mehr in Israel auf wie Mose, den JHWH von Angesicht zu Angesicht kannte.") indem er Dtn 18,15 eschatologisiere. Gegen diese Interpretation spricht, dass Elia sich das Prädikat „wie Mose" schon zur Zeit seiner ersten irdischen Laufbahn verdiente.

65 Gegen Assis, *Moses*, 212–214, der den Plural אבות auf Gott bezieht, und Zakovitch, *Moses*, 64, der unter Verweis auf Dtn 22,6 die Präposition על im Sinne von „mit" versteht, was freilich den reziproken Charkater der Aussage nicht erklärt: "He shall cause fathers and sons to repent, sons and fathers". Auch Chapman, *Law*, 141, springt sehr schnell in die vertikale Ebene: "The fundamental issue at hand is Israel's 'vertical' reconciliation with God, rather than any specific 'horizontal' social situation." LXX generalisiert die Aussage, indem sie das zweite Glied der reziproken Aussage durch „das Herz des Menschen zu seinem Nächsten" (καὶ καρδίαν ἀνθρώπου πρὸς τὸν πλησίον αὐτου) ersetzt.

66 Für ein exemplarisches Verständnis vgl. z. B. Schwesig, *Rolle*, 278.

67 Noetzel, *Maleachi*, 247.

68 Schon der Israelbezug in Mal 3,22 spricht gegen eine globale Deutung von ארץ (so aber Schwesig, *Rolle*, 275).

69 Genau umgekehrt bestimmen Lescow, *Maleachi*, 173; Willi-Plein, *Haggai*, 281f.; Noetzel, *Maleachi*, 248, Mal 3,24 als unheilvolle Kontrastierung von Sach 14,11. Allerdings nehmen beide

nerung an Mose und die Warnung vor dem Tag JHWHs sind zwei Seiten einer Medaille.[70]

Im Rückblick erweisen Mal 1,1 und 3,22–24 das theologiegeschichtliche Gewicht der letzten Kapitel des Sacharjabuches. Mit ihrer Inventarisierung prophetischer Tradition, deren Heils- und Unheilsverkündigung sie auf einen letzten entscheidenden Tag für Israel und die Völker zuspitzen, und der wachsenden Gewissheit, in einer postprophetischen Zeit zu leben, stellen Sach 9–14 am Ende einer Sammlung prophetischer Schriften wichtige Weichen zu deren Abschluss und Kanonwerdung.[71]

Verse eine zu unterscheidende Perspektive ein: Sach 14,11 schaut über den Tag JHWHs hinaus („es wird kein חרם mehr sein"), Mal 3,24 auf den Tag JHWHs voraus.

70 Der Joel 3 und Mal 3,13–21 prägende Gedanke der Individualisierung tritt hier wieder etwas zugunsten einer kollektiven Hoffnung zurück. Vgl. Himbaza, *Finale*, 30–32 (« salut collectif »).

71 Da Wortlaut und Reihenfolge der Bücher, wie die frühe Textgeschichte zeigt, weiterhin im Fluss sind, sollte man den Begriff „Kanonisierung" an dieser Stelle vermeiden. Vgl. Kessler, *Maleachi*, 304. Noch vorsichtiger formuliert Nihan, *Moses*, 49f.: "A prophetic 'canon' in the strict sense of a closed collection of books never existed before the rabbinic period. Even the position of Malachi at the end of the Prophets, it must be remarked, was not 'canonical' if we are to judge from the 4QXIIa fragments, where Malachi 3 is clearly not the final column of the scroll but was followed by more prophetic material (which may or not have been the book of Jonah). Originally, the formulation of Mal 3:22–24 and the inclusio with Josh 1 established a chronological delineation, not a canonical one".

Anhang: Übersetzung und Schichtung von Sach 9–14

1.	Der kommende König	9,9f.
2.	Das Gericht über die Nachbarvölker	9,1a.2–6a.7b.8b
3.	Die Heimkehr der Diaspora	
3.1	Befreiung und Rückkehr	**9,8a.11a.12.; 10,6a.8.10**
3.2	Ausblick auf die Heilszeit	*9,16f.*
3.3	Die rechte Gottesverehrung	10,1f.6b.9.12
4.	Der Krieg als Mittel der Realisation	
4.1	Infanterie gegen Kavallerie	**10,3bα*.5**
4.2	Die Rolle des Hauses Juda	*10,3bα*.4*
4.3	Die Rolle JHWHs	9,13–15; 10,3bβ.7.11
4.4	Das Ende der feindlichen Machthaber	10,3a; 11,1.2aα.b.3
5.	Der Tag des Völkersturms und seine Vorgeschichte	
5.1	Die Preisgabe von Gottesvolk und Gottesstadt	**11,4.5aα.7a.8b.9.10a* + 12,1a; 14,1.2a.bα**
5.2	Zeichenhandlung: Die Stäbe des Hirten	*Sach 11,6.7b.10a*.b.14.15f.*
6.	Der Tag des Völkergerichts	
6.1	Die Niederlage der Völker	Sach 11,17 + 12,2a.3.4a.6b + 14,2bγβ.3.13.14b.20a.21b
6.2	Steigernde Ausmalung von Theophanie und Vernichtung	*14,4aα*.β.b.5aα.6.12.15*
7.	Der Tag der Reinigung Israels	
7.1	Bußritual um den durchbohrten Propheten	**12,9–13,1**
7.2	Ende von Götzendienst und Prophetie	*13,2f.*
7.3	Vernichtungs- und Läuterungsgericht	13,7–9
8.	Die Königsherrschaft JHWHs	12,1b;14,4aα*5b.7*.8–10*.11aβ.b.16–19.21a

Punktuelle Ergänzungen und Glossen

9,1b; 9,6b.7a; 9,11b; 11,2aβ; 11,5aβ.b.11–13;
11,8a; 12,2b.5.8; 12,4b.6a.7 + 14,14a; 13,4–6;
14,5aβ.7a*.10*.11aα.20b

https://doi.org/10.1515/9783110668063-009

Sach 9

1 Die Last des Wortes JHWHs liegt auf dem Lande Hadrach
und Damaskus ist seine Ruhestätte.
Fürwahr, auf JHWH ist das Auge des Menschen
und aller Stämme Israels gerichtet.

2 Und auch Hamat grenzt daran.
Tyros samt Sidon ist ja sehr weise:

3 Denn Tyros baute sich Türme
und häufte Silber an wie Staub,
und Gold wie Kot in den Gassen.

4 Siehe, der Herr wird es enteignen
und seine Ringmauer ins Meer schlagen
und durch Feuer wird es verzehrt werden.

5 Und Aschkelon wird es sehen und sich fürchten,
auch Gaza, und sehr erzittern,
auch Ekron, denn seine Hoffnung ist zunichte.
Und der König wird aus Gaza verschwinden
und Aschkelon wird nicht bleiben.

6 Doch ein Mischling/Fremdling wird in Aschdod wohnen/thronen.
Und ich werde den Hochmut der Philister brechen.

7 Und ich werde sein Blut aus seinem Mund entfernen
und seine Abscheulichkeiten aus seinen Zähnen.
So wird selbst er unserem Gott als Rest bleiben.
Und er wird wie ein Vertrauter/Häuptling in Juda sein
und Ekron wie ein Jebusiter.

8 Und ich werde mich für mein Haus als Wachposten lagern
vor dem, der hin und her zieht.
Und kein Bedränger wird mehr über sie hinwegziehen.
Fürwahr, jetzt habe ich mit meinen Augen gesehen!

9 Juble laut, Tochter Zion,
jauchze, Tochter Jerusalem!
Siehe, dein König kommt zu dir,
gerecht und gerettet ist er,
demütig und reitend auf einem Esel,
einem Hengst, einem Abkömmling von Eselinnen.

10 Und ich werde den Streitwagen aus Ephraim
und das Pferd aus Jerusalem beseitigen.
Und der Kriegsbogen wird beseitigt werden

und er wird den Völkern Frieden kundtun.
Und seine Herrschaft wird von Meer zu Meer
und vom Fluss bis zu den Enden der Erde reichen.

11 **Ja du, aufgrund des Blutes deines Bundes**
   habe ich deine Gefangenen freigelassen
   aus dem Brunnen, in dem kein Wasser ist.

12 **Kehrt zurück zur Festung,**
   Gefangene voll Hoffnung.
   Auch heute verkünde ich: Doppelt will ich dir vergelten.

13 Denn ich habe mir Juda getreten,
   den Bogen mit Ephraim gefüllt
   und schwinge deine Söhne, Zion, gegen ‚die' Söhne Jawans,
   und mache dich zum Schwert eines Helden.

14 Und JHWH wird über ihnen erscheinen
   und wie der Blitz wird sein Pfeil hinausschießen.
   Und der Herr JHWH wird in den Schofar stoßen
   und mit den Stürmen des Südens einherschreiten.

15 JHWH der Heerscharen wird sie beschirmen
   und sie werden fressen und als Schleudersteine niederwerfen
   und ‚Blut' trinken wie Wein
   und voll werden [wie eine Sprengschale,] wie Altarecken.

16 *Und JHWH, ihr Gott, wird sie retten an jenem Tag,*
   wie Kleinvieh sein Volk,
   denn sie sind erlesene Steine,
   die funkeln auf seiner Erde.

17 *Fürwahr, welch Güte und Schönheit hat es!*
   Getreide lässt junge Männer
   und Most junge Frauen gedeihen.

Sach 10

1 Bittet von JHWH Regen zur Zeit des Spätregens,
   JHWH, dem Wolkenwirker.
   Denn Regenguss wird er ihnen geben,
   einem jeden Kraut auf dem Felde.

2 Doch die Terafim sprachen Lug
   und die Wahrsager schauten Trug.
   Und nichtige Träume künden sie,

leeren Trost spenden sie.
Deshalb zogen sie los wie Vieh,
verfallen der Angst, denn da ist kein Hirte.

3 Über die Hirten ist mein Zorn entbrannt
und die Leitböcke suche ich heim.
Fürwahr, JHWH mustert seine Herde, *das Haus Juda,*
und macht sie zu seinem Prachtross im Krieg.

4 *Aus ihm der Eckstein, aus ihm der Pflock, aus ihm der Kriegsbogen,*
aus ihm geht hervor jeder Treiber allzumal.

5 **Und sie werden sein wie Helden,**
die im Schlamm der Gassen stampfen im Kampf,
und sie werden kämpfen, denn JHWH ist mit ihnen,
und Pferdereiter werden zuschanden werden.

6 **Und ich werde das Haus Juda stärken**
und das Haus Josef werde ich retten.
Und ich werde sie ‚ansiedeln‘, denn ich habe mich ihrer erbarmt.
Und sie werden sein, als hätte ich sie nicht verworfen.
Denn ich bin JHWH, ihr Gott, und werde sie erhören.

7 Und Ephraim wird sein wie ein Held
und ihr Herz wird sich freuen wie beim Wein.
Und ihre Söhne werden es sehen und sich freuen,
ihr Herz wird jubeln über JHWH.

8 **Ich werde ihnen pfeifen und sie sammeln, denn ich habe sie**
freigekauft.
Und sie werden zahlreich sein, wie sie zahlreich waren.

9 Und ich werde sie unter die Völker säen
und in der Ferne werden sie meiner gedenken.
Und sie werden mit ihren Söhnen überleben und zurückkehren.

10 **Und ich werde sie zurückbringen aus dem Land Ägypten**
und aus Assur werde ich sie sammeln
und in das Land Gilead und den Libanon werde ich sie bringen
und es wird ihnen nicht reichen.

11 Und er wird gegen das Meer mit Bedrängnis ziehen
und im Meer Wellen schlagen
und alle Tiefen des Stroms werden vertrocknen.
Und der Hochmut Assurs wird niedergeworfen werden
und das Zepter Ägyptens weichen.

12 **Und ich werde sie stärken in JHWH**
und in seinem Namen werden sie wandeln.
Spruch JHWHs.

Sach 11

1   Öffne, Libanon, dein Tor,
    damit Feuer deine Zedern fresse!
2   Klage, Wacholder,
    denn die Zeder ist gefallen, denn Vornehme wurden zerstört!
    Klagt, Baschaneichen,
    denn der undurchdringliche Wald ist zu Boden gegangen!
3   Horch, das Wehklagen der Hirten,
    denn ihre Macht wurde zerstört!
    Horch, das Brüllen der Löwen,
    denn die Pracht des Jordans wurde zerstört!
4   **So sprach JHWH, mein Gott: Weide die Schlachtschafe,**
5   **deren Käufer sie ungestraft schlachten** und deren Verkäufer sprechen
    „Gelobt sei JHWH für meinen Reichtum!" und deren Hirten kein Mitleid mit
    ihnen haben.
6   *Denn ich werde kein Mitleid mehr haben mit den Bewohnern der Erde, Spruch*
    JHWHs. Und siehe, ich lasse jeden Menschen in die Hand seines ‚Hirten'und in
    die Hand seines Königs geraten. Und sie werden die Erde zerschlagen und ich
    werde [sie] nicht aus ihrer Hand retten.
7   **Und ich weidete die Schlachtschafe der ‚Schafhändler'.** *Und ich nahm*
    mir zwei Stäbe – einen nannte ich „Freundlichkeit" und einen nannte ich
    „Verbindung" – und ich weidete die Schafe.
8   Und ich vernichtete drei Hirten in einem Monat. **Und ich wurde ihrer**
    überdrüssig und auch sie verachteten mich.
9   **Und ich sprach: Ich werde euch nicht weiden. Das Sterbende soll**
    sterben, das Umkommende soll umkommen und was die Übrigen
    betrifft – ein jedes soll das Fleisch seines Nächsten fressen.
10 **Und ich nahm meinen Stab** *„Freundlichkeit"* **und zerschlug ihn,** *um*
    meinen Bund zu brechen, den ich mit allen Völkern geschlossen hatte.
11 Und er wurde an jenem Tage gebrochen. Und die ‚Schafhändler', die mich
    beobachteten, erkannten, dass es das Wort JHWHs war.
12 Und ich sprach zu ihnen: Wenn es gut ist in euren Augen, gebt mir meinen
    Lohn, und wenn nicht, lasst es bleiben. Und sie wogen meinen Lohn:
    dreißig Silber.
13 Und JHWH sprach zu mir: Wirf sie dem Bildner hin, die kostbare Pracht,
    die ich ihnen wert bin. Und ich nahm die dreißig Silber und warf sie in das
    Haus JHWHs zum Bildner.
14 *Und ich zerschlug meinen zweiten Stab, die „Verbindung", um die*
    Bruderschaft zwischen Juda und Israel zu brechen.

15 *Und JHWH sprach zu mir: Nimm dir noch dazu Handwerkszeug eines*
törichten Hirten.

16 *Denn siehe, ich lasse einen Hirten auf der Erde auftreten: Das Umkommende*
wird er nicht aufsuchen, das ,Verlorene' nicht suchen,
das Gebrochene nicht heilen, das Hinzutretende nicht ernähren
und das Fleisch der Gesunden wird er essen und ihre Klauen abreißen.

17 Wehe dem Hirten der Nichtigkeit,
der die Schafe im Stich lässt.
Schwert gegen seinen Arm
und gegen sein rechtes Auge!
Sein Arm soll völlig verdorren
und sein rechtes Auge völlig erblinden.

Sach 12

1 **Last/Ausspruch des Wortes JHWHs gegen/über Israel.** Spruch JHWHs,
der den Himmel aufspannt und die Erde gründet und den Geist des Menschen in seinem Innern bildet.

2 Siehe, ich mache Jerusalem zur Taumelschale für alle Völker ringsum.
Und auch gegen Juda: Es wird belagert werden wegen Jerusalem.

3 Und es wird geschehen an jenem Tag, da werde ich Jerusalem zu
einem Hebestein für alle Völker machen. Alle, die ihn heben, werden
sich gewiss reißen. Und alle Nationen der Welt werden sich gegen es
versammeln.

4 An jenem Tag, Spruch JHWHs, werde ich jedes Pferd mit Scheuen und
jeden Reiter mit Raserei schlagen. Doch über das Haus Juda werde ich
meine Augen öffnen und jedes Pferd der Völker mit Blindheit schlagen.

5 Und die Anführer Judas werden in ihrem Herzen sprechen: Meine Stärke
sind die Bewohner Jerusalems durch JHWH der Heerscharen, ihren Gott.

6 An jenem Tag werde ich die Anführer Judas wie ein Feuerbecken im
Holzhaufen und wie eine Feuerfackel im Garbenbündel machen und sie
werden nach rechts und nach links fressen alle Völker ringsum. Und
Jerusalem wird weiter an seinem Platz bleiben in Jerusalem.

7 Und JHWH wird die Zelte Judas zuerst retten, damit der Ruhm des
Hauses David und der Ruhm des Bewohners Jerusalems nicht über Juda
hinausgeht.

8 An jenem Tage wird JHWH den Bewohner Jerusalems beschirmen, und der
Strauchelnde unter ihnen an jenem Tag wird sein wie David und das Haus
David wie Gott[, wie der Bote JHWHs vor ihnen].

9 Und es wird geschehen an jenem Tage, da werde ich danach trachten alle Völker, die gegen Jerusalem ziehen, zu vernichten.

10 Und ich werde über das Haus David und über den Bewohner Jerusalems einen Geist des Erbarmens und des Flehens ausgießen. Und sie werden auf mich blicken hinsichtlich dessen, den sie durchbohrt haben. Und sie werden über ihn klagen wie bei einer Klage über den Einziggeborenen und verbittern, wie man verbittert über den Erstgeborenen.

11 An jenem Tage wird die Trauer in Jerusalem groß werden wie die Trauer von Hadad-Rimmon im Tal Megiddo.

12 Und das ganze Land wird trauern, jede Sippe für sich: Die Sippe des Hauses Davids für sich und ihre Frauen für sich; die Sippe des Hauses Natans für sich und ihre Frauen für sich;

13 die Sippe des Hauses Levi für sich und ihre Frauen für sich; die Sippe des Schimiters für sich und ihre Frauen für sich;

14 alle übrigen Sippen, jede Sippe für sich und ihre Frauen für sich.

Sach 13

1 An jenem Tage wird sich eine unversiegbare Quelle öffnen für das Haus David und die Bewohner Jerusalems gegen Sünde und Unreinheit.

2 *Und an jenem Tage, Spruch JHWHs der Heerscharen, werde ich die Namen der Götzen aus dem Lande vertilgen und sie werden nicht mehr genannt werden. Und auch die Propheten und den Geist der Unreinheit werde ich aus dem Land entfernen.*

3 *Und wenn nochmals jemand als Prophet auftritt, werden sein Vater und seine Mutter, seine Eltern, zu ihm sprechen: Du sollst nicht leben, weil du Lüge im Namen JHWHs gesprochen hast. Und sein Vater und seine Mutter, seine Eltern, werden ihn durchbohren, weil er als Prophet auftritt.*

4 Und an jenem Tag werden sich die Propheten schämen, ein jeder für seine Schauung, wenn er als Prophet auftritt. Und sie werden keinen härenen Mantel tragen, um zu verleugnen.

5 Und er wird sagen: Ich bin kein Prophet, sondern Ackerbauer. Denn <Ackerboden> ist <mein Besitz> von meiner Jugend an.

6 Und man wird zu ihm sagen: Was sind das für Wunden zwischen deinen Händen? Und er wird sagen: Ich wurde geschlagen im Haus meiner Liebhaber!

7 Schwert, erwache gegen meinen Hirten,
   gegen meinen Vertrauten!

Spruch JHWHs der Heerscharen.
Schlage den Hirten,
dass sich das Vieh zerstreue
und ich meine Hand gegen die Kleinen wende.

8 Und im ganzen Land, Spruch JHWHs,
werden zwei Teile, die darin sind, vertilgt werden[, sterben],
und der dritte Teil wird darin bleiben.

9 Und ich werde den dritten Teil ins Feuer bringen
und ich werde sie läutern, wie man Silber läutert,
und ich werde sie prüfen, wie man Gold prüft.
Er wird meinen Namen rufen
und ich werde ihm antworten
<und> sagen „Mein Volk ist er."
Und er wird sagen: „JHWH ist mein Gott."

Sach 14

1 **Siehe, ein Tag kommt für JHWH, da wird deine Beute in deiner Mitte verteilt werden.**

2 **Ich werde nämlich alle Nationen gegen Jerusalem zum Krieg versammeln. Und die Stadt wird eingenommen und die Häuser geplündert und die Frauen vergewaltigt werden. Und die Hälfte der Stadt wird in die Verbannung ziehen.** Doch der Rest des Volkes wird nicht aus der Stadt verschwinden.

3 Denn JHWH wird ausziehen und gegen jene Nationen kämpfen wie damals, als er kämpfte am Kriegstag.

4 *Und seine Füße werden an jenem Tag auf den Ölberg treten,* der gegenüber Jerusalems im Osten liegt. *Und der Ölberg wird sich von seiner Mitte aus spalten nach Osten und nach Westen: ein sehr großes Tal. Und die (eine) Hälfte des Berges wird nach Norden und seine (andere) Hälfte nach Süden weichen.*

5 *Und ihr werdet fliehen in das Tal ‚seiner'Berge, denn Bergtal wird bis Azel reichen.* Und ihr werdet fliehen, wie ihr geflohen seid vor dem Erdbeben in den Tagen Usijas, des Königs Judas. Und JHWH, mein Gott, wird kommen, alle Heiligen mit ‚ihm'.

6 *Und es wird geschehen an jenem Tag, da wird kein Licht sein [?].*

7 Und es wird ein einziger Tag/Tag eins werden – er ist JHWH bekannt – kein Tag und keine Nacht. Und es wird geschehen, zur Abendzeit wird Licht sein.

8   Und es wird geschehen an jenem Tag, da wird lebendiges Wasser von Jerusalem ausgehen, seine eine Hälfte zum östlichen Meer und seine andere Hälfte zum westlichen Meer. Im Sommer und im Winter wird es so sein.

9   Und JHWH wird König sein über die ganze Erde. An jenem Tag wird JHWH einzig sein und sein Name einzig sein.

10 Das ganze Land wird sich verwandeln wie die Araba von Geba bis nach Rimmon, im Süden Jerusalems. Aber es wird aufragen und an seiner Stelle bleiben vom Tor Benjamin **bis zum Ort des ersten Tores,** bis zum Ecktor, und vom Turm Hananel bis zu den Keltern des Königs.

11 **Und sie werden darin wohnen.** Und es wird keine Zerstörung mehr sein und Jerusalem wird in Sicherheit wohnen.

12 *Und dies wird der Schlag sein, mit dem JHWH alle Völker schlagen wird, die gegen Jerusalem in den Krieg gezogen sind: Er lässt sein Fleisch verwesen, während er noch auf seinen Füßen steht, und seine Augen eitern in ihren Höhlen und seine Zunge verfault in ‚seinem' Mund.*

13 **Und es wird geschehen an jenem Tag, da wird ein großer JHWH-Schrecken unter ihnen sein. Und ein jeder wird die Hand seines Nächsten ergreifen und seine Hand wird sich gegen die Hand seines Nächsten erheben.**

14 **Und auch Juda wird in Jerusalem kämpfen.** **Und der Reichtum aller Nationen ringsum wird gesammelt werden, Gold, Silber und Kleider in großer Menge.**

15 *Und so wird auch der Schlag sein gegen Pferd, Maultier, Kamel und Esel und alles Vieh, das in jenen Lagern ist, wie dieser Schlag.*

16 Und es wird geschehen, alle, die übrigbleiben von allen Nationen, die gegen Jerusalem gezogen sind, werden Jahr für Jahr hinaufziehen, um sich niederzuwerfen vor dem König JHWH der Heerscharen und um das Laubhüttenfest zu feiern.

17 Und es wird geschehen, jene, die nicht hinaufziehen werden aus den Sippen der Welt nach Jerusalem, um sich niederzuwerfen vor dem König JHWH der Heerscharen, auf die wird kein Regen fallen.

18 Und wenn die Sippe Ägyptens nicht hinaufziehen wird und nicht kommen wird, dann wird sie der Schlag <...> treffen, mit dem JHWH die Nationen schlägt <...>.

19 Das wird die Strafe Ägyptens sein und die Strafe aller Nationen, die nicht hinaufziehen, um das Laubhüttenfest zu feiern.

20 **An jenem Tag wird auf den Schellen der Pferde „Heilig für JHWH der Heerscharen" stehen.** Und die Kessel im Hause JHWHs werden sein wie die Sprengschalen vor dem Altar.

21 Und jeder Kessel in Jerusalem und in Juda wird heilig für JHWH der Heerscharen sein. Und alle, die Schlachtopfer darbringen, werden kommen und von ihnen nehmen und in ihnen kochen. Und es wird kein Kanaanäer mehr im Haus JHWHs der Heerscharen sein an jenem Tag.

Literaturverzeichnis

Abkürzungen richten sich nach S. M. Schwertner, IATG³ – Internationales Abkürzungsverzeichnis für Theologie und Grenzgebiete, 3. Aufl., Berlin/Boston 2014. Abgekürzt zitierte Quellen und Hilfsmittel ohne Eintrag im Literaturverzeichnis können ebenfalls über IATG³ entschlüsselt werden. Jüdische Exegeten des Mittelalters (Raschi, Ibn Esra, David Kimchi) werden nach der Ausgabe von M. Cohen (Mikra'ot Gedolot ‚Haketer') zitiert.

1 BIBELAUSGABEN

ELLIGER, K./RUDOLPH, W. (Hg.), Biblia Hebraica Stuttgartensia, Stuttgart 1977.
RAHLFS, A. (Hg.), Septuaginta. Id est Vetus Testamentum graece iuxta LXX interpretes, Editio altera quam recognovit et emendavit R. Hanhart. Duo volumina in uno, Stuttgart 2006.
SCHENKER, A. u. a. (Hg.), Biblia Hebraica quinta, Fascicle 13: The Twelve Minor Prophets, prepared by ANTHONY GELSTON, Stuttgart 2010.
WEBER, R./GRYSON, R. (Hg.), Biblia Sacra iuxta Vulgatam Versionem, 5. Aufl., Stuttgart 2007.
ZIEGLER, J. (Hg.), Septuaginta. Vetus Testamentum Graecum. Auctoritate Academiae Litterarum Gottingensis editum, vol. XIII: Duodecim prophetae, 2. Aufl., Göttingen 1967.

2 SONSTIGE QUELLEN

ALLEGRO, J. M., Qumrân Cave 4. I (4Q158-4Q186) (DJD V), Oxford 1968.
BAILLET, M., Qumrân Grotte 4. III (4Q482-4Q520) (DJD VII), Oxford 1982.
BAUMGARTEN, J. M./SCHWARTZ, D. R., Damascus Document (CD), in: CHARLESWORTH, J. H. (Hg.), The Dead Sea Scrolls. Hebrew, Aramaic, and Greek Texts with English Translations 2: Damascus Document, War Scroll, and Related Documents, Tübingen 1995, 4–57.
BEENTJES, P. C., The Book of Ben Sira in Hebrew. A Text Edition of all Extant Hebrew Manuscripts and a Synopsis of all Parallel Hebrew Ben Sira Texts (VT.S 68), Leiden u. a. 1997.
BORGER, R., Die Inschriften Asarhaddons, Königs von Assyrien (AFOB 9), Graz 1956.
COHEN, M. (Hg.), Mikra'ot Gedolot 'Haketer'. The Twelve Minor Prophets, a revised and augmented scientific edition of 'Mikra'ot Gedolot' based on the Aleppo Codex and early Medieval MSS, Ramat Gan 2012 (hebr.).
DONNER, H./RÖLLIG, W., Kanaanäische und aramäische Inschriften. Mit einem Beitrag von O. RÖSSLER, Band I: Texte, Wiesbaden 1962. (= KAI)
FULLER, R. E., The Twelve, in: ULRICH, E. u. a., Qumran Cave 4. X. The Prophets (DJD XV), Oxford 1997, 221–318.
HELCK, W., Urkunden der 18. Dynastie. Übersetzungen zu den Heften 17–22, Neudruck der Ausgabe von 1961, Berlin 1984.
HERODOT, Historien 1. Bücher I–V. Griechisch-Deutsch, hg. von FEIX, J., 7. Aufl., Düsseldorf 2006.
HIERONYMUS, Commentariorum in Zachariam Prophetam (CChr.SL 76A), hg. v. M. ADRIAEN, Turnhout 1970, 747–900.

https://doi.org/10.1515/9783110668063-010

KUPPER, J. R., Correspondance de Baḫdi-Lim, préfet du palais de Mari (ARM VI), Paris 1954.
LUTHER, M., Der Prophet Sacharja ausgelegt [1527] (WA 23), Weimar 1901, 477–664.
LUTHER, M., In Zachariam prophetam [1524] (WA 13), Weimar 1889, 545–669.
MILIK, J. T., The Books of Enoch. Aramaic Fragments of Qumrân Cave 4, Oxford 1976.
PARPOLA, S., Letter from Assyrian and Babylonian Scholars (SAA 10), Helsinki 1993.
RENZ, J./RÖLLIG, W., Handbuch der althebräischen Epigraphik. Studienausgabe mit einem bibliografischen Nachwort. Band I: Die Althebräischen Inschriften, Darmstadt 2016. (= HAE)
STRABON, Geographika. Bd. 4: Buch XIV–XVII: Text und Übersetzung, hg. von S. RADT, Göttingen 2005.
WEIPPERT, M., Historisches Textbuch zum Alten Testament (GAT 10), Göttingen 2010.

3 Hilfsmittel

BARTHÉLEMY, D., Critique textuelle de l'Ancien Testament 3: Ezéchiel, Daniel et les 12 Prophètes (OBO 50/3), Fribourg/Göttingen 1992. (= Barthélemy, CTAT)
BROCKELMANN, C., Hebräische Syntax, Neukirchen 1956.
GESENIUS, W., Hebräische Grammatik, völlig umgearbeitet von E. Kautzsch, 28. Aufl., Hildesheim 1962. (= GK)
GESENIUS, W., Hebräisches und Aramäisches Handwörterbuch über das Alte Testament, bearbeitet von D. R. MEYER und H. DONNER, 18. Aufl., Berlin 2013. (= Ges[18])
JASTROW, M., A Dictionary of the Targumim, the Talmud Babli and Yerushalmi, and the Midrashic Literature. Two Volumes in One, New York 1943.
JENNI, E., Die hebräischen Präpositionen, Band 1 (Beth), 2 (Kaph) und 3 (Lamed), Stuttgart 1992/1994/2000.
JOUN P./MURAOKA, T., A Grammar of Biblical Hebrew (Subsidia Biblica 27), Second Reprint of the Second Edition, Rom 2009. (= JM)
KÖHLER, L./BAUMGARTNER, W., Hebräisches und Aramäisches Lexikon zum Alten Testament, unveränderter Nachdruck der dritten Aufl. (1967–1995), Leiden/Boston 2004. (= HALAT)
LIDDELL, H. G./SCOTT, R., A Greek-English Lexicon, Revised and augmented throughout by H. S. JONES, 9. Aufl., Oxford 1968.
LUST, J./EYNIKEL, E./HAUSPIE, K., A Greek-English Lexicon of the Septuagint, third corrected edition, Stuttgart 2015.

4 Sekundärliteratur

ABEL, F.-M., Aṣal dans Zacharie XIV,5, in: RB 45 (1936), 385–400.
ACKROYD, P. R., The Book of Haggai and Zechariah i-viii, in: JJS 3 (1952), 151–156.
ALBERTZ, R., Exodus 19–40 (ZBK 2.2), Zürich 2015.
ALBRECHT, K., את vor dem Nominativ und beim Passiv, in: ZAW 6 (1929), 274–283.
ALTMANN, P., Economics in Persian-Period Biblical Texts: Their Interactions with Economic Developments in the Persian Period and Earlier Biblical Traditions (FAT 109), Tübingen 2016.
ANDRÉ, G., Art. 2 טמא, in: ThWAT III, Stuttgart u. a. 1982, 354–366.
ARNETH, M., Sonne der Gerechtigkeit. Studien zur Solarisierung der Jahwe-Religion im Lichte von Psalm 72 (BZAR 1), Wiesbaden 2000.

ARNOLD, P. M., Art. Rimmon (Place), in: ABD 5, New York u. a. 1992, 773–774.

ASSIS, E., Moses, Elijah and the Messianic Hope. A New Reading of Malachi 3,22–24, in: ZAW 123 (2011), 207–220.

ASSIS, E., The Structure of Zechariah 8 and Its Meaning, in: JHS 12 (2012), 1–18.

ASSIS, E., Zechariah 8 and Its Allusions to Jeremiah 30–33 and Deutero-Isaiah, in: JHS 11 (2011), 1–21.

ASSIS, E., Zechariah 8 as Revision and Digest of Zechariah 1–7, in: JHS 10 (2010), 1–26.

BACH, R., „...., der Bogen zerbricht, Spiesse zerschlägt und Wagen mit Feuer verbrennt", in: WOLFF, H. W. (Hg.), Probleme biblischer Theologie, FS G. von Rad, München 1971, 13–26.

BALDWIN, J. G., Haggai. Zechariah. Malachi. An Introduction and Commentary (TOTC), London 1972.

BAUTCH, R. J., Zechariah 11 and the Shepherd's Broken Covenant, in: BAUTCH, R. J./KNOPPERS, G. N. (Hg.), Covenant in the Persian Period, Winona Lake 2015, 255–269.

BECK, M., Der „Tag YHWHs" im Dodekapropheton. Studien im Spannungsfeld von Traditions- und Redaktionsgeschichte (BZAW 356), Berlin/New York 2005.

BECKER, J., Die kollektive Deutung der Königspsalmen, in: STRUPPE, U. (Hg.), Studien zum Messiasbild im Alten Testament (SBAB 6), Stuttgart 1989, 291–318.

BECKER, J., Messiaserwartung im Alten Testament (SBS 83), Stuttgart 1977.

BENDER, C., Die Sprache des Textilen. Untersuchungen zu Kleidung und Textilien im Alten Testament (BWANT 177), Stuttgart 2008.

BEN ZVI, E., Remembering Twelve Prophetic Characters from the Past, in: DI PEDE, E./SCAIOLA, D. (Hg.), The Book of the Twelve – One Book or Many? Metz Conference Proceedings 5–7 November 2015 (FAT II 91), Tübingen 2016, 6–36.

BERGES, U., Jesaja 49–54 (HThKAT), Freiburg i. Br. 2015.

BERLEJUNG, A., Die Theologie der Bilder. Das Kultbild in Mesopotamien und die alttesta- mentliche Bilderpolemik unter besonderer Berücksichtigung der Herstellung und Einweihung der Statuten (OBO 162), Göttingen/Fribourg 1998.

BERTHOLDT, L., Historischkritische Einleitung in sämmtliche kanonische und apokryphische Schriften des alten und neuen Testaments 4, Erlangen 1814.

BEUKEN, W. A. M., Haggai-Sacharja 1–8. Studien zur Überlieferungsgeschichte der frühnachexi- lischen Prophetie (SSN 10), Assen 1967.

BEYER, G., Beiträge zur Territorialgeschichte von Südwestpalästina im Altertum, in: ZDPV 54 (1931), 113–170.

BIBERGER, B., Endgültiges Heil innerhalb von Geschichte und Gegenwart. Zukunftskon- zeptionen in Ez 38–39, Joel 1–4 und Sach 12–14 (BBB 161), Göttingen 2010.

BIEBERSTEIN, K./BLOEDHORN, H., Jerusalem. Grundzüge der Baugeschichte vom Chalkolithikum bis zur Frühzeit der osmanischen Herrschaft. Bd. 1 (BTAVO.B 100,1), Wiesbaden 1994.

BLAU, J., Zum angeblichen Gebrauch von את vor dem Nominativ, in: VT 4 (1954), 7–19.

BLEEK, F., Ueber das Zeitalter von Sacharja Kap. 9–14. Nebst gelegentlichen Beiträgen zur Auslegung dieser Aussprüche, in: ThStKr 25 (1852), 248–332.

BLENKINSOPP, J., Bethel in the Neo-Babylonian Period, in: LIPSCHITS, O./BLENKINSOPP, J. (Hg.), Judah and the Judeans in the Neo-Babylonian Period, Winona Lake 2003, 93–107.

BLENKINSOPP, J., David Remembered. Kingship and National Identity in Ancient Israel, Grand Rapids/Cambridge 2013.

BLUM, E., Die Komposition der Vätergeschichte (WMANT 57), Neukirchen-Vluyn 1984.

BLUM, E., „Verstehst du dich nicht auf die Schreibkunst...?". Ein weisheitlicher Dialog über Vergänglichkeit und Verantwortung: Kombination II der Wandinschrift vom Tell Deir 'Alla, in: BAUKS, M./LIESS, K./RIEDE, P. (Hg.), Was ist der Mensch, dass du seiner gedenkst?

(Psalm 8,5). Aspekte einer theologischen Anthropologie, FS B. Janowski, Neukirchen-Vluyn 2008, 33–53.

Boda, M. J., Figuring the Future: The Prophets and Messiah, in: Porter, S. E. (Hg.), The Messiah in the Old and New Testament (MNTS), Grand Rapids 2007, 35–74.

Boda, M. J., From Fasts to Feasts: The Literary Function of Zechariah 7–8, in: CBQ 65 (2003), 390–407.

Boda, M. J., From Zechariah to the Twelve. The Compositional History of the Book of Zechariah, in: ders., Exploring Zechariah. Volume 1: The Development of Zechariah and its Role within the Twelve (Ancient Near East Monographs 16), Atlanta 2017, 1–30.

Boda, M. J., Reading Between the Lines. Zechariah 11.4–16 in its Literary Contexts, in: Boda, M. J./Floyd, M. H. (Hg.), Bringing out the Treasure. Inner Biblical Allusion in Zechariah 9–14 (JSOTS 370), London/New York 2003, 277–291.

Boda, M. J., The Book of Zechariah (NICOT), Grand Rapids/Cambridge 2016.

Börker-Klähn, J., Art. Granatapfel. A. Archäologisch, in: RLA 3, Berlin/New York 1971, 616–630.

Bosshard, E., Beobachtungen zum Zwölfprophetenbuch, in: BN 40 (1987), 30–62.

Bosshard, E./Kratz, R. G., Maleachi im Zwölfprophetenbuch, in: BN 52 (1990), 27–46.

Bosshard-Nepustil, E., Rezeptionen von Jesaja 1–39 im Zwölfprophetenbuch. Untersuchungen zur literarischen Verbindung von Prophetenbüchern in babylonischer und persischer Zeit (OBO 154), Göttingen 1997.

Böttcher, Friedrich, Neue exegetisch-kritische Aehrenlese zum Alten Testamente. Zweite Abtheilung 1Regum – Psalmi, Leipzig 1864.

Bredenkamp, C. J., Der Prophet Sacharja erklärt, Erlangen 1879.

Brinkmann, V./Koch-Brinkmann, U./Piening, H., Der Alexandersarkophag, in: Gebhard, E. u. a. (Hg.), Alexander der Große. Herrscher der Welt, Darmstadt/Mainz 2013, 181–187.

Çambel, H./Özyar, A., Karatepe-Arslantaş. Azatiwataya. Die Bildwerke, Mainz 2003.

Cantrell, D., The Horsemen of Israel. Horses and Chariotry in Monarchic Israel (HACL 1), Winona Lake 2011.

Caquot, A., Brèves remarques sur l'allégorie des pasteurs en Zacharie, in: ders. u. a. (Hg.), Mélanges bibliques et orientaux en l'honneur de M. Mathias Delcor (AOAT 215), Kevelaer/Neukirchen-Vluyn 1985, 45–55.

Carr, D. M., The Formation of the Hebrew Bible. A New Reconstruction, Oxford/New York 2011.

Carter, C. E., The Emergence of Yehud in the Persian Period. A Social and Demographic Study (JSOTS 294), Sheffield 1999.

Chapman, S. B., The Law and the Prophets. A Study in Old Testament Canon Formation (FAT 27), Tübingen 2000.

Childs, B. S., Introduction to the Old Testament as Scripture, Philadelphia 1979.

Cimok, F., Reliefs of Azatiwataya, Istanbul 2008.

Clines, D. J. A., Varieties of Textual Indeterminacy, in: Sem. 71 (1995), 17–29.

Clutton-Brock, J., A History of the Horse and the Donkey in Human Societies, Cambridge 1992.

Condamin, A., Le sens messianique de Zacharie, XII, 10, in: RSR 1 (1910), 52–56.

Conrad, E. W., Zechariah (Readings: A New Biblical Commentary), Sheffield 1999.

Cook, St. L., On the Question of the "Cessation of Prophecy" in Ancient Judaism (TSAJ 145), Tübingen 2011.

Cook, St. L., The Metamorphosis of a Shepherd: The Tradition History of Zechariah 11:17 + 13:7–9, in: CBQ 55 (1993), 453–466.

Cornelius, I./Niehr, H., Götter und Kulte in Ugarit (Zaberns Bildbände zur Archäologie), Mainz 2004.

CORNILL, C. H., Einleitung in das Alte Testament (GThW II.1), Freiburg i. B. 1891.

CROWTHER, N. B., Weightlifting in Antiquity: Achievement and Training, in: GaR 24 (1977), 11–120.

CURTIS, B. G., The Mas'ot Triptych and the Date of Zechariah 9–14: Issues in the Latter Formation of the Book of the Twelve, in: ALBERTZ, R. u. a. (Hg.), Perspectives on the formation of the Book of the Twelve. Methodological Foundations – Redactional Processes – Historical Insights (BZAW 433), Berlin 2012, 191–206.

CURTIS, B. G., The Zion-Daughter Oracles: Evidence on the Identity and Ideology of the Late Redactors of the Book of the Twelve, in: NOGALSKI, J. D./SWEENEY, M. A. (Hg.), Reading and Hearing the Book of the Twelve (SBL Symposium series 15), Atlanta 2000, 166–184.

CURTIS, B. G., Up the Steep and Stony Road. The Book of Zechariah in Social Location Trajectory Analysis (SBLAcBib 25), Leiden/Boston 2006.

DALMAN, G., Arbeit und Sitte in Palästina. Band I: Jahreslauf und Tageslauf. 1. Hälfte: Herbst und Winter (SDPI 3.1), Gütersloh 1928.

DALMAN, G., Arbeit und Sitte in Palästina. Band I: Jahreslauf und Tageslauf. 2. Hälfte: Frühling und Sommer (SDPI 3.2), Gütersloh 1928.

DALMAN, G., Arbeit und Sitte in Palästina. Band VI: Zeltleben, Vieh- und Milchwirtschaft, Jagd, Fischfang (SDPI 9), Gütersloh 1939.

DECKER, W., Sport in der griechischen Antike. Vom minoischen Wettkampf bis zu den Olympischen Spielen, München 1995.

DEISSLER, A., Sach 12,10 – die große crux interpretum, in: DIETRICH, F./WILLEMS, B., (Hg.) Ich bewirke das Heil und erschaffe das Unheil (Jesaja 45,7). Studien zur Botschaft der Propheten, FS Lothar Ruppert (fzb 88), Würzburg 1998, 49–60.

DEISSLER, A., Zwölf Propheten III. Zefanja. Haggai. Sacharja. Maleachi (NEB.AT 21), Würzburg 1988.

DELCOR, M., Deux passages difficiles: Zach XII 11 et XI 13, in: VT 3 (1953), 67–77.

DELCOR, M., Les allusions à Alexandre le Grand dans Zach IX 1–8, in: VT 1 (1959), 110–124.

DELCOR, M., Les Sources du Deutéro-Zacharie et ses Procédés d'emprunt, in: RB 59 (1952), 385–411.

DELCOR, M., Un problème de critique textuelle et d'exégèse. Zach. XII, 10: Et aspicient ad me quem confixerunt, in: RB 58 (1951), 189–199.

DELKURT, H., Sacharjas Nachtgesichte. Zur Aufnahme und Abwandlung prophetischer Traditionen (BZAW 302), Berlin/New York 2000.

DEVRIES, S. J., Yesterday, Today, and Tomorrow. Time and History in the Old Testament, Grand Rapids 1975.

DEMANDT, A., Alexander der Große. Leben und Legende, München 2009.

DIETRICH, M./LORETZ, O., Die Inschrift der Statue des Königs Idrimi von Alalaḫ, in: UF 13 (1981), 201–269.

DONNER, H., Einführung in die biblische Landes- und Altertumskunde, Darmstadt 1976.

DOTHAN, T./DOTHAN M., Die Philister. Zivilisation und Kultur eines Seevolkes, München 1995.

DREWS, R., Early Riders. The beginnings of mounted warfare in Asia and Europe, New York/London 2004.

DRIVER, G. R., Old Problems Re-examined, in: ZAW 80 (1968), 174–183.

DRIVER, S. R., Einleitung in die Litteratur des alten Testaments, übersetzt und herausgegeben von J. W. ROTHSTEIN, Berlin 1896.

DUGUID, I., Messianic Themes in Zechariah 9–14, in: SATTERTHWAITE, P. E. u. a. (Hg.), The Lord's Anointed. Interpretation of Old Testament Messianic Texts, Carlisle/Grand Rapids 1995, 265–280.

DUHM, B., Anmerkungen zu den zwölf Propheten, in: ZAW 31 (1911), 161–204.

EBACH, J., Genesis 37–50 (HThKAT), Freiburg i. Br. 2007.

EBACH, R., Geistausgießung und Rettung: Joel als modifizierende Aufnahme von Sach 12,9–13,9 im Zwölfprophetenbuch, in: BN 167 (2015), 43–63.

EGO, B., Alexander der Große in der alttestamentlichen Überlieferung – eine Spurensuche und ihre theologischen Implikationen, in: MAIER, C. M. (Hg.), Congress Volume Munich 2013 (VT.S 163), Leiden/Boston 2014, 18–39.

EGO, B., Die Wasser der Gottesstadt. Zu einem Motiv der Zionstradition und seinen kosmologischen Implikationen, in: JANOWSKI, B./EGO, B. (Hg.), Das biblische Weltbild und seine altorientalischen Kontexte (FAT 32), Tübingen 2001, 361–389.

EHRLICH, A. B., Randglossen zur Hebräischen Bibel. Textkritisches, Sprachliches und Sachliches. Bd. 5: Ezechiel und die kleinen Propheten, Leipzig 1912.

EHRLICH, C., Art. Philister, in: Das Wissenschaftliche Bibellexikon im Internet (www.wibilex.de), 2008 (Zugriffsdatum: 14.07.2016).

EICHHORN, J. G., Einleitung ins Alte Testament Bd. 3, 2. Aufl., Reutlingen 1790.

EICHHORN, J. G., Einleitung ins Alte Testament Bd. 4, 4. Aufl., Göttingen 1824.

EIDSVÅG, G. M., The Old Greek Translation of Zechariah (VT.S 170), Leiden/Boston 2016.

EISSFELDT, O., Einleitung in das Alte Testament (NTG), Tübingen 1964.

ELLIGER, K., Art. Hadrach, in: BHH 2, Göttingen 1964, 622.

ELLIGER, K., Das Buch der zwölf kleinen Propheten II: Die Propheten Nahum, Habakuk, Zephania, Haggai, Sacharja, Maleachi (ATD 25), 5. Aufl., Göttingen 1964.

ELLIGER, K., Ein Zeugnis aus der jüdischen Gemeinde im Alexanderjahr 332 v. Chr. Eine territorialgeschichtliche Studie zu Sach 9,1–8, in: ZAW 62 (1950), 63–115.

ELLIS, R. S., Foundation Deposits in Ancient Mesopotamia (YNER 2), New Haven/London 1968.

ELLUL, D., Variations sur le thème de la guerre sainte dans le Deutéro-Zacharie, in: ETR 56 (1981), 55–71.

EWALD, H. Die Propheten des Alten Bundes 1, Stuttgart 1840.

EWALD, H. Ueber Versetzungen in den prophetischen Büchern A. T., Zach. 13,7–9. Jes. 9,7–10,4, in: ZKM 1 (1837), 330f.

EWALD, H. Versuche über schwierige Stellen des A. T., in: ThStKr 1 (1828), 338–360.

FEIGIN, S., Some Notes on Zechariah 11:4–17, in: JBL 44 (1925), 202–213.

FINKELSTEIN, I./SINGER-AVITZ, L., Reevaluating Bethel, in: ZDPF 125 (2009), 33–48.

FINKELSTEIN, J. J., An Old Babylonian Herding Contract and Gen 31:38f, in: JAOS 88 (1968), 30–36.

FINLEY, T. J., The Sheep Merchants of Zechariah 11, in: GTJ (1982), 51–65.

FISCHER, G., Jeremia 1–25 (HThKAT), Freiburg i. Br. 2005.

FISCHER, G., Jeremia 26–52 (HThKAT), Freiburg i. Br. 2005.

FLOYD, M. H., Minor Prophets 2 (fotl 12), Grand Rapids 2000.

FLOYD, M. H., The מַשָּׂא (MAŚŚĀ') as a Type of Prophetic Book, in: JBL 121 (2002), 401–422.

FLOYD, M. H., Was Prophetic Hope Born of Disappointment? The Case of Zechariah, in: BEN ZVI, E. (Hg.), Utopia and Dystopia in Prophetic Literature (SESJ 92), Helsinki/Göttingen 2006, 268–296.

FOHRER, G., Die Gattung der Bericht über symbolische Handlungen der Propheten, in: DERS. (Hg.), Studien zur alttestamentlichen Prophetie (BZAW 99), Berlin 1967, 92–112.

FORBES, R. J., Studies in Ancient Technology VIII, Leiden 1964.

FOSTER, R. L., Shepherds, Sticks, and Social Destabilization: A Fresh Look at Zechariah 11:4–17, in: JBL 126 (2007), 735–753.

FREEDMAN, D. N./WELCH, A. C., Art. שׁקק, in: ThWAT VIII, Stuttgart u. a. 1995, 461–465.

FREVEL, C., Geschichte Israels (Kohlhammer Studienbücher Theologie 2), Stuttgart 2016.

FROLOV, S., Is the Narrator also among the Prophets? Reading Zechariah without Presuppositions, in: Biblical Interpretation 13 (2005), 13–40.

FUCHS, G., Das Symbol des Bechers in Ugarit und Israel. Vom „Becher der Fülle" zum „Zornesbecher", in: GRAUPNER, A. u. a. (Hg.), Verbindungslinien, FS W. H. Schmidt, Neukirchen-Vluyn 2000, 65–84.

FUGMANN, E., Hama. Fouilles et Recherches 1931–1938. Bd. II/1: L'Architecture des Périodes Pré-Hellénistiques, Kopenhagen 1958.

FULLER, R. E., Textual Issues for an Edition of the Minor Prophets, in: PIQUER OTERO, A./ TORIJANO MORALES, P. A. (Hg.), *The Text of the Hebrew Bible and Its Editions: Studies in Celebration of the Fifth Centennial of the Complutensian Polyglot* (Supplements to the Textual History of the Bible 1), Leiden 2016, 413–427.

FULLER, R. E., The Form and Formation of the Book of the Twelve: The Evidence from the Judean Desert, in: WATTS, J. W./HOUSE, P. R. (Hg.), Forming Prophetic Literature. Essays on Isaiah and The Twelve in Honor of John D. W. Watts (JSOTS 235), Sheffield 1996, 86–101.

GALAMBUSH, J., Jerusalem in the Book of Ezekiel: the City as Yahweh's Wife (SBLDS 130), Atlanta 1992.

GALLING, K., Die Exilswende in der Sicht des Propheten Sacharja, in: DERS. (Hg.), Studien zur Geschichte Israels im persischen Zeitalter, Tübingen 1964, 109–126 (zuerst 1952).

GALLING, K., Serubbabel und der Hohepriester beim Wiederaufbau des Tempels in Jerusalem, in: DERS. (Hg.), Studien zur Geschichte Israels im persischen Zeitalter, Tübingen 1964, 127–148.

GÄRTNER, J., Jesaja 66 und Sacharja 14 als Summe der Prophetie. Eine traditions- und redaktionsgeschichtliche Untersuchung zum Abschluss des Jesaja und des Zwölfprophetenbuches (WMANT 114), Neukirchen-Vluyn 2006.

GESE, H., Anfang und Ende der Apokalyptik, dargestellt am Sacharjabuch, in: DERS., Vom Sinai zum Zion. Alttestamentliche Beiträge zur biblischen Theologie (BEvTh 64), München 1974, 203–230.

GESE, H., Nachtrag: Die Deutung der Hirtenallegorie Sach 11,4ff, in: DERS., Vom Sinai zum Zion. Alttestamentliche Beiträge zur biblischen Theologie (BEvTh 64), München 1974, 231–238.

GESE, H., Zur Geschichte der Kultsänger im Zweiten Tempel, in: DERS., Vom Sinai zum Zion. Alttestamentliche Beiträge zur biblischen Theologie (BEvTh 64), München 1974, 222–234.

GLAZIER-MACDONALD, B., Malachi. The Divine Messenger (SBLDS 98), Atlanta 1987.

GOMES, J. F., The Sanctuary of Bethel and the Configuration of Israelite Identity (BZAW 368), Berlin/New York 2006.

GONZALEZ, H., Art. Javan, in: EBR 13, Berlin/Boston 2016, 791f.

GONZALEZ, H., Quelle unité à la fin des Douze prophètes? Les jugements divins en Zacharie 14 et Malachie, in: ZAW 129 (2017), 59–83.

GONZALEZ, H., Zechariah 9–14 and the Continuation of Zechariah during the Ptolemaic Period, in: JHS 13/9 (2013), 1–43.

GONZALEZ, H., Zacharie 9–14 et le temple de Jérusalem. Observations sur le milieu de production d'un texte prophétique tardif, in: JAAJ 5 (2017), 23–77.

GONZALEZ, H./RÜCKL, J., Lectio difficilior potior? Zacharie 11,7a.11b dans le texte massorétique et la Septante, in: Sem. 56 (2014), 333–357.

GORDON, R. P., Targum Variant Agrees with Wellhausen!, in: ZAW 87 (1975), 218f.

GOSWELL, G., A Theocratic Reading of Zechariah 9:9, in: BBR 26 (2016), 7–19.

GOSWELL, G., The Eschatology of Malachi after Zechariah 14, in: JBL 132 (2013), 625–638.

GRABBE, L. L., A History of the Jews and Judaism in the Second Temple Period. Vol. 2: The Coming of the Greeks: The Early Hellenistic Period (333–175 BCE) (Library of Second Temple Studies 68), London/New York 2008.

GRAF, K. H., Der Prophet Jeremia, Leipzig 1862.

GRAINGER, J. D., Hellenistic Phoenicia, Oxford 1991.

GRAINGER, J. D., The Cities of Seleukid Syria, Oxford 1990.

GRAINGER, J. D., The Syrian Wars (MnS), Leiden/Boston 2010.

GRAMBERG, C. P. W., Kritische Geschichte der Religionsideen des alten Testaments. Zweyter Theil: Theokratie und Prophetismus, Berlin 1830.

GRESSMANN, H., Der Festbecher, in: JIRKU, A. (Hg.), Beiträge zur Religionsgeschichte und Archäologie Palästinas, FS E. Sellin, Leipzig 1927, 55–62.

GRESSMANN, H., Der Messias (FRLANT 43), Göttingen 1929.

GRESSMANN, H., Der Ursprung der israelitisch-jüdischen Eschatologie (FRLANT 6), Göttingen 1905.

GROSS, W., Richter (HThKAT), Freiburg i. Br. 2009.

GRÜTZMACHER, G., Untersuchung über den Ursprung der in Zach. 9–14 vorliegenden Profetien unter besonderer Berücksichtigung der zuletzt darüber vorgetragenen Hypothese, Berlin 1892.

HAAS, V., Geschichte der hethitischen Religion (HdO 1,15), Leiden 1994.

HAGEDORN, A. C., Die Anderen im Spiegel. Israels Auseinandersetzung mit den Völkern in den Büchern Nahum, Zefanja, Obadja und Joel (BZAW 414), Berlin/Boston 2011.

HALLASCHKA, M., Haggai und Sacharja 1–8. Eine redaktionsgeschichtliche Untersuchung (BZAW 411), Berlin/New York 2011.

HANHART, R., Sacharja 1–8 (BK 14/7.1), Neukirchen-Vluyn 1998.

HANSON, P. D., The Dawn of Apocalyptic. The Historical and Sociological Roots of Jewish Apocalyptic Eschatology, revised Edition, Philadelphia 1979.

GRESSMANN, H., Zechariah 9 and the Recapitulation of an Ancient Ritual Pattern, in: JBL 92 (1973), 37–59.

HARRELSON, W., The Celebration of the Feast of Booths according to Zech. Xiv 16–21, in: NEUSNER, J. (Hg.), Religions in Antiquity. Essays in Memory of Erwin Ramsdell Goodenough (SHR XIV), Leiden 1968, 88–96.

HARRIS, H. A., Sport in Greece and Rome (AGRL), London 1972.

HARTENSTEIN, F., Die Unzugänglichkeit Gottes im Heiligtum. Jesaja 6 und der Wohnort JHWHs in der Jerusalemer Kulttradition (WMANT 75), Neukirchen-Vluyn 1997.

HEIMPEL, W., Art. Maultier, in: RLA 7, Berlin/New York 1987–1990, 602–605.

HENGSTENBERG, E. W., Beiträge zur Einleitung ins Alte Testament. Erster Band: Die Authentie des Daniel und die Integrität des Sacharjah, Berlin 1831.

HENGSTENBERG, E. W., Christologie des Alten Testaments und Commentar über die Messianischen Weissagungen der Propheten. Zweiten Theiles erste und zweite Abtheilung enthaltend Sacharjah und Daniel, Berlin 1832.

HENSEL, B., Juda und Samaria. Zum Verhältnis zweier nach-exilischer Jahwismen (FAT 110), Tübingen 2016.

HIMBAZA, I., La finale de Malachie sur Elie (Ml 3,23–24). Son influence sur le livre de Malachie et son impact sur la littérature posterieure, in: HIMBAZA, I./SCHENKER, A. (Hg.), Un carrefour dans l'histoire de la Bible. Du texte à la théologie au IIe siècle avant J.-C. (OBO 233), Fribourg/Göttingen 2007, 21–44.

HIMBAZA, I., Les thèmes théologiques de Malachie et le concept du livre des XII Prophètes, in: DI PEDE, E./SCAIOLA, D. (Hg.), The Book of the Twelve – One Book or Many? Metz Conference Proceedings 5–7 November 2015 (FAT II 91), Tübingen 2016, 82–96.

HITZIG, F., Die zwölf kleinen Propheten (KEH), 4. Aufl., Leipzig 1881.

HOFFMAN, Y., The Fasts in the Book of Zechariah and the Fashioning of National Remembrance, in: LIPSCHITS, O./BLENKINSIPP, J. (Hg.), Judah and the Judeans in the Neo-Babylonian Period, Winona Lake 2003, 169–218.

HÖLBL, G., Geschichte des Ptolemäerreiches. Politik, Ideologie und religiöse Kultur von Alexander dem Großen bis zur römischen Eroberung, Darmstadt 1994.

HORST, F., Die Zwölf kleinen Propheten, Nahum bis Maleachi (HAT 14), 2. Aufl., Tübingen 1954.

HOSSFELD, F.-L./MEYER, I., Prophet gegen Prophet. Eine Analyse der alttestamentlichen Texte zum Thema: Wahre und falsche Prophetie (BB NF 9), Fribourg 1973.

HOSSFELD, F.-L./ZENGER, E., Psalmen 51–100 (HThKAT), Freiburg i. Br. u. a. 2000.

HÜBNER, U., Spiele und Spielzeug im antiken Palästina (OBO 121), Freiburg/Göttingen 1992.

HURSCHMANN, R., Art. Diadema, in: DNP 3, Stuttgart 1997, 498f.

HYATT, J. P., A Neo-Babylonian Parallel to Bethel-Sar-Eşer, Zech 7:2, in: JBL 56 (1937), 387–394.

IRSIGLER, H., Der Freudenaufruf an Zion in Israels Prophetie, Zef 3,14–15 und seine Parallelen, in: FRÜHWALD-KÖNIG, J. (Hg.), Steht nicht geschrieben? Studien zur Bibel und ihrer Wirkungsgeschichte, FS G. Schmuttermayr, Regensburg 2001, 49–74.

IRSIGLER, H., Ein Gottesvolk aus allen Völkern? Zur Spannung zwischen universalen und partikularen Heilsvorstellungen in der Zeit des Zweiten Tempels, in: BZ 56 (2012), 210–246.

JANOWSKI, B., Die Frucht der Gerechtigkeit. Psalm 72 und die judäische Königsideologie, in: DERS. (Hg.), Der Gott des Lebens (Beiträge zur Theologie des Alten Testaments 3), Neukirchen-Vluyn 2003, 157–197 (zuerst 2002).

JANOWSKI, B., Die heilige Wohnung des Höchsten. Kosmologische Implikationen der Jerusalemer Tempeltheologie, in: DERS. (Hg.), Der Gott des Lebens (Beiträge zur Theologie des Alten Testaments 3), Neukirchen-Vluyn 2003, 27–71 (zuerst 2002).

JANOWSKI, B., „Ein großer König über die ganze Erde" (Ps 47,3). Zum Königtum Gottes im Alten Testament, in: BiKi 62 (2007), 102–108.

JANOWSKI, B., Stellvertretung. Alttestamentliche Studien zu einem theologischen Grundbegriff (SBS 165), Stuttgart 1997.

JANSMA, T., Inquiry into the Hebrew Text and the Ancient Version of Zechariah ix–xiv, in: OTS 7 (1950), 1–42.

JEPSEN, A., Kleine Beiträge zum Zwölfprophetenbuch II. 3. Der Aufbau des deuterosacharjanischen Buches, in: ZAW 57 (1939), 242–255.

JEPSEN, A., Kleine Beiträge zum Zwölfprophetenbuch III. 4. Sacharja, in: ZAW 61 (1945/48), 95–114.

JEREMIAS, CH., Die Nachtgesichte des Sacharja. Untersuchungen zu ihrer Stellung im Zusammenhang der Visionsberichte im Alten Testament und zu ihrem Bildmaterial (FRLANT 117), Göttingen 1966.

JEREMIAS, J., Der Prophet Amos (ATD 24,2), Göttingen 2007.

JEREMIAS, J., Der Prophet Hosea (ATD 24,1), Göttingen 1983.

JEREMIAS, J., Die Propheten Joel, Obadja, Jona, Micha (ATD 24,3), Göttingen 2007.

JEREMIAS, J., Gelehrte Prophetie. Beobachtungen zu Joel und Deuterosacharja, in: BULTMANN, C. (Hg.), Vergegenwärtigung des Alten Testaments. Beiträge zur biblischen Hermeneutik, FS R. Smend, Göttingen 2002, 97–111.

JEREMIAS, J., Neuere Tendenzen der Forschung an den kleinen Propheten, in: GARCÍA MARTÍNEZ, F. (Hg.), Perspectives in the Study of the Old Testament and Early Judaism (VT.S 73), Leiden 1998, 122–136.

JONES, D. R., A Fresh Interpretation of Zechariah IX–XI, in: VT 12 (1962), 241–259.

JONES, D. R., Haggai, Zechariah and Malachi (TBC), London 1962.

JUNKER, H., Die zwölf kleinen Propheten. II. Hälfte: Nahum, Habakuk, Sophonia, Aggäus, Zacharias, Malachias (HSAT VII 3/2), Bonn 1938.

JURSA, M., Aspects of the Economic History of Babylonia in the First Millenium BC, Economic Geography, Economic Mentalities, Agriculture, the Use of Money and the Problem of Economic Growth (AOAT 377), Münster 2010.

JURSA, M., Neo-Babylonian Legal and Administrative Documents: Typology, Contents and Archives (Guides to the Mesopotamian Textual Record 1), Münster 2005.

KAISER, O., Der eine Gott Israels und die Mächte der Welt: Der Weg Gottes im Alten Testament vom Herrn seines Volkes zum Herrn der ganzen Welt (FRLANT 249), Göttingen 2013.

KAMMENHUBER, A., Hippologica Hethitica, Wiesbaden 1961.

KARTVEIT, M., Sach 13,2–6: Das Ende der Prophetie – Aber Welcher?, in: TÅNGBERG, A. (Hg.), Text and Theology, FS Magne Sæbø, Oslo 1994, 143–156.

KEEL, O., Das Hohelied (ZBK 18), Zürich 1986.

KEEL, O., Der Bogen als Herrschaftssymbol: Einige unveröffentlichte Skarabäen aus Ägypten und Israel zum Thema „Jagd und Krieg", in: ZDPF 93 (1977), 141–177.

KEEL, O., Die Welt der altorientalischen Bildsymbolik und das Alte Testament am Beispiel der Psalmen, 2. Aufl., Zürich u. a. 1977.

KEIL, C. F., Die zwölf kleinen Propheten (BC 3,4), 3. Aufl., Leipzig 1888.

KESSLER, R., Maleachi (HThKAT), Freiburg i. Br. 2011.

KESSLER, R., The Twelve. Structure, Themes, and Contested Issues, in: SHARP, C. J. (Hg.), The Oxford Handbook of the Prophets, New York 2016, 207–223.

KLINGBEIL, G. A., "Man's Other Best Friend". The Interaction of Equids and Man in Daily Life in Iron Age II Palestine as Seen in Texts, Artefacts, and Images, in: UF 35 (2003), 259–289.

KLOSTERMANN, A., Rez. Bredenkamp, Der Prophet Sacharja erklärt, in: THLZ 4 (1979), 561–567.

KNAUF, E. A., Die Umwelt des Alten Testaments (NSK.AT 29), Stuttgart 1994.

KOCH, K., Art. אהל, in: THWAT I, Stuttgart u. a. 1973, 128–141.

KOCH, H., Persepolis. Glänzende Hauptstadt des Perserreichs, Mainz 2001.

KÖCKERT, M., Abraham. Ahnvater – Vorbild – Kultstifter (Biblische Gestalten 31), Leipzig 2017.

KOENEN, K., Bethel. Geschichte. Kult und Theologie (OBO 192), Freiburg/Göttingen 2003.

KOHL, K., Metapher (Sammlung Metzler 352), Stuttgart 2007.

KÖHLER, A., Die nachexilischen Propheten erklärt. Dritte Abtheilung: Der Weissagungen Sacharjas zweite Hälfte, Cap. 9–14, Erlangen 1863.

KÖHLER, A., Die nachexilischen Propheten erklärt. Zweite Abtheilung: Der Weissagungen Sacharjas erste Hälfte, Cap. 1–8, Erlangen 1861.

KÖHLER, L., Kleine Lichter. 50 Bibelstellen erklärt (ZwingBü 47), Zürich 1945.

KÖHLMOOS, M., Bet-El – Erinnerungen an eine Stadt. Perspektiven der alttestamentlichen Bet-El-Überlieferung (FAT 49), Tübingen 2006.

KÖRTING, C., Der Schall des Schofar. Israels Feste im Herbst (BZAW 285), Berlin/New York 1999.

KRAELING, E. G. H., The Historical Situation in Zech. 9:1–10, in: AJSL 41 (1924), 24–33.

KRATZ, R. G., Historisches und biblisches Israel. Drei Überblicke zum Alten Testament, Tübingen 2013.

KRATZ, R. G., Reste hebräischen Heidentums am Beispiel der Psalmen, in: NAWG.PH 2004/2, 25–65.

KRATZ, R. G., Serubbabel und Joschua, in: DERS. (Hg.), Das Judentum im Zeitalter des Zweiten Tempels (FAT 42), Tübingen 2004, 79–92.

KRATZ, R. G., Statthalter, Hohepriester und Schreiber im perserzeitlichen Juda, in: DERS. (Hg.), Das Judentum im Zeitalter des Zweiten Tempels (FAT 42), Tübingen 2004, 93–119.

KREMER, J., Die Hirtenallegorie im Buche Zacharias. Auf ihre Messianität hin untersucht. Zugleich ein Beitrag zur Geschichte der Exegese (ATA 11.2), Münster 1930.

KÜCHLER, M., Jerusalem. Ein Handbuch und Studienreiseführer zur Heiligen Stadt (OLB IV,2), Göttingen 2007.

KUNZ, A., Ablehnung des Krieges. Untersuchungen zu Sacharja 9 und 10 (HBS 17), Freiburg i. Br. u. a. 1998.

KUTSCH, E., Das sog. „Bundesblut" in Ex XXIV 8 und Sach IX 11, in: VT 23 (1973), 25–30.

LAATO, A., Josiah and David Redivivus. The Historical Josiah and the Messianic Expectations of Exilc and Postexilic Times (CB.OT 33), Stockholm 1992.

LAATO, A., Zachariah 4,6b–10a and the Akkadian royal building inscriptions, in: ZAW 106 (1994), 53–69.

LACOCQUE, A., Zacharie 9–14, in: AMSLER, S./LACOCQUE, A./VUILLEUMIER, R. (Hg.), Haggée, Zacharie, Malachie (CAT XIc), 2. Aufl., Genf 1988, 127–216.

LAMARCHE, P., Zacharie IX–XIV. Structure Littéraire et Messianisme (EtB), Paris 1961.

LANGE, A., Considerations Concerning the "Spirit of Impurity" in Zech 13:2, in: LANGE, A./ LICHTENBERGER, H./RÖMHELD, K. F. D. (Hg.), Die Dämonen/Demons. Die Dämonologie der israelitisch-jüdischen und frühchristlichen Literatur im Kontext ihrer Umwelt/ The Demonology of Israelite-Jewish and Early Christian Literature in Context of their Environment, Tübingen 2003, 254–268.

LANGE, A., Vom prophetischen Wort zur prophetischen Tradition. Studien zur Traditions- und Redaktionsgeschichte innerprophetischer Konflikte in der Hebräischen Bibel (FAT 34), Tübingen 2002.

LARKIN, K., The Eschatology of Second Zechariah. A Study of the Formation of a Mantological Wisdom Anthology (CBET 6), Kampen 1994.

LAUBER, S., Das Buch Maleachi als literarische Fortschreibung von Sacharja? Eine Stichprobe, in: Bib. 88 (2007), 214–221.

LAUBER, S., „Euch aber wird aufgehen die Sonne der Gerechtigkeit" (vgl. Mal 3,20). Eine Exegese von Mal 3,13–21 (ATSAT 78), St. Ottilien 2006.

LEE, K.-J., Symbole für Herrschaft und Königtum in den Erzählungen von Saul und David (BWANT 210), Stuttgart 2017.

LEE, S. Y., An Intertextual Analysis of Zechariah 9–10. The Earlier Restoration Expectations of Second Zechariah (LHB 599), London u. a. 2015.

LEHMANN-HAUPT, C. F., Dareios und sein Roß, in: KLIO (1923), 59–64.

LESCOW, T., Das Buch Maleachi. Texttheorie – Auslegung – Kanontheorie (AzTh 75), Stuttgart 1993.

LESKE, A. M., Context and Meaning of Zech 9:9, in: CBQ 62 (2000), 663–678.

LEUENBERGER, M., Haggai (HThKAT), Freiburg i. Br. 2015.

LEUENBERGER, M., Herrschaftsverheißungen im Zwölfprophetenbuch. Ein Beitrag zu seiner thematischen Kohärenz und Anlage, in: SCHMID, K. (Hg.), Prophetische Heils- und Herrschererwartungen (SBS 194), Stuttgart 2005, 75–111.

LEUENBERGER, M., Konzeptionen des Königtums Gottes im Psalter. Untersuchungen zu Komposition und Redaktion der theokratischen Bücher IV–V im Psalter (AThANT 83), Zürich 2004.

LEUENBERGER, M., Messias im Übergang. Die Kyrostexte im literarischen und historischen Kontext des (Deutero-)Jesajabuchs, in: FORNET-PONSE, T. (Hg.), „Überall und immer" – „Nur hier und jetzt". Theologische Perspektiven auf das Spannungsverhältnis von Partikularität und Universalität. Ökumenische Beiträge aus dem Theologischen Studienjahr (JThF 29), Münster 2016, 39–65.

LEVIN, C., The Poor in the Old Testament: Some Observations, in: DERS. (Hg.), Re-Reading the Scriptures. Essays on the Literary History of the Old Testament (FRLANT 87), Tübingen 2013, 281–300 (zuerst 2001).

LIMET, H., Évolution dans l'utilisation des équidés dans le Proche-Orient ancient, in: BODSON, L. (Hg.), Le cheval et les autres équidés: aspects de l'histoire de leur insertion dans les activités humaines (Colloques d'histoire des connaissances zoologiques 6), Liège 1995, 31–45.

LINDHAGEN, C., The Servant Motif in the Old Testament. A Preliminary Study to the 'Ebd-Yahweh Problem' in Deutero-Isaiah, Uppsala 1950.

LIPIŃSKI, E., Aramaeans. Their Ancient History, Culture, Religion (Ola 100), Leuven u. a. 2000.

LIPIŃSKI, E., Recherches sur le livre de Zacharie, in: VT 20 (1970), 25–55.

LORETZ, O., Das pharaonische Wagengespann mit Stute des Canticums (1,9–11) in hippologisch-militärgeschichtlicher Sicht, in: UF 36 (2004), 205–234.

LORETZ, O., Die Königspsalmen. Die altorientalisch-kanaanäische Königstradition in jüdischer Sicht. Teil 1: Ps. 20, 21, 72, 101 und 144. Mit einem Beitrag von I. KOTTSIEPER zu Papyrus Amherst (UBL 6), Münster 1988.

LORETZ, O., Die Teraphim als „Ahnen-Götter-Figur(in)en" im Lichte der Texte aus Nuzi, Emar und Ugarit, in: UF 24 (1992), 133–178.

LORETZ, O., Hippologica Ugaritica. Das Pferd in Kultur, Wirtschaft, Kriegführung und Hippiatrie Ugarits. Pferd, Esel und Kamel in biblischen Texten (AOAT 386), Münster 2011.

LORETZ, O., Ugarit und die Bibel. Kanaanäische Götter und Religion im Alten Testament, Darmstadt, 1990.

LUTZ, H.-M., Jahwe, Jerusalem und die Völker. Zur Vorgeschichte von Sach 12,1–8 und 14,1–5 (WMANT 27), Neukirchen-Vluyn 1968.

LUX, R., Das Zweiprophetenbuch. Beobachtungen zu Aufbau und Struktur von Haggai und Sacharja 1–8, in: DERS., Prophetie und Zweiter Tempel. Studien zu Haggai und Sacharja (FAT 65), Tübingen 2009, 3–26 (zuerst 2002).

LUX, R., Die doppelte Konditionierung des Heils. Theologische Anmerkungen zum chronologischen und literarischen Ort des Sacharjaprologs (Sach 1,1–6), in: DERS., Prophetie und Zweiter Tempel. Studien zu Haggai und Sacharja (FAT 65), Tübingen 2009, 223–240 (zuerst 2004).

LUX, R., Himmelsleuchter und Tempel. Beobachtungen zu Sacharja 4 im Kontext der Nachtgesichte, in: DERS., Prophetie und Zweiter Tempel. Studien zu Haggai und Sacharja (FAT 65), Tübingen 2009, 144–164 (zuerst 2003).

LUX, R., „Wir wollen mit euch gehen...". Überlegungen zur Völkertheologie Haggais und Sacharjas, in: DERS., Prophetie und Zweiter Tempel. Studien zu Haggai und Sacharja (FAT 65), Tübingen 2009, 241–265 (zuerst 1999).

MACCHI, J.-D., Le thème du « jour de YHWH » dans les XII petits prophètes, in: VERMEYLEN, J. (Hg.), Les Prophètes de la Bible et la Fin des Temps. XXIIIᵉ congrès de l'Association catholique française pur l'étude de la Bible (Lectio divina), Paris 2010, 147–181.

MACDONALD, J., The Particle את in Classical Hebrew: Some New Data on Its Use with the Nominative, in: VT 14 (1964), 264–275.

MAGEN, Y., The Dating of the First Phase of the Samaritan Temple on Mt Gerizim in Light of Archaeological Evidence, in: LIPSCHITZ, O. u. a. (Hg.), Judah and the Judeans in the Fourth Century B.C.E., Winona Lake 2007, 157–211.

MAIBERGER, P., Art. עָשָׁב, in: ThWAT VI, Stuttgart u. a. 1989, 410–413.

MALAMAT, A., The Historical Setting of Two Biblical Prophecies on the Nations, in: IEJ 1 (1951), 149–159.

MARINKOVIĆ, P., Was wissen wir über den zweiten Tempel aus Sach 1–8?, in: BARTELMUS, R. u. a. (Hg.), Konsequente Traditionsgeschichte, FS K. Baltzer (OBO 126), Göttingen/Fribourg 1993, 281–295.

MARTI, K., Das Dodekapropheton erklärt (KHC XIII), Tübingen 1904.

MARTI, L., Art. Javan, in: EBR 13, Berlin/Boston 2016, 789f.

MASON, R., Some Examples of Inner Biblical Exegesis in Zech. IX–XIV, in: LIVINGSTONE, E. A. (Hg.), Studia Evangelica Vol. VIII. Papers presented to the Fith International Congress on Biblical Studies held at Oxford, 1973 (TU 126), Berlin 1982, 343–354.

MASON, R., The Books of Haggai, Zechariah and Malachi (CBC), Cambridge 1977.

MASON, R., The Messiah in the Postexilic Old Testament Literature, in: DAY, J. (Hg.), King and Messiah in Israel and the Ancient Near East. Proceedings of the Oxford Old Testament Seminar (JSOTS 270), Sheffield 1998, 338–364.

MASON, R., The Relation of Zech 9–14 to Proto-Zechariah, in: ZAW 88 (1976), 227–239.

MASON, R., The Use of Earlier Biblical Material in Zechariah 9–14. A Study in Inner Biblical Exegesis, in: BODA, M. J./FLOYD, M. H. (Hg.), Bringing out the Treasure. Inner Biblical Allusion in Zechariah 9–14 (JSOTS 370), Sheffield 2003, 1–208.

MASON, R., Why is Second Zechariah so Full of Quotations?, in: TUCKETT, C. (Hg.), The Book of Zechariah and ist Influence, Aldershot 2003, 21–28.

MATHYS, H.-P., Anmerkungen zur dritten Vision des Sacharja (Sacharja 2,5–9), in: ThZ 66 (2010), 103–118.

MATHYS, H.-P., Anmerkungen zu Mal 3,22–24, in: DERS., Vom Anfang und vom Ende. Fünf alttestamentliche Studien (BEATAJ 47), Frankfurt 2000, 30–40.

MATHYS, H.-P., Chronikbücher und hellenistischer Zeitgeist, in: DERS., Vom Anfang und vom Ende. Fünf alttestamentliche Studien (BEATAJ 47), Frankfurt 2000, 41–155.

MAUL, S. M., Der assyrische König – Hüter der Weltordnung, in: ASSMAN, J. u. a. (Hg.), Gerechtigkeit. Richten und Retten in der abendländlischen Tradition und ihren altorientalischen Ursprüngen, München 1998, 65–77.

MEIN, A., Profitable and Unprofitable Shepherds: Economic and Theological Perspectives on Ezekiel 34, in: JSOT 31 (2007), 493–504.

MEINHOLD, A., Art. Maleachi, in: Das Wissenschaftliche Bibellexikon im Internet (www.wibilex. de), 2007 (Zugriffsdatum: 06.09.2017).

MEINHOLD, A., Maleachi (BK XIV/8), Neukirchen-Vluyn 2006.

MEINHOLD, A., Mose und Elia am Gottesberg und am Ende des Prophetenkanons, in: Leqach 2 (2002), 22–38.

MENKEN, M. J. J., The Textual Form and the Meaning of the Quotation from Zechariah 12:10 in John 19:37, in: CBQ 55 (1993), 494–511.

MEYER, G. R., Der Tell Halaf. Eine Ruinenstätte in Nordsyrien (Sonderheft Wissenschaftliche Annalen), Berlin 1958.

MEYER, L. V., An Allegory concerning the Monarchy: Zech 11:4–17; 13:7–9, in: MERRILL, A. L./ OVERHOLT, T. W. (Hg.), Scripture in History & Theology, FS J. C. Rylaarsdam (PThMS 17), Pittsburgh 1971, 225–240.

MEYERS, C. L., Foreign Places, Future World: Toponyms in the Eschatology of Zechariah 9, in: AHITUV, S./LEVINE, B. A. (Hg.), Avraham Malamat Volume (ErIsr 24), Jerusalem 1993, 164–172.

MEYERS, C. L./MEYERS, E. M., Haggai, Zechariah 1–8. A New Translation with Introduction and Commentary (AncB 25 B), New York u. a. 1987.

MEYERS, C. L./MEYERS, E. M., Zechariah 9–14. A New Translation with Introduction and Commentary (AncB 25 C), New York u. a. 1993.

MEYERS, E. M., Messianism in First and Second Zechariah and the "End" of Biblical Prophecy, in: COLESON, J. E./MATTHEWS, V. H. (Hg.), "Got to the Land I Will Show You" Studies in Honor of Dwight W. Young, Winona Lake 1996, 127–142.

MEYERS, E. M., The Crisis of the Mid-Fifth Century B.C.E. Seond Zechariah and the "End" of Prophecy, in: WRIGHT, D. P. u. a. (Hg.), Pomegranates and Golden Bells. Studies in Biblical, Jewish, and Near Eastern Ritual, Law, and Literature in Honor of Jacob Milgrom, Winona Lake 1995, 713–723.

MILGROM, J./WRIGHT, D. P., Art. נִדָּה, in: ThWAT V, Stuttgart u. a. 1986, 250–253.

Millard, A. R., The Homeland of Zakkur, in: Sem. 39 (1990), 47–52.

MITCHELL, H. G., A Critical and Exegetical Commentary on Haggai and Zechariah, (ICC), 3. Aufl., Edinburgh 1951.

MORRISON, M. A., The Jacob and Laban Narrative in the Light of Near Eastern Sources, in: BA (1983), 155–164.

MOWINCKEL, S., Psalmenstudien I–II, Photomechanischer Nachdruck der Ausgabe Oslo 1921–1924, Amsterdam 1961.

MULDER, M. J., Art. לבנון, in: ThWAT IV, Stuttgart u. a. 1984, 461–471.

MÜLLER, R., Der finstere Tag Jahwes. Zum kultischen Hintergrund von Am 5,18–20, in: ZAW 122 (2010), 576–592.

MÜLLER, R., Jahwe als Wettergott. Studien zur althebräischen Kultlyrik anhand ausgewählter Psalmen (BZAW 387), Berlin/New York 2008.

MULZER, M., Ein Esel, zwei Esel? Zu Sach 9,9 und Mt 21,2.5.7, in: BZ 59 (2015), 79–88.

MUNCH, P. A., The Expression bajjôm hāhū'. Is it an Eschatological Terminus Technicus?, Oslo 1936.

NEWCOME, W., An Attempt towards an Improved Version, a Metrical Arrangement and an Explanation of the Twelve Minor Prophets, London 1785.

NIEMANN, H. M., Nachbarn und Gegner, Konkurrenten und Verwandte Judas: Die Philister zwischen Geographie und Ökonomie, Geschichte und Theologie, in: HÜBNER, U./ KNAUF, E. A. (Hg.), Kein Land für sich allein. Studien zum Kulturkontakt in Kanaan, Israel/Palästina und Ebirnâri, FS M. Weippert (OBO 186), Göttingen 2002, 70–91.

NIHAN, C., Moses and the Prophets: Deuteronomy 18 and the Emergence of the Pentateuch as Torah, in: SEÅ 75 (2010), 21–55.

NIHAN, C., Remarques sur la question de l' « unité » des XII, in: DI PEDE, E./SCAIOLA, D. (Hg.), The Book of the Twelve – One Book or Many? Metz Conference Proceedings 5–7 Novemberg 2015 (FAT II 91), Tübingen 2016, 145–165.

NOETZEL, J., Maleachi, ein Hermeneut (BZAW 467), Berlin/Boston 2015.

NOGALSKI, J., Literary Precursors to the Book of the Twelve (BZAW 217), Berlin/New York 1993.

NOGALSKI, J., Redactional Processes in the Book of the Twelve (BZAW 218), Berlin/ New York 1993.

NOGALSKI, J., The Book of the Twelve Is Not a Hypothesis, in: DI PEDE, E./SCAIOLA, D. (Hg.), The Book of the Twelve – One Book or Many? Metz Conference Proceedings 5–7 Novemberg 2015 (FAT II 91), Tübingen 2016, 37–59.

NOGALSKI, J., The Book of Twelve. Micah-Malachi (Smyth & Helwys Bible Commentary), Macon 2011.

NOGALSKI, J., Zechariah 13:7–9 as a Transitional Text: An Appreciation and Re-Evaluation of the Work of Rex Mason, in: BODA, M. J./FLOYD, M. H. (Hg.), Bringing out the Treasure. Inner Biblical Allusion in Zechariah 9–14 (JSOTS 370), London/New York 2003, 292–303.

NOTH, M., Remarks on the Sixth Volume of Mari Texts, in: JSSt 1 (1956), 322–333.

Nowack, W., Die kleinen Propheten (HK III/4), 3. Aufl., Göttingen 1922.

O'Kennedy, D. F., The Meaning of 'Great Mountain' in Zechariah 4:7, in: OTE 21 (2008), 404–421.

Oded, B., War, Peace and Empire. Justifications for War in Assyrian Royal Inscriptions, Wiesbaden 1992.

Ollenburger, B. C., The Book of Zechariah, in: NIB 7, Nashville 1996, 735–840.

Olyan, S. M., Biblical Mourning: Ritual and Social Dimension, New York 2004.

Opelt, I., Der „Hebestein" Jerusalem und eine Hebekugel auf der Akropolis von Athen in der Deutung des Hieronymus von Sach. 12,1/3, in: Dassmann, E./Thraede, K. (Hg.), Vivarium, FS Th. Klauser (JbAC.E 11), Münster 1984, 287–294.

Ott, K., Die prophetischen Analogiehandlungen im Alten Testament (BWANT 185), Stuttgart 2009.

Otto, E., Das antike Jerusalem. Archäologie und Geschichte (C. H. Beck Wissen), München 2008.

Otto, E., Deuteronomium 23,16–34,12 (HThKAT), Freiburg u. a. 2017.

Otzen, B., Studien über Deuterosacharja (AThD VI), Kopenhagen 1964.

Pajunen, M. S./von Weissenberg, H., The Book of Malachi, Manuscript 4Q76 (4QXII^a), and the Formation of the "Book of the Twelve", in: JBL 134 (2015), 731–751.

Parpola, S., The Assyrian Tree of Life: Tracing the Origins of Jewish Monotheism and Greek Philosophy, in: JNES 52 (1993), 161–208.

Perlitt, L., Der Staatsgedanke im Deuteronomium, in: Ders., Allein mit dem Wort. Theologische Studien, hg. von H. Spieckermann, Göttingen 1995, 236–248.

Person, R. F., Second Zechariah and the Deuteronomic School (JSOTS 167), Sheffield 1993.

Petersen, D. L., Haggai and Zechariah 1–8. A Commentary (OTL), Philadelphia 1984.

Petersen, D. L., Zechariah 9–14 and Malachi. A Commentary (OTL), Louisville 1995.

Petersen, D. L., Zerubbabel and Jerusalem Temple Reconstruction, in: CBQ 36 (1974), 366–372.

Petitjean, A., Les Oracles du Proto–Zacharie. Un programme de restauration pour la communauté juive après l'exil (EtB), Paris/Leuven 1969.

Petterson, A. R., Behold Your King. The Hope for the House of David in the Book of Zechariah (LHB 513), New York/London 2009.

Petterson, A. R., The Shape of the Davidic Hope across the Book of the Twelve, in: JSOT 35 (2010), 225–246.

Pfeiffer, H., Das Heiligtum von Bethel im Spiegel des Hoseabuches (FRLANT 183), Göttingen 1999.

Pfeiffer, H., König Jahwe und das Chaos: Zur Rezeption und Transformation des Chaoskampfmotivs im Alten Testament, in: Gemeinhardt, P./Zgoll, A. (Hg.), Weltkonstruktionen. Religiöse Weltdeutung zwischen Chaos und Kosmos vom Alten Orient bis zum Islam (ORA 5), Tübingen 2010, 65–85.

Plöger, O., Theokratie und Eschatologie (WMANT 2), Neukirchen Kreis Moers 1959.

Podella, T., Şôm-Fasten. Kollektive Trauer um den verborgenen Gott im Alten Testament (AOAT 224), Neukirchen-Vluyn 1989.

Pola, T., Das Priestertum bei Sacharja. Historische und traditionsgeschichtliche Untersuchungen zur frühnachexilischen Herrschererwartung (FAT 35), Tübingen 2003.

Pola, T., Sach 9,9–17^{LXX} – Indiz für die Entstehung des griechischen Dodekaprophetons im makkabäischen Jerusalem?, in: Kraus, W./Munnich, O. (Hg.), La Septante en Allemagne et en France. Septuaginta Deutsch und Bible d'Alexandrie (OBO 238), Fribourg/Göttingen 2009, 238–251.

Pola, T., Von Juda zu Judas. Das theologische Proprium von Sach 14,12–21 LXX, in: Karrer, M./ Kraus, W. (Hg.), Die Septuaginta – Texte, Kontexte, Lebenswelten (WUNT 219) Tübingen 2008, 572–580.

Postgate, J. N., Some Old Babylonian Shepherds and their Flocks, in: JSS 20 (1975), 1–18.

PRIJS, L., Jüdische Tradition in der Septuaginta. Die grammatikalische Terminologie des Abraham Ibn Esra. Zwei Bände in einem Band, Hildesheim u. a. 1987.

PROCKSCH, O., Die kleinen prophetischen Schriften nach dem Exil (EzAT 6), 2. Aufl., Stuttgart 1929.

PUMMER, R., The Samaritans and Their Pentateuch, in: KNOPPERS, G. N./LEVINSON, B. M. (Hg.), The Pentateuch as Torah. New Models for Understanding Its Promulgation and Acceptance, Winona Lake 2007, 237–269.

REDDITT, P. L., Haggai, Zechariah, Malachi (NCBC), London 1995.

REDDITT, P. L., Israel's Shepherds: Hope and Pessimism in Zechariah 9–14, in: CBQ 51 (1989), 631–642.

REDDITT, P. L., Nehemiah's First Mission and the Date of Zechariah 9–14, in: CBQ 56 (1994), 664–678.

REDDITT, P. L., Redactional Connectors in Zechariah 9–14, in: ALBERTZ, R. u. a. (Hg.), Perspectives on the formation of the Book of the Twelve. Methodological Foundations – Redactional Processes – Historical Insights (BZAW 433), Berlin 2012, 207–222.

REDDITT, P. L., Zechariah 9–14 (IECOT), Stuttgart 2012.

REDDITT, P. L., Zechariah 9–14: The Capstone of the Book of the Twelve, in: BODA, M. J./FLOYD, M. H. (Hg.), Bringing out the Treasure. Inner Biblical Allusion in Zechariah 9–14 (JSOTS 370), London/ New York 2003, 305–332.

REHM, M. Die Hirtenallegorie Zach 11,4–14, in: BZ 4 (1960), 186–208.

REHM, M. Der königliche Messias im Licht der Immanuel-Weissagungen des Buches Jesaja (ESt I), Kevelaer 1968.

RENDTORFF, R., Der „Tag Jhwhs" im Zwölfprophetenbuch, in: ZENGER, E. (Hg.), „Wort JHWHs, das geschah…" (Hos 1,1). Studien zum Zwölfprophetenbuch (HBS 35), Freiburg u. a. 2002, 1–11.

REUSS, E., Die Geschichte der Heiligen Schriften des Alten Testaments, 2. Aufl., Braunschweig 1890.

REVENTLOW, H. G., Die Propheten Haggai, Sacharja und Maleachi (ATD 25,2), 9. Aufl., Göttingen 1993.

RHEA, R., Attack on Prophecy. Zechariah 13:1–6, in: ZAW 107 (1995), 288–293.

RIGNELL, L. G., Die Nachtgesichte des Sacharja. Eine exegetische Studie, Lund 1950.

ROBINSON, G. L., The Prophecies of Zechariah. With Special Reference to the Origin and Date of Chapter 9–14, Chicago 1896.

ROBINSON, H. WH., Art. Zechariah, in: EBrit 23, 14. Aufl., New York/London 1929, 938f.

ROHRMOSER, A., Götter, Tempel und Kult der Judäo-Aramäer von Elephantine. Archäologische und schriftliche Zeugnisse aus dem perserzeitlichen Ägypten (AOAT 396), Münster 2014.

ROOT, M. C., The King and Kingship in Achaemenid Art. Essays on the Creation of an Iconography of Empire (Acta Iranica 19), Leiden 1979.

ROSE, W. H., Zechariah and the Ambiguity of Kingship in Postexilic Israel, in: PROVAN, I./BODA, M. (Hg.), Let us Go up to Zion, FS H. G. M. Williamson (VT.S 153), Leiden 2012, 219–231.

ROSE, W. H., Zemah and Zerubbabel. Messianic Expectations in the Early Postexilic Period (JSOTS 304), Sheffield 2000.

ROST, L., Bemerkungen zu Sacharja 4, in: ZAW 63 (1951), 216–221.

ROTH, M., Israel und die Völker im Zwölfprophetenbuch. Eine Untersuchung zu den Büchern Joel, Jona, Micha und Nahum (FRLANT 210), Göttingen 2005.

ROTHSTEIN, D. J. W., Die Nachtgesichte des Sacharja. Studien zur Sacharjaprophetie und zur jüdischen Geschichte im ersten nachexilischen Jahrhundert (BWAT 8), Leipzig 1910.

RUBINKAM, N. I., The Second Part of the Book of Zechariah with Special Reference to the Time of its Origin, Basel 1892.

RUDMAN, D., The Commissioning Stories of Saul and David as Theological Allegory, in: VT 50 (2000), 519–530.

RUDOLPH, W., Joel – Amos – Obadja – Jona (KAT 13,2), Gütersloh 1971.

RUDOLPH, W., Haggai – Sacharja 1–8 – Scharja 9–14 – Maleachi. Mit einer Zeittafel von Alfred Jepsen (KAT 13,4), Gütersloh 1976.

SÆBØ, M., Art. יוֹם II.–IV., in: ThWAT III, Stuttgart u. a. 1982, 566–586.

SÆBØ, M., Die deuterosacharjanische Frage. Eine forschungsgeschichtliche Studie, in: StTh 23 (1969), 115–140.

SÆBØ, M., Sacharja 9–14. Untersuchungen von Text und Form (WMANT 34), Neukirchen-Vluyn 1969.

SÆBØ, M., Vom Großreich zum Weltreich. Erwägungen zu Pss. lxxii 8, lxxxix 26; Sach. lx 10b, in: VT 28 (1978), 83–91.

SAMUEL, H., Von Priestern zum Patriarchen. Levi und die Leviten im Alten Testament (BZAW 448), Berlin/Boston 2014.

SAUER, G., Art. Gilead, in: BHH 1, Göttingen 1962, 571f.

SAUER, G., Serubbabel in der Sicht Haggais und Sacharjas, in: MASS, F. (Hg.), Das ferne und nahe Wort, FS L. Rost (BZAW 105), Berlin 1967, 199–207.

SAUR, M., Gedeutete Gegenwart. Ezechiel 26, Sacharja 9 und der Eroberungszug Alexanders des Großen, in: NIEMANN, M./AUGUSTIN, M. (Hg.), „My Spirit at the Rest in the North Country" (Zechariah 6.8). Collected Communications to the XXth Congress of the International Organization for the Study of the Old Testament (BEATAJ 57), Frankfurt 2011, 77–84.

SAYDON, P. P., Meanings and Uses of the Particle את, in: VT 14 (1964), 192–210.

SCHAPER, J., The Jerusalem Temple as an Instrument of the Achaemenid Fiscal Administration, in: VT 45 (1995), 528–539.

SCHART, A., Die Entstehung des Zwölfprophetenbuchs. Neubearbeitungen von Amos im Rahmen schriftenübergreifender Redaktionsprozesse (BZAW 260), Berlin/New York 1998.

SCHART, A., Putting the Eschatological Visions of Zechariah in their Place: Malachi as a Hermeneutical Guide for the Last Section of the Book of the Twelve, in: BODA, M. J./FLOYD, M. H. (Hg.), Bringing out the Treasure. Inner Biblical Allusion in Zechariah 9–14 (JSOTS 370), London/New York 2003, 333–343.

SCHIPPER, B. U., Apokalyptik, Messianismus, Prophetie – eine Begriffsbestimmung, in: BLASIUS, A./SCHIPPER, B. U. (Hg.), Apokalyptik und Ägypten. Eine kritische Analyse der relevanten Texte aus dem griechisch-römischen Ägypten (OLA 107), Leuven u. a. 2002, 21–40.

SCHMID, H. H., šalôm. „Frieden" im Alten Orient und im Alten Testament (SBS 51), Stuttgart, 1971.

SCHMID, K., Schöpfung im Alten Testament, in: DERS. (Hg.), Schöpfung (Themen der Theologie 4), Tübingen 2012, 71–120.

SCHMIDT, W. H., Das Buch Jeremia. Kapitel 21–52 (ATD 21), Göttingen 2013.

SCHMIDT, W. H., Hoffnung auf einen armen König. Sach 9,9f. als letzte messianische Weissagung des Alten Testaments, in: LANDMESSER, C. u. a. (Hg.), Jesus Christus als die Mitte der Schrift. Studien zur Hermeneutik des Evangeliums (BZNW 86), Berlin/New York 1997, 689–709.

SCHMIDT, W. H., Die Ohnmacht des Messias. Zur Überlieferungsgeschichte der messianischen Weissagungen im Alten Testament, in: STRUPPE, U. (Hg.), Studien zum Messiasbild im Alten Testament (SBAB 6), Stuttgart 1989, 67–88.

SCHMITT, R., Bildhafte Herrschaftsrepräsentation im eisenzeitlichen Israel (AOAT 283), Münster 2001.

SCHMITT, R., Mantik im Alten Testament (AOAT 411), Münster 2014.

SCHOTT, M., Art. Hadrach, in: Das Wissenschaftliche Bibellexikon im Internet (www.wibilex.de), 2016 (Zugriffsdatum: 22.08.2017).

SCHÖTTLER, H.-G., Gott inmitten seines Volkes. Die Neuordnung des Gottesvolkes nach Sacharja 1–6 (TThSt 43), Trier 1987.

SCHROER, S., Gender und Ikonographie – aus der Sicht einer feministischen Bibelwissen-schaftlerin, in: DIES., Images and Gender. Contributions to the Hermeneutics of Reading Ancient Art (OBO 220), Fribourg/Göttingen 2006, 107–124.

SCHROER, S., In Israel gab es Bilder. Nachrichten von darstellender Kunst im Alten Testament (OBO 74), Göttingen 1987.

SCHÜLE, A., Israels Sohn – Jahwes Prophet. Ein Versuch zum Verhältnis von kanonischer Theologie und Religionsgeschichte anhand der Bileam-Perikope (Num 22–24) (Altes Testament und Moderne 17), Münster u. a. 2001.

SCHULTZ, R. L., The Ties that Bind: Intertextuality, the Identification of Verbal Parallels, and Reading Strategies in the Book of the Twelve, in: REDDITT, P. L./SCHART, A. (Hg.), Thematic Threads in the Book of the Twelve (BZAW 325), Berlin/New York 2003, 27–45.

SCHUNCK, K.-D., Der Becher Jahwes: Weinbecher – Taumelbecher – Zornesbecher, in: GRAUPNER, A. u. a. (Hg.), Verbindungslinien, FS W. H. Schmidt, Neukirchen-Vluyn 2000, 323–330.

SCHUNCK, K.-D., Die Attribute des eschatologischen Messias. Strukturlinien in der Ausprägung des alttestamentlichen Messiasbildes, in: ThLZ 111 (1986), 642–652.

SCHWANTES, M., Der Messias und die Armen, in: STRUPPE, U. (Hg.), Studien zum Messiasbild im Alten Testament (SBAB 6), Stuttgart 1989, 271–290.

SCHWEITZER, S. J., Visions of the Future as Critique of the Present: Utopian and Dystopian Images of the Future in Second Zechariah, in: BEN ZVI, E. (Hg.), Utopia and Dystopia in Prophetic Literatur (PFES 92), Helsinki/Göttingen 2006, 249–267.

SCHWEMER, D., Die Wettergottgestalten Mesopotamiens und Nordsyriens im Zeitalter der Keilschriftkulturen. Materialien und Studien nach den schriftlichen Quellen, Wiesbaden 2001.

SCHWESIG, P.-G., Die Rolle der Tag-JHWHs-Dichtungen im Dodekapropheton (BZAW 366), Berlin/New York 2006.

SEEBASS, H., Art. בחר II, in: ThWAT I, Stuttgart u. a. 1973, 593–608.

SEEBASS, H., Art. לקח, in: ThWAT IV, Stuttgart u. a. 1984, 588–594.

SEGAL, M., The Responsibilities and Rewards of Joshua the High Priest according to Zechariah 3:7, in: JBL 126 (2007), 717–734.

SEIDL, T., „Der Becher in der Hand des Herrn". Studie zu den prophetischen „Taumelbe-cher"-Texten (ATSAT 70), St. Ottilien 2001.

SELLIN, E., Das Zwölfprophetenbuch übersetzt und erklärt (KAT 12), Leipzig/Erlangen 1922.

SELLIN, E., Das Zwölfprophetenbuch übersetzt und erklärt (KAT 12), zweite und dritte umgear-beitete Aufl., Leipzig 1930.

SELLIN, E., Zu dem Judaspruch im Jaqobssegen Gen 49,8–12 und im Mosesegen Deut 33,7, in: ZAW 60 (1944), 57–67.

SÉRANDOUR, A., Les récits bibliques de la construction du second temple: leurs enjeux, in: TrEu 11 (1996), 9–32.

SÉRANDOUR, A., Réflexions à propos d'un livre recent sur Aggée-Zacharie 1–8, in: TrEu 10 (1995), 75–84.

SÉRANDOUR, A., Sacharja, in: RÖMER, T. u. a. (Hg.), Einleitung in das Alte Testament. Die Bücher der Hebräischen Bibel und die alttestamentlichen Schriften der katholischen, protestan-tischen und orthodoxen Kirchen, Zürich 2013, 508–521.

SEYBOLD, K., Bilder zum Tempelbau. Die Visionen des Propheten Sacharja (SBS 70), Stuttgart 1974.

SEYBOLD, K., Spaetprophetische Hoffnungen auf die Wiederkunft des davidischen Zeitalters in Sach. 9–14, in: Jud 29 (1973), 99–111.

SIMONS, J., Jerusalem in the Old Testament. Researches and Theories (SFSMD I), Leiden 1952.

SMITH, M. S., The Ugaritic Baal Cycle. Vol. 1: Introduction with Text, Translation & Commentary of KTU 1.1–1.2 (VT.S 55), Leiden u. a. 1994.

SMITH, R. L., Micah-Malachi (WBC 32), Waco 1984.

SNYMAN, S. D., Malachi (HCOT), Leuven u. a. 2015.

STACEY, W. D., Prophetic Drama in the Old Testament, London 1990.

STADE, B., Deuterozacharja. Eine kritische Studie, Teil I–III, in: ZAW 1 (1881), 1–96; ZAW 2 (1882), 151–172.275–309.

STAERK, W., Untersuchungen über die Komposition und Abfassungszeit von Zach. 9 bis 14 mit eingehender Berücksichtigung der neuesten Hypothese, Berlin 1891.

STAUBLI, T., Stabile Politik – florierende Wirtschaft und umgekehrt: Eine rechteckige, beidseitig gravierte Platte der Hyksoszeit, in: ZDPV 117 (2011), 97–115.

STEAD, M. R., The Intertextuality of Zechariah 1–8 (LHB 506), New York/London 2009.

STECK, O. H., Der Abschluß der Prophetie im Alten Testament. Ein Versuch zur Frage der Vorgeschichte des Kanons (BThSth 17), Neukirchen-Vluyn 1991.

STENDEBACH, F. J., Prophetie und Tempel. Haggai – Sacharja – Maleachi – Joel (SKK.AT 16), Stuttgart 1977.

STEUERNAGEL, C., Lehrbuch der Einleitung in das Alte Testament. Mit einem Anhang über die Apokryphen und Pseudepigraphen, Tübingen 1912.

STIGLMAIR, A., Der Durchbohrte – Ein Versuch zu Sach 12, in: ZKTh (1994), 451–456.

STOEBE, H. J., Art. חן, in: ThAT I, München/Zürich 1971, 587–597.

STROMMENGER, E., Fünf Jahrtausende Mesopotamien. Die Kunst von den Anfängen um 5000 v. Chr. bis zu Alexander dem Großen, München 1962.

STUHLMUELLER, C., Rebuilding with Hope. A Commentary on the Books of Haggai and Zechariah (ITC), Grand Rapids/Edinburgh 1988.

SWEENEY, M. A., The Twelve Prophets 2: Micah. Nahum. Habakkuk. Zephaniah. Haggai. Zechariah. Malachi (Berit Olam), Collegeville 2000.

TADMOR, H., Azriyau of Yaudi, in: Scripta Hierosolymitana 8 (1961), 232–271.

TAI, N. H. F., Prophetie als Schriftauslegung in Sacharja 9–14. Traditions- und kompositionsge-schichtliche Studien (CThM 17), Stuttgart 1996.

TAWIL, H., Some Literary Elements in the Opening Sections of the Hadad, Zakir, and the Nerab II Inscriptions in the Light of the East and West Semitic Royal Inscriptions, in: Or. NS 43 (1973), 40–65.

TIEMEYER, L.-S., Will the Prophetic Texts from the Hellenistic Period stand up, please!, in: GRABBE, L. L./LIPSCHITS, O. (Hg.) Judah between East and West. The Transition from Persian to Greek Rule (ca. 400–200 BCE) (Library of Second Temple Studies 75), London/New York 2011, 255–279.

TIEMEYER, L.-S., Zechariah's Vision Report and Its Earliest Interpreters. A Redaction-Critical Study of Zechariah 1–8 (LHB 626), London/New York 2016.

TIGCHELAAR, E. J. C., Prophets of Old and the Day of the End. Zechariah, the Book of Watchers and Apocalyptic (OTS 35), Leiden u. a. 1996.

TORREY, C. C., The Foundry of the Second Temple at Jerusalem, in: JBL 55 (1936), 247–260.

TORREY, C. C., The Messiah Son of Ephraim, in: JBL 66 (1947), 253–277.

TOURNAY, R., Zacharie XII–XIV et l'histoire d'Israël, in: RB 81 (1974), 355–374.

TROPPER, J., Nekromantie. Totenbefragung im Alten Orient und im Alten Testament (AOAT 223), Neukirchen-Vluyn 1989.

UEHLINGER, C., Figurative Policy, Propaganda und Prophetie, in: EMERTON, J. A. (Hg.), Congress Volume. Cambridge 1995 (VT.S 66), Leiden u. a. 1997, 279–349.

ULFGARD, H., The Story of Sukkot. The Setting, Shaping, and Sequel of the Biblical Feast of Tabernacles (BGBE 34), Tübingen 1994.

ULRICH, D. R., Two Offices, Four Offices, or One Sordid Event in Zechariah 12:10–14, in: WTJ 72 (2010), 251–265.

VAN DEN HOUT, T., Art. Pferd A. II. In Anatolien, in: RLA 10, Berlin/New York 2003–2005, 482–490.

VAN DER KOOIJ, A., The Septuagint of Zechariah as Witness to an Early Interpretation of the Book, in: TUCKETT, C. (Hg.), The Book of Zechariah and its Influence, Aldershot 2003, 53–64.

VAN DER TOORN, K., Ein verborgenes Erbe: Totenkult im frühen Israel, in: THQ 77 (1997), 105–120.

VAN DER WOUDE, A. S., Die beiden Söhne des Öls (Sach 4:14): Messianische Gestalten?, in: HEERMA VAN VOSS, M. u. a. (Hg.), Travels in the World of the Old Testament, FS M. A. Beek (SSN 16), Assen 1974, 262–268.

VAN DER WOUDE, A. S., Die Hirtenallegorie von Sacharja XI, in: JNWSL 12 (1984), 139–149.

VAN DER WOUDE, A. S., Zacharia (POuT), Nijkerk 1984.

VAN DER WOUDE, A. S., Serubbabel und die messianischen Erwartungen des Propheten Sacharja, in: ZAW 100 (1988), 138–156.

VAN HOONACKER, A., Les Douze Petits Prophètes (EtB 9), Paris 1908.

VATKE, W., Die biblische Theologie wissenschaftlich dargestellt, Berlin 1835.

VEIJOLA, T., Verheißung in der Krise. Studien zur Literatur und Theologie der Exilszeit anhand des 89. Psalms (AASF.H 220), Helsinki 1982.

VON BAUDISSIN, W. W. GRAF, Die Klage über Hadad-Rimmon (Sach. 12,11), in: DERS., Studien zur semitischen Religionsgeschichte I, Leipzig 1876, 295–325.

VON BAUDISSIN, W. W. GRAF, Einleitung in die Bücher des alten Testaments, Leipzig 1901.

VON DEN DRIESCH, A./RAULWING, P., Art. Pferd (Esel, Halbesel, Maulesel, Maultier). D. Archäozoologisch, in: RLA 10, Berlin/New York 2003–2005, 493–503.

VON ORELLI, C., Das Buch Ezechiel und die zwölf kleinen Propheten (KK A5), Nördlingen 1888.

VON RAD, G., Das judäische Königsritual, in: ThLZ 72 (1947), 211–216.

VON RAD, G., Das erste Buch Mose: Genesis (ATD 2–4), 12., überarb. Aufl., Göttingen 1987.

WAETZOLDT, H., Art. Hirt. A. Philologisch, in: RLA 4, Berlin/New York 1975, 421–425.

WAGNER, A., Prophetie als Theologie: die ‚so spricht Jahwe-Formeln' und das Grundverständnis alttestamentlicher Prophetie (FRLANT 207), Göttingen 2004.

WAGNER, TH., Gottes Herrlichkeit. Bedeutung und Verwendung des Begriffs *kābôd* im Alten Testament (VT.S 151), Leiden/Boston 2012.

WALKER, N., Concerning the Function of 'ēth, in: VT 5 (1955), 314f.

WALSER, G., Die Völkerschaften auf den Reliefs von Persepolis. Historische Studien über den sogenannten Tributzug an der Apadanatreppe (TF 2), Berlin 1966.

WASCHKE, E.–J., Der Gesalbte. Studien zur alttestamentlichen Theologie (BZAW 306), Berlin/New York 2001.

WAY, K. C., Donkey Domain: Zechariah 9:9 and Lexical Semantics, in: JBL 129 (2010), 105–114.

WAY, K. C., Donkeys in the Biblical World. Ceremony and Symbol (HACL 2), Winona Lake 2011.

WEINGART, K., Stämmevolk – Staatsvolk – Gottesvolk? Studien zur Verwendung des Israel-Namens im Alten Testament, (FAT II 68), Tübingen 2014.

WEIPPERT, M., Heiliger Krieg in Israel und Assyrien. Kritische Anmerkungen zu Gerhard von Rads Konzept des „Heiligen Krieges im Alten Israel", in: ZAW 84 (1972), 460–493.

WEIS, R. D., Art. Oracle, in: ABD 5, New York 1992, 28f.

WELLHAUSEN, J., Art. Zechariah, in: EBrit XXIV, 9. Aufl., Edinburgh 1888, 773–775.

WELLHAUSEN, J., Die kleinen Propheten übersetzt und erklärt, 4. Aufl., Berlin 1963 (unveränderter Nachdruck der 3. Aufl. von 1898).

WESTERMANN, C., Das Buch Jesaja. Kapitel 40–66 (ATD 19), Göttingen 1966.

WESZELI, M., Art. Pferd A. I. In Mesopotamien, in: RLA 10, Berlin/New York, 2003–2005, 469–481.

WESZELI, M., Art. Reiten A. In Mesopotamien, in: RLA 11, Berlin/New York, 2006–2008, 303–307.

WEYDE, K. W., The Appointed Festivals of YHWH. The Festival Calender in Leviticus 23 and the sukkôt Festival in Other Biblical Texts (FAT II 4), Tübingen 2004.

WIESEHÖFER, J., Nouruz in Persepolis? Eine Residenz, das Neujahrsfest und eine Theorie, in: Elektrum 15 (2009), 11–25.

WIGHTMAN, G. J., The Walls of Jerusalem. From the Canaanites to the Mamluks, Sydney 1993.

WILLI-PLEIN, I., Deuterosacharja. Lfg. 1 u. 2 (BK XIV/7.2), Neukirchen-Vluyn 2014 u. 2016.

WILLI-PLEIN, I., Haggai, Sacharja, Maleachi (ZBK.AT 24.4), Zürich 2007.

WILLI-PLEIN, I., Prophetie am Ende. Untersuchungen zu Sacharja 9–14 (BBB 42), Köln 1974.

WILLI-PLEIN, I., Prophetie und Weltgeschichte. Zur Einbettung von Sach 9,1–8 in die Geschichte Israels, in: MOMMER, P./SCHERER, A. (Hg.), Geschichte Israels und deuteronomistisches Geschichtsdenken, FS Winfried Thiel (AOAT 380), Münster 2010, 301–315.

WILLI-PLEIN, I., Wort, Last oder Auftrag? Zur Bedeutung von מַשָּׂא in Überschriften prophetischer Texteinheiten, in: LUX, R./WASCHKE, E.-J. (Hg.), Die unwiderstehliche Wahrheit, FS Arndt Meinhold (ABIG 23), Leipzig 2006, 431–438.

WILLI-PLEIN, I., חֵן: Ein Übersetzungsproblem: Gedanken zu Sach. XII 10, in: VT 23 (1973), 90–99.

WILSON, R. R., New Form Criticism and the Prophetic Literature: The Unfinished Agenda, in: BODA, M. J. u. a. (Hg.), The Book of the Twelve and the New Form Criticism (Ancient Near East Monographs 10), Atlanta 2015, 311–322.

WÖHRLE, J., Das Zwölfprophetenbuch. Vom einzelnen Buch zur Sammlung, in: BiKi 68 (2013), 2–7.

WÖHRLE, J., Der Abschluss des Zwölfprophetenbuches. Buchübergreifende Redaktionsprozesse in den späten Sammlungen (BZAW 389), Berlin/New York 2008.

WÖHRLE, J., Die frühen Sammlungen des Zwölfprophetenbuches. Entstehung und Komposition (BZAW 360), Berlin/New York 2006.

WÖHRLE, J., So Many Cross-References! Methodological Reflections on the Problem of Intertextual Relationships and their Significance for Redaction Critical Analysis, in: ALBERTZ, R. u. a. (Hg.), Perspectives on the formation of the Book of the Twelve. Methodological Foundations – Redactional Processes – Historical Insights (BZAW 433), Berlin 2012, 3–20.

WOLFF, H. W., Dodekapropheten 6. Haggai (BK XIV/6), Neukirchen-Vluyn 1986.

WOLTERS, A., Word Play in Zechariah, in: NOEGEL, S. B. (Hg.), Puns and pundits. Word Play in the Hebrew Bible and Ancient Near Eastern Literature, Bethesda 2000, 223–230.

WOLTERS, A., Zechariah (Historical Commentary on the Old Testament), Leuven u. a. 2014.

WÜRTHWEIN, E., Die Bücher der Könige. Kapitel 1Kön 1–16 (ATD 11,1), 2. Aufl., Göttingen/Zürich 1985.

YADIN, Y., The Art of Warfare in Biblical Lands in the Light of Archaeological Discovery, London 1963.

YOUNGER, K. L., A Political History of the Arameans. From Their Origins to the End of Their Polities (ABSt 13), Atlanta 2016.

ZAKOVITCH, Y., Do the Last Verses of Malachi (Mal 3:22–24) have a Canonical Function? A Biblical Puzzle, in: DI PEDE, E./SCAIOLA, D. (Hg.), The Book of the Twelve – One Book or Many? Metz Conference Proceedings 5–7 November 2015 (FAT II 91), Tübingen 2016, 60–81.

ZAKOVITCH, Y., "Who Proclaims Peace, who Brings Good Tidings". Seven Visions of Jerusalem's Peace, Haifa 2004, 129–144 (hebr.).

ZENGER, E., „Es sollen sich niederwerfen vor ihm alle Könige" (Ps 72,11). Redaktionsgeschichtliche Beobachtungen zu Psalm 72 und zum Programm des messianischen Psalters Ps 2–89, in: OTTO, E./ZENGER, E. (Hg.) „Mein Sohn bist du" (Ps 2,7). Studien zu den Königspsalmen (SBS 192), Stuttgart 2002, 66–93.

ZENGER, E., „So betete David für seinen Sohn Salomo und für den König Messias". Überlegungen zur holistischen und kanonischen Lektüre des 72. Psalms, in: BALDERMANN, I. u. a. (Hg.), Der Messias (JBTh 8), Neukirchen-Vluyn 1993, 57–72.

ZENGER, E., Das Zwölfprophetenbuch, in: FREVEL, C. (Hg.), Einleitung in das Altes Testament (Kohlhammer Studienbücher Theologie 1,1), 8. Aufl., Stuttgart 2012, 622–699.

ZIMMERMANN, K., Art. Soter, in: DNP 11, Stuttgart 2001, 752–753.

Stellenregister (in Auswahl)

Die Angaben sind z. T. vereinfacht notiert. Stellen aus Sach 7–8 und Sach 9–14 sind nur berücksichtigt, soweit sie außerhalb der im Inhaltsverzeichnis aufgeführten Analysen und redaktionssowie kompositionsgeschichtlichen Synthesen erwähnt werden.

Altes Testament

Genesis
1,1 157
1,3–5 215
1,26 169 (Anm. 63)
1,29 97 (Anm. 210)
2,7 157
2,10 216
3,18 97 (Anm. 210)
3,23 184f.
4,2 190 (Anm. 158)
5,22.24 106
6,9 106
9 69 (Anm. 65)
9,3 97 (Anm. 210)
12,2f. 169 (Anm. 63)
12,3 228 (Anm. 139)
13,2 142
13,4 220 (Anm. 108)
14,19.22 184 (Anm. f)
15 90 (Anm. 168)
17,1 106
17,16 165
19,13 177
22,2 191
22,2.12.16 177
22,3 80
23,16 142
24,7 170
24,40 106
25,8 191
25,25 189 (Anm. 150)
28,13 228 (Anm. 139)
31 98 (Anm. 211)
31,38 131
32,16 63 (Anm. d)

37,12.17 131
37,24 91
46,34 184 (Anm. f)
47,17 79
49,8–12 80
49,11 93 (Anm. 187); 144 (Anm. h)

Exodus
2,25 71
3,1 130 (Anm. 15)
4,16 169 (Anm. 62)
4,20 79
6,16–25 181
7,1 169 (Anm. 62)
9,3 79
9,14 224 (Anm. 120)
11,5 44 (Anm. 126); 177
11,9 190 (Anm. 154)
12,12.29 177
12,14 46 (Anm. 133)
13,9 46 (Anm. 133)
13,15 177
13,21 169 (Anm. 62)
14,14.25 210 (Anm. 47)
14,16.21 204 (Anm. j)
16,29 162 (Anm. j)
23,16 217
23,20.23 170
24,8 86f. (Anm. b); 90
25,8 22
27,2 89 (Anm. p); 93 (Anm. 188)
28,3 157 (Anm. 19f.)
28,33f. 179 (Anm. 105)
28,36 231
29,12 93 (Anm. 188)
29,46 22
30,10 93 (Anm. 188)

https://doi.org/10.1515/9783110668063-011

30,16 46 (Anm. 133)
32,34 170
35,21 157 (Anm. 20)
39,24–26 179 (Anm. 105)
39,30 231

Leviticus
4,7 93 (Anm. 188)
11 69 (Anm. 66)
17,10f.14 69 (Anm. 65)
19,26 69 (Anm. 65)
21,5 161 (Anm. d)
26,6 139 (Anm. 50)

Numeri
1,16 161 (Anm. f)
3,21 181
4,19 105 (Anm. 238)
5,14.30 174 (Anm. 78)
8,7 182
9,9.13.20f. 173 (Anm. i)
10,10 46 (Anm. 133)
10,33 57 (Anm. 16)
11,22 102 (Anm. l)
11,33 69 (Anm. 64)
12,3 84 (Anm. 158)
13,23 179 (Anm. 105)
14,14 169 (Anm. 62)
16,14 146 (Anm. 77)
19,2 84 (Anm. 159)
19,9.13.20f. 182
19,13.20 186
20,5 179 (Anm. 105)
22,21ff. 79f.
24,5 89 (Anm. t)
25,8 224 (Anm. d); 188 (Anm. 146)
29,12–39 230
31,23 173 (Anm. i); 182
33,19f. 179 (Anm. 107)
34,1–12 55

Deuteronomium
2,9.19 163 (Anm. 30)
4,5 130
4,27 165
6,4 216
7,16 93 (Anm. 185)

7,17 138 (Anm. 48)
7,23 225
11,14–17 96 (Anm. b); 97f.
12,9 55
13,2–12 188
17,16 79; 83
18,15 268; 269 (Anm. 64)
18,20 188 (Anm. 145)
19,14 60 (Anm. e)
21,3 84 (Anm. 159)
21,18–21 188
23,3 61 (Anm. o); 69
25,19 165
28,28 166
28,30 203 (Anm. d)
31,16 138 (Anm. 47)
32,6 184 (Anm. f)
32,14 93 (Anm. 187)
32,42 88 (Anm. m); 93 (Anm. 185f.)
34,9 174 (Anm. 78)
34,10 268; 269 (Anm. 64)

Josua
1,7 267f.
1,13 267f.
4,7 46 (Anm. 133)
5,7 102 (Anm. k); 105 (Anm. 239)
5,8 162 (Anm. j)
7,9 186 (Anm. 135)
7,11 190 (Anm. 154)
9,23 203 (Anm. e)
9,31 163 (Anm. 30)
10,14 210 (Anm. 47)
13,1–6 55; 56 (Anm. 10)
14,8 130
15,18 79
15,21.32 219
15,32 179 (Anm. 107)
18,20 60 (Anm. e)
19,13 179 (Anm. 107)
23,3.10 210 (Anm. 47)
24,5 87 (Anm. b)
24,18 138 (Anm. 48)

Richter
1,14 79
4,14 210 (Anm. 47)

5,10 77; 80
7,4 193
9,7–15 112 (Anm. 273f.)
9,54 188 (Anm. 146)
10,4; 12,14 77; 80
11,34 177
14,3 69
15,18 69
16,5 142
16,21 146 (Anm. 77)
16,25.27 161 (Anm. c)
20,2 107 (Anm. 252)
20,8 168
20,33 179
20,43 57 (Anm. 16)
21,14 102 (Anm. k)

1 Samuel
1,12 129 (Anm. t), 140
2,7 55
6,7 84 (Anm. 159)
9,3.20 127 (Anm. i)
9,21 79 (Anm. 126)
11,2 146 (Anm. 77)
13,12 21 (Anm. 11); 36 (Anm. 85)
14,6 69 (Anm. 61)
14,20 225
14,38 107 (Anm. 252)
15,23 98 (Anm. 212)
17,26.36 69 (Anm. 61)
17,33 185 (Anm. f)
17,35 225 (Anm. 121)
17,40.49 143 (Anm. b)
18,16 169 (Anm. 62)
25,20.23.42 79
27,1 214
29,9 170
31,4 69 (Anm. 61)

2 Samuel
1,20 69 (Anm. 61)
2,16 225 (Anm. 121)
2,26 88 (Anm. m); 93 (Anm. 185)
4,2.5.9 179 (Anm. 107)
5,2 112 (Anm. 272)
5,14 181
5,24 210 (Anm. 47)

7,5 40 (Anm. 104)
7,8 39 (Anm. 102); 130 (Anm. 15); 190 (Anm. 157)
7,13 44 (Anm. 126)
7,22 177
8,4 77
10,16 169 (Anm. 62)
10,18 77
12,30 43 (Anm. 124); 89 (Anm. r)
13,29 77; 80
14,17 170
15,1 77; 79
16,2 79
16,5 180 (Anm. 115)
18,9 80
19,21 103 (Anm. 228)
19,27 77; 79
19,28 170
22,19 162 (Anm. h)
22,43 60 (Anm. j); 65
23,18 88 (Anm. j)
24,21.25 224 (Anm. d)

1 Könige
1,5 77; 79
1,33.38.44 80
2,2 266 (Anm. 49)
2,3 41
3,14 41
4,25 56
5,1–6 55
5,4 83 (Anm. 150)
5,5 42
5,6 79 (Anm. 122)
5,11.14 165
5,12f. 165 (Anm. 37)
5,15ff. 47
7,13f. 47
7,18.20.42 179 (Anm. 105)
8,33f. 176 (Anm. 84)
8,41–43 229 (Anm. 141)
8,53 97 (Anm. 209)
8,65 56
9,20 68; 166
11,28 103 (Anm. 228)
15,18 178
15,22 219

18,4.13 176 (Anm. 86)
18,22 185 (Anm. f)
18,28 191
18,36 269
19,10.14 176 (Anm. 86)
19,13.19 189 (Anm. 150)
19,17 193 (Anm. 174)
19,19f. 189
20,3 106
21,1 220 (Anm. 107)
21,2 141
22,1–28 176 (Anm. 86)
22,6.15 141
22,35 178
25,17 179 (Anm. 105)

2 Könige
1,8 189 (Anm. 150)
2,8 269
2,11 269
2,13 189
4,16 266 (Anm. 49)
4,22.24 79
5,18 177
9,20 166
9,42 190 (Anm. 159)
14,9 112
14,13 219 (Anm. 104); 220
14,20 79
17,13.23 263
23,8 219
23,33 62
25,1 21
25,3–7 21
25,7 146 (Anm. 77)
25,8f. 21
25,11 209
25,21 62
25,25f. 21

Jesaja
1,25 192 (Anm. 169)
2 228; 229 (Anm. 141)
2,2 218
2,3 228 (Anm. 136)
2,4 82 (Anm. 143)
2,13 109

3,25 185 (Anm. f)
5,1 38
6,4 160 (Anm. a)
8,1–4 134 (Anm. 34)
8,2 2 (Anm. 6)
9,6 75 (Anm. 94); 84 (Anm. 153)
9,7 63; 82
10,32–34 112 (Anm. 273)
11,1 44
11,2 172 (Anm. a); 174 (Anm. 78)
11,4 75 (Anm. 94); 76; 84 (Anm. 153)
12,6 116
13,6.9 208 (Anm. 33)
13,10 213
13,16 203 (Anm. d)
14,2 107
14,2.17 90
14,8 112
14,9 103 (Anm. 224)
14,15 188
14,25 108
17,1–3 63
23,8 127f. (Anm. j)
23,25–32 188 (Anm. 145)
30,26 214
31,1 81
40,4 141
40,4.9f. 213
44,9f. 142
45,5–7 24 (Anm. 32)
48,10 193
49,3 169 (Anm. 63)
51,13 157
51,15 108 (Anm. 259)
51,17–23 160 (Anm. a); 162 (Anm. 27)
52,1 231
53 171; 177 (Anm. 90)
53,7 130f.
55,1–5 169 (Anm. 63)
56 229 (Anm. 141)
56,1–6 69 (Anm. 62)
60 228
60,5.11 227
60,10 47
60,11 228
60,18 221
61,7 91

63,6 108
63,18 107
66,23 227 (Anm. 132)

Jeremia
3,2 203 (Anm. d)
5,24 97
5,31 98
6,26 177
7,5f. 31
11,10 138 (Anm. 47)
11,19 130f.
12,3 131
12,10 107
15,2 137
17,25 79
20,2 219 (Anm. 105)
21,7 132
21,12 41 (Anm. 114)
22,3 31; 75 (Anm. 94)
22,4 79
22,24 39
23 244
23,1–8 102f.
23,3 136 (Anm. 41)
23,5 44; 75 (Anm. 94)
23,16 98
23,27f. 98
23,33–40 59 (Anm. a)
25,15–29 162 (Anm. 27)
25,34–37 112
25,36 110 (Anm. e); 111
25,50 66 (Anm. 43)
28,9 25 (Anm. 36)
29,8 98
30,7 214
30,18 168 (Anm. 57)
30,21 107
31,7.10.13 94
31,38–40 220f.
37,13 219
38,6 91
39,3.13 21 (Anm.10)
39,4 220
39,9 209
49,23–27 63.65
49,35 82; 107

50,7 132 (Anm. 22)
51,7 162 (Anm. 27)
52,6–11 21
52,15 209

Ezechiel
4,3 161 (Anm. c)
5,1–17 193; 237
8,13f. 179f.
11,23 211; 213
13,6.9.23 98
16,29 127f. (Anm. j)
17,3.22–24 112
21,26 98 (Anm. 212)
26,11 101 (Anm. c)
26,12 65
28,3–12 57; 64f.
30,21f. 146 (Anm. 77)
31,2.3.18 112
32,7.8 213
34 102f.; 112 (Anm. 272); 131 (Anm. 18); 145;
   149; 243 (Anm. 1)
34,10 134
34,15f. 136 (Anm. 41)
34,16 137
34,22 94
34,23f. 40; 42; 145; 197; 245
35,7 70
36,11 27 (Anm. 49)
36,17f.25.29 186f.
37,15–28 134 (Anm. 34); 135; 139; 149; 243
   (Anm. 1)
37,24f. 40; 197; 245
38f. 163 (Anm. 28); 210; 234; 243 (Anm. 1);
   253 (Anm. 17); 258
39,3 82
39,9f. 81
39,24 187
43,2 211
43,7 22
46,21–24 232
47,1–12 215
47,12 182
47,13–48 55
47,22 68 (Anm. 50)
48,32 219

Hosea
1,4–11 135 (Anm. 34)
1,5 82
2 191–194; 260 (Anm. 20)
2,19 186
2,20 81f.; 139
3,1 143 (Anm. a)
3,5 40
6,6 141
9,8 130; 244
12,8 127f. (Anm. j)
12,9 132
14,3 81

Joel
2,2 213
2,12–17 259
2,23f. 97; 116
3 248 (Anm. 11); 259f.; 268
3,1 174f. (Anm. 78)
4 163; 165; 210; 234; 253 (Anm. 17); 258f.;
    261 (Anm. 24)
4,15 213; 215
4,17 70; 231
4,18 182

Amos
1,1 212
1,3–5 63
1,6–8 66; 66 (Anm. 43); 70
1,10 65
4,11 41
5,18.20 213
7,14 190
7,15 130 (Anm. 15)
8,10 177
8,12 83 (Anm. 151)
9,1 160 (Anm. a); 185 (Anm. k)

Zefanja
1,11 127f. (Anm. j)
1,15 213
2,4–12 56 (Anm. 11); 66; 68
3,11–17 218
3,14f. 81; 116; 117 (Anm. 290)

Obadja
15–21 218
18 167 (Anm. 51)

Micha
1,3f. 210 (Anm. 49)
1,11 205 (Anm. m)
4,1 218
4,2 228 (Anm. 136)
4,5 106
4,1–7 218; 228
4,11–13 163 (Anm. 28)
5,1 107
5,3 83; 112 (Anm. 272)
5,9 81
7,10 65
7,12 84; 105 (Anm. 240)

Nahum
1,1 58 (Anm. a)
1,3 92
2,1 70

Habakuk
1,1 58 (Anm. a)
2,16 160 (Anm. a)
2,18 142
3,11 92
3,15 108

Haggai
1,1 263
1,1; 2,1.10.20 260; 262
1,10f. 34
1,15 20
2,4f. 26; 35
2,6–9 36; 47; 228
2,7 227
2,10–14 23 (Anm. 26)
2,15 23
2,18f. 34f.
2,20–23 37–40; 42; 46; 48; 116f.; 256

Sacharja
1,1–6 33f.; 256
1,1.7 187
1,3 36
1,4 148
1,6 264
1,7 23
1,14–17 23f.
1,15 256
2,1–4 256

2,8f. 256 (Anm. 5)
2,9 22; 46
2,10–14 117
2,10–17 24f.
2,13 256
2,13b 255f.
2,14 74 (Anm. 92); 81; 115f.; 213 (Anm. 64); 255
2,15 36f.; 149
2,16 129 (Anm. v)
3,8; 6,12 117; 256
3,9 42f.
3,10 42
4 22
4,6 116
4,6–10 25–28; 37; 44
4,10 42f.
4,14 38
6,8 256
6,13 42
6,15a 36f.; 46
6,15b 47
7,1 255 (Anm. 2)
7,2f. 35
7,7 61 (Anm. n); 149
7,7.12 35; 148; 256
7,14 70; 115; 119; 255
8,3 129 (Anm. v)
8,7 94
8,9 256
8,9–13 31; 42; 130
8,13 36; 104 (Anm. 230)
8,18 117
8,20–23 149; 228; 262
9,1; 12,1 1; 3; 156f.; 255; 260; 262
9,4 113
9,8a 232; 255
9,8b 130; 206 (Anm. o)
9,9f. 87 (Anm. d); 93; 149; 170 (Anm. 63); 239; 241f.; 261
9,10 166; 216 (Anm. 82); 231 (Anm. 151)
9,13 85 (Anm. 162); 241
9,14 63 (Anm. 26)
9,15 242
9,16f. 98
10,1f. 104; 197
10,4 87 (Anm. e)
10,5 61 (Anm. j); 166

10,10f. 2
10,11 212
11,4 197
11,4–17 113; 192; 196; 242
11,7.11 194; 233 (Anm. 156)
11,8b 264
11,10 171; 196; 208; 248 (Anm. 12)
11,11 154
11,13 1; 170
11,14 239; 248 (Anm. 12)
11,15f. 197; 239: 261; 268 (Anm. 60)
12,4b.6a.7 225
12,6 223 (Anm. c)
12,9–13,1 259
12,10 6; 182; 187; 189; 192; 264
12,11 2; 212
13,2f. 259; 264; 265 (Anm. 60f.)
13,7–9 5 (Anm. 22); 259; 265
14 198
14,2 185 (Anm. m)
14,8 182
14,8f. 184 (Anm. a)
14,9 261; 265; 268 (Anm. 60)
14,10 162 (Anm. j); 180 (Anm. 107)
14,11 269
14,14 85 (Anm. 161f.); 160 (Anm. b); 241
14,15 79
14,16–19 262; 265f.
14,21 127f. (Anm. j)

Maleachi
1,1 1; 58 (Anm. a); 154; 156; 255; 260; 262–264
1,11.14b 265
2,7 263
3,1–3 193; 263; 265
3,4 265
3,7 264
3,13–21 265; 267; 270 (Anm. 70)
3,22–24 248 (Anm. 11); 263f.; 266–270

Psalmen
2,8 83
2,9 84 (Anm. 153)
18,14f. 92
18,28 73 (Anm. b); 76 (Anm. 100)
18,43 65

20,7 75 (Anm. 96)
20,8 76 (Anm. 100); 81
22,28f. 227
23 132
23,2 57 (Anm. 16)
23,4 135
24,1 217
29 217
32,7 162 (Anm. h)
33,16–19 83
34,8 70 (Anm. 71)
36,9f. 215
36,10 182 (Anm. 126)
37,14f. 82
44,6f. 107f.
44,12 130f.
44,23 130
46,5 215
46,6 208; 234
46,10 82
46,19 81
48 163
48,5–8 234
48,13 221
59,17 162 (Anm. h)
61,4 162 (Anm. h)
65,10 215
72 76 (Anm. 101f.)
72,2 41 (Anm. 114); 75 (Anm. 94)
72,8 83
76,4 82
77,17 108 (Anm. 259)
77,20 108
78,26 92
78,70f. 130 (Anm. 15); 190 (Anm. 157)
80,2 103 (Anm. 228)
85,9 82
89,6.8 213
89,26 83 (Anm. 148)
92,6 177
93 217
96,7–9 227
99,3 218
102,16 265
104,2 157
104,3 92
107,25 108 (Anm. 259)

110,1f. 156 (Anm. 12)
122,7f. 82
125,2 219
132,14 55 (Anm. 5)
137,3 91
144,6 92

Hiob
2,13 177
5,1 213
5,23 139 (Anm. 50)
9,8 108; 157
10,10 206 (Anm. r)
15,15 213
19,23f. 27 (Anm. 52)
24,3 79
28,26 96 (Anm. c)
29,17 69 (Anm. 64)
31,16 43 (Anm. 123)
31,26 206 (Anm. r)
34,4 45
34,8 36
38,25 96 (Anm. c)
42,5 71
42,10 91

Sprüche
13,24 191
17,3 193
20,8 41 (Anm. 114)
20,21 128 (Anm. o)
21,3 75 (Anm. 97)
25,4 193
27,7 107
31,24 127f. (Anm. j)

Hohes Lied
4,13220
4,14 216 (Anm. 81)

Kohelet
2,5 220
10,7 79
10,9 164

Ester
6,8 79
10,3 82

Klagelieder
1,10 61 (Anm. o)
4,6 177

Daniel
4,17–19 112 (Anm. 273)
9,10 263
9,18 71
11,4 221 (Anm. 116)

Esra
2,41 181
3,1–6 230
3,2.8 39 (Anm. 100)
6,15 20
8,28 231 (Anm. 149)
9,6 177
9,10 f. 263
9,11 186
10,1 181

Nehemia
2,8 220
2,14 220
3,1–31 219
3,15 220
4,14 210 (Anm. 47)
5,1 181
7,44 181
9,26 176 (Anm. 86)
11,29 179 (Anm. 107)
12,1 39 (Anm. 100)
12,27–43 219f.
13,3 61 (Anm. o)
13,23f. 61 (Anm. o)

1 Chronik
1,5.7 88 (Anm. l)
3,17 39 (Anm. 100)
3,19 39 (Anm. 100)
4,32 179 (Anm. 107)
6 181
16,29–31 227 (Anm. 129)
18,5.14 141

2 Chronik
20,13 181

20,29 210 (Anm. 47)
24,10 142
24,20f. 177 (Anm. 86)
25,18 112 (Anm. 273)
35,22–25 178f.
36,15f. 263

Apokryphen

Jesus Sirach
6,21 164
9,18 58 (Anm. a)
48,10 240
49,10 240; 260 (Anm. 21)
50,25f. 69 (Anm. 61)

1 Makkabäer
4,46 268 (Anm. 60)
9,21 85 (Anm. 162)
9,27 268 (Anm. 60)
10,84 69 (Anm. 61)
10,89 68
12,25 64
14,41 268 (Anm. 60)

2 Makkabäer
15,12 84 (Anm. 158)

Pseudepigraphen

Äthiopisches Henochbuch
10,8–12 61 (Anm. o)

Altorientalische Texte

ARM
VI, 76 77 (Anm. 105)

KAI
4,6–7 74 (Anm. 94)

10,9 74 (Anm. 94)
181,4 75 (Anm. 96)
202 64; 75 (Anm. 96.99)

KTU
1.3 1,3f. 217

Qumran

11Q19 58,11 203 (Anm. e)
4Q174 4 62 (Anm. o)
4Q510 1,5 62 (Anm. o)
4Q511 35,7 62 (Anm. o)
4Q511 182 62 (Anm. o)
1QS 6,26 185 (Anm. i)
1QS 11,2 184f.
4QXII[a] 241; 270 (Anm. 71)
4QXII[e] 162 (Anm. k)
4QXII[g] 102 (Anm. q)
4QpIsa[c] 127 (Anm. j)
CD MS B 19 127 (Anm. j); 194

Josephus

Antiquitates Judaicae
11,304–36; 13,74 150
12,1 119 (Anm. 300)
13,102 68 (Anm. 57)

Neues Testament

Matthäusevangelium
21,2.7 73 (Anm. c)
21,12–13 233 (Anm. 156)
27,9f. 1

Markusevangelium
11,2 84 (Anm. 159)
11,15–17 233 (Anm. 156)

Lukasevangelium
19,45–46 233 (Anm. 156)

Johannesevangelium
2,13–16 233 (Anm. 156)
19,37 172 (Anm. d)

Offenbarung
22,5 215

Rabbinische Literatur

Mischna
mPes 10b 89 (Anm. p)

Babylonischer Talmud
bBMets 33b 184 (Anm. f)
bBer 31a 89 (Anm. p)
bSan 81b 184 (Anm. f)
bSukka 52a 171
bPes 50b 217

Sach- und Personenregister

Alexander der Große 56f.; 88 (Anm. l); 119f.

Alexanderzug 55 (Anm. 7); 56; 150

Allegorie 124f.; 147

Antiochus IV. 64; 241

Apokalyptik 7f.; 248

Bewahrung 70; 92 (Anm. 183); 209; 226

Bogen (Waffe) 75 (Anm. 96); 82; 87 (Anm. i); 92; 107f.

Baal 179; 193; 217; *siehe* auch Wettergott

Baum 35; 38; 112 (Anm. 273); 179

Blut 62 (Anm. r); 69; 86 (Anm. b); 89 (Anm. n); 90; 93

Bund 30; 86 (Anm. b); 90f.; 94; 137–139; 145; 150; 196; 208; 239; 244; 248 (Anm. 12); 263

Chaoskampf 102 (Anm. m.); 108; 217

David/davidisch 38; 39 (Anm. 103); 40; 44f.; 49; 55; 75 (Anm. 94); 76f.; 79; 83; 145; 149; 169f.; 197; 239; 245; 261; 266 (Anm. 49)

– Haus Davids 155; 158; 168–170; 174f.; 180f.; 197; 256

Davidsstadt 220

Diadochenkriege 3; 119; 121; 150; 240

Diaspora 24 (Anm. 34); 30; 36; 46; 48–50; 54; 90; 94; 99; 104; 114; 118; 249f.

Exil/Exilierung 53; 90; 208; 221; 236f.

Elia 176 (Anm. 86); 189; 196; 266–269

Erbarmen (Gottes) 23; 104; 133f.; 139; 250

Erwählung 39f.

Esel 72–85; 232

Exodus 102 (Anm. m); 109 (Anm. 259); 224 (Anm. 120)

Fremder 47; 61 (Anm. o); 67–70; 231f.

Fremdgötter *siehe* Götzen(-dienst)

Frieden 34 (Anm. 80); 45; 80; 81f.; 93; 149

Gilead 103 (Anm. 228); 105

Gottesberg 63 (Anm. 26); 218; *siehe* auch Zion

Gottesstadt *siehe* Zion

Gottesvolk 36; 139; 142; 156f.; 188; 208; 235; 237f.; 245; 251f.; 259; 269

Götzen(-dienst) 69; 97f.; 142; 155; 170; 185–194; 216f.

Granatapfel(-baum) 35; 173 (Anm. e); 177–179

Griechen *siehe* Jawan

Großreich 56; 92 (Anm. 180); 114; 119; 149; 239; 243; 248; 251

Hirte 89 (Anm. q); 93f.; 98; 102f.; 111–113; 123–151; 192f.; 197; 238f.; 244–246

Jawan 3; 88 (Anm. l); 114; 119; 120 (Anm. 305); 250; 256

Kanonwerdung 270

Kleinvieh 89 (Anm. q); 93f.; 97 (Anm. h); 111; 123 (Anm. 1); 127 (Anm. j); 130–136; 143 (Anm. e); 145; 194

Knecht (Gottes) 39f.; 42; 145; 169 (Anm. 63); 171; 177 (Anm. 90); 263; 267–269

König

– menschlich 39 (Anm. 98); 40–48; 72–85; 93; 107; 112f.; 116f.; 120; 133f.; 147; 149; 169; 171; 197; 243f.; 249; 255f.

– göttlich 84 (Anm. 155); 106; 216–218; 224; 227–230; 234; 239; 243f.; 253; 261f.; 265

Königsideologie 72–76; 83; 169 (Anm. 63); 228; 255

Königskritik 72; 79; 242

https://doi.org/10.1515/9783110668063-012

Krone 43–46; 89 (Anm. r)

Laubhüttenfest 217f.; 224 (Anm. e); 228; 230; 232; 243; 253
Libanon 105; 110–112

Makkabäerzeit 119 (Anm. 303); 151 (Anm. 96)
Megiddo 78; 173 (Anm. f); 177–179
Messias/messianisch *siehe* König (menschlich)
Mose 84 (Anm. 158); 90; 130 (Anm. 13f.); 169 (Anm. 62); 263; 266–270

Opfer (kultisch) 21 (Anm. 11); 69; 93; 141; 230–232; 242; 265

Perserzeit 37; 49; 119; 121; 131; 148; 150; 228; 255
Pferd 75 (Anm. 97); 77–81; 106; 108; 166; 230–232
Philister/Philistäa 54; 56; 64–72
Priester/Priestertum 21; 37; 41–48; 151; 180f.; 263; 265
Prophet
– Berufung 130; 134; 190
– leidender 130; 176
Prophetie
– falsche 98; 177; 187–191; 246; 257
– Ende der 183; 189; 245; 248 (Anm. 11); 257; 259f.; 266; 268
Ptolemäer 3; 119f.; 229
Ptolemäus I. 119–121

Regen 53; 96–98; 229f.
Rest (theol. Motiv) 70; 198; 199f.; 203 (Anm. e); 209; 212 (Anm. 63); 221; 227; 237; 259
Restauration *siehe* Restitution

Restitution 12; 20 (Anm. 10); 55; 57; 92 (Anm. 180); 104; 118f.; 239; 242; 243 (Anm. 1); 248; 251; 256
Ross *siehe* Pferd

Salomo 165; 40 (Anm. 104); 41f.; 79
Schöpfung 155 (Anm. c); 156f.; 184 (Anm. f); 214f.; 217 (Anm. 84); 217 (Anm. 91); 218; 230; 234; 237; 243; 238; 253
Samaritanisches Schisma 150
Serubbabel 25–27; 28f. (Anm. 58); 37–40; 116; 130 (Anm. 14); 144 (Anm. 66)
Sozialkritik 31
Sukkot *siehe* Laubhüttenfest
Syrischer Krieg 55 (Anm. 6); 56 (Anm. 12); 119 (Anm. 302)

Tag Jhwhs 15f.; 153f.; 162f. (Anm. 27); 207; 217f.; 233f.; 243; 248 (Anm. 11f.); 253 (Anm. 17); 256–262; 264–270
Tempel 70; 109; 123; 142; 147f.; 150; 181; 231–233; 265
Tempelbau 20–28; 33–35; 37; 40; 42–44; 46f.; 115; 117; 256
Tempelberg 220
Tempelkritik 149; 216 (Anm. 80); 242
Tempelkult *siehe* Opfer
Tempelquelle 182 (Anm. 127); 211 (Anm. 54); 215f.; 218f. (Anm. 98); 230 (Anm. 147)
Tempelstrom *siehe* Tempelquelle
Terafim 97f.
Theokratie *siehe* König (göttlich)
Theophanie 63 (Anm. 26); 92; 108f.; 210; 213; 221; 234; 252f.
Tochter Zion *siehe* Zion
Tora 217; 229 (Anm. 141); 230 (Anm. 148); 263; 266–269
Trauer/Trauerritus 21; 170; 177; 180–182

Völkerangriff *siehe* Völkersturm

Völkergericht 24; 48; 117f.; 153; 210; 224; 227; 234–237; 239; 251f.; 257 (Anm. 10); 260 (Anm. 20); 261f.

Völkersturm 163; 168; 174–176; 183; 197; 207; 221; 227; 233–237; 241; 251f.; 265

Völkerwallfahrt 24; 35–37; 117; 201f.; 224; 227–229; 234; 237; 261

Wettergott 92f.; 108f.; 114; 179; 217; 251; *siehe* auch Baal

Wein(-stock) 34 (Anm. 80); 35; 38; 80; 88 (Anm. m.n); 93; 160 (Anm. a); 163 (Anm. 27); 107 (Anm. 220)

Zeichenhandlung 44–46; 124f.; 133–142; 144–149; 193; 251

Zion 29; 37; 47; 54; 74; 81; 86 (Anm. a); 88 (Anm. k); 90–92; 114; 162f.; 167; 182; 195; 208; 215; 218; 221; 228; 233f.; 251f.; 259

Zorn (Gottes) 23; 29; 31; 36; 103; 113; 133; 252; 263